Gerhard Bungert

SAARLÄNDISCH

So schwätze unn so schreiwe mir

Gerhard Bungert

SAARLÄNDISCH
So schwätze unn so schreiwe mir

Wortschatz – Sprachgeschichte – Grammatik – Schreibweise

Illustriert von Bernd Kissel

ISBN 978-3-938889-51-7

www.geistkirch.de

2. Auflage 2023
© 2016–2023 Autor und Verlag
Verlag: Geistkirch Verlag, Saarbrücken
Foto Seite 759: Florian Brunner
Illustrationen/Titelillustration: Bernd Kissel, Berus
Satz und Layout: Harald Hoos, Landau
Printed in EU

In Erinnerung an

Fred Oberhauser

(1923 – 2016)

Inhaltsverzeichnis

Achtung Fußnoten 11

Wer beides kann, ist besser dran 13

Der saarländische Wortschatz

A – wie allemol 21
B – wie Buddick 57
C – wie Cräämschnittsche 109
D – wie Dibbegucker 117
E – wie ebbes 149
F – wie Fixfeier 163
G – wie Gallier 193
H – wie Hottwollee 233
I – wie iwwerzwersch 259
J – wie Jachd 267
K – wie Kappes 273
L – wie latze 325
M – wie Maigips 345
N – wie Nischdele 369
O – wie O leck 379
P – wie Placke 387
Q – wie Quantum 411
R – wie rangse 417
S – wie Sackduch 437
T – wie Tuwwak 517
U – wie Uwwerraasch 529
V – wie Vorwitzginkel 537
W – wie Welljerholz 553
Z – wie Zwiwwel 577

Von Alarich bis zum „Wuschd von Spiese"
Im Wortschatz erwähnte Personen 589

Das fallt mir aach noch en!
Eigene Ergänzungen zum Wortschatz 593

Was man auch lesen sollte

Am Anfang war das Wort 597
    Geschichte der Schriftsprache 599
    Germanen oder Europäer 601
    Die althochdeutsche Sprache (600-1050) 604
    Die mittelhochdeutsche Sprache (1050-1350) 608
    Die frühneuhochdeutsche Sprache (1350-1650) 613
    Die neuhochdeutsche Spache (ab 1650) 619
    Der Fall der Sprachgrenzen 625
    Die Brüder Grimm 627
    Der Sprung in die Gegenwart 629
    Auferstanden aus Ruinen 634

Mundart nach Art des Mundes 659
    Unsere Regionalsprache 661
    Wörter sind nicht statisch 662
    Keine Sprachen zweiter Klasse 664
    Es gibt nur Sprachen 666
    Goethe auf Saarländisch 668
    Saarländisch ist Multi-Kulti 671
    Mit Worten allein ist es nicht getan 675
    Französische Wörter im Deutschen 678
    Deutsche Wörter im Französischen 688
    Schlamassel und Kies, meschugge und mies 690
    Sprachen als Konversationsfüller 695

Schwätze unn schreiwe 707
Grammatik und Schreibweise 709
Lernen wie bei Lehrer Bömmel 712
Der Artikel 713
Das Substantiv 716
Das Adjektiv und das Adverb 720
Die Präpositionen 722
Die Verben 725
Die Pronomen 735
Weitere Wortarten 739
Charakteristika unserer Regionalsprache 740
Lernen von den Weissenbachs 751

Anhang

Kurzbiografie Gerhard Bungert 757
Kurzbiografie Bernd Kissel 759

Achtung!

Fußnoten

Der nicht alphabetisch geordnete Teil des Buches ist mit Fußnoten versehen. Diese sind in drei Gruppen geordnet und durch Vignetten gekennzeichnet:

 Quellen, z. B. für Zitate aus Büchern. So wie bei Seminararbeiten an der Uni.

 Links. Sie weisen auf weitere interessante Punkte und Bücher hin, übersetzen und erläutern auch manches genauer. So wie im Internet.

 Da kommt das, was dem Autor noch so eingefallen ist, im laufenden Text aber stören würde. So wie beim Kaffeekränzchen und beim Stammtisch.

Wer beides kann, ist besser dran

Deutsch war meine erste Fremdsprache. Ich lernte sie in der Volksschule in Spiesen.[1] Was ich vorher schon konnte, das nannte man bei uns „Plattdeitsch" bzw. „Platt".[2] Ich sprach es nicht: „Ich hann's geschwätzt."

Meine „Plattdeitsch-Lehrer" waren meine Eltern und Großeltern, aber auch meine Lieblingstante Hilde und mein Uropa. Alle waren Saarländer, aber schon früh merkte ich, dass bei ihnen einige Wörter unterschiedlich waren:

Mein Uropa wurde 1868 im Ostertal geboren, und einige seiner Wörter sprach er anders aus als die andern. Für ihn begann zum Beispiel das Wort „Zigaretten" noch mit einem „C" und die „Heizengasse" in Neunkirchen war für ihn die „Hazegass".

Mein Vater, der in „Kaltnackisch"[3] großgeworden ist, benutzte zeitweise noch den „Hugenotten-Nasal"[4]. Er sprach von dem „Monn mit de long Stong", ein Aussprache-Beispiel, das heute als Skulptur auf dem Dudweiler Marktplatz steht.

Als ich mal mit meinem Opa in seiner Sotzweiler Heimat[5] war, da fragte mich sein früherer Nachbar, ob ich dessen Enkel sei. Das hörte sich so an: „Bischd dau em Naumes Perer sei Märe sei Bou?"[6] Nach seinem Umzug nach Spiesen hatte sich mein Opa diese Sprechweise abgewöhnt.

Das alles war schwierig genug, und jetzt das noch: Deutsch in der Schule! Sogar Hochdeutsch! Wie bei feinen Leuten. Da musste man immer aufpassen und durfte keine Fehler machen. Im Diktat schrieb ich mal „Er brauch", und das – so meinte unser Lehrer – sei falsch. Da würde ein „t" am Ende fehlen. Bei den Mundartgedichten war mein

Urgroßvater nicht so pingelig. Da durfte ich „schwätze", und das gefiel mir viel besser.

Irgendwie waren die Lehrer auch scheinheilig. In der großen Pause standen sie zusammen, und als ich mal an ihnen vorbeiging, da hörte ich, dass sie untereinander ebenfalls „Plattdeitsch" sprachen. Selbst im Radio redete man manchmal so, nicht alle, aber Ferdi Welter[7] sowie Fritz und Gerdi Weissenbach[8]. Die andern im Radio wollte ich nicht verstehen. Sie sprachen so vornehm wie die Schwester meines Vaters, die nicht „auf" der Regierung „schaffte"[9], sondern dort „tätig" war. Ich mochte sie nicht, und in der Familie sagte man, sie sei eingebildet. Das wollte ich nie werden, aber die arrogant wirkende Fremdsprache Deutsch musste ich wohl oder übel lernen.

Zwanzig Jahre später schrieb ich gemeinsam mit Klaus-Michael Mallmann[10] „Eckstein ist Trumpf", mein erstes Theaterstück. Es ging um die Anfänge der Gewerkschaften an der Saar.[11] Das Saarländische Landestheater interessierte sich für den Stoff ebenso wie die Hörspielabteilung des Saarländischen Rundfunks.[12] Die erste Frage, die wir uns stellten: In welcher Sprache schreiben wir denn dieses Stück – Saarländisch oder Deutsch? Die Antwort war klar: Die Bergleute reden saarländisch, der Bergwerksdirektor und die anderen „Oberen" selbstverständlich deutsch. So konnte man allein schon durch die Sprache die sozialen Unterschiede klarmachen. Als Soziologen war uns das „klar wie Kloßbrieh".

Weitere Unterstützung erhielten wir von Professor Higgins. Er lehrte nicht an der Universität des Saarlandes, sondern ist eine Hauptfigur in George Bernard Shaws Komödie Pygmalion.[13] Darin trifft der Phonetiker Higgins das Blumenmädchen Eliza, und sie provoziert ihn dazu, ihr ein blütenreines Oberklassen-Englisch beizubringen.

In Pygmalion zeigt Shaw sehr anschaulich, dass die Sprache der „Königsweg zur Bildung" ist.[14] Dietrich Schwanitz[15] setzt noch einen drauf: „Sie muss einem so vertraut sein wie die eigene Wohnung oder das eigene Haus", wobei er durchaus differenziert: „Im Büro spricht man anders als zu Hause und bei einer Beerdigung anders als in der Badeanstalt (...) Bei einem wissenschaftlichen Kongress geht es anders zu als in einer Stammtischrunde, und bei einer literarischen Soirée anders als in der Disco. Für jede Gelegenheit und jede Sphäre gibt es die entsprechenden Stillagen und die entsprechende Sprache mit ihrem Vokabular. Hat man keinen Zugang zu der passenden Sprache, ist einem ein Teil der Gesellschaft verschlossen. Wer aber im Haus der Sprache wohnt, hat Zutritt zu allen gesellschaftlichen Sphären."[16]

Ein hoher Anspruch, den Schwanitz an uns stellt. Ich habe versucht, ihn umzusetzen. Das Ziel war die Zweisprachigkeit: Saarländisch (meine Muttersprache) und Deutsch (meine erste Fremdsprache). Die andern kamen erst später. Mit der Kombination von Saarländisch und Deutsch habe ich mein Berufsleben begonnen. Unter anderem schrieb ich „Mahlzeit-Sketches" für Fritz und Gerdi Weissenbach, die von der Europawelle Saar ausgestrahlt wurden. Es folgten zahlreiche Mundarthörspiele und -serien.[17]

Für meine literarischen Arbeiten in saarländischer Sprache machte ich mich auch schlau in vorhandenen Mundartbüchern. Die alten waren sehr antiquiert und hausbacken. Aber bei neueren Büchern wurde ich manchmal fündig. Meine wichtigsten Quellen aber waren Familienfeiern, Klassentreffen und Kneipen. Saarländische Landsleute ergänzten meinen Wortschatz, und immer mehr Wörter und Redewendungen wanderten in die Kiste. Darin standen und lagen Karteikarten, Fotokopien, Schmierzettel und Bierdeckel mit saarländischen Mundartbegriffen. Bald musste ich mir eine zweite Kiste zulegen. Die Zeit zum systematischen Ordnen nahm ich mir nicht. Also musste ich kramen, wenn ich einen passenden Begriff suchte, so wie andere in der Keksdose oder der Schuhschachtel mit den Familienfotos. Meistens hatte ich sogar Erfolg und fand das richtige Wort, und manchmal konnte ich daraus ein Sprachspiel oder einen Gag entwickeln.

Irgendwann hatte ich die Idee, die fast zweitausend Wörter mit ihren Erläuterungen als Buch zu veröffentlichen. Ein großer Teil war bereits für zwei-drei Jahre auf einer Internetseite der Saarbrücker Zeitung zu lesen. Als dann aber das „Saarland-Lexikon" von der SZ aus dem Netz genommen wurde, stand meine Entscheidung fest: Ich mache ein Buch. Es ist nicht mein erstes, und deshalb weiß ich auch, dass eine solche Entscheidung mit schweißtreibenden Tätigkeiten verbunden ist. Man muss konzipieren, verhandeln, recherchieren, schreiben, korrigieren, koordinieren und präsentieren. Andererseits lohnt es sich, denn Bücher sind zu beneiden: Sie leben länger als wir.

Während ich munter drauf los schrieb, erfuhr ich per E-Mail, dass Fred Oberhauser, eine der wichtigsten Gestalten der saarländischen Nachkriegsliteratur, im Alter von 92 Jahren gestorben ist. Er war ein Kollege, ein Lehrer, ein Freund. Genau in dieser Reihenfolge. Ich habe ihm daraufhin dieses Buch gewidmet. Fred hätte seine Freude daran gehabt. Er wechselte ständig hin und her zwischen Gesprächsthemen wie „Die Lyrik von Friedrich Hölderlin" und „Das gezapfte Bier beim ‚Stolze Dicker' in St. Ingbert", zwischen seiner saarländischen Muttersprache und einem Deutsch, das den Anforderungen der Literaturabteilung des Saarländischen Rundfunks genügte.

Kennengelernt hatte ich ihn 1976 im Saarbrücker Rathaus-Festsaal. Klaus-Michael Mallmann und ich hatten bei einem Wettbewerb den zweiten Preis für unser Theaterstück „Eckstein ist Trumpf" gewonnen. Fred war in der Jury und gratulierte uns mit dem Satz: „Ich hann verzischdausend Biescher". Wir winkten ab: „Ein Irrer!" – Martin Buchhorn, der spätere Chef der Fernsehspielredaktion, sagte ein paar Worte und forderte uns auf, Mitglied im Schriftstellerverband zu werden. Bereits bei der ersten Sitzung rasselte ich mit Fred zusammen. Er hatte sich, wie so oft, bei einem Konflikt eingemischt, und ich konnte auch nicht den Mund halten. Ich sprach ihn an, und er schrie zurück, obwohl ich ihm recht gegeben hatte. Das verstand ich erst später: Ich hatte ihn gesiezt! Mit einem solchen Affront konnte er nicht umgehen. Er rächte sich, indem er mir den Spitznamen „Dauerschreiber" verpasste. Als er bemerkte, dass ich das als Kompliment auffasste, hörte er damit auf.

Eins hat mir Fred nicht vergessen: Als er seinen Literaturführer herausbrachte, da konnte er ihn ja nicht in seiner eigenen Sendung, dem „Kulturspiegel", vorstellen. Er erklärte mir das Problem – ganz beiläufig. Ich verstand und bot daraufhin einen Film für ein anderes Magazin an, passend zur Konzeption der Sendung. Besonders gut gelungen war der Schlussgag. Fred saß auf einem Stapel seiner Bücher und sagte: „Jetzt muss ich nur noch gucke, dass ich net of meine Biescher hucke bleiwe."

Fred war der Wichtigste für meinen Einstieg beim SR. Die meisten andern lernte ich erst später kennen, unter anderem jemanden, der mir in den letzten beiden Jahren bei diesem Buch geholfen hat. Er heißt Elmar Peiffer und ist von Haus aus ein wissenschaftlicher Diplom-Bibliothekar. In den achtziger Jahren hat er Mundartlieder für Peter Maronde[18] geschrieben. Eines hatte den Titel „Wenn die Liss mit de Schniss in de Batsch rin fällt..." (Wenn Elisabeth mit dem Mund Bekanntschaft mit feuchtem Erdreich macht...) Bei diesem Text spielt die wissenschaftliche Qualifikation von Elmar Peiffer allerdings eine untergeordnete Rolle. Ganz anders bei seiner derzeitigen Tätigkeit als Redakteur bei Wikipedia. Er unterstützte meine Entscheidung, dieses Buch zu schreiben. Er gab mir nicht nur wichtige Hinweise, sondern „schenkte" mir auch mehrere hundert saarländische „Wörter". Damit ergänzte ich meinen eigenen „Wortschatz" aus der Kiste. Es kamen fast 3000 Wörter zusammen

Was ich nicht lassen konnte: ein kurzer Abriss der Geschichte der deutschen Sprache, ein paar Anmerkungen über unsere saarländische Regionalsprache und deren Grammatik sowie die Herleitung meiner Schreibweise des Saarländischen. Das alles hatte ich schon grob skizziert.

Das „saarländische Networking" konnte beginnen: „Ich kenne ähner, der wo ähner kennt." Bei meinem nächsten Saarland-Aufenthalt saßen wir „Unter der Linde" am Daarler Markt in Saarbrücken und aßen „Mehlkneppscher"[19]. Wir, das sind meine Roswitha, Florian Brunner vom Geistkirch-Verlag[20] sowie mein Lieblingszeichner und -karikaturist

Bernd Kissel, mit dem ich bereits sehr gut zusammengearbeitet habe. Wir tauschten Ideen aus, und was dabei herausgekommen ist, das halten Sie jetzt in den Händen.

Viel Spaß beim Blättern, Nachgucken, Schmökern, Lesen und Lernen.

Gerhard Bungert

[11] Gerhard Bungert, Klaus-Michael Mallmann: Eckstein ist Trumpf, Ein Volksstück über die Anfänge der Gewerkschaften an der Saar, Saarbrücken 1979

[16] Dietrich Schwanitz: Bildung, Alles, was man wissen muss, München 2002, S. 525

[1] Seit 1974 Doppelname: Spiesen-Elversberg
[2] Die Begriffe Mundart und Dialekt kamen erst später dazu
[3] Herrensohr, gehört zum Saarbrücker Stadtbezirk Dudweiler
[5] Gehört heute zur Gemeinde Tholey im Kreis St. Wendel
[6] Deutsch: „Bist du der Sohn der Tochter von Peter Naumann?" Wobei es sich bei dem Namen „Naumes" um die mundartliche Aussprache von „Naumann" handelte. Doch das war nicht der Familienname, sondern der Hausname.
[7] Ferdi Welter, ein 1903 in Saarbrücken geborener Schauspieler, moderierte von Kriegsende bis zu seinem Tod 1974 die Morgensendung des Saarländischen Rundfunks.
[8] Fritz Weissenbach (1907 bis 1978) und Gerdi Weissenbach (1922 bis 1987) moderierten bis 1976 die Sendung „Allerhand für Stadt und Land" und hatten danach eine knapp fünfminütige Mundartecke kurz vor 12 Uhr mittags, die immer mit „Mahlzeit" endete.
[10] Klaus-Michael Mallmann, geb. 1948, studierte an der Saarbrücker Uni Geschichte, Soziologie, Politikwissenschaft und Germanistik. Er schrieb seine Doktorarbeit über die Anfänge der Bergarbeiterbewegung an der Saar, arbeitete journalistisch,

u. a. für den Saarländischen Rundfunk und wurde schließlich Geschichtsprofessor, zuletzt in Stuttgart.

[13] George Bernard Shaw war ein irischer Dramatiker, Musikkritiker und pazifistischer Sozialist. Er lebte von 1856 bis 1950. 1925 erhielt er den Nobelpreis für Literatur.

[14] Vgl. hierzu: Wolfgang Mielke: „Pygmalion" – oder welche Kreise eine Spurensuche nach sich ziehen kann. In: Perinique. Magazin Weltkulturerbe. Nr. 14, Perinique, Hamburg Juli/August 2012. Weltbekannt wurde das Stück durch die Musicalfassung von Lerner und Loewe. Der Titel: „My Fair Lady".

[15] Dietrich Schwanitz lebte von 1940 bis 2004. Er war Professor für Anglistik, Literaturwissenschaftler und Buchautor.

[18] Peter Maronde wurde 1939 geboren, war u. a. Schauspieler und wurde in den achtziger Jahren als Moderator der Bunten Funkminuten im Saarland populär. Er starb 1991.

[19] Eines der nicht wenigen saarländischen Nationalgerichte. Siehe im Innenteil unter „M".

[20] Der Fotograf und Werbekaufmann Florian Brunner, geboren 1961, gründete 2005 zusammen mit Harald Hoos in Saarbrücken den Geistkirch-Verlag, in dem dieses Buch erscheint.

[4] Die Hugenotten haben im Gebiet des heutigen Saarlandes ihre Spuren hinterlassen. Ludwig XIV. hatte 1685 das Edikt von Nantes aufgehoben. Dadurch verloren die französischen Protestanten ihre Glaubensfreiheit. Das hieß: Keine Gottesdienste mehr, Vertreibung aller Pfarrer, totale Zerstörung aller Kirchen, Verbannung der Männer auf die Galeeren, Zwangseinweisung der Frauen in die katholischen Klöster. Daraufhin setzte über Nacht ein Massenexodus ein. Nicht wenige kamen in den Warndt, und noch heute gibt es zum Beispiel in Ludweiler französische Familiennamen aus dieser Zeit, etwa Desgranges, Duval oder Mollet. Man vermutet, dass sie nicht nur ihr Know-How in Sachen Glasbläserei in die lutherisch geprägte Grafschaft Nassau-Saarbrücken mitgebracht haben, sondern auch die nasale Aussprache des „a". Vgl. Rob Kieffer: Der Exodus in die neue Heimat, Frankfurter Allgemeine, 25.08.2004.

[9] Das Saarländische gebraucht das Wort „schaffen" anders als das Deutsche. Jenseits von Waldmohr und Saarhölzbach bedeutet „schaffen": kreatives Arbeiten.

Der Architekt hat einen Kulturpark geschaffen, aber die Gärtner arbeiten. Im Saarland ist das anders: Da schaffen alle. Selbst wenn man bei der Arbeit mal Mist baut, dann kann der Meister vorwurfsvoll sagen: „Was hann ihr dann do wedder geschafft?" – Sogar wenn jemand aus Altersgründen mit dem Arbeiten aufhören will, dann unterstellt man seinen Bestrebungen Kreativität: „Der schafft an de Pensionierung." Ansonsten schafft man im Saarland immer „of ebbes" (= auf etwas). Meine beiden Großväter haben zum Beispiel mehrere Hundert Meter tief „of de Grub geschafft".

12 Im Alter von 30 Jahren erhielten wir dafür den Kurt-Magnus-Preis der ARD. Darauf waren wir beide sehr stolz, denn immerhin waren wir mit dieser Auszeichnung in guter Gesellschaft. Ein Jahr vor uns hatte ihn Thomas Gottschalk bekommen, vier Jahre danach Günther Jauch.

17 Die wichtigsten Serien waren „Fauschd", Goethes Urfaust auf Saarländisch mit zehn Folgen, sowie die beiden saarländischen Science-fiction-Parodien „Lyoner I antwortet nicht" und „Lyoner II kennt keine Grenzen", beide mit je 24 Folgen, gemeinsam mit Schorsch Seitz. Regie führte Manfred Sexauer. Dazu kamen ca. zwei Dutzend Einzelhörspiele auf Saarländisch und nicht wenige Heinz-Becker-Sketche. Die drei erfolgreichsten saarländischen Mundartbücher waren „Graad seläads" (Schimpfwörter), „Meins & Meiner (Kosewörter) und „100 Worte Saarländisch".

A wie **allemol**

Der Buchstabe „a"

hat in deutschen Texten eine Häufigkeit von 6,5 % aller Wörter. Er ist der einzige Buchstabe in der deutschen Sprache, der am Anfang eines Wortes verdoppelt werden darf, etwa in dem Wort „Aal".

Der Buchstabe „a" ist ein Laut, wie alle Vokale. Als solcher kann er, ohne dass man weitere Buchstaben hinzufügt (Ausnahmen: Verlängerungen), auch im Saarländischen etwas ausdrücken.

- „A", mittellang, steht für Verständnis des Gesagten: „A, das hann ich verstann."
- „Aha" ist ein Ausdruck des Erstaunens: „Aha, so is das also!"
- „A", leicht gedehnt, ist die Kurzform für „auch". „Das hann ich a gesaad." (Die Langform ist „aach").
- „Aa", abgehackt, ist ein lautmalerischer Ausdruck der Kindersprache für das feste Ergebnis des Verdauungsvorganges: „Das was ins Hääbsche kommt." Die zwei Buchstaben sollen den Lauten entsprechen, die das Kleinkind beim Drücken ausstößt.

Der Laut „a" am Anfang oder innerhalb des Wortes ist in der gesprochenen Sprache dehnbar. Dazu gibt es drei Möglichkeiten:

1. überhaupt nicht, wird aber trotzdem gedehnt gesprochen, z. B. „Tal",
2. mit Verdoppelung, z. B. „Saal",
3. mit „h", z. B. „Mahlzeit".

Die saarländische Schriftsprache tut sich schwer mit der ersten Lösung.

aach, saarländische Langfassung des deutschen Wortes „auch": „Gell, das hättschd Du aach net geglaabd, dass der emol Minischder genn dääd?" (Das wäre sicher auch für Dich undenkbar gewesen, dass dieser Mensch einmal die Position eines Ministers einnehmen würde.)

ääm, einem. „Das muß ääm aach emol gesahd genn." (Da war ich leider vom Informationsfluss ausgeschlossen.)

äämo, einmal, endlich einmal: „Ich war die ledschde zehn Johr erschd äämo im Kino". (Ich besuchte in den letzten zehn Jahren nur ein einziges Mal ein Lichtspieltheater). In der Bedeutung von „endlich einmal": „Wenn du nur äämo es Radio ausmache däädschd, wenn mir am esse sinn." (Würdest du endlich einmal dazu übergehen, zu Beginn des Essens das Hörfunkgerät abzustellen.) oder: „Jetzt her doch äämo zu!" (Würdest du mir endlich einmal deine Aufmerksamkeit schenken!)

ään unn selwe, saarländisch für „dasselbe" und „das Gleiche", wobei im Saarland beide „dasselbe" beziehungsweise „das Gleiche" sind.

aan, gedehnte Fassung vom deutschen Wort „an". Steht „an" allein, dann wird es nicht ins Saarländische transformiert: „Der Baam war im Wää, unn do is der doch mit em Auto an denne dran gefahr." (Er fuhr mit seinem Auto an einen Baum, der ihm im Wege stand). Anders ist es in zwei Fällen: 1) Wenn „aan" ein Präfix ist: „Ich muss mich aanziehe" oder 2) wenn das „aan" von einem Verb abgetrennt wird und später wieder auftaucht: „Ich ziehe mich jetzt aan." Das gilt auch für Konstruktionen wie „Ich hann mich aangezoh" (Perfekt) und „Ich bin aangezoh" (Adjektiv). Den Wortteil, der dem „aan" folgt, kann man im letzten Fall sogar weglassen. Dann heißt es: „Ich bin aan." – Daraus können (zum Teil ungewollte) Sprachspiele entstehen wie: „Die Leit am FKK-Strand hann nix aan gehatt wie's Radio."

aanbabbe, ankleben. „Die hann die Preisschilder of die Biescher aangebabbd. Die krieschde nemmeh ab." (Die Preisschilder auf den Büchern waren derart festgeklebt, dass es unmöglich war, sie zu entfernen.) „Bei de ledschde Wahle hann se iwwerall Plakate aangebabbd, awwer das hat ne nix genutzt." (Das Ankleben der Wahlplakate war ihnen nicht von Nutzen.)

aanbaubse, jemanden heftig beschimpfen. „Ich losse mich doch von dem Schaffschuhversteckeler net aanbaubse." (Von diesem Arbeitsverweigerer lasse ich mich doch nicht in diesem Ton beschimpfen.)

Aanbaubserei, Schimpferei. „Es is immer es selwe mit dem. Wenn er zu viel getrunk hat, dann geht's wedder los mit der Aanbaubserei." (Ein sich ständig wiederholender Vorgang: Bei hohem Alkoholkonsum verliert er während des Redeflusses die Kontrolle.)

aanbrenne losse, bezieht sich vordergründig auf misslungene Bratvorgänge in der Küche, wird im Saarland (bisweilen auch außerhalb) im übertragenen Sinn gebraucht. Jemand, der konsequent die Möglichkeiten zu intimen Beziehungen nutzt, der „losst" nix „aanbrenne". Ein geschlechtsspezifischer Ausdruck, der vorerst noch für Männer reserviert ist.

aandanze, saarländisch für „antanzen". Das Wort „kommen" wird durch den spielerischen Begriff „tanzen" ersetzt und somit ironisiert: „Wenn's ebbes fier se trinke gebbd, dann duhd die Feierwehr immer aandanze." (Beim Freibierausschank können wir immer mit der Präsenz der Feuerwehr rechnen.) Oder: „Nägschd Wuch muss ich beim Finanzamt aandanze" (Nächste Woche habe ich einen Termin beim Finanzamt.)

Aanduddel, Kaldaunenwurst, ist die saarländische Aussprache für „les andouilles". Diese französische Wurstspezialität wurde früher überwiegend aus Innereien hergestellt. Eine wichtige Rolle spielten dabei die Därme, aber auch kleingeschnittene Mägen und ausgelöste Füße. Es können auch verschiedene andere Teile hinzugefügt werden, etwa Kalbsgekröse, Dickdarm, Herz und Haut. Gekocht werden die „Aanduddel" in einer gelatinehaltigen Sauce, die geringe Anteile von Gemüse und Speckwürfel enthalten kann. Mittlerweile gibt es zahlreiche Rezepte mit anderen Zutaten. Die wichtigsten sind immer die Innereien. Alles in allem ein Arme-Leute-Essen, das kein hohes gesellschaftliches Ansehen genießt. Von daher eignet sich der Ausdruck als abwertendes Schimpfwort. Auch im Französischen wird das Wort figurativ für einen „Dummkopf" benutzt.

aanduddele, den Motor mittels einer Kurbel starten. Das französische Verb „andouiller" (ankurbeln) hat mit der Wurst nur indirekt zu tun. Vielleicht war das Saarländische ein Vorbild gewesen für unsere französischen Nachbarn, denn bei beidem, der Wurstherstellung und dem Ankurbeln, geht es ums „duddele".

aanduhn, antun, im Sinne von „(sich) ein Leid zufügen": „Der werd sich doch nix aanduhn!" (Er wird sich doch kein Leid zufügen.) oder: „Meinem Mann es Trinke verbiete? Das kann der Dokder dem doch net aanduhn." (Meinem Gatten den Alkohol untersagen? Dieses Vorhaben lässt sich bei meinem Allerliebsten nicht durchsetzen.)

äänduhn, übel, unsicher, deprimiert. Allerdings braucht das Wort „äänduhn" die Verneinung: Ein positiver Satz wie: „Mir isses äänduhn." macht im Saarländischen keinen Sinn. Besser negativ: „Wie ich das geheert hann, do war's mir gar net äänduhn". (Als ich das vernahm, hatte ich Zweifel, wodurch meine nicht allzu stabile Psyche angegriffen wurde.)

aanenanner, miteinander im Streit liegen: „Das mit der Koalitsjon, das werd nix. Die sinn jo dauernd aanenanner!" (Die Koalition wird nicht funktionieren. Sie streiten ja ständig miteinander.) Das Präfix „mit" lässt hoffen.

ääner trinke. Die Formulierung „mir ware ääner trinke" ist sprachlicher Ausdruck einer der häufigsten saarländischen Lügen. Meistens heißt es nachher „Of äänem Bään geht ma net hemm.", „Aller guten Dinge sind drei.", „Losses aach emol vier gewähn sinn.", „Wenns hoch kommt fünf." Am Ende behauptet man: „Siwwe Bier sinn aach schon e Mahlzeit.", wobei dieser Satz noch relativiert wird: „On do haschde noch nix debei getrunk." Das alles läuft im Saarland unter der Formulierung „ääner trinke". Eine Übersetzung ins Deutsche erübrigt sich. Der Sinn der einzelnen Satzfragmente erschließt sich den Nicht-Saarländern bestenfalls durch das entsprechende Handeln.

ääner, 1. ein Zahlwort. „Das hat doch bestimmt nur ääner gesahd." (Das sagte doch bestimmt nur ein Einziger). 2. jemand. „Wenn das ääner sahd, dann spinnt der." (Sollte jemand das behaupten, dann ist er schlichtweg verrückt.)

aangehn, hat im Saarländischen eine dreifache Bedeutung: 1. Das Feuer „geht aan", wenn das Holz trocken ist. 2. Die Schule geht pünktlich um 8 Uhr „aan". 3. Die Familie Meier ist bei dem Essen im Sternerestaurant vielleicht „aangang": Die Portionen waren zu klein. – Wobei das Wort „vielleicht" kein Zögern ausdrückt (was logisch wäre), sondern im Gegenteil: eine Verstärkung.

aangezoh, bekleidet. „Was hascht du dann aangezoh gehatt?" – (Wie warst du denn gekleidet?)

aankriehn, saarländisch für anbekommen: „De Sepp is so dabbisch, der kriehd noch net emol de Rasemäher aan." (Josef ist ungeschickt. Er ist noch nicht einmal in der Lage, den Rasenmäher in Gang zu setzen.)

äänmol, einmal. Zwei typische Veränderungen: aus „ei" wird „ä" (wie z. B. bei „Bein", „klein" und „Stein"), das „a" wird zu einem offenen „o" (typisch für den Einfluss der Hugenotten).

ääs, das saarländische Wort für „sie" (selbst für die eigene Gattin). Warum weibliche Wesen in der saarländischen Regionalsprache sächlich sind, das leitet sich von folgender grammatikalischen Besonderheit der deutschen Sprache ab: Der Mann ist männlich, die Frau ist weiblich. Bis dahin ist das konsequent und akzeptabel. Das Mädchen aber ist sächlich, weil es sich um eine Verkleinerungsform handelt, so wie: das Häuschen, das Schräubchen, das Tischlein, das Blümchen und auch das Mädchen. Mit dem Erwachsenwerden verliert im Deutschen das Mädchen seine Sachlichkeit und wird die Frau. Im Saarland hingegen bleiben alle jung, und die Frau wird in bestimmten grammatikalischen Konstruktionen zu „ääs", abgeleitet von dem weiblichen Personalpronomen, dritte Person Singular, im Deutschen „es". Bisweilen benutzt man im Saarländischen das „ääs" auch abfällig: „Ääs wääß aach nemmeh, wo ääs herkommt." (Ihr ist der Erfolg in den Kopf gestiegen). Die volks-satirische Verwendung des Begriffes „ääs" für höhergestellte Frauen ist im Saarland ebenfalls gebräuchlich. Angenommen, der Besuch des Bundespräsidenten im Saarland ist angekündigt. Man weiß aber nicht, ob er in Begleitung seiner Gattin erscheinen wird. Dann könnte man im Saarland durchaus fragen: „Kommt ääs aach mit?"

Aasch. Dieses Wort hätte man früher entweder ganz weggelassen oder so geschrieben: „A...". Man hätte auch gewusst, dass es sich um das Vulgärwort für den stärksten Muskel des menschlichen Körpers handelt. Der Ausdruck zählt weder im Deutschen, noch im Saarländischen zu den ganz vornehmen. Bekannt wurde er durch den schwäbischen Gruß: „Leck mich am Arsch." Ein literarisches Denkmal setzte ihm Johann Wolfgang von Goethe in seinem Schauspiel „Götz von Berlichingen" mit den Worten: „Er aber, sag's ihm, er kann mich im Arsche lecken!"

Aaschgei, wörtlich „Gesäß-Violine". Was hat man darunter zu verstehen? – Wenn eine Maulgeige eine Geige ist, die man mit dem Mund spielt, dann ist eine Arschgeige logischerweise ... Hier kapituliert der Autor und beschränkt sich auf die Feststellung, dass der Begriff sehr gerne als Schimpfwort benutzt wird, wobei die Wortherkunft Anlass zu vielen Spekulationen gibt: Wie kann man sich ein solches Instrument vorstellen? – Wie wird es gespielt? – Immerhin: Einen Bezug zur klassischen Musik hat sogar die allseits bekannte Redewendung „Leck mich im Arsch". Angeblich heißt so auch ein sechsstimmiger Kanon von Wolfgang Amadeus Mozart. Im Köchelverzeichnis erhielt er die Nummer 231. Mittlerweile streiten die Gelehrten darüber, wer der wirkliche Urheber ist. Im Gespräch ist der böhmische Medizinprofessor und Laienkomponist Wenzel Trnka von Krzowitz (1739 bis 1791).

Aaschkaad, Arschkarte. Die hat man gezogen, wenn man etwas falsch gemacht hat. Der Ausdruck kommt aus der Zeit, als es noch keine Farbfernseher gab. Damals führte der Deutsche Fußballbund das System der roten und gelben Karten ein. Woran sollten nun die armen Schwarz-Weiß-Zuschauer erkennen, ob der Spieler, der zuvor die „Notbremse" gezogen hatte, eine rote oder gelbe Karte bekam? – Die Schiedsrichter lösten das Problem: Die gelbe Karte zogen sie aus ihrer Brusttasche, die rote aus dem „Aaschsack", und das war die „Aaschkaad".

Aaschkratzer, saarländische Bezeichnung für Hagebutte (Scheinfrucht der Rosen). Das Innere enthält Kerne, die einen Juckreiz erzeugen. Der saarländische Ausdruck betont einen Effekt, der durch eine Mini-Aggression hervorgerufen wird. Sie besteht darin, dass man einem Mitmenschen Samenkörner einer Hagebutte zwischen Genick und Hemdkragen hält (Nacken, saarländisch: „Halskaul", „Leiskanzel") und diese fallen lässt. Wobei zu vermerken ist, dass der im Ausdruck „Aaschkratzer" beschriebene Effekt nur hervorgerufen wird, wenn das Hemd nicht allzu eng anliegt und die Hose großzügig die Hüften umspielt. Vielleicht ist das auch der Grund, dass diese Neckerei nur von Jugendlichen durchgeführt wird.

Aaschkrott, wörtlich: „Gesäßkröte". Der Begriff bezeichnet ein Tier, das lediglich in der Fantasie und in der vulgären Umgangssprache existiert. Meistens ist damit ein kleines Mädchen gemeint („e klääni Krott"). Funktioniert als Schimpf- und Kosewort. Es kommt, wie so oft in der Kommunikation, auf den Zusammenhang, den Tonfall sowie auf die begleitende Gestik und Mimik an.

Aaschledder, ein dreieckiges Lederstück, das von den Bergleuten getragen wurde. Als solches war es Teil der bergmännischen Arbeitskleidung. Der Lederbesatz verhinderte (im wahrsten Sinne des Wortes), dass sich der Hosenboden zu schnell aufscheuerte. Durch das Steigerlied, die „Sozialhymne" der Bergleute, ist das „Aaschledder" literaturfähig geworden: „Die Bergleut sein kreuzbrave Leut', denn sie tragen das Leder vor dem Arsch bei der Nacht (2 mal), und saufen Schnaps (2 mal)."

Aaschmatz, relativ harmloses Schimpfwort, das die vulgäre Bezeichnung eines Körperteils mit der Kurzform des Namens „Mathias" kombiniert. Eine wörtliche Übersetzung in ein gepflegtes Deutsch („Gesäß-Mathias") macht wenig Sinn.

Aaschsack, Gesäßtasche. Es zeigt sich, dass die Menschen, die ihr Geld als Landwirte, Bergleute oder Hüttenarbeiter verdienten, mit dem Begriff „Sack" weitaus mehr anzufangen wussten als mit „Tasche". Er war ihrem Arbeitsalltag wesentlich näher als die „Tasche" der Angestellten und Beamten.

äätsch, ein Neckruf aus der saarländischen Kindersprache. Er wird gebraucht, um die eigene Freude darüber auszudrücken, dass man jemanden drangekriegt hat. Die eher kindliche Fassung lautet „äätschi-bäätschi", die etwas ältere „äätsch-Gelleriebsche" (kleine Karotte = „Gellerrieb", abgeleitet von „Gelbrübe"). Die passenden Handbewegungen und Zeichen dafür sind allgemein bekannt.

Aawet, Arbeit, nicht zu verwechseln mit ARBED, jenem Unternehmen der eisenschaffenden Industrie des Saarlandes, das Ende der achtziger Jahre Furore machte, obwohl beides gleich ausgesprochen wird: „Wo schaffschd Du dann?" – „Of de Aawet?" – „Unn wo?" – „Ei of de Aawet!"

a

Abbel, Apfel. Die Kombination von „p" und „f" klingt für uns Saarländer zu vornehm. Wir ersetzen das tendenziell spitzmäulige „pf" durch „bb". Das Wort „Abbel" wird im übertragenen Sinn auch für die Ausscheidung der Pferde benutzt („Päärdsäbbel"), für das menschliche Gesäß „Do fallschd du of de Abbel." (Da bin ich aber sehr erstaunt.) und als Verb im Sinne von verulken: „veräbbele".

Äbbelborre, Eppelborn, eine Gemeinde im Kreis Neunkirchen mit knapp 18 000 Einwohnern. Ihre Besonderheit: Sie befindet sich genau im Zentrum des Saarlandes. Den geometrischen Mittelpunkt des Saarlandes berechnete das Landesamt für Kataster-, Vermessungs- und Kartenwesen. Er liegt genau im Ortsteil Habach auf einem Privatgrundstück. 55 Meter nördlich dieses Punktes ist am Waldrand eine Informationstafel aufgestellt. Wenn man von Eppelborn zum Ortsteil Habach fährt, geht am Anfang der Großwaldstraße, gegenüber dem Gasthaus Leinenbach links ein Weg ab, der zur Info-Tafel führt.

äbbeldänzisch, erwartungsvoll, neugierig, nervös, zappelig, gespannt. Wer oder was die Äpfel zum Tanzen gebracht hat, das konnte nicht herausgefunden werden. Ob da überhaupt irgendwelche Äpfel tanzen? – Das mag dahingestellt sein. Doch auch ohne umfassendes Wissen über die Wortherkunft lässt sich das Wort gebrauchen: „Ich bin schon ganz äbbeldänzisch wie's bei dem dehemm aussieht." (Meine Neugierde, die sich auf das Outfit seiner Wohnung bezieht, hält sich kaum noch in Grenzen.)

Äbbelgret, ob es ein Kose- oder Schimpfwort ist, das hängt von der Betonung ab. Gemeint ist eine Obstverkäuferin auf dem Markt, deren Sortiment man aus sprachlichen Gründen auf eine einzige Sorte Obst reduziert. Sie wird (deutsch) zur „Apfelgretel". Vielleicht eine Bezeichnung für eine Marktfrau vom Land, die nur am Markttag in die Stadt kommt. Sie ist munter-naiv, aber nicht gerade nach dem neuesten Chic gekleidet: „So e Äbbelgret is gemuschdert wie's Gretel im Herbschd."

Abbelkrotze, abgenagtes Kerngehäuse eines Apfels. Der Wortteil „Krotze" ist wohl eine leicht pejorativ gefärbte Lautmalerei. Saarländische Mundartsprecher kennen oft nicht das (zugegebenermaßen umständliche und missverständliche) deutsche Wort für „Abbelkrotze". Botanisch gesehen ist das Kerngehäuse ein Behälter für die Samen. Sie sind in dem Fruchtfleisch eingeschlossen. Beim Verzehr des Apfels wird der „Abbelkrotze" normalerweise verschmäht.

Abbeltratsch, Apfelmus. „Tratsch" hat nichts zu tun mit dem etwas länger gezogenen Substantiv „Traatsch" (= nachbarschaftsbezogene Heimatkunde, die ihren Platz bei Kaffeekränzchen und in Friseursalons hat). Der Wortteil „Tratsch" scheint eine Lautmalerei zu sein für etwas, was man erfolgreich „zerdrückt" hat.

abbene, abgeleitet von dem deutschen und saarländischen Wort „ab". Dieses wird im Saarländischen auch als Adjektiv gebraucht für „nicht mehr vorhanden", meistens im Sinne von „amputiert". Das „ab" allein reicht aber nicht aus. Man verlängert es zu dem Kompositum „abbene" und setzt es vor das Substantiv. Das funktioniert ohne Veränderungen für alle drei (grammatikalischen) Geschlechter: der abbene Arm, die abbene Hand, das abbene Bään.

abdeckele, jemandem einen auf den Deckel (= oberer Teil des Kopfes) geben, mit der Bedeutung von „jemanden abkanzeln". Während „abkanzele" ein Begriff aus dem klerikalen Bereich ist, leitet sich „abdeckele" eher aus der Welt der Küche ab. In beiden Fällen kommt die Kritik von oben: in der Kirche von der Kanzel und in der Küche vom Kochtopf.

abdischbedeere, abstreiten. Die saarländische Fassung ist wesentlich konkreter als die deutsche. „Streiten" kann man mit Worten, Waffen und Anwälten, während der Disput, der im Zentrum des saarländischen Begriffes steht, sich ausschließlich auf die sprachliche Kommunikation bezieht. Man diskutiert bzw. disputiert so lange, bis die Argumente des oder der anderen sich in Luft aufgelöst haben.

abholle, abholen im Sinne von „abnehmen", in der doppelten Bedeutung: 1. „Ich hann finf Kilo abgeholl." 2. „Ich hann dem Klään emol die Spielzeischpischdol abgeholl." Merke: Saarländer „nehmen" nicht gerne. Sie „holle". Achtung: Manchmal ist „holle" angebracht. Eine Aussage vor Gericht über einen Unfall wird nicht verstanden, wenn man sich der deutschen Sprache bedient und behauptet, der BMW habe einen „übernommen".

abjackere, eine Sache mit Nachhaltigkeit vertreten. Das Wort leitet sich ab von „jagen", einer schweißtreibenden Tätigkeit, vor allem, wenn man in der Feudalzeit als Treiber eingesetzt wurde – etwa bei Jagden der Saarbrücker Fürsten. Wir „jackern" uns heute ab, wenn wir einer ganz wichtigen Sache mit entsprechendem starken Einsatz nachgehen. Der Turnverein tut es, um einen Zuschuss zu bekommen, der junge Mann, um ein Rendez-vous zu ergattern, und der Handwerker, um die Theke rechtzeitig zur Eröffnung der Kneipe fertig zu bekommen.

abkanzele, jemanden (oder mehrere, vielleicht sogar alle) kritisieren. Der Priester macht es von oben herab, um die versammelte Mannschaft abfällig zu kritisieren. Der Mensch auf der Kanzel muss allerdings einen gewissen Rückhalt haben und sich auf eine religiöse Autorität berufen können. Im Alltag ist es weitaus schwieriger, wenn man mit kommunikativen Einbahnstraßen arbeiten will.

abkappe, etwas unterbrechen, etwa eine elektrische Leitung. Im politischen Bereich das genaue Gegenteil einer Wiedervereinigung. Man kann auch ein Gespräch, das keinen Menschen interessiert, kurzerhand abkappen, muss aber dann wissen, wie es danach weitergeht. Bewährte Konversationsfüller müssen folgen, Gespräche über Wetter und Krankheiten, um dadurch drohende akustische Löcher erst gar nicht aufkommen zu lassen.

abkäse, plagiieren, geistigen Diebstahl begehen. Der gut gemeinte Spruch vieler Eltern: „Bei dem kannschde dir ebbes abgucke!" sollte die Bedeutung des Vorbildes für den Lernprozess betonen. Bei

Klassenarbeiten ist das „Abkäse" nur bei den Schülern beliebt, und im Berufsleben beschäftigen sich Juristen damit. Es empfiehlt sich immer eine differenzierte Betrachtung. Wenn's schiefgeht, dann kann die Großschreibung des Wortes „Käse" als Bezeichnung für die Handlung durchaus angebracht sein.

abluchse, jemanden mit List etwas entwenden. Das wird immer wieder versucht. Für diese Eigentumsübertragung braucht man keine kriminelle Energie. Meistens geht es sehr höflich zu. Man lächelt, schmeichelt, beschwichtigt und plaudert. Der Namensspender für diese Tätigkeit kommt aus der Tierwelt. Es ist der Luchs. Diese einzelgängerische Wildkatze ist dämmerungsaktiv und ein hervorragender Jäger. Parallelen zu Menschen, die anderen etwas abluchsen.

abmurkse, saarländisch für „töten", wobei offensichtlich von einer unprofessionellen Handlung ausgegangen wird. Ansonsten hätte die Substantivierung „Murks" (den man macht) ja keinen Sinn.

Abnicker, Mitglied des Gemeinderats, Kreistages, Landtages oder Bundestages, das zu allem „Ja" oder „Amen" sagt, je nach Parteizugehörigkeit.

Abodeek, Apotheke, saarländische Aussprache, wobei es zu typischen Änderungen kommt: Die harten Konsonanten des Wortes „Apotheke", „p" und „t", werden durch die weichen „b" und „d" ersetzt. Das „e" am Schluss fällt aus sprachökonomischen Gründen weg. Das „h" ist sowieso stumm, kann also auch bei der saarländischen Schreibweise ignoriert werden.

Abord, Toilette, ein im 18. Jahrhundert aus dem lateinischen Wort „abortus" (= Fehlgeburt) entlehnter Begriff. Ursprünglich war der „Abort" ein abgelegener Ort. Aufpassen: Der Ausdruck kommt ausnahmsweise nicht aus dem Französischen. Dort geht man, wie im Deutschen, auf die Toilette. Auch ähnliche Wörter haben nichts mit unserem „Abord" zu tun: „aborder" heißt nicht etwa „zur Toilette gehen", sondern „anlegen" (am Ufer).

abrackere, schwer arbeiten, fleißig sein, sich abarbeiten, sich nachhaltig bemühen: „De Herbert hat sich abgerackert, damit er die Baugenehmischung für die Garaasch kriehn konnt." (Herbert hat sich sehr viel Mühe gegeben, um eine Genehmigung für den Bau der Garage zu bekommen.)

Abrahams Wurschtkisch. Die kleinen Kinder besorgt, wie wir alle wissen, der Klapperstorch. Er nimmt sie aus einem Teich und verteilt sie mehr oder weniger gerecht bei jenen Menschen, die re-

gelmäßig Würfelzucker auf die Fensterbank legen. Im Saarland läuft das anders: Wir wissen, dass sich die ungeborenen Kinder in „Abrahams Wurschtkisch" aufhalten, ein Mythos, der das Alte Testament mit den Genüssen der kulinarischen Fleischeslust verbindet.

Abreiwung, „Abreibung", allerdings mit zwei Bedeutungen, wobei einmal nur das Verb funktioniert und einmal nur das Substantiv: 1. Man kann einen Tisch mit einem Lappen abreiben (bevor der Besuch kommt). 2. Früher bekam man schon mal als Sohn eine Abreibung, wenn man zu spät nach Hause kam.

abroppe, saarländisch für „abrupfen", eine Handlung, die man mit verschiedenen Dingen machen kann: einen Zettel vom Briefkasten, Efeu vom Gartenhäuschen, Preisschild von einem Buch usw.

Absacker, das letzte alkoholische Getränk des Tages: „Ei jetzt gehn mir noch e Absacker trinke!" Den Absacker verinnerlicht man spät und in einer Kneipe, meistens mit Freunden. Danach kann man den Tag ausklingen lassen. Man geht „hemm" und „sackt" dann wirklich ab (ins Bett).

absäwele, wörtlich „absäbeln", ungeschickt abschneiden, etwa eine Scheibe Brot oder Wurst. Die Substantivierung von „säbeln" deutet bereits auf die Größe des Schneidewerkzeuges hin: „Die Oma duud sich die Korschd vom Brot absäwele, weil se nemmeh so gudd kaue kann." (Großmutter schneidet sich die Kruste vom Brot ab, weil sie Probleme mit dem Kauen hat.) Die Unschärfe des Werkzeuges und die Ungeschicklichkeit des Benutzers hinterlassen ihre Spuren, die den Vergleich mit mittelalterlichen Kriegswerkzeugen ermöglichen.

abschaddiere, von jemandem eine Silhouette (oder auch Foto) machen. Das Wort ist wohl entstanden, um den Gebrauch des französischen Wortes „Silhouette" (= Schattenriss, Umriss, Figur) zu umgehen.

a

abschaffe, etwas von politischer Seite eliminieren (meistens aus Kostengründen, etwa den Saarbergbau). Man kann sich aber auch durch schwere Arbeit „abschaffe". Im Saarland wird ja nicht „gearbeitet". Es wird „geschafft". Tut man zu viel, dann sieht man „abgeschafft" aus. Das kann sich auf Menschen als auch auf Körperteile beziehen: „Der schafft doch net offem Büro! Ach woher dann! Serleb Dachs net! Guck Dir doch nur mol dem sei Hänn aan! Die siehn ganz abgeschafft aus." (Der Zustand seiner Hände deutet auf keine Bürotätigkeit hin.)

abschlahn, abschlagen, wie im deutschen: 1. für Äste eines Baumes, 2. für Vorschläge und Angebote sexueller, finanzieller oder sonstiger Art.

abschleppe, 1. ein Auto in die Werkstatt transportieren, 2. einen sehr netten Gesprächs- oder Tanzpartner zu einer Tasse Kaffee nach Hause einladen, aber dann doch eine Flasche Sekt trinken (Fortsetzung folgt).

abschmelze, klein geschnittenen Speck oder Chorizo auslassen, dann das flüssige heiße Fett einer Essensbeilage zufügen, etwa Kartoffeln, Nudeln oder einer Linsensuppe. In dem Wort steckt das Grundprodukt „Schmalz". Dennoch wird es auch mit „e" geschrieben und nicht mit „ä".

abschnalle, saarländisch für „äußerst erstaunt sein". „Wenn Du mol siehschd, wie die schaffe, dann schnallschd Du ab!" Die Frage der Herkunft dieses Sprachbildes bleibt offen: Eigentlich kann es sich beim Abschnallen doch nur um den Gürtel handeln. Den zieht man aber meistens nur aus, um sich danach seiner Hose zu entledigen.

abschnuddele, eine Tätigkeit, die in einem nicht unbedingt unerotischen Liebesprozess eine große Rolle spielen kann, wobei das Küssen vor allem gekennzeichnet ist durch a) ständigen engagierten Wechsel des Zielortes am Körper des Liebespartners und b) durch eine erhöhte Speichelproduktion. Die Geräusche der Schmatzlaute sind unvermeidbar. Die weniger leidenschaftliche, dafür aber sehr herzliche Spielform kann man auch gegenüber Kindern anwenden: „Wie es Erna sei Enkelsche gesiehn hat, do hat ääs das seerschd emol rischdisch abgeschnuddelt." (Erna hat beim Anblick ihres Enkelkindes diesem mehrere Küsschen gegeben.) Bei den Erwachsenen hört man schon andere Worte: „Guck mool, wie die zwää sich dohinne abschnuddele." (Schau mal, wie die beiden sich küssen.)

abstawe, entfernen des Hausstaubs. Er besteht aus feinen festen Teilchen und diese wiederum aus organischen Materialien, z. B. aus Bakterien oder Gesteinsstaub. Das saarländische Substantiv für „Staub" ist „Stab", ein Wort, das im Deutschen einen „Stock" bezeichnet. Das Wort „abstawe" bedeutet auch im übertragenen Sinn „etwas bekommen". „Die Biescher hann ich von meiner Tante abgestawt". Die Satzstellung entscheidet: „Ich hann die Biescher von meiner Tante abgestawt." hat einen ganz anderen Sinn.

Abstawer, 1. männliche Putzfrau, jemand, der in der Gebäudereinigung tätig ist, 2. einer, der von der Arbeit oder dem Glück eines anderen einen finanziellen Nutzen zieht. 3. ein Fußballer, dem man eine Flanke direkt vor die Füße legt. Er muss den Ball nur noch berühren, und dann gilt er als Torschütze.

Abtrinker, jemand, der die letzten Reste der anderen trinkt. Die Gründe dafür sind nicht unbedingt vielfältig. Dem „Abtrinker" fehlt ganz einfach das Geld, und deshalb kümmert er sich um die ökologisch sinnvolle Resteverwertung.

Abtritt, einfacher Abort mit „Abtrittsschessel" (Toilettenschüssel). Wieso das Wort „Abtritt" eine Substantivierung von „abtreten" ist, das erschließt sich dem Sprachhistoriker nicht. Auf keinen Fall sollte man das Wort in Zusammenhang mit „Rücktritt" benutzen

(Politiker, Fahrradbremse). Die Gefahr ist zu groß, dass sich daraus Missverständnisse entwickeln.

abziehe, 1. subtrahieren (8 minus 3 = 5), 2. die Rechnung bringen: „Eh Harry, loss mir noch emol die Luft raus, unn dann kannschde misch abziehe komme?" (Herr Ober, zum guten Schluss trinke ich noch ein gut gezapftes Pils, und dann können Sie mir bitte die Rechnung bringen?)

abzubbe, abzupfen, eine typische Tätigkeit eines Amateur-Floristen. Er entfernt die verwelkten Blätter und Blüten. Die Zupftechnik eines Gitarristen ist dabei nur bedingt einsetzbar. Plektren (deutscher Ausdruck für „Plektrums") scheiden von vornherein aus. Die Beherrschung des Finger(nagel)anschlages, den man von Western- und E-Gitarren her kennt, kann aber dem Hobby-Gärtner bei der Tätigkeit des Abzupfens durchaus von Nutzen sein.

Ach woher dann!, saarländische Redewendung, die man in keinem Fall wörtlich ins Deutsche als Frage nach der Herkunft übersetzen sollte. Ein typischer Dialog zwischen einem nicht-saarländischen Kellner und einem saarländischen Gast: „Ein Weißwein, bitte". Der Kellner: „Möchten Sie einen Pfälzer?". Der saarländische Gast: „Ach woher dann! Reicht das dann net, dass mir die Pälzer gefress hann? – Soll ich die jetzt aach noch saufe?"

achele, rotwelscher Begriff mit mehreren Bedeutungen: 1. essen, 2. klauen, 3. schmarotzen 4. schuften. Der Ausdruck stammt wahrscheinlich aus dem Westjiddischen und geht ursprünglich zurück auf das Hebräische.

Affäär, kurze, aber durchaus leidenschaftliche heftige Liaison (Beziehung) mit einem anderen Menschen. Ob sie öffentlichkeitswirksam ist, hängt meistens von den Beteiligten ab. Das Wort leitet sich ab von dem französischen Wort „l'affaire", eine klassische Polysemie (Wort mit mindestens zwei Bedeutungen), die Gemeinsamkeiten betont, aber auch zu Missverständnissen führen kann. „L'affaire" ist im Französischen nicht nur ein leidenschaftlicher Seitensprung, sondern auch eine Sache oder ein Geschäft.

Affearsch, Hinterteil eines dem Menschen sehr nahe verwandten Tieres. Da sich viele Menschen dieser familiären Nähe ebenso schämen wie über jenes in anatomischer Hinsicht bedeutungsvollen Körperteils, eignet sich die Wortkombination „Affearsch" hervorragend, um Menschen zu diffamieren.

Affezibbel, saarländisches Schimpfwort, wörtlich: das spitze Ende (Zipfel) eines Affen. Bezug zu dem primären Geschlechtsorgan eines – laut Darwin – mit dem Menschen eng verwandten animalischen Wesens. Der Begriff wird vor allem dazu benutzt, um arrogante Menschen zu beschimpfen. Eine psychoanalytische Analyse dieses Begriffes erscheint durchaus sinnvoll, würde aber den Rahmen dieses Buches sprengen.

ähngängisch, saarländisch für „einheitlich". Das eine „geht" mit dem andern einher und bildet somit eine wie auch immer geartete Einheit. „Es Heidi is immer ähngängisch angezoh." (Typisch Heidi – immer Ton in Ton.)

ähnisch, einig. „Sinner eich ähnisch wor?" (Habt ihr eine zufriedenstellende Lösung gefunden?). Eine Umtextung des Anfangs der deutschen Nationalhymne ins Saarländische erscheint nicht sinnvoll; das Wort „Ähnischkäät" ist selbst in unserer Umgangssprache nicht geläufig. Deshalb ist es ebenso abzulehnen wie der Versuch, auf die Melodie der Nationalhymne einen saarländischen Text zu schreiben wie: „Von dem Warndt bis rauf nach Wadern / und von Perl bis Peppenkum / Saarland, Saarland gegen alles / gegen alles drumherum."

ähnse, stöhnen. Das Wort wird unabhängig von den Ursachen gebraucht, seien es Kummer, Arbeit oder Lust: „Bei denne Werbunge für Telefonsex im Fernseh, do duhn die Weiwer an ähner Tour ähnse." (Die Fernsehwerbespots für Telefonsex arbeiten auch mit passenden akustischen Mitteln.)

ahnstännisch, anständig, ein moralischer, wenn nicht sogar ethischer Begriff. Im Saarland wird er auch als Mengenangabe gebraucht. Man kann zum Beispiel in einer Kantine einen Nachschlag erbitten mit dem Zusatz „Awwer e ahnstännisch Portsjoon". (Bitte reichlich!) Das Gegenteil davon, eine „unanständige Portion", ist nicht gebräuchlich.

Ald Brick, flussübergreifendes Steinbauwerk zwischen Alt-Saarbrücken und St. Johann „Wenn ma vom St. Johanner Markt odder vom Theater zum Schloss gehn will, dann geht ma am beschde iwwer die ald Brick." (Der kürzeste Fußweg vom St. Johanner Markt oder vom Staatstheater zum Saarbrücker Schloss führt über die Alte Brücke). Sie ist die älteste erhaltene Brücke im Saarland. Unter Graf Philipp II. von Nassau-Saarbrücken wurde sie 1546/47 erbaut, nachdem Kaiser Karl V. die Saar wegen des Hochwassers mehrere Male nicht überqueren konnte.

aldahiesig, alteingesessen, wobei man bei dem Wort „eingesessen" keinen Bezug zum „Sitzen" in dem Saarbrücker Gefängnis Lerchesflur herstellen sollte. Die Wortherkunft von „aldahiesig" eignet sich hervorragend zum Spekulieren. Das Wort besteht aus vier Teilen: 1. ald (im Sinne von „schon lange"), 2. da (in der Gegend), 3. hie (alte Fassung von „hier"), Verdoppelung von „da", 4. sig (Suffix, das Wort wird zum Adjektiv).

Aldahiesige, altsaarländisches Substantiv für die alteingesessenen Bürger einer saarländischen Gebietskörperschaft (Ureinwohner). Im Unterschied dazu gibt es „Hergeloffene", also: Zugezogene mit deutschem Migrationshintergrund, vor allem aus dem „Reich" (mittlerweile Bundesrepublik).

Aldedibbe, scherzhafte Bezeichnung des Saarbrücker Stadtteils Altenkessel. Der Ort entstand im 19. Jahrhundert als Bergmannskolonie. Am 7. Februar 1962 kam es unter Altenkessel in der Grube Luisenthal zu einem Unglück mit 299 toten Bergleuten. Unter dem Namen „Kesselflicker" (wörtlich: „Topf-Reparateure") hat sich die örtliche Karnevalsgesellschaft einen Namen gemacht. Das Wort „Kessel" wurde in den entsprechenden saarländischen Begriff „Dibbe" übersetzt.

Aldewald, Altenwald, Stadtteil von Sulzbach im Regionalverband Saarbrücken. 1841 wurde im Altenwald eine Grube gegründet, aber bereits 1932 stillgelegt. Die evangelische Kirche erinnert noch an diese Zeit. Die Grubensenkungen schufen eine extreme Schieflage, die sie zum „Schiefen Turm von Altenwald" machte.

aldgescheit, saarländische Fassung von „altklug". Saarländer werden wohl mit der Zeit nicht unbedingt klug, eher gescheit (wobei dieser Begriff nichts mit „scheitern" zu tun hat). Menschen in der fortgeschrittenen Jugend sind auch im Saarland beladen mit Seniorenwissen, sprich: Erfahrungen. Diese lässt man sich von jüngeren Menschen nicht nehmen.

Aldi, fester Bestandteil des ehelichen Spezialwortschatzes; weibliche Form von „Alder", wird häufig zusammen mit dem besitzanzeigenden Fürwort „mei" gebraucht: „Mei Aldi sitzt dehemm im Warme, unn ich muss das kalte Bier trinke…" Wird auch als Zusatz für andere Schimpfwörter (meistens Tiernamen) benutzt: „aldi Koob", „aldi Kuh" usw. – Aldi ist aber auch weit mehr als ein Schimpfwort für eine ältere Dame. Es ist die Abkürzung für eine spanische Lebensmittelkette mit dem Namen „Alimentacion – Distribucion" (Versorgung, Vertrieb) und für einen deutschen Discount-Konzern. Letzterer bildete gemeinsam mit dem Schimpfwort den Ausgangspunkt für einen saarländischen Blues mit dem Titel „Mei Aldi geht ins Aldi", produziert in den 1980er Jahren von „Klään-Müllers-Dickbänd".

a

Ald-Saabricke, Alt-Saarbrücken, Stadtteil der Landeshauptstadt, hat im 19. Jahrhundert das „Zentrum" an St. Johann abgegeben, u. a. wegen des Baus des Bahnhofs und der Verbindungsstraße zwischen dem St. Johanner Markt und dem Bahnhof. Wichtige Gebäude von Ald-Saabricke: Schloss, Landtag, Staatskanzlei, Ludwigskirche, Saarbrücker Zeitung, mehrere Ministerien. Eine sprachliche Kuriosität: In der Nähe des Schlossplatzes befindet sich die Altneugasse, ein alter Name aus der Fürstenzeit. Er drückt auch die Philosophie der Schlossrestaurierung Ende des vorigen Jahrtausends aus. Der Architekt verband mit seinem Meisterwerk Altes mit Neuem.

alertsche, Verkleinerungsform von „alert", abgeleitet von dem französischen Adjektiv „alerte" (= flink). Das entsprechende Substantiv im Französischen heißt „l'alerte" und bedeutet „Alarm". Im Deutschen gibt es für Adjektive keine Verkleinerungsformen. Eine saarländische Besonderheit: Das Wort „alertsche". Es wird vor allem für Kinder benutzt – wie „proppersche" (= sauber, von dem französischen Wort „propre" abgeleitet).

all Nas lang, saarländisch für „ständig": „Backese Ramona hat all Nas lang e Neijer." (Ramona Backes wechselt ständig ihre Männer.) Die Rolle, die dabei die Nase spielen kann, gibt bestenfalls geistige Nahrung für Spekulationen über Sexualverhalten, Geruchssinn und ähnliches.

alla, saarländischer Ausdruck für „à la", zum Beispiel „alla bonnär" (= gut so, alle Achtung). Der französische Ausdruck „à la bonne heure" heißt wörtlich: „auf die gute Stunde", im Französischen neben „la chance" und „la fortune" eine weitere Form des Glücks . „Alla" kann auch benutzt werden im Zusammenhang mit Orten und Regionen (Austern alla Bretagne) oder sogar mit Personen („Käsblatt" alla Oswald).

allee dann, Auf Wiedersehen!, im Sinne von „Dann wäre ja soweit alles geklärt. Bis zum nächsten Mal!" Ein interessantes französisch-deutsches Kompositum: „Allee" leitet sich ab von „allez", dem Imperativ der zweiten Person Plural des Verbes „aller" (= gehen). „Dann" ist eher ein deutsches Füllwort, das jedoch Bezug nimmt auf etwas, was vorangegangen ist (Wenn das so ist...).

allee dudswit, wörtlich „Geht plötzlich!", wird im Sinne von „sich beeilen" benutzt. Der Ausdruck „allee dudswit" ist das Kompositum von „allez" („Geht!" und „Gehen Sie!") und „tout de suite" (plötzlich, sofort).

Allee hopp, klassische saarländische Aufforderung. Die vermutliche Herkunft: aus dem Keltischen (Reiterkommando zum Aufsteigen). Auch als Dressurkommando beim Zirkus bekannt. Im Saarländischen ist es eine Aufforderung, endlich anzufangen. Gleichzeitig ist es ein Karnevalsruf (wie „Alaaf" in Köln und „Helau" in Mainz). Die bekannteste saarländische Karnevalsgesellschaft heißt so, und in Saarbrücken gibt es den Karnevals-Schlachtruf „Allee hopp, Saabricke steht kopp".

allee, auch im Saarländischen eine Befehlsform von „gehen" mit den Bedeutungen von: auf, los, geh, hopp, mach! Die erste Silbe von „allee" muss man aber betonen. Erst dann ist es eine ernstgemeinte Aufforderung an Personen, etwas (oder sich selbst) zu bewegen. „Allee! Gleich gehts los."

Allee, aus dem französischen „l'allée" = mit Bäumen gesäumte Landstraße". Oft ist der Name stabiler als die Bäume. In Zeiten der Postkutschen waren diese aber wichtig: Sie schützten vor der Sonne und stabilisieren mit ihren Wurzeln die Wege.

allega, alle zusammen, Verstärkung von „alle". Mathematisch gesehen ist das vollkommen absurd. „Alle" duldet keine Steigerung. Im Saarländischen ist das aber möglich. Vielleicht ist das Wort dadurch entstanden, weil man betonen wollte, dass wirklich alle gemeint sind – in Abgrenzung zu „fast alle". Eine Parallele zu diesem

Effekt ist der altsaarländische Ausdruck „guddi Butter", womit man ausdrücken wollte, dass es sich wirklich um Butter handelte und nicht um Margarine. „Wenns Freibier gebbd, dann sinn se allega debei!" (Wenn Bier kostenlos offeriert wird, dann kommen alle ohne Ausnahme.)

allegebott, ständig, wahrscheinlich unnötigerweise abgeleitet von „Gebot": „Der hat allegebott ebbes anneres" (Er hat ständig etwas anderes vorzubringen.)

allemol, selbstverständlich, eigentlich „alle Male" (= immer). Das zweite „a" ist verschwunden. Davon profitierte das offene „o", ein adaptierter französischer Nasal. Typischer Ausdruck einer generellen Bestätigung in einem Kommunikationsprozess: „Allemol, das werd so gewään sinn!" (Wobei es sich beim zweiten Teil des Satzes um eine grammatikalische Kuriosität handelt. Das Futur II wird benutzt, um Vergangenes zu bestätigen.)

aller, saarländisches Präfix, das in der Lage ist, selbst den Superlativ zu steigern. „De Heinz is gross, de Peter is greeser, de Horst is de greeschd, de Harry is de allergreeschd". Der Superlativ lässt sich mittlerweile aber auch in der deutschen Sprache steigern. Ein makabres Beispiel dafür liefert die Atomkatastrophe in Japan. Man befürchtete nicht nur den GAU, den „größten anzunehmenden Unfall", sondern man macht das „Größte" noch „größer". Man spricht von „Super-Gau". Die Sensationssucht hat in diesem Fall wohl über die sprachliche Präzision gesiegt.

allerhand for, viele, verschiedene. „Beim Schlussverkauf sieht ma allerhand for Leid." Eine Hörfunksendung von Fritz und Gerdi Weissenbach trug den Namen: „Allerhand für Stadt und Land". Das Wort „allerhand" wird auch als Ausdruck der Empörung gebraucht: „Es Benzin is schon wedder deirer wor. Das is jo allerhand." (Der Benzinpreis erhöhte sich schon wieder. Eine Unverschämtheit.)

allerschlankschd. Hat nichts mit den erwünschten Folgewirkungen diverser Diäten (weight-watchers, Brigitte usw.) zu tun, sondern wird im Sinne von „Der/die Richtige" ironisch gebraucht: „Komm mir net so! Du bischd mir de allerschlankschd." (Bitte höre auf. Mit dir geht nichts.)

allseläwe, zeitlebens. „De Horst, der hat allseläwe noch nix geschafft." (Er war sein ganzes Leben lang nicht berufstätig.)

als emol, manchmal, bisweilen, eigentlich eine Verdoppelung. Das Wort „als" ist auch in der Bedeutung von „manchmal" und „bisweilen" allein existenzfähig, womit wir ebenfalls keine Einmaligkeit ausdrücken, sondern „mehrmals, aber nicht se oft". „Beim Strooßefeschd hat de Schorsch als emol sei Akkordeon mitgebrung."(Beim Straßenfest erschien Schorsch einige Male mit seinem Akkordeon.)

als, gibt es im Saarländischen nicht als Konjunktion. Man ersetzt es durch „wie", wenn es zeitlich gebraucht wird: „Wie de FC noch in de Bundesliga war, do war offem Ludwigspark meh los." (Als der 1. FC Saarbrücken noch in der Bundesliga spielte, gab es im Ludwigspark mehr Besucher). Ebenso beim Komparativ: „Es Stefanie is greeßer wie der Horst." (Stefanie ist größer als Horst.)

als noch, immer noch: „Es Radio laaft als noch." „Als" kann für sehr unterschiedliche Dinge stehen: für „manchmal" („Mir gehen als in die Kersch") und für „schon mal" („Mir gehn als"). Was das Wort konkret bedeutet, das kann man – wie bei jeder Polysemie – nur aus dem Zusammenhang heraus deuten.

Ambaschur, Arbeitslust, Geschick bei der Arbeit, abgeleitet von dem französischen Wort „l'embouchure", das allerdings mehrere Bedeutungen hat, u. a. Mündung eines Flusses und Mundstück der Trompete.

a

Ämer, Eimer. Wird auch als Sprachbild benutzt: „De Holger war voll wie e Ämer". (Holger hatte einen über den Durst getrunken). Oder: „Ich hodd die Laaf-Dabber. Die ganz Naacht offem Ämer..." (Meine Diarrhö zwang mich zu mehrmaligen nächtlichen Aufenthalten auf der Toilette). Das Wort „Ämer" wird bisweilen auch in einem freundschaftlich-rustikalen Gute-Nacht-Gruß benutzt: „Kommen gudd of de Ämer!"

Ämetz, Ameise. Das saarländische Wort ist ursprünglicher, denn es ist näher an der mittelhochdeutschen Fassung „emete" und dem davon abgeleiteten englischen „emmet" als an dem deutschen Wort „Ameise": „Beim ledschde Vadderdaach is de Helmut mit em volle Kopp in e Ämetzehaufe gefall." (An Christi Himmelfahrt fiel Helmut nach dem Frühschoppen in einen Ameisenhaufen.)

Ammadur, Armatur, ein Bedienungshebel zum Regeln und Absperren. Er befindet sich oft auf einem Armaturenbrett, zusammen mit einer Anzeige- oder Instrumententafel sowie mehreren Messanzeigern. Im Auto hat sich der Begriff des Armaturenbretts erhalten, obwohl die Instrumente nicht mehr auf einem Brett befestigt sind. Auch an der Badewanne, Dusche, an Wasch- und Spülbecken gibt es „Ammadure". Der Begriff kommt aus dem Lateinischen: „armare" = „ausrüsten". Im Saarländischen ersparen wir uns das erste „r" und verdoppeln stattdessen das „m". Das „t" wird durch den weicheren Konsonanten „d" ersetzt.

Ammerisch. Es gibt zwei mögliche Herleitungen des Begriffs: 1. altsaarländischer Uzname für den Mann einer Hebamme und 2. ein Kind, das von einer Amme gestillt wurde und nicht von der eigenen Mutter. Das Wort Hebamme stammt vom Hebanna, dem althochdeutschen hev(i)anna. Die heutige Schreibweise ist später entstanden. Man wollte den Begriff angleichen an „Amme". Doch davon abgeleitet ist das Wort Hebamme nicht.

ammesiere, von dem französischen reflexiven Verb „s'amuser", sich vergnügen, aber auch: „bewirken, dass jemand über etwas lachen muss oder etwas lustig findet". Selbst ein Gedanke kann einen amüsieren. Im Saarländischen wird das Wort „ammesiere" nicht mehr als „Fremdling" empfunden. Es hat sich integriert.

Amschel, Amsel, eine der am weitesten verbreiteten und bekanntesten Vögel überhaupt. Der Reviergesang der Männchen beginnt im Frühling oft in der Morgendämmerung. Ein Teil der Vögel überwintert in Südeuropa oder Nordafrika. Die „Amschel" ist kein Vegetarier. Sie ernährt sich überwiegend von Käfern und Regenwürmern, manchmal aber auch von Beeren und Früchten. Die Aussprache der Buchstabenkombination „sch" fällt uns Saarländern wohl leichter als die des „s". Das klingt zu vornehm und erinnert an den norddeutschen „spitzen Stein".

Andevsche, Endiviensalat. Das deutsche Wort kommt aus dem italienischen „endivia". Für Saarländer war das Wort Endivien zu kompliziert: aus „End" wurd „And", und der Rest wurde wohl als Verkleinerung betrachtet. Deshalb das „sche".

annaschd, anders. An dem saarländischen Wort merkt man noch das nicht allzu feine Sprachempfinden. Es wirkt fast abweisend, so als hätte man eine Abneigung gegen alles gehabt, was „annaschd" ist: „Frieher war alles annaschd." (Die Zeiten haben sich geändert.)

annaschder, anders. Eine Formulierung, die vor allem durch ihre unsinnig erscheinende Endung imponiert: Alles, was anders ist, das ist durch den Komparativ noch steigerbar. Bis zum Superlativ schafft es das Wort „annerschd" aber nicht.

annaschdrum, umgekehrt. Übersetzt man das saarländische Wort wörtlich ins Deutsche, dann heißt es „anders herum", was mindestens genau so viel Sinn macht wie „umgekehrt".

a

anne, entlang. Eine dynamische Weiterentwicklung von „an". „Ich geh'n immer do hinne anne." (Ich gehe immer da hinten entlang). Das Wort führt bisweilen zu Missverständnissen bei Menschen, die mit dem Saarländischen Probleme haben. Sie fragen sich: „Wer verdammt ist Anne?"

anner, andere. Es gibt sie in den verschiedenen Geschlechtern: „de anner" und „es anner. Besonders praktisch sind diese Bezeichnungen, wenn man einen Namen vergessen hat oder ihn überhaupt nicht kennt. Es folgen dann weitere Erläuterungen: „De anner, der wo ledschd Johr im Lotto gewonn hat." (Der andere, der letztes Jahr im Lotto gewonnen hat.)

annerleids, saarländisch für „anderer Leute": „Annerleids Kinner schicke sich. Nur unser Clarissa stellt an äner Tur de Deiwel ahn." (Die Kinder anderer Leute sind artig. Nur Clarissa stellt alles auf den Kopf.)

anno Tuwak, wörtlich: „im Jahr des Tabaks", vor langer Zeit (als es noch kein Rauchverbot gab). „Tuwak" in der Pfeife produziert Nebel. Man kann auch einen Menschen „vertuwake" (einnebeln, aber auch verprügeln). „Anno Tuwak" soll wohl sagen: in Zeiten, die „vernebelt" sind durch die Geschichte. Aufklärung tut not.

anrer, an einer. Der Wortteil „ein" wird im Saarländischen rausgeworfen und durch ein „r" ersetzt. Aus beiden kurzen Wörtern kann man ein Kompositum basteln: „Ich hann de Thomas anrer Bushaltestell gesiehn." (Ich sah Thomas an einer Bushaltestelle.)

anscheins, saarländische (verkürzte) Form von „anscheinend": „Anscheins hat de Oskar e neijer Friseer." (Oskar hat sein visuelles Erscheinungsbild verändert.)

anstecke, 1. anzünden: „Haschde dir grad e Flubb angesteckt?" (Hast Du Dir soeben eine Zigarette angezündet?), 2. infizieren:

„Jetzt hat der aach die Freck." (Jetzt hat er auch eine Erkältungskrankheit. Er hat sich angesteckt.)

arisch, sehr, abgeleitet von „arg", hat aber nichts mit dem Nazi-Begriff „arisch" zu tun. Einen „arisch-saarländischen Nachweis" gibt es also nicht. Das Wort wird unterschiedlich ausgesprochen: im Moselfränkischen bisweilen „ährisch". Kurzfassung: „aasch", Beispiel: „Ich hann aasch kalt." Achtung: Die Kleinschreibung ist nicht hörbar.

Armleischder, Armleuchter, Kandelaber, abgeleitet von dem französischen Wort „le candélabre". Als mehrarmige Leuchter sind sie seit der Antike bekannt. Man bestückte sie mit Öl- oder Talglampen. Bei dem Schimpfwort „Armleuchter" handelt es sich offensichtlich um einen Euphemismus, um eine beschönigende Formulierung. Das obszöne Wort „Arschloch" wollte man damit vermeiden.

Ärschelsche, liebevolle Gleichsetzung eines Menschen mit einem wichtigen Körperteil, wobei letzterer sprachlich „getätschelt" wird. Ein beliebtes Kosewort. Dennoch empfiehlt sich die Benutzung des Begriffes nicht bei allen Gelegenheiten, etwa bei Empfängen der Staatskanzlei oder bei runden Geburtstagen hoher kirchlicher Würdenträger. Da versteht man solche Koseworte oft „miss". Mit mehr als geringfügigen Verstimmungen muss gerechnet werden.

äschdamiere, jemandem die Ehre geben, ihn anerkennen und würdigen. Das Wort ist eindeutig die saarländische Fassung des französischen Verbs „estimer" (= schätzen). Allerdings hat es im Französischen wie im Deutschen die doppelte Bedeutung: anerkennen und abschätzen (Maße). Im Saarland wurde das Wort auch früher nicht immer verstanden. Ein saarländischer Witzklassiker (mit Bart): Die Mutter fragt ihre Tochter, die bei einem Steiger dient: „Werschd Du aach vom Steier äschdamiert?" – Darauf die Tochter: „Ei jo, zwäämol die Woch." Eine Übersetzung ins Deutsche erübrigt sich.

a

Äsche, Asche. In vielen Kulturen symbolisiert sie Buße und Reinigung. An ihrem Neujahrstag badeten die Römer in Asche, um gereinigt ins neue Jahr zu gehen, ein Brauch, der im Aschermittwoch weiterlebt. Holzasche kann sogar als natürliche Zahnpasta und auch als Reinigungsmittel generell verwendet werden (Aschenlauge). Asche war unentbehrlich zur Seifenherstellung. Die saarländische Fassung „Äsche" hört sich an wie der Plural von „Asche" (Aus dem „Abbel" werden in der Mehrzahl ja auch „Äbbel"). Das könnte vielleicht ein kleiner Hinweis darauf sein, dass sich unsere Vorfahren der vielseitigen Verwendung von Asche bewusst waren. In jedem Fall war Asche wichtig. Die Märchenwelt kennt das „Aschenputtel", der Katholizismus das „Aschenkreuz" und die Raucher den „Aschenbecher". Alle drei Begriffe gibt es selbstverständlich auch in der saarländischen Mundart, aber in keinem Fall hat das Anfangs-"A" zwei Pünktchen. Zusammengesetzte deutsche Wörter (Komposita) haben offensichtlich geringere Chancen, in Mundartbegriffe übersetzt zu werden. Asche auf ihr Haupt.

Äscheämer, Mülleimer, wörtlich: „Ascheeimer", war früher immer aus Metall, weil man glühende Asche hineinfüllte und sich deshalb Plastikeimer nicht eigneten. Erschwerend kommt hinzu, dass es früher noch keine Plastikeimer gab.

Äschefuhr, Müllauto, vormals Pferdefuhrwerk, das die Asche abtransportierte. Das saarländische Wort kommt aus einer Zeit, in der lediglich „Asche" entsorgt wurde. Kunststoff war noch nicht populär, Papier wurde verbrannt und Biomasse hieß noch nicht so, wurde aber bereits kompostiert.

Äschekiwwel, sprachlicher Vorläufer von Mülltonne, wörtlich „Aschekübel", wobei man den Begriff „Kiwwel" als Verb noch nicht im Zusammenhang mit der Umkehrung des Alkoholgenusses benutzte.

Äscheschutt, eine fast vorsintflutliche Mülldeponie. Der Müll bestand noch in erster Linie aus Asche, und die Deponie war meistens ein steiler Hang. Dort realisierte man ein „Landgewinnungsprogramm", das man heute als Umweltverschmutzung bezeichnen und bestrafen würde.

Assiland. Damit soll nicht die Bundesrepublik als ein „Land von Assis" (= Kurzfassung von Asoziale)" bezeichnet werden, auch nicht als „Asyl-Land". Ein „Assiland" ist jemand, der Asyl sucht oder gefunden hat, also ein Asylant. Die Betonung muss unbedingt auf der letzten Silbe liegen.

Atzel, (diebische) Elster, wird gebraucht für einen Menschen, der das Eigentum anderer nicht allzu sehr schätzt: „An Fronleichnam trahd er de Himmel, unn of der Grub klaut er wie e Atzel." (Beim Fronleichnamsfest trägt er den Himmel, und auf der Grube stiehlt er wie eine Elster). In der germanischen Mythologie war die Elster eine Götterbotin. Im Mittelalter war sie als Hexentier und Galgenvogel unbeliebt. Gioacchino Rossini hat Anfang des 19. Jahrhunderts eine Oper über die diebische Elster geschrieben: „La gazza ladra". Die Elster interessiert sich besonders für glänzende Gegenstände. Sie versteckt sie im Gras oder unter Laub, aber nicht – wie viele meinen – in ihrem Nest.

atzele, die äußerst flexible Auffassung zu Eigentumsfragen durch folgerichtiges Handeln realisieren.

Au, 1. Auge, 2. Ausdruck des Erstaunens, 3. Reaktion auf einen Schmerz. Für diesen Zweck ist das Wort manchmal etwas zu einsilbig. Man verlängert es dann und es entstehen längere Wörter wie „Aua" oder „Auatsch".

Auabbel, saarländisch für Augapfel. Das Deutsche eliminiert das „en" zwischen „Aug" und „apfel". Das Saarländische ist noch konsequenter: Das „g" fällt weg und das „pf" verwandelt sich in „bb".

Der sprachpsychologische Hintergrund dieses Koseworts: Der „Auabbel" ist als wichtiges Sehwerkzeug schutzbedürftig. Man geht behutsam mit ihm um. Der „Auabbel" ist ein Stück von einem selbst: „Du bischd mei Auabbel. Ich genn Dich nemmeh her." (Ich liebe dich.)

Auatsch, eine rustikale Verlängerung des deutschen Wortes „au", ein spontaner Ausruf bei einem Schmerzzustand: „Auatsch, ich hann mir mit em Hammer of de Daume gekloppt." (Ich habe mich verletzt, indem ich mit einem Hammer irrtümlicherweise auf einen meiner Daumen geschlagen habe.)

Auauauauauauauau. Bei richtiger Betonung entwickelt sich diese Aneinanderreihung zu einem saarländischen Ausdruck des Erstaunens, wobei es sich bei der siebenmaligen Wiederholung um einen statistischen Mittelwert handelt: „Auauauauauauauau, der do Schlitte war awwer net billisch." (Ich staune doch sehr über den Neuwagen, dessen Anschaffungspreis sicher enorm war.)

Auerschmacher, Auersmacher, Ortsteil der Gemeinde Kleinblittersdorf im Regionalverband Saarbrücken. Die Saar ist gleichzeitig Ortsgrenze und Grenze zu Frankreich. Das Backhaus ist bekannt für die Herstellung eines hervorragenden Flammkuchens. Ebenfalls sehenswert sind die Kuchlinger Kapelle von 1797 und die größte noch in Betrieb befindliche unterirdische Kalksteingrube Europas.

ausbaldowere, etwas herausfinden, auskundschaften, mit Geschick ausfindig machen, sich etwas ausdenken, ausklügeln, eine Idee umsetzen, planen. „Hann ihr schon ebbes ausbaldowert fiers Feierwehrfeschd?" (Liegt bereits eine konkrete Planung vor für die Durchführung des alljährlich stattfindenden Festes der freiwilligen Feuerwehr?) Der Ausdruck kommt aus dem Rotwelschen, ist aber seit mehr als einhundert Jahren in der saarländischen und deutschen Sprache integriert.

ausem, Zusammenziehung von „aus" und „dem" unter Weglassung des „d": „Es Elfi is ausem Kellerdal." (Elfriede stammt aus dem Köllertal.)

ausem Heisje, aufgeregt. Das ist man im Saarland, wenn man sich nicht in den eigenen vier Wänden aufhält. Zumindest deutet der Ausdruck darauf hin. Typisch sind gleich mehrere Veränderungen des deutschen Ausdrucks „aus dem Häuschen", etwa das Zusammenziehen von „aus" und „dem" zu „ausem", bei gleichzeitigem Weglassen des Buchstabens „d" sowie der Wandel vom allzu vornehm klingenden „äu" zu „ei", der Ersatz des nur über die Mundwinkel aussprechbaren „ch" durch ein „j" und das – aus sprachökonomischen Gründen – Weglassen des letzten Buchstabens.

ausewennsisch, auswendig: „Mei Mudder hat noch viel Gedichte ausewennsisch lehre misse." (Meine Mutter musste in der Schule noch viele Gedichte auswendig lernen.) Wir haben mit der Kombination von „s" und „w" in „auswendig" große Probleme. Deshalb platzieren wir zwischen beide Buchstaben ein „e". Das Wort wird auch im Sinne von „außen" benutzt: „Ausewennsisch is das Haus noch in Ordnung, awwer innewensisch: nix wie Uwwerraasch." (Das äußere Outfit des Hauses ist im Gegensatz zum inneren in Ordnung.)

Ausgehkluft, feine Kleidung, die man trägt, wenn man das Haus verlässt, um sich kulturellen, kirchlichen oder sonstigen gesellschaftlichen Lustbarkeiten hinzugeben.

ausgelaadschd, abgenutzt. Leitet sich ab von dem Substantiv „Laadsche" für eher bäuerliches Schuhwerk und dem Verb „laadsche" für den passenden Gang. Die nicht allzu vornehme und sachgemäße Benutzung der Schuhe hat Auswirkungen auf deren Haltbarkeit. Saarländisch: „Die sinn ausgelaadschd."

ausgesporr, neben „ausgesperrt" eine weitere saarländische Form des Partizips II von aussperren. Das Wort braucht man, wenn man beim Verlassen des Hauses vergisst, den Hausschlüssel einzustecken. Bei Tarifauseinandersetzungen der Sozialpartner kann es auch zu Aussperrungen durch die Unternehmen kommen. Dann werden aber die Arbeitnehmer eine Zeitlang „ausgesperrt".

ausglabuschdere, etwas auf schwierige Art und Weise herausfinden und/oder auch entwickeln. Der Prozess als solcher ist nicht durchschaubar, aber er führt zum Erfolg.

aushecke, aushecken, mit List ersinnen, sich etwas ausdenken, saarländische Aussprache eines deutschen Wortes: „Ich meeschd net wisse, was die noch so alles ausgeheckt hann." (Die haben bestimmt wieder einen Plan.) Das Wort „hecken" hatte im Mittelalter die Bedeutung von „sich begatten" und bedeutete auch „brüten".

ausroppe, jäten. Der Begriff „ausrupfen" ist im Deutschen nicht mehr sehr gebräuchlich. Er wird lediglich benutzt von Saarländern, die das Wort „ausroppe" vornehm aussprechen wollen. „Ausroppe", das macht man mit Sträuchern. Auch Unkraut wird „geroppt". Aber: Feine Leute lassen „jäten".

Auswärdischer, Ausdruck für eine männliche Person (weiblich: Auswärdische), die von auswärts kommt. Dabei kann es sich um einen Ausländer, wie auch um eine Person aus einem anderen Ort, einer anderen Gemeinde handeln. Merke: Der, die, das Fremde beginnt bereits beim Nachbarn.

äwe, eben, hat im Saarland drei Bedeutungen: „vorhin" („Er is äwe komm."), „flach" („De Boddem is äwe") und „genau" („Äwe, das is wohr!")

aweil, jetzt, wörtlich: „zur Weile", wobei das Wörtchen „zur" durch das französische Wort „à" übersetzt wird, allerdings ohne Akzent.

Dient zur Zeitangabe „Aweil gebds Zeit" (Jetzt wird es Zeit), zur Bedrohung „Aweil mach halblang" (Übertreibe es nicht) und zur Ankündigung „Aweil kummts" (Jetzt geht's zur Sache). Auf das „l" am Schluss kann man auch verzichten. Beliebt ist auch die Ergänzung durch „awwer". Der Ausdruck „Aweil awwer" kann dann auch allein stehen. Er hat dann eine ähnliche Bedeutung wie „Jetzt mach awwer halblang!" (Bitte mäßige dich doch ein wenig.)

äwener Erd, ebenerdig. „Die wohne net im erschde Stock, die wohne äwener Erd" (also im Erdgeschoss). Das Deutsche hat sich mit dem Wort „ebenerdig" für die Form des Adjektivs entschieden. Im Saarländischen kennt man die etwas unlogische Formulierung „äwener Erd". Wörtlich übersetzt: „auf einer Erde, die eben ist". Wobei man davon ausgehen kann, dass auch der Boden in den darüber liegenden Stockwerken keine allzu großen Erhebungen aufweisen wird. Aber das soll wohl nicht ausgesagt werden. „Äwener Erd" heißt etwas anderes: Wenn man von außen kommt, dann braucht man keine Treppe rauf- oder runterzugehen (enuff unn enunner). Man bleibt auf dem gleichen Niveau (also auf „ebener Erde") und gelangt so in die Räumlichkeit.

awwer, aber. Saarländische Aussprache eines deutschen Wortes. Ein weicher Konsonant wird noch weicher. Das Wort wird von Heinz Becker sehr gerne benutzt als Einstieg für die Formulierung „Awwer hunnert Prozent!"

Azwenzkranz, ein saarländisches, vorweihnachtliches Kunstwort, das dreimal den letzten Buchstaben des Alphabets beinhaltet. Der Effekt entsteht durch zweimalige unnötige Benutzung des Buchstaben „z", der ansonsten in deutschen Texten nur eine durchschnittliche Häufigkeit von 1,1 % hat. Das erste „z" ist

einfach dazwischengeschoben. Es hat keine Grundlage in der deutschen Fassung des Wortes „Advent". Der liegt in der ungewöhnlichen Kombination der beiden Konsonanten „d" und „v". Das zweite „z" ist Ausdruck der Sprachökonomie. Diesmal wird nichts zwischen eine ungewöhnliche Kombination von zwei Konsonanten hineingeschoben. Die beiden Buchstaben „t" und „s" werden zufriedenstellend ersetzt durch ein zweites „z". Das letzte „z" ist echt.

Azwenzkranzkerze, sprachlich eine Erweiterung des vorangegangenen Wortes, praktisch ein Bestandteil des „Azwenzkranzes". Jetzt handelt es sich um ein saarländisches, vorweihnachtliches Kunstwort, das viermal den letzten Buchstaben des Alphabets beinhaltet. Sogar die letzten beiden „z" sind jetzt echt. Präsentiert wurde dieses Sprachungetüm zum ersten Mal in den 1980er Jahren beim Weihnachtsmarkt am Stand des Lehnert-Verlages in der Altneugasse in Alt-Saarbrücken. Daneben stand übrigens ein „saarländischer Adventskranz": ein Ring Lyoner mit vier Flaschen Maggi – ebenfalls aus der Ideen-Werkstatt der Altneugasse.

B wie Buddick

Der Buchstabe „b"

hat in deutschen Texten eine Häufigkeit von 1,9 %. Seine Heimat ist die Antike. Als die Römer das lateinische Alphabet entwickelten, konnten sie sich auf das griechische Beta stützen. Sie übernahmen es ohne Modifikationen.

Unser „B" ist ein „weicher" Konsonant, der mit dem harten „p" korrespondiert. Das Saarländische macht aus beiden innerhalb eines Wortes meistens einen Laut zwischen „b" und „p". Manchmal wird das „b" im Saarländischen sogar zum „w", also noch weicher. Beispiel: „leben" wird zu „läwe" und „graben" zu „grawe". Am Wortanfang bleibt es meistens wie im Deutschen.

Baadbitt, wörtlich: „Badebütte", Vorläufer der Badewanne. Im Unterschied zur Wanne war die „Bitt" sehr mobil und hatte auch mehrere Funktionen. Man konnte damit flüssiges und festes Material transportieren, was der hygienischen Aufgabenstellung keinen Abbruch tat. Bevor es Badezimmer gab, stellte man sie samstags in die Küche, füllte sie mit Wasser, das man vorher auf dem Herd erhitzt hatte, und dann ging es los. Das Austauschen des Wassers beim Wechsel der Personen galt als ein Luxus, den man sich nicht oft gönnte. Manchmal musste man sogar aufpassen, dass man nicht das Kind mit dem Bade ausschüttete.

Baakes, altes, saarpfälzisches Schimpfwort für eine schwergewichtige Persönlichkeit. Deren Leibesfülle lässt die Interpretation zu, dass es sich um einen „Feinschmecker von Lebensmitteln aller Art" handelt. Abgeleitet ist das Wort „Baakes" von dem griechisch-römischen Weingott Bacchus.

Baal, Tanzvergnügen, abgeleitet von „Ball". Die Verdopplung des Vokals „a" bezieht sich allerdings nur auf Tanzveranstaltungen, etwa früher an der Fastnacht oder an der Kirmes. Der Ball, den man bei Sportveranstaltungen benutzte, wurde wie im Deutschen ausgesprochen. Nebenbedeutungen des Wortes „Baal": Name mehrerer Gottheiten und eines frühen Dramas von Bert Brecht.

Baam, Baum. Das mittelhochdeutsche Wort „boum" lässt verschiedene Variationen in germanischen Sprachen zu, etwa das niederländische „boom" oder englische „beam". Interessant fürs Saarländische: Wortkombinationen z. B. mit „Baum", entziehen sich manchmal einer Übersetzung. Schlagbaum bleibt Schlagbaum (und wird nicht zum „Schlagbaam"). Gleiches gilt auch für den Stammbaum. Steht der Wortteil „Baum" am Anfang, dann übersetzen wir manchmal halbherzig ins Saarländische. Wir benutzen den Laut zwischen „au" und „aa". Noch immer bekannt ist der saarländische Schlachtruf „Of die Bääm, die Pälzer komme". Er richtete sich im Dritten Reich gegen Gauleiter Bürckel (von den Antifaschisten auch als „Bierleiter Gauckel" bezeichnet, wegen seiner Vorliebe für den Gerstensaft) und dessen mitgebrachte Nazis aus der Pfalz. Die Ergänzung: „Wedder runner, sie ware's net!" war eine Entwarnung.

Bään, Singular- und Pluralform für das deutsche Wort Bein. Das „ei" zwischen den zwei Konsonanten verwandelt sich in „ää": „Der hat unserem Klään e Stään ans Bään geworf." (Der hat unserem Kleinen einen Stein ans Bein geworfen). Für diese Umwandlungen gibt es aber auch Ausnahmen: Rhein bleibt Rhein und Schwein bleibt Schwein.

Baas, Base, frühere Bezeichnung für „Cousine", wurde auch mit dem Vornamen zusammen ausgesprochen: „Baas Kätt" (Cousine Katherina).

baawes, barfuß. Hier gewinnt wie so oft der weiche Konsonant „w" den Kampf gegen das harte „f". Und das kurze „e" ist auch leichter zu sprechen als das „u". Mit dem „r" innerhalb des Wortes haben wir sowieso unsere Schwierigkeiten. Das ist der große Holperstein. Das gerollte „R", das zwar die Nordsaarländer hervorragend hinbekommen, ist für die Rheinfranken unter unseren Mundartsprechern ein schier unlösbares Problem. Aus „Karl" wird ein „Kaal". Das „R" schaffen wir nur, wenn es unbedingt sein muss, aber das Ergebnis hört sich gestelzt an. Das wollen wir nicht, und deshalb „verschnuddeln" wir die Details des Wortes. In Zeitlupe: Wenn wir also von „barfuß" die erste Silbe hinter uns haben, dann sind wir schon geschafft und wir nuscheln uns eine zweite Silbe zusammen – nach dem Motto: Die andern wissen ja, was gemeint ist.

Babbakindsche, ein Kind mit einer starken Vaterbindung („Babba hinne – Babba vorne"): „Ei du Babbakindsche, willschd du dann garnet bei misch komme?" (Bei allem Respekt für die Zuneigung zu deinem Vater: Komm doch auch mal zu mir!)

Babbe, die saarländische Fassung von „Papa", wobei der Ausdruck „Dachbabbe" ein Isoliermaterial bezeichnet und nicht die saarländische Fassung von „Guten Tag, Papa" ist. Etwas vornehmer klingt das mittlerweile geläufigere „Vadder".

babbe, kleben, in der Technik ein Fertigungsverfahren (wie Schweißen und Löten). Durch Kleben werden „Fügeteile" mittels Klebstoff „stoffschlüssig" verbunden. Interessant, dass sich von dem deutschen und dem saarländischen Wort gleichbedeutende Redewendungen ableiten: Deutschsprecher „kleben" ihren Kontrahenten eine. Im Saarland gibt es zwei Möglichkeiten: „Soll ich dem äni kläwe" und „Soll ich dem äni babbe?" – Zur Herkunft des Wortes „pappen": In manchen Gebieten in Deutschland bedeutet „pappen" so viel wie „ein Kleinkind mit Brei füttern". Das Kind ist dann „pappsatt". Daher leiten sich auch die Ausdrücke „aufpäppeln" und „verpäppeln" ab. Brei klebt, saarländisch: Er „babbt". Ebenso Briefmarken, Klebstreifen und Bärendreck.

Babbedeckel, Pappe, ein aus Zellstoff oder Altpapier durch Zusammenpressen und Kleben gefertigter Werkstoff. Seit dem 13. Jahrhundert gibt es Pappe in Europa, und im 17. Jahrhundert setzte sich Pappe als Material für Buchdeckel durch, wodurch die Formulierung „Babbedeckel" entstand. Der Begriff wird auch gebraucht für die Papiere, die man für Arbeitsverhältnisse benötigt: „Wenn Du so weiter machschd, dann kannschde ball de Babbedeckel abgenn." (Durch dein Verhalten riskierst du den Verlust deines Arbeitsplatzes).

babbele, unqualifiziert daherreden. Lautmalerei, die sich an der frühkindlichen Sprache orientiert. Die „Erfindung" des saarländischen Wortes für „Papa" kommt den kindlichen Sprachfertigkeiten sehr entgegen.

Babbelschniss, ein kommunikationsfreudiger Mensch, der mit diesen Fähigkeiten seinen Mitmenschen auf die Nerven geht. Seine „Schniss" (= Mund) „babbelt" ständig (artikuliert sich permanent). Als Schimpfwort wird „Babbelschniss" vor allem gebraucht für Menschen, bei denen ein Missverhältnis besteht zwischen der Quantität des Gesagten und der Qualität des Inhaltes: „Die do Babbelschniss lad ich nemmeh en." (Auf die Anwesenheit einer solchen Kommunikationskatastrophe in unserem Haus können wir gut und gerne verzichten.)

babberlababb, Ausdruck der Ablehnung einer Meinung und massiver Vorschlag, die Diskussion zu beenden: „Babberlababb, das mache mir so, unn net annerschder." (Wir lassen uns von unserer Entscheidung nicht abbringen.)

babbisch, klebrig. Diese Eigenschaft unterstellt man bisweilen Bonbons („babbisch Gutzje") oder Angehörigen von Randgruppen der Gesellschaft mit realisierten alternativen Auffassungen im Bereich der Hygiene. Wenn bei ihnen der Dreck (definiert als „Materie am falschen Ort") sich derart mit Flüssigem vermischt, dass er in der Lage ist, Klebefunktionen zu übernehmen, dann ist das Adjektiv „babbisch" angebracht. Die Kinder essen „e babbisch Gutzje", „es Kittelscherz" der Nachbarin ist „babbisch", ebenso die Haare eines pomadisierten saarländischen Dandys (englisch für „Lackaff"). Neben der Frau „Struwwelisch" war auch eine Frau „Babbisch" eine berühmte Figur von „Mainz, wie es singt und lacht".

Babbsack, wörtlich: schmutziger, klebriger Sack. Der Wortteil „Babb" soll wohl auf die Klebefähigkeit des Schmutzes hinweisen. Das Wort „Babbsack" wird gebraucht für einen Menschen, der entweder durch sein unhygienisches Äußeres auffällt oder durch sein moralisch tiefliegendes Niveau: „Saad doch der Babbsack, ich hätt iwwerhaupt kenn Ahnung." (Streitet der mir doch meine Sachkompetenz ab!)

Bäbbsche, verkleinerte Kurzform für Babette, bei der aber auch das Adjektiv „babbisch" mitschwingt. Ein altsaarländisches Allerweltskosewort für ein Mädchen.

Babbschnissje, Kosewort für ein Baby. Das „babbisch Schnissje" ist bekanntlich ein Erkennungsmal des Kleinkindes. Von daher liegt das Kosewort nahe: „Hat das klään Babbschnissje schon sei Brei gess?" Die Frage, ob die Mahlzeit bereits in Angriff genommen wurde, erübrigt sich wohl angesichts der durch den Brei bedingten Verunreinigungen rund um den Mund.

Bach mache, urinieren, Pipi machen, abgeleitet von der französischen Formulierung „faire pipi", ein Ausdruck, der allerdings auch von unseren erwachsenen französischen Nachbarn und Nachbarinnen für ihre eigenen Bedürfnisse gebraucht wird. Bei uns ist das anders: Da wird der Ausdruck „Pipi machen" fast ausschließlich von Kindern bzw. im Gespräch mit ihnen benutzt. Saarländischer und poetischer ist allerdings „Bach mache". Wenn man diese Formulierung gebraucht, macht man sich indirekt – wenn man es ganz genau nimmt – zum Schöpfer eines Teils der Natur, zum „Bachmacher". Bitte beachten: Im Saarländischen kann das Wort „Bach" einen weiblichen Artikel bekommen: „Wenn die Regierung so weitermacht, dann geht es im Saarland ball die Bach runner".

bachele, saarländisches Verb, mit dem der militärische Begriff „austreten" ersetzt wird. Das Wort „bachele" klingt eher poetisch und ist naturnah, ist aber nicht der Wortstamm für „Bachelor".

Backes, umgangssprachliche Kurzform für Backofen, aber auch ein Gebäude mit einem Backofen für die Dorfgemeinschaft. „Backes" ist auch ein verbreiteter Familienname im Saarland. Die saarländische Schauspielerin Alice Hoffmann, die als Hilde Becker bekannt wurde (Fernseh-Ehefrau von Heinz Becker), tritt seit ihrem Ausscheiden aus der Serie als Vanessa Backes auf.

Backmuhl, eine hölzerne Teigmulde. Für Max und Moritz, die von Wilhelm Busch geschaffenen Knaben (saarländisch: „Buwe"), wäre sie beinahe zum Verhängnis geworden. Ihr „sechster Streich" führt sie in eine Backstube. Zuerst fallen sie in eine Mehlkiste, und dann klettern sie auf einen Stuhl, um an die süßen Brezeln zu gelangen. Der Stuhl kracht, und beide fallen in die „Backmuhl". Der Bäcker schnappt sich die in Teig eingehüllten Eindringlinge, formt sie zu Broten und schiebt sie in den Ofen. Max und Moritz überleben, indem sie sich durch den Teigmantel knabbern – und sich aus dem Staub (der Bäckerei) machen.

Backstään, Ziegelstein. Das „ei" wird zu „ää". Der deutsche Begriff ist allerdings irreführend, denn Ziegel benutzt man ja, um ein Dach zu decken und nicht, um eine Mauer hochzuziehen. „Backstään" betont den Herstellungsprozess: das Backen. Dies kann nur bei 900°C in Ziegeleien geschehen. Nach dem Mauern werden sie normalerweise verputzt, um die Wetterfestigkeit zu verbessern und weil es oft schöner aussieht. Backsteine findet man bereits in mittelalterlichen Bauten, aber auch bei vielen saarländischen Bergmannshäusern. Nicht selten werden sie von dem neo-saarländischen Baustoff „Eternit" versteckt.

Baddallscher, dünne, rohe Kartoffelscheiben (Chipsform), die man auf der heißen Herdplatte beidseitig braun angeröstet hat.

Baddeng, Knüppel, dicker Stein, wahrscheinlich von dem französischen Verb „battre" (= schlagen) abgeleitet. Wird bisweilen auch für ein mögliches Objekt des Schlagens, den Kopf, benutzt. „Wenn du das nommeh sahschd, dann hau ich dir of de Baddeng." (Bei Wiederholung der Aussage werde ich handgreiflich.)

baddersch, altsaarländisches Adjektiv für „in anderen Umständen": „Jetzt hann se schon e Stall voll Kinner, unn ääs is schon wedder baddersch." (Obwohl sie zu den kinderreichen Familien gehören, berücksichtigen sie diese Tatsache nicht bei ihrer Familienplanung). Der Begriff „baddersch" hat sich aus unserem aktiven Wortschatz verabschiedet. Er wurde ersetzt durch Formulierungen wie „Es Elke kriehd ebbes Kläänes" (Elke bekommt etwas Kleines) oder man geht mit dem deutschen Wort „schwanger".

Baddie, Partie, hat nichts mit einem Fest junger Leute zu tun. Das Wort, dessen zweite Silbe man betonen muss, hat seine Heimat in der Familie. Da freut man sich, wenn einer der Partner „e gudd Baddie" gemacht hat. Er (oder sie) hat sich finanziell „gudd gehuckt" (bequem Platz genommen).

bäddsche, etwas mit Wasser ankleben, zum Beispiel Haare an den Kopf, eine preiswerte und ökologische Alternative zum Pomadisieren.

Baderr, Erdgeschoss, Parterre. Das Wort ist abgeleitet von dem französischen Substantiv „le parterre", das die gleiche Bedeutung hat wie im Deutschen und in der saarländischen Variante. Wichtig dabei ist die Betonung der zweiten Silbe.

Badschkapp, flache Mütze, Schirmmütze, Schiebermütze, ein fester Bestandteil der saarländischen Rentnermode, gehört zum Dress der saarländischen Kunstfigur Heinz Becker, auf der Bühne und im Fernsehen dargestellt von Gerd Dudenhöffer.

badu, auf keinen Fall (aus dem französischen „partout", par = durch, tout = ganz, alles). Die Betonung liegt auf der zweiten Silbe: „Der will badu net heere." (Er gehorcht auf keinen Fall.)

baff, verdutzt, erstaunt, sprachlos. Saarländische Golferweisheit: „Leid der Ball im Rough, is der Golfer baff." („rough" ist das Golferwort für mittleres und hohes, also schwer spielbares Gras. Es wird „Raff" ausgesprochen.

bäges, Ausdruck aus der Kindersprache für „unsauber", „pfui" (darf man nicht in den Mund nehmen!)

Baggaasch, 1. Unordnung: „Guck da mol die do Baggaasch an!" (Schau Dir mal dieses unaufgeräumte Zimmer an!) 2. Ansammlung von mehreren Angehörigen einer sozialen Randgruppe der Gesellschaft. „In der do Wertschaft verkehrt die ledschd Baggaasch." (In dieser Pilsstube verkehren nur Menschen ohne hohes gesellschaftliches Ansehen.) Das Wort leitet sich ab von dem französischen Wort „le bagage" (= Gepäck). Daraus können Missverständnisse entstehen, die sogar Mitte der fünfziger Jahre des vorigen Jahrhunderts die Basis für einen saarländischen Witzklassiker bildeten: Die saarländische Landesregierung fährt mit dem Zug nach Paris. Am „Gare de l'Est" (= Ostbahnhof) steigen alle aus, und sie hören, wie ein Gepäckträger ruft: „Bagage! Bagage!" – Der Ministerpräsident erschrickt und sagt zu seinen Mannen: „Nix wie weg! Die kenne uns!"

balangsiere, das Gleichgewicht halten. Das Wort leitet sich ab von dem französischen Verb „balancer" = schaukeln.

Ballangs, Gleichgewicht, von dem gleichbedeutenden französischen Wort „la balance" abgeleitet, das sowohl „Waage" bedeutet als auch „Bilanz". Die Betonung von „Ballangs" liegt auf der zweiten Silbe.

Ballawer, Krach, Lärm: „Mach kenn so Ballawer!", (Bitte ruhig bleiben!), ursprünglich aus dem Portugiesischen: „Palavra" war die Versammlung eines Stammesrates, bei der wohl sehr viel sozialer Lärm produziert wurde. „Ballawer" wird im Saarländischen auch in Kombination mit anderen Begriffen benutzt, um auf eine prekäre Situation hinzuweisen: „Ballawer die Micke!" oder „Ballawer die Wäsch kocht".

Balle, Ball. Normalerweise lassen wir bei der Übersetzung deutscher Wörter ins Saarländische das „e" am Wortende weg: Katz(e), Schul(e), Wies(e) usw. Bei dem deutschen Wort „Ball" ist es umgekehrt. Wenn wir den Ball zum Spielen meinen, dann „hole mir de Balle" (Wir nehmen den Ball). Wahrscheinlich hängt die Umkehrung von der Wortherkunft aus dem Französischen zusammen. Dort heißt der kleine Ball „la balle". Der Fußball heißt, weil er groß ist, „le ballon".

balwiere, altsaarländischer Ausdruck für „rasieren". Das Wort ist verwandt mit dem Begriff „Barbier", den die meisten nur noch aus Sevilla, sprich: der entsprechenden Oper kennen. Der Barbier war in früheren Zeiten allerdings weitaus mehr als ein Friseur. Er kümmerte sich um mehrere Bereiche der menschlichen Hygiene und setzte sogar Blutegel an. Seine Haupttätigkeiten waren aber das Haareschneiden und das „Balwiere".

Balwutz, veraltetes Schimpfwort für Friseur. Aus „Barbier" wurde zuerst „Barwier", dann „Balwier" und schließlich ersetzte man den zweiten, nichtssagenden Wortteil durch den saarländischen Ausdruck für Schwein. Dadurch verstärkte man den pejorativen Gehalt des Wortes.

bambele, baumeln. „Em Alice sei Klääner, der huckt do hinne of de Mauer unn dud die ganz Zeit mit de Bään bambele." (Das Kind von Alice sitzt auf der Mauer und wackelt unaufhörlich mit den Beinen), oder: „Em Klaus seiner Cusine seins, das hat an de Dschiens (Jeans) so Ledderriemscher bambele." (Die Tochter der Cousine von Klaus trägt Jeans mit kleinen beweglichen Liederriemen.)

Banause, abgeleitet von dem griechischen Wort „banausos" (= Handwerker). Diese hatten wohl kein großes Ansehen. Sie galten als „gemein" und „nichtig". Heute charakterisiert man damit einen Menschen, der „von nix kenn Ahnung" hat, noch nicht einmal von Kultur.

Bänkelsche, Tritthocker, den man im Haushalt verwendet, auch: Kniebank für religiöse Zwecke in den Kirchen.

Bankert, ursprünglich ein Schimpfwort für ein uneheliches Kind. Das Kind wurde mit der Magd und nicht mit der Ehefrau gezeugt. Der Ort des Geschehens war nicht das Ehebett, sondern die Schlafbank der Magd. Kam es jedoch zu erotischen Open-Air-Veranstaltungen, etwa zwischen Hecken, dann sprach man von einem „Heckenbankert".

Bankrottscheskrämer, Schimpfwort für einen Krämer (jemand, der „Kram" verkauft). Er hat Insolvenz angemeldet, weil er zahlungsunfähig ist. Im Rotwelschen und in der deutschen und saarländischen Umgangssprache nennt man das „Pleite". Der Begriff „Bankrott" kommt aus dem Italienischen. Die Geldwechsler der Renaissance wickelten ihre Geldgeschäfte hinter einem Tisch („banco") ab. Wenn sie nichts mehr „auf dem Lappen" hatten, machten sie ihren Tisch kaputt (rotto) und die Geldwechsler wurden, aus saarländischer Sicht, zu „Bankrottscheskrämer". Interessant ist die Verknüpfung zwischen den beiden Wörtern: nicht durch ein „s", sondern durch „sches", eine typische Endung für Kinderspiele, z. B. Klickersches. Dadurch versuchte man vielleicht, die ganze Geschichte ein klein wenig runterzuspielen.

Bännel, saarländische Verkleinerungsform von „Band". Es handelt sich dabei nicht um eine kleine Musikkapelle, sondern um ein „Bändchen" aus Stoff, Leder oder Plastik. Wird auch im übertragenen Sinn gebraucht: „Das Klään hängt de ganze Daach seiner Mama am Bännel." (Sie lässt ihre Mutter nicht mehr los.)

bäre, schreien und weinen bei Kleinkindern: „Wenn unser Kläänes um zwölf Uhr nix fier se esse kriehd, dann duds bäre." (Unser Kleinkind macht sich zur Mittagszeit schreiend bemerkbar, wenn es keine Mahlzeit gereicht bekommt.) Das Verb „bäre" leitet sich wohl ab von dem Schreilaut der gleichnamigen Tiere.

Bäredreck, nicht etwa eine sprachliche Kennzeichnung des Kotes von Meister Petz, sondern eine im Saarland geläufige Formulierung für Lakritz. Gewonnen wird die Süßigkeit in erster Linie aus Süßholz. Die Inhaltsstoffe werden aus den Wurzeln extrahiert, eingedickt und vermischt mit Gelatine, Stärke, Agar, Anis, Fenchelöl, Pektin und Zuckersirup und teilweise auch Salmiak. Die schwarze Farbe, die Süßigkeiten aus Lakritz in der Regel haben, ist künstlich erzeugt. Den Weltrekord im Lakritzverbrauch halten die Niederländer mit 2 Kilogramm pro Person und Jahr. Das ist der zehnfache

Pro-Kopf-Verbrauch von Deutschland. Bedeutendster Hersteller in Deutschland ist die Firma Haribo in Bonn.

Bäredreckschneck, Lakritzschnecke. Das war früher im Saarland die einzige Form des Lakritzes. Die Süßigkeit hatte die Form eines aufgerollten Schnürsenkels.

Bärri, abgeleitet von dem französischen Wort „le béret", eine Mütze, die mit der Baskenmütze verwandt ist, aber nicht aus dem Baskenland stammt, sondern aus der Nachbarregion, dem Béarn. Der Irrtum geht auf Kaiser Napoleon III. zurück. Im Baskenland entdeckte er viele dieser Mützen und nannte sie fälschlicherweise „béret basque" (Baskenmütze). Da ihm niemand widersprach, setzte sich der Begriff durch. In Wirklichkeit war das „Bärri" (Betonung auf der ersten Silbe) eine Kopfbedeckung, die noch heute im ganzen Südwesten Frankreichs verbreitet ist: nicht nur im Béarn, auch in der Gascogne und im Baskenland. Die ersten „Bärris" wurden übrigens gestrickt. Daran erinnert noch der Zipfel in der Mitte, der bei den gestrickten Mützen auch viel länger war. Die Schäfer der Pyrenäen trugen sie mit Vorliebe. Später, als man sie aus Filz herstellte, wurden sie zu einem Teil der Uniform französischer Intellektueller. Nachahmer soll es auch im Saarland gegeben haben.

Bärsche, ein kleiner, kuscheliger Bär. Der Begriff eignet sich auch als Kosewort für Männer, deren Tapsigkeit einen gewissen tierischen Charme assoziieren lässt.

Bärwatz, Schimpf- und Kosewort für rustikale Männer und Buben. „Bär" hat hier nur indirekt mit dem Tier zu tun, sondern leitet sich auch ab von „bäre" („Es Klään bärt wedder"), was so viel bedeutet wie „penetrant weinen". „Watz" stammt aus einer Wortfamilie, aus der auch Verben stammen wie „wetzen" (schnell gehen), „waten" und „watscheln". Das Wort „Bärwatz" kombiniert also die Lautgebung mit der Teilmotorik des Kleinkindes. Es kann aber auch für rustikale Männertypen verwendet werden.

Baschdert, Bastard, ursprünglich die Bezeichnung für ein uneheliches Kind. Heute wird der Begriff weiter gefasst. Man verwendet ihn auch für ein „Kuckuckskind", dessen vermeintlicher Vater es großzieht, ohne zu wissen, dass er nicht der Erzeuger ist. (Der Kuckuck ist ein „Brutparasit". Er legt seine Eier in fremde Nester.) Auch Mischlinge werden als „Baschdert" bezeichnet. In allen drei Fällen wird der Begriff abwertend benutzt.

Bäsem, Besen. Erstaunlich und selten ist die Verwandlung des „n" am Schluss der deutschen Fassung „Besen" in ein „m" in „Bäsem". Das Wort bezeichnet nicht nur ein bekanntes Kehrgerät. Es wird auch für eine extrem unhöfliche, unsympathische und aggressive Frau benutzt. Der Begriff stammt wohl aus der Zeit der Hexenverfolgungen, als ältere, schlecht geliftete Frauen auf den Besen durch die Lüfte ritten: „Em Horst seins, das is vielleicht e Bäsem!" (wobei das Wort „vielleicht" keinen Zweifel ausdrückt, sondern eher noch die Aussage verstärkt.)

Bassbadduu, von dem französischen Substantiv „le passepartout" abgeleitet. Die wörtliche Übersetzung „passt überall" im Sinne von „passt auf alles". In der deutschen Umgangssprache benutzt man dafür den männlichen Vornamen „Dietrich". Der Fachausdruck lautet „Hauptschlüssel". Im Französischen hat das Wort „passepartout" noch die zusätzliche Bedeutung von „caro einfach" und „Nullachtfünfzehn". Im Deutschen hat sich in letzter Zeit der Ausdruck „Passepartout" auch für einen flexiblen Bilderrahmen durchgesetzt.

Basseng, Wasserbehälter, von dem gleichbedeutenden französischen Wort „le bassin" abgeleitet. Die französische Aussprache betont die zweite Silbe, die saarländische die erste.

Batsch, Matsch, von Nässe durchtränkte Erde, ein unhygienisches, teigartiges Gemisch mit hohem Flüssigkeitsanteil: „Hann mir gelacht, wie de Hannes in de Batsch gefall is!" (Das Missgeschick von Hans hat uns sehr amüsiert.)

Batschämer, ein Eimer, dem man ansieht, dass er überwiegend für den Transport von „Batsch" benutzt wird. Im Saarland kann man „strahle wie e Batschämer" (wobei kein Aas weiß, wie ein „Batschämer" strahlt). Wichtig: Das Wort „strahlt" hat in diesem Zusammenhang mit Atomstrom und dessen Auswirkungen nichts zu tun.

Batschel, eine Frau, die Schwierigkeiten hat mit dem Denken und falls nicht: mit der Reihenfolge von Reden und Denken. Sie selbst erkennt diese Schwierigkeiten nicht, aber meistens die anderen.

batschele, dummes Zeug reden. Das Wort leitet sich nicht ab von dem akademischen Grad „Bachelor", dem ersten akademischen Grad eines gestuften Studiums, dem der Master und danach der Doktor folgen können.

Batschhändscher, Schläge mit einer Rute auf die Handfläche, war in saarländischen Schulen noch bis Ende der fünfziger Jahre als Strafe verbreitet. Das Kind musste zum Pult kommen und die Hand ausstrecken. Darauf gab es mehrere „Batschhändscher" mit einem Rohrstock.

batschisch, 1. morastig, etwa ein Waldwirtschaftsweg 2. faul, bei überreifem Obst und Gemüse.

Batschler, extrem kommunikationsbegabter Mann, wobei das Niveau des Inhaltes weit unter dem der Lautstärke liegt. Die Devise des Batschlers: Erst reden, dann denken (wenn überhaupt). „Dem Batschler derfschd Du nix verzehle. Der verrot doch die ganz Kart." (Man darf ihn nicht informieren, denn er kommuniziert alles weiter.) Verbreitet sind auch sprachliche Ergänzungen des Wortes „Batschler", bei denen das Alter „Alder Batschler!" oder das anatomische Transportmittel des Unsinnes „Batschelschniss" angesprochen werden. Die weiblichen Fassungen von „Batschler" sind „Batschlersch" und „Batschel".

batschnass, eine Verstärkung des Adjektivs, wobei allerdings der oben definierte „Batsch" keine Rolle spielen muss. Man kann auch durch die Konfrontation mit reinem H_2O „batschnass" werden.

batzisch, patzig, frech, vorlaut, ungehobelt im Kommunikationsverhalten: „Jetzt werr jo net batzisch!" (Jetzt werde nur nicht frech.)

Bau, wie im Deutschen: die Herstellung eines Bauwerks, das Bauwerk selbst und die Behausung der Tiere. Wahrscheinlich aus dem Rotwelschen kommend hat das Wort im Saarland (und in anderen Regionen) noch die zusätzliche Bedeutung von „Gefängnis": „Der huckt im Bau."

baubse, sich mürrisch äußern, maulen, frech und vorlaut. „Meins is de ganze Daach am baubse. Do gehn ich doch liewer gleich ähner trinke." (Meine Gattin ist alltäglich schlecht gelaunt, was mir den Weg in die Pilsstube erleichtert.)

Bauchlabbe, durchwachsenes Bauchstück vom Schwein, wird im Saarland gerne zu gekochtem Wirsing und Krauskohl gegessen. Der „Bauchlabbe" war früher im Saarland sehr beliebt als preiswerte Kalorienbombe. Weitere Bedeutungen: Skeleton fahren, auf dem Schlitten bäuchlings fahren: „Wenns friejer geschneet hat, dann sinn mir immer Bauchlabbe gefahr." (Im Winter haben wir den

Schneefall genutzt, um bäuchlings liegend auf dem Schlitten zu fahren.)

baufdisch, saarländische Fassung von „plumps" und „hoppla". „Ich fahre rickwärts, unn of ähnmal, baufdisch, lei ich im Grawe." (Ich fuhr rückwärts, und plumps, liege ich mit dem neuen Wagen im Graben.)

Bause, Beule, Delle. Ein Mensch hat sie eher an der Stirn, ein Auto eher am Schutzblech. Selbstverständlich kann man eine „Bause" gleichzeitig an beidem haben.

bauze, grundlos schimpfen nach dem Motto: Der Wortschatz muss raus! Anschließend geht es einem besser. Den andern nicht.

Bawera, (Betonung auf der ersten Silbe), Barbara und Rhabarber, eine Pflanzenart aus der Familie der Knöterichgewächse Die Blattstiele dieser Nutzpflanze werden unter anderem zu Kompott oder als kleine Stücke für Rhabarberkuchen verarbeitet. Der lateinische Name „rheu barbarum" bedeutet „fremdländische Wurzel" und ist somit mit dem Wort „Barbaren" (Fremde) verwandt.

Bawwer, Delle, wird bei entsprechender Versicherungsrelevanz zu Ausbuchtungen am Auto und zu Neulackierungen benutzt. Eine blecherne Kaffeekanne hatte am Ausguss keine Beule, sondern „an de Schnut e Bawwer".

Beddong, (Betonung auf der ersten Silbe), saarländische Aussprache und Schreibweise des aus dem Französischen kommenden Substantivs „le béton". Das „t" wird zu einem weichen „d", wir verdoppeln es, und den allzu vornehmen französischen Nasal lassen wir lautmalerisch knallen. Dann passt er auch besser zu einer Arbeit, die mit „Beddong" durchgeführt wird.

Beebsche, ein kleiner Käfer. Die Verkleinerungsform erzeugt wohl bei Kindern Sympathie für die lieben Tierchen. Die Erwachsenen denken eher an den Kammerjäger.

Beer, Birne (Obst). Die saarländische Sprache ignoriert den Unterschied zwischen beiden Begriffen „Beere" und „Birne". Beides sind „Beere". (Ausnahme: Die Birne in der Lampe heißt „Birn".) Dabei ist eine „Beere" im Deutschen eine kleine, süße Frucht (also ein süßes Früchtchen, gilt aber nur für Obst), während die „Birnen" am Baum wachsen und zu den Kernobstgewächsen gehören. Daher erklärte sich auch, warum der saarländische Ausdruck „Grumbeere" (= Kartoffeln) nicht von „Beeren" im Sinne von süßen Früchtchen abgeleitet ist, sondern von der Obstsorte „Birnen". Größe und Form beider Gewächse scheinen das zu bestätigen.

bees, böse. „De Heinz hat e beesi Fraa geheirat." „Bees" wird aber auch im Saarland für „sehr" gebraucht: „De Horst is mit seiner Firma bees in die Bredullje komm." (Horst hatte Schwierigkeiten mit seinem Unternehmen.) Wenn Nachbarn, Freunde und Verwandte sich nicht mehr verstehen und nicht mehr miteinander reden, dann sind sie „bees metenanner". Interessant in diesem Zusammenhang das Wort „metenanner" (miteinander), das ja im absoluten Gegensatz zu der Art der Beziehung steht.

Beetamschel, (Betonung auf der ersten Silbe), ein erstaunliches Kompositum, wörtlich: „Bet-Amsel". Bezeichnung für eine Frau, die ungewöhnlich häufig Gottesdienste und Kirchen besucht: „Die laaft em liewe Gott die Fieß ab."

bei mich, saarländischer Ausdruck für „zu mir". „Morje kommt er bei mich ins Birro. Dann kenne mir driwwer schwätze." (Morgen kommt er zu mir ins Büro. Dann können wir uns darüber unterhalten.)

bei ne, nicht etwa das auseinandergezogene und kleingeschriebene Wort für den Plural des Wortes „Bein" (im Saarländischen „Bään").

Der Ausdruck „bei ne" besteht aus zwei Wörtern: „bei" ist deutsch, und „ne" ist saarländisch und bedeutet hier „ihm". Die Übersetzung von „bei ne" ins Deutsche lautet „zu ihm".

Beidel, Beutel, aber auch Hodensack des Ziegenbocks. („Er is gut gebeidel.") Das Schreinerwerkzeug „Beidel" (Holzmeißel) ist deutsch und saarländisch zugleich.

beigehn, präsent, anwesend sein. „De Karl is heit morje net beigang." (Karl ist heute Morgen nicht erschienen.) Wird auch benutzt für „anbaggern". Der saarländische Liedermacher und Sänger Schorsch Seitz hat zum Beispiel „Time to say good by" ins Saarländische übersetzt: „Deins geht so gut bei."

beihalle, Partei ergreifen: „De Michel hat immer de Lauterer beigehall, obwohl er aus Neinkerje is. Der geht heit noch of de Betze." (Michael unterstützte immer den 1. FC Kaiserslautern. Noch heute wohnt er den Spielen im Fritz-Walter-Stadion bei.)

beikomme, Verstärkung von „kommen". „De Elektrischer is wedder net beikomm." (Der Elektronik-Fachmann ist wieder nicht erschienen.)

beimache, wird nur reflexiv gebraucht: „Menschde, der hätt sich beigemach? – Denk net draan!" (Glaubst du, der wäre gekommen? – Nicht dran zu denken.)

beinägschd, beinahe. „Ledschd Wuch wär ich beinägschd ähnem hinne druff gefahr." (Vergangene Woche hätte ich beinahe einen Auffahrunfall verursacht.)

beischläfe, beischleppen, etwas von irgendwoher an einen bestimmten Ort (z. B. das eigene Haus) bringen.

b

Beischläfer, Mensch, der auf rustikale Art und Weise etwas von A nach B bringt, ein Materiallogistiker. Der Beischläfer ist sozusagen der Widerpart des Wegschläfers. Die sexuelle Bedeutung des Wortes im Deutschen ist im Saarland nicht sehr verbreitet. Dafür steht uns ein sehr weit gefächerter rustikaler saarländischer Wortschatz zur Verfügung. Einige Beispiele finden sich in diesem Wörterbuch.

beiße, beißen, jucken. Das deutsche Wort „beißen" hat im Saarländischen noch die Nebenbedeutung „jucken".

Beißzang, Bezeichnung für ein Kneifwerkzeug, ist aber auch auf verkniffene Frauen übertragbar. Beispiel: Der Vater repariert im Keller eine Leitung und sagt zu seinem Jungen: „Geh mol nuff unn hol die Beißzang!" Daraufhin ruft der Junge: „Mama, de Babba hat gesahd, du sollschd in de Keller komme."

bekeppe, verstehen, deutsch: „beköpfen", hat aber nichts mit Hinrichtungen während der Französischen Revolution zu tun, denn wer kopflos ist, der kann ja nichts mehr „bekeppe".

bekloppt, irr, beschränkt, verrückt. Partizip II einer Zusammensetzung aus „kloppen" mit der Vorsilbe „be". Immerhin denkt man im Saarland bei dem Wort „bekloppt" nicht an ein Wiener Schnitzel, sondern an einen Menschen mit erstaunlich niedrigem Intelligenzquotienten. Die deutsche und die saarländische Sprache gehen wohl davon aus, dass die gewaltsame Behandlung einer Person oder einer Idee deren Niveau erheblich senkt. Davon zeugen zumindest neben dem Wort „bekloppt" auch die Adjektive „behämmert", „bescheuert" und „beknackt".

Bello, nicht nur ein deutscher und saarländischer Hundename, sondern auch ein saarländisches Wort für einen dicken Hammer, vor allem für einen Schlägel. Letzterer ist ein Bestandteil des Bergmannssymbols „Schlägel und Eisen".

Bellwü, Bellevue, ausnahmsweise mit „ü", weil es ein aus dem Französischen kommendes Fremdwort ist (schöne Aussicht), das man wegen der Grenznähe wohl nicht ins Saarländische übersetzen muss. Dort, in Alt-Saarbrücken auf der „Bellwü", hat man einen Blick auf den Spicherer Berg. Das französische Adjektiv „en bellevue" bedeutet im kulinarische Bereich: Krustentiere, Fisch oder Geflügel in Gelee.

Belsebub, wurde als harmlos klingendes Schimpfwort oft synonym mit „Teufel" gebraucht, wohl ausgehend von der Redewendung „De Deiwel mit em Belsebub austreiwe". Dabei war der „Belsebub" ein konkurrierender Regionalgott im Nahen Osten.

belsisch, pelzig, keine saarländische Fassung des Adjektivs „pfälzisch". Man denkt bei diesem Wort eher an nach Holz schmeckendes Gemüse, das aber nicht unbedingt einen pfälzischen Ursprung haben muss.

Benemmisität, kuriose Wortschöpfung, um den Begriff „Benehmen", mit dem man nichts am Hut hat, zu karikieren.

berabbe, bezahlen, abgeleitet von dem „Rappen", einer nur noch in der Schweiz im Umlauf befindlichen Münze. Der Name geht zurück bis ins 14. Jahrhundert ins Oberrheingebiet. „Fier das do Lexikon hann mir sèllemols viel berabbe misse." (Das Nachschlagewerk war damals sehr teuer.)

Berje, bergmännischer Ausdruck für „taubes Gestein". Man kann es nicht verkaufen, sondern nur auf eine Halde bringen.

Berjehall, keine Halle auf den Bergen, sondern eine „Bergehalde". Im Saarland gibt es zahlreiche dieser künstlichen, mittlerweile begrünten Berge. Sie prägen weithin sichtbar die Landschaft und erinnern an den Bergbau an der Saar, der die Wirtschaft, die Politik und die Kultur entscheidend prägt. Der Wortteil „Berje" (deutsch: „Berge") ist der Ausdruck für „taubes Gestein", das beim Abbau von

Steinkohle anfällt. Nicht zu verwechseln ist die „Berjehall" mit der „Schlackehall" der Stahlindustrie.

Berschdebinner, Bürstenbinder, eine Berufsgruppe, die wohl durch übermäßigen Lebensmittelkonsum dermaßen aufgefallen ist, dass daraus eine Redewendung entstand: „Die fresse wie die Berschdebinner." (Sie haben einen gesegneten Appetit.) „Berschdebinner" war auch ein Umschulungsberuf für Kriegsblinde.

berschenuff, bergauf, „Berschenuff hann ich es Fahrrad gedrickt." (Ich schob das Fahrrad den Berg hinauf.)

berschenunner, bergab, den Berg hinunter, „Berschenunner isses ganz von allään gang." (Bergab brauchte ich keine Unterstützung.)

Berschleit, Bergleute. Wenn man dieses Kompositum liest und vom Bergbau überhaupt keine Ahnung hat, dann kommt es zwangsläufig zu Fehlinterpretationen: Man denkt an Leute, die in den Bergen wohnten. „Bersch" bzw. „Berg" sind aber in diesem Zusammenhang Begriffe aus einer Zeit, als man horizontal verlaufende Schächte benutzte, um zum Abbau zu kommen. Man schaffte sich in einen Berg hinein. Der Ausdruck „Leit" bzw. „Leute" sagt uns indirekt, dass es damals keine „Arbeiter" im späteren Sinn waren, die vor Ort hackten und gruben.

Berschmann, Bergarbeiter. Der Beruf des Bergmanns hatte seine Wurzeln nicht in der Industrialisierung im 19. Jahrhundert, sondern im Mittelalter. Die Bergmänner (Männer und Leute, keine Arbeiter!) waren hoch qualifiziert und gruben „das Silber und das Gold bei der Nacht". So heißt es im „Steigermarsch", und weil das Silber und das Gold in die Schatzkisten der Ritter wanderten, verlieh man den „Gefolgsleuten der Ritter" den Titel „Knappe". Eine Bezeichnung für die Bergleute, die sich bis in die Gegenwart erhalten hat. Zur Tradition der Bergleute, die mit Uniformen und Bergkapellen zur Schau getragen wurde, gehörten bergmännische Fachbegriffe, aber auch Wörter aus unserem Alltag, die in einer anderen Bedeutung benutzt wurden wie etwa „legen" und „fahren".

Berschmannsgutzje, Anisbonbon mit Form und Farbe von Kohle-Briketts. Darauf sind die Symbole „Schlägel und Eisen" abgebildet, das traditionelle Handwerkszeug der Bergleute. „Schlägel und Eisen" sind die optischen Vorläufer von „Hammer und Sichel". Der Geschmack erinnert an den des französischen Pastis (Ricard, Pernod usw.) Im übertragenen Sinn ist das saarländische Schimpfwort „abgelutschtes Berschmannsgutzje" eine weibliche HWG-Person (Gerichtsdeutsch), d. h. ein Mensch mit häufig wechselndem Geschlechtspartner.

Berschmannskuh, milchgebendes Haustier, welches sich Bergleute zur Entlastung der Haushaltskasse hielten. Es handelt sich um eine ironische Bezeichnung für eine Ziege (Geiß).

Berschmannsnäätz, Zünderleitung, Schießdraht, wie er zum Sprengen unter Tage benutzt wurde, diente den Bergleuten auch als universelles Binde- und Befestigungsmaterial.

Berschmannsschinke, kalte Kartoffelpuffer auf dem Schichtenbrot der Saarbergleute. Eine bewusste kulinarische Hochstapelei.

Berscht, Bürste. Es gibt sie in allen möglichen Formen: Kläder-, Hoor-, Wäsch-, Klo-, Schuhberscht, usw. Die Gemeinsamkeiten: ein „Grundkörper" aus Holz, Metall oder Kunststoff und einen „Bürstenbesatz" aus Naturfasern, Kunstfasern oder Draht.

berschte, etwas mit einer Bürste säubern, aber auch gewinnen: Die Fußballer können vor dem Spiel ihre Schuhe „berschte", und anschließend „berschte" sie die gegnerische Mannschaft. „Die Dortmunder hann schon lang nemmeh die Bayern geberscht." (Schon lange hat der VfB Dortmund gegen den FC Bayern keinen deutlichen Sieg mehr erringen können.)

bescheiße, in diesem Zusammenhang nicht wörtlich zu verstehen. Dieser vulgärsaarländische Ausdruck wird für „betrügen" verwendet. „Bescheiße loss ich mich von denne net!" (Ich eigne mich nicht als Objekt seiner Betrügereien.)

beschummele, harmlose Fassung von „bescheiße". Wird gerne beim Kartenspielen angewandt.

bestesche, verputzen (eine Hauswand). Eine Substantivierung des Verbes existiert nicht. „Bestechungen" sind anderen gesellschaftlichen Bereichen vorbehalten.

betrippst, bedrückt, vielleicht abgeleitet von „betrübt": „Wie es Maria durch die Führerscheinprüfung gefall is, do war's arisch betrippst." (Nachdem Maria die Führerscheinprüfung nicht schaffte, war sie sehr traurig.)

Betschbach, Bexbach, eine Stadt im Saarpfalz-Kreis mit etwa 18 000 Einwohnern. Mit dem Stadtteil Höchen grenzt sie an Rheinland-Pfalz. Bekannt wurde sie u. a. durch den ansprechenden Blumengarten, das interessante Grubenmuseum, dem wegen des Namens umstrittenen Hindenburgturm und als Geburtsort des Kabarettisten Gerd Dudenhöffer (Heinz Becker) und des Musikartisten Hugo Baschab (de Globetrotter).

Bettelsack, Betteltasche. Bettler trugen diesen Sack mit sich, um ihre Habseligkeiten und das tagsüber Erbettelte und Gefundene zu transportieren.

Bettpann, ein Behältnis aus Kupfer. Es hatte einen Deckel und wurde mit glühender Holzkohle gefüllt. Damit wurde das Bett vorgewärmt. Heute gibt es nur noch die „Bettflasch". Auch im Saarland kein Schimpfwort für den Sexualpartner, sondern eine Möglichkeit, Wärme in das gemeinsame Bett zu bringen. Eignet sich allerdings auch für Singles.

Bettsääscher, Löwenzahn. Das Wort leitet sich ab von der harntreibenden Wirkung des Salats und ist von daher komisch und derb zugleich. Es ist eine direkte Übersetzung der Substantivierung des französischen Imperativs: „le pissenlit". Das deutsche Wort „Löwenzahn" nimmt Bezug auf die gezackte Form der Blätter. Sie erinnerten wohl den Erfinder an ein Löwengebiss. Eine internationale Assoziation übrigens: Das englische Wort „dandelion" leitet sich ab von dem französischen Ausdruck „dent de lion", und selbst im Altgriechischen gibt es bereits den „Leontondon".

betubbe, jemanden über's Ohr hauen, die harmlosere Fassung von „bescheiße": „Es Erika hat mir verzählt, dass sei Bruder ääs beim Erbe betubbe wollt." (Erika berichtete mir, ihr Bruder habe sie bei den Erbauseinandersetzungen über den Tisch ziehen wollen.)

bibb, abgeschlafft, müde: „Noh'm Schaffe bin ich immer ganz scheen bibb!", wobei „ganz scheen" nicht das Müde-sein ästhetisieren soll, sondern so viel bedeutet wie „sehr" und im Saarland ersetzbar ist durch „arisch".

Bibbelschesbohnesupp, Suppe aus frischen grünen Bohnen, die in kleine Stücke geschnitten wurden. Dazu wird gerne „Quetschekuche" (Zwetschgenkuchen) gegessen.

bibbere, zittern vor Kälte. „An Silweschder hann mir ganz scheen gebibbert." (An Silvester zitterten wir vor Kälte.) „Awwer dann hann mir e Schnaps getrunk, unn alles war besser." (Dann tranken wir einen Gau-Whisky, und die Lebensfreude kam zurück.)

Bibbes, Verniedlichung des primären männlichen Geschlechtsorgans. Ob das Wort von „bibb" (= müde) abgeleitet ist, kann zwar nachvollzogen, aber nicht nachgewiesen werden.

Bibbesje, niedliche und liebevolle Bezeichnung für – na was schon? Wird der Begriff als Kosewort für ein Kind gebraucht, dann denkt

b

allerdings kein Mensch an die Wortherkunft. „Ei mei Bibbesje, jetzt komm doch emol bei mich!" (Komm doch mal zu mir, mein Kind!)

Bidd, Bütte, wird (wie im Deutschen) auch als Bezeichnung für das Podium der Karnevalisten gebraucht. Manchmal verwendet man es auch für das Rednerpult: „Bei de ledschd Landtagssitzung is de Oskar mol wedder in die Bidd gang." (In der letzten Landtagssitzung hat der frühere saarländische Ministerpräsident Oskar Lafontaine mal wieder eine Rede gehalten.)

Biddee, von dem französischen Wort „le bidet". Die meisten Saarländer können mit diesem Produkt der Keramikindustrie nur wenig anfangen.

Biddestobbe, altsaarländischer Ausdruck für „Badewannenstöpsel", wobei man beachten sollte, dass früher die Badewannen ein ganz anderes Outfit und Design hatten als die heutigen Schmuckstücke von Badewannen.

Biddsche, kleine Bütte, Verkleinerungsform, heute meistens aus Plastik. Man braucht sie zum Beispiel, um Babys zu baden.

Biebelsche, keine Verkleinerungsform für die Bibel, schon eher ein kindlicher Kosename für Küken. Das Wort bewegt sich allerdings nicht nur in der Fauna, sondern auch in der Flora. Auch ein Tannenzapfen ist im Saarländischen ein „Biebelsche".

Biebsche, saarländisch für Bübchen, kleiner Bub, Junge, Knabe. Der Bub war im Mittelalter noch ein „gemeiner, zuchtloser Mensch ohne gesellschaftliches Ansehen". Diese Abwertung lässt sich heute noch ein wenig bei den Wörtern „Lausbub" und „Spitzbub" erahnen.

Bier, deutscher Begriff für ein alkoholisches Getränk. Für das Wort gibt es allerdings keine saarländische Fassung, obwohl Bier im Saarland sehr beliebt ist (der passende Wein zum Schwenkbraten). Bei einer Geschlechtsumwandlung des Artikels von „das" Bier (sächlich) auf „die" Bier (weiblich) entsteht in einigen Regionen des Saarlandes der Mundartbegriff für die „Birne" (sehr geeignet als Rohstoff für einen Klaren). Im Plural zeigen sich die Unterschiede: Die Mehrzahl des Obstes bildet sich durch ein angehängtes „e", während das Getränk keiner Veränderung bedarf. Man trinkt auch mal „siwwe Bier".

Bietzjer, ein alter saarländischer Ausdruck, den man heute noch nicht einmal im Friseurhandwerk versteht. Er bezeichnet kleine, nicht geflochtene Haarzöpfchen.

Biffee, 1. Theke in der Wirtschaft, 2. Schrank im Wohnzimmer mit Schiebetüren aus Glas. Dahinter präsentierte man früher sogar die Bücher und das Teeservice, also alle Dinge, die man nur selten brauchte. Das „Biffet" war das Schaufenster des Wohnzimmers.

Billjet, Fahrkarte des öffentlichen Personen-Nahverkehrs (Straßen- und Eisenbahnen) in Zeiten, als man die Abkürzung ÖPNV noch nicht kannte. Das Wort kommt von dem französischen Substantiv „le billet", das gleich mehrere Bedeutungen hat: Fahrkarte, Eintrittskarte, Banknote und Zettel.

bimse, 1. „sich den Magen vollschlagen" (reflexiv), 2. intensiv lernen (pauken), 3. „verbimsen" im Sinne von schlagen (transitiv). 4. Aus der Soldatensprache abgeleitet sind die Bedeutungen: putzen, schleifen und scharf exerzieren.

Birro, Büro, von dem französischen Wort „le bureau" abgeleitet. Allerdings wird bei unseren französischen Nachbarn das Wort auch für den „Schreibtisch" benutzt.

Bitsch, 1. die altsaarländische Bezeichnung für die Ziege, die saarländische „Bergmannskuh", abgeleitet von dem französischen Sub-

b

stantiv „biche" (= Ricke, Hirschkuh), wird auch als Kosewort benutzt. 2. eine Stadt im nördlichen (= krummen) Elsass.

Bitteredd, Büttenrede. Sie wird ausschließlich an Fastnacht gehalten. Die Inhalte sind humoristisch, manchmal auch kritisch, aber fast immer in regionaler Mundart. Damit man weiß, wann man lachen soll, unterbricht die Musikkapelle die „Bitteredd" nach den Pointen mit einem Tusch.

Bix, abgeleitet von „Büchse". Dieses deutsche Wort hat mehrere Bedeutungen: 1. ein Behälter mit Deckel, 2. Konservendose, 3. Sammelbüchse und 4. Jagdgewehr. Ins Saarländische wird, wenn überhaupt, nur die Sammelbüchse übersetzt (in „Sammelbix"). Allerdings benutzt man in der saarländischen Umgangssprache den Begriff „Bix" auch im anatomischen Bereich für „Scheide".

Bixje, Höschen, „Mei liewer Mann, du hättschd emol misse es Sonja beim Maskeball siehn! Das hat vielleicht e Bixje ahngehatt!" (Sonjas Kleidung beim Maskenball war erstaunlich, vor allem das aufreizende Höschen.)

Bläcksche, Blöckchen, für Notizen. Im Saarländischen spielt das „ä" eine große Rolle. In unserem Fall wird das „ö" im deutschen Wort „Blöckchen" sogar zu einem „ä".

Bladdoo, von dem französischen Wort „le plateau" (Ebene, Platte) abgeleitet. Das Wort wird aber im Saarländischen nur geografisch benutzt, während es in Frankreich z. B. ein „plateau de fromage" (Käseplatte) gibt.

Bläddsch, Klatsche, zum Beispiel, um Fliegen zu töten. Aber auch ein Schläger beim Federball und beim Tischtennis.

Blamaasch, Schande, von dem französischen Verb „blâmer" abgeleitet (= tadeln, verweisen). Das französische Adjektiv „blamable" (tadelnswert) wird lediglich durch das Vertauschen von „l" und „e" am Wortende zu „blamabel" verändert, zu einem Wort, das auch in der deutschen Sprache geläufig ist.

Bläss, Stirn, oberer Teil des Kopfes, vom althochdeutschen Wort „Blassa" abgeleitet. Gleiche Wortherkunft wie „blass". Kühe und Pferde haben manchmal eine blasse Stelle auf der Stirn, eine „Bläss". Das Wort wurde wohl generell auf die Stirn übertragen, wodurch im Saarländischen auch Drohungen möglich sind wie: „Wenn du das noch emol sahschd, dann hau ich dir of die Bläss!" (Wiederholtest du deine Aussage, werde ich handgreiflich.)

Blattkopp, abwertend für eine Glatze, aber auch für einen Mann mit äußerst breitem Scheitel.

blattsche, heftig und hörbar regnen: „O leck, aweil blattschds awwer." (Oho, ein Regenguss!)

bleche, bezahlen, ein Ausdruck aus dem Rotwelschen. Die ursprüngliche Herkunft des Wortes ist unbekannt. Vielleicht bezieht es sich auf die aus Metall hergestellten „Münzen".

Blechhammer, Jägersfreude, früher eine Produktionsstätte für Blech, das nicht geredet, sondern gehämmert wurde, wenn man vielleicht von fürstlichen Jagdgesellschaften absieht, die sich in der Nähe von Saarbrücken verlustierten. Wobei man bedenken sollte, dass der Begriff „behämmert" auch eine Aussagekraft haben kann für die Teilnehmer des Jagdvergnügens im 18. Jahrhundert.

Bleedhammel, dummer Mensch, und als solches auch als Schimpfwort geeignet für jemanden, der nicht nur so blöd ist wie ein Hammel, sondern auch so blöd wie ein blöder Hammel. „So e Bleedhammel! Hat fünf Morje Land geerbt unn duud net baue." (Ein nicht sehr intelligenter Mensch. Er hat Land geerbt und baut dennoch kein Eigenheim.)

b

Bleedmann, ein nicht sehr intelligenter Mensch männlichen Geschlechts. Interessant dabei, dass es keine „Bleedfraa" gibt.

Blei, im Altsaarländischen die Abkürzung für den „Bleistift": „Gebb mir mol dei Blei!" Dabei wurde die Mine des Schreibgeräts noch nie aus dem giftigen Schwermetall Blei hergestellt. Sie bestand bis ins Ende des 18. Jahrhunderts aus Grafit und danach, bis heute, aus einem Grafit-Ton-Gemisch. Die Bezeichnung „Bleistift" geht auf einen Irrtum zurück. Man hielt das verwendete Grafit für das Bleierz Galenit (Bleiglanz). Die Abkürzungsform „Blei", ist außerhalb des Saarlandes nicht verbreitet.

Bleiwes, Verbleib, abgeleitet von dem fast poetischen Wort „Bleibe" im Sinne von Möglichkeit zu wohnen: „Seit de Horst von seiner Fraa weg is, hat der kenn rischdisches Bleiwes meh." (Horst hat nach der Trennung kein richtiges Zuhause mehr.)

Bleiwoo, Wasserwaage, ein Prüfgerät zur vertikalen, aber auch horizontalen Ausrichtung eines Objektes. Im Saarland ist dafür auch das Wort „Wasserwoo" verbreitet. Früher war dieses Messgerät ein drei- oder viereckiger Holzrahmen, von dessen Mitte eine Bleikugel herabhing.

Bliddersdorf, mundartliche Zusammenfassung von Klein- und Grossblittersdorf. Das kleine Bliddersdorf liegt in Deutschland, das große in Frankreich. Beide sind voneinander getrennt durch Saar und Staatsgrenze, verbunden durch Brücken, Kooperationen und verwandtschaftliche Beziehungen.

Bliemscheskaffee, dünner Kaffee. Der Kaffee ist so „transparent", dass man die „Bliemscher" (= Blümchen) als Muster auf dem Boden der Kaffeetasse sehen kann.

Bliesje, kein Diminutiv für die Blies, sondern der saarländische Ausdruck für eine Bluse. Die Verkleinerung kann eine modische oder sogar eine erotische Hochachtung ausdrücken: „Ääs hat vielleicht ebbes im Bliesje gehatt." (Sie hat eine beachtliche Oberweite.)

Blimmo, Federbett, von dem französischen Begriff „le plumeau" (= der Staubwedel) abgeleitet. Das Federbett heißt im Französischen „l'édredon".

Blindflansch, Nichtskönner, abgeleitet von „Flansch", einem Verbindungsansatz an Rohren oder an Maschinenteilen. Wird ein Rohr abgeklemmt, setzt man einen „Blindflansch" ans Ende. Der Fachausdruck des Installationshandwerks eignet sich auch als Schimpfwort für jemanden, der von handwerklicher Arbeit keine Ahnung hat.

blodd, altes Regionalwort für kahl, nur leicht angezogen, halbnackt. Der Begriff könnte abgeleitet sein von „bloß".

bloddse, hart arbeiten oder auch lernen. „De Alfons hat misse schwer bloddse, damit er noch vorm Winter die Garaasch ferdisch kriehd hat." (Alfons musste viel arbeiten, um vor dem Winteranfang die Garage fertigzustellen.)

Bloddserei, schwere Arbeit. „Die Bloddserei is ihm schwer auf die Knoche gang." (Die Schwerstarbeit hat gesundheitliche Schäden hervorgerufen.)

bloe Mole, blaue Male (Kompositum: Bloomol = Bluterguss). Verletzungen, die als blaue Flecken in Erscheinung treten. Nicht zu verwechseln mit dem Blauen Blut des Adels.

Blooder, Blasen, im Sinne eines über das Hautniveau erhobenen, flüssigkeitsgefüllten Raums: „Die Sonn scheint Bloodere." (Die Sonne scheint so stark, dass sie auf der Haut Blasen erzeugen könnte.)

Blookappes, in einigen Gebieten des Saarlandes verbreiteter Name für Rotkraut. „Kappes" ist 1) der traditionelle, saarländische Begriff für „Kohl" (Gemüse, nicht Alt-Bundeskanzler) und 2) ein Sammelbegriff für Unsinn aller Art.

Blookopp, wörtlich: Blaukopf. Abfällige Bezeichnung für einen Protestanten. Das Wort hat seinen Ursprung wahrscheinlich in der Zeit des Kulturkampfes in den siebziger Jahren des 19. Jahrhunderts.

Bloomann, blauer Schaffanzug, Blaumann, die Uniform der Handwerker. Interessant: Das Kleidungsstück ist ein Mann, eine „Blaufrau" gibt es nicht. Der „Bloomann" scheint auch ein Männlichkeitssymbol zu sein.

Bloos, Blase, aber auch ein leicht abwertender Begriff für eine zusammengehörende Gruppe, früher ein historischer Spottname für Studentenverbindungen.

bloos, bloß, aber auch nackt: „mit bloosem Hinnere" (mit unbedecktem Gesäß).

Bloosaasch, ein bösartiges Kompositum, das eine Verbindung herstellt zwischen einem Körperteil und einer seiner Funktionen. Typisches Anwendungsbeispiel: „Wer war das?" – „Ei de Bloosaasch." Diese Antwort dient als Ersatz für eine sachliche, detaillierte und höfliche Antwort.

blooskoppisch, ohne Kopfbedeckung. Das Adjektiv ergänzt „bloos" durch eine genaue Ortsangabe und verwandelt dabei das Substantiv zu einem Teil eines zusammengesetzten Adjektivs. Diese Verbindung lässt keinen Zweifel: Der Mensch hat keine Kopfbedeckung an.

Bloospitt, Softfassung von „Bloosaasch". Der Körperteil wird ersetzt durch die saarländische Kurzfassung des Apostelnamens Peter.

In dem Neunkirchener Lied „Die Katz, die is sereck komm" heißt es zum Beispiel: „de Bloospitt von em Kohlhof ..."

Bluns, Einfachversion der Blutwurst ohne Speckgriebchen, im Volksmund auch „Billige Blutwurst" oder „Blutwurst im Ring".

Blunsert, abgeleitet von „Bluns", wird auch als Schimpfwort benutzt für einen dicken, schwerfälligen Menschen.

bobbele, bemuttern. Das Wort ist wohl aus dem Alemannischen ins Saarland eingewandert. Vor allem in Freiburg taucht es in verschiedenen Varianten auf. Eine einzig wahre Definition gibt es nicht. Es handelt sich bei dem Wort um eine Verzärtelung, die auf „Poppe" (= Puppe) zurückgeht. Das Wort „Poppel" kann im Alemannischen auch Schatz bedeuten. So ähnlich war auch der Kosename der Nation für Boris Becker zu dessen aktiver Zeit.

Bobbelsche, Baby, Säugling. Der Begriff dürfte sich aus einer Wortfamilie herleiten, zu der auch „Puppe" gehört. Dieses Wort wird allerdings auch schon mal für „große Mädchen" gebraucht. Man denke etwa an den Uralt-Oldie „Puppchen, Du bist mein Augenstern". Das Wort „Bobbelsche" wird allerdings zwischen Paaren nur in einem Anflug äußerster Kindlichkeit gebraucht.

Bobbes, Po, gibt es auch als Verkleinerungsform, wobei der im Deutschen als Verkleinerung benutzte Wortteil „chen" im Saarländischen durch „je" ersetzt wird: „Bobbesje".

Bobert, Mistkäfer. Insgesamt gibt es über 350 000 beschriebene Arten von Käfern. Noch immer tauchen jährlich Hunderte neue Arten auf. Der Ausdruck „Bobert" wird allerdings auch als Allerweltsschimpfwort benutzt: „Der do Bobert heirat mei Mäde net." (Dieser verwahrloste Mensch bekommt meine Tochter nicht zur Frau.)

b

Boddem, Boden. Das „en" am Schluss eines Wortes wird im Saarländischen vermieden. Entweder lässt man das „e" weg, wie bei den Verben („gehen" wird dann zu „gehn"), oder man macht, bei davorstehenden verdoppelten Konsonanten, aus dem nach dem „e" stehenden Konsonanten ein „m". („Fussel" wird dann zu „Fussem".) Die Bedeutung des Wortes „Boddem" ist, wie im Deutschen, mehrschichtig. Man kann darauf gehen, ihn mit Erdbeeren belegen und – um die Philosophie zu bemühen – ihn als „Grundlage des Fundaments einer jeden Basis" betrachten.

Boddschamber, wörtlich: der Schlafzimmertopf, saarfranzösisches Wort für „pot à chambre" = Nachttopf. Er verbesserte „sellemols" die Möglichkeiten, sich des Nachts zu erleichtern.

Boe, sprich: „Bo-e", Bogen, Schussgerät aus der Steinzeit, das für Jagd und Kriege eingesetzt wurde, heute bestenfalls für Spiel und Sport.

Bohei, Aufwand, Aufheben, Lärm, Tumult. Man redet nicht viel drum herum, geht direkt zur Sache und macht kein „Bohei". Vielleicht wurde dieser Begriff gebildet aus den Ausrufen „bu" und „hei". Die Betonung liegt auf der zweiten Silbe.

Boll, großer Schöpflöffel, nicht hergeleitet von dem französischen Wort „le bol" = Trinkschale. Der französische Ausdruck für eine saarländische „Boll" ist „la louche". „Dodemit schebbd ma die Supp in de Teller." Eine saarländische Maßeinheit für eine Schöpflöffelfüllung erhalten wir durch den folgenden Dialog zwischen einem Schüler und einem Lehrer: „Heit Midda hats Cordon blö gebb." – „Wie viel haschde dann gess?" – „Ei, zwei Bolle voll."

Bollau, blaues, geschwollenes Auge, wörtlich „Bollauge". Als solches kann es das Ergebnis einer nicht-verbalen Kommunikation unter Männern sein. Betonung auf der ersten Silbe.

Boller, Po, Hintern, Hinterteil, Kinderärschelchen, leitet sich (wie „Böller") von den mittelhochdeutschen Wörtern „pöler" und „boler" ab. Dabei handelte sich um „Schleudermaschinen", die man im Krieg bei Belagerungen von Burgen einsetzte. Funktionale Parallelen sind zumindest auf den ersten Blick nicht zu erkennen.

bollere, nicht mit dem Hintern arbeiten (was immer man darunter verstehen mag), sondern Krach erzeugen, schießen, auch beim Fußball: „Haschd du das sellemols gesiehn, wie de Lang Lui denne Elfmeter rin gebollert hat?" (Hast du das wahrgenommen, wie damals Ludwig Lang den Elfmeter mit voller Kraft ins Tor geschossen hat?)

Bollerwähnsche, Leiterwagen, rappelndes Ziehwägelchen. Früher in der saarländischen Landwirtschaft ebenso gebräuchlich wie in den Bergmannskolonien, u. a. für den zumeist illegalen Transport der Deputatkohlen (Sie durften von den Bergleuten nicht weiterverkauft werden). Heute ist der Bollerwagen das Fahrzeug für Christi Himmelfahrt. An diesem Tag feiern saarländische Väter traditionsgemäß bei einem gemeinsamen Ausflug. Sie führen ein „Bollerwähnsche" mit sich, um Bier in Flaschen oder Fässchen immer direkt griffbereit zu haben. Laut Angaben des Statistischen Bundesamtes ist die Zahl der durch Alkohol bedingten Verkehrsunfälle am Vatertag besonders groß. Das „Bollerwähnsche" trifft keine Schuld.

bolze, Fußball spielen. Aus den sechziger Jahren des vergangenen Jahrhunderts ist folgende Anekdote aus dem Nordsaarland überliefert: Der VfB Theley bekommt einen neuen Spieler aus dem Reich (veraltet für Bundesrepublik). Vor dem Spiel erläutert er mit vielen deutschen Fachausdrücken und Fremdwörtern seine Spieltaktik. Darauf ein ortsansässiger Spieler: „Spill dau taktisch! Eisch bolze." (Die Taktik überlasse ich dir. Ich werde weiterhin fest schießen.)

Bomb, Bombe. Das Wort wurde im Saarland nicht nur für einen Behälter benutzt, der zur Explosion gebracht werden kann. „Bomb" war auch der (friedliche) Kosename für die bis in die sechziger Jahre übliche 1-Liter Bierflasche. Das Format schien wohl an das gefährliche Kriegsutensil zu erinnern. Die „Bomb" kam nach dem Zweiten Weltkrieg aus Frankreich und musste später der Europaflasche (1/2 Liter) weichen.

Bombekerl, weder ein Soldat, noch ein Anarchist. Die „Bombe" dient hier lediglich als Verstärkung der positiven Bewertung, die in dem Wort „Kerl" steckt: „Do is was dehinner!" (Da ist was dahinter.)

Bömbel, Saugglocke für Abflüsse und Toiletten, im Saarländischen auch „Stamber" (= Stampfer) genannt. Der „Stamber" ist darüber hinaus ein wichtiger Gebrauchsgegenstand: früher in der Waschküche und auch heute noch beim Kochen und beim Straßenbau.

Bong, Gutschein, von dem französischen Substantiv „le bon" abgeleitet, auch „der Gute". Wer einen „Bong" hat, der kriegt etwas, und wenn es auch nur eine Genehmigung ist.

Bonsel, Exkrement von Ziege, Schaf, Reh, Hase. Ein anderes Wort für „Knoddel", wobei aber „Bonsel" nicht abwertend für eine junge Frau benutzt werden kann. Da gibt es andere Möglichkeiten.

Boorkersch, Empore. Sie war lange Zeit das Refugium jener Kirchgänger, die, meistens halb schlafend, sehnsuchtsvoll und auf Distanz den Schluss der Messe von der Empore aus verfolgten. Dabei warteten sie auf ihren sonntäglichen Frühschoppen in der Wirtschaft neben der Kirche: „Ich hann dich garnet in de Kersch gesiehn?" – „Kannschd de ach net, ich war off de Boorkersch!" (Ich sah dich nicht in der Kirche? War ja auch nicht möglich, denn ich war die gesamte Zeit auf der Empore.)

Booze, verkrusteter Nasenschleim (Absonderungen der Nasenschleimhäute). Davon könnte auch abgeleitet sein: „sich verbooze" sowie „Fasebooze". Ein englischer Ausdruck für „saufen" heißt: „to be on the booze". Es scheint sich bei dem Wort „Booze" um eine

Patchwork-Wortfamilie zu handeln, in der es allerhand seltsame Querverbindungen gibt.

Bootzemännjer, von Kinderhand kunstvoll gestaltete kleine Kugeln aus Nasenschleim. Werden nach einer Phase der Lufttrocknung als kleine Schusskugeln gegen Mitmenschen geschnippt, nicht immer zur Freude aller.

Borem, moselfränkische Aussprache von „Boden". Typische Veränderung im Nordsaarland. Aus dem weichen „d" und dem harten „t" wird – wenn davor und dahinter ein Vokal steht – ein „r". Weiteres Beispiel: Aus „Peter" wird „Perer".

Borjermääschder, Bürgermeister, Chef der Verwaltung einer Gemeinde, einer Verbandsgemeinde oder einer Stadt. Je nach Land wird er direkt von den Bürgern oder dem Gemeinderat gewählt. In größeren Städten in Deutschland gibt es Oberbürgermeister. Wenn man von dem Begriff ausgeht, dann war der „Borjermääschder" in früheren Zeiten jemand, der seine Bürger „meisterte". Er beherrscht sie wie kein anderer. Deshalb wurde er das Oberhaupt aller Bürger, die im Mittelalter neben der Burg auf einem Berg ihre Wirkungsstätten hatten. Das waren überwiegend die Händler und Handwerker, die spätere Bourgeoisie. Auf dem „platten" Land drum herum wohnten und arbeiteten die Bauern und sprachen so wie die Landschaft war: „platt". In Zahlen ausgedrückt: Während der Französischen Revolution waren etwa 3 % der Bevölkerung Adlige oder Kleriker, 7 % waren Bürger und 90 % waren Bauern. Heute sind die Bürgermeister zuständig für alle.

Borjermääschderamt, Rathaus. Das meistens repräsentative Haus dient der kommunalen Selbstverwaltung. Dort sitzt die Verwaltung der Gemeinde, und dort tagt meistens der Gemeinde- oder Stadtrat.

Borzelbaam, Rolle vorwärts beim Bodenturnen. „Purzelbaum" ist die volkstümliche Bezeichnung im Deutschen, „Borzelbaam" im

Saarländischen. Die Sprachfantasie ist gefragt: Ein Mensch purzelt (fällt) doch selten so wie ein Baum und hat manchmal sogar noch Spaß dabei.

borzele, hinfallen, purzeln. Menschen können, bei welchen Gelegenheiten auch immer, mal stolpern oder das Gleichgewicht verlieren und dann kopfüber hinfallen. Aber auch eine Dose Bier kann auf den Boden „borzele".

bossele, basteln, knauben, eine im Saarland sehr beliebte Freizeitbeschäftigung, die oft den kostenlosen Materialtransfer von der Grube in den Keller (ohne Zustimmung der Bergbauverwaltung) zur Voraussetzung hatte. Eine weitere Bedingung war die Qualifikation als Universaldilettant vieler Beschäftigter der Schwerindustrie. Durch den Rückgang des Bergbaus ist die Zahl der Baumärkte enorm gestiegen. Das Wort selbst ist von dem französischen Verb „bosseler" abgeleitet, was so viel bedeutet wie „kleine Handarbeiten machen".

Bossler, saarländischer handwerklicher Universaldilettant. „De Opa is e alder Bossler. Seit der in Pension is, fuhrwerkt der im Keller rum." (Der Großvater ist ein begnadeter Heimwerker. Seit seiner Versetzung in den Ruhestand realisiert er seine handwerklichen Qualifikationen im Keller.)

bräät, breit. Während der Saarabstimmung 1934/35 wurde eine saarländische Schulklasse nach Bingen gekarrt, um dort den deutschen Vater Rhein zu bewundern. Ein Journalist wollte von einem saarländischen Jungen wissen, was er vom Rhein halte. Seine Antwort machte Furore. Mit enttäuschtem Gesicht sagte er: „Ich hann gemännt, der wär brääter." (Steigerung von „bräät").

Bräckelsche, Bröckelchen, ein kleiner Brocken. Kann sich auf eine Sache (z. B. Brot) beziehen, wird aber auch als Kosewort benutzt für ein Kind, das immer gut genährt wurde. Man sah ihm schon im frühen Alter an, dass er mal kein Spargeltarzan wird: „Eier Thomas is awwer e ganz scheenes Bräckelsche wor." (Euer Thomas sieht aber gesund aus.) Interessant: Das Saarländische liebt und gebraucht das „ä", meidet aber das „ö" und das „ü". In unserem Fall wird sogar aus dem „ö" ein „ä".

braddele, eigentlich: sich des Durchfalls entledigen. Wird aber meistens im übertragenen Sinn gebraucht im Sinne von: dummes Zeug reden, schwätzen.

Braddler, Schwätzer, oft auch in Verbindung mit der saarländischen Fassung von „mit niedrigem IQ ausgestattet", also: „Dummbraddler". „Der war schon e Dummbraddler bevor er im Gemäänerad war." (Er war bereits vor seinem Eintritt in den Gemeinderat jemand, der sich nicht allzu intelligent äußerte.)

Braddschel, eine Frau, die „net ihr Schniss halle kann" (die wie ein Wasserfall redet, vor allem über andere Leute).

Brand, wie im Deutschen: 1. Ergebnis der Erzeugung thermischer Energie zur Feuerung, 2. Das Produkt, das bei der Destillation von Alkohol entsteht. 3. Ein Grund für die Bekämpfung sehr großer Trockenheit in der Kehle: „Ich hann e Brand!" (Mich dürstet.)

Brandeburjer, Brandenburger. Damit ist aber nicht nur der Bewohner eines deutschen Bundeslandes gemeint, sondern auch irgendetwas, was im Topf, in dem Backofen oder auf dem Grill verbrannt ist. „Ich wollt e Schwenkbroode esse unn kenn Brandeburjer."

Brasche, Verbrennungsrückstände von Koks oder Kohlen (Schlacken), abgeleitet von dem gleichbedeutenden französischen Substantiv „la braise".

Bräsem, Brosamen, alter Ausdruck für Krümel aus Brot oder anderem Backwerk. Das Wort stammt aus dem Mittelalter und ist verwandt mit „bröseln". Dieser Begriff hat sich buchstäblich „versemmelt": Es hat überlebt in dem Wort „Semmelbrösel", während das saarländische Wort „Bräsem" – wenn überhaupt – nur noch zu unserem passiven Wortschatz gehört.

Brauereipäär, ein Pferd, das in den Diensten einer Brauerei steht. Brauereipferde gab es in Saarbrücken noch bis in die 1970er Jahre. Meistens waren es kräftige Kaltblüter, die einen Wagen mit Fässern zogen. Ihre Hinterteile hatten beachtliche Ausmaße. Das machte diesen Körperteil zu einer vergleichenden saarländischen Maßeinheit für menschliche Gesäße: „Es Emma hat e Arsch wie e Brauereipäär."

breddere, Verbfassung des Substantivs „Brett". Bedeutung: schnell fahren. „De Schorsch is geschdern mit seim Moped mitte durch die Fussgängerzon gebreddert." (Georg fuhr gestern sehr schnell mit seinem Moped durch die Fußgängerzone.)

Bredullje, schwierige Situation, abgeleitet von dem französischen Ausdruck „rentrer bredouille" (= unverrichteter Dinge zurückkommen): „In de ledschde fünf Minutte is de FC schwer in Bredullje komm." (In den letzten fünf Minuten hatte der 1. FC Saarbrücken große Probleme.) Wobei „schwer" – anders als im Deutschen – die Bedeutung von „sehr" hat.

Breetsche, Brötchen, Verkleinerungsform von Brot. Es unterscheidet sich von der Form her und durch den Zusatz von Milch von dem Weck. Das saarländische Milchbrötchen ist rund, flach und hat in der Mitte eine Kerbe, die von einer Seite zur anderen führt.

Bremborium, Drumherum, abgeleitet von dem lateinischen Wort „brimborion" (= Kleinigkeit, Lappalie): „Ich hann nix geje Volkswanderunge. Was mich nur steert, das ist das Bremborium." (Meine Abneigung gegenüber Volkswanderungen beruht auf der Vielzahl der Kleinigkeiten drumherum.)

Bremme, in der Blüte gold-gelb leuchtende Sträucher, Besenginster. Namengeber für die „Goldene Bremm" (französisch: La Brême d'Or), eine Gemarkung im deutsch-französischen Grenzgebiet zwischen der Stadt Saarbrücken und den lothringischen Gemeinden Stiring-Wendel und Spicheren. Das französische Wort für Ginster ist „le genêt".

Brenk, altsaarländischer Begriff aus einer Zeit, als man noch keine neuzeitlichen Badezimmer kannte. Die „Brenk" war – je nach Größe – eine Zinkwanne zum Spülen oder auch zum Waschen und Baden.

Brenkelbecke, alter Begriff für Waschbecken, Spülstein. Das Wort ist abgeleitet von „Brenk", einem Zuber aus Zink.

Brennje, eine Verwarnung, mit der geringfügige Ordnungswidrigkeiten nach §§ 56 ff. des deutschen Gesetzes über Ordnungswidrigkeiten (OWiG) geahndet werden. Der saarländische Begriff bezieht sich auf schriftliche Verwarnungen, die sich auf Verkehrssünden beziehen. Ebenfalls verbreitet ist das Wort „Knellsche".

Brenntuut, die Gemeindesirene, mit der man die Feuerwehr alarmierte. Der Begriff war vor allem in dem bayerischen Teil des Gebietes des heutigen Saarlandes (heutiger Saarpfalz-Kreis) verbreitet.

brenzelisch, saarländische Fassung des deutschen Wortes „brenzlig". Der Duden gibt dafür keine Bedeutung an, allerdings zahlreiche Synonyme, z. B. bedenklich, brisant, delikat, fatal, heikel, knifflig, misslich, nicht ganz ohne, nicht geheuer, prekär, problematisch, problembehaftet, schwierig und verfänglich.

Brick, Brücke, 1. gibt es über die Saar und andere fließende Gewässer, 2. beim Zahnarzt, 3. als Überbrückung eines Arbeitstages zwischen zwei arbeitsfreien Tagen.

Brickedaa, Kompositum für einen Arbeitstag zwischen freien Tagen (Sonn- oder Feiertag). Da lohnt es sich, die „Brücke" zu machen. Mit einem einzigen Urlaubstag hat man dann drei Tage frei.

Bridsch, 1. Liege im Gefängnis und beim Militär, von dem englischen Substantiv „bridge" (= Brücke und ein Kartenspiel) abgeleitet, 2. ein „Stummelschwänzchen". Der Hase hat zum Beispiel eine „Bridsch", worauf man – laut Redewendung – Salz streuen sollte, um ihn besser fangen zu können.

briedisch, brütend, bezeichnet eine Aktivität eines Vogels, z. B. „e briedisch Hinkel" (ein brütendes Huhn). Der Vogel wärmt durch dieses Verhalten die gelegten Eier bis zum Schlüpfen. Selbst bei einem sehr kurzen Zeitraum ist die Bezeichnung des brütenden Vogels als „schneller Brüter" unangebracht.

Briefbodd, Briefbote, Briefträger. Das Wort „Briefbodd" stammt aus einer Zeit, als die Informationslogistik noch nicht so weit entwickelt war und man überall Boten brauchte (z. B. in Behörden und Betrieben), um Informationen von A nach B zu tragen.

Brieh, Brühe, nicht zu verwechseln mit der gleichklingenden Bezeichnung für die bekannte französische Käsesorte. „Brieh" mit „h" ist im Saarland meistens „dreckisch". Deshalb auch der Ausdruck „Drecksbrieh". Wird also nicht gebraucht für „gekörnte Brühe". Da bleibt man bei der deutschen Fassung.

Briehbohnesupp, andere Bezeichnung für Bibbelschesbohnesupp, ein als typisch geltendes saarländisches Gericht aus frischen grünen Bohnen, die in kleine Stücke geschnitten werden. Dazu wird gerne „Quetschekuche" (Zwetschgenkuchen) gegessen.

Briesje, saarländische Verkleinerungsform von Prise (= Menge, die man zwischen den Spitzen von Zeigefinger und Daumen hält). Das Wort „Prise" selbst ist abgeleitet von dem Partizip II des französischen Verbs „prendre" (= pris) mit der Bedeutung von „nehmen". Der Begriff „Briesje" bezog sich vor allem auf den Schnupftabak, der bei den Bergleuten sehr beliebt war, weil ja Rauchen aus Sicherheitsgründen unter Tage streng verboten ist.

brille, weinen, nicht abgeleitet von dem Substantiv „Brille", sondern von dem Verb „brüllen". „Es Sonja brillt die ganz Zeit." (Sonja weint ständig.)

Brockel, altsaarländischer Ausdruck für Dickmilch und Sauermilch. Gewonnen wurde die Masse aus reiner Kuhmilch durch die Bildung von Milchsäure. Heute stellt man den „Brockel" her aus pasteurisierter und homogenisierter Kuhmilch. Man setzt Starterkulturen und Milchsäurebakterien zu, damit das Casein ausflockt (der Proteinanteil der Milch, der zu Käse verarbeitet wird und nicht in die Molke kommt). Die Milch wird dick. Es bilden sich jene Brocken, die der Milch den saarländischen Namen geben.

Brockelhawe, ein spezieller Topf für Dickmilch bzw. Sauermilch. Die saarländische Regionalsprache hat sich für den im Deutschen umgangssprachlichen Begriff „Hafen" entschieden. Die Niederdeutschen kennen ihn als „Pott".

Broodgrumbeere, Bratkartoffeln. Das Wort leitet sich ab von „Beeren" (saarländischer Ausdruck für Birnen). Sie sehen so ähnlich aus. Aber: Sie hängen nicht am Baum. Sie wachsen im „Grund". Eine Spezialität im Saarland sind „Kerschdscher". Der Bexbacher Komponist und Musikartist Hugo Baschab hat ihnen ein eigenes Lied mit dem Titel „Saarländische Kerschdscher" gewidmet.

Brotlade, ein Raum, in dem man Brot zum Verkauf anbietet. Mit dem Titel „Der Brotladen" hat Bert Brecht ein Dramenfragment für das Stück „Die heilige Johanna der Schlachthöfe" geschrieben. Im Saarländischen ist der „Brotlade" auch eine ironische Bezeichnung für den Mund. In diesen „geöffneten Laden" schiebt man das Brot.

Brotohnewurschd, ironisches Wort aus den „schlechten Zeiten" (Erster und Zweiter Weltkrieg und die jeweiligen Nachkriegszeiten), als man froh sein konnte, eine Scheibe Brot zum Essen zu bekommen, selbst wenn es „ohne Wurschd" war.

Brotschmier, trockenes Brot. Das musste als „Schmier" reichen, obwohl nichts drauf geschmiert war, keine Süßschmier, erst recht keine Butter.

Brotskrachelscher, das, was die Franzosen und deutschen Gourmets als „croûtons" bezeichnen: in Butter gebratene Brotwürfel. Sie kommen etwa in den Mausohrsalat oder in die Crème-Suppe. Wenn man drauf beißt, dann krachen sie ein wenig, und weil sie klein sind und gut schmecken, benutzen wir für das Wort „Brotskrachelscher" die Verkleinerungsform.

bruddele, saarländisch für „brodeln". Flüssigkeiten können zum Beispiel brodeln, wenn man die – aus welchen Gründen auch immer – nicht allzu heftig erhitzt.

bruddse, trotzen. Mimischer Ausdruck einer Frustration. Die Mundwinkel ziehen sich nach unten, und man wird sprachlos. Vorangegangen ist meistens eine Kränkung oder etwas, was man als solche verstanden hat.

Brudsch, Gesichtsausdruck, der geprägt wird von der sich nach vorne schiebenden Unterlippe. Aussage: „Mir stinkts."

bruhmäßig, ein altsaarländischer Begriff aus der Gegend westlich von St. Wendel mit der Bedeutung: „im heiratsfähigen Alter stehen". Das kann man auch anders ausdrücken.

Brulljes, Getue. „Jetzt gebb mir die fuffzisch Euro unn mach net so e Brulljes!" (Reiche mir bitte ohne Zögern die fünfzig Euro!) Der Duden bietet mehrere Übersetzungen an, etwa: durcheinander bringen, Informationen zerhacken und stören.

Brummelsche, jemand, der brummt, nicht auf der Lerchesflur, sondern im Rahmen ehelicher oder außerehelicher Pflichten. Eignet sich durch die Verkleinerungsform als Kosewort.

Brumms, einfacher Ofen, der früher in den Schlafhäusern der saarländischen Bergleute benutzt wurde. Meistens handelte es sich um ein gereinigtes, einfaches Fass aus Blech, in dem man Feuer anzündete. Die Brumms diente als Ofen und als Herd. In gusseisernen Töpfen und Pfannen briet man darauf die rohen (das ging schneller) Bratkartoffeln. Bevor der Deckel drauf kam, fügte man (falls vorhanden) noch einen Ring Lyoner dazu. Er wurde ganz einfach mitgegart. Der Name „Brumms" leitet sich wohl ab von „brummen". Das tat die Brumms, wenn das Feuer prächtig loderte.

Brunnebutzer, Reiniger (Putzer) eines Brunnens, eine spezialisierte Kraft. Meistens waren es die Saisonarbeiter, die sich durch Fleiß auszeichneten. Diese Eigenschaft wurde beispielhaft für fleißiges Arbeiten generell: „Der schafft wie e Brunnebutzer."

brunze, Vulgärausdruck für „urinieren". Im Vergleich dazu ist „pinkele" schon fast vornehm. Mittlerweile beginnt sich die direkte Übersetzung des französischen Ausdrucks „faire Pipi" (Pipi machen) auch im deutschen Sprachraum durchzusetzen. Früher war dieser Ausdruck auf die passende Tätigkeit der Kinder beschränkt.

Bruschdlabbe, wörtlich: Brusttuch. Wurde früher bei feierlichen Anlässen (Kindtaufen, Hochzeitsfeier und Beerdigungen) von Bürgern benutzt, um das Tragen eines Hemdes vorzutäuschen.

bruse, aufbrausen, aber auch fortwerfen oder mit Gewalt wegschicken: „Denne kennt ich bruse." (Ich könnte ihn in die Wüste schicken.)

Brutsch, eine vom Menschen herstellbare Formung der Lippen, die auf einen negativen Seelenzustand hinweist: „Er macht e Brutsch."

b

(Er verzieht das Gesicht dermaßen, dass seine schlechte Laune sofort erkennbar ist.)

brutschele, brutzeln. Interessant ist die doppelte Bedeutung des Wortes in der saarländischen Mundart: Es kann sowohl die Sauce im Topf „brutschele" wie auch der Koch hinter dem Herd. Das Wort „brutzeln" heißt laut Duden „mit leisem Geräusch braten". Wer aber im Saarland als Koch „brutschelt", der macht Krach. Er weist akustisch auf die Bedeutung seiner Tätigkeit hin (zischendes Fett, Fluchen, lautes Kommentieren der einzelnen Kochschritte usw.)

Brutscheler, leidenschaftlicher saarländischer Amateurkoch. „De Heinz is e rischdischer Brutscheler. Er brudscheld schon seit zwei Stunn in de Kisch." (Heinz gibt sich seit zwei Stunden seiner kulinarischen Leidenschaft hin.)

Bub, Knabe, Figur beim Kartenspiel. Die deutsche Sprache kennt ihn nur in der Bedeutung für einen Jungen. Beim Kartenspiel fügt sie ein „e" dazu, vielleicht nur, um dem antiquierten Outfit auf der Spielkarte gerecht zu werden.

bubbere, zittern, klopfen. „Wie er mich gefrohd hat, ob ich ihne aach heirate dääd, do hat mei Herz rischdisch gebubbert." (Als er fragte, ob ich ihn heiraten wolle, das war ich sehr aufgeregt.)

Bubeller, altsaarländischer Ausdruck für Propeller. In der Bedeutung von „Propeller" gibt es auch die Aussprache „Brummbeller", die sich auf das Brummen der Flugzeugmotoren bezieht.

Buchmarder, Eichelhäher, ein Singvogel aus der Familie der Rabenvögel. „Das Klään do schreit wie e Buchmarder." (Dieses Kleinkind brüllt mit der Lautstärke eines Eichelhähers.)

Buckel, Rücken eines Tieres (z. B. Höcker) oder Rücken eines Menschen (nicht eines Buches).

b

buckele, 1. sich opportunistisch verhalten, geduckt und gebückt durchs Leben gehen, 2. jemandem den Buckel waschen. „Frieher hann sich die Berschleit noh de Schicht in de Kau gejeseidisch de Buckel gewäscht." (Früher haben sich die Bergleute in der Waschkaue gegenseitig den Kohlenstaub vom Rücken gewaschen.)

buckelisch, mit einem „Buckel" versehen. Bestandteil eines abwertenden Ausdrucks für Verwandte: „Bleib ma vom Hals met de buckelisch Verwandtschaft." (Ich möchte meine unwillkommene Verwandtschaft nicht sehen.)

Buddel, Flasche, von dem französischen Wort „la bouteille" abgeleitet: „Komm, mir trinke noch e Buddel. Ich hann jo kenn Auto debei. Dann muss sichs aach lohne." (Komm, wir trinken noch eine Flasche. Es muss sich doch lohnen, wenn man kein Auto dabei hat.)

Buddeng, abgeleitet von dem französischen Wort „le boudin" = Blutwurst. Im Saarland unterscheidet man zwischen „Blutwurschd" (= kalt) und „Buddeng" (= gebraten), wobei der richtige „Buddeng", den man in Frankreich kauft, auch eine andere Konsistenz hat. Darin darf auch Gemüse (Kohl, Zwiebeln) verarbeitet sein. In Frankreich unterscheidet man noch zusätzlich zwischen dem schwarzen und dem weißen „boudin". Den weißen gibt es in der Edelfassung mit Trüffeln und gilt in der Menüfolge als Vorspeise.

Buddick, 1. „Heisje" = kleines Haus, 2. „Klamottelaade" = Modegeschäft, 3. Unordnung, abgeleitet von dem französischen Wort „la boutique" (= Laden, Angelegenheit): „Der geht mir net eher aus em Haus, bis dass er sei Buddick ofgeraumt hat." (Er verlässt nicht eher das Haus, ehe er Ordnung gemacht hat.) Eine Hochwälderin in der Saarbrücker „Boutique Für Sie" am St. Johanner Markt: „Eisch gesinn et schun, Dir hann et nit. Eisch muss en en annern Buddick luen gehn." (Mir wird gewahr, dass Sie selbiges Produkt nicht führen. Deshalb muss ich mich in einer anderen Boutique umsehen.)

Buddslumbe, Putzlappen. Im Saarländischen ist der „Buddslumbe" allerdings nicht nur ein Reinigungsgerät. So charakterisiert sich ein Mensch, der sich schlecht behandelt fühlt: „Ich bin doch net dem sei Buddslumbe!" (Ich lasse mich doch nicht behandeln wie der letzte Dreck.)

bugsiere, in der Seemannssprache: etwas ins Schlepptau nehmen und an eine bestimmte Stelle bringen. Das Wort wird aber auch in anderen Lebensbereichen benutzt für Schleppen mit Geschick.

Bulldog, ursprünglich die Verkaufsbezeichnung für Ackerschlepper, die von 1921 bis 1957 von der Heinrich Lanz AG (später John Deere) in Mannheim hergestellt wurden. Der Produktname wurde zum Gattungsnamen, unabhängig vom Hersteller, so wie bei Maggi-Würze und Tempo-Taschentüchern. Der Name „Bulldog" leitete sich ab vom Aussehen der ersten Bulldog-Motoren. Sie ähnelten dem Gesicht einer Bulldogge. Diese haben auch oft eine gedrungene, kräftige Statur.

Bulles, Gefängnis, Knast, Arrest, Justizvollzugsanstalt. Zwei Ableitungen des Begriffes sind möglich: 1. das französische Wort „Police", ausgesprochen im moselfränkischen Akzent und 2. der rotwelsche Ausdruck „bolle" für die Kleidung in Strafanstalten.

Bullesje, 1. Früher ein kleines Dorfgefängnis (mit der saarländischen Verkleinerungsform „je" wie bei „Kätzje"), 2. eine Verkleinerungsform von „Bulle", in Wirklichkeit aber ein „Kälbchen" (manchmal auch „Bunnesje"), saarländische Kindersprache auf dem Land.

Bullewa, saarländische Schreibweise und Aussprache (Betonung auf der ersten Silbe) für „le boulevard", ein französisches Substantiv mit dem germanischen Ursprungswort „Bollwerk" (eine befestigte Straße entlang der Stadtmauer). Eine Zurückübersetzung ins Deutsche existiert nicht. Man muss sich mit einem karnevalistischen Sprachspiel des Karnevalisten „De Wuschd aus Spiese" trösten: „Beim Melken wird dem Bauern klar, dass die Kuh ein Bulle war."

Bullewatz, eine neusaarländische Verballhornung von Boulevard, ein von saarländischen Journalisten schon mal gebrauchtes Wort für die Boulevardpresse. Mittlerweile benutzen auch andere medienkritische Menschen diesen Ausdruck als (noch harmloses) Schimpfwort. Das Wort „Bullewatz" hat auch durchaus Chancen, sich zu einem allgemeinen Schimpfwort für Menschen zu entwickeln, zum Beispiel für rustikale Persönlichkeiten. Dafür sorgen die beiden Konstituenten: Das Wort „Bulle" wird angewandt für einen Stier, einen Polizisten und einen päpstlichen Erlass. Ein „Watz" ist laut Duden ein Eber, ein Ekel und ein niedliches Kind. Das Kompositum dieser beiden dreifachen Polysemien ist unschlagbar und zeigt uns auch, wie neue Wörter entstehen können.

Bulljong, saarländische Aussprache des französischen Begriffs „le bouillon" (= „klare Brühe"), wesentlich populärer als das deutsche Sprachungetüm „Rinderdoppelkraftbrühe".

Bumb, Pumpe, aber auch Sammelbegriff für Atmungsorgane „Wenn ich schnell die Trepp enuff gehn, dann geht mir die Bumb." (Wenn ich zu schnell die Treppe hinauf steige, dann habe ich Atmungsprobleme.)

bumbe, pumpen. Man kann Hochwasser aus dem Keller pumpen, Trinkwasser aus einer Quelle, aber auch Geld, um sich andere Flüssigkeiten leisten zu können.

Bummerhindsche, zärtlicher Ausdruck, der aus der Tierwelt abgeleitet ist. Wird auch benutzt für jemanden, der einen auf Schritt und Tritt verfolgt – aus Anhänglichkeit und nicht etwa in der Ausübung seines Berufs als Privatdetektiv, Kriminalkommissar oder Verfassungsschützer.

bummsdisch, plötzlich, eine Lautmalerei, die man allerdings nicht wörtlich nehmen darf, sonst würde man mit der Befehlsform sehr leicht Missverständnisse hervorrufen.

bummsferdisch, proletarisch-barockes Sprachbild für „müde". „Omends bin ich immer bummsferdisch." (Am Abend bin ich immer sehr müde.)

Bummsverhältnis, eheliche Beziehung ohne Sexualität (wobei das Wort eigentlich das Gegenteil ausdrücken könnte). „Wenn mir omends ins Bett gehn, dann mach ich es Licht aus unn Bumms – do schlofe mir sofort in."

Busendo, Busen, abgeleitet von einem italienischen Fluss, der so ähnlich klingt wie eine italienische Fassung von Busen. Der etwa 90 km lange Fluss Busento in Kalabrien wurde bekannt durch das Gedicht von August von Platen „Das Grab im Busento". In dessen Flussbett begruben die Westgoten im Jahre 410 ihren König Alarich I. Das Gedicht beginnt mit den Versen: „Nächtlich am Busento lispeln/bey Cosenza, dumpfe Lieder./Aus den Wassern schallt es Antwort/und in Wirbeln klingt es wieder!/Und den Fluß hinauf, hinunter/zieh'n die Schatten tapfrer Gothen,/die den Alarich beweinen,/ ihres Volkes besten Todten."

Butter, die Butter. In manchen Gegenden im Saarland heißt sie „der Butter". Sie ist männlich, wie im Französischen: „le beurre".

Butterbäsje, altes Kosewort für ein Mädchen. Eine Base ist bekanntlich eine Cousine. Der Begriff „Base" wurde aber auch verwandt für Frauen, mit denen man noch nicht einmal verwandt war. Durch den sprachlichen Vorsatz „Base" wertete man den Vornamen einer älteren Mitbürgerin auf (die Männer waren „Gevatter"). Die Verkleinerungsform „Bäsje" eignete sich aber – im Gegensatz zu der des „Gevatter" – als Kosewort.

Butterschmier, Butterbrot, wobei auf der „Butterschmier" nur Butter ist, während es auf dem nicht-saarländischen Butterbrot auch noch einen zusätzlichen Belag (Wurst, Käse) geben kann. Im Saarland würde sich der Begriff dann aufheben und die „Butterschmier" mutierte zur „Wurschdschmier" bzw. „Kässchmier".

Butze, in früheren Zeiten eine eher abwertende Bezeichnung für einen Schutzmann.

butznarrisch, ein Adjektiv, mit dem man einen Menschen bezeichnet, der eine psychologisch hoch interessante überzogene Affinität zu Reinigungsvorgängen und den entsprechenden Endzuständen der Wohnung hat.

b

Buwe, Plural von Bub (Jungen, Knaben). „Als Buwe hann mir frieher immer ebbes ahngestellt." (Als Knaben waren wir früher oft unartig.)

Buwerolzer, Mädchen, das gerne mit Buben „rolzt", d. h. sich bei ihnen aufhält und sich auch mit ihnen balgt.

Buwespatze, wörtlich „Knabensperlinge", soll sich aber wohl eher auf eine bestimmte Form beziehen. Man gebraucht das Wort als Synonym für „Hoorische" (längliche Kartoffelknödel, serviert mit Sauerkraut und Speckrahmsoße).

Bux, zuerst ein niederdeutsches, dann ein umgangssprachlicher Begriff, auch außerhalb des Saarlandes für „Hose". Das Wort benutzt man auch abfällig für Mitglieder von Studentenverbindungen (ursprünglich eine verballhornte Kurzform für „Burschenschaftler"). „Bei denne ziehn se noch die Bux mit der Beißzang ahn!" (Dort ist man noch sehr rückständig.)

Buxeknopp, Hosenknopf, Vorläufer des Reißverschlusses. Erstmals in großem Umfang wurden Reißverschlüsse 1917 in der Navy bei wetterfesten Anzügen von Lotsen eingesetzt.

Buxelatz, Hosenlatz. Öffnung an der Vorderseite der Männerhose. Das fachsprachliche Wort der Textilbranche ist weit von dem „Buxelatz" entfernt. Es könnte sehr missverständlich sein, denn es heißt „Eingriff", ein Wort, das auch in der Chirurgie und im Verfassungsrecht bedeutend ist.

Buxeschisser, wörtlich: Hosenscheißer = ängstlicher Mensch, jemand dessen Endprodukte des Verdauungsvorganges buchstäblich „in die Hose" gehen, wobei Angst eine mögliche Ursache ist. Das Wort wird aber meistens nur im übertragenen Sinn gebraucht.

Buxeträjer, altsaarländischer Ausdruck für Hosenträger (neben „Galljer").

C wie Cräämschnittsche

Der Buchstabe „C"

Das „c" ist ein Konsonant mit der durchschnittlichen Häufigkeit in deutschen Texten von 3,1 %. Er existiert als einzelner Buchstabe und in den Zusammensetzungen ck, ch und sch. Je nach folgendem Buchstaben wird „c" im Deutschen vor den hellen Vokalen „e", „i", „y", aber auch vor den Umlauten „ä" und „ö" wie „z" ausgesprochen. Alle anderen wie „k". Bei einigen aus dem romanischen Sprachbereich kommenden Wörtern, die mit „c" begannen (Centimeter, Cigaretten), hat man das „c" durch ein „z" ersetzt. Ähnliches machte man mit Eigennamen: aus „Cöln" wurde zum Beispiel „Köln", während „Celle" unverändert blieb.

Der Doppelbuchstabe „ck" ist nichts anderes als eine Variante von „k". Diese signalisiert, dass der vorhergehende Vokal kurz ausgesprochen wird. Die Kombination „ch" nach den dunklen Vokalen „a", „o" und „u" wird zu einem Ach-Laut. Nach den hellen Vokalen „e" und „i" sowie nach den Umlauten „ä", „ö" und „ü" wird das „ch" zu einem stimmlosen Reibelaut. So wird das „Buch" („ch" als Ach-laut) im Plural zu „Bücher" („ch" als stimmloser Reibelaut).

Die Aussprache des „ch" am Anfang eines Wortes richtet sich nach dem nachfolgenden Buchstaben. Vor einem dunklen Vokal wird „ch" wie „k" ausgesprochen (Chaos, Chor) oder unter weitgehender Beibehaltung der romanischen Elemente ebenso wie vor einem hellen Vokal als stimmloser Reibelaut (Chassi, Chossee, Chemie, China – Ausnahme für die letzten beiden Wörter: Bayern und Baden-Württemberg). Im Saarländischen bildet man meistens einen Zwischenlaut von „ch" und „sch".

CD-Bläher, CD-Player, missverständliche saarländische Aussprache des englischen Wortes für ein allgemein verbreitetes Abspielgerät für bestimmte Tonträger. Wichtig zu wissen: Das Gerät ist nicht in der Lage, Blähungen erzeugen.

Champinjong, Champignon, französischer Ausdruck für Pilze aller Art. Der im Saarland als „Champinjong" bezeichnete Pilz heißt in Frankreich „Champignon de Paris" (Pilz von Paris). Typisches Missverständnis: Im Französischen ist „Le champignon" der Pilz, „le champion" der Sieger. Man sollte die Herbstmeisterschaft von Bayern München nicht mit einem herbstlichen Pilzgericht verwechseln.

Chassi, Chassis, das französische Wort für Fahrgestell. Es bezeichnet die tragenden Teile von Fahrzeugen. Daran befestigt sind die Radaufhängungen, die Antriebselemente (Getriebe, Motor u. a.), die Anhängerkupplungen und gegebenenfalls Karosserie oder Transportgutbehälter. Im 19. Jahrhundert wurde das Wort „le châssis" (Einfassung, Rahmen) aus dem Französischen übernommen.

Chongsong, Chanson, französischer Ausdruck für jede Form des „Liedes". Im Saarland wird das Wort „Chongsong" fast ausschließlich für französische Evergreens mit anspruchsvollen Texten gebraucht. Umgekehrt kennt man in Frankreich das deutsche Wort „le lied" für klassische deutsche Lieder. Inbegriff dieser Gattung ist „die Forelle" von Franz Schubert (1797–828) mit den allseits bekannten Anfangszeilen: In einem Bächlein helle, / Da schoß in froher Eil / Die launische Forelle / Vorüber, wie ein Pfeil.

Chossee, altsaarländischer saarfranzösischer Ausdruck für eine Landstraße. Das Wort „la chaussée" leitet sich ab von dem Substantiv „la chaux" (Kalk). Der Infinitiv des entsprechenden Verbs ist „chausser" (kalken) und „chaussée" ist die weibliche Form des entsprechenden Partizips II (gekalkt). Die Römer bauten „gekalkte Landstraßen". Aus Kalk, Sand und Wasser fabrizierten sie Mörtel, und damit verbanden sie die Steine. Und diese Landstraßen hießen in Frankreich „routes chaussées".

Chosseegrawe, Straßengraben. „Der Herbert is met em Auto in de Chosseegrawe gefahr." (Herbert kam von der vorgesehenen Fahrbahn ab und landete mit seinem Mercedes außerhalb der Landstraße in einem Graben.)

Chrischkindsche, Christkind, erscheint an Weihnachten ungesehen auf der Bildfläche und bringt die Weihnachtsgeschenke. Man vermutet in ihm das Jesuskind. Die Vaterschaft ist bis in die Gegenwart hinein noch nicht geklärt. Ochs und Esel wurden im 4. Jahrhundert zur Dekoration hinzugefügt.

Chrischnixkindsche, Verballhornung von Christkind mit Bezug auf Weihnachtsgeschenke. Der weltanschauliche Background: Man

sieht im Christkind nicht so sehr den Religionsstifter Jesus als Baby, sondern als Motor für einen Konsumschub zum Jahresende. Mit dem Wort „Chrischnixkindsche" sagt man indirekt: „Du bekommst kein Geschenk." Dahinter könnten folgende Auffassungen stehen: 1. Die Religion, und nicht das Schenken, müssen im Mittelpunkt stehen, 2. du bist nicht brav gewesen und hast keine Belohnung verdient, 3. wir haben dafür kein Geld.

Clauschder, Vorhängeschloss, abgeleitet von dem lateinischen Substantiv „Claustrum". Das entsprechende Verb: clausdere, der Ursprung von dem englischen Verb „to close" = schließen. Dieses steckt auch in unserem Wort „Klosett". Dieses ist, falls es besetzt ist, in den meisten Fällen von innen abgeschlossen.

Clöb, vornehmer Ausdruck für Club bzw. Klub. Unsaarländischer geht es nicht mehr, denn unsere Sprache kennt kein „ö". Dieser Umlaut wird im Saarländischen zum „e" oder auch zum „ee" oder „eh". Aus „schön" wird „scheen". Dennoch hört man manchmal das Wort „Clöb" – von Leuten, die sich vornehm ausdrücken wollen, aber nicht dazu in der Lage sind. Was man immer wieder feststellen kann: das deutsche Wort „Klub" hat Schwierigkeiten sich durchzusetzen. Der Migrationshintergrund von „Club" dringt immer wieder durch.

Compjuter, saarländische Aussprache für „Computer", abgeleitet von dem englischen Wort „computer". Dieses wiederum kommt von „computare". Dieser lateinische Begriff bezeichnete ursprünglich Menschen, die langwierige Berechnungen vornahmen. Fachleute haben deshalb auch keine Probleme, für den Computer die korrekte Übersetzung „Rechner" zu benutzen. Die anderen aber, zu denen sich auch der Autor dieser Zeilen zählt, denken bei dem Wort „Rechner" an schlichtere Aktivitäten, etwa an das Zusammenzählen von Bewirtungskosten für den Steuerberater. Für den Gebrauch des Wortes „Rechner" würde auch sprechen, dass es der deutsche Wissenschaftler Konrad Zuse (1910–1995) war, der im Jahr 1938 den ersten frei programmierbaren mechanischen Rechner herstellte. Den Wettlauf in Sachen Sprache gewannen aber die Amerikaner, weil sie die kundenorientierte Herstellung und Vermarktung beherrschten.

Corridor, Flur, Hausgang, abgeleitet von dem französischen Substantiv „le corridor". Aber auch bei unseren französischen Nachbarn hat das Wort, wie so oft, fremde Vorfahren: Aus „currere" im Lateinischen wurde das italienische „correre" und das französische „courir". Alle drei Wörter bedeuten „laufen". Dem Französischen verdanken wir nicht nur die Ableitung „Kurier", sondern auch das Wort „corridor" für einen Gang innerhalb eines Gebäudes. In Kriegszeiten oder kurz davor ist es eine schmale Zone, die einen Zugang über oder durch fremdes Territorium erlaubt.

Cräämschnittsche, Crème-Schnittchen, nicht nur kalorienreiches Stück Crème-Torte, sondern auch der saarländische Kosename für einen Renault 4 CV. Dieser französische Kleinwagen, der von 1947 bis 1961 gebaut wurde, erfreute sich in der Frankenzeit im Saarland großer Beliebtheit. Ähnlichkeiten im Aussehen können nicht zu dem Begriff „Crème-Schnittchen" geführt haben. Die einzige Gemeinsamkeit: Beide galten als ausgesprochen süß.

Curaasch, Mut. Der französische Ausdruck „le courage" leitet sich ab aus dem Wort „coeur" (Herz). Wer mutig ist, der ist auch „beherzt". Der Ausdruck „Bon courage!" wird in Frankreich oft benutzt als Abschiedsgruß im Sinne von „Weiter so!", „Viel Erfolg!" und „Toi, toi, toi!"

curaschierd, mutig. „Es Evelyn is awa aach e arisch curaschierdi Fraa." (Evelyn ist aber auch eine sehr mutige Frau.)

Cürri, Curry. Im Saarland verbreitete (falsche) Aussprache des englischen Begriffs. „Ich gehn noch e Cürriworschd esse unn dann gehn ich hemm." (Ich esse noch eine Currywurst und dann gehe ich nach Hause.) Dieser Umlaut wird im Saarländischen zum „i" oder auch zu „ie" oder „ieh". Aus „müde" wird „mied". Dennoch hört man manchmal das Wort „Cürri" – von Leuten, die sich vornehm ausdrücken wollen, aber nicht dazu in der Lage sind.

Cusine, Cousine. Die französische Aussprache annuliert das „e" am Ende des Wortes und betont die zweite Silbe. Die saarländische hingegegen annuliert nichts. Immer noch besser als der korrekte althochdeutsche Ausdruck „Base".

Cusseng, Cousin, saarländische Aussprache des entsprechenden französischen Begriffs. Die Betonung liegt auf der ersten Silbe, und am Wortende „knallt" es, während im Französischen die Verwandtschaftsbezeichnung sanft dahinfliegt. Das aus dem Deutschen stammende Alternativwort „Vetter" wirkt mittlerweile antiquiert.

D wie Dibbegucker

Der Buchstabe „d"

hat in deutschen Texten eine Häufigkeit von 5,1 %. Es handelt sich um einen „weichen" Konsonanten, der mit dem harten „t" korrespondiert. Das Saarländische agiert innerhalb des Wortes zwischen dem „t" und dem „d".

Daa, Tag, verkürzte Fassung. Sie beginnt eindeutig mit einem weichen „D". „An dem Daa is alles schiefgang." (An jenem Tag gab es nur Misserfolge.) Der Klassiker von Vanessa Backes (alias Alice Hoffmann) auf der Bühne: „Die Daa do war de Dieda do." (Dieser Tage war Dieter da.)

daab, taub, gehörlos: „Mit der neimodisch Mussik werre die junge Leid allegar daab." (Die moderne Musik erzeugt zwangsläufig Gehörstörungen, die sogar bis zur vollkommenen Taubheit führen können.)

daab Nuss, taube Nuss, bösartiges Schimpfwort gegenüber einer Frau, die keine Kinder kriegen konnte oder wollte.

Daach, Tag, verlängerte Fassung: „Net jeder Daach is so wie de annere." (Manche Tage unterscheiden sich voneinander.)

Däädschemol, Übersetzung ins Saarländische von „Würdest Du mal?" Sie wird benutzt, um handwerklich geschickte Pensionäre zu bezeichnen, die sich bei ihren Hausmeisterarbeiten von ihren Frauen steuern lassen: „Es Erika hat Glick gehatt. Noh'm Dood von seim Mann hat das wedder e Däädschemol gefunn. Der kann alles: Elektrisch, Streiche... Alles, was ma so als Hausfrau braucht..." (Nach dem Ableben ihres Mannes fand Erika einen Neuen, der ihr alle Bedürfnisse im handwerklichen Bereich erfüllt.)

Däädschesdaach, ursaarländischer Begriff, kaum zu übersetzen. Mit „Däädsche" (etwa: „Würdest Du") beginnen Saarländer und Saarländerinnen eine Bitte um Hilfe: „Däädsche ma mol die Zaang do hinne genn?" – (Würdest Du mir bitte die Zange dort anreichen?) Wird ein Saarländer des öfteren in kurzer Zeit mit dieser Formulierung um Hilfestellung gebeten, reagiert er – je nach Gemütslage von unwirsch bis ironisch – mit der Gegenfrage: „Saa mol, iss heit Däädschesdaach?!" – (Sag mal, ist heute der Würdest-Du-Tag?)

d

daafe, taufen. Das macht der Priester. Die Eltern bestimmen „Patt" (= Pate) und „Good" (= Patin), danach „losse se daafe" (lassen sie taufen), und sie spendieren die „Kinddaafsgutzjer" (spezielle Bonbons für die Kinder). Davor übergießt der Priester den Täufling mit Wasser und spricht dabei die Taufformel. Das nennt man im Deutschen und im Saarländischen „Taufe". Entsteht ein Kompositum, etwa „Kindtaufe", dann wird daraus die „Kinddaaf". Der erste Täufer war wohl Johannes. Sein bekanntester Täufling war Jesus, der damals bereits erwachsen war. Johannes erhielt den Beinamen „der Täufer". Aus „Johannes der Täufer" machten Satiriker später „Johannes der Läufer" und übersetzten diesen Ausdruck ins Englische: „Johnny Walker".

Dääl, Teil, Ergebnis eines Teilvorganges, der nicht unbedingt vom Eigentümer bewusst herbeigeführt wurde. Ein Pilzsammler kann sich im Wald einen Teil mitnehmen, den anderen „Dääl" stehen lassen für andere.

dääle, teilen, eine Handlung, deren Ziel es ist, dadurch Nutzen für andere aus einem Ganzen zu ziehen. Das gilt aber nur für materielle Güter oder Zeit. Kulturgüter wie Wissen oder Ansichten lassen sich nur im übertragenen Sinn teilen. Manchmal werden sie mitgeteilt und zeitgleich in vollem Umfang gemeinsam genutzt.

Daarle, Sankt Arnual, seit 1897 ein Saarbrücker Stadtteil, zwischen der Saar und der deutsch-französischen Grenze. Hier war bis 1955 der Saarbrücker Flughafen. Sehenswert sind vor allem die Stiftskirche und der Felsenweg entlang der Saar. „Daarle" hat etwas mehr als 9 000 Einwohner. Der Ausdruck „Daarle" kommt nicht, wie viele annehmen, von dem saarländischen Wort „Daal" für „Tal". Er ist vielmehr aus einer Verballhornung von Sankt Arnual entstanden. „Sankt" wurde zu „D" verkürzt und „Arnual" zu „Aarle". Eine ähnliche Entwicklung gab es bei „St. Ingbert"; „D" und „Ingmert". Die Verkürzung von „Sankt" zu „D" funktioniert aber nur, wenn das nächste Wort mit einem Vokal beginnt.

Daarler Bubeller, bisweilen liebevolles Schimpfwort für die Bewohner des Saarbrücker Stadtteils St. Arnual. Dort gab es früher einen Flugplatz für Propellerflugzeuge. Der damalige Tower steht noch heute an der Autobahnauffahrt an der Ostspange. Nach dem Spitznamen für den Stadtteil St. Arnual und aus den Propellern der Flugzeuge machte der Dialekt den „Daarler Bubeller".

Dääsch, Teig, ein Gemisch aus Mehl und Flüssigkeit (meistens Wasser und/oder Milch). Typische weitere Zutaten sind Eier und Salz. Als Nahrungsmittel wird Teig niemals roh verzehrt, sondern wird erhitzt (trocken gebacken, in Speisefett herausgebacken oder in Wasser oder Dampf gegart).

dabber, schnell, eilig, „Mach emol dabber, do hinne kummt e Gewidder." (Beeil Dich, da zieht ein Gewitter auf!) Das Wort „dabber" leitet sich ab von „tapfer", und dieses Wort war wohl früher so wichtig, dass es auf andere Bedeutungen ausstrahlte. Unser Ausruf „Bravo!" etwa kommt aus dem Spanischen und heißt auch nichts anderes als „tapfer". Mit „Bravo!" lobt man den tapferen Stierkämpfer. Die Umwandlung von „tapfer" in „dabber" ist fast schon idealtypisch, denn sie beinhaltet mehrere Elemente des Saarländischen: Der harte Anfangskonsonant „t" wird umgewandelt in sein weiches Pendant „d"; das „a" bleibt; „pf" ist zu hochgestochen und wird über das harte „p" zum weichen „bb"; „er" wird in Richtung „a" ausgesprochen. Im Umgang mit Kindern gebraucht man das Adjektiv manchmal sogar mit einer Verkleinerungsform (was im Hochdeutschen unmöglich ist): „Komm mol her mei Knechd, awwer mach dabbersche!". Einen möglichen Zusammenhang gibt es auch zu dem französischen Verb „se taper" = sich (durch)schlagen oder zu „d'abord" = zuerst.

Dabberdummeldich, saarländisches Wort für Durchfall. Auffallend ist vor allem die Verdoppelung: Man soll sich wirklich beeilen (es ist ja dringend), denn mit dem Durchfall ist nicht zu spaßen, weder im konkreten, noch im übertragenen Sinn.

Dabbes, ein Mensch, der seine Bewegungen nicht durch die Fähigkeiten seines Gehirns unter Kontrolle bringen kann, der unbeirrt vorwärts schreitet, ohne Rücksicht auf Gefühle, Argumente und Verluste.

dabbisch, tapsig, ungeschickt. Die von ihm geschaffenen Probleme sind für ihn nicht als solche erkennbar und sein Verständnis für die darunter leidenden Mitmenschen ist nur gering entwickelt. Ein Tölpel also, ein tapsiger Mensch.

Dachbabbe, wörtlich: Pappe (um das Dach abzudichten). Der Ausdruck „Dachbabbe" wird aber am Bau auch schon mal ironisch ins Deutsche übersetzt. Heraus kommt dann: „Guten Tag, Vater".

dachdele, jemandem einen Schlag verpassen, jemanden verprügeln: „Ich soll denne mol gedachdelt hann." (Ich habe ihn verprügelt.)

Dachjuchee, ironische, bisweilen auch liebevolle Bezeichnung für das oberste Stockwerk. Unterm Dach waren die Mieten nicht so hoch. Man freute sich, dass man überhaupt ein Dach über dem Kopf hatte. Der zweite Teil des Wortes, das „Juchee", soll wohl ein Ausdruck dieser Freude sein – in Zeiten der Wohnungsnot.

Dachkannel, Dachrinne. Deren Aufgabe ist ganz einfach: Sie soll das Regenwasser auffangen und über einen Trichter und Fallrohr an einen Ort ableiten, wo es keinen Schaden verursachen kann oder wo man es sogar sinnvoll einsetzt. Interessant ist die unterschiedliche Namensgebung in verschiedenen Regionen. Der erste Teil des Kompositums ist immer das „Dach". Doch wie geht es dann weiter? Das Saarländische hat sich für „Kannel" entschieden, nahe der ursprünglichen Herkunft des Wortes: Im Lateinischen hieß der Wassersammler „canalis", im Althochdeutschen „kanali" und im Mittelhochdeutschen bereits „kanel". Die Vermutung liegt nahe, dass der „Kanal" kein allzu weiter Verwandter ist.

d

Dachschade, figurativ für Geistesstörung. Wobei das Wort „Dach" nicht unter architektonischen Gesichtspunkten zu interpretieren ist. Da geht es um den Bereich zwischen den beiden Ohren.

Dadderisch, Nervosität, die sich auch im körperlichen Bereich bemerkbar macht durch Zittern und unkontrollierte Bewegungen: „Wenn ich nur schon an die Prüfung denk, dann krieh ich schon der Dadderisch." (Allein der Gedanke an die Prüfung macht mich schon nervös.) Das entsprechende Verb: „dadderich".

däderlich, geschmacklos oder fade schmeckend. Der Begriff wird nicht nur fürs Essen benutzt. Formulierungen wie „Mir is däderlich" können auch zur Kennzeichnung des eigenen Gefühlszustands gebraucht werden, im Sinne von: „Mir ist zum Erbrechen übel.", selbst wenn die Ursachen nicht im kulinarischen Bereich liegen.

dadsche, etwas feuchtes (z. B. einen Teig) zusammenpatschen. Eine Tätigkeit, die auch das Klima oder die Zeit hinbekommen: „Die Tomate ware allegar verdadschd." (Die Tomaten waren durch Überreife nicht mehr genießbar.)

dädschele, tätscheln, streicheln, eine Form der Zuwendung, die man vor allem Kindern und Haustieren entgegenbringt. Ausnahmen sind nicht ausgeschlossen.

dadschisch, zu Matsch geworden. Betrifft vor allem Gemüse und Obst, die den Zustand der Reife bereits überschritten haben und die man nicht mehr essen kann. „Die Grumbeere sinn schon ganz dadschisch." (Die Kartoffeln sind nicht mehr genießbar.)

Dähmlagg, Tölpel, Trottel, vom Ansatz her ein dummer Mensch. Alle, die sich nicht zu den „Dähmlaggs" zählen, denken sofort an das berühmte Einstein-Zitat: „Zwei Dinge sind unendlich, das Universum und die menschliche Dummheit, aber bei dem Universum bin ich mir noch nicht ganz sicher." Die Höflichkeit und die Selbstkritik gebieten es allerdings, sich selbst nicht ganz auszunehmen.

Dalles, Erkältung, leichtes Unwohlsein. Hat nichts, aber auch rein gar nichts mit der fast gleichnamigen amerikanischen Fernsehserie Dallas zu tun. „Bei dem Durchzuch holt ma sich jo de Dalles." (Die Erkältungsgefahr steigt durch das Vorhandensein eines starken Luftzuges innerhalb eines Gebäudes.) Eine weitere Bedeutung von „Dalles": Durch die Formulierung „alles Bruch unn Dalles" wird das Wort „kaputt" gerne übertrieben.

Damb, Dampf, einer der wenigen chemisch reinen, gasförmigen Stoffe überhaupt. Das Wort „Dampf" wird auch gebraucht für einen alkoholisierten Zustand: „An Silveschder hat de Jürgen schwer Damb gehatt." (Zur Jahreswende war Jürgen extrem angeheitert.)

Dambnudel, eine traditionelle, süddeutsche Mehlspeise, die auch im Saarpfalzkreis verbreitet ist. Der Begriff „Nudel" ist jedoch außerhalb des saarpfälzischen Bereichs irreführend und somit gewöhnungsbedürftig. Allein schon wegen der Form: Dampfnudeln haben ein total anderes Outfit als Spaghetti, Penne und Zöpfli. Es sind Hefeklöße, bei denen durch die Art der Zubereitung eine weiche Oberfläche entsteht und der Boden knusprig wird. Das Wort „Dambnudel" wird aber auch benutzt für eine Frau (= Nudel), die unter starkem Alkoholeinfluss (= Damb) steht.

Danzborrem, nordsaarländisch für Tanzboden = Tanzsaal, meistens ein großer Nebenraum eines Dorfgasthauses, in dem auch Tanzveranstaltungen (Kirmes, Fastnacht usw.) stattfanden.

Danzknobb, Kreisel, Spielgerät für Kinder – und nicht etwa die Bezeichnung für Geschlechtsverkehr (= Knopp), der im Zusammenhang mit einer Tanzveranstaltung steht. „Danzknobb" wird auch jemand genannt, der sehr gerne und ohne Unterlass tanzt.

därr, saarländisches Adjektiv, das sich von zwei Verben mit unterschiedlichen Bedeutungen ableitet: „dürren" und „dörren". Eine Frau mit Magersucht ist „dürr" (saarländisch „därr"), und gedörrtes Fleisch ist „dörr" (saarländisch ebenfalls „därr"). Die Ursache für diese seltsame saarländische Polysemie liegt darin, dass die Saarländer mit zwei deutschen Umlauten auf Kriegsfuß stehen: mit „ö" und „ü". Während wir das „ä" kritiklos übernehmen („zäh" heißt auch im Saarländischen „zäh"), wird aus dem „ö" ein „ä" (oder ein „e"). Gleiches geschieht mit dem „ü". Aus saarländischer Sicht gibt es bei den deutschen Umlauten so etwas wie eine Hierarchie in Sachen „vornehme Aussprache". Das „ä" ist volkstümlich wie wir und wird akzeptiert. Das „ü" hingegen ist sehr vornehm. Damit haben wir nichts am Hut. Beim „ä" wird der Mund breit, beim „ü" hingegen spitz. Das „ö" liegt dazwischen. Aber auch damit wollen wir nichts zu tun haben. Fazit: Das Saarland kennt nur einen einzigen Umlaut: das „ä", weshalb wir in unserer Sprache keinen Unterschied machen zwischen einer mageren Frau und gedörrtem Fleisch. Beide sind „därr". Eine Kuriosität am Rande: Das Problem haben nicht nur die saarländischen Gastronomen. Selbst in die Literatur hat dieser Irrtum Einzug gehalten. In seinem Roman „Rotstraßenzeit" (Blieskastel 1997) erwähnt der aus Bildstock stammende Schriftsteller Manfred Römbell den antifaschistischen saarländischen Pater Hugolinus Dörr unter dem Namen „Pater Dürr" (S. 40).

d

därre, dörren, eine Konservierungsmethode mittels Lufttrocknung, wahrscheinlich die älteste Konservierungsmethode überhaupt. Das Lebensmittel wird dabei dehydriert, d. h. so viel Wasser wie möglich entzogen. Die Mikroorganismen verlieren dadurch ihre Lebensgrundlage, die Haltbarkeit wird verlängert und der Geschmack meistens verbessert.

Därrflääsch, Dörrfleisch. Auf vielen Speisekarten wird die eher altsaarländische Fassung „Flääsch" zu „Fleisch". Aber was geschieht mit dem Wortteil „Därr"? Die Gastronomen entscheiden sich nicht selten für einen Wechsel des Umlautes hin zu dem vornehmen „ü" und verändern dadurch die Bedeutung. Es muss „Dörrfleisch" heißen, denn dieses Fleisch ist nicht „dürr", sondern „gedörrt". Der Verzehr von Dörrfleisch zählt sicher auch nicht zu den Ursachen der Magersucht.

das do, „das" (wie im Deutschen) und „do" (Saarländisch für „da".) Der gemischte Ausdruck ersetzt das deutsche Demonstrativpronomen „dieses": „Das do Haus dääd mir aach gefalle." (Dieses Bauwerk entspricht meinen ästhetischen Vorlieben.)

dassell, die selbige, diese Frau. „Ich hann dassell geschder gesiehn." (Ich habe selbige gestern gesehen.)

Datschkapp, Schirmmütze, eine Variante der im Saarland ach so beliebten „Batschkapp", wobei beide Begriffe eine unterschiedliche Bedeutung haben: Eine Kappe kann „verdatschd" (zerknüllt) sein und/oder „verbatschd" (mit feuchtem Dreck verschmiert). In beiden Fällen hat sie gelitten.

Dauerschreiwer, Kugelschreiber. Im Saarland ist für Kugelschreiber der Ausdruck „Dauerschreiwer" gebräuchlich. Der saarländische Literaturpapst Fred Oberhauser benutzte den Begriff „Dauerschreiwer" auch als Spitznamen für den saarländischen Autor Gerhard Bungert.

Dauwehennesje, liebevoll gemeinte Bezeichnung für einen saarländischen Bergmann, dessen Hobby die Brieftauben sind. Wird mittlerweile auch für pensionierte Bergleute und Angehörige anderer Berufe benutzt, die auch Tauben züchten.

Dauweschlaach, Taubenschlag; gilt im Saarland als Ort, in dem sich viele Tauben befinden, die Lärm machen und sich hektisch hin- und herbewegen. Außerdem gibt es ein „Kommen und Gehen". Deshalb eignet sich die saarländische Fassung des Begriffs für die Redewendung: „Do geht's zu wie in em Dauweschlaach." (Hier gibt es eine äußerst hektische Fluktuation.)

de la meng, routiniert. „Der macht das aus de la meng." (Er macht das mit Leichtigkeit), abgeleitet von dem französischen Ausdruck „de la main" = von Hand.

Debbisch, Teppich, aber auch Wolldecke, vor allem im Raum Homburg.

deck, altsaarländisch für „viel" und „oft". „Fahrt der Zuch decker?" (Fährt der Zug öfter?)

deckmols merci, vielen Dank. Eine echte Multi-Kulti-Formulierung: Altsaarländisches (deck) mischt sich mit Alt- und Neusaarländischem (mols) und dazu kommt das Französische (merci).

Deebudaadkohle, Deputatkohle, die aktive und pensionierte Saarbergleute kostenlos von der Grube erhielten. Sie waren als Naturalleistung ein Teil des Lohns, Gehalts bzw. der Pension, durften aber im Gegensatz zum Geld nicht weitergegeben werden. Das Wort stammt aus dem Lateinischen. Dort hat „deputare" die Bedeutung von „abschneiden".

Deetz, Kopf, abgeleitet von dem französischen Substantiv „la tête" = der Kopf.

degää, dagegen: „Fahrt der mim Auto an die Garaasch – rischdisch dagää." (Erstaunlicherweise fuhr er frontal gegen die Garage.)

dehemm, zuhause, daheim: „Es war kenner dehemm." (Es war niemand zuhause.) Der Formulierung „Bei uns dehemm" scheinen viele Emotionen anzuhaften. Mitte der achtziger Jahre lautete so der Titel eines Buches von Gerhard Bungert. Eine Sendung von SR 3, Saarlandwelle trägt jetzt den gleichen Namen. Saarländer scheinen öfter Heimweh zu haben als andere. Um dieses Gefühl zu pflegen, fahren sie gerne in Urlaub. Selbst an Pool-Bars an der Costa Brava soll man schon mal Klagen hören wie: „Do hucke mir jetzt, unn dehemm laaft die Miet ab." (Wir sitzen hier, und zuhause zahlen wir Miete, ohne die Wohnung zu benutzen.) Die Substantivierung von „dehemm" wird sehr differenziert behandelt. Man kann sagen: „Ich bin do dehemm." (Ich bin hier zuhause), aber mit: „Das ist mei Dehemm," (das ist mein Zuhause,) tun wir es uns im Saarländischen schwer. Der saarländische Karnevalist „De Wuschd von Spiese" relativiert das saarländische Heimatbewusstsein mit dem Wort „fort". Seine Vorträge unterbricht er mehrmals mit dem einladenden Spruch „Ich bin so gäär dehemm – fort". Das Publikum macht und lacht mit. Man versteht sich.

Deibsche, Täubchen, wird sowohl für das Tier als auch für Frauen benutzt (die sich das gefallen lassen). Die Gleichsetzung ist nicht unproblematisch. Die „Deibscher" (Pluralbildung durch Hinzufügung des Buchstabens „r") fressen einem ja nicht nur aus der Hand. Sie besitzen auch die Fähigkeit und Dreistigkeit, einem aufs Dach zu scheißen. Nichtsdestotrotz gilt das menschliche „Deibsche" als lieb, zart und schutzbedürftig: „Komm mei Deibsche, mir gehn eniwwer ins Schlofzimmer. Do isses viel wärmer." (Komm, meine Taube, lass' uns der Temperatur wegen ins Schlafzimmer gehen.)

deichsele, kommt aus dem Bereich der Landwirtschaft. Es war wohl nicht einfach, die Deichsel eines Wagens zu bedienen, wenn dieser über Feldwege hoppelte. Gedeichselt wird im Saarland sehr viel – im Sinne von: Nutzung vielfältiger Connections zur Durchsetzung beruflicher und politischer Ziele mittels unkonventioneller Kommunikationsformen.

Deiwel, Teufel, eigenständiges, übernatürliches Wesen, das auch in unserer Sprache das Böse personifiziert. Auch im Saarländischen hat er seinen festen Platz in Flüchen, Schimpfereien und Beleidigungen. Unklar ist, woher die Wendung „Deiwel nochmol" kommt. Vielleicht genügt manchmal nicht ein einziger „Deiwel".

Deiwelerei, eine Handlung oder deren Ergebnis, die dem Teufel zugeschrieben wird. Allerdings bezieht sich das Wort im Saarländischen eher auf harmloses Fehlverhalten. „Deiwelereie" stellen vor allem Jungs an.

delädscht, neulich, vor kurzem. Die Herleitung des Begriffes von „zuletzt" erscheint problematisch. Formulierungen wie „Wer delädscht lacht..." sind nicht möglich. Das Wort kann man nur verwenden, um dem Kommunikationspartner mitzuteilen, dass etwas vor kurzem geschehen ist: „Delädscht hann ich de Elmar getroff. Der sieht awwer noch gut aus fier sei Alter." (Neulich traf ich Elmar. Man sieht ihm sein Alter nicht an.)

Dell, altsaarländisch für ein muldenartiges Tal. Das Wort „Dell" existiert noch in verschiedenen Flurbezeichnungen, etwa „Lang Dell" in Spiesen-Elversberg. Geläufiger ist allerdings „Dell" für „Beule", etwa an der Autotür.

denäwe, daneben. „Do hinne is die Kersch, unn de Parkplatz is direkt denäwe." (Der Parkplatz befindet sich neben dem Gotteshaus.)

dengele, eine Sense schärfen mit einem speziellen Gerät (Dengel). Wurde auch im übertragenen Sinn gebraucht für aggressive und sexuelle Handlungen.

der do, ersetzt die deutschen männlichen Demonstrativpronomen „dieser" und „jener": „Der do hat mir denne Witz verzehlt." (Jener hat mich sehr humorvoll mit seiner Anekdote unterhalten.)

Derminge, Dirmingen, seit 1974 ein Ortsteil der Gemeinde Eppelborn im Landkreis Neunkirchen mit knapp 3 000 Einwohnern. „Derminge" wurde 1281 zum ersten Mal urkundlich erwähnt. Der heutige Ortsteil liegt am Rand des Naturparks Saar-Hunsrück.

dersell, ersetzt das deutsche männliche Demonstrativpronomen „dieser". Ein altsaarländisches deutsch-französisches Wort: „Der" ist deutsch, und „sell" hat etwas mit dem Französischen zu tun. Allerdings nicht in Reinform. Es ist etwas komplizierter. Bei dem Wort, das als „sell" im Saarland landete, müssen wir nach Geschlecht und Zahl unterscheiden: „ celui-ci" (männlich, Einzahl), „celle-ci" (weiblich, Einzahl), „ceux-ci" (männlich, Mehrzahl) und „celles-ci" (weiblich, Mehrzahl). „Dersell, wo mir das gesaad hat, der hat das aach net gewisst." (Jener, der mir das mitteilte, war sich dessen auch nicht so bewusst.)

dessentwäh, deswegen. Das Saarländische schiebt noch die Silbe „ent" dazwischen. Das tut sie wahrscheinlich nur, um das Wort besser aussprechen zu können. Dadurch verhindert sie die direkte Verbindung der beiden Konsonanten „s" und „w", die im Saarland schwierig ist. „Dessentwäh" hat man das so gemacht.

desweje, deswegen. Hier hat die saarländische Sprache einmal eine Ausnahme gemacht und auf eine Zwischensilbe verzichtet. Ein Wort wie „deswe" wäre aber auf Anhieb nicht so leicht sprech- und verstehbar gewesen. „Desweje" hat sie die dritte Silbe „je" angehängt.

devor, zuerst „Devor machschde mir noch die Luft aus em Glas." (Zuerst trinke ich noch ein Bier.)

Dibbe, Topf. Wahrscheinlich hat die Wortherkunft etwas mit dem Begriff „tief" zu tun. Der „Dibbe" war ein tiefer Topf (gotisch: diups, englisch: deep), wobei in einigen indoeuropäischen Sprachen ein Zusammenhang besteht zwischen „tief" und „eintauchen" bzw. „eintunken". Man denke an den „Dip" (eine kalte Sauce, in die andere Lebensmittel getunkt werden). Der Name Düppenweiler (Ortsteil von Beckingen) hieß im Mittelalter „Duppinwillre". Grabungen bestätigen, dass der Wortteil „Düppen" auf eine ehemalige Töpferei zurückzuführen ist, in der offensichtlich auch „Tondibbe" hergestellt wurden. Es geht immer um große Gefäße. Ein weiteres Beispiel dafür: Im Saarland kann man „ähner im Dibbe han" (leicht bis mittelstark alkoholisiert sein).

Dibbegucker, Topfgucker, jemand, der meistens beim Kochen stört, weil er aus Neugierde in die Töpfe schaut. Der Begriff wird im kulinarischen Bereich benutzt, mit der Ausrede, den Kochvorgang transparenter zu machen.

Dibbelabbes, saarländisches Nationalgericht, das wahrscheinlich aus dem Rheinland stammt. Die geriebene Kartoffelmasse ist die gleiche, die man für die Herstellung der „Grumbeerkieschelscher" (Kartoffelpuffer) braucht. Sie wird als Auflauf im gusseisernen Topf bei geschlossenem Deckel gebacken. In dem Buch GUDD GESS DELUXE (Holger Gettmann, Thomas Störmer, Saarbrücken 2014) heißt es über den Historiker Dr. Paul Burgard: „Geboren in den fetten Zeiten des Wirtschaftswunders, hat ihm seine aus dem hohen Norden stammende Mutter einst Dibbelabbes als ‚Topflappen' serviert (S. 36)."

dibbele, sich mit kleinen Schritten bewegen, einen Fuß vor den anderen setzen. „Seit es Maria im Krankehaus war, duds nur noch dibbele." (Seit der orthopädischen Behandlung im Krankenhaus kann sich Maria nur noch mit ganz kleinen Schritten vorwärts bewegen.)

Dibbelecker, kulinarisch sehr ambitionierter Mensch. Er ist mehr als ein „Topfgucker", denn er schreitet zwecks Befriedigung seiner kulinarischen Bedürfnisse sofort zur Tat. Wenn es ihm gut schmeckt, denn leckt er den „Dibbe" aus.

Dibbsche, kleiner Topf in der Küche, aber auch eine Art Kosewort für einen Motor: „Das neije Moped laaft wie e Dibbsche." (Das neue Moped ist sehr schnell.) Allerdings ist „Dibbsche" auch die Verkleinerung für ein früher notwendiges Nachtgeschirr.

dicke, eine Steigerung für das Verb „lange" (= ausreichen): „Die do Schwenkbroode lange dicke." Eine direkte Übersetzung ins Deutsche gibt es nicht. Man kann das unveränderliche Wort aber umschreiben: Diese Schwenker reichen in jedem Fall.

Dicker, im Saarland fast ein Kosewort. Es kann aber auch beleidigend gebraucht werden. Typisch dafür ist die klassische saarländische Drohung: „Wenn eier Dicker zu unserm Dicker noch emol Dicker sahd, dann sahd unser Dicker zu eierm Dicker so lang Dicker, bis eier Dicker zu unserm Dicker nemmeh Dicker sahd."

Dickkopp, eine Charakterisierung, die sich nicht auf den Kopfumfang bezieht, sondern auf dessen Inhalt. Er ist ein uneinsichtiger Mensch, der nur seine eigene Meinung gelten lässt.

Dickpanz, Mann mit ausgeprägtem Urpilscontainer. Die Begründung für die Auswölbung: Die inneren Werte sind derart ausgeprägt, dass sie Platzprobleme haben. Sie drängen, gut sichtbar, nach außen.

die do Tour, diesmal. „Ledschd Johr an der Kerb hann mir Werschdscher gegrillt. Die do Tour mache mir Schwenker." (Vergangenes Jahr gab es bei der Kirchweih Würstchen vom Grill. Diesmal machen wir Schwenkbraten.)

die do, ersetzt das deutsche weibliche Demonstrativpronomen „diese": „Die do Fraa hat mir das gesaad." (Diese Frau hat es mir gegenüber verlauten lassen.)

Dierschlenk, Türgriff, Türklinke. Die „Dier" ist kein Tier, sondern eine Tür, und das Saarländische verzichtet auf das deutsche Wort „Klinke", das ursprünglich die Bedeutung von „Anklammerung" hatte. Bei uns wird die Tür „geschlenkt". Dieses Wort kommt wohl von dem Verb „schlenkern", das so viel bedeutet wie „etwas hin und her schwingen".

Differde, Differten ist ein Ortsteil der Gemeinde Wadgassen im Landkreis Saarlouis. Der Ort liegt zwischen der Saar und der Grenze zu Frankreich und hat etwas mehr als 3 000 Einwohner. Erste nachweisbare Siedlungsstrukturen gab es vor mehr als 4 000 Jahren, die erste urkundliche Erwähnung 1067 nach unserer Zeitrechnung.

diffisill, schwierig, wird überwiegend benutzt für eher feinmechanisches Arbeiten im eigenen Haushalt, abgeleitet von dem französischen Adjektiv „dificil", das eine etwas weiter gefasste Bedeutung hat.

diftele, tüfteln, sich ausdauernd und geduldig mit Schwierigem beschäftigen. „Er hat so lang an dem Rasemäher rumgediftelt, bis er wedder gelaaf ist." (Er tüftelte so lange an dem Rasenmäher, bis er wieder lief.)

Diftler, Tüftler, handwerklicher Universaldilettant, Knauber. Wird auch gebraucht für Kleinlichkeitskrämer und Haarspalter, kann aber auch eine Person kennzeichnen, die seriös erfinderisch tätig ist. „Der Kerl is e rischdischer Diftler, der krett ähnfach alles off die Reih." (Er ist sehr kreativ und kommt auch immer zu einem Ergebnis.)

Dilldabbes, jemand, der – im übertragenen Sinn – so handelt, wie einer, der in einem Dillbeet herumtrampelt. Der angedeutete Stabreim war bei der Wortbildung ein wenig behilflich.

Dillinge, Dillingen, eine Stadt im Kreis Saarlouis. Sie hat etwa 21 600 Einwohner. Das Stadtgebiet liegt an der Mündung der Prims in die Saar, am Rand des Naturparks Saar-Hunsrück. Das Dillinger Hüttenwerk hat eine über 300-jährige Geschichte.

dimmele, leise donnern (noch aus der Ferne). „Dummel dich, es dimmelt schon." (Beeile dich, es gibt bald ein Gewitter!) Das Wort leitet sich ab von dem englischen Adjektiv „dim" = dumpf, trübe. Licht kann man ebenfalls „dimmen".

Ding, im Saarländischen (wie im Hochdeutschen) eine „Sache". Der Begriff wird in mehreren feststehenden Zusammenhängen gebraucht: 1. „krumme Dinger" = illegale Handlungen, 2. „Dinger, die krawwele" = unmögliche Sachen (wobei man auf das „wo" nach dem „die" ausnahmsweise verzichtet), 3. „Mach kenn Dinger!" (Das erstaunt mich aber.) Im Saarländischen kann das Kant'sche „Ding-an-sich" (= das Seiende) auch eine erotische Dimension bekommen, die sogar etwas mit der Schwerindustrie zu tun hat. Typisch dafür ist der folgende Zweizeiler, auf den man sich selbst seinen Reim machen muss: „Wem ist das Ding in meiner Hand? Was hat der Alt fier Schicht?" – An andere Inhalte dachte der Saarländische Rundfunk, als er Ende des zweiten Jahrtausends „UnserDing" gründete, das öffentlich-rechtliche Junge Programm.

Dingmert, volkstümlich für St. Ingbert. Die Stadt hat über 36 000 Einwohner und liegt an der wichtigen Achse Saarbrücken-Homburg. Im 6. Jahrhundert nach unserer Zeitrechnung lebte hier ein frommer Einsiedler mit Namen Ingobert. Er wurde zum Namensgeber der Stadt. Die volkstümliche Bezeichnung „Dingmert" leitet sich ab aus der Kombination von „D" und „Ingmert". Das „D" war die Kurzfassung von „Sankt". Das funktioniert aber nur, wenn der Name des Heiligen mit einem Vokal beginnt. So gibt es im Saarland auch „Daarle", aber kein „Dwendel".

Dinnbrettbohrer, ein minder qualifizierter Handwerker oder Hobby-Bastler, Knauber, der gerade mal ein Loch in ein dünnes Brett bohren kann. Im übertragenen Sinn: ein Nichtskönner.

Dinnschiss, Durchfall. Der hohe Feuchtigkeitsgehalt wird mit „dinn" (= dünn) charakterisiert. Das Wort wird auch im übertragenen Sinn benutzt: in der Formulierung „geistiger Dinnschiss".

Dirmel, ein nicht gerade sehr intelligenter Mensch, abgeleitet von „türmeln", im Turm rundgehen, schwindlig sein.

dirmelisch, trunken, schwindelig: „Mir iss ganz dirmelisch em Kopp." (Irgendwie fühle ich mich nicht wohl.)

dischbudiere, saarländische Aussprache von „disputieren" (vom französischen Verb „disputer" abgeleitet). Beim „dischbudiere" geht es im Saarland allerdings etwas heftiger zu. Deshalb lässt sich das Wort auch mit „einen Streit verbal austragen" (= zanken) umschreiben.

Dischbudierer, Mann, der sich gerne in Wirtschaften aufhält, dort meistens am Büffet steht und sich engagiert und oberflächlich zu Themen äußert wie Jugend von heute, Grenzen der Technik und den Unterschied zwischen Dibbelabbes und Schales. So richtig wohl fühlt er sich nur, wenn ihm jemand durch Widerspruch Gelegenheit gibt, seine Auffassungen mehrmals mit sich steigernder Lautstärke zu wiederholen.

dix, altsaarländischer Ausdruck für „oft".

dixer, Steigerungsform des altsaarländischen Ausdrucks für „öfter", wobei allerdings eine Entsprechung für „öfters" nicht existiert. Ein typischer Dialog an der Haltestelle: „Fahrt de Bus do dixer?" – „Allemol! Der muss allegebott komme." (Fährt der Bus hier öfter? – Aber ja. Er muss gleich hier ankommen.)

do defir, statt dessen. „Ich gehn sonndaachs net en die Kersch – do defier gehn ich ähner trinke." (Ich gehe sonntags nicht zur Kirche, statt dessen geh ich in die Kneipe.)

do degää, dagegen: „Die hann e Haus gebaut, do degää is unsers e Gaadeheisje." (Sie ließen ein Eigenheim errichten, das weitaus größere Dimensionen hat als das unsere.)

do denoo, danach, „Seerschd gehe ma in die Kersch, unn do denoo in die Wertschaft." (Nach dem Gottesdienst besuchen wir das Gasthaus.)

do devor, dafür, „De Heinz hat mir in de Garaasch die Leitung geleht. Do devor hann ich ihm e Kaschde Bier gebb." (Heinz hat mir die Leitung in der Garage gelegt. Dafür habe ich ihn mit einer Kiste Bier entlohnt.)

do dezwische, dazwischen: „Ich muss noch of die Poschd unn zum Zahnarzt, do dezwische kann ich noch e Geschenk kaafe." (Ich muss noch zur Post und zur zahnärztlichen Behandlung. Dazwischen schaue ich mich nach einem Geschenk um.)

do driwwe, drüben: „Do driwwe steht mei Auto." (Drüben befindet sich mein Wagen.)

do iwwe, drüben: „Do iwwe is e Bäckerei, die wo of hat." (Dort drüben ist eine geöffnete Bäckerei.)

do iwwe un driwwe, dort hinten und dort drüben (= jenseits einer gedachten oder echten Grenze). „Do iwwe unn driwwe sinn Räänwolke." (Dort hinten und dort drüben sind Regenwolken.)

do neilich, neulich: „Do neilich, do hann ich aach de Hubert getroff." (Vor kurzem traf ich Hubert.)

do, da. In Verbindung mit einem Artikel entsteht das saarländische Demonstrativpronomen. Dann heißt es nicht mehr „dieser Mann", „diese Frau" und „dieses Kind", sondern: „der do Mann", „die do Fraa" und „das do Kind".

Dobbelweck, zwei helle Weizenmehl-Brötchen, die aneinander gebacken werden. Typisch ist die mathematisch höchst interessante Formulierung: „E halwer Doppelweck!"

Dochdermann. Achtung! Das heißt nicht „Die Tochter meines Mannes", denn Patchworkfamilien gab es noch nicht, als dieses Verwandtschaftsbeziehung gebraucht und verstanden wurde. „Dochdermann" ist der altsaarländische Ausdruck für den Schwiegersohn, also: „(meiner) Dochder (sei) Mann". Die beiden Wörter in der Klammer waren nicht hörbar.

Doddel, wahrscheinlich eine sprachliche Verschluderung von „Trottel". Jedenfalls ist das gleiche gemeint.

dodemit, damit. „De Rainer hat sich e Motorsens kaaf. Dodemit kann er jetzt die Wies mähe." (Rainer hat eine Motorsense erstanden, mit Hilfe derer er die Wiese mähen kann.)

Dofiensche, saarländische Aussprache des Renault Dauphine. Das Wort „dauphine" hat im Französischen zwei Bedeutungen: Delphin und Thronfolger.

doheer, daher, hierher. Bei Ursache und Ort wird die erste Silbe betont, bei Imageförderung die zweite Silbe. „Wenn de Minischder an de Kerb doheer kommt, dann macht das schon ebbes doheer." (Wenn der Minister hierher zu unserer Kirmes kommt, dann steigert sich dadurch die Bedeutung unseres Dorffestes.)

Doheergelaafener, Zugereister. Das Wort stammt aus früheren Zeiten, als man noch ins Saarland laufen musste (nicht nur, um die

Pfalz schnell hinter sich zu lassen). Das Kraftfahrzeugwesen und der öffentliche Personennahverkehr waren noch nicht so weit entwickelt. Grundsätzlich gilt im Saarland: Wer als Fremder arrogant ist, wird sehr schnell Probleme bekommen.

Dole, im Altsaarländischen weit verbreiteter Ausdruck für ein „Senkloch", mit dem man Oberflächenwasser (z. B. Regen) auf befestigten Flächen entsorgte und in einen Abwasserkanal weiterleitete. Der saarländische Begriff wurde auch ironisch für einen Tunnel benutzt, etwa denjenigen zwischen Herrensohr und der Wilhelmshöhe im Saarbrücker Stadtbezirk Dudweiler.

Dolewutz, übles saarländisches Schimpfwort mit der Wertigkeit von „Drecksau", wörtlich: ein Schwein, das in einer Unterführung seine Behausung gefunden hat (was allerdings keinen Sinn macht).

Dollbadsch, saarländische Fassung von Tollpatsch, ein extrem ungeschickter Mensch.

Dollbohrer, Schraube oder Bohrer, dessen Gewinde nicht mehr greift. Auch jemand, „der sich doll gebohrt hat": Jemand, der sinnlos immer wieder dasselbe ohne Erfolg und Erfolgsaussichten tut.

domit, damit. „Er hat sich e Vespa kaaf. Domit fahrt er im Sommer of die Arwet." (Mit seiner neuen Vespa fährt er im Sommer zur Arbeit.)

Donnerbalke, einfache ländliche Toilette ohne Wasserspülung. Vor allem im Krieg musste ein Balken genügen, um das Geschäft vorschriftsmäßig zu verrichten.

donnere, donnern, jedoch nicht nur in Zusammenhang mit einem Gewitter. Das Wort hat auch die Bedeutung von „fest schlagen": „Wie der das gesahd hat, do hat de Heinz mit de Fauschd of de Disch gedonnert." (Als er das sagte, schlug Heinz mit der Faust auf den

Tisch.) Rustikaler Gebrauch: Geräusch erzeugende Schlussphase des Verdauungsvorganges.

Donnerliddsche, umgangssprachlicher Ausruf des Erstaunens und seit Beginn des 20. Jahrhunderts auch ein Schimpfwort. In beiden Bedeutungen ist das Wort im Saarland verbreitet. Ausgangspunkt war der Ausdruck „Donnerlitsch", der wiederum abgeleitet ist von Donner und „Lüchting", eines der niederdeutschen und ostpreußischen Begriffe für „Blitz".

Dooges, eines der vielen Worte in der Kindersprache für das Hinterteil.

doowe, saarländisch für „toben". Die Bedeutung ist im Saarländischen dieselbe wie im Deutschen. Die Kinder und das Gewitter können „dowe", das Publikum kann es und der eifersüchtige Ehemann. Das Verb eignet sich auch im Deutschen für eine literarische Verarbeitung, etwa: „Am Tag nach der Landtagswahl tobte wieder der Alltag." Das setzt vom Autor gewünschte Assoziationen frei wie: „Vorher taten das die Kandidaten" oder „Jetzt geht es weiter wie vorher".

Dorfbäsem, eine unsympathische Frau, die ständig durch das Dorf „fegt" und „rätscht". Assoziationen zu mittelalterlichen und neuzeitlichen Hexen sollte man bei deren Anblick unterdrücken. Sonst könnte man mit deren Sympathisantinnen und Interessenvertreterinnen zu tun bekommen, wobei allerdings nicht ausschließlich Gleichstellungsbeauftragte gemeint sind.

dorisch, hat nichts mit dem altgriechisch-sprachigen, indoeuropäischen Volksstamm der Dorer zu tun (der wahrscheinlich im Raum Epirus und Makedonien beheimatet war), sondern bedeutet verliebt, verrückt. „Unser Emma is dorisch wor. Ma hann se schlachte misse. Geschmeckt hat se awwer gud!" (Unsere Kuh hatte keine Anzeichen der Creutzfeldt-Jakob-Krankheit. Sie musste dennoch geschlachtet werden. Ihr Fleisch mundete aber.)

d

Dorschd, Durst, saarländische Volkskrankheit. Das Adjektiv „dorschdisch" wird selten gebraucht. Mit dem „Dorschd" ist es wie mit dem Hunger. Entweder hat man ihn oder nicht.

Dotsche, Hände, Finger: „Vorm Esse werre die Dotsche gewäscht." (Vor der Mahlzeit hat man sich gefälligst die Hände zu waschen.)

Dranfunsel, nicht allzu schnell arbeitende Person. Der Begriff geht wohl auf die „Tranlampe" zurück, die durch die Gaslampe und die elektrische Lampe abgelöst wurde. Man machte sich im Rahmen dieser Innovationen über die schlechte Leistung der früheren „Tranfunzel" lustig und übertrug den Begriff auch auf Menschen, die wegen ihrer Langsamkeit nichts auf die Reihe bekamen.

drassele, verhauen, versohlen. Ein Begriff aus jenen Zeiten, in denen die Prügelstrafe im Elternhaus und in der Schule noch fester Bestandteil der Erziehung war. Vor allem das preußische Militär pflegte diese Tradition.

Drauerlabbe, ein Mensch, der es mit der Traurigkeit viel zu ernst nimmt. „Mit so me Drauerlabbe spiel ich doch kenn Skat. Wenn der lache muss, dann geht der in de Keller." (Ein melancholischer Mensch, der sich nicht für eine Skatrunde eignet. Sollte er mal einen Lachanfall bekommen, dann würde er sich in den Keller zurückziehen.)

Drauwele, Trauben. Ein Wort mit einer äußerst interessanten Pluralbildung. Das „b" wird zum „w" und das „en" ersetzen wir durch „ele". Allerdings gehört „Drauwele" in den Sprachschatz des Altsaarländischen. Die neuere Form des Hochsaarländischen kennt den Plural „Drauwe".

Drawant, Bezeichnung für einen Halbwüchsigen. Wird meistens im Plural gebraucht: „Der Peter bringt am Samschdaach sei Drawante mit." Das Wort ist abgeleitet von dem althochdeutschen

Wort „drabant". Als „Trabant" bedeutet es im Deutschen: Leibgardist und Satellit. „Trabant" wurde auch Namensgeber für den legendären Kleinwagen in der DDR. Kurzform: „Trabbi".

Dreckarsch, gehört nicht zu den vornehmen Anreden im Saarländischen. Das Wort bezeichnet einen Körperteil als unhygienisch und bedeutet etwa so viel wie Stinkstiefel oder Mistkerl. Von einem inflationären Gebrauch ist abzuraten.

dreckisch, verschmutzt. Das Wort kann für verschiedene Zustände benutzt werden: 1. Etwas, z. B. das Auto, ist schmutzig. 2. Jemand achtet nicht auf Hygiene. 3. Jemand ist frech und unverschämt. 4. Jemand hat unmoralisch gehandelt. 5. Jemandem geht es „dreckisch" (gesundheitlich, finanziell).

Drecksack, eigentlich etwas Sinnvolles: ein Sack, in den man den Schmutz (= Dreck) füllt, um ihn besser zu dem dafür bestimmten Ort zu transportieren. Andererseits könnte es sich aber auch um einen nicht sauberen Sack handeln, den man mit entsorgen müsste. Für den Benutzer des Wortes als Schimpfwort stellt sich diese Frage nicht. Er will den andern lediglich beleidigen, weil er sich als ein unmoralischer Mensch herausstellte.

Drecksbrieh, verschmutztes Wasser. „Dreck" ist der geläufige Begriff für das Wort „Schmutz" und „Brieh" ist „Brühe". Das Wort „Brieh" ist aber nicht zu verwechseln mit der gleichklingenden Bezeichnung für die bekannte französische Käsesorte.

Dreckschipp, saarländischer Ausdruck für Kehrblech. Das deutsche Wort betont die Handlung, die man mit dem Gerät durchführt (kehren) und das Material, aus dem es besteht (Blech). Wir Saarländer sehen das anders: Zuerst kommt die Bezeichnung dessen, worum es geht (Dreck) und dann kommt der Fachbegriff für das Gerät (Schipp).

d

Drecksgriffel, abwertend für „Finger" (im Plural). Abgeleitet von dem mittlerweile veralteten Schreibgerät „Griffel". Das Wort kommt aber nicht von „greifen". Es hat den gleichen Ursprung wie das Wort „Grafik": den griechische Begriff „grapheion". Der Griffel war ein Stift zum Beschriften einer Wachs- oder Schiefertafel. Angefangen hat das Schreiben mit dem Griffel in Mesopotamien. Die Sumerer haben im vierten Jahrtausend vor unserer Zeitrechnung auf Tontafeln Symbole eingeritzt. Aufgehört hat das Schreiben auf Schiefertafeln Anfang der sechziger Jahre des 20. Jahrhunderts. Die Benutzung des Wortes „Griffel" für „Finger" hat wohl zwei Ursachen: 1. Beide kommen sich nahe beim Schreiben und 2. Die Funktion der Finger, das Greifen, schafft einen Stabreim mit dem Wort „Griffel".

Dreckwutz, unsauberer Mensch. Das Schwein muss mal wieder als Symbolfigur für Schmutz herhalten. Dabei gehört es zu den nächsten Verwandten des Menschen, und noch immer sind jene Menschen in der Mehrheit, die es zum Fressen gern haben, in Form von Braten, Schnitzeln, Schinken, Salami usw. Die konsequente Übersetzung ins Deutsche würde „Schmutzschwein" lauten. Da streikt selbst der Duden. Die „Dreckwutz" kennt er auch nicht.

dribbeldänzisch, sehr unruhig, nervös. Man sieht die Person vor sich: Sie trippelt auf der Stelle, und diese Bewegungen erinnern an bestimmte Tänze. Die Ursachen für dieses körpersprachlich sehr interessante Verhalten können in verschiedenen Bereichen liegen: Verdauungsvorgang, bevorstehende Partnerwahl und vieles mehr.

dribbse, tropfen, tröpfeln, unabhängig davon, woher es „drippst": aus der Blase, aus der Nase, dem Wasserrohr oder gar vom Himmel. Das Wort ist abgeleitet aus dem Englischen: „to drip". Oder umgekehrt! Es ist auch durchaus möglich, dass das Verb zum Wortschatz der germanischen Stämme Angeln und Sachsen ins spätere Angelsachsen mitgenommen wurde, und es sich im späteren England gehalten hat, während es im deutschsprachigen Raum verschwand, mit einer Ausnahme: im Saarland.

Drickeberjer, saarländisch für Drückeberger, wobei man feststellen sollte, dass es im Saarland keine Gemeinde mit dem Namen „Drückenberg" gibt. Ein „Drickeberjer" ist im Arbeitsprozess ein potenzieller Hammerwerfer. Wenn er einen Hammer sieht, dann wirft er ihn weit, weit weg. Beim Militär ist es jemand, der sich „verdrückt" und dadurch seine Überlebenschancen erhöht.

Driesch, altsaarländischer Ausdruck für eine vorübergehend ungenutzte landwirtschaftliche Fläche. Erschöpfte Äcker lagen über einige Jahre brach und wurden danach eine Zeitlang als Weide genutzt. Dann wandelte man sie wieder um in Ackerland. Der Ausdruck „Driesch" existiert auch im Saarland in mehreren Flurbezeichnungen.

Drieschling, altsaarländischer Ausdruck für einen Pilz (nicht zu verwechseln mit Pils). Er ist essbar, nicht giftig und wird auch „Wiesen-Champignon" und „Heiderling" genannt. Als „Heide" im engeren Sinne bezeichnet man Flächen mit nährstoffarmen und sauren Böden.

driwwe, drüben, vom Standpunkt des Aussagenden jenseits einer gedachten oder echten Grenze. „Die do driwwe" sind je nach Gesprächskontext z. B. die Franzosen. Es könnten aber auch ehemalige DDR-Bürger oder die Bewohner von der gegenüberliegenden Straßenseite gemeint sein.

driwwer enaus, darüber hinaus. „De Heinz kann net nur gudd schweiße, der is aach, driwwer enaus, e gudder Koch." (Heinz ist ein guter Schweißer, darüber hinaus ist er auch ein guter Koch.)

Drohd, Draht. Das Wort wird zusammen mit „do" (= da) benutzt, um die Schwierigkeiten der Saarländer mit der deutschen Sprache zu karikieren: Ein Bergmann kommt ins Magazin und fragt in „halbem" Deutsch: „Is noch Drohd da?", worauf der Mann hinter der Theke nickt und zu ihm sagt: „Es is noch Draht do!"

Drooschel, Stachelbeere. In Süddeutschland oder Österreich „Groscheln", von dem Wort „la groseille à maquereau" abgeleitet. So heißen im Französischen die Stachelbeeren. (Die Johannisbeere ist „la groseille"). Stachelbeeren werden seit dem 16. Jahrhundert als Beerenobst angebaut. Die Früchte werden häufig roh gegessen, aber auch als Kuchenbelag benutzt. Man kann daraus Marmeladen und Kompott herstellen.

Drooschelstecksche, Stachelbeerstrauch. Der Name sagt auch einiges aus über die Art des Strauches. Rosen haben, wie wir wissen, auch Dornen. Dieses romantische Sprachbild benutzt man sehr gerne, um zu zeigen, dass Positives auch negative Seiten hat. Das „Drooschelstecksche" kann, was die Erschaffung von Sprachbildern angeht, durchaus mithalten: Es hat zwar keine Dornen, dafür aber Stacheln: „Guck Dir mol das Drooschelstecksche doo aan!" (Betrachte dir mal jene Frau da drüben!)

druff, darauf, im konkreten wie im übertragenen Sinn: „Do hinne is es Regal. Leh das Buch druff." (Da hinten befindet sich das Regal. Leg das Buch darauf!) oder „De Holger hat schwer was druff." (Holger ist sehr qualifiziert.)

druff halle, sich beeilen: „Hall druff! Uns laaft die Zeit weg." (Bleib dran! Wir haben wenig Zeit.) Auch: auf etwas achten: „Du muscht de Finger do druff halle!" (Du musst das kontrollieren!)

drumm, darum. „Der war krank. Drumm is der aach net komm." (Wegen seiner Krankheit konnte er nicht erscheinen.)

Drutschelsche, kleines liebes, wenn auch nicht unbedingt hübsches Mädchen. Man könnte es richtig „knuddele".

dubbere, den Geschlechtsakt vollziehen. Saarländischer Witzklassiker: Ein Nordsaarländer steht wegen sexueller Nötigung vor Gericht. Der Richter will wissen, ob er Geschlechtsverkehr mit der

Frau hatte, doch der Angeklagte versteht kein Wort. Daraufhin bemüht der (saarländische) Staatsanwalt seine Mundartkenntnisse und fragt ihn: „Haschd dau et Marei gedubbert?" – Daraufhin der Angeklagte: „Awwer dad gehorisch. – Unn gedengelt!"

ducke, sich ducken, mit zwei Bedeutungen: 1. Im Sinne von „sich bücken", um einem Schlag oder Wurfgeschoss auszuweichen: „Duck dich, sonschd kriehschde de Ball of die Rieb!" (Mach dich klein, damit dich der Ball nicht am Kopf trifft!) 2. Im Sinne von „klein beigeben", damit die Karriere nicht behindert wird: „Vorm Chef muss ma sich ducke, sonschd bischde am Schluss de Dumme." (Pass dich dem Vorgesetzten an, damit du keine Nachteile hast!)

Duckmeiser, Opportunist, Maulschwätzer. Er duckt sich wie eine Maus, um keine Schwierigkeiten zu bekommen, im Beruf, in der Familie, im Sportverein und im Gemeinderat (Ähnlichkeiten mit real existierenden Saarländern sind rein zufällig).

Duddel, Kurbel, ein drehbares Maschinenelement. Die Kraft wurde ursprünglich nur von Hand geleistet (traditionelle Kaffeemühle) oder mit dem Fuß (für den Antrieb des Fahrrads).

duddele, kurbeln: „Du musst aach es Audofenschder runner duddele." (Du musst das Autofenster herunterkurbeln.)

Duddweller, Dudweiler, Saarbrücker Stadtbezirk im Regionalverband Saarbrücken mit ca. 20 000 Einwohnern. Bereits Goethe begeisterte sich für einen Kohlebrand, der in einem Flöz entstanden ist. Auf dem Alten Markt setzte man einem speziellen Akzent der Mundart ein Denkmal: „De Monn mit de long Stong un zwei Duddwiller Kinner" (von Zoltan Hencze). Ausgangspunkt ist die nasale Aussprache des Vokals „a", die wahrscheinlich auf Hugenotten zurückgeht. Man charakterisierte diese sprachliche Besonderheit durch einen Satz mit drei „a" und ersetzte diese durch ein „o". Herauskam „De Monn mit de long Stong". Er kümmert sich als

d

Skulptur seit 1989 um die Gaslaternen, und darüber freuen sich die Kinder.

Dummbabbeler, ein Mensch mit einem beachtlich niedrigen IQ, der mit der unqualifizierten Artikulation seines Wortschwalls die Inhaltsleere des Gesagten vergeblich zu kompensieren versucht. Kurzfassung: „Dummbabbeler".

Dummbach, ein real existierendes saarländisches Fantasiedorf. Wer von Dummbach kommt, der ist – wie der Ortsname schon sagt – nicht allzu intelligent.

Dummbeidel, jemand, der nicht klug ist. Das Wort wird sehr gerne benutzt, um Menschen abzuwerten, die nur dummes Zeug reden. Bei dem zweiten Wortteil handelt es sich nicht um die saarländische Fassung von „Beutel". Der „Beitel" ist ein wichtiges Werkzeug des Schreiners. Damit meißelt er Holz. Wenn der „Beidel" stumpf ist, dann kann man nichts mehr mit ihm anfangen. Es ist durchaus denkbar, dass aus dem „Stumpfbeitel" der „Dummbeitel" entstand, der zu nichts zu gebrauchen ist.

Dummbraddler, Synonym für „Dummschwätzer". Er entsorgt lautstark seinen Wortschatz im Rahmen seiner bescheidenen Kommunikation, und allen wird klar, dass er nichts Intelligentes zu äußern hat.

dummele, (reflexiv), sich beeilen, abgeleitet von dem deutschen Verb „tummeln".

Dummkopp, Schimpfwort, das die Heimat der niedrigen Intelligenz anatomisch korrekt lokalisiert.

Dummnickel, Beleidigung in Sachen Intelligenz unter Verwendung der saarländischen Kurzfassung des Namens des heiligen Nikolaus, den die Kinder so sehr lieben.

d

Dummschwätzer, relativ harmlose Beleidigung für einen schlichten Mitmenschen: „Im Landtaach, do hucke aach viel Dummschwätzer." (Im Landtag sitzen nicht nur die Intelligentesten.) Das Bundesverfassungsgericht urteilte sogar in einem Fall darüber, dass der beliebte Titel nicht unbedingt eine strafbare Beleidigung sei (Aktenzeichen: Bundesverfassungsgericht 1 BvR 1318/07).

dunnemols, altsaarländisch für „damals". Wird auch gebraucht im Zusammenhang mit „Anno". „Anno dunnemols hat's das noch net gebb." (Vor langer Zeit war das noch nicht vorhanden.)

duschur, in Eile. Das Wort kommt zwar vom französischen Begriff „toujours" (immer, stets, wörtlich: alle Tage), hat aber auf dem Weg ins Saarland einen Bedeutungswandel gemacht. „Kennschd doch es Anette. Ääs gennt sich kenn Ruh. Immer duschur!" (Du weißt ja, wie Anette handelt. Sie gönnt sich keine Ruhe und ist immer in Eile.)

Dusel, unverdientes Glück. Es gibt meistens zwei Möglichkeiten: Entweder es widerfährt einem unerwartet etwas Gutes oder der Kelch ist mal wieder an einem vorbeigegangen.

Dussel, einfältiger Mensch, der alles falsch macht. An passenden Begriffen mangelt es nicht: Depp, Dummkopf, Narr, Schlafmütze, Simpel, Tölpel, Trottel usw.

Dusseldier, weibliche Person, die sich dumm anstellt. Die Gleichsetzung einer Frau mit einem Tier entspricht nicht dem Denken vieler Frauen, obwohl Verkleinerungen der Namen mancher Säugetiere immer noch sehr geschätzt werden, etwa bei Mäusen und Hasen.

dussma, sachte, zurückhaltend. Ein saarfranzösischer Begriff. Aus dem Französischen kennen wir den „doux" als Apéro, meistens ein süßer Muscat. Bekannt ist uns auch der Film „Irma la douce" (Regie: Billy Wilder). Letzteres ist die weibliche Fassung von „doux" und heißt „Irma, die Süße". Das Wort doux/douce hat im Französischen etwa zwei Dutzend Bedeutungen, die aber alle in eine Richtung gehen. Sie bezeichnen Dinge, die auf irgendeine Art „mild" sind. Damit hätten wir die Herkunft des ersten Teils des Wortes „dussma" geklärt. „Duss" ist die saarländische Aussprache von „douce", der weiblichen Fassung von „doux". Warum aber weiblich? Was soll das „ma" am Ende? Ganz einfach: Es handelt sich nicht um ein Adjektiv, sondern um ein Adverb (das im Französischen aus der weiblichen Fassung des Adjektives mit dem Zusatz „ment" gebildet wird). Das heißt: aus „doucement" wurde „dussma", ein Wort also, das sich nicht auf eine Person, sondern auf eine Handlung bezieht: „Mach emol dussma." (Lass es mal ruhig angehen!)

Dutzkeppsche, ein Kinderspiel, bei dem Köpfe zusammenstoßen. „Dutz" ist eine Lautmalerei und „Keppsche" ist durch die Verkleinerungsform sehr kindgerecht.

duuschder, dunkel. Das deutsche Wort „düster" kennt ein Nebenwort. Es entsteht durch Weglassen der Pünktchen und heißt dann „duster". Wenn es dunkel bzw. düster, duster oder auch „duuschder" ist, da „stockt" das Vorwärtskommen. Dann ist es „stockduschder".

E wie ebbes

Der Buchstabe „e"

Der Vokal „e" ist der häufigste Buchstabe in deutschen Texten. Er hat eine durchschnittliche Häufigkeit von 17,4 %. Wir unterscheiden zwischen einem langen und einem kurzen „e". Zur Kennzeichnung eines langen „e" kann man es verdoppeln (See, leer usw.) oder durch ein „h" verlängern (Mehl, fehlen usw.). Zwei „e" hintereinander können auch getrennt gesprochen werden (Feen, ideell).

Hinter dem „i" wird „e" zur Kennzeichnung eines langen Vokals verwendet (Ziel, Vieh). In einigen Fällen wird „ie" allerdings zweisilbig gesprochen („Industrien" „Orient" usw.). Bei Fremdwörtern kann es unterschiedlich sein. Die Wortenden von „Aktie" und „Partie" etwa werden bei gleicher Schreibweise unterschiedlich ausgesprochen.

Im Saarländischen hat das „e" auch eine Eigenständigkeit. Spricht man es kurz, dann ist es der unbestimmte Artikel für alle drei Geschlechter: e Mann, e Fraa, e Kind. In der langen Form ist es der neudeutsche Ausdruck für sowieso: „Der hat ee kenn Geld."

ebbes, etwas. Die Thälmann-Kolonne im spanischen Bürgerkrieg soll den Spitznamen „Brigade Ebbes" gehabt haben, weil mehr als 20% der militanten Antifaschisten Saarländer waren. „Ebbes" scheint wirklich eines der typischsten saarländischen Wörter zu sein. Das „tw" in dem deutschen Wort „etwas" ist für uns ein phonetisches Unding. Deshalb umgehen wir dieses Wort großzügig. „Warum dann aach net. Das is emol ebbes anneres." (Warum denn nicht. Es ist mal etwas anderes). Aber auch in anderen Regionalsprachen ist „ebbes" verbreitet. Auch im Schwäbischen und im Hunsrück heißt es: „Ebbes is immer!" Da hat jemand ebbes (eine Krankheit, ein Geheimnis, mit dem er nicht rausrückt). „Do is jemand ebbes" (Minister, Bischof, Fußballprofi usw.).

Edwie, Etui, Futteral, abgeleitet von dem gleichbedeutenden französischen Ausdruck „l'etui". Das bekannteste „Edwie" im Saarland ist eindeutig das „Fingernacheledwie" mit Nagelschere, Nagelfeile, Pinzette usw.

Eebsche, kleiner Ofen, Öfchen. Das Wort klingt irgendwie kuschelig und wird wohl deshalb auch als Kosewort gebraucht. Der Nutzeffekt dieses Geräts allein hat ihm nicht diese zweite Bedeutung gegeben. Das sieht man allein schon daran, dass die Wörter „Wärmestrahler" und „Zentralheizung" nicht die geringste Chance haben, als Kosewörter benutzt zu werden.

eeglisch, eklig, ekelhaft. Bedeutung wie im Deutschen. Anwendungsmöglichkeiten: „Die Supp schmeckt eeglisch." (Die Suppe mundet mir nicht.) „Das Klääd vom Anna is eeglisch." (Annas Kleid ist nicht schön.) „Jetzt sei doch net so eeglisch!" (Bitte nimm dich zurück mit deiner Kritik.)

Eelowe, (Betonung auf der ersten Silbe), Ölofen. Seine Funktionsweise ist einfach: Er verbrennt Öl und erzeugt dadurch Wärme. Seine Jahrzehnte sind gezählt. Man orientiert sich für die Zukunft an Sonne, Wind und Wasser.

ehnder, eher, vorher, früher. „Der kommt net ehnder als dass ich ihne ahngeruf hann dääd." (Er macht sein Kommen von einer telefonischen Einladung abhängig.)

Ehneed, Einöd, ein Stadtteil der saarländischen Kreisstadt Homburg im Saarpfalzkreis. Einöd grenzt im Osten an Zweibrücken in Rheinland-Pfalz. Der Spitzname: „Ehnedder Jochnäschel" wird voller Stolz benutzt als Name für das alle zwei Jahre im Juli stattfindende „Jochnachelfeschd".

ei, ein Laut, der im Saarländischen und im Deutschen eigenständig ist. Er ist aber auch die Übersetzung des deutschen Lautes „eu": Aus „Leute" wird „Leit". Steh'n aber vor und nach dem „ei" jeweils ein Konsonant, dann wird „ei" zu einem gedehnten „ää", also: klään, Stään usw. – Durch den gestiegenen Einfluss der audiovisuellen Medien und durch die Erweiterung der Aktionsradien vieler Saarländer hat sich das Saarländische auch entwickelt. In unserem Zusammenhang gibt es dafür ein typisches Beispiel. Das Wort „Ziege" war im Altsaarländischen „e Gääs". Im Neusaarländischen ist es „e Geis". Neuere Wörter und Fachausdrücke wehren sich beharrlich gegen ihre Saarlandisierung. Bei uns „laafe" die „Päär" im „Krääs" (laufen die Pferde im Kreis). Aber selbst ein lokalpatriotischer Saarländer hat keine Probleme mit dem „Krääslaaf", sondern mit dem „Kreislauf". – Das alleinstehende Wörtchen „ei" hat für das saarländische Kommunikationsverhalten eine außergewöhnlich wichtige Bedeutung. Es ist ein Laut, der viele Sätze und Begriffe einleitet, z. B. „ei jo" (ja), „ei nää" (nein), „ei gudd" (gut). So ist es in der Regel. In der saarländischen Umgangssprache kommt es aber auch oft vor, dass Bejahung und Verneinung ausgetauscht werden. Man kann durchaus in einer Kneipe sagen: „Ei jo, ich trinke nix meh." Oder auch: „Ei nee, mach mir noch e Pils!" – Der Grund für diese kuriose Kommunikation liegt darin, dass das Wörtchen „ei" und auch seine kleinen Verlängerungen keine Medien für Botschaften sind. „Ei" ist Teil des sozialen Lärms, den wir täglich produzieren. Wir überbrücken ein akustisches Loch mit einem Laut und gewinnen dadurch Zeit, um über das nachzudenken, was wir überhaupt sagen wollen. Ähnliche Laute gibt es auch in anderen Sprachen. Man denke etwa an das englische „Well", das spanische „Hombre" und an das französische „Alors". Alle drei haben, um es einmal kulinarisch auszudrücken, die Funktion einer „verbalen Vorspeise". Man hat schon mal was gesagt – fürs Erste. „Kommunikative Nachspeisen" gibt es selbstverständlich auch, etwa das englische „Is'nt it?", das spanische „¿verdad?" und das französische „N'est-ce pas?" – Im Saarland gibt es so was auch, gell? – Ein letzter Beleg dafür, dass „ei" sogar einen übergeordneten Informationswert beanspruchen kann: Die Kombination von „jo" und „nee" nach dem „ei". Diese Form der Metakommunikation kündigt an, dass man einen Sachverhalt durchaus differenziert sehen kann. Man kann damit etwa einen Satz folgendermaßen beginnen: „Ei jo-nee, es is jo nur, dass ma mol devon schwätzt..."

eier, euer (Possessivpronomen/besitzanzeigendes Fürwort/zweite Person Plural). Aus dem unsaarländischen „eu" machen wir ein „ei". Dadurch wird der Plural des Pronomens genau so doppeldeutig. Der Wortschatz im Saarländischen verringert sich. Man kann also den Nachbarn fragen: „Wie schmecke dann eier Eier?"

Eierkopp, Intellektueller, Egg-head. Nicht nur im Saarland verbreitete Charakterisierung eines Menschen, der keine allzu großen Mangelerscheinungen zwischen den Ohren hat. Dass es außerhalb anders sein kann, zeigt das folgende Beispiel: Beim Spiel zwischen dem 1. FC Köln und Werder Bremen (Endstand 1:1) am 13. Dezember 2015 beschimpfte Kölns Sportdirektor Jörg Schmadtke den vierten Offiziellen als „Eierkopp". Sofort wurde Schmadtke auf die Tribüne verbannt. Später rechtfertigt er seine Wortwahl: „Wo ich herkomme – aus dem Rheinland –, gehört ‚Eierkopp' nicht zu einer Form der Beleidigung. Da würde ich andere Dinge sagen, wenn ich jemanden beleidigen will."

Eierpannkuche, beliebtes saarländisches Pendant zu den französischen Crêpes, die aber auch in anderen Gegenden Deutschlands gegessen werden. Man braucht dazu Eier, Butter, Milch, Mehl und

Salz. Sollen die „Eierpannkuche" süß werden: statt Salz einfach Zucker hinzufügen. Dann kann man das Gericht auch mit Schokoladensauce, Kirschen oder Konfitüre servieren.

Eierschmier, saarländisches Nationalgericht, bestehend aus: Eiern, Dörrfleisch, Milch und Mehl. Gewürzt wird mit Pfeffer, Salz und Maggi. Man „verlängerte" auch (billige) Blut- und Leberwurst (im Kranzdarm). Der Grund ist klar: Man wollte und musste „mehr Masse" daraus machen. Ein weiterer Grund: Man konnte sie im Rahmen dieses Prozesses stärker würzen, u. a. mit Maggi. Ebenfalls als „Eierschmier" bezeichnet man eine Scheibe Brot, die mit einer lecker gewürzten Eiermasse belegt wird.

Eismännje, mobiler Verkäufer von Speiseeis. Er war der Freund aller Kinder. Auf seine Klingel reagierten sie reflexartig. Als Institution gibt es das „Eismännje" immer noch, auch in dörflichen Gegenden außerhalb des Saarlandes.

Eisschrank, früherer, aber immer noch existierender Ausdruck für „Kühlschrank". Der Eisschrank bzw. Eiskasten (nur in Österreich) war der Vorläufer des Kühlschranks als Haushaltsgerät. Erstaunlich, dass der altsaarländische Begriff „Schank" für „Schrank" sich in der Kombination mit „Eis-" und „Kühlschrank" nicht durchsetzen konnte.

Ekskies, veralteter saarländischer Begriff für Ausrede, Entschuldigung. „Der macht das fier Ekskiese." (Er macht es als Ausrede – oder auch als Entschuldigung.) Abgeleitet von dem gleichbedeutenden französischen Substantiv „l'excuse".

Elbkähn, ursprünglich: Kähne auf der Elbe. Die müssen wohl sehr groß gewesen sein, sonst wären sie nicht Ende des 19. Jahrhunderts bis ins Saarland vorgedrungen. Wird als Maßeinheit für große Behältnisse benutzt, meistens für breite Halbschuhe, wie man sie für plumpe Füße braucht.

Elversberjer, Elversberger, nicht nur Bewohner des Ortsteils der Gemeinde Spiesen-Elversberg, sondern auch der „gute Anzug", auch: „de Sonndaachse". Dieses Wort lässt sich sogar als Adjektiv gebrauchen: „De sonndaachse Aanzuch." (Feiner Anzug, der nur am Sonntag und an hohen Feiertagen getragen wurde, vor allem beim Kirchgang.)

Elwetretschelsche, Kosewort für Kinder, das aus der Pfalz ins Saarland importiert wurde. Es leitet sich ab von den „Elwetretsche". Das sind jene Fabelwesen, in denen nicht wenige die Urbewohner der Pfalz zu erkennen glauben.

em, „dem", „ihm". „Em Birjermeischder sei Auto." (Das Auto des Bürgermeisters) oder auch „ihm": „Se hann em de Fiehrerschein abgeholl." (Man hat ihm den Führerschein entzogen.)

Emmerschbersch, Elversberg (Ortsteil von Spiesen-Elversberg, Kreis Neunkirchen) hat mehr als 7 000 Einwohner. Aus dem romantisch klingenden „Elfenberg" wurde Mitte des 19. Jahrhunderts die Grubenkolonie „Elversberg".

Emmes, Verballhornung des saarländischen Wortes „Imbs", das wiederum eine Kurzfassung des deutschen Wortes „Imbiss" ist. Alle drei Begriffe gehen letztlich zurück auf „Immesse", ein mittelhochdeutsches Wort für ein „Gastmahl". Emmes" ist auch der Name des größten Volksfestes in Saarlouis („Saarlouiser Emmes"). Das Wort „Emmes" wird aber auch als Schimpfwort für einen notorischen Querkopf benutzt.

en, ein saarländisches Präfix, die Kurzfassung von „hin", wenn die saarländischen Wörter für „hinauf", „bergauf", „hinunter" oder „bergab" folgen. Einige Sätze von saarländischen Bergwanderern machen das deutlich: „Mir gehn enuff" (hinauf); „Enuffzus isses garnet so ähnfach" (bergauf); „Dann gehen mir wedder enunner" (hinunter); „Awwer enunnerzus isses leichter" (bergab).

enausgehn, hinaus gehen. „Es Sonja is nemmeh do. Das is vorhin mit em Holger do hinne die Dier enaus gang." (Sonja ist nicht mehr anwesend. Sie hat soeben mit Holger den Raum durch jene Tür verlassen.)

enauszus, auf dem Weg nach draußen. „Wo is dann es Klo?" (Wo befindet sich die Toilette?) – „Enauszus rechts" (auf dem Weg nach draußen, rechts).

Engebrockeldes, kommt dabei heraus, wenn man brockenweise Backwaren in eine Flüssigkeit gibt (z. B. eingebrocktes Brot in Milch). Das Ergebnis muss nicht immer befriedigend gewesen sein, sonst hätte die Redewendung „Der hat uns das eingebrockt" keinen so negativen Beigeschmack.

eninn, hinein. „Komm mir gehen eninn. Do isses wärmer." (Lasst uns hineingehen. Da ist die Temperatur angenehmer.)

eninnschaffe, hineinarbeiten: „Ich hann die Hose allegar in de Koffer eninngeschafft." (Mir ist es wahrlich gelungen, die Beinkleider in den Koffer hinein zu bekommen). Das Wort wird reflexiv auch für Menschen benutzt: „Obwohl es Kino voll war, hann se sich noch eninnschaffe kenne." (Trotz des großen Andrangs im Lichtspielhaus konnten sie noch Plätze ergattern.)

Ensem, Ensheim, der östlichste Stadtteil der Landeshauptstadt. Er hat rund 3 500 Einwohner. Nördlich von Ensheim befindet sich der Saarbrücker Flughafen. Die ersten Linienflüge fanden dort 1967 statt.

ensinne, erinnern. Im Saarländischen verzichtet man meistens auf das „t". „Ensinne" kann man sich an Personen, Sachen und Ereignisse: „Ich kann mich noch gut dran ensinne, wie in Luisedaal das Gruweunglick war." (Ich erinnere mich noch sehr gut an das Grubenunglück in Luisenthal.)

eraus, heraus. „Die erschde Leit komme aus em Theater eraus." (Die ersten Besucher verlassen das Theater.)

eraushänge heraushängen. 1. „Er hat es Hemd aus de Hos eraushänge." (Das Hemd sitzt nicht korrekt in der Hose.) 2. Der losst's heraushänge, dass sei Dochder jetzt Ärztin is." (Er gibt damit an, dass seine Tochter Ärztin ist.)

eraushann, etwas können. „Viel Geld verdiene ohne was se schaffe, das hat der eraus." (Er verhält sich, was das Finanzielle betrifft, sehr systemkonform.)

erauskomme, herauskommen. Drei Bedeutungen: 1. Örtlich: „Wie se aus de Kersch erauskomm sinn, hann se allegar gelacht." (Als sie die Kirche verließen, da lachten sie alle.) 2. Intellektuell: „Der is sogar aus der Bedienungsanleitung erauskomm." (Er hat sogar die Bedienungsanleitung verstanden.) 3. Juristisch: „Das mit der Steierhinnerziehung, das is nie erauskomm." (Die Steuerhinterziehung kam nie ans Tageslicht.)

erausrobbe, herausrupfen, wird vor allem gebraucht für „jäten". „Ich hann dir mol es Unkraut aus em Blumedibbe erausgerobbt." (Ich habe das Unkraut aus deinem Blumentopf entfernt.)

MIR DUHN ES UNKRAUT ERAUSROBBE.

erauszus, auf dem Weg nach außen. „Erauszus isses leichter gang." (Der Weg nach außen war einfacher.)

erinn, herein, hinein: „Mir hat's dorsch die Zischele erinn gerähnt." (Es hat mir durch die Ziegel hineingeregnet.)

erinnzus, auf dem Weg nach innen. „Erinnzus war's schwer." (Der Weg nach innen war problematisch.)

eriwwer, beiseite. „Hol doch mol denne Stuhl eriwwer, damit ma an de Schrank kann." (Entferne doch mal den Stuhl, damit ich mich dem Schrank nähern kann.)

err, irre, durcheinander: „Äwe war ich ganz err." (Soeben war ich durcheinander.)

erschd, erst: „Es is erschd elf Uhr. Bei uns wird um zwelf Uhr gess." (Es ist erst elf Uhr. Wir nehmen das Mittagsmahl um zwölf Uhr ein.)

Erschde, Erste. Mehrere Anwendungsmöglichkeiten: 1. „Bayern hat de Erschde gemach. (Bayern wurde Meister.) 2. „De Erschde wo kommt, setzt sich do hin." (Der erste Gast nimmt hier Platz.) 3. „Am Erschde gebbds wedder Geld." (Am Ersten wird wieder Lohn ausgezahlt.)

erschdmo, erstmal: „Jetzt trinke mir erschdmo e Bier." (Jetzt trinken wir zuerst mal ein Bier.) Oder: „Mit sechs Johr war ich zum erschdemol in Frankreich." (Im Alter von sechs Jahren war ich erstmals in Frankreich.)

eruff, herauf. „Komm doch mol eruff! Mir trinke ähner." (Lasst uns gemeinsam hier oben etwas trinken!)

eruffzus, auf dem Weg hinauf. „Eruffzus kann ma es Fenschder siehn." (Auf dem Weg nach oben kann man das Fenster erkennen.)

erum, um. „Dreh doch mol das Buch erum." (Wende doch mal das Buch.)

erumdanse, herumtanzen: „An Fasenacht duhn se sogar em Gang von de Feschdhall erumdanse." (An Fastnacht tanzen sie sogar im Flur der Festhalle.)

erumdokdere, sich nachhaltig mit einem Problem auseinandersetzen. „Die duhn schon seit Woche an de Wäschmaschien erumdokdere, awwer das Scheißding laafd immer noch net." (Seit Wochen beschäftigen sie sich mit der Waschmaschine, aber dieses wohl minderwertige Gerät erfüllt immer noch nicht seine Funktion.)

erumfuddele, unsystematisch und nicht gekonnt an etwas arbeiten: „Her uff, an meinem PC erumsefuddele!" (Lass bitte die Finger von meinem Computer!)

erumhänge, sich gehen lassen. „Seit de Hans kenn Arwet meh hat, duud der de ganze Daach dehemm erumhänge." (Seit Beginn seiner Arbeitslosigkeit hält sich Hans nur zuhause auf.)

erumknoddele, unstrukturiert an etwas arbeiten: „Em Eva sei Opa knoddelt de ganze Daach em Keller erum." (Evas Großvater arbeitet ganztägig und unsystematisch im Keller.)

erumkrien, jemanden massiv überzeugen. „De Fred helft ihm am Samschdaach. Er hat ne erumkried." (Fred hilft ihm am Samstag. Er hat ihn überzeugt.)

erumschlawänzele, um jemanden herumschleichen, mit dem Ziel, dessen Gunst zu gewinnen. „De Sven is bei de Party die ganz Zeit ums Stefanie erumschlawänzelt." (Sven hat bei der Party permanent Stefanies Nähe gesucht.)

erunner, herunter, auch im Sinne von Verlust von Hygiene, Kommunikationskultur u. ä. „Seit de Horst so viel trinkt is der schwer erunner komm." (Der übertriebene Alkoholkonsum hat bei Horst zur Vernachlässigung seiner selbst geführt.)

erunnerzus, auf dem Weg hinunter. „Erunnerzus gehts immer leichter." (Der Weg nach unten ist immer einfach.)

etepeteede, vornehm. „Ein Wort aus den Zeiten, als die gesellschaftliche Oberschicht noch französisch sprach. Als Redewendung ist es seit Mitte des 17. Jahrhunderts bekannt und fand Eingang in zahlreiche Regionalsprachen. Das Wort „etepetete" beschreibt umgangssprachlich eine Person, die sich in der Öffentlichkeit geziert-arrogant aufführt. Der Ursprung liegt in dem französischen

Spruch „être, peut-être" (wörtlich: „ist, kann sein"). Man gebraucht ihn, um Zweifel anzumelden.

Eternit, abgeleitet vom lateinischen Wort „aeternitas" = „Ewigkeit". Das Wort ist ein Markenname von Faserzement. Eternit gilt als typisch saarländischer Baustoff. Wahrscheinlich hängt das damit zusammen, dass es im Saarland viel Eigenleistung am Bau gibt, und verputzen ist nicht so einfach. Macht man es nicht richtig oder spart man an Zement, dann fällt der Putz ab, und irgendwann resigniert man und lässt den ganzen „Gewwel" (Giebel) mit Eternit verkleiden: „Das hallt ewisch!" In den neunziger Jahren, nach dem Fall der Berliner Mauer, machte im Saarland folgender Kalauer die Runde: „Erich Honecker kann kein typischer Saarländer gewesen sein. Sonst wäre die Wetterseite der Berliner Mauer mit Eternit verkleidet gewesen."

eweg, weg, wobei das vorangestellte „e" nicht nur die Aussprache erleichtert. „Die sinn schon um 9 Uhr eweg gang." (Sie haben uns bereits um 9 Uhr verlassen.) Das „e" ist auch eine Steigerung des Wortes „weg": „Wer hat dann denne Dauerschreiwer do eweg geholl?" (Wer hat den Kugelschreiber genommen?)

eweggucke, wegschauen, ignorieren. „Wenn so viel Leit kenn Arwet hann, dann kann ma doch net ähnfach eweggucke." (Die hohe Arbeitslosigkeit darf man doch nicht ignorieren.)

Ewerschde, der „Oberste", der Höchste in der Hierarchie. Er steht noch höher als der „Hauptscht" (Kurzform von Hauptchef). Im Sinne von Franz Josef Degenhardt, der in einem Lied einen deutschen Juristen charakterisiert: „Wenn er einst zu dem kommt, den er Herrgott nennt, eine Mischung aus Christkind und Oberlandgerichtspräsident."

express, schnell: „Jetz mach awwer mool express." (Jetzt beeile dich mal!)

F wie Fixfeier

Der Buchstabe „f"

hat in deutschsprachigen Texten eine durchschnittliche Häufigkeit von 1,7 %. Der Buchstabe „f" wird im Deutschen ausgesprochen wie das „v". Ausnahmen bilden einige aus den romanischen Sprachen kommende Wörter wie: Valuta, Vasalle, Vase usw.

Die Verdoppelung des Buchstaben „f" bedeutet: selbstverständlich, gekonnt. „De Schorsch macht so ebbes ausem FF." Die genaue Herkunft der Formulierung ist unklar. Kaufleute bezeichneten früher feine Waren mit „f" und sehr feine Waren mit „ff". Über eine mögliche Ableitung auf Fähigkeiten ist aber nichts bekannt. Plausibler erscheint schon der Verweis auf das lateinische „ex forma, ex functione". Jemand beherrscht danach etwas aus dem FF, wenn er Form und Funktionsweise von etwas im Griff hat. Ein Kfz-Meister weiß zum Beispiel, wie ein bestimmtes Teil aussieht. Er kennt die Form, weiß aber auch zusätzlich, wie alles im Auto funktioniert. Er kennt die Funktionen, kennt es also alles aus dem FF.

Die Formulierung „aus dem FF" gehört zur deutschen Umgangssprache. Allerdings war sie im Saarland früher auch wichtig, weil viele Bergleute und Hüttenarbeiter vielfältige Fähigkeiten hatten, für die sie geachtet und geliebt wurden. Wenn das Lob mal ausblieb, versuchten sie selbst, ihre Qualifikationen in ein gutes Licht zu setzen. Typisch dafür ist das Eigenlob von Heinz Becker: „Do kenn ich mich e bissje aus."

Faasebooz, jemand, der sich an Fastnacht „verboozt" (verkleidet). Das englische Verb „to booze" (= saufen) hat mit dem „verbooze" bestenfalls indirekt etwas zu tun. Der Begriff ist abgeleitet von den „Rummelbooze". Die Kinder höhlten im Herbst aus Futterrüben Gesichter und beleuchteten diese von innen mit einer Kerze. Damit zogen sie von Haus zu Haus, stellten sie auf Fensterbänke oder in Vorgärten, und oft erhielten sie als Gegenleistung Süßigkeiten. Ausgehend von dem Wortteil „booze" bildete sich an Fastnacht das Wort „Faasebooze": „De Oskar war e rischdischer Faasebooz. An de Faasenacht war er aach emol als Napoleon verboozt." (Der frühere saarländische Ministerpräsident war ein richtiger Karnevalist. An Karneval war er sogar mal als Napoleon-Bonaparte verkleidet.)

Faasenacht, Fastnacht, die Nacht (= Vorabend) vor dem Fasten (in der Fastenzeit). Da durfte und darf man nochmal richtig feiern und genießen.

Faasenachtskieschelscher, Krapfen, Berliner. Sie waren mal Gegenstand eines Fastnachtsliedes für saarländische Kinder. Diese zogen von Haus zu Haus und forderten Faasenachtskieschelscher: „S'is Faasenacht, s'is Faasenacht, die Kieschelscher werre gebackt. Eraus demit, eraus demit, mir stecke se in de Sack." Angeschlossen wurde ein Zweizeiler, der sich auf die häusliche Situation bezog: „Unn wenn die Mutter kenn Kieschelscher backt, dann blose mir of die Faasenacht."

Faasend, Kurzform von „Faasenacht". In manchen Regionen wird das Wort zusammengezogen zur „Faasend". Diese Verkürzung ist typisch für das „saarländische Verbal-Steno". Ein weiteres Beispiel für diese Art der Kurzform stammt aus dem nicht-karnevalistischen Bereich: Erich Honecker verkürzte seinen Staat, die Deutsche Demokratische Republik, zu „Deutschdekratschereplik".

Fadem, Faden, eine sehr dünne Schnur, mit der man etwas näht. Wobei sich aus unerfindlichen Gründen das „n" in ein „m" in der saarländischen Fassung verwandelt.

fahre losse, furzen, wobei man im Saarländischen die Zahlenangabe „ähner" (= einen) benötigt. Wer „ähner fahre losst", der ist geplagt von einer „Flatulenz". Diese entsteht durch die verstärkte Entwicklung von Gasen im Magen und/oder Darm. Sie entweichen rektal und können Geräusche und/oder Gerüche erzeugen.

Fahrsteier, kein Lenkrad zum Fahren, sondern eine Aufsichtsperson im Bergbau. Der Fahrsteiger trägt Verantwortung für einen Teil der Grube und die ihm unterstellten Steiger und Bergleute.

falscher Hals, angenommener Ort eines Missverständnisses. Gibt es zwar nicht, existiert aber im Saarländischen. „Wenn du dem in die Fress schlaachschd, dann kried der das noch in de falsche Hals." (Wenn du ihm auf den Mund haust, dann führt das bei ihm zu einem Missverständnis.)

Famillisch, salopp für Familie. „Am Opa seim Geburtsdaach war die ganz Famillisch do." (Beim Geburtstag des Großvaters war die gesamte Familie anwesend.) Die Konstruktion der Endung („i" mit „ll") könnte sich aus dem französischen Wort „la famille" ableiten.

Fäng, die nur im Plural und mit Possessivpronomen gebräuchliche Fassung für Schläge, Prügel. „Der Kerl hat awwer mol richdisch sei Fäng kritt." (Dieser Mensch wurde ordentlich verprügelt.)

Farbdibbe, Farbtopf. Man gebraucht auch den Begriff, wenn man den allzu großen Einsatz von Farbe (bei Einrichtung, Kleidung, Schminke usw.) volkstümlich kritisieren will: „Es Erika hat ausgesiehn, als wenn ääs in de Farbdibbe gefall wär." (Erika war allzu sehr geschminkt.)

Fassong, Form. Das Wort kommt – wie viele saarländische Wörter – aus dem Französischen. Der Begriff „la façon" ist die Art, die Haltung, die Denk- und Arbeitsweise. Das Wort gibt es auch beim Friseur. Dort kann man sich als Mann einen „Fassongschnitt" machen lassen, ohne dass man sich dabei aus der „Fassong" bringen lässt.

Fatze, sehr großes Stück, vielleicht abgeleitet von „Fetzen". Das war im Frühmittelalter die Kriegsfahne. Später wurde das Wort auch für Kleider und Lumpen benutzt, u. a. auch in der Fassung „vassen", womit sich die Herkunft des ersten Vokals von „Fatze" erklären würde. Wegen der Ähnlichkeit des Wortes „Fatze" mit „Batze" könnte sich auch der Wandel in der Bedeutung erklären.

faudele, schummeln: „De Hennes hat beim Skat immer gefaudelt." (Hennes hat beim Skat-Spielen immer gemogelt.)

Faudeler, jemand, der faudelt: „De Horst war aach immer e großer Faudeler vorm Herrn." (Horst war ein Spezialist beim Schummeln.)

Faxe, 1. Plural einer Botschaft eines Telefaxgerätes (gab es früher einmal), 2. Querelen, Stress und Schwierigkeiten. „Wenn die Faxe mache, dann mache mir graad garnix." (Wenn sie Schwierigkeiten machen, dann stellen wir unsere Aktivitäten ein.)

Feez, Spaß, Unsinn. Mit dem Wort Feez sind im Saarländischen nicht gemeint: die marokkanische Stadt Fès, auch nicht die arabisch-türkische Kopfbedeckung in der Form eines stumpfen Kegels (aus rotem Filz mit meist schwarzer Quaste) und erst recht nicht die Abkürzung für eine Pfälzer Feuerwehreinsatzzentrale. Das Wort „Feez" kommt Ende des 19. Jahrhundert aus der Berliner Mundart in die Saarregion. Wahrscheinlich ist es abgeleitet von dem Plural des französischen Wortes „fête" (Fest). Aus „fêtes" (Plural) wurde „Feez".

Feierzang, Zubehör aus Metall für den heimischen Herd, Ofen oder Kamin, wird aber auch als Schimpfwort für einen verbitterten Menschen weiblichen Geschlechts benutzt: „E beesi Feierzang!" (eine agressive weibliche Persönlichkeit).

Feierzeisch, Feuerzeug. Ursprünglich war es kein einzelnes Gerät, sondern bezeichnete das Zeug, mit dem man Feuer macht. Darauf deutet auch der Wortteil „Zeisch" (= Zeug) hin. Noch klarer wird diese Logik bei dem Begriff „Werkzeisch" (= Werkzeug). Auch da geht es um mehrere Teile. Im 19. Jahrhundert bezeichnete man die Streichhölzer (zusammen mit Schachtel und Reibflächen) ebenfalls als „Feierzeisch".

Feldwewel, Feldwebel, ein Unteroffiziersdienstgrad des deutschen Militärs (früher und heute). Im Saarland ist der Begriff „Feldwewel" auch geläufig für den Schaum eines gut gezapften Biers. Dafür suchte man wohl einen militärischen, monarchistischen Begriff. Man lobt beim Trinken die „Krone" und den „Feldwewel".

fer se. Man ersetzt mit „fer se" das kompliziertere „um zu". „Es Maria geht nur in die Kersch, fer se gucke, was die Leit ahn hann." (Allein die modische Neugierde motiviert Maria zum Kirchgang.)

Ferkelstecher, wörtlich: Jemand, der ein junges Schwein tötet. Das Wort wurde benutzt für einen Rechtsberater ohne juristische Ausbildung. Der Hintergrund: Er beschäftigte sich nur mit weniger schwierigen Dingen.

Fermsche, Förmchen. Eines der vielen Beispiele dafür, dass man im Saarland den Umlaut „ö" umgeht. (Ebenfalls das „ü", während das „ä" unser Freund geworden ist.) „Fermscher" brauchen die Kinder im Sandkasten, und die „Weihnachtsbäckerei" arbeitet damit im Advent. Ein „Fermsche" ist allerdings kein „kleiner Bauernhof", obwohl das französische Substantiv „la ferme" (= der Bauernhof) heißt.

fers, für das. „Der do Bikini, der wär was fers Moni." (Dieser Bikini würde Monika gut gefallen.) Bitte beachten: Vornamen haben im Saarland einen Artikel und Frauen sind sächlich.

Ferschd, Fürst. Der Titel kommt aus dem Mittelalter und bedeutete: der Vorderste, Erste, Vornehmste. Das englische Wort „first" (der Erste) ist nicht allzu weit mit „Fürst" verwandt. Als die Fürsten noch regionale Lehnsherren waren, da galt für die Untertanen der Satz: „Geh nie zu Deinem Ferschd, wenn Du net gerufe werschd."

ferschderlisch, fürchterlich. Das Wort ist nicht abgeleitet von dem „Ferschd", bedeutet also nicht „fürstlich". Es ist lediglich eine saarländische Fassung eines ähnlich lautenden deutschen Adjektivs. Das „ü" wurde zum „e", das „ch" zweimal zum „sch" und das „t" zum „d". „Heer mol off met deinem ferschderlische Geschrei!" (Hör auf mit deinem fürchterlichen Geschrei.)

Ferz, saarländischer Plural von Furz. In manchen Gegenden des Saarlandes gilt die Aussprache „Forz". In beiden Fällen handelt es sich um eine Flatulenz, abgeleitet von dem lateinischen Wort „flatus" (Wind, Blähung). Es bezeichnet die verstärkte Entwicklung von Gasen im Magen und im Darm, wobei es zum Flatus, zum rektalen Entweichen von Darmgasen kommen kann. Interessant dabei, dass es vom Singular keine saarländische Fassung gibt, wenn man einmal von der Aussprache des Vokals irgendwo im Spektrum zwischen „u" und „o" absieht. Da die saarländische Mundart aber mit dem „ü" (ebenso wie mit dem „ö") nicht allzu viel anfangen kann, wurde aus dem zweisilbigen Wort „Fürze" das einsilbige „Ferz". Im Saarland gibt es Menschen, die behaupten, man könne diese auch im Kopf haben. Diese Auffassung ist anatomisch äußerst gewagt. „Der do hat jo nur Ferz im Kopf." (Diesem Menschen fallen nur törichte Dinge ein.)

fickerisch, unruhig, nervös, aufgeregt, wuselig, feinmotorisch unfertig. „Es Elvira war beim Vereinsfeschd ganz fickerisch." (Elvira war beim Vereinsfest sehr nervös.) Wichtig: Das Adjektiv hat keine obszöne Bedeutung. Es stammt noch aus dem Mittelalter. Der obszöne Sinn erscheint zum ersten Mal mit Beginn der Neuzeit.

Fickmiel, Mühlespiel, auch: besondere Stellung von fünf Steinen beim Mühlespiel, bei der mit einem Zug eine Mühle geöffnet und die andere geschlossen wird. Der Wortteil „fick" hat dabei keinen sexuellen Bezug. „Ficken" bedeutete im Mittelalter „reiben" und „jucken", aber auch – wie beim Mühlespiel und bei der Ausübung ehelicher und außerehelicher Pflichten – „sich hin und her bewegen". Weitere mögliche Erklärung: „Fickmühle" = „Zwickmühle".

fiere, für ein. „Es Klään will doch die zwää Euro nur fiere Eis." (Die Kleine will doch die zwei Euro nur, um sich ein Eis zu kaufen.)

fierem, um dem. „Er is in die Sitzung gang, fierem Vorsitzende ebbes anneres zu verzähle." (Er hat nur deshalb an der Sitzung teilgenommen, um den Vorsitzenden zu kritisieren.)

fierer, um ihr. „Fierer das se sahn, isser extra noh Saarbricke gefahr." (Er fuhr lediglich deshalb nach Saarbrücken, um ihr das mitzuteilen.)

fieres, für das. „Fieres Abitur hat's bei ihm net gereicht." (Es fehlte ihm einiges, um die Hochschulreife zu bekommen.)

fierm, für dem. „Fierm Otto sei Hund hann se anneres Fudder kaafe misse." (Für Ottos Hund mussten sie anderes Futter kaufen.)

fiermer, um mir. „Fiermer das se sahn hättschde net extra komme misse." (Um das mitzuteilen, wäre es nicht nötig gewesen, zu mir zu kommen.)

fiernanner, füreinander. „Die hann nix fiernanner iwwerisch." (Sie mögen sich nicht.)

fierne, um ihn. „Fierne se beleidische, do hat das dicke gereicht." (Um ihn zu beleidigen, dafür reichte es aus.)

fiers, für das. „Hasche aach e Geschenk kaaf fiers Moni?" (Hast du auch ein Geschenk für Monika gekauft?)

fier se, wörtlich: „für zu", wird im Saarland gebraucht, um „zu" oder „zum" zu ersetzen. „Das is nix fier se esse." (Das ist nicht zum Verzehr gedacht.)

fies, eklig, unappetitlich, verabscheuungswürdig. „Der war arisch fies zu mir." (Er hat sich gegenüber mir verabscheuungswürdig verhalten.)

Fies, Füße. Im Singular gibt es keinen Unterschied zwischen der deutschen und saarländischen Aussprache und Schreibweise. Anders im Plural: Da stellen wir den „Füßen" unsere „Fies" entgegen, weil wir es mit dem „ü" nicht so haben. Auf die Endung „en" können wir dann auch verzichten, denn die beiden Vokale für Singular und Plural sind ja unterschiedlich: „Fuß und Fies". Manchmal können in unserer Sprache die „Fies" sogar den „Weg" ersetzen: „Geh mir aus de Fies!" (Geh mir aus dem Weg!)

Filluu, Filou, wie im Französischen, nur mit der Betonung auf der ersten Silbe. „Filluu" ist ein relativ harmloses Schimpfwort für einen Nichtsnutz. Das Wort wird aber auch anerkennend benutzt für ein Schlitzohr.

finatzelisch, überempfindlich. „Sei doch net so finatzelisch." (Sei doch nicht so überempfindlich.)

finni, Schluss, aus, fertig, abgeleitet von dem französischen Adjektiv „fini,e" = beendet. „Noch ähn Wort, unn dann is finni." (Noch ein Wort, und dann ist Schluss.)

Fissääl, kräftige Schnur, Kordel. Achtung! Es handelt sich nicht um die saarländische Aussprache von „Vieh-Seil". Das französische Wort „la ficelle" ist ein Bindfaden, aber auch das dünnste französische Weißbrot. „Fissääl" war auch der weit verbreitete Spitzname des ehemaligen Friedrichsthaler Bürgermeisters, des saarländischen Landtagspräsidenten und Innenministers Ludwig Schnur.

Fissääls, abwertender Ausdruck für Familien, die in einem sozialen Brennpunkt leben. Oft wurde der Name in Zusammenhang mit „Jääbs" genannt. „Dort wohne doch nur Fissääls unn Jääbs."

Fisematente, Schwierigkeiten. Wenn im Saarland jemand „Fisematente" macht, dann bewegt er sich außerhalb der Norm. Er macht Dinge, die man einfach nicht macht: Blödsinn und Schwierigkeiten. Der Ausdruck kommt aus der Zeit der napoleonischen Besatzung, als das Saarland noch Teil eines eigenen französischen Départements mit dem Namen „Sarre" war. Die französischen Soldaten lebten in Zelten, und bisweilen kam es zu Kontakten zwischen ihnen und der jüngeren weiblichen Bevölkerung. Manches Mädchen „besichtigte" (französisch: visiter) die Zelte (französisch: tentes) der Franzosen. Diese forderten sie sogar auf: „Visite ma tente!", saarländisch: „Fisematente". Mit der Zeit blieb man bei der deutschen Aussprache.

Fissem, ein kleines Stückchen eines Fadens. „Guck emol, du haschd e Fissem am Juppe!" (Schau mal, ein Stückchen eines Fadens hängt an deiner Jacke.)

Fittische, Flügel (bei Vögeln, nicht bei Flugzeugen oder im Orchester). Das Wort „Fittische" existiert in der saarländischen Fassung nur im Plural. Geläufig ist auch die Redewendung „Unner die Fittische nemme (hole)", was so viel bedeutet wie „in Obhut nehmen". Im Deutschen wurde das Wort „Fittich" bisweilen dichterisch gebraucht. Ansonsten gilt es als veraltet.

Fitwin, ein geschniegelter, halbseidener Dandy, ein Popper saarländischen Zuschnitts, ein Willy-Fritsch-Verschnitt mit Saar-Charakter.

fix, schnell, von dem lateinischen Wort „fixus" (= fest) abgeleitet. Davon kommt auch unser deutsches Fremdwort „fixieren" (= festmachen)." Fix" scheint im Saarland sehr wichtig zu sein. Der Ausdruck: „Der is nemmeh ganz fix" bedeutet: „Er ist verrückt".

Fixeferdischer, ein aufgewecktes Kerlchen. Er ist mit allem schnell fertig. Über die Redewendung „fix und fertig" entwickelte sich wohl das saarländische Adjektiv „fixeferdisch" und daraus das Substantiv „Fixeferdischer".

Fixfeier, Streichholz. Ein gutes Beispiel dafür, dass das Saarländische bisweilen wesentlich genauere und bessere Worte hervorbringt. „Streichholz" ist im Grunde irreführend. Bei dem Wort „Holz" denkt man normalerweise an größere Teile, und „streichen" hat etwas mit Farbe zu tun. „Zündholz" ist schon etwas besser, weil die Funktion – das „Zünden" – angegeben wird. In „Fixfeier" sind Funktion und Kundennutzen vereinigt: Mit diesem Zeug kann man „fix Feier" machen. Wenn jemand allerdings „fix Feier" fängt, dann bedeutet das: Er/Sie verliebt sich immer sofort, und die Erotik hat sehr schnell eine sehr große Bedeutung.

Flabbes, ungehobelter, grober, schlichter Mensch. Er ist alles andere als feinfühlig ist, kann aber auch zum Objekt knallharter Berechnungen und derber Späße werden. Dann wird „mit jemand de Flabbes gemacht". Wenn man sagen will, dass man sich nichts gefallen lässt, dann sagt man umgekehrt: „Ich losse doch mit mir net de Flabbes mache!" (Ich lasse mich doch nicht verulken.)

Fläckersche, kleines Feuer im Freien, ein mobiler Grillplatz für Würste oder auch für rohe Kartoffeln, die man in die Glut legte (später auch in Alu-Folie). Beliebt war das „Fläckersche" vor allem

bei Bauernkindern, die Ziegen oder Kühe hüten mussten. Das Substantiv „Fläckersche" ist abgeleitet von dem Verb „flackern". Zusammen mit der Verkleinerungsform ergibt das die Soft-Fassung zum eher martialischen Lagerfeuer.

fladdiere, schmeicheln, umwerben. Auch: drängen, nötigen. Abgeleitet von dem französischen Wort „flatter". „Ääs muss immer mit seinem fladdiere, damit der endlich mol ebbes im Haushalt macht." (Sie muss ihn immer nötigen, damit er sich um den Haushalt kümmert.)

Flade, moselfränkisch „Flaare". In beiden Fällen: saarländische Fassung des deutschen Wortes „Fladen". Der Begriff wird gebraucht für geschmacklich sehr unterschiedliche Fladen, etwa Kuh- und Teigfladen. Im menschlichen Bereich ist es ein vier- bis fünfschrötiger Zeitgenosse mit extrem langsamen Bewegungsabläufen. Von daher eignet sich das Wort auch als Spitzname. In Güdesweiler gibt es ein Lokal „Zum Flaare".

Flämmsche, oder auch „Flämmje", eine kleine Flamme, aber auch ein kleines Feuer im Freien. Als solches ist es eine sprachliche Alternative zum „Fläckersche".

flanniere, flanieren, schlendern, bummeln, herumspazieren. Betonung auf der zweiten Silbe. Das Wort ist abgeleitet von dem französischen Verb „flâner". Der französischen Endung des Infinitivs „er" entspricht das saarländische „iere" und das deutsche „ieren".

flatsche, eine runterhauen. „De Peter, der hat dem vielleicht ähni geflatscht." (Peter hat ihm eine runtergehauen.) Das Wort „vielleicht" hat nichts zu tun mit einem Zweifel. Im Gegenteil: Es ist in diesem Fall sogar eine Verstärkung.

flatsche, sich sehr rustikal nach vorne bewegen, ohne Rücksicht auf kritische Blicke der Passanten, den frisch geputzten Boden oder die neu angepflanzten Blumen im Beet.

Flatschkuh, eine Frau, die mit kräftigen Schritten durchs Leben watschelt, meistens bei übergewichtigen Menschen, die durch ihren massigen Körper Probleme mit dem Gleichgewicht haben. Weibliche Eleganz lässt sich dabei noch nicht einmal ahnen.

Flatschnickel. Der Begriff leitet sich nicht von einem gewissen „Nikolaus Flatsch" ab (was logisch wäre). Er ist eine Zusammenfassung von „flatschen" (= mit Senk- oder Plattfüßen vorwärts watscheln) und „Nickel" (= eine saarländische Kurzform von Nikolaus, die allerdings für den heiligen Nikolaus nicht benutzt wird). Der Flatschnickel gehört zu der Gruppe der „fettnapfbezogenen Wesen", (auch im übertragenen Sinn).

Flause. Man findet diese Wollflocken als störend für festes Gewebe. Sie können einen derart nerven, dass man ihren Namen für dumme Gedanken im Kopf benutzt. Diese wollen die Eltern ihren Kindern schon früh austreiben: „Schlahn eich die Flause aus em Kopp!"

(Trennt euch von euren unrealistischen beruflichen Utopien!) Wichtig, etwa wenn der Sohn Bildhauer oder die Tochter Mannequin werden will, wenn beide am Bedarf vorbeistudieren.

Flauze, saarländisches Arme-Leute-Gericht, ein Salat aus Kutteln. Man kauft den Kuhpansen bereits gekocht beim Metzger. Danach schneidet man den Kuhpansen in Streifen, fügt dünn geschnittene Zwiebelscheiben dazu und macht eine einfache Marinade aus Essig und Öl, Pfeffer und Salz, eventuell noch Lorbeerblätter und Nelken und etwas Wasser, oder besser: Gurkenbrühe. Dazu gibt es dunkles Brot mit Butter und kühles Bier. Nicht beirren lassen von Sätzen wie „Flauze! Die kennt ich net esse." (Flauzen würde ich niemals verzehren.)

flaxe, flachsen, abgeleitet von den Stängeln der Flachspflanze (Leinenfasern). Das Wort „flachsen" hat seine Heimat im Arbeitsprozess der Leinenherstellung (so wie spinnen). Es bedeutet: spotten, Scherze machen, etwas nicht ernst meinen. Von daher ist die Frage des Kommunikationsobjektes durchaus berechtigt: „Duhschd du flaxe odder is das dei Ernschd?" (Das ist doch nicht dein Ernst?)

Fleischkieschelscher, Fleischküchelchen. Nach einer Untersuchung aus den 1970er Jahren ist der Begriff „Fleischküchle" fast ausschließlich im Saarland und in Baden-Württemberg verbreitet, während sie in anderen Bundesländern als Frikadellen, Buletten, Klopse und Fleischpflanzl bezeichnet werden (Vgl. J. Eichhoff, Wortatlas der deutschen Umgangssprache, 2 Bände, Bern 1977). „Fleischkieschelscher" sind nicht unbedingt ein typisch saarländisches Gericht, aber sie waren und sind im Saarland weit verbreitet, auch als kaltes Kleingericht in Wirtschaften. Der Anteil des Hackfleisches war ein Dauerthema zwischen den Gästen und dem Wirt. Dem Mann hinter der Theke unterstellte man mehr oder weniger ernsthaft, sie würden überwiegend aus Brot bestehen. Ein als typisch geltender Dialog in der Kneipe: Gast: „Mach mir noch ein

Scheib Brot zum Fleischkieschelsche!", Wirt: „Is schon drin!", Gast: „Dann noch ähns.", Wirt: „Is aach schon drin."

Flemm, im Saarländischen: Unlust, depressiver, aber nicht aggressiver Zustand, „moralischer Kater". Man ist niedergeschlagen („O leck, hann ich die Flemm...") und hat keine Lust, etwas zu tun. Das Wort ist abgeleitet aus der französischen Redewendung „avoir la flemme" (= zu faul sein, um etwas zu tun). Im Saarland wurde der Begriff „Flemm" vor allem deshalb populär, weil er – von der Mentalität und vom Reim her – sehr gut zu einem weiteren zentralen Begriff passt: zu dem Wort „hemm" (heim). Kein saarländischer Mundartdichter kann darauf verzichten, irgendwann einmal einen Zweizeiler zu basteln wie: „Ich hann die Flemm, ich gehn jetzt hemm."

flenne, weinen, heulen, eine Spezialität von Heulsusen innerhalb und außerhalb des Saarlandes. Das war früher schon so, denn sonst wäre das Verb „flannen" nicht schon im Althochdeutschen aufgetaucht. Damals bedeutete es so viel wie „den Mund verziehen" und war bereits verwandt mit Wörtern wie „Flansch" und „Flunsch". In fast allen deutschen Mundarten ist das Wort verbreitet – allerdings mit unterschiedlichen Aussprachen. Im Saarländischen ist es oft ein Teil von Aufforderungen wie: „Hehr endlich of se flenne unn schaff dei Arwet!" (Es wäre besser, du würdest das ständige Weinen unterlassen und deine Arbeit fortsetzen.)

flick, 1. Als Verb: Aufforderung, etwas zu reparieren, vor allem an Kleidungsstücken. Wahrscheinlich gibt es einen Zusammenhang zu „Flickwerk". Was nicht vollständig, bzw. kaputt ist, das muss geflickt werden. 2. Als Adjektiv: leicht gekleidet, der Witterung entsprechend unangemessen angezogen: „Die Fraa do is awwa flick aangezo." (Die Dame ist zu leicht bekleidet.)

Flick, Spitzname für einen französischen Gendarmen, bisweilen auch für einen saarländischen Polizisten. Im 19. Jahrhunderts wurden die Wörter „fligue" und „flique" in Frankreich zum ersten Mal gebraucht. Im März 1829 erschienen in Paris die ersten Polizisten in blauer Uniform mit goldenen Knöpfen. Ihre Vorgänger trugen Zivil und hießen im Volksmund „les mouchards" (die Spitzel, abgeleitet von „la mouche" = die Fliege). Seit 1856 gibt es das Wort „flic" auch für die uniformierten Angehörigen der Stadtpolizei. Es kommt wahrscheinlich aus dem Deutschen (über das Rotwelsche?). Pate stand das veränderte Wort für „Fliege", französisch ausgesprochen und geschrieben: „flic".

Flinteweib, Schimpfwort für eine Frau, allerdings ohne Anspielung auf eine eventuelle Mitgliedsschaft im örtlichen Schützenverein. Sie hat maskuline Wert-, Verhaltens- und Sprachmuster. Das Flinteweib ist ein Mannweib, und so etwas mögen Männer nicht. Interessant, dass es die Umkehrung „Fraukerl" nicht gibt.

Flitt, saarländische Fassung des französischen Wortes „flûte" (Flöte). Im Saarland macht man nicht die feinen Unterschiede wie in Frankreich. Dort heißt das dünnste Stangenweißbrot „la ficelle" (Seil), das mittlere „la baguette" (Stange) und das dickste „la flûte" (Flöte). Im Saarland sind alle drei „Flitt", wobei Singular und Plural identisch sind. Der Gebrauch des Wortes „flûte" in Frankreich für das dickste Stangenbrot gibt uns auch einen Hinweis darauf, dass Flöten im Mittelalter dicker waren als ihre filigranen Nachfahren. Mittelalterliche Darstellungen deuten ebenfalls darauf hin.

Flittische, wahrscheinlich eine Kombination von „Fittische" mit „Flügel". Das „l" aus „Flügel" ist in den mittelalterlichen Begriff „Fittische" hineingerutscht. Wichtig sind bei beiden Mundartbegriffen: Das Wort benutzt man nur für die Flügel der Vögel und im übertragenen Sinne für die Arme der Menschen. Nach der Arbeit kann man vor Müdigkeit die „Flittische" hängen lassen. Für den Konzertflügel gibt es keinen saarländischen Ausdruck.

Flittkepp, relativ harmloses Schimpfwort für Franzosen, anknüpfend an das französische Brot „la flûte". Allzu alt kann das Schimpfwort nicht sein, denn die französischen Stangenbrote gibt es erst seit dem Ersten Weltkrieg. Damals wurde ein Nachtbackverbot erlassen, und weil die Franzosen am Morgen unbedingt ihr Weißbrot essen wollten, stellte man die Produktion um auf „flûtes" (Flöten, dick), „baguettes" (Stangen, mittel) und „ficèles" (Seile, dünn). Das alles konnte man am Morgen schneller backen. An die Zeit davor erinnern zwei verbreitete Wörter der französischen Sprache: „le boulanger" (Bäcker) und „la boulangerie" (Bäckerei). Beide beginnen mit „boule", und das heißt „Kugel", auch ein in Frankreich verbreitetes Spiel (im Süden Frankreichs „pétanque"). Das war aber auch die traditionelle Form der französischen Brote vor dem Ersten Weltkrieg. Sie waren rund. „Flittkepp" gehört in jene Gruppe von Wörtern, die wirkliche oder vermeintliche kulinarische Spezialitäten benutzen, um die Angehörigen einer Nation und/oder Kultur zu desavouieren. Dabei arbeitet man bewusst mit Vorurteilen und Übertreibungen. Die Italiener sind in Deutschland die Spaghettis, die Deutschen bei den romanischen Völkern die Kartoffeln oder die Krauts, und die Franzosen für die Saarländer eben die „Flittkepp".

Flittsche, eine meistens gut aussehende Frau, die ein kritisches Verhältnis zur bürgerlichen Moral hat und dies auch durch ihr Verhalten zu Männern klar zum Ausdruck bringt.

Flitzeboe, Bogen als Abschussvorrichtung. Seit der jüngeren Altsteinzeit (30 000 – 10 000 v. Chr.) sind sie in Betrieb. Genutzt wurden Pfeil und Bogen für die Jagd sowie kriegerische Auseinandersetzungen. Heute werden Pfeil und Bogen fast ausschließlich im Sport und in einer „entschärften Fassung" von Kindern beim Spielen benutzt. Sprachlich interessant ist und bleibt vor allem die Redewendung „gespannt wie e Flitzeboe". Für die deutsche und die saarländische Sprache gilt folgende Etymologie: „flitze" ist ein Verb und leitet sich ab von „fliegen". Ein „Boe" (= Bogen) ist eine geometrische Form, und die Spannung erzeugt man durch Biegen.

Flobbert, saarländische Aussprache (Betonung auf der ersten Silbe). Mitte des 19. Jahrhunderts erfand Louis Nicolas August Flobert eine Handfeuerwaffe für eine Einheitspatrone. Die nach ihm benannten Flobert-Gewehre waren gedacht für den Gebrauch als Übungs- und Spaßwaffen für Schießbuden. Sie hatten keine Bedeutung für Jagd und Krieg. Flobert-Gewehre benötigen in Deutschland eine Waffenbesitzkarte, da sie der Definition einer scharfen Schusswaffe entsprechen. Man braucht also, im Gegensatz zu Österreich, einen Waffenschein.

Flosse, Singular und Plural, ein System, mit dem sich Fische, Pinguine und Meeressäuger wie die Wale im Wasser fortbewegen. Benutzt man im Saarland auch abwertend für die Hände. „Loss jo die Flosse von meim Compjuter!" (Berühre bitte meinen PC nicht!)

Flotter Hannes, saarländisches Kosewort für „Durchfall". Bereits die alten Griechen kannten ihn, aber sie liebten ihn nicht. Sie bezeichneten ihn als „diárrhoia", und daraus entwickelte sich „Diarrhoe", ein sehr gut klingender medizinischer Fachbegriff. Die saarländische Sprache opponiert dagegen. Sie wird deftig, wenn der „Stuhl" (!) flüssig wird. Der erste Teil der populären Ausdrucksweise beschäftigt sich mit der Dringlichkeit. Alles muss „flott" gehen. Dann kommt ein Männername, aber warum ausgerechnet Hannes? Man könnte dem Durchfall auch Namen widmen wie Holger, Oliver oder André. – Das geht nicht, denn der Name „Hannes" hat Geschichte, und die beginnt im Mittelalter. Da glaubte man, man könne Blitz und Donner verhindern, indem man einen Sohn der Familie auf den Namen Johannes tauft. Die Zahl derer, die den heiligen Namen trugen, stieg ständig, aber die Erfolge waren bescheiden. Es blitzte und donnerte weiter. Also taufte man mehrere Söhne auf diesen Namen, und zur Unterscheidung variierte man sie: Es gab einen Hans, einen Jean, einen Jean-Jean, einen Grand-Jean, einen Junghans usw. Und als die nicht ausreichten, schuf man Doppelnamen, die mit „Hans" anfingen. Noch heute sind Namen wie Hans-Jürgen und Hans-Peter alles andere als selten. Im Laufe der Zeit musste sogar der Durchfall dran glauben. In Teilen des Saarlandes wurde er zum „flotten Hannes". Schließlich zog die Kirche einen beherzten Schlussstrich, und man begann, alle Menschen, die diese Tradition weiterführten, zu „hänseln". Die Folge: Überall tauchte der Namen Hans in verschiedenen Zusammenhängen auf, bis in die Gegenwart hinein. Man sprach von „Großhansigkeiten", benutzte die Verkleinerungsform „Hänsje" um Mitmenschen abzuwerten, schrieb Kindergeschichten wie „Hansguck in die Luft" und „Hans im Glück", gründete das „Hänneschen-Theater" in Köln, bezeichnete die saarländischen Bergleute als „Hennesjer", und selbst Menschen mit fortgeschrittener Jugend tragen „Blue Jeans". Diese haben aber (auch noch) einen anderen Ursprung: Ursprünglich waren die „Jeans" aus Baumwolle, die man aus der Gegend von Genua in die USA importierte. Der französische Name für die italienische Hafenstadt war „Gênes". Der 1847 aus Franken ausgewanderte Levi-Strauss fertigte in San Francisco robuste Arbeitskleidung für die Goldgräber, und man übersetzte das französische Wort „Gênes" in das englische „Jeans".

flubbe, umgangssprachlich für rauchen. „Vor de Wertschaft stehn immer nur die, die wo ähni flubbe wolle." (Die Raucher stehen alle vor der Kneipe.) Eine saarländische Besonderheit: Wir benutzen „flubbe" nicht im Sinn von „flutschen".

Flubbis, Kosewort für Zigaretten. Die Sympathie wird durch die Verkleinerung transportiert. „O leck, ich hann mei Flubbis leije geloss." (Das ist ja ein Ding! Habe ich doch wirklich meine Zigaretten liegen lassen.)

Fluchplatz, Flugplatz. Die saarländische Fassung kann zu Missverständnissen führen. Deshalb zur Klarstellung: Es ist ein Platz für „Flüge" und nicht für „Flüche", wobei das auch schon vorgekommen sein soll – wegen der Verspätung der Flüge. Der Saarbrücker Flughafen im Stadtteil Ensheim entstand in den Jahren 1937 bis 1939 als Alternative zum weniger geeigneten, bisherigen Flughafen Saarbrücken-St. Arnual. Am 1. September 1939 sollte der neue Flughafen Ensheim eröffnet werden. Aber dazu kam es nicht. Genau an jenem Tag begann der Zweite Weltkrieg. Die endgültige Schließung des St. Arnualer Flughafens erfolgte 1955. Zu den ersten Linienflügen in Ensheim kam es erst 12 Jahre später.

Fluchzeisch, das Endergebnis einer kuriosen Sprachschöpfung. Dem „Hafen" (der Schiffe) setzte man das Wort „Flug" davor, und schon konnte das Ding starten. Aber wie sollte man es nennen? – Wenn es einen „Flughafen" gibt, dann würde ein „Flugschiff" dazu passen. Aber das gab es ja schon. Bei der Suche nach dem „Zeug", das für den „Flug" bestimmt war, entschied man sich für den saloppen Begriff „Flugzeug". Das Saarländische passte sich an, übersetzte und schuf dadurch auch die Bedeutung: „Das Zeisch zum Fluche."

Flunsch, traurige Mimik, die sich vor allem in den Mundwinkeln ausdrückt. Eine Flunsch hat man nicht. Sie wird gezogen. „Der zieht schon wedder e Flunsch." (Der macht schon wieder ein trauriges Gesicht.)

Flutsch, menschlicher Mund, der eine Mischung von Trauer und Wut ausdrückt, wenn man beleidigt oder auch nur einfach schlecht gelaunt ist.

flutsche, schnell von der Hand gehen und auch funktionieren. Wird vor allem für Arbeitsprozesse genutzt: „Aweil flutschts awwer. Das gebbd e Stick." (Jetzt geht es aber voran. Die Erfolge werden bald sichtbar sein.) Danach: „Die do Arwet hat awwer geflutscht." (Diese Arbeit ist in kurzer Zeit bestens gelungen.) Das Wort ist das Ergebnis einer Wortmalerei. Es assoziiert reibungsloses Vorangehen, etwa wie das ähnliche Wort „rutschen". Im Rheinland und im Ruhrgebiet benutzt man mit der gleichen Bedeutung das Verb „fluppen".

f

Folschderer, volkstümliche Sprachschöpfung für einen Bewohner der Folsterhöhe in Alt-Saarbrücken. Diese Hochhaussiedlung mit ca. 2 000 Einwohnern liegt 1,5 km von der deutsch-französischen Grenze entfernt. Die Wohnhäuser aus den 1960er Jahren erinnern ein wenig an die Plattenbauten in der ehemaligen DDR.

fooze, spintisieren, dumm schwätzen. Kommunikation auf einem IQ von ca. 60 Pommes frites.

Foozer, Produzent von inhaltslosem sozialen Lärm. „Er hat was offem Kaschde, awwer alles is durchenanner." (Die Quantität seines Wissens stimmt, aber es hapert an der Ordnung.)

Foozkopp. Hier wird die Handlung des „Foozens" in Verbindung gebracht mit einem Körperteil, der alles steuert, somit auch die Verbreitung eines ebenso bescheidenen wie ungeordneten und nichtssagenden Wortschatzes.

Fooznickel, ein auf die saarländische Fassung des Namens Nikolaus bezogenes Schimpfwort. Das „Foozen" wird ihm zugeordnet, und das Wort lässt sich selbstverständlich auch für andere männliche Namensträger gebrauchen. Im Zusammenhang mit einer Nikolausfeier ist es aber eher ungeeignet.

foppe, jemandem etwas Unwahres sagen und sich darüber freuen, wenn er es glaubt. Heute wird das Verb fast ausschließlich im harmlosen, scherzhaften Sinn gebraucht. Ursprünglich bedeutete dieser Begriff „lügen". Er stammt aus dem Rotwelschen.

for was, Fragewort aus zwei Wörtern, deutsch: wofür? – Der Sinn bleibt der gleiche, aber die saarländische Fassung ist logischer. Der Wortteil „wo" im deutschen „wofür" macht keinen Sinn. Es geht ja nicht um einen Ort, sondern um einen Zweck, und der wird im Saarländischen mit „was" korrekter bezeichnet.

Förderalismus, häufige Aussprache des deutschen Wortes „Föderalismus" (ohne das verräterische „r"), besonders beliebt bei saarländischen Politikern (mitgeteilt von Dr. Heinz Krieger, dem ehemaligen Direktor des saarländischen Landtages).

Fordkommes, Karriere. „Ohne Abitur haschde heit kenn Fordkommes meh." (Um Karriere zu machen, braucht man heutzutage unbedingt das Abitur.) Dem Wort „Fordkommes" kann man auch noch eine zweite Bedeutung unterstellen: Wer Karriere machen will, der muss auch mal aus dem Saarland raus. Er muss „ford" kommen. Es geht aus dem Saarland „ford" und will bald wieder zurück „kommen".

Formkuche, saarländischer Ausdruck für Napfkuchen. Ebenfalls im Saarland geläufig ist der Begriff Gugelhupf. Der Name dieses Napfkuchens ist abgeleitet von dem alten deutschen Wort „Gugel" (= Kapuze). Er ist ein Kuchen aus Hefeteig, oft mit Rosinen. Die Schreibweise „Google hupf!" ist für Backwaren fehl am Platz.

Formschissel, Kuchenform für Formkuchen. Die Formen der Formen können sehr unterschiedlich sein. Die meisten sind rund, aber es gibt auch rechteckige, quadratische und herzförmige (mit Symbolcharakter).

fowele, fabulieren, sich ausmalen, fantasieren. „Wenn ich mei Ruh hann, dann kann ich gudd fowele." (Ich brauche die Muße, um meine Kreativität zur Geltung zu bringen.)

Fraaleid, nicht etwas das „Leid der Frauen", sondern die Gesamtheit aller Leute, die zur Kategorie Frauen zu zählen sind. Altsaarländischer Plural für Frauen generell.

Frankezeit, Jahre, in denen das Saarland den Franken als Währung hatte. Normalerweise zählt man dazu die Zeit zwischen 1947 und 1959. Der Begriff „Franken" geht auf die Inschrift „Francorum rex" zurück (König der Franken). Sie stand auf einer ab 1360 hergestellten Münze, die man deshalb später „Franken" nannte. Die Zeit der „nicht pekuniären Franken" beginnt im dritten Jahrhundert nach unserer Zeitrechnung und dauert, zumindest was die Sprache betrifft, bis in die Gegenwart. Unsere saarländische Regionalsprache ist geprägt vom Rheinfränkischen und Moselfränkischen.

franselisch, mit Fransen versehen. Betrifft vor allem Vorhänge, Teppiche und Fastnachtskostüme. Die Fachleute sprechen von „Fadenbündel als Randbesatz".

Franzosesupp, Gemüsesuppe. Alter Begriff, der im Saarland nicht mehr sehr verbreitet ist. Verdrängt wurde er durch „Quer durch de Gaade". Ein feststehendes Rezept dafür gibt es nicht. Das einzige „Muss": Das Gemüse muss im Vordergrund stehen. Man geht durch den Garten, und aus dem, was man gebrauchen kann, macht man eine Gemüsesuppe: Karotten, Lauch, Zwiebeln usw. – Selbstverständlich kann man auch die Brühe dazu aus Fleisch, Knochen, Speck usw. zubereiten.

Fratze, Grimasse, ein verzerrtes, verunstaltetes und hässliches Gesicht. Martin Luther benutzte das Wort im Sinne von „albernem Gerede". Heute bezieht man den Begriff auf die Mimik. Man schneidet eine Fratze, mal zum Scherz, manchmal aber auch, um andere Menschen abzuschrecken.

Fratzemacher, nicht unbedingt ein Spezialist für Mimik, eher ein Angeber, also jemand, der für seinen versuchten Imagegewinn alles einsetzt, aber bei seinen Mitmenschen keinen Anklang findet. Man winkt ab und bezeichnet ihn als „Fratzemacher".

Freck, nicht näher definierte Erkältungskrankheit. Man steht – übertrieben ausgedrückt – kurz vorm Verrecken (womit auch ein Hinweis auf die Wortherkunft gegeben wird). „O leck, hann ich die Freck." (Ich bin fürchterlich erkältet.)

frecke, verenden, verrecken. „Nom Urlaub ware die Blume allegar verreckt." (Nach dem Urlaub waren alle Blumen vertrocknet.)

Freckert, frecher Junge. Hier steckt wohl ursprünglich das Wort „frech" drin. „Die Freckerte hann die Kersche geklaut." (Die Jungen haben in unserer Abwesenheit die Kirschen in unserem Garten gepflückt.)

freie, 1. „freuen" (reflexiv), 2. „einer Frau den Hof machen". Pensionärsfassung: „einer Frau den Hof kehren".

Freierei, das erfolgreiche Anbaggern eines Mädchens, kommt von dem Verb „freien", was so viel bedeutet wie „um eine Braut werben". Das Verb wurde eingeführt durch Martin Luther in seiner Bibelübersetzung. Im Saarland gingen die jungen Männer früher auf die Freierei. „De Opa is frieher noh Marpinge of die Freierei gang." (Großvater hatte in Marpingen eine Freundin.) Eine Steigerung davon ist das Wort „Poussasch", abgeleitet aus dem Verb „poussieren", und das kommt von dem französischen Begriff „pousser" (= stoßen). „Freier" ist aber auch die Bezeichnung für einen Kunden einer Prostituierten, nicht nur im Saarland.

Freilein, Fräulein. Früher war das auch die Bezeichnung für die Lehrerinnen, die oft „unbemannt" durchs Leben gingen. Auch in der Gastronomie ist dieses Wort für weibliches Bedienungspersonal nicht mehr üblich.

Fress, vulgärer Ausdruck für den Mund. Das Verb „fresse" bezeichnet im Saarländischen (wie im Deutschen) die Nahrungsaufnahme eines Tieres sowie eines Menschen, der ungeheure Mengen von Lebensmitteln mit ungeheuerlichen Tischmanieren verzehrt. „Denoh hat der so e Fress gezoh." (Anschließend verzog er das Gesicht.)

Fressalien, ironischer Begriff für Lebensmittel. „Ich kimmere mich ums Bier unn du um die Fressalien." (Ich besorge das Bier und du die Lebensmittel.)

Fresspanz, anatomische Fehlinformation. Der „Panz" (Bauch) kann nicht „fressen". Urheber ist ein gefräßiger Mensch, dessen Bauch allerdings wichtige Hinweise auf die Esskultur des Trägers gibt.

Frippsche, Schimpfwort für einen eingebildeten Menschen, viel zu chic gekleidet, ein Luftikus aus der Stadt, wahrscheinlich ein Schwindler. Gibt es in männlicher und weiblicher Variante.

Friseer, Friseur, ein Wort aus dem Französischen, wobei heutzutage die Berufsbezeichnung „le coiffeur" lautet. Das „eu" von „Friseur" wurde im Deutschen zum „ö" und im Saarländischen zu einem langen „e", also „ee". Der historische Hintergrund: Seit dem 17. Jahrhundert übernahm man in Deutschland verstärkt die Entwicklung der Körper-, Bart- und Haarpflege aus Frankreich und mit ihnen die entsprechenden französischen Wörter, etwa „Puder", „rasieren", „Pomade" und „Perücke". Das passende Verb zu „Friseur" ist „frisieren", was sich im französischen Verb „friser" und dem Adjektiv und Partizip „frisé" wiederfindet. Es heißt „kräuseln" bzw. „gekräuselt".

Frissee, saarländisch für Friseesalat, kommt vom französischen „la frisée". Die besonderen Zutaten: hartgekochte Eier, ausgelassener magerer Speck und Croutons.

Frohleischnam, saarländische Aussprache von „Fronleichnam", abgeleitet von dem mittelhochdeutschen Wort „vrône" (=den Herrn betreffend, Gutsherr oder Herrgott). Der Charakter des Festes wird im Saarland durch den Austausch eines einzigen Buchstabens verdreht: Aus „Fron" wird „Froh". Wenn das kein Ausdruck saarländischer Freude ist! – Ludwig Harig hätte seine Freude daran.

fubbere, mit jemandem schlafen: „Sepp, haschd dau's Marei gefubbert?" – „Jo, unn dat gehoorisch." (Josef, hast Du mit Maria geschlafen? – Ja, und zwar gründlich.)

Fubbes, 1. schmierige Ölreste, die man schon mal in der Werkstatt benutzt, um eine Schraube zu öffnen, sie aber ansonsten nur dazu braucht, um sich die Finger und das T-Shirt schmutzig zu machen, 2. Quatsch, Blödsinn, Unsinn, den man aber dennoch weitererzählt.

fuchsdeiwelswild, sehr wütend. Dem von Gott abgefallenen und zum Widersacher Gottes gewordenen Engel unterstellte man keine Himmelsgeduld. Man glaubte, der Teufel sei ausgesprochen wild. Der Fuchs war im Volksglauben ein Hexentier. Aber er spielt bei der Wortkonstruktion nur indirekt eine Rolle: Das passende reflexive Verb „sich fuchsen" bedeutet ja so viel wie „sich ärgern". Wer „fuchsdeiwelswild" ist (das Wort kommt aus dem 16. Jahrhundert), der ärgert sich „wie der Teufel" (fast schon eine, wenn auch ungenaue Maßeinheit), und er wird so wild wie jener boshafte und heimtückische Engel a.D.

fuchse, sich ärgern „Das do fuchst mich awwer jetzt." (Das ärgert mich sehr.)

Fuchtel, abgeleitet von dem Verb „fuchteln". Es kommt ursprünglich vom Fechten. Später wurde die „Fuchtel" zum Sinnbild militärischen Drills. Die Soldaten standen unter der Fuchtel eines Offiziers. Heute können das auch zivile Vorgesetzte sein: Ehefrauen, Fußballtrainer usw.

Fuddeler, jemand, der sich nicht an die Spielregeln hält – beim Skat, beim Lohnsteuerjahresausgleich oder beim Aufstellen der Liste für die Gemeinderatswahl.

fuddschele, eine Arbeit fehlerhaft und ungenau ausführen, beim Spiel mogeln, aber auch: unachtsam und unüberlegt mit den Händen agieren.

Fuhr, alter Begriff für Fahrt, Reise und Weg, also für Dinge, die früher schwerer zu bewältigen waren. Heute gebraucht man den Begriff auch noch, etwa bei Umzügen: „Noch drei Fuhre, unn mir hanns geschafft." (Noch drei Fahrten und der Umzug ist beendet.) Zusätzlich benutzt man im Saarland das Wort noch im übertragenen Sinn: „Mit dem is kenn grad Fuhr se fahre." (Man kann sich nicht auf ihn verlassen. Er geht keine geraden Wege.)

fuhrwerke, ein vom Substantiv „Fuhrwerk" abgeleitetes Verb. Es wird auch oft mit der Vorsilbe „rum" gebraucht und bezeichnet umständliches Arbeiten unter schweren Bedingungen. Dadurch vermittelt es uns einen Eindruck vergangener Zeiten, als es sehr schwierig war, grundlegende Probleme der Logistik zu lösen, etwa ein Fuhrwerk durch den „Batsch" zu fahren. Heute ist „fuhrwerke" im Saarland ein Allerweltswort für Universaldilettanten, etwa für den Opa, der im Keller „rumfuhrwerkt", den Vereinsvorsitzenden, der an der Beleuchtung für die Bühne „rumfuhrwerkt" oder für einen Landtagsabgeordneten, der an einem Gesetzesentwurf „rumfuhrwerkt".

Funsel, eine Laterne mit wenig Leuchtkraft, wie sie vor der Einführung des elektrischen Lichts gang und gäbe war. Leuchtstoff der Funsel war Tran, woraus sich auch der abwertende Begriff „Tranfunzel" (extrem langsamer Mensch) ableitete.

Funseljääb, männliche Person, die nicht durchblickt, die im Kopf nicht sehr schnell ist. „Jääb" ist die saarländische Variante des Apostelnamens Jakob.

Furzkischd, vulgär für Bett, wird aber auch für Autos benutzt, die hörbare Probleme mit dem Auspuff haben.

Furzklobber, ironische Bezeichnung für einen kurzen Mantel, dessen unterstes Ende noch nicht einmal zwei der vier Buchstaben bedeckte und dessen Länge in etwa an jener Öffnung endete, aus der auch Winde entweichen können. Beim Gehen klopfte der Mantel auf diese Stelle. Weitere Bedeutung: Sprüchemacher, Sprücheklopfer, aber auch Name für ein Moped mit großer Geräuschentwicklung.

furztrocke, in der vornehmen Übersetzung: eine Flatulenz (= verstärkte Entwicklung von Stoffen im Darm mit anschließendem Entweichen in einem gasförmigem Aggregatzustand). Ein Furz besteht aus: Stickstoff, Wasserstoff, Methan, Kohlenstoffdioxid und Schwefelverbindungen. Alle sind Gase. Von daher bietet sich das Wort „Furz" dazu an, das deutsche Adjektiv „trocken" auch im übertragenen Sinn zu verstärken. Ein Typ, eine Äußerung oder eine Vortragsweise können ebenso „furztrocken" sein wie ein Weißwein.

Fusch, 1. Ergebnis der Arbeit eines Menschen, dessen Stärken nicht im Bereich der exakten Arbeit liegen und 2. altsaarländisch für Fisch.

fusche, pfuschen, schlechte Arbeit machen, stümpern, schludern, schlampen, murksen usw. Im Bereich der geistigen Arbeiten wird auch gepfuscht, aber die Begriffe werden seltener gebraucht.

fussele, bezeichnet den Loslösungsprozess von Fasern aus Textilgeweben und ähnlichen Stoffen. An deren Oberflächen und unter den Möbeln können sie zusammengeballte Staubflocken bilden, die man im Saarland auch als „Wollmeis" (= Wollmäuse) bezeichnet.

Fussem, Fussel. „Du haschd e Fussem am Juppe." (Du hast einen Fussel an der Jacke.) Ein „Fussem" ist ein sehr dünner Faden, der sich an der Kleidung festsetzt und den man schleunigst entfernen muss. Verliert jemand Haare (ein Mensch oder ein Tier, unabhängig von welchem Körperteil), dann kann man das passende Verb benutzen und über ihn sagen: „Der fusselt." Das „l" bleibt und wird nicht zu einem „m". Gleiches gilt für das Adjektiv „fusselig". Auch dafür gibt es keine saarländische Fassung, wenn man einmal davon absieht, dass das „ig" am Ende fast wie ein „isch" ausgesprochen wird.

futsch, kaputt, unbrauchbar, entzwei, zerbrochen, zerrissen, zerstört. Futsch sein können u. a. ein CD-Player, eine Geschäftsbeziehung und eine Ehe. Eine Herausforderung für Philosophen: Das Vorhandensein eines Defektes setzt einen davor existierenden funktionierenden Zustand voraus. Gefragt sind entweder eine Reparatur, eine Neuanschaffung oder man leistet Verzicht.

futschele, mit der Hand umherfahren, etwas mit den Händen suchen, undurchsichtige Dinge vollziehen. Das kann sich auf verschiedene Tätigkeiten beziehen, etwa im finanziellen, politischen oder auch sexuellen Bereich. Bei Heterosexuellen bezeichnet „futschele" den Umgang mit gewissen Körperteilen Andersgeschlechtlicher. Bei den andern muss man das Wort „Heterosexuelle" durch „Gleichgeschlechtliche" ersetzen.

Futscheler, einer, der viel futschelt. Als solcher ist er nicht selten ein umtriebiger saarländischer Zeitgenosse (auf Englisch sagt man dazu „networker"), der informelle Wege nicht scheut, bei manchem sogar unabhängig davon, ob sie rechtlichen oder ethischen Normen widersprechen.

futschikago, kaputt, abgeleitet von „futsch" und der amerikanischen Stadt „Chicago". Diese hat allerdings nur eine sprachliche Bedeutung. Sie zerstört die Einsilbigkeit und gibt dem Wort ein kriminalistisches Flair.

futtere, futtern, essen. Der eher den Tieren zugeordnete Begriff „futtern" wird auch im Deutschen für eine lebensnotwendige menschliche Tätigkeit benutzt, nicht immer abwertend, aber oft auch selbstironisch. Die englische Sprache verwischt den Unterschied durch den Begriff „food", der mittlerweile auch in die deutsche Sprache eingedrungen ist. Allerdings sollte man „Fast-Food" nicht frei übersetzen in „fast so etwas wie Essen". Es ist auch keine „Fastenspeise", sondern der Sammelbegriff für Schnellgerichte.

Futterraasch, Essen. Eine sehr kreative Wortbildung: Zuerst macht man einen sprachlichen Ausflug in die Tierwelt und benutzt den Essensbegriff der Kühe, Schweine und Hühner für die menschliche Mahlzeit. Dann wertet man den Begriff wieder auf, indem man dem Wort „Futter" eine typische französische Endung verpasst, die wir von mittlerweile eingedeutschten französischen Wörtern wie „Courage" oder „Blamage" her kennen. Durch den Kontrast entsteht Komik. Man stelle sich etwa einen Kellner in einem saarländischen Nobelrestaurant vor, der mit einem hoch erhobenen Silbertablett an der Tafel der Gäste erscheint und in perfektem Deutsch das Hauptgericht ankündigt: „Und nun, meine Herrschaften, die Futterraasch."

G wie **Gallier**

Der Buchstabe „g"

ist ein weicher Konsonant, der mit dem harten Konsonanten „k", aber auch mit „ck" und auch manchmal mit „ch" am Wortanfang korrespondiert (Chaos, Chor). Der Konsonant „g" hat in deutschen Texten eine durchschnittliche Häufigkeit von 3 %.

g

Gaadegräwelsche, kleine Harke, Rechen, auch scherzhaft für ältere Damen, die sich mit passendem Gerät auf den Weg in Richtung Friedhof machen.

Gaadekrottsche, eine kleine Kröte, die sich überwiegend im Garten aufhält. Wird meistens gebraucht für kleine Mädchen zwischen 18 Monaten und 18 Jahren. Dabei werden die eher negativen Assoziationen von Kröte großzügig negiert (schleimig, nicht zu fassen) zugunsten des auf Kleinlebewesen übertragbaren Kindchen-Effekts: „Unser Gaadekrottsche laaft schon wie e Dibbsche." (Unsere Kleine bewegt sich schon sehr schnell.)

gaakse, mit einer an das Geräusch einer rostigen Stalltür erinnernden Stimme reden.

Gaaksersch, Frau mit einer unsympathischen, schnarrenden, „gaaksenden" Stimme: „Wenn ich die Gaaksersch nur schon here, dann geht mir es Messer im Sack of." (Wenn ich schon diese Stimme höre, dann entwickelt sich bei mir eine insgeheime Wut.)

gääl, gelb. Die saarländische Aussprache existiert aber nur, wenn das Wort allein steht. Als Wortteil bleibt es beim Deutschen, etwa bei „Gelbsucht".

gääre, 1. ein mikrobieller Abbau organischer Stoffe mit dem Ziel der Energiegewinnung ohne Einbeziehung von Sauerstoff und Nitrat, 2. die saarländische Aussprache für „gern": „Ich hann dich gääre." (Ich habe dich gern.)

Gääsegischdere, eine Ziegenkrankheit, „Do kennschde doch die Gääsegischdere krien." (Da könnte man sich doch die Schwindsucht an den Hals ärgern.)

gäenanner, gegeneinander. „Am Samschdaach spiele Emmerschbersch unn Saabrigge gäenanner."

g

gägse, stöhnen. Der sexuelle Bezug besteht allerdings nicht. Damit bezeichnet(e) man eher das Gekicher junger Mädchen, aber auch das Geschrei der Gänse (was nur im Semantischen einen Bezug zum ersten hat).

gakähner, niemand, keiner, kein Aas. „Ich war e halb Stunn zu frieh. Do war noch gakähner do." (Ich war eine halbe Stunde zu früh da. Da war noch niemand da.)

Gallerei, hausgemachte Sülze. Sie enthält überwiegend durch den Fleischwolf gedrehte Fleischstücke. Man isst sie meistens nur mit Brot und Senf.

Galljer, saarländische Aussprache von „Gallier", altsaarländisches Wort für Hosenträger. Ein direkter Zusammenhang zu dem Territorium des heutigen Frankreich, Belgien und dem Schweizer Mittelland (= Gallien) besteht wohl nicht, denn die ersten Hosenträger gibt es erst 1800 Jahre nach dem Gallischen Krieg. Doch die Französische Revolution berief sich gerne auf die Geschichte Galliens und sie popularisierte den gallischen Hahn. Ihre (gallischen) Revolutionssoldaten trugen Hosenträger, während sich die Bewohner des heutigen Saarlandes noch Seile oder einfache Gürtel um den Bauch schnallten. Selbst zu ihrer bescheidenen Tracht gehörten keine sichtbaren, verzierten Hosenträger, im Unterschied etwa zu Bayern.

Galosche, Überschuhe, mit denen man die eigentlichen Schuhe vor Dreck und Nässe schützt, vor allem während der Arbeit. Meistens sind sie aus Gummi, weshalb der französische Begriff auch „le caoutchouc" heißt. Das mittlerweile deutsche Wort ist abgeleitet von dem französischen Substantiv „la galoche" (= Holzpantine). Aufpassen: Das Verb „galocher" heißt „abknutschen".

gälschderisch, gellend, laut mit hoher, keifender unangenehmer Stimme: „Wie de Kriesch erum war, do hat es Luwwies mit seiner gälschderisch Stimm iwwer die Strooss geschreit." (Als der Krieg beendet war, da schrie Louise mit ihrer unangenehmen Stimme über die Straße.)

gammere, nach etwas verlangen, lechzen: „Wenn ich noh Saabricke komme, dann gammer ich sofort noh ner Roschdworschd." (Wenn ich nach Saarbrücken komme, dann habe ich sofort ein starkes Verlangen nach einer Bratwurst.)

Gammler, 1. Ein Außenseiter der Gesellschaft, zumindest von seinem Erscheinungsbild her, 2. ein äußerst rustikaler saarländischer Imbiss, der preiswert und sättigend ist, aber Gourmets auf keinen Fall begeistern kann. Verschiedene Bestandteile des kulinarischen Angebots einer Imbissbude werden miteinander gemischt.

ganemmeh, überhaupt nicht mehr. Das Wort ist verewigt in einem saarländischen Sauflied mit folgendem Text: „Heit gehn mir ganemmeh, ganemmeh, ganemmeh, heit gehn mir ganemmeh, ganemmeh hemm. Bis die Alt Quetschekuche backt unn kenn schepp Schniss meh macht, heit gehn mir ganemmeh, ganemmeh hemm." (Heute gehen wir überhaupt nicht mehr nach Hause. Wir tun es erst dann, wenn die Gattin sich dazu entschließen kann, einen Pflaumenkuchen zu backen und ihre Mundwinkel nicht mehr so despektierlich nach unten zieht.) Das Lied stammt offensichtlich aus Zeiten, in denen die Kneipen bei vielen Saarländern noch hoch im Kurs standen und deren Besuch noch nicht durch Alkoholkontrollen, Rauchverbot und Fernsehsucht eingeschränkt wurde.

Gäng, akzeptable Funktionsweise von Körper und Geist. Alles muss „gehen". Dann ist man „in de Gäng". Morgens etwa, wenn man nicht gut geschlafen hat, dann ist man noch nicht „in de Gäng". Man bewegt sich noch nicht richtig, ist noch nicht aufnahmebereit für das Gequassel über Wetter, Landespolitik und Krankheiten. „Gäng" gibt es aber auch im Haus, in Verwaltungsgebäuden und im Supermarkt. Da sind sie nichts anderes als der Plural von „Gang".

g

Gängelsche, 1. kleiner Hausgang, aber auch eine bescheidene Terrasse, 2. „Gässje", schmaler, meist umbauter Weg.

Gängler, altsaarländischer Ausdruck für Hausierer. Dieser geht von Haus zu Haus, um Waren zu verkaufen. Er macht seine „Gänge". Bei der Herkunft der beiden Begriffe „Gängler" und „Hausierer" steht nicht die Handlung des Verkaufens im Vordergrund, sondern die spezifische Form berufsbedingter Mobilität. Im Saarland spielten „Gängler" vor allem nach dem Tag X (1959) eine große Rolle. Sie nutzten die nicht verschlossenen Haustüren und die Aufgeschlossenheit der saarländischen Hausfrauen, um ihnen Dinge „anzudrehen", die sie nicht brauchten. 31 Jahre später, nach der deutschen Wiedervereinigung, sollte sich dies in der ehemaligen DDR im großen Stil wiederholen.

gängschde, würdest du mal, Einstieg zu einer Bitte. Eigentlich fehlt noch der zweite Teil des Satzes zum Konditional: „Würdest du, wenn du Zeit hättest, mal den Georg anrufen?" Das Saarländische verzichtet auf den „Wenn-Satz": „Gängschde mol de Schorsch ahnrufe!" Das Wort „gängschde" ist auch ersetzbar durch „däädschemol" (Tätest du mal!)

Ganse, das Ganze. Im Saarland geläufig für eine im Wesentlichen unbeschränkte Entscheidungsbefugnis: „De Herbert hat in de Werkstatt net nur ebbes se sahn. Er hat es Ganse." (Herbert ist der Chef.)

Gänsebliemsche, die Rose des kleinen Mannes. Das „Gänsebliemsche" wächst wild auf nicht sauren Auen und verkörpert u. a. den Frühling. Als Kosewort wird der Begriff (wenn überhaupt) in erster Linie für kleine Mädchen gebraucht.

Gansert, männliche Gans. Die deutsche Sprache bietet uns folgende Bezeichnungen an: „Gänserich", „Ganterich", „Ganter" und „Ganser". Die saarländische Regionalsprache entschied sich für

„Ganser", konnte sich aber nicht verkneifen, noch ein „t" ans Ende zu hängen.

gappsche, nach Luft ringen. „Wie es Anna das geheert hat, do hat's gegappscht." (Als Anna das hörte, da blieb ihr die Luft weg.)

gärkse, knarren, quietschen. „Die Dier gärkst. Do muss emol e Dreppsche Eel dran." (Die Türe knarrt. Da müsste man mal die Scharniere einölen.)

Gärschd, Gerste. Das Wort existiert in der Redewendung „jemand die Gärschd schneide" im Sinne von „jemandem die Meinung sagen": „Dem werr ich awwer emol die Gärschd geschnied hann!" Bei der Satzkonstrukion (Ich werde es getan haben) wird das Futur II dafür eingesetzt, um die Aussage zu verstärken.

Gas, 1. Wie im Deutschen: ein Aggregatzustand, der aus festen und flüssigen Formen entsteht, wenn man ihnen Energie zuführt. 2. Im Saarländischen zusätzlich: ein Zustand, der durch Zufuhr von alkoholischen Getränken entsteht. Die Gemeinsamkeit: Meistens sieht man es nicht, selbst wenn man es hat: „Der hat awwer Gas gehat." (Er hatte des Guten zu viel.)

Gässje, die kleine Gasse. Die Verkleinerungsform „je" ist typisch, denn der Begriff „Gässchen" würde die Aussprachemöglichkeiten im Saarland überfordern.

Gaub, Giebelloch, aber auch Dachfenster. Im Französischen haben sie einen aus dem Deutschen stammenden Namen: „le vasistas". Ein deutscher Soldat soll einmal beim Anblick eines Dachfensters oder Oberlichts einen Franzosen gefragt haben: „Was ist das?" – Der Franzose verstand diese Frage nicht und glaubte, es handele sich um eine Bezeichnung für diese Art von Fenster.

gaubse, nörgeln. Eine Lautmalerei: „Heer off se gaubse." (Nörgele nicht ständig herum.)

Gauwhisky, scherzhafter Ausdruck für den hervorragenden Schnaps aus dem Blies- oder Saargau.

Gawwel, Gabel. Im Saarländischen bildet man den Plural mit dem Anhängen eines „e", während der deutsche Begriff unverändert bleibt. Die „Gawwel" ist im bürgerlichen Europa erst seit dem 19. Jahrhundert ein Teil des Trios „Messer, Gawwel, Leffel". Vorher aß man mit den Händen und dem Löffel. Mit dem Messer schnitt man, falls notwendig, vor der Mahlzeit die Lebensmittel in kleine Stücke. Die kulinarische Königsdisziplin „Essen mit Messer und Gabel" setzte sich endgültig erst im 20. Jahrhundert durch. Die Gabel als Teil des Bestecks kommt aus Südeuropa, wahrscheinlich aus Italien oder Spanien.

Gebabbel, dummes Gerede. „Es war net aussehalle! De ganze Omend nix wie Gebabbel." (Es war nicht zu ertragen. Den ganzen Abend nur dummes Gerede.)

gebärschd, geplatzt, geborsten, auch gründlich gereinigt (gebürstet). Wird auch im übertragenen Sinn gebraucht: „Ich kann mich noch erinnere, wie de 1.FC die Bayern mit 6 zu 1 gebärschd hat." (Ich erinnere mich noch an den überwältigenden Sieg des 1. FC Saarbrücken gegen Bayern München.) Der historische Tag war übrigens der 16. April 1977.

Gebaubse, Geschimpfe. „Heert dann das Gebaubse nemmeh of!" (Ist denn die Schimpferei bald beendet.)

Gebischeltes, Bergmanns-Fast-Food, bestehend aus zwei Scheiben Brot, die mit Schweineschmalz bestrichen wurden. Man belegte sie mit Zwiebelringen und Knoblauchscheiben und würzte sie mit Pfeffer, Salz und Maggi. Die beiden Brotscheiben wurden zusammengeklappt, in Pergamentpapier eingewickelt und mit zwei schweren Bügeleisen (vom Flohmarkt) beschwert. Die Nachtschicht verbrachte das Schichtenbrot im kühlen Keller. Das „Gebischelte" verzehrte man klein geschnitten oder als Ganzes, mit Bier. Tipp: Man kann das Ganze noch auf beiden Seiten in heißer Butter braten.

Geboller, Lärm, der durch mehr oder weniger rhythmisches Schlagen eines dumpfen Gegenstandes entsteht.

Gebrudschel, das Kochen. „Weje dem Eva seim Gebrudschel komm ich nemmeh an de Kiehlschank, um mir e Flasch Bier rausseholle." (Weil Eva am Kochen ist, komme ich nicht an den Kühlschrank, um mir eine Flasche Bier zu nehmen.)

gebrung, gebracht, Partizip II von „bringen". Die saarländische Grammatik hat ihre eigenen Gesetze, allerdings mit Parallelen zum Deutschen. Manchmal schlägt sie Purzelbaum.

Gebuddigs, heilloses Durcheinander. Eine Steigerung von Buddig im Sinne von Unordnung, abgeleitet von dem französischen Wort „la boutique" (= Laden, Angelegenheit).

Geck, ein mittelhochdeutscher Begriff für eine Person mit übertriebenem Modebewusstsein, jemand, der nicht ganz richtig tickt. Im Rheinischen machte das Wort einen Wandel durch. Aus dem „G" am Anfang wurde ein „J". Mit Jeck bezeichnet man vor allem aktive Karnevalisten. Im Saarland ist das englische Wort „gag" noch eher deutbar als das rheinische „Jeck".

geckisch, töricht, einfältig, unklug. Wir machen aus dem Substantiv „Geck" die beiden Adjektive „geckisch" und „geck".

gedaddschd, beschädigt, durch leichten Schlag. Wird auch in der Küche gebraucht: „Ääs hat mit dem Holzleffel die Grumbeere gedaddschd." (Sie hat die Kartoffeln mit dem Holzlöffel klein gedrückt.)

Gedeens, Getue. Ein einfaches Vorhaben wird unnötig kompliziert gemacht, und sofort regt sich Widerspruch: „Was soll dann das Gedeens?" (Was soll das Getue?). Auch ein Sammelbegriff für etwas Ungeordnetes.

Gediesch, Vermögen. „Beim Heirate bleibt es Gediesch zesamme." (Man sollte eine Ehe auf gleichen Vermögensverhältnissen aufbauen.) Die Metapher „Gediesch" hat mit der Aussteuer zu tun, die oft aus Tischwäsche, vor allem aber aus Bettwäsche bestand, also aus Dingen, die man aus „Tuch" fabrizierte. Man war „betucht".

Gediftel, Tüftelei. Sie zeigt sich in der Geduld und der Ausdauer dessen, der mit einer kniffligen Aufgabe beschäftigt ist. Das Wort „Gediftel" bezeichnet seine Tätigkeit.

Geding, Gedinge, gibt es im Bergbau bereits seit dem 15. Jahrhundert. Es ist eine Form der Entlohnung, bei der nicht die Zeit, sondern die Leistung bezahlt wird, also die Menge der geförderten Kohle. Der Gruppenakkord ersparte der Grubendirektion die direkte Überwachung der Arbeitsleistung. Die saarländische Aussprache „Geding" ist identisch mit dem alten germanischen Wort für „Vertrag". Im Mittelalter bezeichnete man damit die „Belehnung". Der Lehnsherr war der Gedingsherr, der Beliehene war der Gedingsmann.

Gedinges, Gedöns. Das Wort kann sich im Saarländischen auf Handlungen (bzw. Unterlassungen) beziehen „Macht der e Gedinges, nur weil er diesmol net hat dirfe schwenke!" (Regt der sich auf, nur weil er diesmal nicht schwenken durfte.) Das Wort „Gedinges" kann aber auch Formulierungen wie „allermöglicher Plunder" ersetzen: „Offem Speicher war noch meh Gedinges wie im Keller." (Auf dem Dachboden befand sich noch mehr Plunder als im Keller.)

gedobbd, Qualitätsmerkmal, das die Verbindung von Geschwindigkeit und „ohne Pannen" bezeichnet: „Mei nei Moped laafd wie gedobbt." Anspielungen auf die Dopingaffären der Tour de France werden dabei nicht mitgedacht, etwa bei dem Satz: „De Jan Ullrich is gefahr wie gedobbt."

Gedreckte, wörtlich: „Gedrückte". Eigentlich nur ein anderer Name für „Grumbeereschdambes". Die Kartoffeln werden nicht gestampft; sie werden gedrückt.

Geduddel, eintönige Geräuschentwicklung. Der Begriff nimmt Bezug auf die Leierkastenmusik, die ja „geduddelt" wurde.

Gefillde, „gefillde Knepp" (gefüllte Klöß), eine saarländische Spezialität, die wahrscheinlich aus Süddeutschland ins Saarland gekommen ist. Das Rezept dazu findet man in jedem guten saarländischen Kochbuch.

gefuchst, geärgert, Partizip II des reflexiven Verbes „sich fuchsen", was so viel bedeutet wie „sich ärgern". Der Bezug zum Tier kann sich in zweifacher Hinsicht darstellen: Der Mensch ärgert sich über den Fuchs (weil er ihm die Gans gestohlen hat) oder umgekehrt: Der Fuchs ärgert sich über den Menschen (weil er sie zurückhaben will).

Gegrangel, unverständliches, diffuses Klagen wegen wirklicher oder vermeintlicher Missstände, meistens von Kindern. Die Erwachsenen lernen von ihnen und verpacken ihren Missmut schon mal mit ähnlichen Lauten.

Gegrummel, eine schwer verständliche Missfallensbekundung eines schlecht gelaunten Menschen.

geh, gehe, Imperativ von „gehen". Das Wort hat aber im Saarländischen eine weitere Bedeutung. Man benutzt schon mal „geh" als Unterstreichung einer Geste. Das beste Beispiel dafür liefert Heinz Becker mit seinem „geh fort!" Dabei handelt es sich lediglich um eine allgemeine Ablehnung dessen, was vorangegangen ist. Eine Aufforderung zum Gehen ist es nur in Ausnahmefällen.

Gehacktes, Hackfleisch. Im Saarland wurde früher fast ausschließlich der Begriff „Gehacktes" benutzt. Beide Wörter sind, was die Technik betrifft, veraltet. Das Fleisch wird nicht mehr gehackt. Es wird „gewolft". Erfunden wurde der Fleischwolf mit großer Wahrscheinlichkeit von dem Karlsruher Karl Friedrich Christian Ludwig Freiherr Drais von Sauerbronn (1785 – 1851), der aber nur Karl Drais genannt werden wollte.

Gehanstrauwe, Johannisbeeren. Die Namen für dieses Stachelbeergewächs reichen im deutschsprachigen Raum von „Ahlbeere", „Gichtbeere", „Träuble", „Kanstraube", „Gehnstraube", „Meertrübeli" bis hin zu „Ribiseln". Das deutsche Wort „Johannisbeere" leitet sich vom Johannestag ab, dem 24. Juni. Um diese Zeit herum werden sie reif. Das Saarländische verzichtete auf den Namen „Johannes" und ersetzt ihn durch die eher kameradschaftliche Kurzfassung „Hans". Als man jedoch merkte, dass der Name doch sehr einsilbig ist, fügte man irgendetwas hinzu, was aber im Grund genommen überhaupt keine inhaltliche Bedeutung hat: „Ge" als Wortanfang.

Geheirate, saarländisches Nationalgericht (Mehlklöße mit Salzkartoffeln und Specksoße), ursprünglich wohl ein Arme-Leute-Gericht aus Süddeutschland, das im 19. Jahrhundert im damaligen „Saargebiet" populär wurde.

Geheischnis, Nestwärme; sozialer Bereich, in dem man sich wohl fühlt (Familie, Stammkneipe usw.), ein Gefühl, das sich einstellt, wenn man sich angenommen fühlt. „Awwer es Petra, das hat alle Nas lang e neijes Geheischnis." (Petra wechselt des Öfteren ihr Zuhause.) Charly Lehnert veröffentlichte 2015 in seinem Verlag ein Buch mit dem Titel „Das saarländische Geheichnis" (Schreibweise von Charly Lehnert).

Gehernskaschde, wörtlich: „Gehirnskasten". Das Gehirn wird verstanden als der im Kopf gelegene Teil des zentralen Nervensystems, der Bereich zwischen den Ohren, auf den es oft ankommt.

gehmir, typisch saarländische Zusammenziehung von „gehen wir", kann sowohl in der Frage – wie auch in der Befehlsform benutzt werden. Die Wortkonstruktion macht den folgenden Vierzeiler möglich: „Sagt der Scheich zum Emir: ‚gehmir!' / Sagt der Emir zum Scheich: ‚gleich'."

gehoorisch, moselfränkisches Wort für gehörig, wie es sich gehört, also: gründlich und ordentlich. „Ich hann das gehoorisch gemacht." (Ich habe das ordentlich hingekriegt.)

Gehuddelsches, ein Konglomerat von falschen Analysen, Fehlkalkulationen, falschen Zeitplanungen und allen anderen Dingen, die Schwierigkeiten bereiten können. All das, was uns in der Menge doch sehr zu schaffen macht.

Gei, saarländischer Ausdruck für Geige, spaßhaft auch für Gitarre. „Tapp mer net of mei Gei!" (Trete mir nicht auf meine Gitarre!)

geifere, drei Bedeutungen 1. Speichel aus dem Mund fließen lassen, 2. gehässig über alles und jeden schimpfen, 3. Die Verbindung von beidem.

Geischel, Peitsche, von der Wortherkunft verwandt mit dem Wort „Geißel". Wird für Pferde- und Ochsenpeitschen verwandt.

Geiß, Ziege. Nützliches Haustier der saarländischen Bergleute bis ins 20. Jahrhundert hinein. Sie war die „Kuh des kleinen Mannes", saarländisch: „Bergmannskuh".

Geißebridsch, nicht etwa die „Brücke" der Ziege (was immer das sein mag), sondern deren Schwanz.

Geißeknoddele, Ausscheidungen der Ziege. Das Wort ist wohl verwandt mit „Knoten" (unüberschaubar), „Knoddel" (Mädchen mit schlechtem Image) und „knoddele" (unsystematisch arbeiten). Die „Geiß" selbst hat kein hohes gesellschaftliches Ansehen: Deshalb sollte man auch nicht den „Geißbock zum Gärtner machen".

Geißjer, Happen aus belegten Brotscheiben. In Deutschland spricht man von eher von Reiterchen, im weniger feudalen Saarland eher von Geißjer, also von „kleinen Bergmannskühen". Eignen sich hervorragend als Zwischenmahlzeit für Kinder.

Gejauner, nervendes Hundegeheul. Noch schlimmer ist es, wenn es von Menschen kommt, die gar keinen Grund dafür haben.

geje, gegen. „Geje denne kommschd du net ahn. Der muss immer Recht hann." (Gegen ihn ist schwer anzukommen, weil er rechthaberisch ist.)

Gejedähl, Gegenteil. „Ich sahn immer es Gejedähl von dem annere, dann hann ich aach meischdens recht." (Ich äußere immer das Gegenteil meines Gegenübers, was dazu führt, dass ich meistens Recht habe.)

Gejehunger, Heißhunger, Gegenhunger, (aber nicht etwa das Gegenteil von Hunger). Der „Gejehunger" verlangt nach sofortiger Nahrungsaufnahme. Typische Symptome in Extremfällen sind Schweißausbrüche und Zittern. Der Heißhunger unterscheidet sich von normalen Hungergefühlen durch einen plötzlich einsetzenden extremen Drang nach Essbarem. Häufig besteht ein starkes Verlangen nach Süßem oder nach bestimmten Lebensmitteln.

Gejoomer, Gejammere, altsaarländischer Begriff, eine Substantivierung von „joomere". Man ist allgemein unzufrieden, hat Geldsorgen oder Schmerzen und teilt das durch entsprechende Laute seinen Mitmenschen mit. Ein akustischer Hilferuf.

geknätscht, niedergeschlagen, deprimiert, weil irgendetwas geschehen ist oder noch geschieht: „Wie es Monika geheert hat, dass seiner näwenaus geht, do wars arisch geknätscht." (Als Monika vernahm, dass der Ihrige ein Verhältnis mit einer anderen Frau hatte, war sie sehr deprimiert.)

Geknäwwer, unverständliche Nörgelei. Meistens liegt es an der schlecht artikulierten Sprache und an der Unordnung der Gedanken.

Gekrootzel, Gekritzel. Ergebnis unbeholfener Schreibversuche, vor allem bei Kindern. Aber auch Unterschriften von Erwachsenen sind oft nicht leserlich. Eine rühmliche Ausnahme war Kaiser Friedrich Wilhelm I. (1831–1888). Man konnte seine Unterschrift lesen. Geehrt wurde er durch die Redewendung „seinen Kaiser-Wilhelm druntersetzen".

gelaad, geladen, Partizip II von „laden". Der LKW kann „gelaad sinn", aber auch der Fahrer (z. B. weil das Auto nicht anspringt). Dann ist er echt sauer. Wenn er sich dann abends nach der Arbeit ein paar Bier gönnt, dann kann es über ihn heißen: „Der hat vielleicht gelaad gehatt!" (Er hatte viel getrunken.)

gelackmeiert, genarrt, getäuscht, überrumpelt, geprellt, an der Nase herumgeführt.

Gelackmeierte, Substantivierung von „gelackmeiert" (= Partizip II). Der „Meier" war ursprünglich eine Führungspersönlichkeit, verlor aber mit der Zeit sein positives Image. Das zeigt sich in den deutschen Wörtern „Vereinsmeier" und „Kraftmeier". Wer jemanden „meierte", der machte jemanden nieder. Danach war „der Lack ab". Er war der Gelackmeierte: „Wenn das Gesetz durchgeht, dann sinn mir die Gelackmeierte!" (Wenn das Gesetz die Mehrheit bekommt, dann haben wir nur Nachteile.)

g

Geldschisser, rustikale Personalisierung einer nicht endenwollenden Quelle für Vermögen, die im realen Leben nicht existiert.

gell, eine Interjektion, oft mit Frageton, mit der Bedeutung von „nicht wahr?" Es handelt sich um die verkürzte Form der 3. Person Singular im Konjunktiv von „gelten". Die Bedeutung „Das möge gelten?"

Gelleriewemutsch, Püree aus Kartoffeln und Karotten, war früher im Saarland sehr verbreitet. Bei dem Wortteil „Mutsch" handelt es sich wohl um eine Lautmalerei, die mit „Matsch" verwandt ist.

Gellerrieb, abgeleitet von „Gelbrübe" (= Karotte), im Plural „Gellerriewe", in der Verkleinerungsform „Gellerriebsche". Die „Gellerrieb" ist eine Rübe. Ihre Farbe ist eine Mischung aus gelb und hellrot. Sie ist nicht nur eine beliebte Zutat in der Küche. Beliebt ist sie bei Kindern als Nase für den Schneemann und als Bestandteil des Neckrufs: „Ätsch Gellerriebsche."

Gelumbs, unnützes Zeug. Man denkt an Wörter wie „Lump" und „Lumpen", die kein allzu gutes Image haben. „Was solle mir dann mit dem ganze Gelumbs?" (Wie soll ich denn diesen Unrat verwerten?)

Gemään, Gemeinde. Wird aber interessanterweise nur für die Verwaltung benutzt: „Die Gemään hat sich net drum gekimmert", (Die Gemeinde fühlte sich nicht zuständig).

Gemäänerad, Gemeinderat, das Parlament der Gemeinde, das sich mit kommunalen Belangen beschäftigt. Vorsitzender ist der Bürgermeister als Gemeindevorsteher.

Gemääsch, primäres Geschlechtsorgan mit entsprechendem Umfeld. Das Wort ist mittlerweile nicht mehr sehr gebräuchlich. Der Zusammenhang zu dem deutschen Wort „gemächlich" erschließt sich nicht auf Anhieb. An der Homburger Universitätsklinik soll es einmal zu einem Missverständnis gekommen sein, nachdem ein männlicher Patient sagte: „Mich beißts im Gemääsch." Der behandelnde Arzt dachte an Perversionen beim Oralverkehr, obwohl der Saarländer nur sagen wollte, dass es ihn unter der Gürtellinie juckte.

gemänerhand, normalerweise, wobei „gemeiner" die Bedeutung von „allgemein" hat und „Hand" als Kurzform für „handeln" steht.

Gemies, Gemüse. Die Sammelbezeichnung für essbare Pflanzen, wird mit dem Zusatz „jung" auch für Mädchen benutzt.

Genachelde, stabile Arbeitsschuhe mit Sohlen, die mit Linsenkopfnägeln beschlagen waren. Die „Genachelde" waren das typische Schuhwerk der Bergleute. Sie sind verantwortlich für die Bezeichnung „Hartfießer" für die Bergleute aus dem Nordsaarland. Mit ihren „Genachelde" gingen sie über den Bergmannspfad zur Grube, und man unterstellte ihnen, dass die typischen Geräusche, die von den „Genachelden" produziert wurden, auf deren harte Füße zurückzuführen seien.

genn, Infinitiv von „geben", wird im Saarländischen aber auch gebraucht für „werden": „Ääs gebbd schnell mied, unn ich genn Lehrer." (Sie ermüdet sehr leicht, und ich werde die Lehrerlaufbahn einschlagen.)

Gennweiler, fiktiver saarländischer und auch real existierender saarländischer Ort. Das Wort wird in der ersten Bedeutung benutzt, um sich mit dem Thema der Freigiebigkeit auseinanderzusetzen: „Von denne krieschde nix. Die sinn net aus Gennweiler." (Sie sind geizig.) Der Ort Gennweiler befindet sich in der saarländischen Gemeinde Illingen.

genung, genug, ausreichend. Die Einfügung des Buchstaben „n" im Saarländischen machte den Reim in einem saarländischen Vier-

g

zeiler von Charly Lehnert erst möglich: „Wie de Calva / schon all war / do hatts mir gestunk. / Vom Conjack hott ich genung."

Gepischper, Geflüster, abgeleitet von dem lautmalerischen Begriff „pispern" mit der Bedeutung von flüstern, hauchen, raunen, säuseln, tuscheln und wispern. Bei allen handelt es sich um eine Art des (fast) stimmlosen Sprechens. Die Luft kommt aus der Lunge, reibt an den Stimmlippen und dadurch entsteht ein (bescheidenes) Geräusch.

Gequellte, Pellkartoffeln, von „aufquellen" abgeleitet: „Heit gebbds Heringe mit Gequellte." (Heute verzehren wir Heringe mit Pellkartoffeln.)

Gequengel, melancholische und bisweilen auch aggressive Nörgelei, die anderen ganz gewaltig auf den Geist gehen kann. Der Urheber dafür mault, meckert, mosert, motzt oder murrt.

Gereeschde, geröstete Bratkartoffeln, nicht in Würfel geschnitten, sondern in Scheiben. Unerlässlich sind die Zwiebeln.

Geriwwelte, Synonym für „Hoorische" (längliche Kartoffelknödel), serviert mit Sauerkraut und Speck(rahm)soße.

gesähnt, altsaarländisches Wort, entstanden durch eine Zusammenziehung von „gesegnet" (Partizip II des Verbes „segnen", entlehnt von dem lateinischen Begriff „signum" = Zeichen). „Unser Nober is mit acht Kinner gesähnt." (Unser Nachbar hat acht Kinder.)

Gescherr, Geschirr. Das deutsche Wort muss wohl früher in manchen Gegenden dem saarländischen Ausdruck geähnelt haben. Sonst wäre die Redewendung „Wie der Herr, so's Gescherr" außerhalb des Saarlandes nicht verbreitet.

Gescherrduch, Geschirrtuch, gehört als solches zur Gruppe der Handtücher (= Tücher, die man „zur Hand" haben muss beim Kochen). Das „Gescherrduch" ist ähnlich groß, aber wesentlich dünner. Meistens besteht es aus dünnem Leinen- oder Baumwollstoff.

Geschiss, eigentlich abgeleitet von dem Ergebnis des Verdauungsvorgangs. Im Saarland bezeichnet man damit aber auch „unnötige Umstände" (wobei diese nichts mit unerwünschter Schwangerschaft zu tun haben): „Mir brauche doch kenn Dischdeck! Jetzt mach doch net so e Geschiss!" (Wir brauchen keine Tischdecke. Mach doch keinen solchen Aufwand.) Das passende deutsche Wort ist „Aufhebens". Und man kann „aussiehn wie geschiss", wobei man diese Wendung nicht allzu wörtlich nehmen sollte.

geschlisch, im Deutschen: „geschlichen". (Er ist ums Haus geschlichen.) Im Saarländischen ist es das Partizip II von „schleichen", und das muss etwas sehr Negatives sein. Man sieht es an der Redewendung: „Du kommschd mir geschlisch." (Dich kann ich jetzt überhaupt nicht gebrauchen.)

Gesocks, Paria, abwertend für am Rande der Gesellschaft lebende Menschen. Genaues über die Herkunft von „Gesocks" ist nicht bekannt. In Sprachen des Mittelalters, ebenso im Rotwelschen, soll es die pejorative Bezeichnung „Sock" für Menschen gegeben haben. Ein Hinweis darauf könnte die Bezeichnung „rote Socken" sein. Man benutzte es nach der deutschen Wiedervereinigung 1990 für ehemalige SED-Mitglieder. Das Wort „Gesocks" ist ersetzbar durch „Gesindel" und „Pöbel". Beide Begriffe waren in ihren Ursprüngen überhaupt nicht abwertend gemeint: Das „Gesinde" war die Summe der Bediensteten und das Wort „Pöbel" kommt von der Bezeichnung für das Volk.

Gespritztes, neusaarländischer Begriff für das Biermischgetränk „Bier mit Cola". Dafür gibt es zahlreiche unterschiedliche Bezeichnungen. Das Wort „Gespritztes" wird nur im Saarland und in Berlin gebraucht.

Gespusi, Beziehung (abstrakt, weiblich oder männlich). „Geschdern hann ich mitkriehd, dass mei Dochder e neies Gespusi hat." (Gestern habe ich erfahren, dass meine Tochter einen neuen Freund hat.) Der Begriff stammt wohl ursprünglich aus dem Österreichischen.

gesputzt, Partizip II von „spucken". Wird auch gebraucht bei sehr großen Ähnlichkeiten: „De Stefan is sei Vadder wie gesputzt." (Stefan ähnelt sehr seinem Vater.)

Gestruddel, was herauskommt, wenn jemand zu schnell, zu nachlässig und ohne Sorgfalt seine Arbeit ausführt.

gestubbdevoll, saarländische Maßeinheit. Man gebraucht das Adjektiv, wenn irgendetwas überfüllt ist. Das Wort lässt sich für große und kleine Behältnisse anwenden und für unterschiedliche Inhalte. Das Fußballstadion kann „gestubbdevoll" sein (mit Menschen), aber auch der Reisekoffer (mit Klamotten), aber nicht dessen Besitzer. Dafür reicht „voll".

getrockelt, saarländischer Ausdruck für „getrocknet". „Frieher hat ma die Wäsch nur im Gaade getrockelt." (Früher trocknete man die Wäsche ausschließlich im Garten.)

gewenzelt, hin- und hergerollt. „Unser Hund hat sich im Schnee gewenzelt." (Unser Hund amüsierte sich liegend im Schnee durch unaufhörliches Hin- und Her-Rollen.)

Gewidderverdääler, altsaarländische Bezeichnung für einen Hut mit einer breiten Krempe, der angeblich die Funktion eines Blitzableiters hat.

Gewiwwel unn Gewawwel, Menschenauflauf (nicht genießbar). „Gewiwwel unn Gewawwel: iwwerall Ämetze", (alles voller Ameisen.)

Gewurschdel, heilloses Durcheinander, das man früher offensichtlich mit der Wurstherstellung in Verbindung brachte. Die Bezeichnung lässt sich heutzutage auf Arbeitsbereiche anwenden, sowohl für den Arbeitsprozess als auch für dessen Ergebnis.

Gewwel, Giebel, auch Bezeichnung für selbst angebauten Tabak, der am Hausgiebel zum Trocknen aufgehängt wurde (nach dem 2. Weltkrieg). In seinem Roman „Rotstraßenzeit" (Blieskastel 1997) beschreibt der aus Bildstock stammende Schriftsteller Manfred Römbell die Herstellung der Nachkriegszigaretten. Man rollt drei welke und getrocknete Tabaksblätter fest zusammen und schneidet sie in ganz feine Streifen. Dann nimmt man etwa die gleiche Menge Zigarettenkippen (nicht nur eigene, sondern zum Beispiel auch solche, die man gefunden hat), schneidet die angebrannten Stellen ab, entfernt das Papier und zerkrümelt den Rest mit dem feingeschnittenen „Gewwelkraut". Man kann dieses Tabakgemisch entweder in der Pfeife rauchen oder es in Zigarettenpapier zusammenrollen und die an beiden Seiten vorstehenden Tabaksreste mit der Schere abschneiden (Vgl. S. 43 f.). Weitere Bedeutung des Wor-

g

tes „Gewwel": „Kopf". „Ich hau Dir ähni vor de Gewwel." (Ich hau Dir eine runter.)

Gewwelbrunser, wörtlich: Giebel-Urinierer. Derbes Schimpfwort für einen groben Menschen, der sich vor keiner gesellschaftlichen Grenzüberschreitung scheut. „Jetzt guck dir mol denne Gewwelbrunser ahn! Der schämt sich awwer aach gar net." (Dieser unkultivierte Mensch hat überhaupt kein Schamgefühl.)

Gewwelflubber, jemand, der den (minderwertigen) Tabak raucht, der am „Gewwel" (= Giebel) getrocknet wurde. Generell: jemand, der schlechten Tabak raucht.

Gezerrsche, Gezanke, massiver Streit. „Das Gezerrsche hat erschd rischdisch ahngefang beim Noddar." (Die Streiterei begann erst richtig beim Notar.)

gibbele, den Trieb einer Pflanze (bei einem Baum die Krone) abschneiden. Das Verb ist offensichtlich abgeleitet von dem Substantiv „Gipfel". Diesen entfernt man.

gickele, lautmalerisches Wort für albern lachen, kichern, meistens ohne ersichtlichen Grund. Das Verb könnte durchaus verwandt sein mit „Gickel", das in manchen Regionen Deutschlands ein Ausdruck für „Hühnchen" ist. Die Parallelen in der Geräuschentwicklung würden diese Hypothese stützen.

Gimbel, eigentlich „Gimpel", ein plumper Tagträumer und einfältiger Mensch, von dem Vogel „Gimpel" abgeleitet, der sich auf der Erde nur sehr ungeschickt vorwärtsbewegt.

Gimmsche, saarländische Siesta, kurzer Mittagsschlaf, meistens im Sessel. Das Wort gibt es in verschiedenen Varianten, z. B. „Gümmsche" und „Gimbsche".

Gims, Appetit, Heißhunger, gibt es auch als Verkleinerungsform „Gimsje".

gimse, Appetit nach etwas haben, aber auch: etwas unbedingt haben wollen, was man nicht verzehren kann: Auto, Schmuckstück, Einrichtungsgegenstand, Urlaub auf der AIDA, Besuch der gleichnamigen Oper usw.

Ginkel, Nase, aber auch Hochmut (wenn man die Nase zu hoch trug), auch verbreitet als „Rotzginkel" (Rotznase).

giwwelgewwisch, sehr freigiebig: „Der Ewald is arisch giwwelgewwisch, obwohl er nix offem Lappe hat." (Ewald ist sehr freigiebig, obwohl er alles andere als vermögend ist.)

gladdisch, glatt, da kann man ausrutschen: „Pass of! De Boddem is gladdisch." (Pass auf, der Boden ist glatt.) Das Wort wird aber auch im übertragenen Sinn für „anbiedernd" gebraucht: „Der Vertreter war arisch gladdisch." (Der Repräsentant des Unternehmens verhielt sich sehr opportunistisch.)

Gladdisch, Mensch, der sich gladdisch, also opportunistisch verhält, ein aalglatter Zeitgenosse also, der sich windet und wendet, der schön daherredet und auch noch stolz ist auf das Scharnier in der Wirbelsäule: „Bei dem do Gladdisch muschde offpasse, dass de net off seiner Schleimspur ausrutsche duscht." (Bei diesem Opportunisten musst du aufpassen, damit du nicht auf seiner Schleimspur ausrutschst.)

Glas-Bier-Geschäft, neusaarländischer, umgangssprachlicher Begriff für „Wirtschaft" – nicht im Sinne von Ökonomie, sondern als Kneipe. Wissenschaftlich ausgedrückt: Das Wort „Wirtschaft" ist eine Polysemie.

g

gläwe, kleben. Das kann man mit Tapeten machen, aber auch mit der Hand. Im ersten Fall klebt man Tapeten an die Wand, im zweiten schlägt man mit der Hand einem Mitmenschen an die Wange.

gliedisch, glühend, als Adjektiv abgeleitet von dem Substantiv „Glut". Wurde früher auch schon mal benutzt, um eine Frau als besonders leicht erregbar darzustellen. Heute gibt es dafür andere Bezeichnungen.

Glitzje, kleiner Klotz. „Die Kinner spiele met de Legoglitzjer." Aber auch saarländische Bezeichnung für „Auswurf". Man kann auch ein „Glitzje stelle", indem man jemandem ein Bein stellt.

Gloodsche, Hände, die sich durch zwei Besonderheiten auszeichnen. Sie sind 1. groß und 2. verschmutzt.

Glotzaue, Bezeichnung für starr blickende Augen (das im Saarländischen sein „g" verliert).

glotzen, gaffen, starren und stieren. Das Neusaarländische hat auch den deutschen Begriff „glotzen" für „Fernseh gucken" aufgenommen und bisher noch kein Alternativwort entwickelt.

Glotzkopp, Glotzkopf, Dickkopf, wobei der saarländische Ausdruck präziser ist: Ein Klotz ist nicht nur dick. Er ist auch hart und kantig. Und darauf gehört ein grober Keil (was man allerdings nur im übertragenen Sinn realisieren sollte, um einen längeren Aufenthalt im „Kitsche" zu vermeiden). Im Saarland erschien 1987 der Begriff „Glotzkopp" in einem anderen Licht. Peter Glotz, damals Bundesgeschäftsführer der SPD und Reinhold Kopp, Chef der saarländischen Staatskanzlei, gaben in Berlin gemeinsam ein Buch heraus mit dem Titel „Das Ringen um den Medienstaatsvertrag der Länder". Auf dem Buchrücken standen dicht hintereinander die beiden Familiennamen der Herausgeber: „GLOTZ KOPP".

Glumbatsch, eine Zusammensetzung von „Glumbe" (Klumpen) und „Batsch" (feuchter Dreck). Im Hochdeutschen hat der „Batsch" eine Entsprechung im „feuchten Kehricht" (der einen, im übertragenen Sinn, nichts angeht). „Glumbatsch" wird aber als Allerweltswort gebraucht, allerdings meist im leicht negativen Sinn – im Sinne von: „Das ganze Zeugs da ..."

glunsche, auf einem Stuhl, einem Spielgerät oder auf anderen Gegenständen hin und her rutschen. Eine Fähigkeit, über die vor allem Kinder im Alter von ca. drei Jahren bis hin zur Pubertät verfügen.

gnaadsche, 1. zu laut und zu heftig kauen. 2. dauerhaft und hörbar über irgendetwas räsonieren.

gnaadschisch, schlecht gelaunt sein. Man erkennt diese Stimmung an Lauten, die man eher Haustieren zuordnet, und man bekommt einen ungefähren Eindruck darüber, welches die Urformen der Sprachen überhaupt waren.

Gockel, süddeutscher und somit auch saarländischer Ausdruck für „Hahn". Er ist (innerhalb der gleichen Rasse) bis zu 1 kg schwerer als eine Henne und hat einen roten Kamm, der größer ist als bei der Henne. Sein Schwanz hat die Form einer Sichel. Ausgewachsene Hähne haben an den Hinterzehen einen Sporn, den sie als Waffe benutzen.

Gommerekraut, altsaarländischer Ausdruck für „Dill", eines der meist angebauten Gewürze in Mitteleuropa. Ursprünglich stammt der Dill aus Vorderasien.

Good, 1. Patentante, englisch: „Godmother", „Von meiner Good hann ich immer an Neijohr e Wickelkranz kriehd". (Von meiner Patentante bekam ich immer einen Neujahrskranz.) 2. Altsaarländische Formulierung für das primäre weibliche Geschlechtsorgan.

g

googelisch, nicht stabil, unsicher, schwankend, wackelig. Der Ausdruck wird vor allem für Möbelstücke benutzt, wobei die Stühle für das Googele (nicht verwechseln mit „googlen") besonders prädestiniert zu sein schienen. „Net of denne Stuhl hucke. Der is googelisch." (Nicht auf diesen Stuhl setzen. Der ist nicht stabil.)

Gräbsche, kleine Handharke mit kurzem Stiel für die Gartenarbeit, abgeleitet von „graben" (Verkleinerung der Substantivierung).

graad selääds, jetzt erst recht. Titel des saarländischen Schimpfwörterbuchs von Gerhard Bungert und saarländische Fassung von Karl Liebknechts Parole „Trotz alledem!"

graad. Das Wort Grad hat im Deutschen und im Saarländischen mehrere Bedeutungen. Als Substantiv gibt es 1. die Temperatur an, 2. einen akademischen Titel, 3. einen Winkel, 4. Kurzfassung eines bestimmten Schlags eines Boxers, 5. die Verwandtschaftsbeziehung und 6. ungenaue Mengenangaben (im höchsten Grad; bis zu einem gewissen Grad). Verlassen wir das Substantiv (und damit die Großschreibung), dann verabschieden wir uns auch von der deutschen Sprache. Das Wort „graad" (ab jetzt mit zwei „a") wird dann zur saarländischen Kurzform von „gerade". Aus drei Silben machen wir eine einzige. Also: „Verbal-Steno" (= konsequente Sprachökonomie). Das Wort gibt dann an, dass 1. etwas gradlinig ist (Die Mauer do is graad!), 2. jemand aufrecht sitzt oder steht (Huck dich graad hin!), 3. einen guten Charakter hat (Der war immer schon graad gewään!). 4. In der Mathematik sind die Zahlen 2, 4, 6 usw. „graad". 5. Zeitlich ersetzt es das Wort „soeben" (Er is graad komm). 6. Auch die Gleichzeitigkeit drücken wir damit aus (ääs duscht graad). 7. Es wird auch benutzt, um Genauigkeit auszudrücken (Graad deswä ruf ich Dich jo ahn). 8. „Ausgerechnet jetzt" lässt sich auch mit „graad" ausdrücken (Das do hat mir graad noch gefehlt.) – Die deutsche Fassung, wurde im Altsaarländischen – wenn es sich nicht um ein Substantiv handelt – konsequent umgangen: „Am beschde fahrschde richt aus!" (Am besten fährst du gerade aus.) – „Ääs hat nie

Fisemadende gemach. Ääs war immer richt raus!" (Sie war immer unproblematisch. Sie war immer geradeaus.)

grabbsche, etwas ruckartig (aber nicht immer artig) wegnehmen, etwas fangen oder schnappen, aber auch: unsittlich berühren, wobei gewisse Partien des weiblichen Körpers eine Präferenz haben.

Grabbscher, ein männliches Wesen, das sich auf aggressive Art und non-verbal mit sexueller Intention dem weiblichen Geschlecht nähert und dabei seine Hände nicht unter Kontrolle behalten kann.

Graddel, der Bereich unter der Gürtellinie, da wo's kompliziert wird, unabhängig davon, ob es sich um ein weibliches oder männliches Wesen handelt. In der Mode: Schritt.

graddelisch, nicht nach Maßen. Wird oft gebraucht in Zusammenhang mit „krumm". Eine schnell erstellte Skizze kann etwa „krumm unn graddelisch" sein.

grammätschele, tadeln, maulen, mürrisch seine Meinung äußern, alles schlecht finden, ständig anderen die Schuld geben, unzufrieden sein, obwohl es keinen Grund dafür gibt.

Grammätscheler, ein mürrischer Typ, der sich seinem psychischen Zustand entsprechend äußert, ein typischer Quertreiber, der seine oppositionelle Meinung nur unklar und undeutlich äußert. „So e Grammätscheler! Demm kann ma's awwer aach nix recht mache." (Dieser Misanthrop hat an allem und an allen etwas zu kritisieren.) Die weibliche Fassung heißt „Grammätschelersch". Die Voranstellung des Adjektivs „alt" verstärkt den beleidigenden Charakter des Wortes.

Gräng, Ärger. „Wenn ma das so sieht, was heitsedaachs alles of de Welt so los ist, do kennschde graad die Gräng kriehn." (Wenn man sich die Welt betrachtet, könnte man sich ständig aufregen.) Das

g

Wort „Gräng" könnte eine alte Substantivierung von „krank" sein. Genaueres war nicht herauszufinden.

Grang, Fachausdruck beim Skat, abgeleitet von dem französischen Adjektiv „grand" = groß. Der weiche französische Nasal wird ersetzt durch die herzhafte deutsche Endung „ang".

grangele, schildert das Klagen eines kranken oder sich krank fühlenden Kindes. Manche männliche Erwachsene machen es den Kindern nach.

Grangler, klagender, brummiger Mensch. Die weibliche Fassung ist die „Granglersch".

Granglerei, die Summe der mürrischen Meinungsäußerungen. „Ich kann die Granglerei nemmeh heere." (Ich kann das Murren nicht länger aushalten.)

Graul, Angst: „Er hat mir die Graul abgehall." (Er hat mich vor der Angst bewahrt.)

graule, reflexiv: „sich graulen" = Angst haben, Grauen empfinden. „Ich duhn mich graule." (Ich habe Angst.)

Grawe, Graben, das Ergebnis der Arbeit mit Spaten und/oder Schaufel. Der Graben ist länglich, führt oft entlang einer Landstraße und hat eine Funktion, z. B. Wasser sammeln und ableiten.

grawe, graben, eine Vertiefung schaffen mit Spaten und/oder Schaufel, z. B. um einen Baum zu pflanzen.

Gräzbeitel, ein ständig schlecht gelaunter Mensch, einer der saarländischen Wörter für einen Misanthropen, saarländisch auch: „Miesepeter".

gräzisch, hat nichts mit „grazil" oder „graziös" zu tun. Das Wort „gräzisch" bezeichnet als Adjektiv ein Lebensmittel, dessen wirkliches oder gefühltes Haltbarkeitsdatum längst überschritten ist und von daher kulinarisch ungenießbar, also ranzig ist. Im übertragenen Sinn wird es benutzt zur Charakterisierung von schlecht gelaunten Menschen.

Grees, ursprünglich die Großmutter. Das Wort leitet sich von „groß" ab. Man kann das leicht erkennen bei der Etymologie von „Gresaubach". Das weibliche Schwein (= Sau) spielt da keine Rolle. Da geht es um einen „Bach", der durch eine Aue floss und der im Besitz der „Grees" war. Aus diesen Informationen bekamen der Bach und schließlich auch der Ort ihren Namen. Heute gibt es „Greesen" vor allem in der bisweilen alemannisch anmutenden Fastnacht im Kreis Saarlouis. Die „Greesen" in Saarwellingen sind Trägerinnen von Gesichtsmasken, die möglichst hässlich geschnitzt sind und an Fastnacht beim Umzug getragen werden. Die Masken stellen meist alte Hexengesichter dar. Ihr Gebrauch ist erstmals 1624 urkundlich erwähnt.

Gret, saarländische Kurzfassung von Gretchen. Die Nennung des Namens „Gret" ist selten mit gesellschaftlicher Anerkennung verbunden.

Gretel em Herbscht, Mädchen, das unpassend gekleidet ist: „Du siehschd aus wie's Gretel em Herbscht." (Dein Outfit ähnelt dem von Margarete im Herbst.) Das Wort für „Weinlese" hieß früher „Herbst". Wegen der Kälte mummte man sich ein. Chic sein war nicht gefragt. Und diese Kleidung hatte wohl einen „Modellcharakter", auch außerhalb der Weinernte.

Gretsche, saarländische Kurzfassung des Namens Margarete. Häufig benutztes saarländisches Schimpfwort für eine junge Frau. Kann auch abwertend gebraucht werden.

g

grendisch, ungepflegt, auch frech: „Werr jetzt net grendisch." (Bitte nicht unverschämt werden!) Wahrscheinlich abgeleitet von „Grind", einem Hautausschlag, der sich zu einer Kruste verhärtet.

Grickelmaus, Hausgrille, ein Insekt, das sich – im Unterschied zu den Feldgrillen – in Wohnhäusern aufhält, und deshalb auch als „Heimchen" bezeichnet wird. Der Vergleich mit einer kleinbürgerlichen Hausfrau liegt nahe. Immerhin: Im Sommer kann die Grickelmaus mit seinen Artgenossen einen südlich anmutenden Lärm produzierten. Das „Heimchen" war bei Charles Dickens (1812–1870) ein Glücksbringer in seiner Novelle „Das Heimchen am Herd".

griddelisch, saarländischer Ausdruck für pedantisch, jemand, der es übertreibt mit der Genauigkeit. Um 1600 schuf man in Frankreich für solche Verhaltensweisen das Wort „le pédant", das man mit „schulmeisterlich" ins Deutsche übersetzt. Ausnahmsweise machte das Saarländische diesen Sprachtransfer nur in Ausnahmefällen mit. Man blieb bei dem Adjektiv „griddelisch".

Griddelischer, ein Ordnungsfanatiker, jemand, der alles genau wissen und machen will. Er ist ein kleinlicher Mensch. Seinen Spaß hat er vor allem dann, wenn er auf Prinzipien herumreiten kann. Das deutsche Wort für „Griddelischer" ist „Pedant", seine Arbeitsweise heißt „Pedanterie".

Griebsche, saarländische Sammelbezeichnung für Pickel, Mitesser und Warzen. Im übertragenen Sinn: Mädchen oder junge Frau ohne damenhafte Ausstrahlung, die aber andrerseits mit einer intellektuell und hygienisch wenig anspruchsvollen Ausdünstung auf ihre Mitmenschen einwirkt.

grienbraunbrenzelisch, abwertendes Adjektiv für ein merkwürdiges Farbengemisch, etwa bei der Kleidung.

Grienzeisch, Flora, Sammelbegriff für Blumen, Gemüse, Pflanzen und Bäume. Auf dem Weg zur fachmännischen Entsorgung nennt man so etwa heute „Biomasse".

Grieweschniss, Mund mit Herpesbläschen. Jemand, der einen Ausschlag in der Mundgegend hat. Im übertragenen Sinn: Schmutzfink.

Grieweworschd, Blutwurst. Neben Schinken, Sülze und Leberwurst das wichtigste Produkt früherer Hausschlachtungen.

Griffel, ein Schreibwerkzeug (wie im Deutschen), aber im Saarländischen auch eine abfällige Bezeichnung für Finger: „Loss dei Griffele weg!" (Hände weg!)

Griffelbisser, Schimpfwort aus vergangenen Jahrhunderten. Im Mittelpunkt steht der Griffel, der Vorläufer der „Dauerschreibers" (= saarländisches Wort für Kugelschreiber). Jemand verbeißt sich in ihn, offensichtlich aus Frust. Das prägt seinen Wortschatz und seine Physiognomie. Er wird „griffelbissisch" und ist zu nichts mehr zu gebrauchen, weil er alles andere als kommunikativ ist.

Griffelspitzer, saarländisch für einen Pedanten hinter dem Schreibtisch. Er will alles genau wissen und (was besonders schlimm ist) auch sagen.

grimmelwiedisch, die wörtliche Übersetzung „wütend wie Krümel" ergibt keinen Sinn. Das Wort wird im Saarland dennoch als Adjektiv gebraucht für einen Menschen, der wütend ist, für einen cholerischen Kleinlichkeitskrämer. Vielleicht gibt es einen Bezug zu der Redewendung „Grimmele in de Käs mache", also jemandem etwas verderben, etymologisch sogar im konkreten Sinn. Seinen Einzug in die saarländische Kulturszene schaffte das Wort durch den Saarbrücker Komiker Ewald Blum, der seiner Kultfigur den Namen Elfriede Grimmelwiedisch gab.

g

Grimmes, Holzprügel, saarländisches Wort für einen dicken, kräftigen, rustikalen und meistens selbst geschnittenen Stock. Der Ausdruck „Grimmes" leitet sich wohl ab von seiner Form. Der Griff ist „gekrümmt".

Grind, die Krätze. „Grind an de Schniss" ist ein Herpes an den Lippen, eine Hautkrankheit, die durch eine Infektion mit Viren (saarländisch „Virusse") entsteht. Im übertragenen Sinn: „Der doo kommt immer wedder wie die bees Grind." (Dieser Mensch kommt immer wieder zurück.)

Grindkopp, unsauberer Kerl. In Wirklichkeit hat er eine Hautkrankheit, die von der Krätzemilbe verursacht ist.

Grinskäschdsche, neusaarländischer Ausdruck für eine fest eingebaute Radarfalle. In dem Kompositum finden wir zwei Konstituenten: „Grinsen" und „kleiner Kasten". Letzterer steht am Straßenrand und lauert auf die Verkehrssünder, und auf das, was sie so machen: grinsen.

griwwele, 1. grübeln, nachdenken: „Wie ich das gesahd hann, do hat er ahngefang se griwwele." (Als ich ihm das sagte, begann er nachzudenken.) 2. kratzen, kitzeln, kraulen: „Ich muss mich mol am Kopp griwwele." (Ich muss mich mal am Kopf kratzen.)

griwwelisch, nervös, das Adjektiv des saarländischen Verbs „griwwele" (= „grübeln"). „Vor der Bidderedd war es Elfi ganz griwwelisch." (Vor der Büttenrede war Elfi doch sehr neugierig und nervös.)

Grobzeisch, grobes Zeug, aber auch Menschen mit ungeschliffenem, derbem und grobem Auftreten. Wird im Singular und im Plural gebraucht: „Das Grobzeisch hat jo kenn Maniere." (Diese Grobiane können sich nicht benehmen.)

grommele, grummeln, murren, etwas Kritisches nicht mit Worten, sondern mit Lauten äußern. Als Kommunikationspartner versteht man nichts. Man vermutet nur zu Recht, dass der andere eine gegensätzliche Meinung hat oder allgemein in einer schlechten Stimmung ist. Das Verb „grommele" ist abgeleitet von dem französischen Verb „grommeler" (= vor sich hin brummen). Jemand, der murrt und sich leise, undeutlich und missmutig äußert.

Grommelsupp, Sprachbild für Ärger: „Wenn Du so spät hemm kommscht, krischde Grommelsupp von deiner Aldi." (Wenn Du zu spät nach Hause kommst, kriegst Du Ärger mit Deiner Ehegattin.)

Grooworschd, Grauwurst, altsaarländischer Ausdruck für Salami. Der Name geht nicht auf die vermeintlich graue Farbe der Wurst zurück. Er stammt aus der Zeit, als man diese Wurst noch aus Eselsfleisch herstellte, und mit dem Esel assoziierte man die graue Farbe des Fells. Noch heute wird im Kreuzworträtsel nach dem Wort „Esel" mit dem Wort „Grautier" gefragt.

groozisch, verschimmelt. Der saarländische Ausdruck leitet sich von der grauen Farbe ab. Schimmelpilze findet man als grauen Belag vor allem auf verdorbenen Lebensmitteln, auf feuchtem Holz oder Wänden.

Großkrischer, Verstärkung von „Krischer" (= Schreihals). Das Wort wird sehr gern für unsere lieben Nachbarn in Rheinland-Pfalz verwandt, etwa bei Fußballspielen: „Pälzer sinn Großkrischer." (Pfälzer neigen zu sehr lautstarken Äußerungen.)

Grub, saarländische Bezeichnung für ein Kohlebergwerk. An der Ruhr benutzt man eher den Begriff „Pütt" (abgeleitet von dem französischen Begriff „le puits" = Brunnen, Schacht) oder „Zeche". Dieses Wort hat eine doppelte Bedeutung: 1. Rechnung in einem Lokal für Speisen und Getränke, 2. Bergwerk, Grube. – Im Bergbau spielte das Wort „legen" eine große Rolle. Bergleute wurden „an-

g

gelegt" (= eingestellt), „abgelegt" (= entlassen). An der Ruhr warb man um Bergleute von weit her, bis hin nach Schlesien und Polen. Sie wurden „zusammengelegt" (oft in Schlafhäusern), und für alles, was man „zusammenlegt", gab es den Begriff „Zeche". Wenn die Bergleute nach der Schicht gemeinsam ihr Bier tranken, dann „legten" sie nachher das Geld „zusammen". Sie zahlten die „Zeche". Das mussten sie, denn sie hatten ja tüchtig „gezecht". „De Hannes hat off de Grub geschafft." (Hannes arbeitete in einem Bergwerk.) Selbst jemand, der im Untertagebau arbeitete, fast eintausend Meter unter der Erde, war „off" de Grub. Eine sprachliche Besonderheit, die aus dem Französischen kommt und früher auch vielfach bei Städten und Dörfern gebraucht wurde: „Ich fahre mit de Stroßebahn off Saabrigge." (Mittels der Straßenbahn fahre ich nach Saarbrücken.)

gruddele, den Ofen schüren, ein Begriff aus einer Zeit, als in saarländischen Wohnküchen noch Herde standen, die mit Kohlen geheizt wurden. Die Glut musste man ab und zu mit einem eisernen Haken schüren. Diese Tätigkeit nannte man „gruddele".

Gruddserd, Kerngehäuse, der normalerweise verschmähte Teil von Äpfeln und Birnen, in dem sich das Innere der Frucht und der Samen befinden. Im deutschen Sprachraum gibt es zahlreiche Bezeichnungen dafür. Selbst im Saarland sind sie unterschiedlich. Einer davon ist der „Gruddserd", ein Wort, das auch für Fallobst benutzt wird, das nicht mehr genießbar ist.

Grumbeer, Kartoffel. Das deutsche Wort „Kartoffel" ist eine Verballhornung von „tartufolo", dem italienischen Wort für Trüffel. „Grumbeer" leitet sich nicht von der „Beere" ab, sondern von der „Birne", deren saarländisches Wort auch „Beer" heißt. (Das gilt nicht für die Glühbirne. Sie kennt keine Übersetzung ins Saarländische, wenn man von dem Weglassen des „e" am Schluss des Wortes absieht). Übrigens: Im slawischen Sprachraum benutzt man für die Kartoffel das Wort „Krumpir".

Grumbeerestambes, Kartoffelpüree, eine beliebte Beilage in der traditionellen saarländischen Küche. Geschälte Kartoffeln werden in Salzwasser gekocht und danach gestampft. Etwas zerlassene Butter, Milch, Salz und Muskat werden eingerührt. Fertig!

Grumbeerkiechelscher, Kartoffelpuffer. Eine saarländische Spezialität, die ihren Ursprung im Rheinland hat. Dort heißen sie „Rievkooche" (= Reibekuchen). Der deutsche Begriff wird auch manchmal unpräzise ins Französische übersetzt: „pommes bordell".

Grumbeerstick, Kartoffelacker, wobei der zweite Teil des saarländischen Kompositums eine Fläche bezeichnet, die man für den Ackerbau nutzt oder nutzen kann. Das Wort „Stick" (= Stück) beschränkt sich allerdings nicht darauf. Auch in der Viehzucht arbeitet man damit. So ist z. B. eine Kuh „e Stick Vieh".

grumbelisch, zerknittert, zum Beispiel Papier oder Kleidungsstücke: „Das Hemd do is ganz grumbelisch. Das muss seerschd gebischelt genn." (Dieses Hemd ist zerknittert. Man muss es zuerst bügeln.)

Grunzmischel, unwirscher Mensch, der sehr undeutlich spricht. Er grunzt wie ein Schwein: „Mensch, saa doch mol ebbes, was ma verstehn kann, du Grunzmischel!" (Sprich doch mal verständlich!)

Grus, kleine Kohlensplitter, die zum Verbrennen nur bedingt geeignet waren und, wenn überhaupt, preiswert oder kostenlos abgegeben wurden. Die Doppeldeutigkeit des Begriffes (wenn man von der Schreibweise absieht) bildet die Grundlage für einen saarländischen Witzklassiker aus der Zeit des Dritten Reiches: Ein Bergmann will Grus abholen, geht zu diesem Zweck „ofs Birro iwwer Daach" und grüßt freundlich die Grubenbeamten mit dem Bergmannsgruß „Glückauf!". Daraufhin schreit ihn der Bürovorstand an: „Hier gibt es nur den deutschen Gruß!" – Daraufhin der Bergmann: „Her mit dem Scheiß! Hauptsach, der brennt."

g

Gruschbel, unruhiger Mensch. Er ist immer in Bewegung und redet dabei laut „Jetzt mach doch mol langsam, du Gruschbel!" (Bitte mal etwas ruhiger, mein Freund.)

gruschbele, mit lauten Geräuschen nervös in etwas herumstöbern und herumkramen und dabei noch schimpfen, weil er etwas nicht findet.

grusselisch, kommt zwar von „gruseln" (reflexiv = Angst haben), wird aber auch zur Verstärkung von „viel" benutzt: „Dies Johr kriehn mir grusselisch viel Äbbel." (Dieses Jahr wird der Ertrag der Apfelernte enorm sein.)

Gruweluische, herablassend oder despektierlich für einen Bergmann. Auch ein Schimpfwort anderer Arbeiter, die sie nicht um ihre schwere und gefährliche Arbeit beneideten, dafür aber um ihren normalerweise höheren Lohn und ihre relativ gute soziale Absicherung. „Luische" war die Verkleinerungsform des französischen Vornamens „Louis". Der Name wurde auch abwertend benutzt, selbst für französische Könige und Zuhälter.

Gruweschuhversteckeler, jemand, der seine soziale Herkunft verleugnen möchte. Das Wort hat seinen Ursprung in der Zeit nach dem Ersten Weltkrieg. Die damalige Völkerbundregierung, die das Saarland verwaltete, rekrutierte viele Polizisten aus den Reihen der Bergleute. Als diese 1923 einhundert Tage streikten, wurden die Polizisten gegen die Bergleute eingesetzt und von ihnen als „Gruweschuhversteckeler" beschimpft. Die Bedeutung des Sprachbildes war klar: „Ihr wisst nicht mehr, wo ihr herkommt." Populär-literarisch für: „Ihr versteckt die Symbole eurer Herkunft." Und dafür mussten die „Gruweschuh" herhalten.

Gruwestrolle, abwertender Ausdruck für einen Bergmann, wobei die Kennzeichnung des sozialen Status eines Menschen mit der Bezeichnung von Fäkalien besonders verwerflich ist. Das wirft kein schlechtes Licht auf den Bergmannsberuf, sondern auf jene, die das Wort benutzen.

Gruweunglick, Grubenunglück, das Schlimmste, was sich im Bergbau ereignen kann. Im Saarland kam es am 7. Februar 1962 in Luisenthal zu einem Unglück mit insgesamt 300 Toten. Das hält allerdings die saarländische Sprache nicht davon ab, das „Grubenunglück" (im übertragenen Sinn) zur Charakterisierung für Personen zu benutzen: 1. Unglückswurm, dem alles schiefgeht, weil er alles falsch macht, 2. katastrophaler Mensch, der ein permanentes Ärgernis für seine Mitmenschen darstellt.

Gruwwel, Locke. Damit bezeichnet man gekräuseltes Haar beim Menschen. Naturlocken sind so alt wie die Menschheit. In Ägypten fand man Tonwickler aus der Zeit vor 5 000 Jahren, aus Frankreich kam vor mehr als einhundert Jahren das Ondulier-Eisen und 1910 wurde die Dauerwelle patentiert. Der Ausdruck „Gruwwel" wurde früher gerne als Spitzname für einen gelockten Mann benutzt. Eine Wirtschaft in Püttlingen heißt „Gruwwels Pilsstube".

gruwwelisch, struwwelig, ungekämmt, strähnig, struppig, wirr, zerzaust, zottelig, Zustände, die einen Gang ins Badezimmer oder zum Friseur nahelegen.

OF MEIM SELFI BIN ICH GANZ GRUWWELISCH!

gucke. Das Verb „gucken" ist die volkstümliche Fassung von sehen, schauen, betrachten. Verstanden wird es im gesamten deutschsprachigen Raum, im Saarländischen ist es aber auch im aktiven Wortschatz stark verankert. Das Verb „gucke" ist Bestandteil mehrerer kurzer Standardsätze: „Ei guck emol do!" (Sieh mal einer an!) „Guck net so bleed!" (Schau nicht so dumm in die Gegend!) „Do guckschde awwer." (Da staunst du aber.)

gudd Pardie (Betonung auf „ie"), eine (finanziell) vorteilhafte Heirat. „De Karl hat e gudd Pardie gemacht." (Karl hat sich gut verheiratet.)

Gudd Stubb, saarländische Aussprache für „Gute Stube". Ein gepflegter gemütlicher Wohnraum, der oft nur bei besonderen Anlässen benutzt wurde. Der Ausdruck wird auch im übertragenen Sinn benutzt: „De Sankt Johanner Markt is die Gudd Stubb von Saabricke." (Der Sankt Johanner Markt ist die Gute Stube von Saarbrücken.)

Gudder, Guter, Kosewort für Buben, meistens mit dem vorangestellten Possessivpronomen „mei" (= mein). Auch für erwachsene Knaben anwendbar.

Gudderle, saarländische Verkleinerungsform sowohl für „Gudder" (männlich) als auch für „Guddes" (weiblich/sächlich).

guddersprecht, so gut wie, sozusagen, das heißt. Das Wort „guddersprecht" ist eine Zusammenziehung von den zwei identifizierbaren und ins Deutsche übersetzbaren Konstituenten „gut" und „sprechen". Als Saarländer will man damit sinngemäß sagen: „Im Klartext heißt das ..."

Guddes, Gutes, Kosewort für Mädchen, ebenfalls meistens mit „mei" (= mein). Auch erwachsene Mädchen können etwas mit dem Wort anfangen.

Guddhääd, Güte, Gutherzigkeit, wörtlich „Gutheit", eine etwas altertümliche moralische Kategorie, die unter Artenschutz für aussterbende Wörter stehen müsste. „Danke fier eier Guddhääd." (Danke für Ihre Güte.)

guddi, saarländische Fassung des deutschen Adjektivs „gute", wenn dieses vor dem Substantiv steht. „De Horst hat e guddi Arwet kriehd." (Horst hat eine gute Arbeit gefunden.) In dem Begriff „guddi Butter" wird das Wort benutzt zur sprachlichen Aufwertung „wirklicher" Butter. Die „unwirkliche" war in den „schlechten Zeiten" lediglich das Ersatzprodukt Margarine. Nach Abschaffung der Lebensmittelkarten (Ende 1947) aßen immer mehr Menschen „guddi Butter".

Guddschmack, der gute Geschmack. Rechtfertigung dafür, wenn man mehr isst, als unbedingt in den Magen hineingeht: „Es is nur fier de Guddschmack." (Eigentlich ist es zu viel, aber ich esse es doch, weil es gut schmeckt.)

guggemol, schau mal, Aufforderung, sich etwas anzuschauen. Dabei werden zwei an sich selbstständige Wörter zusammengezogen. Franz Beckenbauer schaffte einen ähnlichen Inhalt, allerdings mit einem Wort mehr. Aus der bayerischen Form der deutschen Wörter „schauen", „wir" und „mal" machte er „Schaumermal!"

Guggugg, Kuckuck, 1. Vogel mit dem typischen Ruf. Seine Eier legt er in die Nester kleinerer Singvögel und kümmert sich selbst nicht um die Brutpflege. Bekannt wurde er auch durch die Kuckucksuhr, bei der er durch regelmäßiges Erscheinen und entsprechendem Laut die Zeit angibt. 2. Pfandsiegel des Gerichtsvollziehers. Die volkstümliche Bezeichnung „Kuckuck" karikiert das frühere preußische Staatssiegel, auf dem ein Adler abgedruckt war.

Gulli, auch: Gully, Ausguss, Einlaufgitter, abgeleitet von dem französischen Verb „couler" (= fließen). Das Wort „Gulli" gilt in Fachkreisen als veraltet. Man spricht eher von einem „Straßenablauf", mit dem das Oberflächenwasser befestigter Straßen, aber auch Bürgersteige, Plätze usw. entsorgt werden. Der im Saarland früher geläufige Begriff „Dole" stammt aus der Schweiz.

g

Gummer, Gurke (Salat- und Gewürzgurke), abgeleitet von dem französischen Begriff „le concombre". Das Wort „Gummer" wird scherzhaft auch für Nase benutzt, der deutsche Begriff „Gurke" für unfähige Menschen und reparaturbedürftige Fahrzeuge.

gunschele, schaukeln, meistens abwertend in Zusammenhang mit Kindern: „Jetzt her mol endlich of, of em Stuhl erum se gunschele!" (Beende doch bitte das Schaukeln auf dem Stuhl!)

Gussje, kleine Gans. Während der Gänsevater sehr nüchtern als „Gänserich", „Ganser" oder „Ganter" bezeichnet wird, verbindet man das „Gussje" (deutsch: Gänschen) eher mit sehr viel Gefühl. Das Lied „Heile, heile Gänsje" war in der Nachkriegszeit und noch lange danach ein fester Bestandteil der Mainzer Fastnacht. Die Leute im Saal und vor dem Fernseher hatten Tränen in den Augen, wenn Dachdeckermeister Ernst Neger das Lied sang: „Heile, heile Gänsje / Es is bald widder gut, / Es Kätzje hat e Schwänzje / Es is bald widder gut, / Heile heile Mausespeck/ In hunnerd Jahr is alles weg." Aus Plastik kann das „Gussje" auch schon mal eine Ente sein und in der Badewanne rumschwimmen. Ist es erwachsen, dann dient ihr Name (Gans) auch als Schimpfwort für eine dumme und arrogante Frau.

Gutzje, Bonbon. Da steckt die positive Bewertung „gut" drin. Dazu kommt die saarländische Verkleinerungsform „je". „Ich will de Mindeschdlohn. Ich schaffe doch net fier e babbisch Gutzje." (Ich bestehe auf dem Mindestlohn. Ich arbeite doch nicht für ein klebriges Bonbon.) Unter den Brücken der saarländischen Landeshauptstadt lebte einst ein Original mit dem Namen „Gutzje", eine Kinderfunksendung des SR bekam den Namen „Radio-Gutzje" und es existiert eine Saarbrücker Straßenzeitung mit diesem Namen, allerdings mit der Schreibweise „Guddzje".

H wie Hottwollee

Der Buchstabe „h"

ist ein Konsonant, der in deutschen Texten eine durchschnittliche Häufigkeit von 4,8 % hat. Es gibt ihn in seiner Grundfunktion, allerdings nur im Silbenanlaut vor Vokalen („Hose", „behalten" usw.). Ansonsten ist das „h" stumm:

1. wenn es der Dehnung dient („Sahne", „Rahmen" usw.).
2. bei der Verwendung des „h" als Bestandteil der Digraphen „ch", „ck" und des Trigraphen „sch" („vermischen" usw.).
3. in einigen Wörtern, in denen das „h" früher gesprochen wurde („früher", „sehen" usw.). In den romanischen Sprachen, wie Französisch, Spanisch oder Italienisch, wird „h" generell nicht ausgesprochen. Im Englischen nicht am Anfang mancher Wörter („honor", „hour" usw.).

Die saarländische Mundart orientiert sich bei der Benutzung und Aussprache des „h" an dem Deutschen. Bei unserer Schriftart sollten wir uns auch danach richten und nur dann mit „h" dehnen, wenn das „h" beim Ausgangswort in der entsprechenden Silbe vorkommt („Mühle" wird zur „Miehl", aber „kleiner" zu „klääner"). Es gibt aber auch Ausnahmen – auch in diesem Buch.

h

Hääbsche, Verkleinerung von „Haawe", der saarländischen Fassung von dem veralteten deutschen Wort „Hafen" (= Topf, in der Küche, nicht am Meer). Der kleine Topf ist auch ein Nachtgeschirr, ein Topf für die Nacht, ein Nachttopf.

Häädebärbel, Mädchen, das wenig Wert auf sein Äußeres legt und deshalb auch leicht ungepflegt wirkt. Das Wort hat zwei Bestandteile: „Hääde" (Heiden) und „Bärbel" (Vorname). Die Bezeichnung für die Gottlosen wird wohl benutzt, um dem Schimpfnamen den negativen Beigeschmack zu geben, und Bärbel fungiert als Allerweltsname für ein Mädchen. Die Konstituente „Heiden" ist nicht untypisch. Man denke etwa an den Begriff „Heidenlärm".

Haalegger. Dieser Ausdruck wurde benutzt, um ungezogenen Kindern zu drohen: „Sonschd holt dich de Haalegger!" Der Aberglaube verbot es, den Namen des Teufels auszusprechen. Das brachte Unglück. Insofern gab man dem Teufel unverfängliche Namen, eben „Haalegger" oder auch „Guggugg".

Haasel, ursprüngliche Schreibweise für den St. Ingberter Stadtteil Hassel. Zu Hassel (3 500 Einwohner) gehört auch der Geistkircherhof, der als Namensgeber für den Geistkirch-Verlag fungiert, der unter anderem dieses Buch herausgegeben hat. Florian Brunner und Harald Hoos gründeten ihn 2005 in dem Restaurant Geistkircherhof.

Haawe, saarländisch für Topf (auch Dibbe), abgeleitet von dem veralteten Begriff „Hafen" (nicht für die Seefahrt, sondern für die Küche). Das deutsche Wort „Hafen" und das saarländische „Haawe" gehen auf den gleichen germanischen Stamm zurück. Dieser bezeichnet etwas, wo man Dinge aufbewahrt, also Schiffe und Lebensmittel. Verniedlichungsform ist „Hääbsche" (kleiner Topf). Der norddeutsche Ausdruck „Pott" wird im Saarland auch verstanden, auch in der Bedeutung von „Kohlenpott" fürs Ruhrgebiet.

h

Haawebraddler, 1. jemand, der in den „Haawe" (= großer Topf) „braddelt" (= sein business verrichtet), also nicht in eine Toilettenschüssel, sondern in einen Nachttopf, 2. jemand, der unentwegt dummes Zeug redet und sein Umfeld damit nervt.

Haawegucker, auf deutsch: Topfgucker. Der „Haawegucker" sieht sich permanent kommunikativen Herausforderungen ausgesetzt. Er macht sich nur dann beliebt, wenn er nach dem Kosten (das dem Gucken folgen muss) Komplimente verstreut und/oder Laute kulinarischer Wollust von sich gibt, etwa: „aah", „mmmh", „oi-oi-oi".

Haazbacke, keine verächtliche Bezeichnung für den Saarländer Peter Hartz, der Hartz IV entwickelt hat, und auch nicht für einen Bezieher von Arbeitslosengeld II (jemand der Hartz IV an der Backe hat), sondern die Bezeichnung für einen Menschen in einem unhygienischen Zustand. Er hat „Haazschmeer" an der Wange, ist also schmutzig wie ein kleiner Junge, der Rübenkraut genascht hat.

Haazkrämer, wörtlich „Händler mit Harz". Die Harzkrämer waren meistens Zigeuner (also spätere Sinti und Roma), in jedem Fall: fahrendes Volk. Im Frühjahr verkauften sie Baumharz, das beim Veredeln und Verschneiden von Bäumen benötigt wird. Offensichtlich hatten sie keine (klein)bürgerliche Reputation, sonst hätte sich die präzise Berufsbezeichnung nicht zu einem universellen Schimpfwort entwickeln können.

Haazschmeer. Früher hieß sie „Zuckerrübenkraut", heute nur noch „Zuckerrübensirup". Die „Haazschmeer" ist eine „Schmeer", und sie wird aufs Brot „geschmeert". Sie eignet sich aber nicht nur als Brotaufstrich, sondern auch als Zutat für Soßen, die Süßes vertragen können, etwa der Rheinische Sauerbraten, der auch im Saarland bekannt ist.

Hackfleischkieschelsche, Frikadelle, eines der beliebtesten Gerichte überhaupt. Der Ausdruck „Hackfleischkieschelsche" ist nur „halb-saarländisch": aus „Küchelchen" wird „Kieschelsche", aus dem Digraph „chen" am Ende des Wortes wird der Trigraph „sche". Die Konstituente „Hackfleisch" ist ein deutsches Lehnwort im Saarländischen. In zusammengesetzten Wörtern wird es gerne gebraucht. Allein stehend heißt es „Gehacktes". Man kann also im Saarland vor der Fleischtheke durchaus Sätze sagen wie: „Ich brauch noch Gehacktes für die Hackfleischkieschelscher."

Hahnebambel, Närrischer, zu verrückten Überraschungen neigender Mensch (und nicht unbedingt das, was an einem Hahn herumbambelt). Dennoch: Das Wort nimmt offensichtlich Bezug auf die Männlichkeit, die Frauen wohl eher in der Tierwelt vermuten als im zwischenmenschlichen Bereich. Vielleicht trägt auch die Polygamie des Hahns dazu bei.

Hahnekneschelsche, sehr direktes Kosewort, das über ein männliches Tier (Hahn) auf die (zwar sprachlich verkleinerte, aber dennoch hochgeachtete) männliche Potenz und deren direkten Träger anspielt: „Ich fahr mit meim Hahnekneschelsche iwwer Naacht an de Mittersheimer Weiher." (Eine Übersetzung ins Deutsche erübrigt sich.)

Hähnschebähnsche, Hähnchenschenkel. Als kulinarisches Produkt ist es so beliebt, dass es ein eigenes Kosewort erhielt: eine sympathisch klingende Reimdoppelung und eine Verkleinerung (aus „Schenkel" wird ein „Beinchen"), an der auch die Kinder ihren Spaß haben.

Hajduk, türkisches Wort für Gesetzlose, die sich in Banden organisiert hatten. Ihren Lebensunterhalt verdienten sie nicht nur als Wegelagerer, sondern auch als Freischärler und Plünderer. In Teilen des Balkans werden sie rückblickend als Freiheitskämpfer gegen das Osmanische Reich gefeiert. Im Nordsaarland weiß man es besser: Dort ist der Hajduk ein Lump: „Mach dass de hemm kommschd, du alder Hajduk!" (Geh nach Hause, du Störenfried.)

h

halb Lung, schmächtiger Zeitgenosse. „Was will dann der offem Fußballplatz. Der is jo nur e halb Lung." (Fürs Fußballspielen ist er ungeeignet. Er hat ja keine Puste.)

halbgehenkt, das ist wörtlich: jemand, der zur Hälfte Opfer eines antiquierten Strafvollzugs geworden ist. Jemand ist halbgehenkt, der keinen positiven visuellen Eindruck hinterlässt.

Halbgehenkter, Spottname für einen unordentlich angezogenen Menschen. Es ist aus heutiger Sicht allerdings nachvollziehbar, dass ein Mensch, der – wenn auch nur zur Hälfte – einem dermaßen tragischen Schicksalsschlag ausgesetzt war, keinen allzu großen Wert auf korrekte Kleidung legte.

Halbschicht, keine halbe Schicht für Halbtagskräfte, sondern die Bezeichnung der Arbeitspause der Schichtarbeiter. Durch die starke Präsenz der Schwerindustrie (früher!) war im Saarland die Zahl derer, die Früh-, Mittag- und Nachtschicht hatten, besonders groß. Halbschicht war um 2, 10 und 18 Uhr.

Hall, Kurzfassung für „Berjehall". Im Saarland prägen sie im Umfeld der früheren Kohlengruben die Landschaft. Im Saarabstimmungskampf 1934/35 sangen die Deutschnationalen die Hymne: „Deutsch ist die Saar / deutsch immerdar / und deutsch ist unsres Flusses Strand / und ewig deutsch mein Vaterland ..." – Antifaschisten akzeptierten die Melodie des Steigermarschs, sangen aber dazu einen karikierenden Mundarttext: „Deitsch is die Saar / deitsch is mei Fraa / unn deitsch is aach die Wutz im Stall / unn deitsch sinn aach die Kohle of de Hall ..." – „Kohle of de Hall" stand für Absatzkrise im Saarbergbau, und das bedeutete drohende Arbeitslosigkeit. Im Saarländischen hat „Hall" zwei Bedeutungen: 1. „Halle (Sport, Feste, Ausstellungen usw.), 2. „Halde" (= Deponie, Kippe). Eine „Hall" ist eine künstliche Anhäufung oberhalb der Erdoberfläche. Je nach Material unterscheidet man Bergehalden (Bergbau), Schlackehalden (Metallurgie), Müllhalden (Abfall), Schutthalden (Abbruchmaterial) und Lagerhalden (Schüttgut).

h

Hallelujabunker, neusaarländischer Begriff für ein allzu modernistisches und steril wirkendes Gotteshaus.

Halskaul, Genick, auch: Leiskaul (wörtlich.: Läusekuhle) oder auch satirisch „Leiskanzel". „Kaul" ist ein saarländischer Ausdruck für „Kuhle".

halwer, halb. Die deutsche Fassung ist dem Saarländischen (wie öfter) zu einsilbig: „Mir hann jetzt halwer drei." (Jetzt ist es 14.30 Uhr.)

Hambelmännsche, als Kosewort heißt es nicht, dass „frau" gern damit spielt. Die Assoziation zu einem spezifischen Zustand des primären männlichen Geschlechtsorgans drängt sich auf: „Ach Du mei Hambelmännsche, das macht doch gar nix. Ich hann dich doch so gääre ..." (Oh du mein kleiner Hampelmann, das tut doch unserer Liebe keinen Abbruch.)

Hämduckischer, Heimlichtuer, hinterhältiger Mensch. Die saarländische Mundart fügt den Begriff des „duckens" im Sinne von „rechtzeitig und feige abtauchen" ein.

hämele, streicheln, zärtlich berühren, normalerweise bei Kindern, Stoff- und Haustieren. Es gibt aber auch Ausnahmen.

hammer, nicht das Werkzeug „Hammer" ist gemeint. Es handelt sich um die Zusammenziehung von „haben wir" auf Saarländisch: „Wenne suche ihr, de Karl Hammerschmidt? Momang, isch gugge noo: Hammer hammer, Schmidt hammer aa, awwer Hammerschmidt hammer nit."

Hammerwerfer, jemand, der keinen Zugang zu körperlicher Arbeit hat. Gibt man ihm einen Hammer in die Hand, dann wird er zum Sportler und wirft ihn ganz weit weg.

h

Hamm-hamm, Essen. Wird vor allem gebraucht gegenüber Kindern und jenen Ausländern, denen man unterstellt, dass sie mit der deutschen Sprache nicht zurechtkommen.

Hamm-hamm-gluck-gluck-bla-bla-meeting, neusaarländisch (vom Autor dieses Buches entwickelt) für ein Treffen, bei dem es nur ums Essen, Trinken und um den verbalen Austausch von Belanglosigkeiten geht.

Händscher, Plural für kleine Hände, aber auch altsaarländisch für kleine Handschuhe, eine Gleichsetzung von einem Textilprodukt mit Körperteilen, für das es gedacht ist, um es vor Kälte zu schützen.

Hannjob, Possenreißer, wahrscheinlich eine Verballhornung der Kombination von: Johannes-Jakob-Peter, die Namen der drei wichtigsten Apostel. Aus Johannes, Jakobus, Peter wurden im Saarländischen: „Hennes", „Jääb" und „Pitt(er)".

Hannjockel, Zusammensetzung von „Hans" und „Jockel", ein Schimpfwort, mit dem einem Mann allzu männliche Verhaltensweisen vorgeworfen werden. Dem Angesprochenen werden die Eigenschaften eines Gockels unterstellt (Männlichkeit, Stolz, Potenz). Diese stehen stellvertretend für arrogantes Verhalten, also für den Status betonende Wert-, Verhaltens- und Sprachmuster.

Hansworschd, eine der vielen Wörter, in denen „Hans" mit eher negativer Wertung vorkommt. Auch das Wort „Wurst" hatte nicht immer einen positiven Beigeschmack. Da wurde auch viel hinein gewurstelt. Ein „Hansworschd" ist ein Nichts, ein Mensch ohne Qualifikationen und Durchsetzungsvermögen.

Hannwiller, saarländische Aussprache für „Hannweiler": 1. Ein Ortsteil von Kleinblittersdorf im Regionalverband Saarbrücken, 2. eine real nicht existierende Ortschaft, die aber für eine Redewendung benutzt wird, bei der es darum geht, die Habsucht eines Menschen zu kritisieren: „De Sepp, der denkt nur an sei Vordääl. Dem sei Vadder war schon aus Hannwiller." (Josef ist nur auf seinen Vorteil bedacht. Diese Einstellung hat er von seinem Vater geerbt.) Die Ortschaft, mit der man das Gegenteil ausdrückt, heißt „Gennwiller". Beide existieren im Saarländischen in Zusammenhang mit „Geben" und „Haben", aber auch als real existierende Ortschaften: Gennweiler in Illingen und Hannweiler in Kleinblittersdorf.

Hanstrauwe, Johannisbeeren (regional auch: Gehannstrauwe). Sie gehören zur Familie der Stachelbeergewächse (Grossulariaceae – muss man aber nicht wissen).

Hartfießer, nordsaarländische Bergleute, die während der Woche in einem Schlafhaus bei der Grube wohnten und am Wochenende mit ihren genagelten Schuhen in ihre Dörfer zurückkehrten. Aus dem Geräusch, das durch den Kontakt der Nägel mit dem Pflaster entstand, entwickelte sich die (ironische) Vermutung, dass diese Menschen „harte Füße" hätten.

Haschborre, Hasborn, Ortsteil von Tholey im Landkreis St. Wendel mit ca. 2500 Einwohnern, Geburts- und Wohnort des Bergmanns Nikolaus Warken (1851–1920), des ersten Gewerkschaftsführers an der Saar.

haschde?, hast du? Ideal für den Stabreim „Haschde Huschde?" – (Bis du an Husten erkrankt?)

Hasebobbel, Kosewort mit animalischem Bezug. Im Englischen heißt „to bob" so viel wie „sich ruckartig bewegen". Und weil das nicht nur Hasen machen, wird „Hasebobbel" auch als Kosewort für Menschen benutzt. Es gibt mehrere kindliche Wörter, die mit „bob" beginnen, etwa „Bobbes" oder „Bobbelsche".

Hasebrood, Reste der belegten Brote, die der Vater von der Arbeit mit nach Hause brachte. Das „Hasebrood" wurde unter den Kindern verteilt und war sehr beliebt. Es war sehr wichtig in den „schlechten Zeiten" als Lebensmittel knapp waren, die Bergleute aber dennoch viel essen mussten, um überhaupt arbeiten zu können. Man verpflegte sie zum Teil an der Arbeitsstelle („of de Grub"), und sie nahmen heimlich einen Teil davon mit nach Hause. Die Legende: Auf dem Heimweg hat der Vater einen Hasen getroffen, und der hat ihm die Brote mitgegeben.

Haseferzje, das ist, wenn man den Begriff wörtlich nimmt (Das sollte man auch machen!!!), eine kleine abgehende Blähung eines Wesens, das als hoppelndes Säugetier weitaus kleiner ist als ein Mensch. Das Wort wird auch gebraucht für Kleinigkeiten.

Hasemelker, vordergründig gesehen: eine Berufsbezeichnung aus dem Bereich der Landwirtschaft. Sie korrespondiert allerdings nicht mit den anatomischen Realitäten, wodurch die Kombination der beiden Wortteile zu einer Absurdität wird. „Hasemelker" ist dennoch (oder deshalb) ein beliebtes saarländisches Schimpfwort für einen Kleinkrämer und Piddler, also für jemanden, der sich mit Kleinkram begnügt und für Großes nicht geschaffen ist.

häser, heiser, mit rauer oder fast tonloser Stimme. Sie ist dumpf, krächzend, belegt. Die zwei wichtigsten Ursachen: Krankheit oder Überanstrengung.

hasisch, saarländisches Adjektiv, mit dem man ausdrückt, dass jemand (unabhängig vom Geschlecht) sehr geneigt dazu ist, mit einem anderen Menschen sexuelle Beziehungen aufzunehmen. Die Etymologie unterstellt in diesem Fall dem Kaninchen ein sehr starkes sexuelles Engagement. Dafür spricht auch der Name „Rammler" des männlichen Tiers.

Häsje, Häschen, beliebtes saarländisches Kosewort, für Saarländer allerdings unaussprechbar in der deutschen Fassung. Das „j" hat gefälligst das unaussprechliche „ch" zu ersetzen. „Häsje" ist ein Kosewort, bei dem man sofort an hoppeln, Haken schlagen und an rege Fortpflanzung denkt. Außerdem ist das „Häsje" kuschelig.

Haudewolaude, Verballhornung der deutschen Aussprache des französischen Ausdrucks „la haute volée", eine diskriminierende Formulierung für „feine Leute". An dessen Wortende macht man aus „ée" ein „aude". Letzteres ist eine Entsprechung, um einen Reim zu produzieren. Dadurch soll der Ausdruck komisch werden. Der vollständige Begriff für Angehörige der oberen Gesellschaftsschicht heißt im Französischen: „les gens de haute volée" = herausragende Leute.

Haumichblau, fiktive Baumaschine, ein Begriff, den man benutzte, um Lehrlinge an der Nase rumzuführen: „Geh mol ins Laacher unn hol e Haumichblau." Wenn er das tat und im Lager „Haumichblau" sagte, dann lief er Gefahr, dass man ihn wirklich „blau haute (=schlug)".

Hauptscht, altsaarländischer Ausdruck für „Chef vom Ganzen", eine informelle Charakterisierung einer herausragenden Position innerhalb einer beruflichen Hierarchie. Das Wort ist abgeleitet vom Superlativ von „Haupt". Auf den zweiten Teil des Wortes verzichtet man entweder, oder man verdoppelt zum „Hauptchef". Wenn man dieses Wort zusammenzieht, das „au" zum „aa" verwandelt und dann alles saarländisch vernuschelt, ergibt sich ebenfalls das Wort „Haaptscht". „De Opa hat bei Saarbersch geschafft. Im Magazin of de Maybach hott der es Ganze. Der war de Hauptscht." (Opa hatte die herausragende Position bei den Saarbergwerken. Er war Magazinverwalter bei der Grube Maybach.)

Hausdier, Substantiv, das im Saarländischen eine doppelte Bedeutung hat, wenn man den Artikel weglässt: (Das) Haustier und (die) Haustüre. Im Saarländischen kann man also, im Gegensatz zum Deutschen, sagen: „Es Hausdier steht hinner de Hausdier."

h

Hausleit, wörtlich: Hausleute, saarländische Bezeichnung für Vermieter. Dieser überlässt gegen die Zahlung von Mietzins ein Haus oder eine Wohnung. Den Begriff „Mieter" gibt es im Altsaarländischen nicht. Man behalf sich mit der Umschreibung „Die wohne in Miet." (Sie wohnen zur Miete.) Dies galt im Saarland noch lange als Ausnahmefall. Man hatte gefälligst ein Haus zu haben. Das Saarland hat heute noch die meisten Eigenheime pro Kopf der Bevölkerung.

Haut, 1. das vielseitigste Organ des Organismus, 2. moselfränkischer Begriff für „heute".

Hawwer, 1. Hafer, eine Getreideart, die man vor allem als Tierfutter und für die Herstellung von Haferflocken verwendet. 2. Wer im Saarland „Hawwer" hat, muss nicht unbedingt seinen Lebensunterhalt mit dem Anbau des Getreides verdienen. „Hawwer" ist auch die Bezeichnung eines Zustandes, den man erreicht, wenn man des Guten zu viel getrunken hat: Man hat „Hawwer". Die Benutzung des deutschen Begriffes „Hafer" führt in diesem Fall bestenfalls zu Missverständnissen.

Heckebankert, eine unlogische Wortkombination. Der „Bankert" ist, wenn man von der Sprache ausgeht, ein auf der „Bank" (und nicht im Bett) gezeugtes Kind. Das schließt die Hecke als Ort des Geschehens aus. Es sei denn, das Kind wurde auf einer Bank im Freien gezeugt, geschützt von einer Hecke.

Heckebock, ein männliches Wesen, das seine sexuellen Ambitionen in freier Natur realisiert, selbst wenn es mal stachelig zugehen sollte.

Heckmeck, unnötiger Aufwand, Umstände, Aufhebens, Getue. Kuddelmuddel. Wahrscheinlich eine Verballhornung aus der arabischen Floskel „haqqi milki" (= mein Recht, mein Eigentum), die über Spanien nach Deutschland kam und von arabisch sprechenden jüdischen Händlern benutzt wurde. Der entstandene Reim förderte sicher die Verbreitung in deutschen Regionalsprachen, u. a. im Saarland.

Heeb, Hefe, ein Schlauchpilz, den man bei der Produktion von Backwaren und Bier verwendet. Die saarländische Fassung des Wortes ist näher an der Funktion des Pulvers, das ja die Aufgabe hat, den Teig zu „heben" (und nicht zu „hefen").

Heebkuche, kein Kuchen, den man hoch hebt, sondern ein Kuchen, der mit Hefe hergestellt wurde, im Unterschied zu Backpulver.

Heesche, Höchen, ein Stadtteil von Bexbach. Vom Höcher Turm aus sieht man bei klarem Wetter bis in den Schwarzwald und in die Vogesen.

Hehl, hat nichts mit Hehlerei zu tun, sondern ist die saarländische Fassung der „Höhle": „Bei denne hats ausgesiehn wie in rer Reiwerhehl!" (Die Wohnung befand sich in keinem sehr ordentlichen Zustand.)

MIR MACHE E HEEBKUCHE!

Hehlloch, eine Verdoppelung, wird benutzt für ein Versteck, etwa bei Bauern im Stall oder in der Scheune, auch unter den Betten und in Alkoven (= Bettnischen in der Wand). Die „Hehllescher" (Plural) dienten meistens dazu, in unsicheren Zeiten Wertsachen zu verbergen, manchmal sogar Menschen.

Hei robbe, wörtlich „Heu rupfen", ein Wort, das in der Redewendung „Ahnung wie e Kuh vom Hei robbe" vorkommt, womit man sagen will, dass jemand überhaupt keine Ahnung hat. Man unterstellt, dass eine Kuh kein „Heu rupfen" kann. Darum geht es aber nicht. Der Ausdruck, von dem die Formulierung herkommt, heißt

h

„Heu graben", altsaarländisch: „Hei groobe." Diese Tätigkeit nahm der Bauer im Stall vor. Mit einer Harke. Sie hatte das Aussehen eines Schürhaken mit einem Widerhaken. Damit „grub" er Heu aus dem Inneren des Heuhaufens raus, weil das Heu dort am besten fermentiert war. Er konnte etwas, was eine Kuh nicht konnte.

Hei, Heu, 1. getrocknete Biomasse aus Grünpflanzen, mit der man Nutztiere füttert. Hei wird ausgesprochen wie der angelsächsische Gruß „High". Im Moselfränkischen heißt es „Hau". 2. Hier (Adverb), „Luu mool lo, hei laida!", (Schau mal, hier liegt er!).

Heigawwel, Heugabel, Werkzeug, mit dem man Heu auf- und ablädt. Die „Heigawwel" hat mehrere gebogene Zinken und einen langen Stiel. Dies ermöglicht einen schwungvollen Einsatz.

Heihopser, Heuschrecke, geht auf das althochdeutsche Verb „schrecke" = „(auf)springen" zurück. Das Sprungvermögen als auffallendste Eigenschaft drückt sich im Saarländischen in dem Wortteil „hopse" aus.

heile, bedeutet im Saarländischen nicht „heulen" (Wolf, Sirene usw.), sondern „weinen": „Es Klään hat so was von geheilt, wies geheert hat, dass sei Opa gestorb is." (Die Kleine weinte sehr, als sie vom Ableben ihres Großvaters hörte.)

heische, heißen, im Saarländischen aber auch gegenüber jemandem etwas anordnen: „Ich duhn ne heische. Der kann dann Bier holle gehn." (Ich gebe ihm Bescheid. Dann kann er sich um das Bier kümmern.)

Heisje, 1. kleines Haus: „Unser Heisje reischd uns." (Unser Eigenheim erfüllt unsere Ansprüche.) 2. Altsaarländischer Ausdruck für eine Außentoilette ohne Wasserspülung, aber oft mit einem Herzchen in der Tür.

h

Heisweller, Heusweiler, eine saarländische Gemeinde im Regionalverband Saarbrücken mit circa 18 000 Einwohnern.

heitsedaach, unnötige Kombination der deutschen Wortteile „heute" und „dieser Tage", das Ganze noch mit saarländischem Akzent ausgesprochen: „Heute" wird zu „heit", „dieser Tage" zu „se Daach".

Heizeebsche, kleiner Heizofen, sehr nützlich als zusätzliche Wärmequelle in der kalten Jahreszeit. „Heizeebsche" ist aus nachvollziehbaren Gründen auch ein Kosewort.

hemm, heim: „Isch hann die Flemm, isch gehn jetzt hemm." (Ich habe zu nichts mehr Lust, ich gehe jetzt nach Hause.) Das Wort „hemm" gilt im Saarland als ein sehr emotionsgeladener Ausdruck. Das nutzte auch die „Deutsche Front" vor der ersten Saarabstimmung 1935 aus und verbreitete den Slogan „Nix wie hemm!", womit der Begriff „hemm" für Hitler-Deutschland stand. Die Antifaschisten hatten mit ihrem lateinischen Slogan „Status quo" keine Chancen. Der saarländische Antagonismus: Saarländer sind – so sagt man jedenfalls – am allerliebsten „dehemm". Andererseits trifft man sie auf der ganzen Welt. Diese Absurdität belegen auch statistische Erhebungen: Im Saarland gibt es die meisten Eigenheime (Privatheit) und die meisten Kneipen und Vereine (Öffentlichkeit). Hier realisiert sich die von Ludwig Harig diagnostizierte „Harmonie der Widersprüche" in der saarländischen Mentalität.

hemmzus, auf dem Nachhauseweg. „Hemmzus hann ich de Horst getroff." (Auf dem Heimweg traf ich Horst.)

Hennesje, Spottname für die Bergleute, ein Wort, das sowohl abwertend als auch auch liebevoll benutzt werden kann.

Hergeloffener, deutsch: Hergelaufener im Sinne von „Ortsfremder", also kein Ortsansässiger mit Inzucht-Image, sondern ein Mensch mit einem Makel, der über Jahrhunderte eine große Bedeutung hatte. Viele Menschen hatten bis ins 19. Jahrhundert keinen Wohnort. Sie waren wandernde Handwerksburschen, Händler, Pilger, Studenten, Künstler und Saisonarbeiter. Ihre Sprache war Rotwelsch, und es mischten sich auch unseriöse Zeitgenossen unter das mobile Volk. Sie waren schlichtweg suspekt und wurden auch sprachlich so behandelt – als „Hergeloffene".

Heringsbändischer, bisweilen liebevolles Schimpfwort für einen Lebensmittelhändler. Das Wort stammt wohl aus der Zeit, als es in den Lebensmittelgeschäften noch Holzfässer mit Heringen gab.

Hermeskeiler, 1. Bewohner der rheinland-pfälzischen Stadt Hermeskeil, 2. Bezeichnung für einen typischen Wanderstock aus Eichenholz, oft von einer gewundenen Narbe verziert. Er war knorrig, urwüchsig, derb und rau (wie die echten Hochwälder) und deshalb beliebt bei den Bergleuten auf ihrem Weg zu den Gruben im Saarland. Er wurde zu einem Wahrzeichen des Hochwaldes.

Herrschemann, wörtlich „männlicher Hirsch", in Wirklichkeit aber ein „Hirschkäfer". Den Namen hat er wegen der geweihartigen Oberkiefer der Männchen. Deshalb bewunderten ihn bereits die alten Römer. Sie trugen die Geweihe als Amulett und aßen die Larven als Delikatessen. Die saarländische Sprache ehrt ihn als Mann.

Herzdrickert, altsaarländisch für Kartoffelknödel. Heute ist das Wort noch gebräuchlich in abgelegenen Seitentälern von Saar, Blies und Nied. Die Knödel drücken aufs Herz, und sie ähneln außerdem dem weiblichen Busen. Ein Mensch, den man als „Herzdrickert" bezeichnet, lässt sich gut „herzen", also „ans Herz drücken".

hewe, 1. saarländische Schreibweise für „etwas auf eine größere Höhe bringen (Putzeimer, Balken usw.). 2. Auch etwas steigern (z. B. Niveau einer Diskussion). 3. In einer Gruppe von Freunden alkoholische Getränke zu sich nehmen: „Am Freidaach gehn mir ähner hewe." (Am Freitag trinken wir unter Freunden ein Bier), wobei es sich bei der Mengenangabe „ein Bier" um eine Untertreibung handelt. 4. Reflexiv in der Passivform eine Vorstufe von: „sich übergeben": „Mir isses net gudd. Es hebt mir schon." (Mir ist übel. Ich habe es im Gefühl, dass ich mich gleich übergeben muss.)

Hewwel, ungehobelter Mensch, wohl eher abgeleitet von „Hobel" als von „Hebel". Letzteres macht keinen Sinn, denn in der Physik ist ein Hebel ein mechanischer Kraftwandler, der aus einem starren Körper besteht, welcher drehbar an einem Angelpunkt befestigt ist. Das Prinzip kannte bereits Archimedes. Von ihm stammt das Zitat: „Gebt mir einen festen Punkt im All, und ich werde die Welt aus den Angeln heben." – Ein „menschlicher Hewwel" wird das nie schaffen.

hibbele, 1. hinken (wegen einer Behinderung), 2. hüpfen, zum Beispiel beim Spielen auf den Straßen.

h

Hibbelheisje, wörtlich „Hüpfhäuschen", Hüpfspiel, bei dem auf einem Bein in markierte Felder gesprungen wurde. Das spielte sich auf den Straßen ab, als diese noch nicht den Autos vorbehalten waren.

Hidderschdorf, saarländischer Name für Hüttersdorf, ein Ortsteil von Schmelz im Landkreis Saarlouis. Die Einwohnerzahl: etwas mehr als 4 500 Einwohner.

Himmed, altsaarländische Aussprache für „Hemd". Ein typisches Beispiel dafür, dass die saarländische Sprache keine Einsilbigkeit mag. Sie schiebt vor den letzten Buchstaben ein „e" rein.

himmele, altsaarländischer Begriff für „sterben". Das Wort ist wohl das Ergebnis eines missglückten Versuches, einen biologischen, nicht umkehrbaren Prozess mit christlichem Gedankengut sprachlich zu besetzen. Er konnte sich aber nicht durchsetzen, und es ereilte ihn im Leben der saarländischen Sprache das gleiche Schicksal: Er lebt nicht mehr. Er musste selbst „himmele".

Hinkel, Huhn, wird bisweilen auch als Kosewort benutzt, allerdings nur mit dem Zusatz „kloores" oder „dordisches" und entsprechender Betonung in passenden Situationen. Ein „ofgeblosenes Hinkel" hingegen ist eine arrogante Frau.

Hinkelspärsch, Hühnerstall. Ein „Pärsch" (im Deutschen: „Pferch") ist ein kleines Wiesenstück, das mit einem versetzbaren Zaun (heute meistens aus Maschendraht) abgegrenzt ist.

Hinkelstään, Hinkelstein, hat mit den Haustieren nichts zu tun. Die „Übersetzung" in den vermeintlich deutschen Begriff „Hühnerstein" hält semantischen Überprüfungen nicht stand. Ein Hinkelstein ist ein Menhir, ein länglicher unbearbeiteter Einzelstein, der aufrecht gestellt wurde. Obelix sei Dank!

hinne hott, abgeschlagen, nicht mehr mitkommend. Der Begriff ist von den Fuhrkommandos abgeleitet, die man gegenüber Zugtieren benutzt. Linksherum heißt „hü", rechtsherum „hott". Die Redewendung „mal hü, mal hott" heißt demnach „mal links, mal rechts", wobei der Volksmund damit nicht auf das Wahlverhalten anspielen will. „Hinne hott" bedeutet „hinten rechts", was der Volksmund selbstverständlich abwertend gebraucht.

hinnerenanner, nacheinander, einer hinter dem anderen. „Esse, Trinke, Schaffe – mir mache das alles hinnerenanner." (Essen, Trinken, Arbeiten – das machen wir alles nacheinander.)

hinnerfoozisch, hinterhältig, niederträchtig. „Uns noch in de ledschde finf Minutte zwei Doore rin schieße, das is hinnerfoozisch." (Es ist niederträchtig, in den letzten fünf Minuten noch zwei Tore zu schießen.)

hinnericks, rückwärts. „Pass of, das Auto vor dir, das fahrt hinnericks." (Achtung, das Auto vor dir fährt rückwärts.)

Hinnerlader, altsaarländischer Ausdruck für einen nicht-heterosexuellen Mann, abgeleitet von einer Funktionsweise einer Waffe.

hinnerschd Sort, eine nicht sehr angesehene Randgruppe der Gesellschaft, zu der man in keinem Fall gehören möchte.

hinnerschd, hinterste: „Of dem Klassefoto bin ich de hinnerschd." (Auf diesem Klassenfoto bin ich ganz hinten.)

hinnerschd-vedderschd, falsch herum, verkehrt: „Der doo iss jo hinnerschd-vedderschd aangezoo." (Dieser Mensch trägt seine Kleider sehr ungeordnet.)

h

hinnersisch, hinter sich, nach hinten. „Der geht iwwer die Strooß unn guckt net hinnersisch." (Er geht über die Straße und schaut nicht nach hinten.)

hinnerum de Näh noh, wörtlich: „hinten rum, der Nähe nach", wird benutzt für „umständlich." „Der verzehlt alles hinnerum de Näh noh." (Was er erzählt ist schlecht strukturiert und zu ausführlich.)

hinnerumhewe, mal gerne haben. „Der kann mich emol hinnerumhewe!" ist die Soft-Fassung zu Götz von Berlichingen. Die Alternative, frei nach Goethe: „am Arsch lecken".

hinnewidder, hintendrauf. „Der is mir offem Parkplatz mit seiner Klabberkischd hinnewidder gefahr." (Er hat mit seinem Schrottkoffer auf dem Parkplatz einen Auffahrunfall verursacht.)

hinplacke, hinwerfen. Der Wortteil „placke" ist abgeleitet von dem deutschen Wort „sich placken" (= sich sehr abmühen). Es existiert seit dem 15. Jahrhundert als eine Verstärkung von „sich plagen". „Ich hann ihm das Formular hingeplackt." (Das Formular habe ich ihm mit Elan auf den Schreibtisch geworfen.)

Hin-un-her-Bocks, wörtlich: Hin-und-her-Hose. Es gab Bergleute, die wohnten die Woche über im Schlafhaus und gingen samstags zu Fuß nach Hause. Montags in aller Frühe gingen sie wieder den umgekehrten Weg. Die Bergleute besaßen eine Hin-un-Her-Bocks, die sie auf dem Weg zum und vom Schlafhaus trugen.

hinzus, auf dem Hinweg. „Hinzus sinn mir iwwer die Autobahn gefahr." (Den Hinweg haben wir auf der Autobahn zurückgelegt.)

Hissje, Gerichtsvollzieher, früher „Büttel", saarländische Verballhornung des französischen Substantivs „huissier". Dieses Wort ist allerdings umfassender als unser „Hissje". Es bezeichnet auch den

Amtsdiener und den Gerichtsboten. Aufpassen! Der in der deutschen Sprache verbreitete Ausdruck „Kuckuckskleber" lässt sich nicht direkt ins Französische mit „colleur du coucou" übersetzen.

Hiwwel, Hügel. Der erste Vokal von „Hiwwel" kann auch ersetzt werden durch ein „u", ohne dass sich der Inhalt verändert.

hobbele, Fortbewegung in der Tierwelt (Hase, auch im Zickzack). Das Auto kann auch „hobbele", allerdings nur horizontal (wenn der Weg uneben ist) und selten im Zickzack.

hochgestoch, eingebildet. „De Harry is hochgestoch. Er schwätzt kenn Saarländisch meh." (Harry ist arrogant. Er spricht nicht mehr seine Muttersprache.)

hochschaffe, einen sozialen, meistens beruflichen Aufstieg erreichen (wird reflexiv gebraucht): „Der hat sich bei de Poschd hochgeschafft." (Er hat bei der Post Karriere gemacht.)

Hochseischer, ordinäres Schimpfwort für einen Angeber. Junge Buben versuchten früher, sich im „sportlichen Hochpinkeln" zu messen. Mit dem Begriff belegte man einen Menschen mit ausgeprägtem Geltungsdrang, auch in anderen Bereichen.

holle, nehmen. Wird je nach Region auch „hole" ausgesprochen. Oft ersetzt „holen" im Saarländischen das Wort „nehmen". Man kann zum Beispiel „abholle" statt „abnehmen" (Paket und Gewicht). Wer das als Saarländer weiß und sich ungeübt auf das Terrain der deutschen Sprache begibt, um den „Fehler" zu vermeiden, der kann durchaus unverständliche Sprachkonstruktionen produzieren: „Ich bin auf der Autobahn gefahr, und da hat mich doch ein BMW rechts übernommen." – Das Verb „holle" wird auch im erotischen Bereich benutzt: „De Herbert hat es Erna emol rischdisch geholl." (Die Übersetzung erübrigt sich.)

h

Holler, Holunder. Das ist die allgemein geläufige Kurzfassung des korrekten Begriffes „Schwarzer Holunder". Daneben gibt es noch den „Roten Holunder" und den staudenförmigen „Zwerg-Holunder". Eine sprachliche Kuriosität: In Österreich wird der Holunder – wie im Saarland – auch als „Holler" bezeichnet.

Hooke, Haken, eine Vorrichtung, an der man etwas auf- oder einhängen kann. Zu diesem Zweck ist er an einer Seite gebogen oder eckig gekrümmt. Meistens besteht er aus Metall, aber es gibt auch welche aus Holz oder Kunststoff. Es gibt Kleiderhaken und Angelhaken, Haken beim Boxen, und selbst eine Sache kann einen Haken haben.

Hoorbuckel, wörtlich: „Haarrücken", ein Schimpfwort der Saarbergleute für Streikbrecher aus der Streikzeit 1889 bis 1893. Offensichtlich gab es einige, deren Rücken sehr behaart waren, und man verallgemeinerte diesen Fakt (den man aus der Waschkaue kannte) auf alle, die den Streik nicht unterstützten.

Hoorische, längliche Klöße aus rohen Kartoffeln. Sie werden durch Reiben mit den Händen in eine längliche Form gebracht und in heißem Wasser gegart. Ein saarländisches Nationalgericht. Sie werden meistens mit Speckrahmsoße und Sauerkraut serviert.

Hoorrellscher, Lockenwickler. Die Konstituente „Hoor" (= Haar) ist weniger präzise als „Locken", die Konstituente „rellscher" (Röllchen) gibt die Funktion an, ebenso wie „wickeler".

Hoppelgaul, altsaarländisch und etwas respektlos für „Schaukelpferd". Die Konstituente „Hoppel" ist nicht ganz korrekt, denn das „Hoppeln" ist eher ein Privileg des Hasen. Vielleicht leitet sich „Hoppel" auch von „Hoppe, hoppe Reiter" ab.

hoppse, hüpfen, springen. Bei allen Wörtern geht es um das zeitweise Entfernen von einem Boden, das ganz bewusst durchgeführt wird, wobei die Gründe dafür sehr unterschiedlich sein können.

h

Hornbause, eigentlich eine Beule an jener Stelle am Kopf, an der sich bei bestimmten anderen Säugetieren ein Horn befindet. Wird aber ausschließlich als Schimpfwort benutzt für Menschen mit einem IQ von weniger als 60 Pommes frites.

Hornochs, Schimpfwort aus dem landwirtschaftlichen Bereich. Die Namen fast aller Nutztiere werden benutzt, um Menschen zu beleidigen, zu demütigen oder auch nur zu necken.

Hoschbes, ein Fremder als Gast, abgeleitet von dem lateinischen Wort „hospes". In den romanischen Sprachen bedeutete das Wort und seine Ableitungen ursprünglich „Fremdling". Ihm musste man einerseits Gastrecht gewähren, andererseits war aber auch Misstrauen angebracht, denn er hätte sich ja auch in feindlicher Absicht nähern können.

Hoseschisser, 1. Mensch, der Probleme hat, rechtzeitig den Weg zur Toilette zu finden und mit den Konsequenzen leben muss. 2. Feigling, Angsthase.

Hott, eine hohe, aus Weiden geflochtene Rückentrage, eine Kiepe, meistens korbähnlich, manchmal auch aus Holz.

Hottwollee, die herrschende Klasse, angeblich bessere Leute. Aus dem französischen Ausdruck „la haute volée" abgeleitet.

Howwel. Hobel, ein Werkzeug zur Bearbeitung der Oberflächen von Holz. Ein „ungehobelter Mensch" ist jemand, der keine richtige Erziehung genossen hat und sehr grob mit anderen Menschen umgeht.

howwele, hobeln, erste Behandlungsstufe von Brettern und Balken. Um das Holz zu glätten, werden Holzspäne und Unebenheiten mit dem Hobeleisen entfernt.

h

Huck, 1. Körperteil, das man zum Sitzen benutzt. Man kann jemandem die „Huck vollhauen", sich aber auch selbige vollsaufen. 2. Sitzgelegenheit, „Hol Dir e Huck unn setz dich an de Disch!" (Nimm dir eine Sitzgelegenheit und nimm am Tisch Platz!)

hucke, sitzen, setzen, Platz nehmen, auch: im Gefängnis einsitzen. „Der doo hat die Hälft von seim Lääwe gehuckt." (Dieser Mensch hat die Hälfte seines Lebens im Gefängnis gesessen.) Weitere Nebenbedeutung: Durch Eheschließung in wirtschaftlich besseren Verhältnissen landen. „Es Erika hat sich gudd gehuckt. Dem seiner is Chefarzt." (Erika hat ihr Sozialprestige und ihre finanzielle Situation durch die Vermählung mit einem gut bezahlten Mediziner wesentlich verbessert.)

Huckebleiwer, jemand, der die Ehre hatte, eine Klasse zu wiederholen, weil er nicht in die nächsthöhere Klasse versetzt wurde

Huddel, Ärger, Probleme, Schwierigkeiten, Unangenehmes usw. Eine Ableitung von dem Begriff „Hudel" für Lappen, Lumpen und Stofffetzen ist im Bereich des Möglichen.

huddele, ohne ausreichende Sorgfalt arbeiten, unpräzise, stümperhaft und unter Zeitdruck handeln.

Humborch, Homburg, die Kreisstadt des Saarpfalz-Kreises. Homburg ist mit rund 41 500 Einwohnern die drittgrößte Stadt des Saarlandes und eine Universitätsstadt (Medizinische Fakultät).

Hundsärsch, Frucht des Mispel-Baumes, der im Saargau verbreitet ist. Sie kann zu Marmelade und Schnaps verarbeitet werden. Oskar Lafontaine kredenzte ihn mit Vorliebe seinen Gästen.

Hungerhooke, wörtlich: „Hungerhaken", wobei der Wortteil „Haken", der fast immer dünn ist, auf die Figur anspielt. Es handelt sich also um einen unterernährten, schmächtigen Menschen.

h

Hupp, abgeleitet von der (geräuschproduzierenden) Hupe. Die „Hupp" ist das Gesäß, wird aber nur in einer einzigen Redewendung gebraucht: „Aweil tabb ich dir in die Hupp!" (Jetzt trete ich dir an die dafür vorgesehene Stelle.)

huppse, springen. Zeitweise Überwindung der Distanz eines Objektpunktes von einer Referenzlinie oder -fläche, wobei sich die Handlung auf einer der drei Raumdimensionen vollzieht.

huren, hören, im moselfränkischen Sprachbereich früher stark verbreitet, auch als eine Quelle von möglichen Missverständnissen.

Huschde, Husten, ein für den Menschen lästiges Reinigungssystem des Körpers für die Atemwege. Er versucht, deren Verengung zu verhindern.

Huschdegutzje, Hustenbonbon. Diese enthalten ätherische Öle und Kräuterextrakte, die den Schleim lösen und die Atemwege befreien. Das Wort „Huschdegutzje" wird aber auch benutzt, um einen eingebildeten Kranken zu verunglimpfen.

Hutzelmännje, hat nichts zu tun mit dem „Hutzelfeuer", das in der Rhön abgebrannt wird, um den Winter zu vertreiben. Der Begriff leitet sich eher ab von dem Adjektiv „hutzelig". Dieses Wort bezeichnet einen alten Menschen mit vielen Falten und Runzeln im Gesicht, aber auch dürre und welke Gegenstände. So können zum Beispiel auch Obst und Gemüse „hutzelig" geworden sein. Im Saarland bezieht man das Wort nur auf einen kleinen, alten Mann.

Huwwel, 1. Unebenheit, etwa auf der Straße, meistens im Plural, kleinere Ausbuchtungen an der Oberfläche, 2. kleinere Bodenerhebung im Gelände, Hügel. Der Ausdruck kommt von dem althochdeutschen Wort „hubil". Daraus entwickelte sich das mittelhochdeutsche „hübel". Der erste Vokal von „Huwwel" kann auch ersetzt werden durch ein „i", ohne dass sich der Inhalt verändert.

huwwelisch, saarländischer Begriff, abgeleitet von dem lautmalerischen deutschen Adjektiv „hubbelig": „Der Wää is zu huwwelisch. Do kann man net mit em Fahrrad fahre." (Der Weg ist zu uneben und somit ungeeignet fürs Fahrradfahren.)

I wie
iwwerzwersch

Der Buchstabe „i"

ist der dritthäufigste Buchstabe in deutschen Texten (nach „e" und „n") mit einer durchschnittlichen Häufigkeit von 7,5 %. Er hat in der umgangssprachlichen Lautschrift eine eigenständige Bedeutung im Sinne von „Ich ekele mich". Das „i" wird dabei gedehnt. Insgesamt gibt es beim „i" vier Dehnungsmöglichkeiten. Drei davon allein schon bei den Personalpronomen:

1. sie (Dehnung mit „e"),
2. ihr (Dehnung mit „h"),
3. wir (überhaupt keine Dehnung, wird aber gedehnt gesprochen).

Die vierte Dehnungsmöglichkeit ist eine Kombination von „e" und „h" („sieht"). In der saarländischen Mundart bleibt das „i" entweder wie im Deutschen („innewenzisch"), oder es tendiert zum „e" („en" statt „in"). Der Umlaut „ü" wird grundsätzlich in „i" (mit oder ohne Dehnung) transformiert („Miehl" usw.).

Ihlinge, Illingen, eine Gemeinde im Landkreis Neunkirchen. Sie ist als staatlicher Erholungsort anerkannt und hat rund 16 500 Einwohner.

im Läwe net, niemals, wörtlich: „im Leben nicht". Die Frage stellt sich: Wo denn sonst? Typischer verneinender Diskussionsfetzen mit gleicher Bedeutung wie „serlääb Daachs net!" Sinngemäß: „nicht – so lange ich lebe".

Imbs, Kurzform von „Imbiss", ein Begriff, der modern anmutet, aber mittelalterliche Wurzeln hat. Im Althochdeutschen gibt es bereits „Imbiz", aus dem sich im Mittelhochdeutschen „immesse" entwickelte. Während das deutsche Wort „Imbiss" („Reinbeißen") vor allem Zwischenmahlzeiten bezeichnet, ist „Imbs" großen Ereignissen vorbehalten wie runden Geburtstagen, Hochzeiten, aber auch der Beerdigung. Da gibt es ein „Leische-Imbs".

in, eine saarländische Fassung der Vorsilbe „ein", zum Beispiel „inplanze" statt „einpflanzen", „infiehre" statt „einführen" oder „inkriehn" statt „einkriegen". „Ääs hat sich nemmeh inkriehd, wie's das gehehrt hat." (Sie war sehr erstaunt, als sie das vernahm.)

Indentität, häufige falsche Aussprache des deutschen Wortes Identität, besonders beliebt bei saarländischen Politikern (mitgeteilt von Dr. Heinz Krieger, dem ehemaligen Direktor des saarländischen Landtages).

ingeschnabbd, beleidigt. Das ist man, wenn eine Aussage oder Handlung eines anderen den eigenen Stolz verletzt. Dann ist man „ingeschnabbt" und fühlt sich auf den Schlips getreten. Der andere macht sich strafbar nach § 185 StGB.

inkaafe, einkaufen, das Antonym (= Gegenteil) von verkaufen. Es geht um den Tausch von Waren und Geld. Der Verkäufer gibt eine Ware und bekommt dafür vom Käufer Geld. Aus Sicht des Käufers ist es umgekehrt. Alles was man kaufen kann sind Waren, also nicht nur Dinge, sondern auch Dienstleistungen, Beratung und auch Arbeitskraft. All das kann man „inkaafe", wenn man das Geld dazu hat.

Inkaafstasch, Einkaufstasche, eine von vielen Taschen mit Behältnis und Griff, mit denen man Dinge transportiert. Daneben gibt es noch andere Taschen, zum Beispiel solche, die in Kleidungsstücke eingenäht sind. In der „Inkaafstasch" transportiert man fast ausschließlich gekaufte Waren.

innewensisch, innen. Das saarländische Wort ist konstruiert wie sein Gegenpart „ausewensisch", hat jedoch nicht die entgegengesetzte Bedeutung. „Ausewensisch" kann man ein Gedicht, und das steht in einem Gedichtband „innewensisch". Das Wort „innewensisch" zeigt auch, dass wir in der Mundart nicht immer nach sprachökonomischen Prinzipien vorgehen. Den Wortteil „wensisch" könnten wir uns schlichtweg sparen, ohne dass uns irgendetwas von der Bedeutung abhanden kommen würde. Er leitet sich wohl wirklich aus dem Wunsch ab, ein Gegensatzpaar zu konstruieren, was sprachlich funktionierte, aber semantisch voll in die Hosen ging.

irrerisch, aufgebläht. Verbreitet bei der ländlichen Bevölkerung in der Gegend um Tholey: „Die Kuh doo iss irrerisch." (Diese Kuh hat einen aufgeblähten Magen.) Am Rande: War dies der Fall, dann stach der Bauer mit einer Hohlnadel in den Blähbauch, so dass die Gase entweichen konnten. Rau aber wirksam.

Is-die-Hauptsach, zusammengezogener Schlusssatz des klassischen Begrüßungsdialogs: „Unn?" (= Wie ist denn das werte Wohlbefinden?), „Smuss" (= den Umständen entsprechend), „Is-die-Hauptsach" (= Diese Einstellung sollte auch im Mittelpunkt stehen).

iwwer, über „Wenn ich vom Theater zum Schloss gehen, dann gehen ich iwwer die Brick." (Wenn ich vom Theater zum Schloss gehen will, dann gehe ich über die Brücke.)

Iwwer die Platt geschmälzte, saarländisches Nationalgericht, bestehend aus Kartoffelscheiben (oder -stiften), die auf einem Blech mit Butterschmalz gebraten werden. Dazu kommen Zwiebeln, Sahne und Butter (oder Butterschmalz). Würzen mit Pfeffer und Salz.

iwwerdemm, dabei, „Iwwerdemm ich telefoniere, kann ich schon mol der Sparschel scheele."(Während ich telefoniere, kann ich schon mal den Spargel schälen.)

iwwerenanner, übereinander: „Die Biescher leije allegar iwwerenanner." (Alle Bücher liegen übereinander.)

Iwwergänger, ursprünglich eine Kuh oder Ziege, die nicht jedes Jahr trächtig wurde. Ein harmloses, allgemeines Schimpfwort für schrullige, ledige Männer.

Iwwergängersch, eine (noch) ledige Frau, die das Heiratsalter bereits überschritten hat. Ob gewünscht oder nicht, das ist bei der Wortwahl meistens nicht die Frage.

iwwerisch, übrig. An diesem Begriff zeigen sich gleich mehrere Wesensarten der saarländischen Sprache. Ausgangspunkt ist das deutsche Wort. Aber damit haben wir Schwierigkeiten. Es klingt zu spitzmäulig, wenn wir es korrekt aussprechen. Der Umlaut „ü" wird deshalb zu „i". Das „b" wird dann noch weicher, also zu „w", wobei wir es auch noch verdoppeln, um es etwas herzhafter zu gestalten. Dann folgen in der saarländischen Fassung zwei verschiedene Konsonanten hintereinander: „w" und „r". Aber sie werden von der saarländischen Sprache nicht gerne geduldet. Also kommt noch etwas dazwischen: in diesem Fall ein „e". Das folgende ‚i' bleibt, aber das „g" hat genau so wenig Chancen, am Ende zu überleben wie das „ch". Besser ist der saarländische Universal-Zischlaut „sch", also Trigraph statt Digraph.

iwwerischens, übrigens. Die beiden ersten Silben werden ins Saarländische übersetzt. Aus „übrig" wird also „iwwerisch". Dann übernehmen wir die deutsche Endung mit ihren drei Buchstaben kritiklos – „awwer hunnert Prozent!", wie es de Becker Heinz ausdrücken würde.

Iwwerischer, wörtlich: übrig Gebliebener, leicht ironisches und liebevolles Schimpfwort für einen Menschen: „Du bischt doch vielleicht e Iwwerischer." (Du bist doch irgendwie überflüssig.) Das weibliche Pendant dazu hat am Wortende kein „r", sondern ein „s".

iwwerkriehn, wörtlich: „überkriegen", im Sinne von „einen Schlag abbekommen". „Wie sie um sich geschlah hann, do hann ich ähni iwwerkriehd." (Als sie um sich schlugen, habe ich einen Schlag abbekommen.)

iwwerzwersch, übertrieben, temperamentvoll, nicht gehorsam. Hat mit dem „Zwerg" der Märchenwelt nichts zu tun. Ist jemand „iwwerzwersch", dann handelt sich nicht um einen gesellschaftlich oder beruflich hochgestellten Gnom. Der Wortteil „zwerch" leitet sich ab von der bis im 18. Jahrhundert existierenden Nebenform von „quer". Wir kennen sie noch als Bestandteil des anatomischen Begriffes „Zwerchfell". Das Wort „überzwerch" im Sinne von „über Kreuz" gab es im Mittelhochdeutschen ebenfalls. „Em Andrea sei Jingschder is arisch iwwerzwersch! Der heert iwwerhaupt net, was es Andrea ihm saad." (Andreas jüngstes Kind ist ungehorsam. Es ignoriert die Sätze, die seine Mutter an ihn richtet.) – In Saarbrücken gibt es übrigens seit mehr als 30 Jahren ein Kinder- und Jugendtheater „Überzwerg", ein Name, dem ein doppeltes Sprachspiel (Zwerg = zwerch; Über = oberer) zugrunde liegt.

J wie **Jachd**

Der Buchstabe „j"

ist ein Konsonant. Er hat in deutschen Texten eine durchschnittliche Häufigkeit von 0,3 %.

Im Saarland wird das „j" gebraucht, um den eigenen Standort zu bezeichnen. Der Buchstabe stellt sich vor folgende Wörter: „inn(e), „aus(se)", „owwe" (oben) und „unne" (unten).

Ein Beispiel:

> Es kommt zu einem Dialog zwischen jemandem, der vor einem Haus steht und jemanden sucht, von dem er glaubt, dass er sich im zweiten Stock auf dem Balkon befindet. Er ruft:
>
> „Bischd du do inne?" – Der andere antwortet: „Ich bin do jinne." Die Umkehrung: „Bischd du do ausse?" – „Ich bin do jausse."
>
> „Bischd du do owwe?" – Und der andere antwortet: „Ei jo, ich bin do jowwe." Die Umkehrung: „Bischd di do unne?" – „Ei jo, ich bin do junne."

Das „je" ist auch eine saarländische Verkleinerungsform: Heisje, Gläsje, Schnäpsje usw.

jabbse, schwer atmen. „Wie de Opa Silikose kriehd hat, do hat der nur noch gejabbst." (Als Opa silikosekrank wurde, da hat er nur noch schwer geatmet.)

Jachd, Lärm, abgeleitet von der „Jagd", bei der es lautstark zugehen kann. „Ihr Kinner, machen net so e Jachd. Eier Vadder hat Naachdschicht." (Kinder, macht keinen Lärm. Euer Vater hat Nachtschicht.)

jackere, 1. hart arbeiten: „De Opa hat de ganze Daach im Gaade gejackert." (Opa arbeitete den ganzen Tag sehr hart im Garten.) 2. Sehr schnell laufen oder fahren, rennen. „Der jackert de ganze Daach durchs Dorf, unn alle menne, er dääd ebbes schaffe." (Er rennt den ganzen Tag durch den Ort, um den Eindruck zu erwecken, dass er arbeite.)

jä (kurze, markante Aussprache), plötzlich und schnell verschwunden, weg über alle Berge: „Em Erika seiner is jä." (Erikas Mann hat sich aus dem Staub gemacht.) Oder: „Wie's de Bach runner gang is, do war er schon jä." (Als sich die Situation verschlechterte, war er schon über alle Berge.)

Jääb, saarländische Variante des Namens Jakob. Er war früher beliebt in katholischen Familien. Da war es üblich, die ersten drei Söhne nach den wichtigsten Aposteln zu taufen: Petrus, Jakobus, Johannes. Daraus wurden mit der Zeit: Pitter, Jääb und Hennes.

Jääbs, fiktiver Familienname, der zu Vergleichen benutzt wird, wenn es darum geht, Unordnung und Schmutz verbal zu diffamieren: „Do sieht's aus wie bei Jääbs." (Ordnung und Sauberkeit lassen zu wünschen übrig.)

jääbse, hektische Aktivitäten entfalten. „Die ganz Zeit jääbst der nur erum." (Ständig verbreitet er Nervosität und Chaos.)

Jammerlabbe, abfällige Bezeichnung für einen Menschen mit einem instabilen und melancholischen Charakter.

jaunere, jammern: „Wenn der schon das Wort ‚Arwet' heert, dann fangt der sofort ahn se jaunere." (Wenn er das Wort ‚Arbeit' hört, dann jammert er sofort.)

jause, hier draußen. „De Hund is do jause." (Der Hund ist hier draußen.) Das „j" transportiert die Information: Da, wo ich bin.

Jesses, Ach du lieber Himmel! (abgeleitet von „Jesus"). Wird auch sehr gern durch die Verneinung verlängert: „Jesses nee!", wodurch man aber nicht zwangsläufige eine Opposition gegen die Kirche ausdrückt.

Jesses nee!, wörtlich: „Jesus, nein!", Ausruf des Erstaunens. „Jesses nee, jetzt springt die Karre nemmeh ahn!" (Mein Gott! Der Anlasser ist wieder defekt.)

Jibbsche, kleine Jacke. „An seiner Kommunjon hat de Bub e scheenes Jibbsche ahngehatt." (Bei seiner Erstkommunion trug unser Sohn eine sehr schöne Jacke.)

Jochnachel, einfältiger Mensch, der gerne billige Witze reißt, ein Schimpfwort aus dem bäuerlichen Milieu. Wörtlich: Der Na-

ICH HANN VON DE OMA E NEIES JIBBSCHE KRIED.

gel eines Jochs (Zuggeschirr, mit dem zwei Ochsen vor einen Wagen oder Pflug gespannt werden.) Für die Bewohner von Einöd ist „Jochnachel" ein Spitzname. Sie sind die „Ehneder Jochnäschel". Alle zwei Jahre findet in dem Homburger Stadtteil ein „Jochnachelfeschd" statt.

Jockel, eigentlich „Gockel" (= Hahn). Schimpfwort für einen Mann, der (vordergründig gesehen) keine Probleme mit seinem Selbstbewusstsein hat. „So e Jockel! Im Kohlekaschde isser groß wor, unn jetzt fahrt er e Sportwahn." (So ein Dandy! Er kommt aus kleinen Verhältnissen und fährt jetzt einen Sportwagen.)

Joo, ja. In bestimmten kommmunikativen Situationen wird (wie bei „nee") ein „ei" vorangestellt: „Ei joo!" (um Zeit zu gewinnen, damit man seine Gedanken ordnen kann). Eine differenzierte Haltung kündigt man durch die Kombination von Zustimmung und Ablehnung an: „Ei joo, nee ..."

joomere, altsaarländisch für „jammern". „Die Schwiermudder joommert de ganze Daach, weil se noch kenn Oma is." (Die Schwiegermutter jammert den ganzen Tag, weil sie noch keine Enkelkinder hat.)

jowwe, hier oben. „Es Ursel is do jowwe." Wer das sagt, der betont durch den Buchstaben „j", dass er selbst „owwe" ist – bei Ursel.

Juppe, Jacke, abgeleitet von dem französischen Wort „jupe" (= Rock). Die Jacke heißt allerdings im Französischen „la veste" oder „le blouson".

Juppefaller, jemand, der seinen Mitmenschen auf die Nerven (= Juppe) geht (= fallt). „De Schorsch is e rischdischer Juppefaller. Der schwätzt nur noch von seinem neije Auto." (Schorsch geht einem auf die Nerven mit seinen Reden über den neuen Wagen.)

Juddeschwänz, Bezeichnung für Hoorische mit einer Anspielung an die Beschneidungsrituale unserer jüdischen Mitbürger. Die Retourkutsche war der Ausdruck „Nonneferz".

juggele, sich selbst (oder etwas anderes) hektisch vorwärtsbewegen. Man kann mit dem Moped durch die Stadt „juggele". Bello kann auch ohne Moped auf dem Pudel des Nachbarn „juggele".

Jungspund, junger, noch unreifer Mann, eine unerfahrene Person, ein Grünschnabel.

junne, hier unten. „Der Schwenker steht do junne, im Keller." Durch die Hinzufügung des „j" ist es klar, wo sich derjenige befindet, der die Frage beantwortet: im Keller beim Schwenker.

juschd, klar im Kopf. Existiert mit dieser Bedeutung nur in der Verneinung: „Der doo is nimmi juschd em Kopp." (Dieser Mensch ist verrückt. Er besitzt keinen klaren Verstand mehr.)

jugse, jauchzen. „Bei de ledschd Bidderedd an de Fasenacht hann die Weibsleit nemmeh ofgehehrt se jugse." (Bei der letzten Büttenrede an Fastnacht haben die anwesenden Frauen sehr lange gelacht.)

K wie Kappes

Der Buchstabe „k"

hat eine durchschnittliche Häufigkeit von 1,2 % in deutschen Texten. Seit der Entwicklung des klassischen Lateins wurde das „k" in den romanischen Sprachen durch das „c" verdrängt. Im Französischen, Spanischen, Italienischen usw. wird das „k" heute nur noch für Fremdwörter gebraucht.

Die saarländische Mundart macht einen Unterschied zwischen dem „k" am Wortanfang (wo es wie das deutsche „k" ausgesprochen wird) und im Innern und am Ende des Wortes (wo die Aussprache gegen „g" tendiert). Aus Gründen der Lesbarkeit sollten wir im Regelfall beim „k" bzw. „ck" bleiben, Also: statt „De Kaal war schdragg": „De Kaal war strack".

Kaadeblätsch, eine Wahrsagerin, die versucht, zukünftige Ereignisse nicht aus Kaffeesatz, Handlinien und Sternzeichen, sondern aus Spielkarten (saarländisch „Kaade") zu recherchieren. „Die Kunden der Astrologen und Hellseher sind Kranke, Verängstigte, aus dem Gleichgewicht geratene Menschen, die Trost und Sicherheit suchen und auf ihre Person aufmerksam machen wollen. Das wissen die Astrologen sehr genau, man braucht nur ihre stereotypen Vorhersagen zu lesen: dem Ego zu schmeicheln ist viel wichtiger, als die Zukunft vorauszusagen" (Georges Minois: Geschichte der Zukunft. Düsseldorf/Zürich 1998, S. 716). Der Substantiv „Plätsch" leitet sich ab von dem Verb „plätschern", einer Lautnachahmung von „platschen", das wiederum verwandt ist mit „plantschen" bzw. „planschen". Bei „Plätsch" entsteht zusätzlich die Assoziation zu „blättern", was man mit Spielkarten ja machen kann. Eine weitere mögliche Erklärung: Die Dame „blättert" die Karten auf den Tisch.

kaafe, kaufen. Das „au" wird zu „aa" oder auch manchmal nur zu „a", auch wenn die Vorsilben „in" oder „ver" hinzugefügt werden. Bei den abgeleiteten zusammengesetzten Substantiven gibt es keine saarländischen Fassungen. Wörter wie „Kaufmann" oder „Schlussverkauf" werden nicht ins Saarländische übersetzt.

Kaaschd, saarländische Fassung von „Karst", allerdings nicht die aus Korrosion entstandene Geländeform, sondern eine Hacke mit zwei Zinken zur Bearbeitung des Bodens.

Käbber, wörtlich „Köpfer", womit allerdings kein Scharfrichter gemeint ist, sondern ein Kopfsprung ins Wasser, auch: Kopfball beim Fußball.

Kabbo, Vorarbeiter, abgeleitet von dem französischen Substantiv „le caporal". In Deutschland wurde dieser militärische Dienstgrad abgelöst durch „Unteroffizier". Die Betonung im Saarländischen Wort liegt auf der ersten Silbe.

Kackerlack, hat nichts mit einem Beschichtungsstoff zu tun, der dünn aufgetragen wird und sich zu einem durchgehenden, festen Film aufbaut. Die Kakerlake verhält sich als Küchenschabe ausgesprochen schäbig. Das ist schon eher der Grund, warum ihr Name im Saarländischen zur „Kackerlack" mutierte. Der Schädling, der in dem südamerikanischen Lied „la cucaracha" so temperamentvoll besungen wird, ist im Saarland ganz einfach ein ungeliebter Gast, einer, den man nicht mag. Das „c" im ersten Wortteil verstärkt noch die abwertende Wirkung, und die Verdoppelung des „ack" gibt dem Wort noch mehr Feuer.

Kaddong, Karton, abgeleitet von dem französischen Substantiv „le carton". Das Wort hat zwei Bedeutungen: 1. dickes Papier und 2. eine kistenförmige Verpackung aus diesem Material.

Kadissem, Katechismus, ein Handbuch der katholischen Kirche zur Unterweisung in den Grundfragen (und Antworten), zum Beispiel im Religionsunterricht in den Schulen. Die offizielle Ausgabe ist die lateinische. Sie wurde in zahlreiche Sprachen übersetzt.

Kaff, kleines, rückständiges Dorf, abwertend für einen Weiler. „Im Vergleich zu Nju Jork is Saabricke e Kaff." (Wenn man Saarbrücken mit New York vergleicht, dann wird man feststellen, dass die saarländische Landeshauptstadt doch ziemlich klein ist.)

Kaffeeblech, blechernes, meistens verbeultes Behältnis für den Transport und die Aufbewahrung von Kaffee, wurde von der Thermoskanne abgelöst. Das Kaffeeblech nahm man mit zur Arbeit.

Kaffeekisch, Bezeichnung für eine Kantine der Saargruben. Der Name kann in die Irre führen, denn dort wurde weitaus mehr Bier und Schnaps getrunken als Kaffee.

Kaffer, eigentlich ein Angehöriger eines südafrikanischen Stammes, wird aber wegen des Wortstammes abwertend benutzt für jemanden, der aus einem „Kaff" kommt.

Kalaumes, aus dem Jiddischen entlehntes Wort, das über das Rotwelsche in unsere Mundart gewandert ist. Die ursprüngliche Bedeutung: „Träume". Das Wort wird benutzt für Geschwafel, Geschwätz und Unsinn. Die Gegenbedeutung im Jiddischen ist „Tacheles". „Was schwätzschd dann du do fier e Kalaumes zesamme!" (Wie kannst du solchen Unfug reden!)

Kalesch, Kutsche, abgeleitet von dem gleichbedeutenden französischen Ausdruck „la calêche": Die Betonung liegt auch im Saarländischen auf der zweiten Silbe.

kalfaktere, emsig umherlaufen, wichtig tun, scharwenzeln, den Zuträger spielen, über andere herziehen, um sich selbst hervorzutun (veraltet, oft leicht abwertend). Das Wort stammt aus dem Mittelalter. Der „calfactor" (wörtlich: Heizer) war ein Hausmeister oder ein Schüler, der mit diesen Aufgaben betraut war, später auch ein Häftling in einer Strafanstalt, der Hilfsdienste leistete, der viel rumkam, manches wusste, weil er andere aushorchte und das ganze Wissen über Intrigen zu seinem Vorteil ausnutzte.

Kalligantes, im Saarland übliche Bezeichnung für den Gewürzstrauch (verkürzte Form des botanischen Namens „Calycanthus floridus").

Kalter Kaffee, 1. Kaffee, den man entweder aufwärmen oder wegschütten muss, wenn man ihn nicht kalt trinken will. 2. Bestandteil der Redewendung: „Das ist doch kalter Kaffee." (Das ist nicht mehr aktuell.) 3. Im Saarland eine Mischung aus Cola und Limonade.

Kaltnackisch, Kosewort für Herrensohr (im Saarbrücker Stadtbezirk Dudweiler). Das Wort soll sich ableiten von den ersten Bewohnern Mitte des 19. Jahrhunderts. Man hatte das Waldgebiet gerodet, um Bauplätze zu schaffen für die zuzugswilligen Bergleute. Die ersten Kommentare zur kahlen Landschaft waren eher negativ. Jemand soll gesagt haben: „Do isses aawer kahl unn nackisch!" (Was für eine öde Landschaft!) Die volkstümliche Fassung des Ortsnamens ward geboren.

kälze, frösteln. Das Verb ist abgeleitet von dem deutschen Adjektiv „kalt". Meistens gibt es nur einen indirekten Bezug zum Wetter. Man gebraucht das Wort auch, wenn etwa ein Stoffteil noch feucht ist.

Kanallje, ein gemeiner Kerl, ein Schuft oder Schurke. Das Wort hat Migrationshintergrund. Im 17. Jahrhundert kam es aus dem Französischen (la canaille) ins Deutsche. Vorher hielt es sich im Lateinischen als „caniculus" auf, ein Wort, das abgeleitet ist von „canis" (= Hund).

Kanapee, 1. gepolstertes Sitz- oder Liegemöbel für mindestens zwei Personen: Sofa, Couch, Diwan, abgeleitet von dem französischen Wort „le canapé" mit lateinischem Ursprung: „conopeum" war der Name für „Himmelbett". 2. kleine, mundgerecht servierte Party- oder Aperitifhäppchen.

Känguruverdel, Wohngebiet, deren Bewohner mit dem Widerspruch extensivem Konsumverhaltens einerseits und schwieriger Finanzlage andererseits leben müssen. Sie machen wie das Känguru: „Große Spring unn hann nix im Beidel." (Große Sprünge und nichts im Beutel.)

Kanickel, Kaninchen, gehört zur Familie der Hasen. Die wichtigsten Gruppen sind Wild- und Hauskaninchen. Im Hochdeutschen ist das Wort eine für Saarländer nur schwer auszusprechende Verkleinerungsform für „Kanin" (vom altfranzösischen „conin", abgeleitet von dem lateinischen Wort „cuniculus"). Die saarländische

Mundart ersetzt die verkleinernde Endung durch die volkstümliche und pejorative Form des Vornamens Nikolaus.

Kannel, saarländische Aussprache von „Kandel", ein Nebenwort für Dachrinne, Regenrinne. „Der is so lang, der kann aus em Kannel saufe." (Seine Körpergröße ermöglicht es ihm, ohne Mühe Getränke aus der Dachrinne zu sich zu nehmen.)

Kabotthietsche, ein hoch auf der Frisur sitzender Damenhut, der durch eine Kordel unter dem Kinn gehalten wird. Populär wurde er in Deutschland in der Biedermeierzeit. Das Wort selbst kommt aus dem Französischen. Dort heißt dieser Hut „la capote" und hat die Nebenbedeutung „Kapuzenmantel", ein Kleidungsstück, das vor allem in Männerklöstern verbreitet war. Die Betonung des Wortes Kabotthietsche liegt auf der zweiten Silbe.

DAS IS ES KABOTTHIETSCHE VON DE OMA.

Kapp, Kappe, 1. eine eng am Kopf anliegende Mütze mit Schirm, 2. ein Schutz eines Teils einer Maschine, zum Beispiel eine Radkappe, 3. ein abnehmbarer Verschluss bei Flaschen oder Schachteln, 4. ein deckendes Gewölbe im Bergbau (über dem Stollen), 5. der Teil des Schuhs, der die Wölbung über der Ferse versteift. Typische Redewendungen: „Das hol ich of mei Kapp." (Ich übernehme die Verantwortung.) „Der is näwe de Kapp." (Der ist verrückt.)

Kappes, 1. Kohl, ein Gemüse, das vor allem im Herbst und Winter Saison hat. Aus ihm kann man deftige Eintöpfe machen, 2. Unsinn, dummes Zeug: „Der hat nix wie Kappes verzehlt." (Er hat nur Unsinn geredet.)

Kappesbauer, ein Agrarier, der sich auf die Anpflanzung und Ernte von Weißkohl spezialisiert hat. Der Ausdruck wird auch abwertend für alle Landwirte benutzt, unabhängig davon, ob sie Ackerbau oder Viehzucht betreiben.

Kappesdurchenanner, gekochter Kohl, ein rustikales Gemüsegericht. Der Kohl wird durch den Fleischwolf gedreht, eventuell noch mit ausgelassenem Speck verfeinert und danach gewürzt.

Kappeskopp, 1. ein Kopf Kohl bzw. ein Kohlkopf, 2. jemand, der nur Unsinn (Kappes) im Kopf hat. Aus dem lateinischen Wort „caput" (= Kopf) entstanden im 11. Jahrhundert die mittelhochdeutschen Begriffe „kabez" und „kapuzz" und schließlich der „Kappes".

Kappesmeng, einfaches Gericht, das früher im Saarland verbreitet war: Der Wortteil „meng" ist hier nicht abgeleitet von „Menge", sondern von „vermengen" (= vermischen), also von der Herstellungsart. Kohl wird zusammen mit Kartoffeln gekocht, durch den Fleischwolf gedreht und ein wenig gesalzen.

Kappesrellscher, Kohlrouladen, gefüllt mit gewürztem Hackfleisch, kein saarländisches Nationalgericht, aber dennoch beliebt, was man allein daran erkennt, dass es einen saarländischen Namen dafür gibt.

Kappesteertes, einfache Resteverwertung, ein Arme-Leute-Gericht von früher. Die Hauptbestandteile sind Kartoffelpüree und Sauerkraut. Sie werden gut miteinander vermengt und aufgewärmt. Aufpassen, dass das Ganze nicht zu sehr blubbert, spritzt und anbrennt. Eine gute Beilage zu Lyoner.

Karambolaasch, Zusammenstoß, Zusammenprall, Kollision. Das Wort wurde im 19. Jahrhundert aus dem französischen Wort „le carambolage" abgeleitet und ins Deutsche übernommen. Das Saarländische verzichtet – wie die französische Aussprache – auf das „e" am Schluss des Wortes.

Käre, Kerne, der Samen des Kernobstes, zu dem auch Äpfel und Birnen gehören. Nicht zu verwechseln mit den „Steinen" der Aprikosen, Kirschen, Mirabellen, Nektarinen, Pfirsichen und Zwetschgen.

Karraasch, altsaarländischer Ausdruck für Garage. Ein absolut untypischer Umgang mit einem französischen Lehnwort in der deutschen Sprache. Normalerweise machen wir eher aus einem „k" ein „G". Hier ist es umgekehrt.

Karrehund, Hund, der den Metzgerkarren zog. In der Regel waren das größere, starke Hunderassen. Beliebt für diese Aufgabe waren vor allem die Rottweiler.

Käs, Käse, das Ergebnis eines der ältesten Verfahren, Milch haltbar zu machen. Entsprechend alt ist auch das Wort: Im Lateinischen hieß der Käse „caseus" und im Althochdeutschen „Kasi". Das englische Wort „cheese" geht darauf ebenso zurück wie das spanische „queso". Der Ausdruck „Käse" wird aber nicht nur für das Produkt der Lebensmittelindustrie benutzt, sondern auch für Unsinn jeder Art. Interessant ist in diesem Zusammenhang die saarländische Redewendung: „Do is de Käs gess" im Sinne von „Jetzt ist alles vorbei". Vielleicht hat diese Wendung etwas mit den Essgewohnheiten unserer französischen Nachbarn zu tun. Da schließt der Käse den Magen, und das Menü ist „rum". Danach gibt es „nur noch" die Nachspeise. Manchmal hört man auch im Saarland die ironisch gebrauchte französische Fassung „fromage mangé" für „Jetzt iss awwer Schluss".

Käsblatt, nicht etwa eine „Käseplatte", sondern ein Anzeigenblättchen, meistens eine regionale (Werbe-)Zeitung mit (unerwünschten) Beilagen. Bei dem Wortteil „Käse" handelt es sich um eine Abqualifizierung des Inhaltes, der Aufschlüsse zulässt über die mindere Qualität des Käses in früheren Zeiten und auf dessen Gestank.

Saarländischer Witzklassiker: „Ein frankophiler saarländischer Gourmet bestellt in einem Saarbrücker Restaurant nach dem Essen ‚e Käsblatt'. Der Ober bringt ihm eine saarländische Tageszeitung."

Kaschde, Kasten. Wird in bestimmten Zusammenhängen auch für „Kopf" benutzt: „Der hat schwer was offem Kaschde." (Der ist sehr intelligent.)

Käschde, saarländischer Ausdruck sowohl für die essbaren Edelkastanien (Maronen) und Rosskastanien, die allerdings botanisch nicht mit den Edelkastanien verwandt sind. Es gibt lediglich eine oberflächliche Ähnlichkeit der Früchte (stachlige Hülle, brauner Kern). Die Rosskastanien sind auch nicht essbar. Sie werden aber bisweilen als Viehfutter benutzt.

Kaschdel, Blieskastel, eine Stadt im Saarpfalz-Kreis mit über 20 000 Einwohnern, etwa 25 km östlich von Saarbrücken an der Grenze zur Pfalz. Durch die Stadt fließt die Blies, die ihr den ersten Teil ihres Namens gegeben hat. Der zweite Teil stammt von einem Gottfried. Er tauchte im Jahr 1098 unter dem Namen „Comes de Castele" in der Stadt auf, die sich über die Jahrhunderte zur „heimlichen Hauptstadt des Bliesgaus" gemausert hat. Blieskastel ist auch das Zentrum des „Biosphärenreservats Bliesgau" der UNESCO.

Käschdemännje, 1. ein Männchen, das man in der Herbst- und Weihnachtszeit aus Kastanien und Holzstäbchen, Zahnstochern oder Zündhölzern zusammenbasteln kann, 2. ein Verkäufer von heißen Maronen.

Kaschemm, Kneipe, Schenke. Der Ausdruck „Kaschemme" kommt aus dem Rotwelschen, vor allem abwertend als „miese Kaschemme", findet sich aber auch in dem gleichbedeutenden polnischen Wort „karczma". In der deutschen Sprache benutzt man das Wort seit dem 19. Jahrhundert, vor allem abwertend für Gebäude des Gastgewerbes: für verrufene Restaurants, Hotels und Gasthäuser.

Käsfieß, stinkende Füße. „Käs" wird bei dieser Wortschöpfung generell als Metapher für schlechten Geruch benutzt. Die Ursachen liegen in der geruchsintensiven Schweißabsonderung der Füße, denn die Fußsohlen haben viele Schweißdrüsen. Bei den Füßen gibt es ähnliche bakterielle Zersetzungsprozesse wie bei der Herstellung von Käse. Deshalb ähneln sich auch die Gerüche.

Kassade mache, bummeln gehen. Das Wort „Kassade mache" geht auf einen Ulk deutscher Studenten in der ersten Hälfte des 19. Jahrhunderts zurück. Sie machten sich einen Scherz daraus, deutschen Wörtern ein lateinisches Outfit zu verpassen. So entstand auch das Wort „gassatim". Wer „gassatim" ging, der lief allerdings nicht nur in den Gassen herum. Er besuchte auch die Kneipen. Mit der Zeit wandelte sich das Anfangs-„g" zu einem „k" (wie „Garage" zu „Karraasch") und der adverbiale Charakter zu einem Substantiv. Die allzu niedliche Endung „tim" wurde eliminiert. Also ging man „Kassade mache". Die Formulierung „Gassi gehen" (für Hunde und für Menschen, allerdings mit unterschiedlichen Zielsetzungen) scheint noch an die Etymologie des Wortes zu erinnern.

Kässchmier, wird nicht etwa aus Quark (im Saarland: „Weißer Käs) hergestellt: mit Zwiebeln, Kräutern und Gewürzen, sondern durch „Verlängerung", indem man zuerst aus Sparsamkeitsgründen in der Pfanne Zwiebelstücke im Fett brät, Mehl hinzufügt und es anbräunen lässt, dann billigen Käse dazugibt, diesen verlaufen lässt, mit Pfeffer, Salz und Maggi würzt und dann alles umrührt. Damit belegt man dunkles Brot. Das alles isst man mit Messer und Gabel, wie ein Wiener Schnitzel.

Kasseroll, Braten- und Kochtopf, abgeleitet von dem französischen Begriff „la casserole", dieser wiederum von dem altfranzösischen Wort „casse". Das war ein flacher Topf mit Stiel oder zwei Henkeln, einer großen Bodenfläche und einem steilen Rand.

Kattaschullje, saarländische Aussprache des „Quatorze Juillet", des 14. Juli. An diesem Tag im Jahre 1789 hatten Revolutionäre in Paris der „Bastille" den Kampf angesagt. Zu einer „Erstürmung" kam es aber nicht, weil der Kommandant des Gefängnisses sofort kapitulierte. Fünf Kriminelle und zwei Geisteskranke wurden befreit. Dennoch wird dieses Ereignis als Beginn der Revolution angesehen und jedes Jahr als Nationalfeiertag gefeiert. Nach den beiden Weltkriegen gab es Versuche der französischen Besatzung, auch im Saarland den „Quatorze Juillet" einzuführen. Die saarländische Aussprache karikierte gewollt oder auch ungewollt dieses zum Scheitern verurteilte Unterfangen.

katzbuckele, einen Buckel (Rücken) machen wie eine Katze. Der Ausdruck wird gebraucht für kalfaktern, schöntun, sich untertänig verhalten.

Katzekopp, kubischer Pflasterstein, altsaarländisch auch „Pawweh", abgeleitet von dem gleichbedeutenden französischen Wort „le pavé". Die „Katzekepp" werden aus verschiedenen Materialien hergestellt: Beton, Naturstein, Klinker und Hochofenschlacke. Noch heute baut man mit „Katzekepp", wenn das Pflaster dekorativ aussehen soll, etwa in Fußgängerzonen, auf Fußwegen oder öffentlichen Plätzen. Die Ähnlichkeiten von Pflastersteinen mit tierischen „Katzekepp" erschließt sich nicht auf den ersten Blick.

Katzeschwanz, alter saarländischer Ausdruck für Ackerschachtelhalm. Andere Bezeichnungen wie Zinnkraut und Scheuerkraut deuten auf ihren Nutzen hin. Die Triebe haben eine Ähnlichkeit mit einem Katzenschwanz. Sie wurden im Haushalt vor allem als Reinigungsmittel für Gegenstände aus Zinn verwendet, woraus sich auch einige seiner volkstümlichen Namen wie „Katzenwedel" ableiten.

Kau, Badeanstalt für die Bergleute, ein Aufbewahrungsort für ARbeits- und Privatkleider. Die Bergleute zogen sich in der „Kau" um und duschten nach der Ausfahrt.

kaudere, Zwischenhandel betreiben, makeln, ein Wort aus dem Rotwelschen. Die Substantivierung des Begriffes (Kauder = Händler) ist eine Konstituente für das Kompositum „Kauderwelsch".

Kauderwelsch, eine nicht verstehbare Sprache. Der Ursprung ist der Soziolekt des fahrenden Volkes, zu dem auch Händler gehörten. „Welsch" war der Ausdruck für eine unverständliche, romanische Sprache.

Kauewart. Er kümmerte sich um die verdreckte Arbeitskleidung der Bergleute und um Handtücher, Seife, Sauberkeit und Ordnung in der Kaue.

Kaul, saarländisch für „Kuhle", steht auch für Mulde, Vertiefung, Loch oder Senke. Das Wort existiert auch in zusammengesetzten Wörtern: Kaulbarsch und Kaulquappe, Halskaul (Genick), Mischtkaul (Mistgrube).

Kawänzmann, ein großes Stück, ein großer Mensch, etwas Schweres, ein Prachtexemplar. Der Begriff kommt ursprünglich aus der Sprache der Seeleute. Auf dem Schiff ist der „Kaventsmann" die Bezeichnung für eine Riesenwelle, und dieses Wort wurde übertragen auf alles, was groß ist. Im Rheinland wurde daraus „Kabänes" und im Saarland der „Kawänzmann".

Käwwert, Käfer. Mit 350 000 Arten sind sie die größte Gruppe unter den Insekten. Am bekanntesten sind in unseren Breiten die Marienkäfer und die Maikäfer. Im Unterschied zu anderen Insekten nerven sie die Menschen nicht allzu sehr.

Keez, ein Korb, den man auf dem Rücken trägt, mit Weintrauben oder Obst aus der Baumschule.

Kehl, Grünkohl, ein Kreuzblütengewächs, eine Zuchtform des Kohls, ein typisches Wintergemüse. Bereits im antiken Griechenland und Rom baute man ihn an. Später verbreitete sich der Anbau in Europa und in Asien. Spanier und Engländer haben ihn in Amerika eingeführt.

Kehr, Kurve „Ich hann es Auto hinne an de Kehr stehn." (Mein Wagen steht da hinten an der Kurve.) Das Wort „Kehr" wird auch gebraucht für „dazu kommen": „Ich wollt geschder die Steiererklärung mache, awwer ich hann die Kehr net kriehd." (Gestern wollte ich meine Steuererklärung machen, aber ich bin nicht dazu gekommen.)

Keimsche, Zäpfchen im Hals, es befindet sich bei Affen und Menschen in der Mitte des Gaumensegels. Der medizinische Begriff lautet „Uvula". Er kommt aus dem Lateinischen und leitet sich vom Aussehen des Zäpfchens ab. „Uvula" bedeutet „Träubchen". Das saarländische Wort „Keimsche" könnte sich herleiten von „Gäumchen" = „kleiner Gaumen". Im Saarland gibt es die Redewendung: „Mir fallt noch es Keimsche ab" für „Mir läuft das Wasser im Mund zusammen".

kenn, kein. Der Zusatz „meh" (= mehr) lässt sich im Saarländischen verdoppeln: „Ich hann kenn meh Geld meh." (Ich bin pleite.) Die doppelte Verneinung ist im Deutschen unüblich. Man kennt sie aber aus anderen Sprachen, etwa dem Französischen (ne – pas) und Spanischen (no – nada), aber auch in anderen deutschen Regionalsprachen, etwa dem Bayerischen (koa Göld net).

kennisch, kundig. „Wenns um so ebbes geht, dann is de Pitt kennisch." (In solchen Dingen kennt sich Peter aus.)

Kerb, auch „Kerwe", beide sind saarländische Ausdrücke für das deutsche Wort „Kirmes". Dieses wiederum leitet sich ab von der Kirchmesse, dem Kirchweihfest. Man feiert(e) früher alljährlich den Tag der Kirchweihe oder den Namenstag des Schutzheiligen der Kirche. „Of die Kerb laade" bedeutet: „jemanden auffordern, ihn im

Sinne von Götz von Berlichingen an einer bestimmten Stelle eines gewissen Körperteils mehrmals mit der Zunge zu berühren".

Kerbholz, nicht etwa Holz, das man im Saarland an der Kirmes benutzte. Die erste Konstituente bezieht sich auf das deutsche Wort „Kerbe". Das war ein einfacher, keilförmiger Einschnitt, häufig eine Sollbruchstelle, etwa beim Fällen von Bäumen. Das westgermanische Verb „kerben" hatte die Bedeutung von „ritzen" oder „kratzen". Im Saarland hört man öfter die Redewendung „Der schlahd immer in die selb Kerb". (Er greift immer das gleiche Thema auf, ohne die Argumente und Beispiele zu wechseln.) Auch in der deutschen Sprache und den Regionalsprachen gibt es diese satzförmige Metapher, ebenso wie das in einen Satz integrierte Kompositum „Kerbholz". In früheren Zeiten hing es in den Kneipen, und darauf waren die Außenstände der Gäste eingraviert, die am Zahltag auch oft bezahlt wurden. Bis dahin war es ein wichtiges moralisches Druckmittel. Es zeigte an, ob man jemandem noch Vertrauen schenken konnte. Bis in die Gegenwart hinein wird der Begriff noch ernsthaft angewandt: Wenn jemand „ebbes offem Kerbholz" hat, dann bedeutete das meistens: Er hat sich gesetzeswidrig verhalten.

Kerjeblädddche, kleines Mitteilungsblatt der Kirchengemeinde, Gottesdienstordnung. Oft hat es ein sehr bescheidenes Outfit (DIN A 5, schwarz-weiß, keine Fotos, bestenfalls einfache Zeichnungen). Es dient vor allem der Information über bevorstehende Termine.

Kerrsch, Kirsche, Frucht des Kirschbaums (saarländisch „Kerrschebaam). Er blüht von April bis Juni und reift im Spätsommer. Die „Kerrsche" sind zuerst grün und dann rot. Manche Sorten sind auch schwarz. Farben und Größe schwanken, je nach Sorte. Aus „Kerrsche" macht man Marmelade. Sehr beliebt sind im Saarland auch der „Kerrschekuche" und der „Kerrscheschnaps".

Kerrschekäre, Kirschkerne. Sie enthalten Blausäure, aber in sehr geringen Mengen. Die saarländische Fassung ist musikalisch verewigt in dem Refrain der von Anne-Karin gesungenen saarländischen Hymne „Mir hann gespielt am liebschde nur im Dreck", ein Lied, das zu Beginn des zwanzigsten Jahrhunderts aus dem Kölner Raum nach Saarbrücken wanderte. Darin heißt es am Schluss des Refrains: „Eene meene Kerrschekäre, Rippche, Dippche, weg."

Kersch, Kirche, Gotteshaus. Als Gebäude steht sie meistens in der Mitte vom Dorf, in größeren Städten in mehreren Stadtteilen. Überall scheint die Devise des saarländischen Schriftstellers Manfred Römbell zu gelten: „In die Kersch muss gang genn." (Man muss in die Kirche gehen.) Angefangen hat es mit Jesus. Er schuf die Grundlagen mit einer Gruppe von Freunden, Verwandten, Anhängern aus Galiläa und Jerusalem. Das war die Urgemeinde. Aus ihr und einigen verstreuten Gemeinden entwickelten sich ein intensives Leben und eine rege Propagandatätigkeit auf höchstem Niveau. Alles in allem waren das aber nur Vorformen dessen, was man heute Kirche nennt, innerhalb und außerhalb der gleichnamigen Gebäude.

Kerschdscher, Bratkartoffeln. Sie sind sehr krustig, und aus dem Wort „Kruste" wird im Saarländischen „Kurschd" oder „Korschd". Die Verkleinerungsform ergibt „Kerschdsche" und deren Plural „Kerschdscher". Im Saarland bereitet man sie meistens aus rohen Kartoffeln zu. Die Bergleute in den Schlafhäusern nahmen sich nicht die Zeit, sie vor dem Braten zu kochen. Der Bexbacher Komponist und Entertainer Hugo Baschab (de Globetrotter) hat sie in einem Lied verewigt: „Saarländsche Kerschdscher, die sinn e Genuss..." Und dann reimt sich – schon fast programmatisch für den Umgang der Saarländer mit Kulinarischem – das Wort „Genuss" auf „Kuss". Das Wort „Kerschdsche" steht auch für eine nicht allzu sehr geschätzte junge Frau: „Was haschd Du mir dann do fier e Kerschdsche mit hemm gebrung?!" (Was für eine unscheinbare Frau hast du denn da mitgebracht!)

Kerschopp, altsaarländischer Ausdruck für Kirchhof und Friedhof. Der Begriff passte auf die Lage der früheren Friedhöfe: direkt neben der „Kersch" auf dem „Schopp" (altsaarländischer Ausdruck für „Hof"), wobei man beim Kompositum beide Wörter zusammenzog und sich dadurch die Verdoppelung des „sch" ersparte.

Kerwegeld, Sonderzahlung des Taschengeldes an Kinder aus Anlass der Kirmes. Gäste der Familie gaben ebenfalls ihren Teil dazu.

Kerwehannes, Figur aus Holz und Stoff, eine männliche Vogelscheuche, die bei der Kirmes eine folkloristische Rolle spielte. Die Beerdigung des Hannes ist eine Parodie auf kirchliche und dörfliche Rituale. Es wird eine Feuerbestattung mit Grabrede durchgeführt.

Kerweluische, abwertende Bezeichnung für einen Arbeiter im Bereich des Schaugewerbes. Ähnlich beleidigend wie die Wörter „Schiffschaukelbremser" und „Schießbudefigur", die im gleichen Milieu anzusiedeln sind. Im übertragenen Sinn: ein unseriöser Mensch, vom Aussehen her etwas ungepflegt und heruntergekommen.

Kerweplatz, Kirmesplatz. Dort war alles noch etwas bescheidener als heute. Wichtig waren vor allem der Auto-Scooter, auf dem man sich als Kind schon langsam auf die Führerscheinprüfung vorbereiten konnte, und die Berg- und Talbahn, bei der man durch die Zentrifugalkraft einen etwas engeren Kontakt zu Gleichaltrigen des anderen Geschlechts bekam. An den Schießbuden konnte man Stofftiere als Preise abstauben, und überall duftete es nach auf Holzkohle gegrillten Rostwürsten.

kiebitze, etwas heimlich auskundschaften (beim Kartenspiel: als Nicht-Mitspieler den anderen in die Karten schauen). Das Wort kommt aus der Gaunersprache, und diese orientiert sich an dem Vogelnamen „Kiebitz". Eine Vermutung: Der Vogel hat einen langen, Schnabel, der einer spitzen Nase ähnelt. Diese wiederum wird gerne in Verbindung gebracht mit Vorwitz (im Saarland gebräuchliche deutsche Form von Neugierde).

Kieschelsche, Verkleinerungsform von Kuchen. Diese müssen nicht unbedingt süß sein. Das Wort „Kieschelsche" ist vor allem bekannt als Bestandteil des Wortes Grumbeerkieschelscher (= Kartoffelpuffer).

Kimmelweck, mit Kümmel und grobem Salz bestreutes rundes Backwerk. Heute ist er in der Bäckerei kein „Renner" mehr. Mit wachsendem Wohlstand wurde er abgelöst durch den „Worschdweck" und dieser wiederum durch das „Sandwich".

Kinddaaf, Kindtaufe. Das noch unmündige Baby wird ungefragt in die jeweilige Organisation der Christen aufgenommen. Das Ritual unterscheidet sich in den verschiedenen christlichen Religionen.

Kinddaafsgutzjer, Bonbons, die bei oder nach einer Kindtaufe verschenkt werden. Die Tradition kommt aus Frankreich. Unter dem absolutistischen König Ludwig XIV. verschenkte man bei Hofe ebenso wertvolle wie üppig gefüllte Bonbonschachteln, wenn ein edler Spross das Licht der Welt erblickte. Das Volk ahmte diesen Brauch nach, musste sich aber mit preiswerteren Verpackungen und Inhalten begnügen. Das glich man allerdings aus mit Schleifen und Blumen. In vielen Gemeinden des Saarlandes ist es noch heute Tradition, dass die Paten am Ende der Taufe jedem Besucher eine Tüte mit „Kinddaafsgutzjer" überreichen. Das Wort hat drei Bestandteile: „Kind", „daafs" und „Gutzjer". Der erste ist in der saarländischen Fassung identisch mit der Hochdeutschen. Bei „daafs" wurde das „au" zu „aa" (wie bei „laufen" zu „laafe") und das harte „t" zu einem weichen „d". „Gutzjer" ist ein eigenes saarländisches Wort, das sich von der positiven Bewertung „gut" ableitet. An diesem Beispiel kann man die Funktionsweise unserer Alltagssprache erkennen: Wir haben 1. deutsche Wörter, 2. ins saarländische „übersetzte" deutsche Wörter und 3. Mundartbegriffe, die es im Deutschen nicht gibt.

Kindskopp, kindischer Mensch. Seine Wert- und Verhaltensmuster haben sich nur wenig verändert, seine Sprachmuster aber schon, wenn man mal von Ausnahmen absieht. Er (oder sie) ist ein nicht allzu gut sozialisierter Mensch. Der Charme, den seine Naivität bisweilen ausstrahlt, kann das naive Verhalten, das in seinem „Kopp" gesteuert wird, noch nicht einmal ansatzweise wettmachen.

Kingerlitzje, Krimskrams, wahrscheinlich aus dem französischen Begriff „quincaille" (= Eisengerät), aus dessen übertragener Bedeutung von „Flitterkram" entlehnt. Das Wort kam wahrscheinlich durch die Hugenotten oder später durch die Truppen Napoleons in den deutschen Sprachraum. Es ist von daher in mehreren Regionen Deutschlands verbreitet, vor allem aber, bedingt durch die Grenzlage, im Saarland. „Kingerlitzje" wird aber nicht nur für „Krimskrams" gebraucht, sondern mittlerweile auch generell für Dinge, die nicht ins Gewicht fallen. Im Deutschen spricht man dann eher von „Kleinigkeiten, die man ignorieren kann", oder man macht Anleihen bei Fremdsprachen: „Quantité négligeable" (zu vernachlässigende Größe) und „Petitesse" (Kleinigkeit, aber auch Engstirnigkeit) aus dem Französischen oder „Peanuts" (Erdnüsse) aus dem Anglo-Amerikanischen.

Kinnerschees, Kinderwagen. Der zweite Teil des Wortes kommt von dem französischen Substantiv „la chaise" (= Stuhl). Der Begriff wird im Französischen allerdings weiter gebraucht als das Wort „Stuhl" im Deutschen. Bei unseren französischen Nachbarn kennt man auch das „chaiselongue" (langer Stuhl, Liegestuhl, in der saarländischen Fassung ein Sofa), „chaise percée" (Nachtstuhl), „chaise à porteurs" (Sänfte), „chaise roulante" (Rollstuhl). Das Saarländische hat diese weite Bedeutung des Wortes übernommen. Dafür steht die „Kinnerschees", die ja mit dem deutschen Wort „Stuhl" nicht allzu viel zu tun hat.

Kinnerschul, frühere Bezeichnung für Kindergarten, der weniger den Schulcharakter, sondern eher das Spielen (im Garten) betont, ebenso wie der Begriff „Spielschul".

Kinneskinner, altsaarländischer Begriff für „Enkel". Diese hatten früher noch keine eigene Bezeichnung. Verwandtschaftsverhältnisse bastelte man oft zusammen. Die Schwiegertocher war eine „Sohnfraa", der Schwiegersohn ein „Dochdermann" und deren Kinder waren noch keine Enkel, sondern „Kinneskinner". Das „d" ersetzte man durch ein weiteres „n".

kinnisch, saarländisches Adjektiv für „kindisch", aber nicht für „kindlich".

kinnische, kündigen. Das kann man mit einem Mitarbeiter machen, aber auch mit einem Zeitungsabonnement. Juristisch gesehen handelt es sich um eine einseitige rechtsgestaltende Willenserklärung, die auf die Beendigung eines Dauerschuldverhältnisses mit Wirkung für die Zukunft gerichtet ist.

Kinnlaad, Kinnlade, Unterkiefer. Eine Lade ist ein Behältnis, in unserm Fall für die Zähne. Die Redewendung „Mir falld die Kinnlaad erunner" beschreibt ein mimisches Verhalten, das Fassungslosigkeit ausdrückt.

Kippaasch, hängendes Gesäß. Den „Kippaasch" (Betonung auf der ersten Silbe) läuft man sich, wenn man lange Wege zurücklegen muss.

Kippe, Zigarettenstummel. In den „schlechten Zeiten" (= Krieg und Nachkriegszeit) waren Zigaretten eine solche Mangelware, dass man die Kippen auf der Straße aufsammelte und den Tabaksrest in der Pfeife rauchte. Auf die Melodie des 1944 geschriebenen amerikanischen Hits „Sentimental Journey" (Text: Arthur Green, Komposition: Les Brown und Ben Homer) sang man im Saarland: „Babbe guck, om Boddem leid e Kibbe!/Babbe guck, sonschd isser ford". In seinem Roman „Rotstraßenzeit" (Blieskastel 1997, S. 43 f.) beschreibt der Bildstocker Schriftsteller Manfred Römbell die Herstellung des „Nachkriegstabaks": „Vater sagte: ‚Ach was, in der

Gefangenschaft hätten wir uns die Finger nach Kippen geleckt, da gab's überhaupt nichts zum Rauchen, das hat noch niemanden umgebracht. Vater schnitt die Kippen auf, zerkrümelte den Tabak mit den Fingern, mischte ihn mit dem ‚Gewwelkraut' zu einem Häufchen. Dann nahm er Zigarettenpapier. (...) Vater krümelte Tabak in das Papier. Er drehte den weißen Wurm auf dem Tisch hin und her, leckte mit einer Zungenbewegung eine Seite des Papiers ab, fuhr mit Daumen und Zeigefinger darüber, und die Zigarette war fertig."

Kippsche, Fingerspitze, das letzte Glied des Fingers, der vordere Teil. Das „Kippsche" ist für die haptische Wahrnehmung sehr wichtig. Deshalb benutzt man das deutsche Wort „Fingerspitze", um ein bestimmtes Gefühl zu bezeichnen, eine Fähigkeit, Details wahrzunehmen. Leider ist sie aber auch sehr verletzbar, etwa durch Hammerschläge oder Quetschungen: „Ich hann mir es Kippsche engequetscht." (Ich habe mir die Fingerspitze verletzt.)

Kischd, Kiste, ein offener oder auch geschlossener Behälter. Darin kann man Gegenstände lagern und sie einfacher befördern. Das Wort „Kiste" hat Migrationshintergrund. Es ist abgeleitet von dem lateinischen Begriff „cista" und war bald verwandt mit dem germanischen Wort „cest", womit man ungefähr das gleiche ausdrückte. Dadurch entstand auch der Stabreim „Kisten und Kasten", saarländisch „Kische unn Kischde". Unsere Umgangssprache macht da feine Unterschiede: „De Bierkaschde steht näwe de Werkzeischkischd." (Der Bierkasten steht neben der Werkzeugkiste.) Das Wort „Kiste" wird auch abwertend für ein Auto benutzt. Sagt aber jemand: „Die zwei sind schon am ersten Abend zusammen in die Kiste gegangen", dann denkt niemand an Gebrauchtwagen von VW, Mercedes oder BMW.

Kischder, ist keine Steigerungsform von „Kischd". Das Wort hat überhaupt nichts mit einer Kiste zu tun. „Kischder" ist der Ausdruck für den „Küster", ein Kirchendiener, ein Angestellter einer Kirchengemeinde, Pfarrei oder der Diözese. Früher musste der „Kischder" auch die Glocken läuten.

Kitsche, Gefängnis, Verkleinerungsform des rotwelschen Begriffes „Kitt" für „Haus" und „Raum". Wahrscheinlich kommt das englische Wort „kitchen" (= Küche) aus der gleichen Ecke. Das saarländische Wort „Kitsche" ist, im Gegensatz zu „Justizvollzugsanstalt", umgangssprachlich und salopp. Es steht in einer Reihe mit „Knast" und „Bau". Ins „Kitsche" kann man „wandern", man kann „hineingesteckt" werden und dann „sitzt" man. Wo? – In diesem Fall kann man sogar den Zusatz „im Kitsche" ganz weglassen. Ein Sprachspiel liefert die Begründung: „Er sitzt, weil er nicht gestanden hat."

Kitschesbruder, Gefängnisinsasse. Wahrscheinlich macht das Wort eine Anleihe beim Kloster, in dem es ja auch Brüder gibt, die nicht miteinander verwandt sind. Der Begriff „Kitschesbruder" ist eindeutig pejorativ. Er geht von der Allgemeingültigkeit gesellschaftlicher Normen aus, bejaht das gegenwärtige System des Strafvollzugs und impliziert auch meistens die Ablehnung von Resozialisierungsmaßnahmen.

Kitt, quitt, bezeichnet einen ausgeglichenen Zustand: „Jetzt semmer kitt." (Jetzt sind wir einig.) Das Wort stammt aus dem gleichbedeutenden französischen Wort: „quitte". Dieses stammt aus dem Lateinischen. Dort hieß es „quietus" und bedeutete: „ruhig, frei von Störungen".

Kittelscherz, Kittelschürze. Das Wort „Kittelscherz" hat nichts mit Humor in der Arbeitswelt zu tun. Es handelt sich nicht um einen Witz, den man über Leute macht, die einen Kittel tragen. Das „Kittelscherz" war eine saarländische Hausfrauenuniform. Während ein „Kittel" ein loses hängendes Kleidungsstück ist, wurde das „Kittelscherz" auch als „Berufsmantel" bezeichnet und professionell im Haushalt getragen. Bis Ende der siebziger Jahre stellte man sie überwiegend aus dem pflegeleichten Nylon her. Mittlerweile gibt es sie fast nur noch aus Baumwollgewebe. Das „Kittelscherz" ist ein fester, traditioneller Bestandteil der informellen, weiblichen Tracht der Saarländerinnen.

Kitzelbud, saarländische Bezeichnung für eine Nachtbar mit Chambres Séparées. Auch die Namen der einzelnen „établissements" sind oft in der Sprache unserer Nachbarn gehalten. Beliebt sind Namen wie „Pourquoi pas?" Saarländisch: „Warum dann aach net!"

Kiwwel, Kübel. Vom Prinzip her ein überdimensionierter Eimer. Er eignet sich vor allem, um Flüssigkeiten aufzubewahren und zu transportieren. Früher stellte man ihn aus Holz oder Leder her, heute aus Metall oder Kunststoff. Das Wort „Kiwwel" wird im Saarland auch im übertragenen Sinn gebraucht: „Ich hann de Kiwwel voll" (Mir reicht es) oder auch: „Dem soll ich awwer mol de Kiwwel gerieb hann." (Diesem Menschen habe ich eine Abreibung verpasst und ihm damit mal gründlich die Meinung gesagt.)

kiwwele, sich übergeben. Erbrechen. Das geht so: Magen, Zwerchfell und Bauchmuskulatur ziehen sich zusammen. Der Magenmund öffnet sich, und der Mageninhalt gelangt über die Speiseröhre in den Mund und dann nach außen. Die gesamte Aktion bezeichnet man als „kiwwele", weil im Idealfall das Ergebnis in einem „Kübel" landet. Andere Wörter mit gleichem Inhalt: kotzen, reihern, würgen und speien. Neben „kiwwele" gibt's im Saarländischen noch das Wort „workse" für leichtere Fälle.

klään, klein. Wichtiges Adjektiv, das vor dem Substantiv stehend, eine wichtige Information weitergibt: „E klääner Mann", aber „e klääni Fraa". Steht es dahinter, dann sind beide „klään". Im Plural verändert sich überhaupt nichts, unabhängig davon, ob das Adjektiv davor oder dahinter steht. Plural: „Die klääne Männer unn die klääne Fraue." Und „Die Männer sinn klään, die Fraue aach."

Klafter, eine derb-resolute Frau. Der Klafter war ursprünglich ein historisches Längenmaß: sechs Fuß, also etwa 1,80 Meter. Wahrscheinlich bezeichnete man früher auch große Frauen deshalb übertrieben und ironisch als „Klafter". (Das Pendant war „der laufende

Meter" für einen kleinen Mann.) Als Raummaß für Brennholz hat der Begriff „Klafter" allerdings länger gehalten. Er leitete sich vom oben angeführten Längenmaß ab: Ein Klafter Holz hatte eine Länge und eine Höhe von 1,80 Metern. Die Tiefe betrug einen halben Klafter, also 0,90 Meter. Exakt nachgerechnet: 2,916 Kubikmeter.

Klapp, 1. eine bewegliche Vorrichtung. Mit ihr kann man eine Öffnung verschließen, zum Beispiel an einem Briefkasten. 2. Abwertender Begriff für „Mund". Den sollte man unter Kontrolle halten, nicht nur beim Essen und Trinken, sondern auch beim Reden. Fast schon beleidigend ist der Ausspruch: „Hall die Klapp!" (Sei ruhig!)

Kläpper, lärmerzeugende Holzgeräte, die auch im Saarland in der Karwoche von Messdienern aktiviert werden, um die Glocken zu ersetzen. Der katholischen Sage nach fliegen diese an Gründonnerstag nach Rom, wo sie bis zur Osternacht bleiben.

klappere, 1. Geräusch erzeugen. Das entsteht meistens durch ein ständiges Aneinanderschlagen von zwei Gegenständen. 2. Teil der Redewendung: „Klappern gehört zum Handwerk" = Werbung gehört zum Geschäft. Man muss die Vorzüge seiner Waren, Dienstleistungen und sich selbst in der Öffentlichkeit präsentieren.

kläppere, 1. eine Kläpper bedienen, 2. verrühren, zum Beispiel Eier für ein Omelette. „Jetzt wo ich am kläppere bin, do willsch du of ähnmol Spischeleier." (Während ich dir ein Rührei vorbereite, da änderst du deine Meinung und wünschst dir plötzlich Spiegeleier.)

klapperisch, eine Verbindung von nicht mehr stabil (wacklig) mit einem verdächtigen Geräusch. Beispiele: Auto, Liegestuhl, Küchengeräte usw.

Klapperkischd, Auto, das sich in keinem guten Zustand befindet. Die nicht mehr allzu gut befestigten Bestandteile erzeugen beim Fahren bereits Geräusche. Deshalb verdient es nicht mehr die Bezeichnung „Auto". Diese wird durch das saarländische Wort für Kiste (= Kischd) ersetzt.

Klapsmiehl, Klapsmühle, also: Psychiatrie, Nervenheilanstalt, eine Institution für alle, die einen „Klaps" haben, eine geistige Verwirrung. „Miehl" (Mühle) ist ein konkretes Sprachbild aus dem ländlichen Erfahrungsbereich, das den abstrakten, soziologischen Begriff „Institution" plastischer machen soll. Eine ähnliche Struktur haben wir bei „Tretmühle" und „Zwickmühle".

Klatschmaul, wenn man das Wort auf die Goldwaage legt, dann applaudiert (= klatscht) hier ein Maul. Das macht aber keinen Sinn. Wir kommen weiter, wenn wir uns der zweiten Bedeutung des deutschen Wortes „klatschen" zuwenden: Darunter versteht man das Plaudern über Dinge, die einen nichts angehen. Also ist ein „Klatschmaul" eine Person, die das Maul nicht halten kann und Dinge erzählt, über die sie besser schweigen würde.

kläwwerisch, klebrig, wobei der saarländische Ausdruck wesentlich lautmalerischer ist. Allein schon beim Hören des Wortes „kläwwerisch" hat man unwillkürlich das Bedürfnis, sich die Hände zu waschen.

Kleebsche, Tabakspfeife, die Verkleinerungsform von „Kloowe", wird allerdings nur für eine kleine Pfeife benutzt. Sie war früher auch im Saarland weit verbreitet, obwohl sie nicht allzu elegant war.

Kleeß, Klöße (Plural von Kloß). „Kloß" ist ein vor allem in Nord- und Westdeutschland verbreiteter Begriff. Der Plural „Kleeß" ist im Saarland verbreitet für eine aus Kartoffeln gefertigte Sättigungsbeilage (DDR-Deutsch).

Klicker, Murmeln. Bezeichnung für ein Kinderspiel. Das Wort selbst kommt aus dem Französischen: „le cliquart". Das Spiel hat wegen des Reims Eingang gefunden in die Saarbrücker Nationalhymne: „Mir sinn Saabricker unn spiele Klicker." Danach wendet sich der Liedtext dem Kulinarischen und den Körperkräften der saarländischen Hauptstadtbewohner mit folgenden Worten zu: „Mir stemme Blutworschd mit ähner Hand." Das bisweilen bizarre Umweltbewusstsein der Saarbrücker wird in der Schlusszeile gewürdigt: „Mir reiße Bääm aus, wo gar kenn sinn."

klickere, Klicker spielen. Das war früher noch möglich, weil nicht alle Straßen asphaltiert waren (und viele Kinder noch nicht damit beschäftigt waren, unnötige Informationen mit dem Handy auszutauschen). Das Klickere ist mittlerweile ausgestorben, so wie viele Kinderspiele, zu Gunsten der PC-Spiele, Fernsehen und Smartphone.

Klickerwasser, in früheren Zeiten eine im Saarland geläufige Bezeichnung für den Inhalt einer „Kugelverschlussflasche". Durch einen „Klicker" war sie von innen verschlossen. Um die Flasche zu öffnen, musste man den Klicker, der in einen Gummiring gepresst war, nach innen drücken. Sie enthielt meistens Mineralwasser, weshalb dieses Getränk bisweilen als Klickerwasser bezeichnet wurde.

kloor, komisch, lustig. Das Wort ist vielleicht abgeleitet von „klar", hat aber beim Eintritt ins Saarländische (Umwandlung von „a" in „oo") einen Bedeutungswandel gemacht. Die Unterhaltungskomponente wird im Saarland sehr ernst genommen. Das sieht man allein schon daran, dass ein Mensch, der mittlerweile nicht mehr komisch und/oder lustig ist, als verrückt gilt: „Der is nemmeh kloor." Dagegen ist ein „kloores Ei" sehr sympathisch, denn es hat viel Humor.

Kloosbrieh, „Kloßbrühe", Wasser, das sich beim Garen von Kartoffelklößen und beim Kochen zur Brühe entwickelt. Deshalb ist der Begriff „klar wie Kloosbrieh" nur ironisch zu verstehen: Er bedeutet das genaue Gegenteil und eignet sich als Verstärkung für die Aussage, dass eine Situation oder eine Sache noch vollkommen unklar ist.

kloowe, sich über Gebühr körperlich einsetzen, z. B. beim Fußballspiel „Mensch hör doch mol off se kloowe!" (Hör auf, zu hart einzusteigen.)

Kloowe. 1. ein ungehobelter Mensch, 2. ein klobiger, nicht sehr feiner Schuh oder 3. eine Pfeife, wobei man in diesem Fall fast ausschließlich die Verkleinerungsform („Kleebsche") benutzt.

klotze, 1. hart arbeiten. „Aweil misse mir awwer klotze, sonschd sinn mir heit Omend noch net ferdisch." (Wenn wir bis abends damit fertig werden wollen, müssen wir jetzt kräftig draufhalten.") 2. Etwas mit sehr viel (meistens finanziellem) Aufwand gestalten: „Net kleckere – klotze."

Knaatsch, Ärger, Stress. Es ist nicht genau erkennbar, worum es überhaupt geht. Die Akteure „knaatschen" geräuschvoll nur rum und erzeugen dabei Geräusche wie beim Essen. Irgendetwas stört sie. Man muss sich damit abfinden, dass man „Knaatsch" hat, in der Familie, der Nachbarschaft, im Verein und bei der Arbeit. Selbst die Urheber lassen sich mit dem Wort „Knaatsch" personalisieren: Es gibt die „alt Knaatsch" (weiblich) und den „Knaatschpitt" (männlich).

knaatsche, mit energischem Zahneinsatz lautstark die Mahlzeit zerkleinern, ohne Rücksicht auf die Anwesenheit der „Mitesser".

knaatschisch, missgelaunt, die Stimmung wechselt hin zur Verstimmung. Die andern erkennen oft nicht, warum er oder sie plötzlich „knaatschisch" ist. Vorbei ist die optimistische Heiterkeit, die oft wichtiger ist für einen Erfolg als gute Vorsätze und Vernunft. Selbst bei Kindern gilt „knaatschisch" sein als unhöflich.

knabbse, knausern, extrem sparen (müssen). „Mir misse knabbse, demit mir iwwer die Runde komme unn in de Urlaub fahre kenne." (Wir müssen für den Urlaub sparen.)

Knacker, alter Mann. Begriff aus dem Bereich der Leinenherstellung. Um das Zählen der Umdrehungen der Spindel zu vereinfachen, knackte sie nach einer bestimmten Anzahl. Die entsprechende Tätigkeit übten ältere Männer aus. Sie waren „alde Knacker".

knällere, an Silvester (oder verbotenerweise bereits davor). Wichtig ist es, am 31. Dezember um 24 Uhr extreme Geräusche mittels Feuerwerkskörpern zu erzeugen.

knargse, knarren. Das können vor allem Holzböden in Altbauten, die Treppe zum Speicher, die alten, wunderschönen Fensterläden, und spätestens, wenn noch die eigene Stimme wegen der Halsschmerzen „knargst", hat man das Wort verstanden.

Knarre, 1. ein Werkzeug, das besser bekannt ist unter dem Namen „Ratsche", saarländisch „Ratsch". Damit kann man mit einer umlaufenden Drehbewegung Schraubverbindungen festziehen und lösen, selbst wenn man durch den begrenzten Arbeitsraum behindert ist. Dabei entsteht ein Knarrgeräusch. 2. Eine saloppe Bezeichnung für eine Waffe (= Droh- und Tötungsinstrument für Mensch und Tier, in besonderen Situationen mit einem hohem Freizeitwert und einem Knarrgeräusch).

Knaschd, Knast, Gefängnis. Das war bis 1970 die Bezeichnung. Heute heißen sie in Deutschland „Justizvollzugsanstalt" (JVA). Aus der Umgangssprache ist das Wort „Gefängnis" noch immer nicht verschwunden. Daneben gibt es noch zahlreiche Spottnamen. Dazu zählt auch der „Knaschd", abgeleitet von dem ursprünglich jiddischen und späteren rotwelschen Wort „knassen " (= bestrafen).

knaube, dilettieren, pfuschen, etwas tun, obwohl man es in Wirklichkeit nicht kann. Und wenn's nicht klappt, dann sind es die andern.

Knauber, Universal-Dilettant, jemand, der alles anpackt, aber nichts richtig zu Ende bringt. Er hat aber zu allem „einen Zugang". Er kann mitreden, saarländisch „schwätze". (Das „Soft-Schimpfwort" hat nichts mit der Unternehmensgruppe Knauber in Bonn zu tun. Deren Wurzeln reichen in das Jahr 1880 zurück, als Anna und Michael Knauber in Bonn einen Kolonialwarenladen gründeten.)

Knauschd, Siff, Dreck, der nicht für einen Moment entstanden ist und den man schnell entfernen kann mit dem Lappen oder Staubsauger, sondern eine klebende, feuchte und fettige Masse, die sich z. B. hinter dem Kühlschrank breitgemacht hat und die man erst beim Umzug entdeckt.

Knause, 1. ein Klumpen, eine Schwellung, 2. ein Kanten Brot, das Endstück, 3. ein eher abwertender Begriff für „Kopf". „Ich hann mir de Knause gestoß." (Ich habe mir den Kopf gestoßen.)

Knausekopp, Verdoppelung von Knause (= Kopf) und Kopf. Man denkt dabei an einen Menschen, der mit einem soliden Schädel ausgestattet ist, der es ihm erlaubt, sich mit kommunikativer Gewalt durchzusetzen.

Knauser, geiziger Mensch, einer, der spart und sich nichts gönnt, aber auch den anderen nicht. Ein Geizhals.

knausere, geizen, kein Geld ausgeben, wenn es nicht unbedingt erforderlich ist. Er opponiert gegen die Wünsche der Wirtschaft. Diese würde lieber Sätze hören wie: „Was nutzt das Geld, wenn man's behält."

knäwwere, bestimmte Art zu kauen. Kann auch im übertragenen Sinn benutzt werden: „An denne Schulde hat der noch lang se knäwwere." Weitere Bedeutung: halblaut vor sich hin nörgeln.

knawwere, knabbern, etwas Hartes oder Knuspriges essen. Man beißt kleine Stücke von etwas ab. Eigentlich eine Spezialität von Nagetieren, die allerdings Stücke von etwas Festsitzendem abbeißen.

Kneckes, wahrscheinlich von dem westgermanischen Wort „knetha" (= Knabe) abgeleitet. Der „Kneckes" ist immer männlichen Geschlechts. Das saarländische Wort für Knabe lässt sich auch für Erwachsene gebrauchen, als Schimpf- oder Kosewort.

Kneedel, Knödel, saarländische Aussprache mit „deutschem Flair", eine „edle" Alternative zu „Knepp". Ursprung des Wortes und des Begriffes in Süddeutschland, Österreich und Südtirol.

Kneipsche, kleines Messer, Küchenmesser. Im Mittelalter wurde das Wort „kneipen" gebraucht für „klemmen", „zwicken", „kneifen". Im Englischen hat es sich als „knife" (= Messer) erhalten. Mackie Messer (aus der Dreigroschenoper von Bertolt Brecht) heißt im Englischen „Mac the Knife". Gleichzeitig ist „Kneipsche" die Verkleinerungsform für „Kneipe".

Kneisje, Endstück des Brotes, auch „Kniesje". „Ich esse am allerliebschde es Kneisje." (Ich bevorzuge das Endstück des Brotes.)

Knellsche, saarländische Aussprache für das „Knöllchen", eine Verwarnung bei geringfügigen Ordnungswidrigkeiten, die nach §§ 56 ff. des deutschen Gesetzes über Ordnungswidrigkeiten (OWiG) geahndet werden. Der saarländische Begriff bezieht sich vor allem auf schriftliche Verwarnungen, die sich auf Verkehrssünden beziehen. Ebenfalls verbreitet ist das Wort „Brennje".

Knepp, 1. Knöpfe" (an der Jacke), 2. saarländisch für „Knödel". „Knepp" sind im Saarland ein klassisches Gericht, das allerdings aus Süddeutschland unter dem Namen „Knödel" zu uns gekommen ist. Klassiker sind die „Gefillde Knepp". Kein Saarländer würde sie als „gefüllte Knöpfe" bezeichnen. „Knepp" tauchen auch in verschiedenen Redewendungen auf: „Sei Knepp krien" (Schläge bekommen, auch im übertragenen Sinne), „Verzehl kenn Knepp!", (Erzähle keinen Unsinn!), „Knepp drehe" (etwas aushecken).

Kneppdreher, saarländisches Schimpfwort für einen äußerst unbescheidenen Menschen, der „wunnerschd was dohär macht".

Kneppsche, 1. Kleiner Knopf. Knöpfe mit Knopflöchern gibt es in Deutschland seit dem 13. Jahrhundert. Ihre Verbreitung führte in der Mode zu eng anliegenden Kleidern. 2. Geschlechtsverkehr, die sexuelle Vereinigung beider Geschlechter (im heteronormativen Verständnis).

Kneschd, Knecht, Berufsbezeichnung aus einer feudal strukturierten Landwirtschaft, ein Hilfsarbeiter im Ackerbau und bei der Viehzucht. Wird aber noch heute als Kosename für Jungen benutzt: „Was haschde dann mein Kneschd?" (Hast du ein Problem, mein Schatz?). Psychologisch geschulte Frauen benutzten das Kosewort auch für Männer, nicht um deren Abhängigkeit zu betonen, sondern um an deren Kindheitserlebnisse anzuknüpfen.

Knibbel, Knüppel, eine der einfachsten und ältesten Schlagwaffen, wird unter anderem eingesetzt von der Polizei (Gummiknüppel) und vom Nikolaus (Knibbel aus dem Sack!).

knibbeldick, Adjektiv, mit dem man eine Eskalation einer Situation bezeichnet: „Seerschd hann se nur dischbudiert, awwer wie de Horst doch kenn Lokalrunde gebb hat, do isses of ähnmol knibbeldick genn." (Anfangs wurde lediglich diskutiert, aber als Horst sich nicht willens zeigte, eine Lokalrunde zu zahlen, da kam es zum Eklat.)

knibbele, umständlich und geduldig knoten, aber auch entknoten. „Her of se knibbele. Das bringt jo doch nix." (Weil deine Mühe ohne Erfolg sein wird, solltest du damit aufhören.)

knibbelgranade, saarländische Maßeinheit für Alkoholkonsum, wobei man sich der Kombination einer mittelalterlichen Waffe („Knippel" = „Knüppel") mit einer neuzeitlichen („Granate") bedient. Das Adjektiv ist einem erhöhten Verzehr flüssiger Nahrung vorbehalten (Suppe und ähnliches sind selbstverständlich ausgeschlossen.) „De Klaus war an Silveschder knibbelgranade voll!" (Klaus hat an Silvester sehr viel getrunken.) Die Verbindung mit harmlosen Begriffen wie „angeheitert" verbietet sich, weil dadurch ein Stilbruch entstehen kann, etwa bei dem Satz: „De Hans war knibbelgranade angeheitert." Immerhin, man würde eher der Maßeinheit vertrauen als dem Zustand. Man kann auch den Stilbruch bewusst benutzen.

knickisch, knickrig, geizig, knausernd, auf merkwürdige Art und Weise nach Geld, Besitz und Wohlstand streben, meistens mit geringerem Erfolg als erwartet.

Knicksack, Mensch, der die zehn Gebote und das Grundgesetz zusammengefasst hat in seiner Devise: „Geiz ist geil."

Knies, Krach, Ärger, meistens gemischt mit Intrigen, persönlichen Angriffen und anderen unschönen Formen der Auseinandersetzungen.

knippele, knüpfen, verknoten. Auch auf dem Bolzplatz Fußball spielen: „Gehn ma enner knippele."

knipse, fotografieren, Fahrkarten entwerten. Im Saarland verbreitet ist das Passiv von „knipse". Es heißt „geknipst genn" und bedeutet „von einer Radarfalle erfasst werden".

Knipser, 1. Amateurfotograf, 2. Lichtschalter, 3. jemand, der am Bahnhof Fahrkarten kontrolliert, 4. instinktreicher Torjäger beim Fußball.

Knobbstecke, Knaufstock, ein Spazierstock mit einem kugel- oder knopfförmigen Endstück, das als Griff benutzt wird. Das Wort „Stecken" hat die gleiche Bedeutung wie „Stock", ist aber im Saarländischen in der Form von „Stecke" weiter verbreitet als im Deutschen.

Knoddel, Ausscheidung bestimmter Säugetiere in kleinen Kugeln, z. B. bei Ziege, Schaf, Reh und Hase; ebenso ein Kosewort für ein kleines, goldiges Mädchen, aber auch ein Schimpfwort für eine nicht allzu saubere Frau. „De Hans hat Schangse wie e Stallbäsem. An dem bleibt jedi Knoddel hänge."

knoddele, Exkremente ausscheiden, aber auch dilettantisch arbeiten, herumfummeln. Im Saarland war diese Arbeitsweise immer stark verbreitet. Der Bergbau brauchte Arbeiter, die in vielen Bereichen ein Grundwissen und -können hatten. Entsprechend dieser Anforderung war auch die Ausbildung strukturiert. Man wechselte ständig das Handwerk, und das Ergebnis waren solide ausgebildete Bergleute, allerdings keine spezialisierten Handwerker.

Knoddeler, Universaldilettant, der sich im handwerklichen Bereich auf extrem niedrigem Niveau verwirklicht. Ein Zusammenhang zwischen dieser Bezeichnung und dem Wort für die Ausscheidungen bestimmter Tiere ist auf den ersten Blick nicht zu erkennen. Vielleicht gibt es aber doch eine Gemeinsamkeit im Sinne eines Zitates des früheren Bundeskanzlers Helmut Kohl: „Entscheidend ist, was hinten rauskommt."

Knoddelpeitsch, Lederpeitsche mit Knoten. Hier handelt es sich wohl um eine unbewusste Verwechslung oder vielleicht sogar um eine bewusste Verballhornung. Aus der „Knotenpeitsche" wurde mit der Zeit eine „Knoddelpeitsch".

knoddere, nörgeln, leise und unverständlich vor sich hin schimpfen, missmutig in den Bart murmeln. „Em Opa passt awwer grad garnix. Der knoddert die ganz Zeit rum." (Großvater ist mit nichts einverstanden. Er nörgelt ständig.)

Knodderer, ein Mensch, der nicht in der Lage und nicht willens ist, sauber und verständlich seinen permanenten Missmut zu artikulieren.

Knorze, ein Stück verwachsenes Holz, meistens jene Stelle, an der die stärksten Äste mit dem Stamm verwachsen sind. Dort ist es besonders schwierig, das Holz ordentlich zu sägen. Im übertragenen Sinn: ein schwer zu handhabender Mensch mit Ecken und Kanten.

Knowweloch, Knoblauch, gehört – was der zweite deutsche Wortteil bereits andeutet – zu den Lauchpflanzen. Er war bereits im Altertum bekannt. Ägyptische Sklaven benutzten Knoblauch als Stärkungsmittel bei den Arbeiten an den Pyramiden. Es ist überliefert, dass bei der Kürzung der Ration die Arbeiter streikten. Der Knoblauch kennt als Maßeinheit neben der „Knolle" auch einen Begriff aus der menschlichen Anatomie: Die Zehe. Saarländisch: „e Zeebsche".

Knubbe, 1. ein Knoten in einem Faden, einem Seil oder in einem Strick, 2. ein Stück hartes, durchwachsenes Holz, das schwer zu spalten ist, 3. eine umgangssprachliche Bezeichnung für einen Schnaps. Er wurde früher von Bergleuten bisweilen als „flüssige Beilage" zum Bier getrunken.

knubbe, stoßen: „Jetzt her endlich of, mich se knubbe. Ich hann doch verstann, was du sahn willschd." (Bitte nicht mehr schubsen! Ich habe verstanden.)

Knubbe mache, Begriff aus dem Bergbau. Wer im späten Mittelalter und in der frühen Neuzeit länger arbeitete, der bekam einen Knoten an ein Seil, um die besondere Leistung festzuhalten. Später wurden die „Knubbe" zusätzlich zum Lohn gezahlt.

Knubbel, Verdickung an einem Material oder am Körper, etwa ein Pickel oder ein kleines Geschwür.

Knubbespaller, 1. jemand, der durchwachsenes Holz spaltet, 2. Bergleute aus dem Hunsrück, die vorher im Wald arbeiteten. Sie galten im Saarland noch lange als „Gastarbeiter" und hatten mit Vorurteilen zu kämpfen. Man hielt sie für besonders zähe, urige und rohe Menschen ohne Umgangsformen.

knuddele, streicheln, drücken, liebkosen, macht man normalerweise mit Haustieren und Kindern. Es soll aber auch Ausnahmen geben.

Knuschd, angeklebter alter Schmutz, Siff. „An de Pann is noch Knuschd von de ledschd Woch." (An der Pfanne befindet sich noch angeklebter alter Schmutz.)

knutsche, volkstümlicher Ausdruck für leidenschaftliches Küssen, aber auch eine Formulierung für liebevolles Drücken.

Knutscherei, die Handlung des Knutschens als Substantiv. Diese Wortwahl wird eher negativ benutzt. Man hat (einfach nur) das Zusehen satt, aus Gründen der öffentlichen Moral oder weil man selbst nicht mit von der Partie ist.

Kochdibbe, kein „Dip", sondern ein Kochtopf. Bis Ende des Mittelalters wurden sie überwiegend aus Keramik hergestellt. Ein Überbleibsel dieser Tradition ist der Römertopf.

Kochhawe, kein Seehafen, in dem man auch kocht, sondern ein Kochtopf. Heute sind sie meistens aus Edelstahl, denn sie müssen die Hitze der offenen Flamme oder der Heizplatte gut leiten, auf die Speisen übertragen und die Restwärme ableiten können.

koddere, sich permanent und heftig räuspern. „Heer mol endlich off se koddere!" (Kannst du nicht mal dein ständiges Räuspern einstellen!)

Kohldamp, Kohldampf, Heißhunger. Der Begriff hat nichts mit dem Dampf zu tun, der beim Kochen von Kohl entsteht. Im Rotwelschen gibt es zwei Wörter für Hunger: „Koll" bzw. „Kohler" und „Dampf". Das Wort „Kohldamp" verdoppelt sprachlich das Hungergefühl. Oft konnte man ihn nicht stillen. Man musste ihn „schefften", was so viel bedeutete wie „die Stillung hinausschieben". Deshalb gibt es noch heute die Formulierung „Kohldampf schieben".

Kohlekaschde, Kohlenkasten, eine Metallschublade unter der Brennstelle des Kochherdes, dem Vorläufer des Gas- und Elektroherdes. Dort lagerte ein kleiner Vorrat an Brennmaterial (vor allem Kohle, aber auch Holz und Zeitungspapier zum Anzünden des Feuers). Typische (übertreibende) Redewendung: „Im Kohlekaschde isses groß wor, unn jetzt isses bei de Zeitung." (Sie kommt aus sehr bescheidenen Verhältnissen, und jetzt ist sie Journalistin.)

Kohleklau, jemand, der kurz nach Kriegsende von der Halde oder vom Eisenbahnwaggon kleinere Mengen an Kohle klaute (Mundraub?). Bei der Saarabstimmung 1955 spielt der „Kohleklau" auch eine Rolle. Die Gegner des Saarstatuts stellten in ihrer Propaganda den damaligen saarländischen Ministerpräsidenten Johannes Hoffmann (Jo-Ho) als einen maskierten Dieb dar, der sich mit einem Sack Kohlen über die Grenze nach Frankreich schleicht. Der passende Slogan setzte offensichtlich auf soziale Diskriminierung der Bergleute und spekulierte noch zusätzlich auf existierende antisemitische Vorurteile: „Joho, der falsche Bergmannssohn / verrät den Warndt für Judaslohn." Zumindest konnte der Slogan so verstanden werden.

Kohleschibb, eine der wichtigsten Utensilien des Haushalts einer früheren Bergmannsfamilie. Die Kohlenschaufel war klein und rechteckig.

kohlraaweschwaz, schwarz wie ein Kohlrabe, schwärzer geht es nicht. Der Kohlrabe ist mit einer Spannweite von bis zu 130 cm der mit Abstand größte europäische Rabenvogel.

Kolle, Kohle, 1. ein festes Sedimentgestein, das durch Karbonisieren von Pflanzenresten entsteht. Mehr als zwei Drittel des Volumens besteht aus Kohlenstoff. 2. Geld, meistens sehr viel Geld, wobei das Wort in diesem Zusammenhang nicht auf Saarländisch, sondern wie im Deutschen ausgesprochen wird. Niemand würde sagen: „Fier e Mercedes fehle mir die Kolle."

Kolleesch, (Arbeits-)Kollege. Das Wort kommt aus dem Französischen, wo man aber unterscheidet zwischen „collegue" (= Mensch) und „collège" (Schultyp). Im Saarland ist das anders. Da kann man sagen: „Ich hann emol e Kolleesch gehatt, der wo off em Saarland-Kolleesch war." (Ich hatte mal einen Kollegen, der das Saarland-Colleg besucht hatte.)

Kollonischde, Kolonisten, bisweilen abwertende Bezeichnung für die Bewohner einer Bergmannskolonie. So nannte man Mitte des 19. Jahrhunderts gegründete Dörfer, in denen fast ausschließlich zugezogene Bergleute wohnten. Der Begriff selbst wurde sehr schnell populär, wobei sicher auch der Stabreim „Kolle und Kollonischde" eine Rolle spielte.

Kombär, Genosse, Kumpel, Teilhaber, abgeleitet von dem französischen Wort: „le compère" (= der Kumpane, der Kamerad).

kommod, bequem, Betonung auf der zweiten Silbe, aus dem gleichbedeutenden französischen Wort „commode" abgeleitet: „Das Scheeselong is awwer kommod." (Das Sofa ist aber bequem.)

Koob, Rabe, Krähe. Ein intelligenter Vogel. Das hat schon Äsop in seiner Fabel „Die Krähe und der Wasserkrug" festgestellt. Britische

Forscher haben ihn mittlerweile bestätigt. Sie haben Raben mehrere unterschiedlich hoch gefüllte Gefäße vorgesetzt, und in jedem schwamm ein Wurm. Den konnten die Raben aber nicht erreichen, weil der Wasserspiegel zu tief war. Die Raben erkannten das Problem und begannen damit, Steine in die Gefäße zu bugsieren. Der Wasserspiegel stieg dadurch, und die Raben konnten die Würmer herauspicken. Mahlzeit!

Koore, Korn, 1. ein Getreide, dessen Früchte als Grundnahrungsmittel der menschlichen Ernährung dienen, 2. ein klarer Schnaps, der meistens aus Roggen oder Weizen hergestellt wird. Sein Name „Korn" widersetzt sich einer Übersetzung ins Saarländische. Wahrscheinlich liegt das daran, dass der „Kornbrand" nie ein saarländisches Kultgetränk war wie etwa der klare Obstschnaps. Im Ruhrgebiet war das anders.

koore, probieren, kosten. schmecken, versuchen (von Speisen und Getränken). „Du muschd emol de Schwenker koore. Der is saugudd." (Du musst einmal den Schwenkbraten probieren. Er schmeckt hervorragend.)

kootzele, jemanden auf dem Rücken tragen. „Wie ich klään war, do hat mich mei Vadder oft gekoozelt." (Als ich noch klein war, hat mich mein Vater oft auf den Schultern getragen.) Das Wort leitet sich ab von „Keez".

Koowe, Neckname der Alt-Saarbrücker für die Bewohner von St. Johann. Sie bezeichneten sie als „Koowe", weil ihre wohlhabenden Bürger so stolz waren auf ihre schwarzen Gehröcke mit den beiden „Schwalbenschwänzen". „Koowe" ist noch heute ein Neckname für Bewohner von Auersmacher, deren Karnevalsverein daher „Die Koowe" heißt. In der Verbindung mit „aldi" wird das Wort auch abfällig für eine ältere Frau benutzt.

Kopp unn e Aasch, Personen, die gleicher Meinung sind oder sich sehr gut verstehen. Die vornehme Fassung: „Sie sind beide ein Kopf und ein Gesäß."

kopps greeßer, saarländische Maßeinheit, die eine bestimmte relative Körpergröße (in Vergleich zu einem anderen Menschen) ungefähr angibt. Die deutsche Fassung „einen Kopf größer" baut auf dem Begriff „Kopf" als Substantiv auf. Die saarländische Mundart lässt den unbestimmten Artikel weg (deutsch: „einen", saarländisch: „e"), wandelt das Hauptwort um in ein Adjektiv (deshalb auch die Kleinschreibung) und fügt ein „s" hinzu. Die Umrechnung in Zentimeter ist problematisch, da Köpfe unterschiedliche Größe haben (genau genommen: „Höhe"). Außerdem stellen sich Fragen: Gehört der Hals zum Kopf? – Welche Rolle spielt die Frisur? – Eine große Bedeutung hat das Anschlusswort „wie", die saarländische Variante des „als" (das im Hochdeutschen ja auch benutzt wird, wenn es sich um unterschiedliche Quantitäten handelt). Anwendungsbeispiel: „De Jürgen is kopps greeßer wie es Andrea." (Jürgen ist einen Kopf größer als Andrea.)

kopps klääner, bezeichnet nicht nur den entgegengesetzten Blickwinkel von „kopps greeßer". Die umgangssprachliche deutsche Formulierung „jemanden einen Kopf kleiner machen" (= enthaupten) hat allerdings keine saarländische Entsprechung. Es sei denn, man bezeichnet mit „kopps klääner" den Endzustand, bei dem sich allerdings der Kopf als Namensgeber nicht mehr an seinem ursprünglichen Ort befindet. Das klassische Beispiel dafür liefert die Französische Revolution: Am 17. Januar 1793 hatte Robespierre im Nationalkonvent beantragt, den abgesetzten König Ludwig XVI. wegen „conspiration contre la liberté publique et la Sûreté Générale de l'État" (Verschwörung gegen die öffentliche Freiheit und die Sicherheit des gesamten Staates) zu verurteilen. Mit einer Stimme Mehrheit (361 zu 360) verurteilte ihn die Volksvertretung zum Tode. Am 21. Januar 1793 wurde er mit einer Guillotine enthauptet. Etwas mehr als eineinhalb Jahr später hatte man Maximilien Marie Isidore de Robespierre (so der volle Name) ebenfalls „kopps klääner" gemacht.

Korsaasch, ein schulterfreies Kleidungsstück, das den Oberkörper eng umschließt. Damit keine Träger und auch kein Büstenhalter notwendig sind, versteift man es mit Spiralfederstäbchen. Doch „le corsage" ist in der Sprache unserer französischen Nachbarinnen weitaus mehr. Das Wort wird auch benutzt für Leibchen, Bluse und für das Oberteil generell.

Korschd, Kruste, z. B. bei Dibbelabbes, kräftig gebackenem Brot, Endstück eines Brotlaibs. Das Wort findet aber auch außerhalb des kulinarischen Bereichs eine Anwendung: Verschorftes Blut bildet ebenfalls eine „Korschd".

Korzer, Kurzer, 1. Schnaps (im Saarland meistens ein klarer Obstschnaps), 2. ein elektrischer Kurzschluss (einer nahezu widerstandslosen Verbindung zweier Schaltungspunkte mit normalerweise verschiedenem Potenzial. Die Spannung zwischen diesen Teilen fällt auf einen Wert nahe null.)

Koschdiem, Kostüm, abgeleitet von „le costume". Allerdings sind die Bedeutungen etwas unterschiedlich: Das französische Substantiv bezeichnet den Anzug für die Herren, während das „Koschdiem" das Ensemble für die Damen benennt. Das wiederum heißt auf Französisch „le tailleur". Als „le costum" bezeichnet man im Französischen auch die Fastnachtsverkleidung, das Theaterkostüm und die Tracht.

koscher, 1. Art der für Juden erlaubten Nahrungsmittel, Gegenstände oder Handlungen, 2. Das Wort „koscher" hat durch die Übertragung aus dem Rotwelschen noch eine weitere Bedeutung im Sinne von unbedenklich, einwandfrei.

kottere, laut und unaufhörlich husten und dabei Schleim auswerfen. War im Saarland vor allem verbreitet durch die Berufskrankheit Silikose, unter der viele Bergleute litten. Kann aber auch vom Rauchen kommen.

Kotzbrocke, Schimpfwort, das für Menschen bestimmt ist, deren Wertigkeit man auf das Niveau von Bestandteilen von Erbrochenem bringen will.

Krachelscher, Croutons, kleine, in Butter, Margarine oder Öl geröstete Brotstückchen. Damit kann man Suppen oder Salate geschmacklich und optisch veredeln.

krachnei, extrem ungebraucht. Mit dem ersten Wortteil will man wohl den Begriff „neu" noch verstärken. Das macht man normalerweise mit dem Komparativ: „Neu, neuer am neuesten."

Kraddel, Schritt (in einer Hose), der Bereich unter der Gürtellinie, da wo's kompliziert wird, unabhängig davon, ob es sich um ein weibliches oder männliches Wesen handelt. „Der do hat die Kraddel in de Kniekehle hänge" (Kommentar zum Beinkleid-Outfit eines modern gekleideten pubertierenden jungen Mannes).

kraddelisch, alles, was unordentlich ist, nicht klar strukturiert, nicht analysierbar, etwa eine Handschrift oder eine Skizze. Beliebt ist bei Kommentaren darüber auch der Stabreim „krumm unn kraddelisch".

Krähnau, Hühnerauge (auch: Leichdorn, Klavus), eine sehr schmerzhafte Hornschwielenbildung mit nach innen gerichtetem Sporn. Im Saarländischen ist das Wort abgeleitet von „Krähenauge". Vor einem halben Jahrtausend stellte man fest, dass das „Krähnau" ungefähr so aussieht wie das Auge eine Krähe oder das eines Huhnes.

Krahne, hat nichts zu tun mit dem Transportmittel auf der Baustelle. Der „Krahne" war der Wasserhahn am „Wasserstään" in der Küche. Er lieferte nicht nur das Wasser zum Kochen und Spülen, sondern oft auch zum Waschen der Kleider und der Familienangehörigen.

Krahneberjer, sprachliche Veredelung (= Wasser aus Krahnenberg?), in Wirklichkeit Wasser aus dem „Wasserkrahne" (= Wasserhahn).

Krahnewasser, H_2O nicht aus dem Supermarkt, sondern aus der Leitung, ohne H_2CO_3 = Kohlensäure.

krakeele, laut und dumm rumschreien. Das Verb leitet sich ab von dem im Saarland nicht gebräuchlichen Wort „Krakeel" für „Streit" und „Lärm". Es stammt aus dem 16. Jahrhundert und entstand damals in der Sprache der Landsknechte.

Krakeeler, Mensch, der sich sehr unangenehm artikuliert. Manchmal dominiert die Dummheit, manchmal die Lautstärke. Die Verbindung von beidem ist die Regel.

Krallemacher, Angeber, Aufschneider. Eine Person, die sich in Szene setzen möchte und dabei dick aufträgt.

Krambe, 1. klobige Schuhe, 2. schwer gebautes Pferd, 3. U-förmig gebogener Nagel mit zwei Spitzen, 4. ungehobelter, grobschlächtiger Mensch: „Herrjee, was hat der Krambe doo fier Krambe an de Fieß!" (Mein Gott, trägt dieser ungehobelte Mensch derart klobige Schuhe.) 5. Krampf, z. B. Wadenkrampf, Muskelkrampf (Spasmus), eine ungewollte starke Muskelanspannung. Sie ist mit großen Schmerzen verbunden. Die häufigsten Ursachen: Mangel an Magnesium (bei Bewegung) oder Calciummangel (im Ruhezustand). 6. Das Wort „Krampf" im Sinne von „Unsinn" wird nicht ins Saarländische übersetzt. Als der Quizmaster und Schauspieler Hans-Joachim Kuhlenkampf einmal einen Titel für seine Sendung suchte, da gab es den Vorschlag: „Großer Krampf mit Kuhlenkampf." Rein sprachlich gesehen hätte dieser Vorschlag auch von einem saarländischen Mundartsprecher kommen können, weil „Krampf" im Sinne von Unsinn nicht ins Saarländische übersetzt wird.

krängge, Konditional von „kriehn". „Krängge mir das Haus, dann dääde mir uns e Hund aanschaffe." (Bekämen wir das Haus, schafften wir uns einen Hund an.)

Kratzfiesjer, unterwürfige Gesten, Zeichen eines ausgeprägten Opportunismus, der sich sogar in der (den Pferden nachempfundenen) Körpersprache äußert.

Krätzje, volkstümlicher Name für eine Kopfbedeckung der Soldaten im deutschen Kaiserreich. Die offizielle Bezeichung war: „Feldmütze für Mannschaften". Die Mütze hatte keinen Schirm.

Krauderer, im Deutschen: Krauter. Abwertende Bezeichnung für einen Kleinstunternehmer, entweder Händler oder Handwerker. Ordnung ist nicht seine Stärke.

Krawallschachtel, streitsüchtige, polternde Frau. Der Begriff Krawall ist abgeleitet von dem lateinischen Substantiv „charavallium", das die Bedeutung von „Straßenlärm" und „Katzenmusik" hatte. In der ersten Hälfte des 19. Jahrhunderts veränderte sich die Bedeutung. In den (gescheiterten) Revolutionen 1830 und 1848 wurde das Wort benutzt für politische, später auch für sonstige Unruhen, etwa bei Sportveranstaltungen. Das alltägliche Verpackungsbehältnis „Schachtel" ist alleinstehend ein Schimpfwort für eine Frau. Es wird meistens gebraucht mit dem Adjektiv „ald" (alt). Eine „Krawallschachtel" ist die Steigerung dieses Begriffs. „Der doo siehschde die Krawallschachtel schon of zehn Meeder ahn." (Diese Dame trägt die Streitsucht regelrecht vor sich her.)

krawwele, krabbeln. Die meisten Kinder lernen es in der zweiten Hälfte des ersten Lebensjahres. Es ist so etwas wie ein Vortraining fürs freie Gehen. Viele Tiere machen das auch, und selbst Dinge können sich auf allen vieren fortbewegen. Das scheint jedenfalls eine saarländische Redewendung zu bestätigen: „Dinger, die krawwele."

kregel. Im Mittelalter gab es das Wort „krigen", und das bedeutete „kriegen" im Sinne von „Krieg führen". Aus „krigen" wurde „kregel", und das ist der saarländische Begriff für Eigenschaften, die nichts mehr mit Krieg zu tun haben, aber damals von den Kriegsherren von den Soldaten gewünscht wurden: hellwach, munter, gelehrig, gut aufgelegt, rührig. „Du bischd heit awwer schwer kregel." (Du bist heute aber gut aufgelegt.)

kreische, laut schreien, im Saarland aber auch: weinen. Im Deutschen ist „kreischen" eine „lautmalerische Schallnachahmung im Klang eines Wortes" (um es einmal kompliziert und dreifach auszudrücken).

Kreizkopp, Kreuzkopf, abfällige Bezeichnung der Protestanten für die Katholiken. Das Gegenstück war „Blookopp" (= Blaukopf). Das Wort stammt wahrscheinlich aus der Zeit des Kulturkampfes in den siebziger Jahren des 19. Jahrhunderts.

Krempel, Krimskrams, Trödel, Kram, Plunder. Krempel ist ein Allgemeinbegriff für unwichtige oder minderwertige Sachen und Angelegenheiten, die sich zu allem Übel auch noch in einem ungeordneten Zustand befinden.

Kricke, Krückstöcke. Bereits im Mittelhochdeutschen gab es den Begriff „Krücke" für einen mit einem Handgriff versehenen Stock für gehbehinderte Personen. Das Wort wird auch abwertend für einen sich langsam bewegenden Menschen gebraucht.

kriehn, Infinitiv des deutschen Wortes „kriegen". Das Wort ersetzt im Saarland „bekommen", und das wird höchstens mal scherzhaft benutzt, etwa: „Was heißt ‚Magriene' of deitsch?"- Die Anwort: „Wir bekommen ihn."

Kriesch, saarländische Fassung für Krieg und für Krüge (klassische Polysemie, die es bei diesen beiden Begriffen im Deutschen nicht gibt). Eine Äußerung wie „Kriesch misst's genn" lässt zwei unterschiedliche Übersetzungen ins Deutsche zu. Das hat der saarländische Schriftsteller Alfred Gulden in einem seiner ersten Mundartsketche anschaulich dargestellt.

Krimmel, Krümel, die Verkleinerungsform von Krume, eines sehr kleinen abgebrochenen und unförmigen Stückes vom Brot oder vom Kuchen. Das allzu vornehm klingende „ü" im Deutschen wird zum einfachen „i", und der Konsonant „m" wird verdoppelt. Interessant ist die Pluralbildung: im Deutschen ohne Endung (die Krümel), bei uns mit Endung -e (Krimmele). Geläufig ist die Redewendung: „Jemand Krimmele in de Käs mache." (Jemandem Schwierigkeiten bereiten.)

Krimmelkacker, Kleinlichkeitskrämer, die saarländische Variante des „Korinthenkackers". Wenn man es nicht so genau nimmt, dann kann ein Saarländischender „Krimmelkacker" auch den „Linsenspalter" ersetzen.

Krimmelkuche, saarländischer Ausdruck für „Streuselkuchen". Im Deutschen sind „Streusel" das Ergebnis von „streuen". „Krimmele" haben etwas mit Verkleinern zu tun, und das macht man mit dem Teig, wenn man „Krimmelkuche" auf den Tisch bringen will. Er ist dann bedeckt mit zerbröseltem Teig und trägt wegen der dadurch entstehenden „Krimmele" seinen Namen. Der (trockene) „Krimmelkuche" war früher neben dem Zopf der klassische Kuchen für das „Leische-Imbs" nach der Beerdigung (= Leichenschmaus).

kringele, kräuseln, kringeln. Beim Hobeln entstehen sich kringelnde Späne, Haare kräuseln sich zu Kringeln und nicht nur Karnevalisten kringeln sich vor Lachen.

Krischer, jemand der „kreischt", ein Schreihals. Als Schimpfwort wird „Krischer" (bisweilen auch Groß-Krischer) seit 1832 vor allem für die Pfälzer benutzt. Damals, vor dem Hambacher Fest, revoltierte das saarländische Nachbarvolk sehr lautstark, und die Konterrevolution sprach von „Pälzer Krischer!". Die „Erbfeindschaft" zwischen der Saar und der Pfalz blühte auf, als das Saarland im Dritten Reich an den Gau Westmark angeschlossen wurde und Nazis aus der pfälzischen Kapitale Neustadt an die Saar geschickt wurden. Damals tauchte der Spruch auf: „Of die Bääm, die Pälzer komme." Der Konflikt war allerdings auch kreativ. Er hat ein beachtliches Witzgenre hervorgebracht. Beispiel: „Der ADAC hat dieses Jahr einen Pfälzer als Pechvogel des Jahres ausgezeichnet. Der ist einem Geisterfahrer hintendrauf gefahren." Pfälzer Krischer antworten darauf mit dem Schlachtruf: „Pälzer in die Palz! – Saarländer in die Saar!" Mittlerweile ist Entspannungspolitik angesagt. Nachdem 1989 die Berliner Mauer gefallen ist, könnte man jetzt auch mal darüber nachdenken, das Verhältnis zwischen den Saarländern und den „Pälzer Krischern" zu normalisieren.

Kritteler, einer, der es im übertragenen Sinn mit den Hülsenfrüchten hat. Er ist ein Erbsenzähler und Linsenspalter und ob das der Lösung eines Problems dient, interessiert ihn nicht die Bohne.

krittelisch, kritiksüchtig, eine extreme Eigenschaft und Verhaltensweise, die dazu dient, von eigenen Fehlern abzulenken. Der Grund dafür ist die Tatsache, dass es leichter ist, andere zu kritisieren, als sich selbst zu ändern.

Kriwwelbisser, ursprünglich eine Bezeichnung für ein Pferd, das so bissig ist, dass es in die Krippe beißt. Der Ausdruck wurde dann auf der Grundlage des zweiten Wortteiles verallgemeinert für kleine, bissige Hunde. Danach waren die Menschen dran.

kriwwelbisserisch, Bezeichnung für einen mürrischen, nörglerischen und zornigen Menschen.

krootzele, kritzeln, unschön schreiben. „Du net so krootzele, das kann ma jo net lääse." (Nicht so kritzeln. Das ist ja unlesbar.)

Krotschele, Finger. „Loss dei Krotschele do weg!" (Lass deine Finger davon.)

krotschele, ziel- und planlos herumwerkeln. „De Sepp krotschelt schon wedder in de Garaasch erum." (Josef beschäftigt sich ungeschickt mit sinnlosen Arbeiten in der Garage.)

Krott, Kröte, weltweit gibt es 500 Arten, die zu den Lurchen gehören. Diese gehören zum Beuteschema vieler Tiere. Erschwerend kommt für die „Kreede" dazu, dass sie kaum über Selbstverteidigungswaffen wie Krallen und scharfe Zähne verfügen. Vor allem Laich und Larven im Wasser werden Opfer von Fischen und Wasservögeln. Aus Gründen der Arterhaltung haben sie eine sehr große Nachkommenschaft. Die „Krott" taucht in mehreren saarländischen Redewendungen auf: Ein kleines Mädchen ist „e klääni Krott". Man hat „e Krott im Hals" und muss „e Krott enunner schlucke". Althergebrachte Drohung: „Dich soll e Krott petze!"

Krottegiegsler, ein stumpfes Messer, das gerade mal ausreicht, um eine „Krott" abzumurksen.

Krottestecher, ein Sack- oder Taschenmesser, mit dem man auf „Krottenjagd" gehen kann.

Krotze, Kernobst-Rest, Kerngehäuse. „Beim Appel hann mir frieher misse de Krotze mitesse." (Wir mussten früher auch das Kerngehäuse der Äpfel essen.)

Kruddelhooke, Schürhaken. Er gehörte das ganze Jahr über zur Grundausstattung einer jeden Küche. Früher wurden in fast allen Familien die Küchenherde alltäglich zur Vorbereitung der Mahlzeiten geheizt, selbst im heißesten Sommer.

Krummdackel, Schimpfwort, das (wie so oft) einen Menschen mit einem Tier gleichsetzt, wobei in diesem Fall Bezug genommen wird auf die krummen Beine des sympathischen Vierbeiners.

Krummet, das getrocknete Gras des zweiten Grasschnitts im Hochsommer, der „zweite Schnitt".

Krumpel, Falte, Knitterfalte. Substantivierung der Verben „krumpeln" und „verkrumpeln". „Das do Hemd kannschde net aanziehn. Das hat arisch viel Krumpele." (Dieses Hemd kannst du nicht anziehen. Es hat sehr viele Falten.)

krumpelisch, Adjektiv mit der Bedeutung von: mit vielen Falten versehen, zerknittert, verkrumpelt. Betrifft vor allem Textilien wie Hemden, Tischdecken, aber auch den Zustand der Haut. Mit zunehmendem Alter bekommt man Runzeln und wird im Gesicht „krumpelisch".

Krusch, wertloses Gerümpel. „Bevor du Fußball spiele gehschd, reimsch du seerschd emol denne Krusch in deinem Zimmer weg." (Bevor du Fußball spielen gehst, räumst du zuerst einmal deinen Unrat in deinem Zimmer weg.)

Kruschd, Kruste, althochdeutsch: „krusta", eine hart gewordene äußere Schicht über etwas Weicherem. Wir sprechen von der Erdkruste, essen eine Brotkruste, loben den Krustenbraten, die Salzkruste auf dem Seehecht und lieben die Krustentiere über alles. Wenn wir als Saarländer all diese Fachbegriffe benutzen, dann verzichten wir großzügig auf deren Übersetzung vom Deutschen ins Saarländische.

Krusselkopp, Afro-Look, eine Frisur mit stark gekrausten, nach allen Seiten abstehenden dichten Locken. Diese Mode wurde Ende der 1960er Jahren ein Markenzeichen der Hippie-Bewegung. Dazu beigetragen hat auch das Musical „Hair". Das Wort „Krusselkopp" wird im Saarland sowohl für die Frisur als auch für dessen Träger(in) benutzt.

kruwwelisch, durcheinandergewirbelt. Das Adjektiv benutzt man vor allem für die Haartracht, zum Beispiel für den Zustand, der entsteht, wenn man die Haare nicht kämmt oder sie zu Berge stehn, aus welchen Gründen auch immer.

Kubbee, Abteil in einem Zug. Das Wort wurde im 18. Jahrhundert von dem französischen Wort „le coupé" entlehnt. Seit Mitte des 19. Jahrhunderts nennt man so ein „Eisenbahnabteil" und einhundert Jahre später auch einen zweisitzigen, geschlossenen Personenkraftwagen.

Kuddelmuddel, Durcheinander, Wirrwarr. „Im Landdaach hat's nix wie Kuddelmuddel gebb." (Im Landtag herrschte ein ziemliches Durcheinander.)

Kullang, Abfluss, Wasserrohr, Traufe, abgeleitet von dem Französischen Verb „couler", = (ab)fließen.

Kurwel, Kurbel, saarländischer Ausdruck für ein Gerät, mit dem man ein Zahnräderwerk manuell antreibt. Die „Kurwel" braucht man z. B. für den Wagenheber. Das Wort hat aber auch noch eine weitere Bedeutung. Es bezeichnet einen kleinen geflochtenen Weidenkorb, der so ähnlich aussieht wie ein Brotkorb (und auch als solcher benutzt werden kann). Da hinein legt der Bäcker den vorgeformten Brotteig.

kurze Fuffzehn. Der Ausdruck stammt wahrscheinlich aus dem Mittelalter. Bei dem Brettspiel „Tricktrack", das man mit 15 Steinen spielte, konnte man mit viel Glück auf einen Schlag gewinnen. Das nannte man „kurze Fuffzehn". Man hält sich nicht allzu lange mit der Lösung eines Problems auf. Man fällt eine Entscheidung und setzt sie sofort um. Man macht einen „kurzen Prozess": „Der doo hat awwa mool kurze Fuffzehn met der Wutz gemacht." (Diese Person hat das Schwein schnell geschlachtet.)

kusche, sich ducken, sich klein halten, von dem französischen Verb „coucher" (= legen) abgeleitet. „Bei de Nazis, do hann die Leit misse kusche." (Im Dritten Reich mussten sich die Menschen mit ihrer Meinung sehr zurückhalten.)

Kutzekeppsche, Verkleinerungsform von „Kutzekopp". Für Leute, die etwas von der Fauna verstehen, eignet sie sich auch als Kosewort für Kleinkinder.

Kutzekopp, Kaulquappe, ein Entwicklungsstadium der Froschlurche. Sie sind zahlreich und werden gerne von anderen Tieren gefressen. Vor allem sind sie gefährdet durch die Menschen. Das Trockenlegen von Feuchtgebieten und die Schadstoffe im Wasser gefährden ihre Lebensgrundlage und somit auch den Lebensraum der Frösche.

Kuwwär, Briefumschlag, Tafelgedeck, Kuvert, von dem französischen Verb „couvrir" (= bedecken) abgeleitet. Im Französischen hat das Kuvert zwei Namen: „l'enveloppe" und „le pli".

L wie **latze**

Der Buchstabe „1"

hat in deutschen Texten eine Häufigkeit von 3,4 % aller Wörter.

Laab, Laub. Nicht übersetzt wird allerdings das Wort „Gartenlaube". Dieser Begriff ist im Saarland auch nicht sehr gebräuchlich. Bei uns heißt die Behausung „Gaadeheisje".

Laabsammler, saarländisches Schimpfwort, das einen Bezug zum sozialen Status des Beleidigten herstellt. Soziale Randgruppen der Gesellschaft konnten sich in früheren Jahrhunderten kein Holz als Heizmaterial leisten. Sie mussten im Wald Laub sammeln.

Laabscherrer, eine andere Bezeichnung für den „Laabsammler", wörtlich: „Laubscharrer", jemand, der mit Händen, Füßen und/oder einem Hilfsmittel das Laub über den Boden „scherrt", es anschließend nach Hause befördert und es als (minderwertigen) Brennstoff benutzt. Das Wort „Laabscherrer" wurde zu einem Schimpfwort für Menschen, Familien oder sonstige Gesellschaftsgruppen, die ganz unten auf der sozialen Leiter standen. Es hat die Zeit des „Laabscherrens" überdauert.

Laach, saarländisch für „Lauch". Die Übersetzung ins Saarländische ist allerdings nicht konsequent. Für den Schnittlauch und den Bärlauch gibt es überhaupt keine saarländischen Fassungen, und der Knoblauch wird zum „Knowweloch" . Die Abtei Maria Laach (lateinisch: Abbatia Mariae Lacensis oder Abbatia Mariae ad Lacum) hat mit dem Nahrungsmittel Lauch allerdings nichts zu tun. Von daher erübrigt sich auch die Übersetzung ihres Namens ins Deutsche – etwa: „Wir waren am Wochenende in der Eifel und haben das Kloster Maria Lauch besichtigt."

Laad, Lade, ein Möbelstück, ähnlich einer Truhe, einem größeren, soliden Kasten, die Kurzform für „Totenlade", ein Vorläufer des Sargs.

läädisch, traurig, niedergeschlagen, deprimiert. „Wie de Herbert vom Dokder komm is, hat er e arisch läädischer Endruck gemacht." (Als Herbert vom Arzt kam, war er sehr niedergeschlagen.) Das moselfränkische Wort für „leid" ist „läärisch": „Eisch sinn dat läärisch" (Ich bin das leid.)

läädlääwisch, Softfassung von „lebensmüde", jemand, der aus schlechter Laune heraus in sich gekehrt ist.

Läädlääwischer, jemand, der sich selbst bedauert. Er spekuliert auf das Mitleid der anderen und darauf, dass man ihm seine Unzulänglichkeiten wegen seines Zustands verzeiht.

läädscherisch, etwas grundsätzlich Essbares, das aber nach gar nichts schmeckt. Die saarländische Lösung: „Ich brauch Maggi. Die do Supp schmeckt läädscherisch." (Ich benötige Maggi. Diese Suppe ist nicht gewürzt.) Das Wort „läädscherisch" kann aber auch benutzt werden für lehmig, schmierig, glitschig, nicht knackig und ohne feste Konsistenz.

Laafdabber, Durchfall, ein von einem Imperativ abgeleitetes Substantiv. Wörtlich: Lauf schnell! Der medizinische Fachbegriff ist Diarrhoe und kommt aus dem Altgriechischen. Der Wortteil „dabber" leitet sich von „tapfer" ab, hat aber diese Bedeutung im Laufe von Jahrhunderten verlassen.

laafisch, dünnflüssig, „Em Anneli sei Sießschmeer is zu laafisch", (Annelis Marmelade ist zu dünnflüssig.)

laafrisch, ein weiteres Wort für „zu flüssig". Der Stamm des Adjektivs ist gleich, die Endungen sind allerdings verschieden. Das Wort wird ebenfalls bei Mahlzeiten oder Speisen benutzt, ist allerdings nicht gleichbedeutend mit „überflüssig", ein Wort, das lediglich im übertragenen Sinn gebraucht wird.

laatsche, mit großen Füßen unschön vorwärts gehen und dabei die Füße auf dem Boden schleifen lassen.

Laatsche, 1. große Füße, mit denen man nicht normal gehen kann, aber „laatschen", 2. zu großes, ausgeleiertes, grobes Schuhwerk.

Labbarsch, wörtlich: ein Gesäß, das seine Festigkeit verloren hat. Universalschimpfwort. Wichtig ist die markante Betonung der ersten Silbe.

Labbe, Lappen. „Die do Unnerhos is nix meh. Die kannschde nur noch als Labbe benutze." (Diese Unterhose kannst du bestenfalls als Putzlappen benutzen.) Das Wort „Labbe" wird aber auch gebraucht für den Führerschein. „Wenn dich die Polizei verwitscht, bischt du dei Labbe los." (Wenn du in eine Polizeikontrolle gerätst, dann verlierst du den Führerschein.)

Labbeduddel, Schimpfwort für ein phlegmatisches saarländisches Chamäleon. Er will, wenn es unbedingt sein muss, sich überall anpassen, erleidet dabei aber manchmal das Schicksal eines Chamäleons auf einem karierten Tuch.

läbbere, tröpfeln, auch: summieren, immer mehr werden. Vieles „läbbert sich zesamme". (Das summiert sich. Es wird immer mehr.)

Labbes, ein großer Mensch. „Der Labbes soll vorne sitze. Do hat er meh Platz." (Dieser große Mensch soll auf dem Beifahrersitz Platz nehmen, denn dort hat er ausreichende Bewegungsfreiheit.)

Labbmaul, Mensch mit hervorstehender Unterlippe. Man hat unwillkürlich den Eindruck, dass er träge ist, keinen allzu großen Wert auf die Artikulation legt und es ihm bei Wortbeiträgen an einem gewissen Tiefgang fehlt, was aber nicht unbedingt stimmen muss.

Labbschniss, gleiche Bedeutung wie „Labbmaul". „Der zieht immer e Labbschniss, wenn er mol was schaffe soll." (Wenn er arbeiten soll, dann verzieht er immer den Mund.)

läbsch, fade, nicht gewürzt. Das Wort bezieht sich nicht nur auf kulinarische Gerichte, sondern kann auch Verhaltensweisen und Eigenschaften von Menschen schildern, die wenig Energie und Initiative zeigen. Ganz schlimm ist es aber im Saarland, wenn etwa der Schwenkbraten zu „läbsch" ist, vor allem (Achtung! Jetzt kommt ein einziges Substantiv für drei Bedeutungen!), wenn dann noch ein Schwenker hinter dem Schwenker steht, um Schwenker zu schwenken und es nicht hinkriegt. Solche Typen können nicht nur „läbsch" würzen, sondern sich auch „läbsch" verhalten. Sie machen einen apathischen und müden Eindruck und vielleicht verstoßen sie sogar gegen die Landessitte und trinken kein Bier beim Schwenken.

Lackaff, wörtlich: ein „lackierter Affe". Wird ausschließlich für viel zu gut gekleidete Männer gebraucht mit entsprechendem Haarschnitt und Schmuck.

Ladander, altsaarländischer Begriff für Laterne, eine Kerze als Lichtquelle mit einem Wind- und Regenschutz. Eine einfache kleinere Tischlaterne wird häufig auch als „Windlicht" bezeichnet, weil die darin befindliche Kerze vor Wind geschützt ist.

Laffor, Schüssel zum Waschen, abgeleitet von einer französischen Wortfamilie, zu der neben dem Verb „laver" (= waschen) auch das Substantiv „le lavoir" (= Waschplatz) gehören.

Lähmkaul, altsaarländischer Begriff für Lehmgrube. Lehm ist einer der ältesten Baustoffe überhaupt. Er besteht aus Sand, Schluff und Ton. „Schluff" ist ein Material zwischen dem gröberen Sand und dem feineren Ton. Gewonnen wurde der Lehm in Lehmgruben. „Kaul" ist ein saarländisches Wort für „Vertiefung".

Lamäng, Teil der Redewendung „aus der Lamäng" = ohne besondere Vorbereitung, einfach so. „Lamäng" ist die saarländische Aussprache von „la main" (= die Hand) und ist abgeleitet von der französischen Wendung „à la main" (= mit/aus der Hand).

Lambrie, Fußleiste. Das Wort kommt von dem französischen Wort „le lambris" = die Täfelung. Es wird im Französischen auch benutzt für bauliche Verkleidung generell, etwa mit Stuck oder Marmor.

lamendiere, jammern. Kommt von dem französischen Verb „se lamenter" (sich beklagen), ist aber dort, im Unterschied zum Saarländischen, reflexiv.

Lamendiererei, Substantivierung von „lamendiere" (im Französischen: les lamentations – nur im Plural). „Ich kann die Lamendiererei iwwer die Steiere nemmeh heere." (Ich kann das Jammern über die Steuern nicht mehr hören.)

länge, längen, lang machen. Das kann man mit Kleidungsstücken machen, aber auch mit Lebensmitteln. Früher „längte" man etwa Eier oder Leberwurst – aus Gründen der Sparsamkeit. Daraus entstanden auch saarländische Spezialitäten. Die „Eierschmier" war zum Beispiel das Lieblingsgericht von Klaus Töpfer, des Kandidaten der CDU für das Amt des saarländischen Ministerpräsidenten (1990 und 1995).

lange, ausreichen. Der quantitative Anspruch an eine Sache oder einen Vorgang oder an Zeit ist erfüllt. Beispiel für eine Sache: „Fier jeder e Schwenkbroode unn zwei Werschdscher, e Doppelweck unn drei Flasche Bier. Das langt dicke." (Für jeden einen Schwenker, zwei Grillwürste und drei Flaschen Bier. Das genügt in jedem Fall.)

langs, auch „längs", entlang. „Am beschde gehschde längs de Kersch unn dann is rechts die Wertschaft." (Am besten entlang der Kirche gehen, dann befindet sich dahinter rechts das Gasthaus.) Eigentlich unlogisch: Das Gasthaus befindet sich in jedem Fall rechts hinter der Kirche, selbst wenn man nicht entlang des Gotteshauses geht. Aber so genau nimmt man das nicht. Wichtiger ist, dass man sich versteht, und das bedeutet, dass man gut miteinander auskommt, sprachlich und gefühlsmäßig.

Langsamstramm, Tranfunzel, absoluter Gegensatz zu einem Temperamentsbolzen, was sich auf Sprache und Bewegungsabläufe bezieht.

längsnanner, aneinander, „Zwää Hunde komme nie längsnanner, ohne dass ähner bellt." (Zwei Hunde kommen niemals aneinander vorbei, ohne dass einer von ihnen bellt.)

Laschder, Laster, eine Polysemie (ein Wort mit zwei Bedeutungen), im Deutschen wie im Saarländischen. Das erlaubt es uns, mit einem Sprachspiel eine witzige Bemerkung zu konstruieren: „De Horst raacht, trinkt, spielt Karte unn geht näwenaus. Der hat so viel Laschder, der kennt e Spedition offmache." (Horst raucht, trinkt, spielt Karten und ist nicht treu in der Ehe. Er hat so viele Laster, er könnte eine Spedition aufmachen.)

Latwersch (bisweilen auch Laxem), saarländischer Ausdruck für „Latwerge", ein stark eingekochtes Fruchtmus, im Saarland ausschließlich aus Zwetschgen oder Pflaumen. Gelegentlich findet im Saarland das gemeinschaftliche Zubereiten auch heute noch statt, zur Pflege der Tradition und der Nachbarschaft im Rahmen der dörflichen Gemeinschaft. Beim Einkochen von Früchten werden aber normalerweise zunehmend kurze Kochzeiten bevorzugt, da diese vitaminschonender sind. „Latwersch" wird im Saarland vor allem als Brotaufstrich gegessen, seltener – wie etwa in Österreich – zu Quark- und Mehlspeisen.

Latz, im Deutschen: durch Schlingen oder Knöpfe befestigte Kleidungsteile. Im Saarländischen: die Kurzfassung von „Hoselatz". Das Wort kommt wohl aus dem süddeutschen bzw. österreichischen Raum, wo früher die Männer Lederhosen, kurz, aber auch lang, trugen. Die hatten immer einen Hosenlatz, der an beiden Seiten mit Knöpfen befestigt war. Beispiel: „Guck emol an Dir runner! Du haschd heit ,Tag der offenen Tür'." (Dein Hosenlatz steht schon wieder auf.)

latze, sich ordentlich den Bauch vollschlagen. Diesen Begriff gab es bereits vor dem Kürzel XXL. Er hat wohl etwas mit dem „Latz" zu tun, den ein „guter Esser" genau so braucht wie ein Kleinkind „sein Lätzje". Dadurch kann man die hygienischen Katastrophen wenigstens einigermaßen im Griff halten. Wer sich „rischdisch latzt" (reflexiv!), riskiert eine „Lebensmittelschwangerschaft", denn der Weg von einem XXL-Essen in ein Spezialgeschäft für XXL-Kleidung ist kurz.

Latzegalli, Galgenstrick, Schimpfwort für einen Mann. „Latze" steht für „Lasso" und „Galli" entstand aus „Gallje" (= Galgen).

lauder, ausschließlich. „Bei uns im Hotel ware lauder Saarlänner." (In unserem Hotel waren ausschließlich Saarländer.)

lauschdere, intensiv zuhören, meistens aus Neugierde, weniger um sich über wissenschaftliche oder kulturell bedeutende Dinge zu informieren.

Lauserd, ein Junge, der gerne Streiche macht, abgeleitet von „Lausbub". Relativ harmloses Schimpfwort, wird sogar als Kosewort benutzt. Ursprünglich war es aber die Bezeichnung für einen mit Läusen gestraften, schmutzigen Jungen.

Lausresche, Läusekamm, wörtlich: ein Rechen (der ja so ähnlich funktioniert wie ein Kamm), mit dem man die Läuse aus dem Haar entfernt. Der Läusekamm ist kleiner als ein normaler Kamm. Die Zinken sind dünner und deren Abstände sind viel enger.

Lawabo, symbolischer Ritus der Händewaschung eines Priesters in der Messe, aus dem Lateinischen „lavare" (= ich werde waschen), im Altsaarländischen ein Handwaschbecken generell und eine Waschschüssel im Schlafzimmer, aus dem Französischen „le lavabo" (= Waschbecken und Toilette).

1

Laxem, Zwetschgenmus, ein dick eingekochter Brei aus Zwetschgen oder Pflaumen. Im Gegensatz zu Marmelade und Konfitüre wird dieser Brotaufstrich traditionell nur gewonnen durch Reduktion. Der Zuckeranteil beträgt maximal 25 Prozent.

Lazzeroner, schlitzohriger Betrüger. Bisweilen ist das Wort auch eine Bezeichnung für ein sympathisches kleines Schlitzohr, ist also positiv besetzt. Das Wort kommt aus dem Italienischen, ursprünglich ein neapolitanischer Bettler.

Lebbdaach, Lebenstag. Das Wort ist Bestandteil der Redewendung „se Lebbdaach net", was so viel bedeutet wie „niemals".

lebbere, eine Menge werden. „Das lebbert sich sesamme. Das gebbd e Stick." (Da kommt schon etwas zusammen.)

Ledder, (moselfränkisch „Lerrer"), saarländische Aussprache für eine durch Gerbung chemisch haltbar gemachte Tierhaut, deren natürliche Faserstruktur aber weitgehend erhalten ist.

leddischerweis. Das saarländische Adverb „leddischerweis" bedeutet „unehelich" bzw. „nicht ehelich". „Es Maria hat e Kind leddischerweis", (Maria hat ein uneheliches Kind). Die wörtliche Übersetzung ins Deutsche lautet „ledigerweise", ein Begriff, der außerhalb des Saarlandes bestenfalls bei „Exil-Saarländern" verbreitet ist.

ledschd, wörtlich: „zuletzt" im Sinne von „schließlich". Das Wort „ledschd" wird oft durch „se gudder" ergänzt. „Se gudder ledschd hat de Horst die Rechnung bezahlt unn is hemm gang." (Schließlich hat Horst die Rechnung beglichen und ist nach Hause gegangen.)

ledschdens, vor kurzer Zeit. „De Heinz hat ledschdens gesaad, dass er in die Palz ziehe will." (Heinz hat vor einiger Zeit verlauten lassen, dass er uns verlassen will.)

Leeb, saarländisch für Löwe (Panthera leo). Der König der Tiere wurde in der Poesie auch „Leu" genannt. (Es ist gefährlich, ihn zu wecken.) Dennoch hat er auch im Saarland als Wappentier eine nicht zu unterschätzende Karriere gemacht. Das Wappen des Saarlandes zeigt u. a. einen goldgekrönten silbernen Löwen in blauem, von silbernen Kreuzen besätem Feld. Im Wappen von Spiesen-Elversberg trägt der Löwe sogar eine Grubenlampe, eine Symbolik, die allerdings ihre Aktualität verloren hat. Zum „Leeb" wurde der „Löwe" durch unsere Unfähigkeit/Unlust, das spitzmäulige „ö" auszusprechen. Das Weglassen des „e" am Schluss des Wortes ist wohl Ausdruck unserer bisweilen vorhandenen Sprachökonomie. Entgegen sonstiger Sprachgewohnheiten ersetzten wir das allzu weiche „w" in „Löwe" durch ein weniger weiches „b". Die Verkleinerungsform „Leebsche" macht diese Veränderungen mit, während der Plural etwas näher am Deutschen bleibt: „Im Zoo gebbds neije Leewe."

Leewemeilsche, saarländische Aussprache und Schreibweise für das deutsche Wort Löwenmäulchen. Diese einjährige oder auch ausdauernde krautige Blume gehört zu den Wegerichgewächsen. Das „Leewemeilsche" ist eine Maskenblume. Die Blüte ähnelt ein wenig dem Kopf eines Löwen, vor allem, weil die gaumenartig ausgebuchtete untere Lippe verschlossen sein kann.

Leffel, 1. das universellste Tafelgerät überhaupt. Man benutzt den Löffel selbst in Kulturen, die normalerweise ihre Speisen mit Hilfe von Essstäbchen verzehren, 2. ein Teil des Baggers, mit dem man Erde, Sand oder andere Materialien löst, transportiert und abschüttet, 3. ein anderes Wort für Ohren: „Ich hau dir gleich of die Leffel." (Ich schlage dir gleich auf die Ohren.) 3. Saarländische Musiker kennen das Wort „Leffele" auch für „ein aus zwei Löffeln bestehendes Perkussionsinstrument (aus der Gruppe der Gegenschlagidiophone)".

Leffelblech, fester Bestandteil früherer Küchen: ein Wandblech mit Haken, an denen man Schöpflöffel u. Ä. aufhängte und diese hinter einem Vorhang versteckte. Dieser war oft mit einem gestickten Sinnspruch dekoriert, etwa „Eigner Herd ist Goldes wert". Bisweilen findet man noch ein „Leffelblech" beim Trödler oder auf dem Flohmarkt.

leffele, wörtlich: löffeln. „Der muss die Supp ausleffele!" (auch im übertragenen Sinn). Im Saarländischen gibt es aber noch eine zweite Bedeutung: „etwas sehr gerne haben wollen", also: „Unser Klääner, der leffelt schon seit Monate an dem neije Händi." (Unser Junge will seit Monaten unbedingt ein neues Handy haben.)

Leffelsches-Bohnesupp, anderes Wort für Bibbelsches-Bohnesupp. Bei dem Wort „Leffelsches-Bohnesupp" ist der Essvorgang (mit Löffeln) sprachbildend, während es bei der Bibbelsches-Bohnesupp um die Art geht, wie die Bohnen geschnitten (= geschnibbelt) werden. Weitere Bezeichnung: Brieh-Bohnesupp. Da geht es in erster Linie um die Brühe.

Leffelstiel, Löffelstiel, sprachlicher Bestandteil eines Kinderreimes: „Lierum, larum Leffelstiel / alde Weiwer fresse viel / junge misse faschde / debei leids Brot im Kaschde."

Lehn, Ausleihe. „Die groß gußeiserne Pann war immer of de Lehn." (Der große Bräter war immer ausgeliehen.)

lehne, z. B. zurücklehnen, aber auch leihen und verleihen. Der saarländische Begriff „lehne" leitet sich offensichtlich aus dem Mittelalter ab, als das Lehnswesen (das Feudalsystem) als vorherrschendes politisch-ökonomisches System die Grundlage der hochmittelalterlichen Gesellschaftsordnung bildete. Der Begriff kennzeichnet die Beziehungen zwischen Lehnsherren und belehnten Vasallen, vor allem im Heiligen Römischen Reich.

Lehr, Berufsausbildung, Lehre, wie im Deutschen, nur ohne das „e" am Wortende. Allerdings gibt es im Saarländischen noch eine Zusatzbedeutung im Sinne von Rat, Beratung, allgemeiner Hinweis. Diese wird allerdings (mittlerweile?) nur passiv und negativ benutzt: „Der nemmt kenn Lehr an." (Er ist beratungsresistent.)

lehre, sowohl unterrichten als auch lernen. Die saarländische Sprachökonomie kennt für beide Tätigkeiten nur ein einziges Wort: Der Professor lehrt, der Student ebenfalls. Die Tätigkeit eines Müllwerkers (Mülltonnenleerer) hingegen verzichtet – wie im Deutschen – auf das Dehnungs-H.

leide, läuten und leiden. Durch die Übersetzung beider Verben entsteht eine Polysemie (doppelte Bedeutung). Dadurch wird folgender Satz möglich: „De Kischder leid die Glocke unn sei Fraa an Asthma." (Der Küster läutet die Glocke und seine Frau leidet an Asthma.)

leie, liegen. „Das Buch leid offem Stuhl." (Das Buch liegt auf dem Stuhl.) Das deutsche Wort „leihen" hingegen heißt im Saarland „lehne".

Leinduuch, ein Tuch aus Leinen, das als Bettlaken fungiert. Das erste fertigten die Ägypter an. Das Material dazu lieferte der Flachs. Es gibt auch heute noch Leinentücher, die im Sommer angenehmer, da kühler auf der Haut sind! Seit Mitte des 19. Jahrhunderts verwendet man aber normalerweise Baumwolle, weil diese leichter zu verarbeiten ist. Der Name „Leinduuch" besteht aber immer noch.

Leisch, Leiche. Der Satz „Der geht mit de Leisch" bedeutet aber nicht, dass jemand von den Toten auferstanden ist und jetzt ein Verhältnis mit einem Lebenden hat und dem man dann nachsagt, er würde mit einer Leiche „gehen". „Leisch" ist der tote Körper und die Kurzform für den „Leische-Zuch". Das wiederum ist keine Bezeichnung für einen Zug der deutschen Bundesbahn, der ausschließlich Leichen transportiert, sondern ein Trauerzug vom Ort der Aufbahrung bis zum Friedhof. Er diente der Trauerbewältigung, wie fast alle Rituale bei Beerdigungen.

Leische-Imbs, Essen bei der Trauerfeier nach der Beerdigung. Das Wort „Imbs" ist die Kurzform von „Imbiss". Bei einer Beerdigung ist das, für saarländische Verhältnisse, ein bescheidenes Festessen. Bei dem traditionellen saarländischen „Leische-Imbs" gab es früher nur Kaffee und „trockenen" Kuchen, etwa „Krimmelkuche" oder „Kranzkuche". Mittlerweile ist das anders. Da werden auch Schnittchen gereicht. Wer will, kann dazu auch ein Bier trinken. Man trifft die Verwandtschaft und bedauert schon mal, dass man sich nicht öfter sieht (wobei das selbstverständlich nicht unbedingt bei einem „Leische-Imbs" sein muss...)

Leiskanzel, Genick, nicht säkularisierte Variante der „Leiskaul", wörtlich: eine Vertiefung, in der Läuse hausen.

Leiskaul, Genick. „Ich haue dir gleich in die Leiskaul!" (Ich schlage dir gleich ins Genick.) Das deutsche Wort „Laus" wird im Saarländischen beibehalten. Nur beim Plural gibt es einen Unterschied. Es ent-

DE OPA JUCKT'S IN DE LEISKAUL

steht das Substantiv „Leis", das mit dem Adjektiv „leis" (= ruhig, still) überhaupt nicht zu tun hat.

Lemmes, Schafsbock, kommt von „Lamm". Der genauen Wortbedeutung auf der Spur ist Claude Michael Jung. Im Rahmen seiner „Lemmes-Forschung" stellt er den Ist-Zustand folgendermaßen dar: „Seit Jahrhunderten schon sorgt das im Saarland überall bekannte Sprichwort: ‚Ich glaab, du bischd vum Lemmes gepickt', bei der Denkerelite des Landes für erhebliches Kopfzerbrechen und für Streit unter den Philosophen. Niemand war jemals in der Lage herauszufinden, wer der geheimnisvolle Lemmes eigentlich war, ein Fabelwesen, ein Hirngespinst, oder gar eine Gottheit aus keltischer Vergangenheit..."

Lett, altsaarländisches Wort für Lehm. Die Motocrossbahn bei Niederwürzbach befindet sich in der „Lettkaul" (= Lehmkuhle).

lewendisch, lebend, aber auch: rege, aktiv. „Unser Hund is schon alt, awwer er wird immer noch ganz scheen lewendisch, wenn de Briefträjer kommt." (Unser Hund ist auch nicht mehr der jüngste, aber er wird immer wieder aktiv, wenn der Briefträger kommt.)

Lewwerknepp, Leberknödel, Leberklöße, fast ein saarländisches „Nationalgericht". Man isst sie normalerweise mit Sauerkraut und trinkt dazu ein Bier. Es können auch mehrere sein.

liebdricke, in den Arm nehmen, herzen. Das macht man vor allem mit Kindern. Später ändern sich die Formen.

lieje, das Wort bedeutet im Saarländischen „lügen" (= den flexiblen Umgang mit der Wahrheit pflegen) und nicht etwa „liegen", wie man meinen könnte. „Liegen" heißt auf Oxford-Saarländisch „leije".

Liener, jemand, der den abendländischen Wahrheitsbegriff nicht anerkennt, ein Lügner also. „Du alder Liener!" (Du alter Lügner), wobei man fairerweise anerkennen sollte, dass es auch junge Lügner gibt.

Liftsche, Verkleinerungsform von dem deutschen und saarländischen Wort „Luft". Der Begriff „Liftsche" kann benutzt werden für einen schwachen Luftzug, aber auch ironisch für einen sehr starken: „Aweil geht awwer e Liftsche." (Jetzt stürmt es aber.)

lilalolisch, undefinierbare Fantasiefarbe. Das Wort basiert auf dem internen Stabreim und den darauf wechselnden Vokalen.

Linkstoodsch, jemand, der (fast) alles mit links macht (gilt nicht im übertragenen Sinn). Das altsaarländische Wort „Toodsch" ist eine überdimensionierte Hand, und „Linkstoodsch" eine abwertende Bezeichnung und ein Schimpfwort für einen Linkshänder. Das Wort gehört in eine Zeit, als man in der Schule noch versuchte, den Linkshändern das „widernatürliche Verhalten" mit Gewalt auszutreiben.

linse, heimlich etwas beobachten. Ein Wort aus dem Rotwelschen. Ausgangspunkt ist die Hülsenfrucht „Linse", das wohl auch wegen der Form und der Funktion Pate stand für die Augenlinse. Seit dem 18. Jahrhundert nennt man auch geschliffenes Glas für optische Geräte danach.

Literbomb, saarländisches Gebinde, das auf die Frankenzeit 1947 bis 1959 zurückgeht. Die „Literbomb" war der Kosename für die 1-Liter-Bierflasche. Die Flaschenform kam aus Frankreich und musste in den siebziger Jahren der Euroflasche (1/2 Liter) und noch kleineren Gebinden weichen.

liwwere, wörtlich liefern, abliefern. Wird auch im Sinne von „etwas anstellen" benutzt. „Mei liewer Mann, do haschde awwer mol wedder e Ding geliwwert!" – (Mein Gott, da hast Du aber wieder etwas angestellt!)

Lochtopert, ein ungeschickter Mensch, jemand, der zum Beispiel zu „topisch" (= ungeschickt) ist, um das Schlüsselloch zu finden.

Lodderläwe, ein ungeordneter Lebenswandel, der nicht dazu führt, eine bürgerliche Reputation zu bekommen. Gesellschaftliche Normen werden nur in Ausnahmefällen beachtet.

Lohei, (Betonung auf der zweiten Silbe), da-hier, gilt als typischer Mundartausdruck der Kreise Merzig-Wadern, Saarlouis und St. Wendel. Das Wort „Lohei" wurde benutzt, um diese Region liebevoll-abfällig zu bezeichnen.

Loheier, (Betonung auf der zweiten Silbe), Bewohner der „Lohei", moselfränkisches Sprachgebiet im Saarland. Der Begriff war früher noch populärer, als sich im Bergbau das Rheinfränkische und das Moselfränkische begegneten. Man frotzelte schon mal gegeneinander, und dabei spielten auch die unterschiedlichen Akzente eine Rolle.

lolisch, lau, weder Fleisch noch Fisch, bezieht sich auf Geschmack, aber auch auf Farben: „Das Klääd war lila-lolisch." (Das Kleid hatte eine nichtssagende Farbe.) Das Wort wird fast ausschließlich abwertend gebraucht, auch im übertragenen Sinn für „nichts Halbes und nichts Ganzes!"

Lolligutzje, saarländisches Bonbon, das vor allem in der „Frankenzeit" (= fünfziger Jahre) bei den Kindern populär war. Es hatte den Markennamen „Lolli", wahrscheinlich eine Abkürzung des angloamerikanischen Namens „Lollipop". Dieser wurde vor allem populär durch den Mitte der 1950er Jahre entstandenen Song „My Boy Lollipop", der 1964 ein internationaler Hit wurde.

Lombazius, (Betonung auf der zweiten Silbe), saarländisch für „Lumpazius". So bezeichneten bereits die Römer abfällig jene Menschen, von denen sie nicht viel hielten. Über das Lateinische wanderte der Begriff ins Deutsche. Die Integration gelang, und heute ist er in allen Regionalsprachen zuhause, selbstverständlich auch im Saarländischen.

1

Loschie, (Betonung auf der zweiten Silbe), das Recht, bei jemandem kostenlos zu wohnen. Das Wort wird meistens zusammen mit der Verpflegung gebraucht. Dann hat man gratis „Kost und Logis" als „geldwerten Vorteil".

loschiere, (Betonung auf der zweiten Silbe), wohnen. Das Wort ist abgeleitet von dem französischen Verb „loger". 1. bei jemand anderem übernachten, 2. eine Wohnung mieten und dafür Mietzins zahlen.

Losem, Losheim am See, eine Gemeinde im Landkreis Merzig-Wadern mit mehr als 15 000 Einwohnern. Die wichtigste Sehenswürdigkeit ist der Stausee mit 31 ha.

Lottsche, 1. Verkleinerungsform der Kurzfassung von Charlotte und Liselotte, 2. Po, Hintern. Das Wort „Po" wird überwiegend bei Kindern gebraucht: „Ich hau dir gleich dei Lottsche." (Ich schlage dir auf deinen Po.)

Luische, die Verkleinerungs- und Kurzform des Vornamens „Ludwig", wird aber auch abwertend gebraucht für Zuhälter und für ungepflegte Männer. Dabei ist „Louis" ein französischer Königsname und der zweite Teil des Namens der saarländischen Kreisstadt „Saarlouis". Mit der saarländischen Aussprache „Lui" war auch der Vorname „Louis" im Saarland lange verbreitet.

luen, neugierig gucken, nach etwas schauen. „Luu mol hei loo!" = „Schau Dir das mal an!" – Im moselfränkisch sprechenden Saarland noch weit verbreitetes Verb. Eng verwandt ist es auch mit dem gleichbedeutenden Verb „luhre". Beide entstammen einer großen internationalen Sprachfamilie, zu der das englische „to look", das schweizerische „luege" und auch das Substantiv „Luke" gehören. Selbst die „Loreley" zählt zur sprachlichen Verwandtschaft. Sie hieß ja nicht mit Vornamen „Lore" (= Kurzform von Hannelore) und mit Familiennamen „Ley". Der Name Loreley hat einen anderen

Ursprung: „Lore" = sehen (verwandt mit „luen") und „Ley" = Schieferfelsen, also als Ganzes: Ein Schieferfelsen, von dem aus man eine gute Aussicht hatte. Der Sage nach nutzte das eine Blondine aus: Sie kämmte dort ihr langes Haar und irritierte die Rheinschiffer. Selbst Heinrich Heine war perplex und dichtete „Ich weiß nicht, was soll es bedeuten?" Die Frage ist noch immer unbeantwortet.

Lulatsch, abwertende Bezeichnung für einen sehr großen Menschen. Etymologen vermuten einen Zusammenhang mit „Lulaw", der Bezeichnung eines Palmenzweigs. Als „Lulatsch" ist er wahrscheinlich über das Rotwelsche in unsere Sprache eingedrungen. In der deutschen Sprache ist er aber nicht so populär wie im Saarländischen. Eine Ausnahme bildet der „Lange Lulatsch", ein Kosewort für den Mitte der zwanziger Jahre in Berlin erbauten Berliner Funkturm. Bei der Bezeichnung „Langer Lulatsch" handelt es sich um eine Tautologie.

Lumb, Schimpfwort für einen Mann, dem moralische und ethische Grundsätze am Gesäß vorbeigehen. Abgeleitet ist das Wort aus dem Lateinischen. Der „Lump" ist die Kurzfassung des „Lumpazius".

lumbe, ein Verb, das keinen zurückhaltenden Konsum alkoholischer Getränke aller Art bezeichnet: „Geschdern hann die wedder gelumbd." (Sie haben gestern viel getrunken.) Die Verneinung im Passiv steht in einem Zusammenhang mit Freigiebigkeit: „Es Marlene hat sich an seim Gebordsdaach net lumbe geloss." (Marlene war bei ihrer Geburtstagsfeier sehr freigiebig.)

Lumbe, Lappen, gleich aus welchem Material, Hauptsache: Stoff. Irgend so ein Fetzen. Und so hießen auch im Mittelalter die Lappen.

Lumbedier, allgemeines Schimpfwort für eine Frau, bei dem diese in der letzten Silbe als „Dier" (= saarländische Aussprache und Schreibweise) diskriminiert wird. Außerdem weist man ihr durch die erste Silbe die Drecksarbeiten im Haus zu.

1

Lumbejudd, bereits vor der Machtergreifung der Nationalsozialisten ein volkstümlicher Ausdruck für Altwarenhändler und Aufkäufer von verwertbarem Abfall.

Lumbekrämer, religionsneutraler Ausdruck für einen Altwarenhändler. Er war meistens mobil, kaufte und verkaufte von seinem Lastwagen herunter, zahlte meistens mit Utensilien. Der Verkauf lief aber über Geld.

Lumbes, Angehöriger des „Lumpenproletariats", einer Gesellschaftklasse, die unter der Arbeiterklasse steht und zur Paria gehört.

Lumbesäckel, Schimpfwort, das aus zwei abwertenden Begriffen für Gegenstände besteht, die beide allein existenzfähig sind.

Lumbezeisch, wörtlich „Zeug aus Lumpen", womit wahrscheinlich auf die Armut der Angehörigen einer Bevölkerungsgruppe Bezug genommen wird: Sie gehen „in Lumpen", sie sind eine Ansammlung von „Lumpen", sie gehören zur Paria und werden als solche verachtet und ausgestoßen. Das Wort „asozial", das für sie immer noch gebraucht wird, stammt aus dem 19. Jahrhundert und wurde unter den Nazis benutzt, um Menschen in Konzentrationslager zu bringen.

Lungebreedsche, ein Kosename für eine Zigarette, wobei man sich im Klaren ist, dass sie nicht gerade zu den gesündesten Genussmitteln gehört. Der Wortteil „Lung" deutet jedenfalls darauf hin.

Luwwies, saarländische Fassung des sehr noblen französischen Vornamens „Louise", das weibliche Pendant von „Louis". Oft eine abwertende Bezeichnung für eine (raffinierte) Frau.

Lyoner, saarländisches Wort für „Fleischwurst", abgeleitet von der französischen Stadt Lyon, in der man zum ersten Mal Wurst gelb färbte – mit Safran und Zimt. Gelbe Wurst hieß deshalb „Lyoner Wurst" und später nur noch Lyoner.

M wie Maigips

Der Buchstabe „m"

hat in deutschen Texten eine durchschnittliche Häufigkeit von 2,5 %. Im Saarländischen ersetzt „m" manchmal kompliziertere Wortkonstruktionen. Der „Klassiker" ist folgender Baustellen-Dialog: „Hammer e Hammer?" (Haben wir einen Hammer?) – „Ei jo, e Hammer hammer." (Selbstverständlich haben wir einen Hammer.)

Maache, Magen (griechisch „gaster", lateinisch „ventriculus") ist ein Verdauungsorgan fast aller Tiere, somit auch des Säugetiers Mensch. Der saarländische Ausdruck kann auch ohne das „ch" ausgesprochen werden: „Ma-e". Den Bindestrich muss man dann hauchen.

Maachegeschwier, Magengeschwür, ein Defekt der Magenschleimhaut. Es entsteht durch ein Missverhältnis zwischen der Magensäure und den Schutzmechanismen des Magens. Sprachlich interessant ist die Tatsache, dass wir den deutschen Begriff als Ganzes ins Saarländische übertragen, was wir bei anderen Krankheiten recht selten machen, etwa bei Kreislaufstörungen.

Maad, Magd, das weibliche Pendant zu „Knecht", wurde früher oft als Kosenamen für Mädchen benutzt, wobei die saarländische Fassung des Possessivpronomens „mein" vorangestellt wurde: „Mei Maad."

maane, mögen, wollen: „Maanschde Worscht?" (Willst Du Wurst haben?)

maanenet, typisches Satzfragment von saarländisch sprechenden Kleinkindern, die zum Ausdruck bringen wollen, dass sie etwas nicht mögen. Das Wort wird gerne von Erwachsenen parodierend zitiert.

Maaschkleesjer, Markklößchen, gehören zur „gudd Rindfleischsupp". Hauptbestandteil ist das Mark von Rindfleischknochen. Die deutsche Aussprache ist für uns Saarländer gar nicht so einfach. Die erste Konstituente beinhaltet ein „r", das wir durch ein weiteres „a" ersetzen, wie beim Vornamen „Karl". Aus dem „k" wird ein „sch". In der zweiten Konstituente ersetzen wir das allzu feine „ö" durch ein verlängertes, für Saarländer sprechbares „e", und wir entscheiden uns für die saarländische Verkleinerungsform „je", im Plural „jer" (statt „chen").

m

machschedann? Was machst du denn? Klassisches Beispiel für saarländisches „Verbal-Steno": Wörter werden a) ins Saarländische übersetzt b) verkürzt oder gar gestrichen c) zusammengezogen.

Madamm, saarländische Aussprache (und Schreibweise) des französischen Wortes „Madame", was wörtlich so viel heißt wie „Meine Dame" (Entsprechung von „Mein Herr"). Ursprünglich benutzte man diese Anrede nur für erwachsene adlige Menschen weiblichen Geschlechts (Die Entsprechung von „Herr"), wird aber heute im Französischen für alle erwachsenen Frauen gebraucht, auch in der Anrede (mit oder ohne Familienname). Im Saarländischen ist eine „Madamm" eine erhabene weibliche Persönlichkeit, wobei der Begriff auch abwertend benutzt werden kann. Dann ist die „Madamm" eher eine ironische Bezeichnung für eine hochnäsige Frau. Es kommt auf die Betonung an.

Madämmsche, Verkleinerung und/oder Verniedlichung von „Madamm". Meistens wird der Ausdruck als Kompliment benutzt, im Sinne von: „Aus der wird emol ebbes." (Sie wird sich sehr positiv entwickeln), wobei man dabei eher an Äußerlichkeiten denkt als an Schulnoten.

Mäde, Mädchen, ist im Deutschen und im Saarländischen sächlich, womit allerdings kein Bezug zur geschlechtlichen Zuordnung hergestellt wird. Alle Verkleinerungen im Deutschen sind sächlich. Die saarländische Besonderheit: Bei uns sind auch nicht verkleinerte weibliche Wesen „eine Sache": „Es Maria" (= das Maria).

Mäderolzer, Junge, der gerne mit Mädchen „rolzt", d. h. sich bei ihnen aufhält, sich mit ihnen balgt und später auch andere Dinge mit ihnen unternimmt.

madisch, Zustand von schadhaftem Obst. Die Maden (= Fliegenlarven) tummeln sich darin. Madenartige Larven gibt es auch von Bienen, Ameisen oder Käfern. Zweitbedeutung: Man kann auch eine Sache oder einen Menschen „madisch" machen. Man schildert ihn sehr negativ und nimmt anderen die Freude, sich damit zu beschäftigen.

Maggi-Stobbe, rothaariges weibliches Wesen. Die neusaarländische Formulierung bezieht sich direkt auf die im Saarland ach so beliebte Maggi-Würze. Die Flasche hat oben eine Kapsel, und die ist rot.

Magriene, hat im Saarländischen zwei vollkommen verschiedene Bedeutungen: „Margarine" (für Saarländer gilt sie als Butter-Ersatz) und Ausgangspunkt für eine parodistische Übersetzung ins Deutsche: „Wir bekommen ihn."

Maigips, Maikäfer, der wohl bekannteste Käfer überhaupt. Bis Mitte des 20. Jahrhunderts wurden sie an Hühner verfüttert. Doch waren sie auch mit Emotionen verbunden. Kinder sammelten sie in Schuhschachteln, die sie vorher durchlöchert hatten, um den Käfern die Luftzufuhr zu sichern. In dem Märchen „Peterchens Mondfahrt" beschreibt Bernhard von Bassewitz einen Maikäfer, der mit zwei Menschenkindern auf die Reise geht, und Reinhard Mey besingt in dem Lied „Es gibt keine Maikäfer mehr" die Folgen der Vernichtung der Maikäfer mit Dichlordiphenyltrichlorethan. Dieses Wort muss man sich nicht merken!

maije, sich austauschen, plauschen, die Nachbarschaft zu einem Schwätzchen besuchen, einfach nur so, meistens sogar ohne Ankündigung: „Ich gehn mol nääwedran e bissje maije." (Ich gehe zum Nachbarn ein wenig plauschen.)

mallaad, altsaarländisch für „krank", abgeleitet von dem gleichbedeutenden französischen Adjektiv „malade".

Malleer, Unglück, Missgeschick, saarländische Aussprache des französischen Wortes „le malheur". Betonung bei beiden Fassungen auf der zweiten Silbe.

maloche, schwer arbeiten. Das Verb stammt aus dem Rotwelschen und ist in mehreren traditionellen Industriegebieten verbreitet, an der Ruhr noch mehr als an der Saar.

Mamme, saarländisch für „Mama". Das ursprüngliche lateinische Wort „Mamma" entwickelte sich aus der kindlichen Lallsprache, wurde zum französischen Wort „la maman" und von dort entlehnt als „Mama". Das saarländische Wort „Mamme" stammt direkt von dem mittelalterlichen Wort „Mamme" ab (= „Mutterbrust"). Ein zweiter Ausdruck dafür war „Memme", was ja noch heute als Schimpfwort für einen Feigling benutzt wird. Das Wort „Amme" (= Frau, die eine Mutterfunktion innehat, ohne die leibliche Mutter zu sein) ist ebenfalls mit „Mamme" verwandt.

Mammebobbelsche, Mama-Kindchen, ein Baby mit sehr großer emotionaler Anhänglichkeit zu seiner Mutter. Wird auch als Soft-Schimpfwort benutzt für Mädchen und Jungs, die aus diesem Alter raus sind, dennoch bestimmte Verhaltensweisen aus ihrer frühen Kindheit beibehalten haben.

mammesisch, Adjektiv, das eine Frau beschreibt, deren Outfit erkennen lässt, dass sie entweder eine „Mamme" ist oder als solche betrachtet werden will. Meistens ist sie etwas füllig, nicht allzu chic gekleidet und sie sieht immer etwas älter aus, als sie in Wirklichkeit ist.

Mamsell, selbstbewusste junge Frau, abgeleitet von dem französischen Wort „Mademoiselle" (= Fräulein). Die Mamsell war früher ein Dienstmädchen bei „besseren Leuten". Sie arbeitete in der Küche und trug die Speisen im Esszimmer auf. In Restaurationsbetrieben sollte sich die „Kaltmamsell" noch lange halten.

Mandel, Mantel. Das Wort „Mandel" gehört eigentlich nicht in dieses Buch. Lediglich der harte Konsonant „t" verwandelt sich in ein weiches „d". Es handelt sich also nur um die saarländische Aussprache eines deutschen Wortes. Interessant aber dabei: Es entsteht dadurch eine doppelte Bedeutung. Als saarländischer Mundartsprecher kann man in einem Restaurant ein „Fischfilet im Mandelmandel" bestellen.

Mangel, Dickkopf, Querkopf. Die Einwohner von Baltersweiler werden im Volksmund „Mangele" genannt. Der Fluch: „Mangel-Sääf!" ist nicht nur im Nordsaarland bekannt. Vielleicht kommt diese Redewendung auch aus der Waschküche. Dort gibt es eine Mangel zum Bügeln, und Seife (saarländisch: Sääf) ist auch vorhanden. Plausibler ist da schon der Rückgriff auf die „schlechten Zeiten". Da war auch Seife eine Mangelware. Ersatzprodukte hatten nicht die Qualität wie in Friedenszeiten. Sie hatte auch keine normale Reinigungskraft, sie roch auch nicht gut. Es handelte sich eben um „Mangel-Sääf".

mangiere, vortäuschen: „Der is net krank. Der mangiert nur." (Er ist nicht krank. Der ist ein Simulant.) Vielleicht kommt das Verb über viele Umwege von dem französischen Wort „manquer" (= fehlen")

Mangnet, saarländische Aussprache und Schreibweise von „Magnet". Durch die Einfügung eines zweiten „n" (vor dem „g") lässt sich das Wort besser aussprechen.

Mango, saarländisch auszusprechende Polysemie für 1. Fehlbetrag und 2. eine Frucht aus dem Süden. Beide haben nichts miteinander gemeinsam. Ausnahme: Der Name.

männerdoordisch, Eigenschaft einer Frau, die sich vom männlichen Geschlecht extrem angezogen fühlt.

Männerschiss, ein saarländisches Wort, das leicht missverstanden werden kann. Gemeint ist die konkrete Angst der Männer vor der Impotenz.

m

Männesje, sehr kleiner Mann oder auch eine Spiel- oder Dekorationsfigur geringen Ausmaßes.

Männje, kleiner Mann. Die Bildung der Verkleinerung mit „ch" ist für Saarländer nicht aussprechbar, weshalb wir gerne auch das „ch" in ein „je" umwandeln.

Mannsbild, Bild von einem Mann, kein Gemälde und keine Fotografie, sondern jemand, der nach Meinung vieler Frauen bildschön und dennoch ein richtiger Mann ist.

Mannsleit, Plural für „Mann", alternative Begriffsbildung zu dem ausreichenden Wort „Männer".

mansche, durcheinander mengen, z. B. Sand, Zement und Wasser zu Mörtel (saarländisch: Speis) oder Sauerkraut mit Kartoffelpüree und Soße zu einer Mahlzeit (wenn man so etwas mag).

maschdisch, üppig, gehaltvoll. „Das do Essen is nix fier absenemme. Das is mir zu maschdisch." (Die Mahlzeit eignet sich nicht als Diät. Sie ist zu gehaltvoll.)

Massick, Pferd, das gerne ausschlägt. Wird auch gern als Schimpfwort benutzt für einen sturen männlichen Zeitgenossen. Er ist ein gewalttätiger Mensch. Der Ausdruck kommt aus dem Rotwelschen. Da heißt er so viel wie „beschädigt". Das Wort kommt aus dem Hebräischen.

massisch, sehr viel, mehr als genug. „Mit hann fier jeder zwää Flasche Wein ingeplant. Das reicht massisch." (Wir haben für jeden zwei Flaschen Wein eingeplant. Das ist mehr als ausreichend.)

Massjong, altsaarländischer Begriff für eine Riesenportion: „Die Feierwehr hat e ganzi Massjong Lewwerknepp gemacht." (Die Feuerwehr hat eine riesige Menge Leberknödel gekocht.)

massläädisch, übel gelaunt: „Is derdo awwer heit massläädisch." (Dieser Mensch ist heute aber übel gelaunt.)

Matz, (Großschreibung). Kurzform für Mathias, aber auch als Familienname in der Redewendung: „Es is of gang wie of Matze Hochzeit." (Es wurden keine Reste gemacht.)

matz, etwas können, zu etwas in der Lage sein. In Bayern sagt man, wenn jemand etwas gut kann: „Des is schon a Matz." Im Saarland verzichtet man auf den unbestimmten Artikel „a" und auf die Großschreibung. Es handelt sich bei uns nicht um einen Namen: „De Horst is matz dezu, es Feierwehrfeschd se organisiere." Oder „Um em Horst die Meenung se sahn, dodefier ist de Holger net matz." In Kombination mit der deutschen Sprache wirkt der Ausdruck eher merkwürdig: „Der Ministerpräsident war der französischen Sprache nicht matz."

Mätzjer, keine Ansammlung von kleinen männlichen Wesen, die auf die Kurzfassung des Namens Mathias hören, sondern ein Begriff für Probleme und Schwierigkeiten, die jemand macht. Den Ausdruck „Mätzjer" gibt es in diesem Zusammenhang nur im Plural.

Maulaff, sprachliches Ergebnis der theoretischen Konstruktion einer nicht vorhandenen Affenrasse, die durch ihr besonderes Maul geprägt ist. Das Ziel besteht darin, den Namen als Beleidigung für Menschen zu benutzen.

Maulaffe feil halle, dumm rumstehen, keinen Beitrag zum Ablauf des Geschehens leisten und mit offenem Mund gaffen. Man interpretierte das mit dem Satz: „Der steht do wie jemand, der wo Maulaffe feil halle will." (Der steht da wie jemand, der etwas Unverkäufliches anbietet.)

maule, meckern, zetern, lamentieren: „Heer off se maule!" (Stell dein Meckern ein!) Der maulende Mensch wird indirekt mit einem

Tier gleichgesetzt. Er hat keinen „Mund", sondern ein „Maul" (= Substantivierung des Verbs).

maulfaul. Jemand ist maulfaul, wenn er nichts oder nicht viel redet. Das kann verschiedene Gründe haben: Weisheit, oder er/sie war – als die Intelligenz verteilt wurde – auf dem Klo.

maulfertisch, redegewandt: „Wer heitsedaachs in die Bollidick gehn will, der muss maulfertisch sinn." (Wer heute Politiker werden will, muss ein guter Redner sein.)

Maulgei, Mundharmonika. Eine ironische Ableitung (durch Ergänzung) von einem angeseheneren Instrument, der Geige. Eine ähnliche Ableitung gibt es auch beim „Schifferklavier".

Maulochs, saarländisches Schimpfwort agrarischer Herkunft. „Maulochsen" nannte man die „Jumarren", die aus der seltenen Verbindung eines Stiers mit einer Stute entstanden sind. Das war – wie man sich denken kann – nicht gewollt. Daher leitet sich wohl auch der Gebrauch des Wortes als Schimpfwort ab, zumal die beiden Wortbestandteile in der zwischenmenschlichen Kommunikation oft auch abwertend benutzt werden.

Maulorgel, Mundharmonika, ein einfaches, kleines Instrument, das man durch den Gegensatz sprachlich interessant macht: Ein Tier hat ein Maul, und eine Orgel gibt's in der Kirche.

Mausbär, Name einer Tiergattung, die offensichtlich nicht aus einer (unvorstellbaren) Kreuzung zwischen einer Maus und einem Bären hervorgegangen ist. Es drängen sich eher Assoziationen zu dem saarländischen Sinngehalt des Verbes „mausen" auf (= den ehelichen oder außerehelichen sexuellen Pflichten nachkommen).

Mauschbacher, Bewohner eines Dorfes bei St. Wendel. Die Bergleute aus der Gemeinde beteiligten sich nicht bei den ersten Bergarbeiterstreiks an der Saar (1889-1893). Der Name „Mauschbacher" wurde mit der Zeit zur Bezeichnung für Streikbrecher generell, unabhängig von ihrem Wohnort.

mauschele, betrügen, etwa beim Kartenspiel, aber früher im Saarland auch ein weit verbreitetes Kartenspiel (einfacher als Skat).

mause, klauen, stehlen, auch: Geschlechtsverkehr ausüben. Die doppelte Bedeutung sollte nicht zu Missverständnissen führen.

Mausefallehändler, neben „Ittacker", „Badolljos" und „Zitroneschittler" das häufigste Schimpfwort für eingewanderte Italiener ins Saarland. Die Begriffe überdauerten nicht die Anfangsphase ihrer Einwanderung.

Mausehrsche, Mausöhrchen, Verkleinerung von Mausohr, im Saarland gebräuchlicher Ausdruck für den „gewöhnlichen Feldsalat", auch in Luxemburg, der Eifel und im Hunsrück. Der Name entstand wohl aus einem Vergleich der Blätter mit den Ohren der Mäuse. Die Bezeichnung „Rapunzel" (in Sachsen und Thüringen verbreitet) ist der Oberbegriff und hat eine schicksalhafte Bedeutung im gleichnamigen Märchen der Brüder Grimm.

Mausfrau, konstruierter Gegensatz zur „Hausfrau". Bitte beachten, dass „mause" in diesem Zusammenhang nichts mit „klauen" zu tun hat.

Mayer mache, sich aufspielen, jemanden für seine eigenen Zwecke benutzen, wahrscheinlich abgeleitet von dem französischen Substantiv „le maire" (= der Bürgermeister).

Meckes, eine Rolle, in die jemand schlüpft, der Blödsinn machen will: „Während mir de Grill ahnmache, macht de Oliver bei de Määde de Meckes." (Während wir den Grill in Gang setzen, da macht Oliver Blödsinn mit den Mädchen.) Die Verkleinerungsform „Meckesje mache" ist auch außerhalb des Saarlandes bekannt. „Es Inge hat nix wie Meckesjer gemach." (Inge betätigte sich als Pausenclown.)

meerschdedääls, meistens. „Meerschdedääls kenn ich die Werter, die wo do in dem Buch sinn." (Meistens kenne ich die Begriffe, die in diesem Buch aufgeführt sind.)

meh, mehr, fester Bestandteil der doppelten Verneinung in der saarländischen Mundart: „Ich hann kenn meh Geld meh." (Ich bin pleite.)

Mehlbabb, einfacher, selbst gemachter Leim für Papier und Pappe. Mehl wird mit Wasser verrührt. Damit klebten Kinder früher zum Beispiel ihre Drachen zusammen.

Mehlkneppscher, trotz ähnlichem Klang haben die beiden Wortbestandteile weder etwas mit E-mail (Computer), noch mit „Kneppsche" (Geschlechtsverkehr) zu tun. „Mehlkneppscher" sind „Mehlklöße" und als solche ein wichtiger Bestandteil der saarländischen Spezialität „Geheirate" bzw. „Geheiratete".

meim, Zusammenziehung von „meinem": „Bei meim Mann dirft ich mir das net erlauwe." (Mein Gatte würde mir das nicht gestatten.)

Meiner, Bezeichnung für den Ehemann aus Sicht der Ehefrau, eine saarländische Alternative zu „mein Mann".

meinetweh, von mir aus, meinetwegen: „Meinetweh kannschd du dir bestelle, was Du willschd." (Ich bin damit einverstanden, dass du selbst die Wahl bei deiner Bestellung hast.)

meini, meine: „Ich wääß gar net, was du immer fier e Huddel mit deiner Uhr haschd. Meini geht einwandfrei." (Ich verstehe nicht, dass du solche Probleme mit deiner Uhr hast. Meine funktioniert immer.)

Meins, Ehefrau aus Sicht des Ehemannes: „Meins iss dehemm." (Meine ist zuhause.) Eine saarländische Alternative zu „meine Frau".

Meisje, Mäuschen, auch als Kosewort für weibliche Babys verwendbar, dann aber mit einem Adjektiv: „kleenes", „sießes" usw. Im Laufe der Jahrzehnte werden die Tiere, mit denen man die Frauen vergleicht, immer größer. Die Beispiele dafür kann man als bekannt voraussetzen.

Mengengkes, Schabernack, unsinniges Handeln, Aufplusterei. Eine lautmalerische Streckform von „mengen" aus dem 19. Jahrhundert. Von Berlin verbreitete sich „Mengengkes" und integrierte sich recht bald in die saarländische Umgangssprache: „Mach joo kää Mengengkes!" (Spiel dich mal nicht so auf!)

Mennaasch, (Betonung auf der zweiten Silbe), Haushalt, früher auch der Speiseraum in der saarländischen Schwerindustrie, abgeleitet von dem französischen Wort „le ménage" (= Wohnung, Haushalt und Raumpflege).

menne, meinen, denken, glauben. Bitte beachten, dass man alle drei Wörter nicht wahllos austauschen kann: Man kann an Gott „glaawe" und „denke", aber nicht „menne". Man kann aber auch

m

"menne", dass nur deshalb viele Leute an Gott „glaawe", weil se net „denke".

Mensch, eigentlich kein typisch saarländisches Wort, aber mit dem falschen Artikel (Neutrum statt Maskulinum) ein saarländisches Schimpfwort für Frauen: „Das Mensch!"

Menschde aach?, meinst du auch? Ist als Frage nicht unbedingt ernst gemeint. Hat eine ähnliche Funktion wie „gell" oder „ne".

Merl, Amsel, abgeleitet von der französischen Bezeichnung „le merle". Im Jahr 1934 publizierte Gabriel Chevalier seinen satirischen Roman „Clochemerle", wörtlich „Amselglocke". Er ist ein wenig vergleichbar mit Giovannino Guareschis Buch „Don Camillo und Peppone", der ein großer Filmerfolg wurde. Immerhin wurde „Clochemerle" so bekannt, dass die französische Nachbargemeinde „Merlebach" bei Kennern der französischen Literatur den Spitznamen „Clochemerlebach" bekam.

Merwesje, Teilchen aus Mürbeteig, wobei bei dem saarländischen Wort „Merwesje" die Verkleinerung allein schon die Sympathie für das Lebensmittel ausdrückt.

meschugge, verrückt, nicht bei Verstand, unberechenbar, albern, bescheuert, überspannt, wahnsinnig usw. Das Wort „meschugge" ist seit dem 19. Jahrhundert bekannt. Es kam aus dem Hebräischen zum Westjiddischen, dann über das Rotwelsche in die deutschen Regionalsprachen.

Metz, nicht nur der Name für die lothringische Hauptstadt, sondern auch die früher sehr geläufige saarländische Abkürzung für „Metzgerei".

Metzjergang. Dieser Ausdruck baut wohl darauf auf, dass die Metzger oft unnötige Wege zurücklegen mussten. Das betraf sowohl den

Einkauf von Vieh bei den Bauern, aber auch den Verkauf bei den Kunden.

Mibbesje, saarländisches Kosewort für die wahrscheinlich von Otto Waalkes kreierte deutsche Wortschöpfung „Schniedelwutz". Man beachte bei der saarländischen Fassung die Verkleinerungsform. Den „Mibbes" gibt es aber selbstverständlich auch. Allerdings kann er sich auf viele Dinge beziehen. Die Hauptsache: Sie sind klein.

Mick, Mücke (im Saarland ein Sammelbegriff für „Mücke" und „Fliege". Da machen wir keinen Unterschied). „Mick" ist auch die Bezeichnung für eine modische Fliege. Ein saarländisches Sprachspiel: „Warum heischt es Mikroskop so?" Antwort: „Domit sieht ma e Mick so groß wie e Koob."(Koob = Rabe). Typischer Ausruf, wenn Hektik ausbricht: „Ballawer die Micke!" (Alternative zu „Ballawer, die Wäsch kocht!")

Micke mache, angeben, dick auftragen, sich produzieren. „Es gebbd Leit, die gehen nur ins Theater, weil se in de Paus die Micke mache kenne." (Manche Leute besuchen das Theater nur deshalb, weil sie sich in der Pause präsentieren können.)

Mickeblädsch, Fliegenklatsche. Die Trefferquote ist gering, weil die Insekten durch den Luftstrom der „Mickeblädsch" vertrieben werden. Deshalb hat eine gute „Blädsch" auch viele kleine Löcher. Sie verteilen den Luftstrom und steigern unsere Chancen im Kampf gegen die „Micke".

Mickedrood, wörtlich: Mückendraht, doch der Fachausdruck heißt Fliegengitter. Wenn man es am Fenster anbringt, dann kann man dieses beruhigt öffnen und die Luft rein lassen, ohne dass uns die „Micke" nerven können.

m

Mickeschiss, Fliegendreck, im übertragenen Sinn: eine Angelegenheit, die nicht der Rede wert ist, die saarländische Fassung der „quantité négligeable" (zu vernachlässigende Größe).

Millak, wird meistens in Verbindung mit dem abwertenden saarländischen Adjektiv „schroo" benutzt. „Schrooer Millak" ist ein saarländisches Universalschimpfwort für einen hässlichen, unsympathischen Zeitgenossen.

Millisch, altsaarländische Fassung von „Milch". Einsilbigkeit ist nicht unsere Stärke. Deshalb haben unsere Vorfahren das „i" in das Wort gequetscht. Die Verdoppelung des „l" gibt dem Wort mehr „Pep".

Millischbreedsche, war über Jahrzehnte die einzige Alternative für den Klassiker, den saarländischen Doppelweck, der durch einen Jux-Dialog verewigt wurde: „Sinn die Weck weg?/Die sinn all all./Wer war dann do do?/Ei die vom Aldi die."

Millischdibbsche, Behältnis für Milch, meistens für Kondensmilch, im Saarländischen „Dosemilch". Auf den Wortteil „Dose" legt man offensichtlich großen Wert. Manchmal schuf man sogar eine Tautologie: „e Deesje Dosemilch".

Milwe, saarländisches Wort für Milben. Diese gehören zu den Spinnentieren, unterscheiden sich aber durch ihren Körperbau. Die kleinsten sind nur 0,1 Millimeter groß. Die größten sind die Zecken mit bis zu drei Zentimetern.

mim, Zusammenziehung von „mit dem": „Du brauchschd net of mich se waade. Ich fahre mim Rainer." (Du musst nicht auf mich warten. Rainer nimmt mich mit.)

Minsch, Mensch, wird ausschließlich mit dem neutralen Artikel und immer abwertend für Frauen benutzt: „Sahd doch das Minsch zu mir, ich sollt mich vom Acker mache!" (Forderte mich doch diese schreckliche Frau dazu auf, ihr aus dem Weg zu gehen.)

Minz, Kleingeld, Hartgeld, abgeleitet von „Münze". „Isch hann kää Minz bei mir." (Ich habe kein Kleingeld im Geldbeutel.)

minze, vorgesehen sein, wird im Saarländischen nur als Partizip II benutzt: „Das Fässje Bier war eigentlich devor geminzt, fier wenn emol Besuch kommt." (Das Fässchen Bier war eigentlich für unsere Gäste gedacht.)

mipsele, nicht sehr penetrant, aber dennoch sehr unangenehm riechend. Es riecht nicht mehr frisch.

Mischd, Mist, eine Mischung aus tierischen Exkrementen (Gülle, Jauche) und Stroh und nicht verzehrtem Heu. Man benutzt den Mist als organischen Dünger und als Bezeichnung, um Dinge oder Handlungen sprachlich abzuwerten.

Mischdgawwel, Mistgabel. Sie muss schwerere Lasten länger heben. Deshalb ist sie vor allem auf Hebelkraft ausgelegt. Sie hat vier oder fünf Zinken und einen dickeren und kürzeren Stiel als die Heugabel. Auch sind ihr Stiel und ihre Zinken weniger geschwungen.

Mischdkaul, Misthaufen. Der saarländische Begriff „Mischdkaul" betont die Vertiefung, in die „Mischd" gelagert wird, der deutsche Begriff „Misthaufen" hingegen die Anhäufung. In beiden Fällen war er bis zur Einführung modernerer Düngemittel der Stolz eines jeden Bauern. Mehr als Dekoration auf der „Mischdkaul" war der Hahn. Er gab sogar manchmal Anlass zum Philosophieren: „Auf seinem Misthaufen ist der Hahn König."

Mischdkäwwer, saarländisches Wort für den „gemeinen Mistkäfer". Das ist jedenfalls der Fachausdruck der Biologen, ebenfalls

"Rosskäfer". Er betätigt sich als "Erdbohrer", ist schwarz-blau und wird bis zu 25 Millimeter lang.

Mischel, saarländische Fassung von Michael. Wird im Saarländischen auch als zweiter Teil eines zusammengesetzten Wortes angewendet. Besitzt leicht negativen Charakter: Grunzmischel, Gaademischel usw.

Mischpoke, Begriff aus dem Rotwelschen, der Anfang des 19. Jahrhunderts in der Bedeutung "Gesindel" und "Diebesbande" in die deutsche Umgangssprache übernommen wurde. Heute wird das Wort eher als Sammelbeleidigung für die Mitglieder einer Gruppe, eines Vereins oder Partei benutzt.

mo, mal. Eigentlich die Verkürzung von "einmal", wobei man die zahlenmäßige Beschränkung nicht so wörtlich nehmen sollte: "Sah mo!" (Sag mal!)

mobbele, in einem bestimmten Rhythmus den Geschlechtsverkehr vollziehen. Gilt für Menschen und Tiere.

mobbse, das Eigentumsverhältnis ändern, ohne die Zustimmung des früheren Besitzers einzuholen. Abgeleitet von der niederdeutschen und niederländischen Hunderasse "Mops". Das niederdeutsche Wort "moppen" bedeutet "murren, mürrisch sein", und diese Artikulationsweise bzw. latente Eigenschaft soll sich in der Physiognomie der Rasse ausdrücken. Mit der Zeit übertrug man diese Einschätzung auch auf Menschen. Das Wort existiert in verschiedenen Bedeutungen. Wir kennen den "Rollmops", jemand ist "mopsig", und in manchen deutschsprachigen Gebieten existiert "mopsen" als reflexives Verb: Wer sich dort mopst, der ärgert oder langweilt sich. Wie der Bedeutungswandel in Richtung "stehlen" zustande kam, ist offensichtlich nicht mehr nachzuvollziehen. Er könnte aus dem Rotwelschen stammen.

Mockscher, abwertender Sammelname für Teile der französischen Bevölkerung im lothringischen Kohlebecken, deren Ursprung in den nordafrikanischen Ländern liegt, insbesondere in den ehemaligen französischen Kolonien Tunesien, Marokko und Algerien.

Mollekopp, Kaulquappe, ein Tier, das sich bereits vor den Chemikalien in unseren Gewässern befand. Es zeichnet sich aus durch einen relativ großen Kopf. Der „vermenschelte" Mollekopp ist ebenfalls dickköpfig (im übertragenen Sinn), aber auch stur und dumm. Zitat von Heinz Becker: „Ihr misse doch Backese Ossje kenne. Er war friejer Bademeischder im Kerkeler Schwimmbad. Mir hann immer Mollekopp zu ihm gesahd."

Molles, muffiger, die Gesellschaft meidender Mensch, ein Misanthrop mit Hang zur Einsiedelei.

m

Molli, man macht ihn, wenn man sich in den Vordergrund schafft. „Jetzt heer mol off, de Molli se mache." (Mach nicht den „Dicken Max".)

Mondaasch, (Betonung auf der zweiten Silbe), Arbeitsplatz außerhalb des Heimatortes, saarländische Aussprache des gleichbedeutenden französischen Wortes „le montage". „De Lothar hat lang of Mondaasch geschafft." (Lothar war die Woche über außerhalb tätig.)

Mondur, (Betonung auf der zweiten Silbe), Kleidung. „Mit der do Mondur kannschde awwer net in die Kersch geh!" (Mit dieser Kleidung betrittst du das Gotteshaus nicht.)

Moolschder, 1. Bewohner von Malstatt, 2. frühere Bezeichnung für den saarländischen Traditionsverein 1. FC Saarbrücken. Er war zweimal deutscher Vizemeister, spielte ein Jahr lang in der zweiten französischen Division und war 1963 eins von insgesamt 16 Gründungsmitgliedern der ersten Fußball-Bundesliga. Der Verein ist heute neben dem SV Elversberg immer noch der beste im Saarland.

Moores, Respekt. Das Wort wird im Saarländischen wie ein „Lehrstoff" benutzt: „Denn werr ich Moores lehre." (Ich werde ihm mal die Wahrheit vermitteln.) Das Wort stammt aus dem Rotwelschen.

Moos, im Hochdeutschen und in der saarländischen Mundart die Bezeichnung für grüne Landpflanzen ohne Stützgewebe. Entwickelt hat es sich vor mehr als 400 Millionen Jahren aus den Grünalgen. Im Saarländischen, wie in anderen Mundarten, auch ein Wort für Geld: „Ohne Moos – nix los."

Moralische, depressiver Zustand, allgemeine Traurigkeit. „Seit em Emmi sei Mann gestorb ist, hat ääs de Moralische." (Nach dem Tod ihres Mannes ist Emmi depressiv geworden.)

motze, schimpfen. „Die ganz Zeit is de Eberhard am motze." (Eberhard schimpft ständig.)

Motzer, aufmüpfiger, oppositioneller und kritischer Staatsbürger, dessen Verbalisierungsformen allerdings zu wünschen übrig lassen. Auf keinen Fall ein Angehöriger der schweigenden Mehrheit.

Motzkopp, jemand, dem man es niemals recht machen kann. Ständig ist er am motzen.

Mourten, Möhren, Karotten. Sie wachsen am besten in Sandböden und haben einen hohen Gehalt von Carotin, Vitamin C, Kalium und Eisen. Sie werden vielseitig genutzt: roh, gekocht, als Gemüse, Salat und Saft. Eine besondere Bedeutung haben die „Mourten" für die Ernährung von Kleinst- und Kleinkindern und in der Diätküche. Das Wort ist vor allem im Moselfränkischen verbreitet.

Muckefuck, extrem dünner Kaffee. Ursprünglich glaubte man, der Name leite sich von dem französischen Ausdruck „mocca faux" (falscher Mokka) ab. Wahrscheinliche Herkunft aus dem rheinischen Begriff „Mucken" (= braune Stauberde, verwestes Holz).

Muddat, Senf, abgeleitet aus dem gleichbedeutenden französischen Wort „ la moutarde".

Mudderklitzje, etwa 30 cm lange, runde Reste von Stämmen mit einem Durchmesser von etwa 20 Zentimetern, die der Bergmann von seiner Arbeitsstätte mit nach Hause brachte und damit heizte. War nicht erlaubt, wurde aber stillschweigend geduldet.

mudderseele allään, sehr einsam und verlassen. Die Seele der Mutter wird bemüht, damit der Ausdruck seine emotionale Würze bekommt.

Muff, 1. Handwärmer für Außenaufenthalte in der kalten Jahreszeit, 2. schlechter Geruch in Wohnungen, die nur selten gelüftet werden.

m

Muffe, Angst, wird mit „gehen" gebildet: „Dem geht die Muffe."
(Die Angst prägt seinen derzeitigen Seelenzustand.)

Muffel, interessenloser Mensch. Das kann sich auf alle möglichen Dinge beziehen. Man kann ein Fußballmuffel sein, ein Fernsehmuffel oder ein Theatermuffel.

Muffesause, Angst, wird mit „haben" gebildet. Man unterstellt die Existenz eines ominösen Körperorgans, das bei Angst zu sausen beginnt: „Wie der es Polizeiauto gesiehn hat, do hat der vielleicht Muffesause gehatt." (Als er das Polizeiauto sah, wurde er ängstlich.)

Muffkopp, permanent schlecht gelaunter Mensch. Er interessiert sich für nichts und ist auch nicht ansprechbar.

Muffländer, Bezeichnung für Saarländer außerhalb der Landesgrenzen. Der Ausdruck hat nichts mit „Muffigkeit" zu tun. Er stammt aus der Zeit zwischen der politischen Rückgliederung des Saarlandes (1. Januar 1957) und der wirtschaftlichen (5. August 1959, Tag X). Saarländer mussten in der Zeit dazwischen zur Bundeswehr, aber sie hatten als Währung noch Franken und keine DM. Für sie gab es deshalb in dieser Zwischenzeit einige Sonderregelungen, etwa einen eigenen Militärurlaubsfahrschein. Die Abkürzung davon wurde als „MUF" auf den Fahrausweis gestempelt. Die Nicht-Saarländer machten sich darüber lustig und bezeichneten die Saarländer generell als „Muffländer".

Mumbidds, Unsinn, Quatsch, Firlefanz. „Was der verzehlt, das is alles Mumbidds." (Er erzählt nur Unsinn.)

Murks, Ergebnis einer schlechten (meist) handwerklichen Arbeit, ein Thema heftiger Diskussionen zwischen Handwerkern und Kunden.

murkse, schlecht arbeiten, pfuschen. Mit dem Zusatz „ab" (abmurkse) entsteht eine doppelte Bedeutung: 1. töten, 2. schwer arbeiten, zwei Handlungen also, die nicht unbedingt in einem Zusammenhang stehen müssen.

Murkser, meistens jemand, der alles probiert, aber von nix keine Ahnung hat und dessen Arbeitsergebnis nicht brauchbar ist.

muschdere, mustern. Das hat im Saarland nicht unbedingt etwas mit der medizinischen Tauglichkeitsprüfung für die Bundeswehr zu tun. Wenn Kleidungsstücke in Form und Farbe nicht zusammenpassen, dann ist man ebenfalls „gemuschdert". Frauen sind dann „gemuschdert wie's Greedel im Herbschd". (Sie sind gekleidet wie die Erntehelferinnen im Weinberg.)

Mussik, Musik. Durch die Verdoppelung des „s" verrutscht die Betonung des zweisilbigen saarländischen Wortes auf die erste Silbe. Die selbst im Deutschen seltene Betonung auf der zweiten Silbe (die im Französischen Standard ist) verschwindet, und das Wort wird umgangssprachlicher, alltäglicher und (obwohl Kultur) populärer.

Müssjee, (Betonung auf der ersten Silbe), abwertender Begriff für einen feinen Herrn, abgeleitet von dem französischen Wort „Monsieur" (= Herr).

mutschele, Dinge ungeordnet zusammenbringen, beim Kochen und in der Politik. In Abwandlung wird das Wort auch gebraucht für den Satz: „Du kannschd mich mo mutschele!" (Du kannst mich mal gerne haben), wobei allerdings, was jeder weiß, das Gegenteil gemeint ist.

Muudzje, liebevolle Bezeichnung für eine kleinere, weibliche Brust.

N wie Nischdele

Der Buchstabe „n"

hat in deutschen Texten eine durchschnittliche Häufigkeit von 9,8 %. Er ist nach dem „e" der zweithäufigste Buchstabe.

In der saarländischen Mundart hat das „n" noch eine besondere Bedeutung für die Angabe einer Richtung: Das „n" in „niwwer", „nunner", „nuff" bezeichnet etwas, was vom Sprecher wegführt: „Isch gehn jetzd mol niwwer" (zum Beispiel „ins Zimmer nebenan"). „Nää, isch geh noch ned nuff (= nach oben). „Unn nohäär geh isch mol nunner in de Gaade" (= hinunter)."

nää, nein, Gegenteil von „joo". Beide Wörter widersprechen sich. Im Saarland können sie aber auch gemeinsam benutzt werden, etwa als Zeitgewinner, wenn das Einleitungswörtchen „ei" nicht ausreicht: „Ei joo – nää, das mache mir (net)."

Naachtesse, altsaarländischer Ausdruck für „Abendessen". Die falsche Zeitangabe stört niemanden. „Mir esse frieh se Naacht." (Das Abendessen nehmen wir früh ein.)

Naachts-Eil, Nacht-Eule, 1. jemand, der sich bis in die frühen Morgenstunden amüsiert (oder auch arbeitet), 2. ein nachtaktiver Vogel mit gedrungenem Körper und einem auffällig großen rundlichen Kopf. Seine nach vorn gerichteten Augen vermitteln einen entschlossenen Blick. Die Eule ist das Symbol der Weisheit und als solches ist sie auch das Logo der Saarbrücker Universität. Bereits im alten Athen war sie auf einer Münze abgebildet und wurde so zum Namensgeber für Geld. Weil Athen eine wohlhabende Stadt war, entwickelte sich der Spruch: „Eulen nach Athen tragen", ein Synonym für überflüssige Handlungen (so wie „Wasser in den Rhein tragen"). In Erinnerung daran befindet sich das Bild einer Eule auf der Rückseite der griechischen 1-Euro-Münzen.

Naachtshääbche, Nachttopf. „Wie es Klo noch im Gaade war, do hann mir allegar noch e Naachtshääbche im Schloofzimmer gehatt." (Als sich die Toilette noch im Garten befand, da besaßen wir alle noch einen Nachttopf, der sich im Schlafzimmer befand.)

Naachtskäschdsche, altsaarländischer Ausdruck für „Nachttisch", nicht zu verwechseln mit „Nachtisch" (= Nachspeise). Dafür gibt es kein eigenes saarländisches Wort. Man begnügt sich mit Umschreibungen wie „Ebbes Sießes".

näägschd, fast, beinahe. „Am näägschde Donnerschdaach muss ich zum Zahnarzt." (Am nächsten Donnerstag habe ich einen Termin bei meinem Dentisten.)

n

nackisch, nackt, unbekleidet. „Mein Gott, der Jesus, der wo jetzt in de Kersch näwe am Altar hängt, der is jo faschd nackisch." (Mein Gott, die neue Jesusfigur am Altar in unserer Kirche ist ja fast unbekleidet.)

Nackischmauser, ein Schimpfwort mit Sexualbezug. Jemand, der sich „verwerflichen Tuns" hingibt und seine ehelichen (bzw. außerehelichen) Pflichten in unbekleidetem Zustand ausübt. Ein Schimpfwort, das weitreichende Schlüsse auf die Sittengeschichte des Saarlandes zulässt. Zur Herkunft des Begriffes: Früher besaßen die Männer nur ein einziges Nachthemd. Hing dieses über Nacht auf der Leine, wusste die Nachbarschaft, dass er nachts „nackisch" schlafen musste und dementsprechend auch mit seiner Frau „nackisch" verkehrte. Er wurde als „Nackischmauser" verspottet.

Nähdersch, Schneiderin: „Mei neies Kläd is noch bei de Nähdersch." (Mein neues Kleid ist noch bei der Näherin.)

Nähz, eine Komprimierung des Wortes „Nähzeug", aus jenen Zeiten, als alle Hausfrauen noch in der Lage waren, damit zu arbeiten.

Nähzfadem, Nähgarnfaden. Interessant: Bei der Übersetzung des deutschen Wortes „Faden" ins Saarländische verwandelt sich das „n" in ein „m".

Nähzrellsche, wörtlich: „Nähzeugröllchen", Nähfadenspule. Es besteht meistens aus Holz oder Pappe und hat die Form einer Röhre. Darauf ist der Faden aufgewickelt. Oft hat das „Nähzrellsche" auf beiden Seiten scheibenförmige Kappen.

Nas lang, saarländische Maßeinheit für eine sich ständig wiederholende Handlung: „Der kommt alle Nas lang vorbei", wobei über die Länge der Nase nichts ausgesagt ist.

Näschelsche, 1. Ein kleiner Nagel, 2. Nelke, allerdings nicht zum Verschenken, sondern eine „Gewürznelke". Eignet sich nicht nur hervorragend für saarländische Marinaden, etwa für den Sauerbraten, sondern auch als vorläufiges Schmerzmittel bei Zahnweh. Einfach in das Loch mit dem „nervenden Nerv" hineinstecken und dann ab zum Zahnarzt.

Naube, nicht einwandfrei funktionierend. „Musch uffpasse. Das Ding had so sei Naube." (Du musst aufpassen. Das Ding funktioniert nicht einwandfrei.)

naus, raus. „Er is naus gang unn hat nix gesahd." (Er hat ohne etwas zu sagen den Raum verlassen.)

nauszus, auf dem Weg nach draußen. „Wenn du es Klo suchschd, do hinne gehts nauszus." (Die Toilette befindet sich außerhalb dieses Raumes.)

näwe de Kapp, wörtlich: neben der Mütze, unzurechnungsfähig. „De Opa is seit zwää Johr total näwe de Kapp." (Großvater ist seit zwei Jahren unzurechnungsfähig.)

näwe, neben. „Es Museum is direkt näwe em Schloss." (Das Museum befindet sich in unmittelbarer Nähe des Schlosses.)

näwedran, daneben. „Die Flasch steht dohinne. Die Gläser unn der Korkezieher leije direkt näwedran." (Die Flasche steht dort. Die Gläser und der Korkenzieher liegen direkt daneben.)

näwehär, daneben, darüber hinaus. „De Heinz hat immer näwehär geschafft." (Heinz hat zusätzlich zu seiner regulären Berufstätigkeit immer schwarz gearbeitet.)

näwenanner, nebeneinander: „Die Kleemanns unn die Tschernicks, die wohne näwenanner." (Die Familien Kleemann und Tschernick wohnen nebeneinander.)

n

näwenaus gehn, eine weit verbreitete Sportart mit Namen „Seitensprung" pflegen. Die Ergebnisse sind, wie bei jedem Sport, sehr unterschiedlich.

Neidhammel, ein Mensch, der anderen nichts gönnt und deshalb sprachlich mit einem Tier auf eine Stufe gestellt wird. Wobei man sich fragt, ob ein Hammel wirklich diese Eigenschaft besitzt.

Neidsack, jemand der andere beneidet, weil sie Dinge haben oder können, zu denen er lediglich in seiner Fantasie einen Zugang hat.

neilisch, neulich, vor kurzem. „Neilisch hat es Monika e i-Mähl geschickt." (Vor kurzem erhielt ich eine E-Mail von Monika.)

neineckisch, verdreht, verkniffen, verbiestert. „Seit ääs verheirat is, isses neineckisch wor." (Nachdem sie in den Ehestand getreten ist, macht sie einen verkniffenen Eindruck.)

Neinkerje, Neunkirchen, eine saarländische Kreisstadt, nach Saarbrücken die zweitgrößte Stadt des Saarlandes mit 46 000 Einwohnern. Die Betonung des Namens der Stadt liegt auf der ersten Silbe. Die Bewohner heißen „Neunkircher" und nicht „Neunkirchener". Eine solche Sprachregelung ist nicht verständlich. Dann müssten die Bewohner von Spiesen auch „Spieser" heißen und die von „Höchen" auch „Höcher".

neipse, necken. „Du misch net so neipse." (Hör auf, mich zu necken!)

nemmeh, nicht mehr, wichtiger Bestandteil des Kneipensongs: „Heit gehn mir gar nemmeh, gar nemmeh, gar nemmeh hemm." Eine in Saarbrücken erscheinende Zeitschrift für Exil-Saarländer nennt sich „Nemmeh dehemm." Gegründet wurde sie bereits in den 1980er Jahren von Gerhard Bungert und Charly Lehnert.

netze, gießen. „De Michel hat geschder die Blume genetzt." (Michael goss gestern die Blumen.)

n

newoor, nicht wahr, eine Bitte nach Bestätigung der vorangegangenen Aussage in Frageform. Gibt es in vielen Sprachen: „n'est-ce pas?" (französisch), „isn't it?" (englisch), ¿verdad? (spanisch), „odder?" (schweizerisch) sowie „woll?" (ruhrgebietlerisch).

Newwel, Nebel. „Bei dem Newwel dääd ich net durchs Fischbachdaal fahre." (Bei diesem Nebel würde ich das Fischbachtal meiden.)

newwelisch, neblig. „Of de ganz Autobahn war`s aarisch newwelisch." (Auf der gesamten Autobahn war es sehr neblig.)

Nickel, 1. ein chemisches Element mit dem Elementsymbol „Ni", 2. saarländische Form des Vornamens „Nikolaus", 3. mildes Schimpfwort für eine leicht närrische oder merkwürdige Person „Du bischd vielleicht e Nickel!"

niddemol, noch nicht einmal. „Der kann noch niddemol verninfdisch schwenke." (Er ist noch nicht einmal in der Lage, Schwenker zu schwenken.)

niggutzisch, quengelnd, störrisch, übellaunig. Hat mit „nie gut" überhaupt nichts zu tun, sondern leitet sich ab von dem französischen Substantiv „le nigeaud" (= Tölpel, Dummkopf). Die weibliche Fassung ist „la nigaude" (meistens eine schlecht gelaunte quengelnde Frau, mit der man nicht allzu viel anfangen kann). Das entsprechende Adjektiv ist „nigaud/e".

Nigudd, ein Nichtsnutz, ein Taugenichts. Damit bezeichnet man einen Dummkopf, einen Einfallspinsel, einen Gimpel, einen Depp.

Nischdele, Schnürsenkel, abgeleitet von dem Verb „nesteln", etwas veraltet für „schnüren". Im Deutschen kann man jemandem auf den Senkel gehen (nerven) oder ihn in den Senkel stellen (zur Ordnung rufen). Beides lässt sich aber nicht ins Saarländische übertragen, bestenfalls durch ein anderes Wort ersetzen oder umschreiben.

n

niwwer, hinüber. „In Kleinblittersorf kannschde iwwer die Brick niwwer noh Frankreich gehn." (In Kleinblittersdorf kann man nach Frankreich über die Brücke gehen.)

noch niddemol, noch nicht einmal. „Die wolle Saarlänner sinn! Die hann jo noch niddemol e Haus!" (Das sind keine Saarländer. Sie gehören ja noch nicht einmal zu den Hausbesitzern.)

noenanner, nacheinander. „Do geht's net no Schönheit. Of de Poschd werre all noenanner bedient." (Bitte in der Schlange anstellen!)

Nohfelde, Nohfelden, eine Gemeinde im Kreis St. Wendel, ca. 10 000 Einwohner. Das Freizeitzentrum Bostalsee ist einer der wichtigsten touristischen Anziehungspunkte im Saarland. Die von dem Bildhauer Leo Kornbrust initiierte internationale Skulpturenstraße führt unmittelbar am Bostalsee vorbei.

Nohlaafches, Nachlaufen spielen. Wer am schnellsten ist, kann den andern schnappen und hat gewonnen. Das Spiel war aber nicht als Training für die Lebenswirklichkeit gedacht.

nome, nach einem. „Nome Feierwehrfeschd muss ich immer noch e Schnaps trinke." (Nach einem Fest der Feuerwehr muss ich immer einen weiteren Schnaps trinken.)

SPIELSCHE MIT MIR NOHLAAFSCHES?

Nomend, Guten Abend. „Nomend, scheen dass ner allegar komm sinn." (Guten Abend, ich freue mich, dass ihr alle da seid.)

nommo, noch einmal. „Sah das do nommo! Dann gebbds Krach." (Bitte wiederhole deine Aussage. Dann gibt es aber richtig Ärger.)

Nonneferz, bereits lange vor dem Dritten Reich nannte man im Saarland die „Hoorische" bereits „Juddeschwänz", als Anspielung auf die Beschneidungsrituale der jüdischen Mitbürger. Die Retourkutsche nahm Bezug auf die bisweilen bevorzugte runde Form (etwa so groß wie ein Golfball). Sie lautete: „Nonneferz". Diese sprachlichen Auseinandersetzungen waren zwar geprägt von Vorurteilen, aber es fehlte ihnen (noch) die massenmörderische Ernsthaftigkeit, die den Holocaust definierte.

Nonnwiller, Nonnweiler, die nördlichste Gemeinde im Saarland mit ca. 1 800 Einwohnern. Die Gemeinde ist ein „Heilklimatischer Kurort". Auf ihrem Gelände befinden sich eine keltische Befestigungsanlage mit dem Namen „Ringwall von Otzenhausen" und die Europäische Akademie Otzenhausen.

Noober, Nachbar. „Mir hann noch nie Huddel mit unserm Noober gehatt." (Wir hatten noch niemals Schwierigkeiten mit unserem Nachbarn.)

nood, nachher, danach. „Nood heischds noch, mir hätte se net inlaade wolle." (Nachher heißt es noch, wir hätten sie nicht einladen wollen.)

norer, nach einer. „Norer Kerb kann ich kenn Alkehol meh siehn." (Nach einem Kirchweihfest bevorzuge ich die Abstinenz.)

Nougat, französischer und saarländischer Ausdruck für das, was man jenseits von Waldmohr und Saarhölzbach als türkischen Honig bezeichnet.

Nudel, 1. Nahrungsmittel, 2. Mal Schimpf- und mal Kosewort für eine Frau, 3. Konstituente für Ulknudel.

n

nuff, hinauf. „Jetzt gehn ich nuff unn hole das Foto." (Jetzt gehe ich hinauf, um das Foto zu holen.)

nuffer, „Der geht immer nuffer, wenn er was zeije will." (Er geht immer hinauf, wenn er etwas zeigen will.)

Nuggelpriemsche, Kleinwagen. „Mir hann nur so e Nuggelpriemsche." (Wir besitzen lediglich einen Kleinwagen.)

Nunkerje, Nunkirchen, mit ca. 2 500 Einwohnern der größte Stadtteil von Wadern. „Nunkerje" liegt im Landkreis Merzig-Wadern, am Fuß des Schwarzwälder Hochwalds, zwischen Saarbrücken und Trier. Schmuckstück ist Schloss Münchweiler, das eine Hotelanlage und ein Schlosscafé beherbergt.

nuschele, undeutlich reden, durch die Nase. „Wenn ääs nuscheld, verstehn ich kenn Wort." (Wenn sie nuschelt, dann verstehe ich kein Wort.)

Nuscheler, jemand, der sich nicht verständlich artikuliert. „Das is e Nuscheler. Der trahd das Gedicht net vor." (Er spricht viel zu undeutlich, um den Gedichtvortrag zu übernehmen.)

Nuss, Nuss, wie im Hochdeutschen. Im Saarländischen gibt es in bestimmten Zusammenhängen eine Nebenbedeutung, wahrscheinlich abgeleitet von „Nase": „Gleich hau ich dir of die Nuss!" = Androhung einer Tätlichkeit, bei der die geballte Faust (körpersprachlich kommunikativ) den Sender darstellt und die Nase eines anderen den Empfänger.

nusse, „Wenn der so weitermacht, dann duhn ich denn nusse." (Wenn er sich weiterhin derartig verhält, dann werde ich ihn verprügeln.)

O wie O leck!

Der Buchstabe „O"

hat in deutschen Texten eine durchschnittliche Häufigkeit von 2,5 %.

In der deutschen Sprache gibt es das lange „o", unabhängig davon, ob es allein steht (Brot) oder verdoppelt wird (Boot). Außerdem gibt es das kurze „o" (voll), wobei die Kürze signalisiert wird durch einen dahinter stehenden, verdoppelten Konsonanten.

In als typisch erscheinenden saarländischen Begriffen gibt es ebenfalls (im Unterschied zum Deutschen!) das offene, lange „oo" (schrooh, kloor).

O leck!, nun muss ich mich aber sehr wundern. Vornehme und verkürzte Fassung des berühmten Zitats von Johann Wolfgang von Goethe aus seinem Schauspiel „Götz von Berlichingen".

Ochse-Au, wörtlich: Das Auge eines Ochsen. Damit bezeichnete man ein Spiegelei. Es handelt sich wohl um eine spaßige Hochstapelei, die man in vielen Regionalsprachen kennt. In Köln ist ein „halwer Hahn" nichts anderes als ein Roggenbrötchen mit mittelaltem Gouda. Kalte Kartoffelpuffer auf dem Schichtenbrot nannten die Saarbergleute „Berschmannsschinke".

Ochsewaddel, Ochsenziemer, eine Schlagwaffe, die aus dem getrockneten Penis eines Bullen hergestellt wird. Die Konstituente „Waddel" ist wohl eine Lautmalerei, ein Fantasiebegriff, der Parallelen zu „wackeln" assoziiert. Der „Ochsewaddel" hat eine Länge von bis zu einem Meter, ist schwer und elastisch. Er kann starke Verletzungen hervorrufen. Früher wurde er unter anderem in den Konzentrationslagern Dachau und Mauthausen benutzt, um Häftlinge zu misshandeln.

of ähnmol, plötzlich, auf einmal. „Of ähnmol sahd der, mir Saarländer dääde awwer gudd deitsch kenne." (Plötzlich behauptet er, wir Saarländer sprächen aber ein sehr gutes Deutsch.)

of Bomb kaafe, auf Pump (= Raten) kaufen. „Es Auto misse mir of Bomb kaafe." (Für den Wagen sollten wir ein Zahlungsziel vereinbaren.)

of Droht, intelligent, aufmerksam, reaktionsschnell, blitzgescheit. Der Begriff ist aus der Telefonsprache abgeleitet. „Es Leonie is schwer of Droht. Aus dem wird emol ebbes." (Leonie ist intelligent. Aus ihr wird einmal was.)

of Zack, gescheit. „De Opa war schwer of Zack. Der hat alle Derfer rund um Sotzweiler auswenig ofsahn kenne." (Der Großvater war intelligent. Er kannte alle Gemeinden rund um Sotzweiler auswendig.)

of, auf, saarländische Universal-Präposition. Saarländer haben „of de Grub geschafft", selbst wenn sie mehrere Hundert Meter unter Tage waren. Dieses Sprachverhalten kommt aus dem Französischen. Da liegen selbst Städte auf einem Fluss.

offem Damm, gesund sein. „Ledschd Johr isser noch offem Zahnfleisch gelaaf. Jetzt isser wedder offem Damm." (Letztes Jahr hatte er noch gesundheitliche Probleme. Jetzt ist er wieder quicklebendig.)

ofgeweckt, intelligent. „Unser Jingschder is kenn Schlofkopp. Das is e ofgewecktes Kerlsche." (Unser jüngster Sohn ist kein Tagträumer. Er ist ein wacher Geist.)

ofgewwe, aufgeben. „Ich werre mei Englisch-Kurs ball ofgewwe." (Yes, ich werde mich geschlagen geben.)

ofhalse, aufbürden. „Denne Poschde von nem Beigeordnete wollt ich mir net aach noch ofhalse." (Mit dem Ehrenamt eines Beigeordneten wollte ich mich nicht belasten.)

ofhänge, die Garderobe abgeben. Um etwas Witziges zu sagen verwechselt man absichtlich das Aufhängen der Kleider mit dem „sich Aufhängen" desjenigen, dem sie gehören: „Hänge eisch do hinne off." (Gebt eure Garderobe dort hinten ab.)

ofheere, aufhören. „Ledschd Johr wollt ich schon mit em Golfe ofheere."(Bereits letztes Jahr wollte ich mich auf dem Golfplatz verabschieden.)

ofmucke, widersprechen. „Mir hann garnet getraut, geje so ebbes ofsemucke." (Wir haben es doch nicht gewagt, gegen so etwas zu rebellieren.)

ofpluschdere, sich aufplustern. „Es Elke dud sich beim Golfe ofpluschdere, nur weil sei äldschd Dochder jetzt sei Dokdor macht." (Elke gibt beim Golfen damit an, dass ihre älteste Tochter jetzt ihren Doktor macht.)

ofrobbe, aufreißen. „Die Reklamebriefe duhn ich noch net emol ofrobbe." (Die Werbebriefe öffne ich nicht.)

ofschwätze, aufdrängen. „Denne Flachbildschirm hann die mir sellemols ofgeschwätzt." (Sie haben mir den Flachbildschirm aufgedrängt.)

ofsetze, das macht man im Saarland mit Brennholz und der Anwalt mit einem „Schreiwes" (Anwaltsdeutsch: „Schriftstück", wohl deshalb, weil man dafür ein höheres Honorar verlangen kann als für einen Brief).

ofstibbele, jemanden zu etwas animieren, wozu einem selbst die Fähigkeiten oder der Mut fehlen. Softfassung der Aufwiegelung zum Landfriedensbruch.

ofstoße, rülpsen, aufstoßen. „Ich muss immer ofstoße, wenn ich Sprudel getrunk hann." (Ich muss aufstoßen, wenn ich Sprudel getrunken habe.)

Ohreschliwwer, wörtlich: „Ohrenschlüpfer", ein Insekt, das ins Ohr hineinschlüpft, ein Wort, das die meisten nur auf Saarländisch kennen. Der Ohrwurm tut weh, vor allem, wenn er nichts mit Musik zu tun hat, sondern ein Insekt ist.

Omend, Abend. „Heit Omend gehn mir ähner trinke." (Heute Abend gehen wir in ein Gasthaus.)

Ommerschem, Ommersheim, ist ein Ortsteil der Gemeinde Mandelbachtal mit 2 500 Einwohnern. Sie liegt im Saarpfalz-Kreis, in der Nähe des Flughafens Saarbrücken-Ensheim, unweit von Saarbrücken.

Ooder, Ader. Sie ist sehr empfindlich, vor allem, wenn sie „geckisch" ist und manchmal sogar „dordisch" (= verrückt). Die „verrückte Ader" ist ein sehr feinfühliger Teil des Ellbogens. Darauf deutet auch der deutsche Begriff „Musikantenknochen" hin. Man sollte damit nicht an die Türklinke, die Stehlampe oder den Sonnenschirm stoßen.

Order. Auftrag. Um diesen Begriff rankt sich ein alter saarländischer Bergmannswitz: „Im Schacht tropft es, und die Belegschaft ist sauer, weil sie keine Wasserzulage bekommt. Da hat der Partiemann eine Idee. Nächste Woche will der Bergwerksdirektor die Grube besichtigen. Der Partiemann beauftragt den Hennes, bei der Einfahrt des Chefs unerkannt etwas Wasser auf das Haupt des Bergwerksdirektors tropfen zu lassen. Dann würde der Bergwerksdirektor das Einsehen haben. Der Tag kommt, der Chef besteigt den Förderkorb und von oben schüttet ihm Hennes einen Eimer Wasser auf den Kopf. Der Bergwerksdirektor schreit: „Ich komme gleich rauf und breche dir alle Knochen." – Darauf der Hennes: „Dau machschd mir neischd. Eisch hann Order vom Partiemann."

orscheerisch, mickrig, unschön, kümmerlich, armselig. Ein geläufiger saarländischer Begriff, der aus dem Bayerischen kommt. Er geht auf das Adjektiv „eingeschirrig" zurück. Ein Bauer, der nur ein „Geschirr" hatte, um die Kuh einzuspannen, war arm, und die „zweigeschirrigen" Landwirte schauten auf ihn herab.

Orwese. Im Altsaarländischen bedeutet das Wort so viel wie „Überreste". Die müssen aufgegessen werden. Fertig! – Abgeleitet ist das Wort von dem französischen Ausdruck „hors vaisselle" (außerhalb des Geschirrs). Dazu zählen Lebensmittel, die neben dem Teller liegen, etwa Brotkrümel, aber auch die Reste, die nach dem Essen zurückbleiben. Dazu ein Traditionswitz aus dem Saarland: Ein Bauer hat drei Töchter. Nun kommt ein Freier und möchte die jüngste heiraten. Der Bauer ist entsetzt: „Nix do, do werd vorneweg geheirat. Orwese genn net gemacht."

Oschie, ein großes undefiniertes Etwas: „E mords Oschie." (Etwas besonders Großes.)

GUCK EMOL, IS DAS E OSCHI!

Otschawell, saarländische Aussprache des französischen Bleichmittels „Eau de Javel" (= Wasser aus Javel), das seit 1792 in Javel (heute ein Teil von Paris) hergestellt wurde. Das Produkt verwendet man auch zur Desinfektion von Wasser.

Ottweller, Ottweiler ist mit mehr als 14 500 Einwohnern der Verwaltungssitz des saarländischen Landkreises Neunkirchen. Bis zur Kreisreform des Saarlandes war Ottweller die Kreisstadt des gleichnamigen Landkreises, der am 1. Januar 1974 zum Landkreis Neunkirchen wurde.

Owend, altsaarländischer Begriff für das Wort „Omend" (neusaarländisch). „Gu n'Owend." (Guten Abend!)

owwe anne, oben rum. „Do geschde am beschde owwe anne." (Da nimmst du am besten den Weg oben rum.)

O

owwe naus, oben hinaus. „Der geht owwe naus, weil er mennt, do wär die Bushaltestell." (Er geht nach oben, weil er dort die Bushaltestelle vermutet.)

owwe naus zus, hinauf nach oben. „Immer owwe naus zus. Dann mache mir nix falsch." (Immer nach oben, dann können wir nichts falsch machen.)

owwe nauser, nach oben. „Wenn mir weiter owwe nauser gehen, dann siehn mir ball de Weiher." (Wenn wir weiter nach oben gehen, haben wir bald einen Ausblick auf den Weiher.)

owwe nuff, oben, obere Etage. „Wohne ihr unne odder owwe nuff?" – (Wohnt ihr im Erdgeschoss oder in der oberen Etage?)

owwe nuffer, nach oben. „Owwe nuffer stinkts net so." (Oben riecht es besser.)

owwe rum, oben. „Die meischde Fraue am Strand hann owwe rum nix ahn gehatt." (Die meisten Damen am Strand hatten kein Bikini-Oberteil an.) Heinz-Becker-Fassung: „Owwe rum barfuß."

Owwerscht, der Oberste, jemand, der die soziale Leiter hinaufgeklettert ist und nun eine Spitzenfunktion einnimmt, zum Beispiel in einem Betrieb, in einer politischen Partei oder in einem Hasenzuchtverein.

P wie Placke

Der Buchstabe „p"

hat in deutschen Texten eine durchschnittliche Häufigkeit von 0,8 %. Der Buchstabe „p" ist ein „harter Verschlusslaut". Im Saarländischen gibt es „p" fast ausschließlich am Wortanfang. Mitten im Wort und am Ende wird daraus das weichere „b", allerdings nicht immer bei Verdopplungen.

Päädsche, schmaler Pfad, eine konsequente Verkleinerung; aus dem „a" werden zwei ä, und das „sche" drückt aus, dass der „Pfad" nicht mit einem PKW befahren werden kann.

Päädschesträter, jemand, der immer den gleichen Pfad geht. Er denkt, sagt und macht immer das Gleiche. Dadurch akzeptiert er ein langweiliges Leben und wird für seine Mitmenschen ein kommunikativer Niemand.

Päädschestrippler, scherzhaft für Pfadfinder, eine internationale Bewegung, die das Ziel hat, junge Menschen darauf vorzubereiten, später einmal Verantwortung zu übernehmen. Gegründet wurde sie 1907 von dem britischen General Robert Baden-Powell. Trotz zweier Weltkriege breitete sich die Bewegung in der ersten Hälfte des 20. Jahrhunderts auf der ganzen Welt aus. Zur Pfadfinderbewegung gehören weltweit mehr als 40 Millionen Kinder und Jugendliche aus fast allen Ländern der Welt. Ausnahmen sind Andorra, VR China, Kuba, Laos, Myanmar und Nordkorea.

paaduh, (Betonung auf der zweiten Silbe). Das Wort wird im Saarländischen und darüber hinaus im Sinne von „absolut" verwendet. „Er will paaduh kenn Spanisch lehre." (Auf keinen Fall will er Spanisch lernen.) Abgeleitet ist es von dem französischen Wort „partout" (= überall).

Päärd, Pferd. Das „Pf" wird durch das einfachere „P" ersetzt, und „e" wird zu einem breiter auszusprechenden „ää". „Faule Päär schwitze gäär." (Nicht fleißige Pferde neigen zur Transpiration.)

Päärdsappel, Pferdeapfel, für menschliche Wesen nicht zum Verzehr geeignet. In dem Lied „Ich hätt so gäär e Päär" von Jacoby und Schorsch (Seitz) gibt es die „bahnbrechende" Zeile „De Appel fallt net weit vom Päärd".

Päärdsbobert, wörtlich „Pferdekäfer", denn ein „Bobert" ist ein Käfer. Also ist es wohl eine Art Mistkäfer, der vor allem große Nutztiere belästigt. Er ist selbst ziemlich groß und kann sehr unangenehm werden. Genauere Angaben lassen sich deshalb nicht anführen, weil mittlerweile bereits mehr als dreihunderttausend Käferarten registriert sind.

Päärdsknoddele, ein eher seltener Ausdruck für die Hinterlassenschaft von Pferden, weil Knoddele nun mal kleiner sind als Äbbel.

Päärsch, Pferch, eine eingezäunte Fläche, auf der Schafe für die Nacht zusammengetrieben werden. Im Saarland war das früher auch es für Hühnerstall. Das Wort ist abgeleitet von dem lateinischen Wort „parcus" (auch Ursprung von „Park", „parken" usw.)

Paasion, altsaarländisches Ausdruck für „Pengsion", deutsch: „Pension". Der Begriff „Paasion" wurde aber nicht für eine hotelartige Unterkunft benutzt, sondern lediglich für den Ruhestand und die Altersvorsorge. Das Bestreben nach vorzeitigem Eintritt in „de Paasion" wird im Saarländischen mit „schaffe" (= arbeiten) in Verbindung gebracht: „Ma schafft an de Paasion." Man geht schon mal vorbeugend zum Arzt, sammelt bei Freunden Symptome ein und gibt merkwürdige Laute von sich, die im Arbeitsleben normalerweise nicht so verbreitet sind.

Palz, Pfalz, die Hälfte des deutschen Bundeslandes, was uns vom übrigen Deutschland abschottet. Die „Tramps vun de Palz" zeichnen sich, wenn man von dem Liedtext ausgeht, durch hohen Alkoholkonsum und geringen Arbeitseinsatz aus. Gesungen wurde das Lied nicht nur von den „Tramps vun de Palz", sondern auch von Tony Marshall.

Pälzer Hupser, saarländisches Schimpfwort für einen Teil der Bewohner des angrenzenden Bundeslandes Rheinland-Pfalz. Ein Hupser ist noch jung und kann noch keine großen Sprünge machen (nicht hoch genug „hupsen"). Er ist noch unerfahren, er weiß nichts, er ist noch dumm. Alles in allem: eine abwertende Bezeichnung für Bewohner jenes Gebietes von Rheinland-Pfalz, das östlich des Saarlandes liegt.

Pälzer Krischer, jemand, der in der Pfalz aufgewachsen ist und sehr viel Lärm erzeugt. Der Ausdruck bezieht sich nicht auf die Fan-Meile des 1. FC Kaiserslautern, sondern ist ein Schimpfwort aus dem 19. Jahrhunderts für die bürgerlichen Revolutionäre aus der Pfalz.

Pälzer, früher die saarländische Sammelbezeichnung für süßen Wein, im Unterschied zum „Elsässer", der meistens trocken war. Außerdem ist „Pälzer" das Wort für einen Volksstamm, der jenseits von Waldmohr ansässig ist. Aus saarländischer Sicht zeichnet er sich aus durch den genüsslichen Verzehr von Leberwurst und hervorragenden Kartoffeln und einen bescheidenen IQ.

Pambes, verkochtes und manchmal auch gestampftes Essen. Alles ist durcheinander. Das kann im Extremfall sogar schmecken, aber die Konsistenz lässt zu wünschen übrig. Das Auge, das sonst ja mitisst, bleibt außen vor.

pambisch, 1. Zustand einer Mahlzeit, bei der alle Zutaten verrührt und dann noch gestampft wurden. 2. frech. „Werd der aach noch pambisch!" (Er wurde sogar noch frech.)

Panachee, Name eines modernen Mixgetränkes aus Bier und Limonade. In Deutschland heißt es Radler. In der Deutschschweiz und im Saarland nennt man es „Panachee", abgeleitet von dem französischen Wort „panaché" (= gemischt). In Gaststätten füllt man das Glas zuerst bis zur Hälfte mit Limonade. Damit es nicht so viel schäumt, kommt erst danach das Bier rein. Es gibt auch Panaché fertig gemixt in Dosen oder Flaschen. Trotz des Anteil an Limonade wird aber auch Biersteuer fällig.

Pann, 1. Betriebsstörung, 2. schreckliche Frau, 3. Pfanne. Die Betriebsstörung kommt von „la panne" (französisch), das Schimpfwort für eine schreckliche Frau von Männern und die Pfanne von dem althochdeutschen Wort „phanna". Sie ist ein Kochgerät aus Metall, das flacher ist als der Topf. Von daher ist sie besonders zum Braten geeignet. (Im Unterschied zur Pfanne hat die Kasserolle hohe Wände, wie ein normaler Kochtopf. Die Zwischenform ist bekannt als „Sauteuse"). Die Pfanne wird aber nicht nur in der Küche benutzt, sondern auch in veränderter Form und mit Deckel in Krankenhäusern, Pflegeheimen und ähnlichen Institutionen. Sie erleichtert die Erleichterung. Besser bekannt ist sie unter dem Namen „Bettpfanne".

Pann, gusseiserni, eine Pfanne, die aus Gusseisen hergestellt wurde und in keinem saarländischen Haushalt fehlen durfte, weil man darin saarländische Spezialitäten fabriziert, etwa Dibbelabbes oder Kerschdscher. In der „Haute cuisine" ist das eine Kasserolle, die lediglich im Saarland, Elsass und der Schweiz als Pfanne bezeichnet wird. In Deutschland ist eine Pfanne immer eine Bratpfanne und keine Kasserolle.

Pannkuche, Pfannkuchen. Das Wort hat im Saarländischen und im Deutschen fast die gleiche Schreibweise. (Das Einschieben eines „e" oder „en" zwischen die beiden Konstituenten im Deutschen kommt öfter vor, ist aber schlichtweg falsch.) Auf den „Pf" am Wortanfang der saarländischen Fassung verzichten wir großzügig und ersetzen es durch ein schlichtes „P". Die Definition des „Pannkuchens" ist so einfach wie das Grundrezept. Man braucht vier Zutaten: Butter, Ei, Milch und Mehl. Nach dem Rühren beginnt die kreative Phase.

Panneschibb, eine überdimensionierte, im Bergbau gebräuchliche Kohlenschaufel. „Der hat Hänn wie e Panneschibb, net so groß, awwer so dreckisch."

Pänz, Plural von „Panz" (= Bauch), eine Bezeichnung für mehrere Kinder, die man ganz einfach satt kriegen musste. Deshalb stand der Körperteil „Panz" im Mittelpunkt. Der Ausdruck stammt wohl aus jenen Zeiten, als „satt genn" noch wichtiger war als die Erziehung. „Mir misse jo aach noch unser drei Pänz satt kriehn." (Wir müssen auch noch unsere drei Nachkommen ernähren.)

Panz, ursprünglich: Bauch eines Säugetieres, inzwischen aber auch „vermenschlicht". Der abwertend gebrauchte Begriff bezeichnet den Bereich des Rumpfes oberhalb der Gürtellinie zwischen Becken und Brustkorb. Optisch bemerkbar wird der „Panz" allerdings nur bei Menschen beiderlei Geschlechts, die eine gewisse Wölbung nach außen zur Schau tragen. Sie lassen ein entsprechendes Fettpolster vermuten. Der saarländische Ausdruck „Urpils-Container" stellt den Bezug zur Homburger Karlsberg-Brauerei her. Die moralische Rechtfertigung für den Waschtrommelbauch: Die inneren Werte sind so stark und haben solche Ausmaße angenommen, dass sie nach außen drängen.

paraad, bereit, „Gleich geht's los! De Schwenker steht schon paraad." (Das Nachbarfest kann beginnen. Das dazu nötige Grillgerät ist bereits aufgebaut.) Das Wort „la parade" kommt aus dem Französischen, hat aber dort zwei verschiedene Bedeutungen: 1. Parade (beim Sport oder Militär) und 2. Gegenrede, Entgegnung, etwa bei einer Diskussion. Davon leitet sich die Redewendung „Jemandem in die Parade fahren" ab.

Paradekisse, war früher das Prunkstück des Doppelbettes. Es thronte auf der Steppdecke. Wichtig war das Ergebnis des Handkantenschlags jener Person, die das Bett arrangiert hatte. Er musste bei dem aufrecht stehenden, meistens quadratischen Kissen von oben die Mitte genau so treffen, dass die beiden oberen Ecken nach oben standen und dabei die gewünschte Form von Hasenohren andeuteten.

pariere, gehorchen, sich benehmen. Abgeleitet (und fast ins genaue Gegenteil verkehrt) von dem französischen Verb „parer" (= schmücken, verhindern). „Wenn du net parierschd, dann kannschde ebbes anneres erläwe." (Wenn du nicht gehorchst, dann wird dein Handeln negativ sanktioniert.)

Pariser Schickelscher, leicht abwertende Verkleinerungsform für modisches Schuhwerk aus der französischen Hauptstadt. Man benutzte den Begriff, um jene saarländischen Frauen zu verulken, die ihre dicken Füße in die schicken Schuhe quetschten. Daraus entstand die Redewendung „Pariser Schickelscher unn Kellerdaaler Fieß".

Parrablee, Regenschirm, abgeleitet von dem gleichbedeutenden französischen Wort „le paraplui" (wörtlich: für den Regen). Im Saarländischen wird die zweite Silbe betont, im französischen Original die letzte.

Parrawang, Sichtblende fürs Schlafzimmer, hinter der man sich ungesehen um-, aus- oder anziehen konnte. Ebenfalls gebräuchlich sind die Namen „Wandschirm", „Sichtblende" und „Spanische Wand". Das Wort „Parrawang" leitet sich ab von dem französischen Wort „le paravent", das einen jedoch etymologisch auf die falsche Fährte bringt: Es besteht aus den Konstituenten „para" (für) und „vent" (Wind), im Grunde also ein „Windschutz", der als solcher im Schlafzimmer allerdings nicht allzu viele Anwendungsmöglichkeiten bietet.

pärree, verschwinden, vielleicht von dem zweiten Teil des französischen Verbs „disparaître" (= verschwinden) umständlich abgeleitet. „Der is net do. Der is pärree." (Er ist nicht anwesend. Er hat Ausgang.)

Parrer, Pfarrer, im Saarland: ein evangelischer Geistlicher (außerhalb des Saarlandes meistens umgekehrt).

Paschdor, Pastor, im Saarland: ein katholischer Geistlicher (außerhalb des Saarlandes meistens umgekehrt).

Patron, im Saarländischen ein seltsamer Typ, abgeleitet von dem lateinischen Wort „pater" (= Vater), jemand, der Verantwortung trägt, ein Schirmherr, Chef oder Schutzpatron. Alle sind für etwas zuständig, und dabei machen sie auch Fehler und werden angreifbar. Sie werden zu einem „seltsamen Patron". Man misstraut ihnen.

Patt, im Moselfränkischen oft „Pattee", deutsch: Patenonkel, kommt von dem lateinischen Wort „Pater" (= Vater). Er ist aber in seiner Rolle als geistig-religiöser Vater immer immun gegen Vaterschaftsklagen. Sein weibliches Gegenstück ist die „Good". Von beiden erwartet man Geschenke, bei der Kindtaufe und auch später.

Pawwee, Pflasterstein, abgeleitet von dem französischen Wort „le pavé". Während der Großen Revolution (1789 ff.) und während der drei Revolutionen im 19. Jahrhundert (1830, 1848 und 1870/71) wurden sie in Frankreich auch als Wurfgeschosse auf den Barrikaden benutzt. Wird im Französischen auch gebracht für ein dickes Nachschlagewerk, etwa jenes, das der Leser dieses Buches gerade aufgeschlagen auf dem Tisch liegen hat oder in Händen hält.

Peedsche, 1. kleine Pfote, meistens eines Haustieres, 2. eine Prise, eine kleine Menge, die man mit zwei oder drei Fingern greifen kann, etwa beim Würzen.

peetze, 1. kneifen, „Her endlich of, mich se peetze!" (Bitte kneif mich doch nicht immer), 2. einen trinken gehen, „Heit omend gehn mir wedder ähner peetze." (Heute Abend gehen wir mal wieder einen trinken.)

peffere, 1. etwas mit Pfeffer würzen (wie das deutsche Wort „pfeffern"), 2. etwas schwungvoll irgendwohin werfen, zum Beispiel: damit es „aus de Fieß is" (damit es einen nicht mehr stört).

Pein, altsaarländischer und antiquierter deutscher Begriff für „Schmerz". Im Deutschen wird „Pein" fast nur noch als Bestandteil von Adjektiven gebraucht, etwa „peinlich", allerdings im übertragenen Sinn: „Peinlich" ist keine Schnittwunde, sondern manchmal ein Verhalten.

Pengsion, Pension, hat auch im Saarländischen drei Bedeutungen: 1. ein Beherbergungsbetrieb mit eingeschränktem Hotel-Service, 2. Ruhestand und 3. das entsprechende Entgelt. „De Harry geht näg-

schd Johr in Pengsion, unn de Pengsion kriehd er jede Monat of sei Konto bei de Spaakass." (Harald tritt nächstes Jahr in den wohlverdienten Ruhestand und kann hoffentlich damit rechnen, dass man ihm allmonatlich seinen erworbenen Ansprüchen gerecht wird und ihm sein Altersruhegeld auf sein Konto bei der Sparkasse überweist.)

Penn, keine Einzahl von schräg abgeschnittenen Röhrennudeln, sondern der saarländische Ausdruck für die Bildungsanstalt Gymnasium. „Ich war in Neinkerje of de Penn." (Ich war in Neunkirchen auf dem Gymnasium.) Als „Penne" (mit „e") ist das Wort auch im Deutschen geläufig.

penniebel, genau, empfindlich, von dem französischen Adjektiv „pénible" abgeleitet, das allerdings die Bedeutung von „schwierig" und „mühsam" hat. Mit einer Aussprache zwischen dem Französischen und dem Saarländischen wird das Wort auch im Deutschen gebraucht.

Pescho, saarländische Aussprache für die französische Automarke Peugeot. Bis 2012 hatte die deutsche Peugeot-Zentrale ihren Sitz in Saarbrücken, unweit der saarländisch-französischen Grenze.

Peterling, Petersilie, eine zweijährige Pflanze aus der Familie der Doldenblütler. Das Wort „Peterling" entstand aus der Kurzform „Peterle", das im süddeutschen Raum verbreitet ist. Da die Saarländer mit der typisch schwäbischen Verkleinerungsendung „le" nicht allzu viel anfangen konnten und das „silie" wohl zu hochgestochen wirkte, tendierten sie zu der chinesisch anmutenden Endung „ling".

Petz-Au, Augenzwinkern. „De Volker hat mir e Petz-Au gemacht." (Volker zwinkerte mir zu.)

pickobello, sauber, ordentlich. Im Italienischen heißt „piccolo" so viel wie „klein" (das kennen wir vom Sekt). Und „bello" ist in diesem Fall kein Hundename, sondern das italienische Wort für "schön". "Pickobello" ist also eine positive Bewertung für ein schönes Kleinod. Das Wort ist auch im Deutschen verbreitet.

piddele, 1. herumfingern. "Her endlich of, an dem Plaschder erum se piddele." (Unterlasse bitte das Herumfingern an dem Pflaster!), 2. abpellen, "Das Preisschild an dem Geschenk fiers Erna kann ich jo abpiddele." (Ich werde das Preisschild von Ernas Geschenk entfernen.)

Piddler, 1. jemand, der an etwas herumfingert, an seinem Hemdknopf, einem Wundpflaster usw. 2. jemand der sich "unsaarländisch" verhält: Er nimmt alles zu genau und akzeptiert nicht das Recht auf Fehler.

Piddlinge, Püttlingen, eine Stadt mit knapp 19 000 Einwohnern, liegt im Köllertal, fünf Kilometer nördlich von Völklingen. Sie gehört zum Regionalverband Saarbrücken.

Pielsche, Pfütze, Verkleinerung von Pfuhl, also "Pfühlchen". "Pass of, dass du net ins Pielsche tappschd!" (Achte darauf, dass du nicht in die Wasserlache trittst!)

piense, sich durch superempfindliches Verhalten in den Mittelpunkt stellen. Die Prinzessin auf der Erbse spielen, um ein vornehmes Erscheinungsbild darzustellen. Einen "Prinz auf der Erbse" gibt es bei Hans Christian Andersen nicht.

piensisch, wehleidig, überempfindlich. "Jetzt sei doch net so piensisch!" (Deine Wehleidigkeit bringt dich auch nicht weiter.)

Piensje, eine superempfindliche Person, die an alles und jedem etwas auszusetzen hat. Ständig ist sie am jammern.

Piepmätzje, nicht etwa ein kleiner Besucher einer Peep-Show mit Namen Mathias, sondern ein niedlicher Vogel aus dem Tierreich.

Den Piepmatz gibt es auch im Deutschen, allerdings nur selten in der Verkleinerungsform.

Pieps, 1. der Laut eines Vogels, 2. ein leiser Ton eines Menschen als Teil der Redewendung: „Der gibt keinen Pieps von sich" (nur in der Verneinung möglich), 3. unbedeutende Krankheit: „Die Schwiermutter geht wedder bei de Dokder. Die hat bestimmt nur die Pieps." (Meine Schwiegermutter geht wieder zum Arzt. Es ist bestimmt nichts Schlimmes.)

piesacke, quälen, am Körper oder durch ein Kommunikationsverhalten, das einem auf den Geist geht. Das Wort kommt aus dem Rotwelschen.

pietsche, trinken, „Gehn ma ähner pietsche?" (Gehen wir einen trinken?) Saarländische Sprachregelung: „Bei uns muss jemand schon ganz scheen saufe, bevor ma sahd: der trinkt."

Pillje, kleines Hühnerei. „Das doo is awwer e Pillje, doo ess ich zwei devon." (Von diesen kleinen Eiern esse ich zwei.)

pingelisch, genau, empfindlich. Der Wort stammt aus dem Slowakischen und kam wohl über das Rotwelsche auch in den saarländischen, aber auch deutschen Sprachraum. Im Rheinland gibt es sogar eine Substantivierung in Form von „Pingel" (jemand, der pingelig ist). „Jetzt sei doch net so pingelisch!" (Du musst auch alles so schrecklich genau nehmen.)

Pipifax, Unsinn, aber eine sprachliche Kuriosität. Wenn man „Pipifax" wörtlich übersetzt, bzw. die beiden Wortbestandteile durch gleichbedeutende andere Wörter ersetzt, dann ist die Fantasie gefragt, denn Urin vermischt sich dann mit Telekopien. Mit dem Ausdruck „Pipifax" können wir aber auch Sinnvolles ausdrücken: „Was die do alles verzehle, das is doch Pipifax." (Alles ist Unsinn, was sie berichten.) Auch jenseits von Waldmohr und Saarhölzbach soll es „Pipifax" geben.

Pirree, „Püree", abgeleitet von dem französischen Substantiv „la purée". Versuche von deutschnationaler Seite, das Wort durch „Brei" zu ersetzen, konnten sich wegen der eher negativen Assoziationen lediglich bei der Kindernahrung durchsetzen.

pischbere, flüstern. „Du brauchd net se pischbere. Do heert kenner zu." (Wenn keiner zuhört, musst du doch nicht flüstern.)

pischele, Alkoholhaltiges trinken. „Im Urlaub duhn die Leit immer schwer pischele." (Im Urlaub ist der Alkoholverbrauch immer sehr hoch.) Das Wort „schwer" (vor „pischele" im ersten Satz) hat nichts mit einem Gewicht zu tun. Es ist im Saarländischen die Zweitbedeutung von „sehr".

Pisswa, öffentliches Urinal, wo Männer ihre Harnblase entleeren. Abgeleitet von den französischen Substantiven „la pissotière" und „le pissoir". In Frankreich wurden diese Orte allerdings auch als „vespasiennes" bezeichnet, nach dem römischen Kaiser Vespasian (9 – 79), der sich in diesem Bereich sehr engagierte, um an Geld zu kommen. Er führte eine Latrinensteuer ein. Geld stinkt nicht!

Pitt, Kurzform für Peter. Ein wichtiger Name, denn es handelt sich um die deutsche Fassung des Namens des Apostel Petrus, auf Deutsch: Peter. Die altsaarländischen Fassungen hießen „Pitt" und „Pitter". Im Moselfränkischen wird das „t" zum „r": „Perer".

Pittsche, 1. Pickel, Akne, 2. Verkleinerungsform von Peter.

placke, etwas aggressiv hinwerfen: „Also so ebbes: Plackt der sei Juppe ofs Scheeselong!" (Er wirft erstaunlicherweise seine Jacke auf das Sofa.) Meistens entwickelt sich die Aggression aus einer Resignation heraus: „Am liebschde dääd ich denn ganze Krom an die Wand placke." (Wenn es nach mir ginge, würde ich alles unbearbeitet hinwerfen.)

Placke, saarländisches Substantiv: Fleck. „Wenn de Peter in de Pizzeria Spaghetti mit Tomatesoß esst, dann hat der denoo de ganze Juppe voll Placke." (Wenn Peter beim Italiener Spaghetti mit Tomatensoße verzehrt, verunreinigt er beim Essensvorgang seine Jacke mit zahlreichen Flecken.)

Pläckelsche, Verkleinerungsform von „Placke" (= Fleck), „Mach doch net so e Geschiss weje dem Pläckelsche!" (Bitte kein Aufhebens wegen des kleinen Flecks!)

Plackerei, Mühe, schwere Arbeit unter Zeitdruck. „Wie mir die Garaasch abgeriss hann, das war e Plackerei." (Der Abriss der Garahe bereitete uns viel Mühe.)

pläddele, Fliesen legen. „Hennes hat sellemols inne die Garage gepläddelt." (Hannes hat damals die Garage von innen mit Fliesen verkleidet.)

plädeere, entschieden eine Meinung vertreten, für etwas plädieren. „De Turnverein plädeert fier e Umgehungsstrooß." (Der Turnverein engagiert sich für den Bau einer Umgehungsstraße.)

Plaffong, von dem französischen Substantiv „le plafond" abgeleitet. Es bedeutet meistens Zimmerdecke, manchmal auch – wie im Französischen – auch „Obergrenze", z. B. beim Alkoholkonsum.

plärre, schreien, laut weinen. „Unser Kläänes kriehd Zähn. De ganze Daach duhds plärre." (Die ersten Zähne unseres Kindes sind im Kommen. Es weint den ganzen Tag.)

Plaschder, 1. Bodenbelag aus Steinen oder Platten auf Wegen und Straßen, 2. ein Heftpflaster mit angeklebter Wundauflage, ein „Wundschnellverband".

p

plaschdere, pflastern, Wege oder Straßen mit Bodenbelag (Steine oder Platten) befestigen.

Pläsier, Freude, Spaß, von dem französischen Substantiv „le plaisir" (= Freude) „Beim Klassetreffe hann ich immer mei Pläsier." (Beim Klassentreffen habe ich immer meinen Spaß.)

Plätsch, Schläger, zum Beispiel beim Tischtennis, aber auch „Schlaginstrument" aus Pappe an der Fastnacht. Abgeleitet von dem lautmalerischen deutschen Verb „platschen".

Plattdeitsch, eine aus dem Germanischen kommende Sprache. Darauf deutet die zweite Konstituente des Kompositums hin. Für die erste gibt es drei Möglichkeiten: 1. Herkunft aus Norddeutschland, wo es überall flach ist, 2. die Sprache des „platten" (flachen) Landes, wo überwiegend die Bauern lebten, weil Felder ohne Berge leichter zu bewirtschaften sind, 3. eine „platte" Sprache, flach und ohne Niveau.

Platter, Reifenpanne, Plattfuß. „Ich hann in Spanie of de Autobahn e Platter gehatt." (Ich hatte auf der Autobahn in Spanien eine Reifenpanne.)

Plattfuß, 1. Reifenpanne. Dem Reifen blieb, warum auch immer, „einfach die Luft weg". 2. Eine Fehlstellung des Fußes. Sie kann angeboren oder erworben sein. Die Wölbung zwischen der Ferse und dem vorderen Fußballen wirkt so, als sei sie eingesunken.

Plattkopp, 1. ein seines Haares verlustig gegangener Schädel. „De Stefan hott schon mit Dreißig e Plattkopp." (Stefan hatte schon mit Dreißig lichtes Haar.) 2. Die Person, die einen extrem breiten Scheitel hat: „De Heinz, der Plattkopp, der hat schon lang e Plattkopp."

plättsche, stark regnen. „Hol die Gaademewel rin. Es duhd plättsche." (Es regnet stark. Kannst du bitte die Gartenmöbel reinbringen.)

Plätzje, 1. ein kleiner Platz, um sich hinzusetzen, 2. ein Keks oder ein anderes süßes Gebäck zum Knabbern.

Pleite, Begriff aus dem Rotwelschen, Bedeutung: Konkurs. „Im Saarland sinn die meischde Gemeinde pleite." (Die meisten Gemeinden im Saarland haben wegen der Finanzlage einen sehr geringen Handlungsspielraum.) Mittlerweile gehört „rein zufällig" das Wort „Pleite" selbst zum Tagesschaudeutsch. Allerdings hat es den „Konkurs" und die „Insolvenz" noch nicht verdrängt. Der Bedarf an vielfältigen Ausdrucksmöglichkeiten scheint außerhalb des Saarlandes doch ziemlich groß zu sein.

plemplem, irre im Kopf. „Wer das glaabd, der is in meine Aue plemplem." (Wer so naiv ist das zu glauben, ist meiner Meinung nach verrückt.)

pleng Pisswa, saarländische Aussprache von „plein pissoir" (frei aus dem Französischen übersetzt: volles Männerklo). Im Saarland wird der Ausdruck schon mal ironisch benutzt für den französischen Ausdruck „plein pouvoir" (= Vollmacht). „Der kann mache, was er will." (Er hat die Vollmacht.)

plicke, pflücken. Man sollte aber nicht an der Kruste einer verheilten Wunde „plicke", eher schon an Nussschalen.

Plimmo, Bettdecke, Daunendecke, Federbett („la plume" = die Feder). Im Französischen ist „le plumeau" das Wort für Staubwedel. Die „richtigen" Wörter sind: le draps (Bettwäsche), l'édredon (Federbett), le duvet (Daunendecke).

Plisseerock, Faltenrock, von dem französischen Adjektiv „plissé" (= gefaltet, runzelig) abgeleitet.

Plodere, Hinweis auf eine enorme Sonneneinstrahlung. „Morje gehn mir wannere. Die Sonn scheint Plodere." (Morgen machen wir eine Wanderung. Die Sonne wird sehr stark scheinen.)

plotze, mit aller Kraft arbeiten, richtig reinhauen. „De Willi ist mol wedder am plotze." (Willi arbeitet zur Zeit sehr viel.)

Plotzer, jemand, der viel und schwer arbeitet, vor allem körperlich und meistens für wenig oder überhaupt kein Geld (z. B. Pensionäre und Freunde im heimischen Garten oder Keller).

Plumsklo, Toilette, auf der das Plumpsen noch hörbar war. Sie hatte keine Wasserspülung, aber eine größere Fallhöhe. Meistens befand sich das Plumsklo im Garten, bestand aus Holzbrettern und hatte in der Tür ein ausgeschnittenes Herzchen. Auf kleinen Bauernhöfen direkt neben dem Misthaufen im Hof.

Poode, Pfote. „Unser Bello hat sei ganze Poode verbabbd." (Unser Bello hat alle Pfoten verschmutzt.)

poofe, schlafen, „Seit de Gerhard in Pengsion ist, duud der jede Mittag e halwi Stunn poofe." (Seit Gerhard im Altersruhestand ist, macht er jeden Mittag eine halbe Stunde Siesta.) Der Begriff „poofe" stammt aus dem Rotwelschen.

Pootsche, Angehöriger einer verachteten Randgruppe der Gesellschaft, fahrende Kesselflicker, aus dem Französischen „le potier" (= der Töpfer). Schimpfwort, abfällig meist für einen unordentlich arbeitenden oder unsauber aussehenden Menschen. In seinem Roman „Rotstraßenzeit" (Blieskastel 1997, S. 66 f.) beschreibt der Bildstocker Schriftsteller Manfred Römbell anschaulich die soziale Situation und die fehlende Akzeptanz der „Potscha" (Schreibweise von Manfred Römbell): „Im Schlafhaus, hieß es, wohnen nur die Potscha, und die Potscha waren keine guten Leute. Da gab es Krach und man schlug sich, und die Kinder der Potscha waren oft dreckig und wuschen sich nicht oder hatten Läuse und Flöhe, und Läuse und Flöhe war so ungefähr das Schlimmste, was man haben konnte. Läuse und Flöhe zu haben, das war wohl eine größere Schande, als schmutzig zu sein."

Portefeuje, Brief- und Geldtasche, aber auch Wertpapierbestand. Das Wort ist abgeleitet von dem französischen Substantiv „le portefeuille", wörtlich „Blattträger". Im Französischen wird das Wort auch für „Geschäftsbereich" benutzt.

Portmonnee, Geldbeutel, abgeleitet von dem gleichbedeutenden französischen Substantiv „porte-monnaie", wörtlich: „Trägt (die) Münzen", im Unterschied zum „porte-feuille" = „trägt (die) Blätter/Scheine" (= Brieftasche, für Geldanleger: Depot).

Poschde, 1. Pfosten, 2. Posten. Durch die Übertragung der beiden deutschen Wörter ins Saarländische entsteht eine Polysemie: ein einziges Wort (Poschde) hat plötzlich zwei Bedeutungen.

Poschtamt, Postamt, eine Kuriosität: das russische und ukrainische Wort für Postamt heißt tatsächlich auch „poschtamt".

posse, pfropfen, veredeln. „Dies Johr duhd de Opa die Bääm posse." (Dieses Jahr posst Opa unsere Bäume.) Heute „post" man auch Nachrichten und Bilder bei Facebook, Twitter usw.

Praume, Pflaume, Pflaumenbaum. Die Verkleinerungsform heißt „Priemsche". Beide sind abgeleitet von dem französischen Wort „la prune". Die „Praume" wird wegen der abführenden Wirkung der Frucht auch „Scheißpriemsche" genannt.

Preddischt, Predigt. „De Paschdor hat widder zu lang preddischt", war die Ausrede mancher, wenn sie ihren Frühschoppen überzogen hatten. (Der Priester hat wieder zu lange gepredigt.)

pressiere, es eilig haben. „Mir pressiert's!" (Ich muss dringend auf die Toilette.) Das Wort ist abgeleitet von dem französischen Verb „presser", was so viel bedeutet wie „drücken" und „es eilig haben".

Priemsche, Stück Kautabak. Das Wort „Priem" kommt aus dem Niederländischen. Dort heißt es „Pruim" und bedeutet eigentlich „Pflaume", wurde aber wegen Form und Farbe auf Kautabak übertragen. Dieser wird nicht ausschließlich gekaut. Er wird meistens so lange in die Backe gelegt, bis der Tabakgeschmack nachlässt. Dann erst wird er leicht mit den Zähnen ausgedrückt. Die ersten Konsumenten des Kautabaks waren die Seeleute. Die Segelschiffe, die aus Holz fabriziert wurden, sollten nicht gefährdet werden. Auch unter Tage besteht Brandgefahr, und deshalb ist dort auch das Rauchen streng verboten. Die Bergleute kauten stattdessen ihre „Priemscher".

profitlich, geldgierig, jemand, der nur auf seinen eigenen Profit aus ist, abgeleitet von dem französischen Verb „profiter". „Wenns ums Erwe geht, dann sinn se all profitlich." (Wenn eine Erbschaft ansteht, dann sind sie alle auf ihren eigenen Vorteil aus.)

propper, sauber, saarfranzösischer Begriff, abgeleitet von dem französischen Adjektiv „propre" (= sauber), wird aber auch benutzt, um einen Menschen als „vollschlank" zu charakterisieren.

proppersche, Verkleinerungsform von „propper". Benutzt man, wenn es sich um Kinder dreht. Im Gegensatz zur deutschen Sprache kennt das Saarländische auch Verkleinerungsformen von Adjektiven, zum Beispiel auch bei dem Wort „alertsche".

protze, 1. angeben, nicht zu verwechseln mit „brutze" = schmollen. „Neirohrs protze mit ihrm neije Auto." (Die Familie Neurohr gibt mit ihrem neuen Wagen an.) 2. sauer sein und das auch noch zeigen, ohne ein Wort zu sagen. Macht man mit einem missmutigen Gesichtsausdruck, bösem Blick und hängenden Mundwinkeln.

Puddel, 1. ein zentraler Begriff des 1784 von dem Engländer Henry Cort erfundenen Puddelverfahrens, das in der Geschichte der saarländischen Eisenindustrie eine große Rolle spielte. Es ermöglichte die Herstellung von Stahl (aus Roheisen), 2. Ein im Haushalt erzeugter Biowertstoff, der im Deutschen folgende Namen trägt: Mist, Jauche, Gülle.

Puddelfaß, Jauchebehältnis, meistens aus Eisen, eine Zweitverwertung für ein Behältnis, das man von der Grube mitgebracht hat.

Puddelloch, Jauchegrube, in der man den zukünftigen Naturdünger aufbewahrte. Sie war innen an den Wänden und am Boden entweder mit Blech oder mit Teerpappe verkleidet.

puddelnackisch, ein Kompositum mit zwei Konstituenten, die überhaupt nichts miteinander zu tun haben. Es sei denn, man konstruiert eine Geschichte: Jemand fällt in ein Puddelloch. Bevor er sich der Körperreinigung widmet, muss er seine Kleider ausziehen, sich also „puddelnackisch" machen.

Puddelpump, Jauchepumpe, ein Gerät, das dazu genutzt wird, um Jauche zu pumpen. Der Ausdruck „Puddelpump" wird wegen deren Effizienz auch benutzt als eine Metapher: „Der hat e Zuuch wie e Puddelpump." (Der trinkt ein Bier in einem Zug aus.)

Puddelschebber, Jaucheschöpfer, ein eimerähnliches Gefäß, das an einer langen Stange befestigt ist. Mit dem Gerät wurde die Jauche aus der Grube in ein „Puddelfass" entleert und auf die Felder zur Düngung gebracht.

Puddelwahn, hat nichts mit „Wahnsinn" zu tun. Es handelte sich um einen „Transporter für Jauche", früher meistens ein überdimensioniertes Leiterwägelchen, mit dem man ein gefülltes Puddelfass zum Feld fuhr. Heute wird Jauche in einem Stahlfass mit einem LKW transportiert.

pumpe, 1. eine Methode, Flüssigkeiten oder andere, zum Teil flüssige Materialien, von einer Stelle zur andern zu befördern, 2. leihen, Geld befristet überlassen, aus dem Rotwelschen. In fast jeder Kneipe gab es früher ein Hinweisschild mit der Inschrift: „Hier wird nicht gepumpt." Man nutzte die Doppeldeutigkeit des Wortes und bildete eine Pumpe ab.

Pusch, schlechtes Arbeitsergebnis, Pfusch, Murks, juristisch: eine „Schlechtleistung", etwas Misslungenes. Das „Pf" wird im Saarländischen zum „P". Kommt das Wort allerdings in einer anderen Form vor, etwa als Metapher, dann ersetzt im Saarländischen das „f" den Buchstaben „p". So entsteht zum Beispiel das Wort „verfuscht".

pusche, 1. jemanden massiv unterstützen, nach vorne drängen, etwa auf der Landesliste einer Partei, abgeleitet von dem englischen Verb „to push" (= drücken), 2. pfuschen. Das „pf" wird im Saarländischen ersetzt durch ein „p", weil es einfacher auszusprechen ist. Das „n" am Ende verschwindet wie bei allen Verben im Saarländischen. Das Wort existiert seit dem 16. Jahrhundert und leitet sich wohl ab von der Lautmalerei „futsch!" (kaputt, defekt).

Puscher, jemand, der nicht ordentlich arbeitet: „De Horst, das is kenn Handwerker, das is e Puscher!" (Horst hat keine herausragenden handwerklichen Fähigkeiten.)

Pussaasch (Betonung auf „aa"), ein Liebesverhältnis. „De Jürgen is emol wedder of Pussaasch." (Jürgen bewegt sich zur Zeit auf Freiers Füßen.)

pussiere, freien, flirten, vom französischen Begriff „pousser" (= stoßen) abgeleitet, wobei – rein etymologisch gesehen – sich eine sexuelle Dimension eröffnet.

Pussierstengel, Kavalier, ein Mann, der immer auf Freiers Füßen geht, sich nach jedem „Rock" (= Frau) umdreht.

Putsche, ungenaue saarländische Maßeinheit für Blumen: ein Bündel, gerade so viel, wie man mit einer Hand packen kann.

Putschebliemsche, reife Löwenzahnpflanze des „Bettsääschers", im übertragenen Sinn: Jemand, der für Krankheiten anfällig ist und beim geringsten Windhauch umfällt.

Putz, 1. Schicht aus Mörtel, die man auf ein Mauerwerk aufträgt, 2. alter Begriff für die Gesamtheit der „ordentlichen Kleidung", die man als Frau so trägt, 3. das, wo man draufhaut, wenn man es mal wissen will. Letzteres kommt aus dem Rotwelschen.

Putzlumpe, Lappen zum Putzen, auch ein Wort, mit dem man sie Missachtung eines Menschen beschreibt. Man kann sich dagegen wehren mit Sätzen wie „Ich bin doch net dem sei Putzlumpe", was weitaus konkreter und deftiger ist als die deutsche Fassung: „Er sieht in mir einen Lappen, mit dem man den Boden reinigen kann."

Q wie Quantum

Der Buchstabe „q"

hat in deutschen Texten eine durchschnittliche Häufigkeit von 0,02 %. Nur „x" und „y" sind noch seltener.

In den meisten Sprachen kommt das „q" nur im Diagraphen „qu" vor. Im Deutschen und im Saarländischen hat diese Buchstabenverbindung den Lautwert „kw". Es macht aber wenig Sinn, bei saarländischen Wörtern das „qu" durch „kw" zu ersetzen.

Quadratlaatsche, große Schuhe. Aus dem Rotwelschen. Eine äußerst interessante und anspruchsvolle Wortkombination. Sie beginnt mit einem (bewusst übertriebenen und unvollständigen) Flächenmaß und ergänzt dieses durch die Substantivierung einer bestimmten Art zu gehen.

Quadudder, altsaarländischer Spottname für „Hinterteil", wobei immer ein gewisser raumgreifender Umfang unterstellt wurde.

Quante, Füße. Hier ist eine quantitative Botschaft auf einer abstrakten Ebene verarbeitet. Die Herleitung aus dem Abstraktum Quantum (also die Menge, das Ausmaß) wird in seiner Kurzform benutzt, um die (bewusst übertriebene) Größe sprachlich darzustellen.

Quantum, von dem lateinischen Wort für „wie viel", „wie groß" abgeleitet. Quantum satis (hinreichende Menge) steht für „so viel wie nötig", hauptsächlich bei Mengenangaben. Der lateinische Ausdruck für Menge („quantus" = wie viel) wird im Saarland als ungenaue Maßeinheit für Alkohol im Blut benutzt: „Wie der of die Kappesitzung gang is... o leck! Do hat der schon sei Quantum gehatt!" (Auf der Fastnachtssitzung war er schon extrem angeheitert.)

quassele, abwertend für reden. Das Wort ist (wie einige andere Wörter mit gleichem Sinn: babbele, quaken usw.) eine abwertende Lautmalerei, in diesem Fall aus dem Rotwelschen kommend.

Quasselstripp, ein Typ Mensch, den man mit vielen Wörtern charakterisieren kann: Babbler, Klatschmaul, Klatschtante, Quasselkopf, Schwätzer, Schwätzerin

q

usw. Die zweite Konstituente des Kompositums „Quasselstripp" ist ein Synonym für „Telefon". Daraus ergibt sich, dass es sich mal wieder um eine Polysemie handelt: „Quasselstripp" ist 1. ein Telefon und 2. ein Liebhaber der indirekten Kommunikation mittels Telefon.

quatsche, Unsinn verzapfen, aber auch salopp für „ein Gespräch führen, bei dem der kommunikative Transport von Inhalten nicht im Vordergrund steht, also ausschließlich sozialer Lärm produziert wird". „Es Erika unn ich duhn immer in de Middachspaus e bissje mitenanner quatsche." (Erika und ich plaudern mittags ein wenig miteinander.)

Quatschkopp, aus dem Rotwelschen. Person, die Unsinn redet. Der saarländische Ausdruck unterstellt (anatomisch korrekt), dass der im Wort lokalisierte Ursprung des „Quatschs" ein äußerst wichtiger Körperteil ist.

Quellgrombeere, Pellkartoffel. Da verwandelt unsere Sprache das Wort „pellen" in „quellen" und benutzt das saarländische Wort „Beer" (= Birne), die allerdings nicht am Baum, sondern im Grund wächst. Das Deutsche zieht das Wort „Kartoffel" vor, eine Verballhornung des italienischen Wortes „Tartuffoli" (= Trüffel).

quengele, nörgeln ohne Inhalt. Das machen vor allem Kinder, wenn ihnen etwas nicht passt. Das Prinzip ist einfach und wird nicht selten von Erwachsenen übernommen: Man nervt die Mitmenschen und spart sich dadurch die Argumente.

Quengler, oft ein melancholisch erscheinender Nörgler, der auch ganz schön aggressiv werden kann. Er will mit seiner Produktion von Geräuschen seinen Willen durchsetzen.

Quer durch de Gaade, wörtlich: quer durch den Garten, Bezeichnung für die beliebteste saarländische Gemüsesuppe. Der Charme des Wortes entsteht durch die plastische Darstellung des Entstehungsprozesses. Eine modernisierte Fassung des Begriffes müsste das Wort „Gaade" durch „Kiehlschrank" ersetzen.

Querkopp, ein Mensch, der zu unkonventionellen Denkprozessen fähig ist, ein bisweilen innovativer Querdenker: „Bevor der in die Politik gang is, war der aach schon e Querkopp gewään." (Vor dem Beginn seines politischen Engagements war er bereits ein Querdenker.)

Quertreiwer, jemand, der eine Sache „quer" (= falsch) betreibt. Er ist aber alles andere als inaktiv. Bei jeder Initiative stellt er sich in den Weg und versucht, sie in eine andere Richtung zu lenken.

Quetsch, Zwetschge, Zwetsche oder Zwetschke, eine Unterart der Pflaume. Sie hat festes, dunkelgelbes Fruchtfleisch und der Kern löst sich sehr leicht. Im Saarland ist sie sehr beliebt, unter anderem wegen der vielfältigen Verwendungsmöglichkeiten: Marmelade, Schnaps und Kuchen. Auch Kurzform von Zwetschgenschnaps (de Quetsch) und von Akkordeon (die Quetsch). Der Plural von „Quetsche" ist (fast) identisch mit dem deutschen Verb für „sehr fest zusammendrücken: „Ich hann mir de Finger gequetscht." (Ich habe mir den Finger eingeklemmt.)

Quetschekuche, Zwetschenkuchen. Er wird aus einem Hefeteig und „Quetschen" gemacht. Man verzehrt ihn im Saarland – und das scheint einmalig auf der Welt zu sein – häufig zur Bibbelsches-Bohne-Supp. Der Zwetschekuchen wurde vor allem von den Schwerstarbeitern in ungeheuren Mengen verzehrt. Ein „Stück", das war keine Einheit für Männer, die acht Stunden unter Tage oder vorm Hochofen gearbeitet hatten. Bisweilen kalkulierte man einen Zwetschenkuchen (saarländisch: Quetschekuche) für einen einzigen in der Schwerindustrie tätigen Sohn. Der „Quetschekuche" dient sogar in einer Redewendung als Maßeinheit für Übertreibungen: „Unn noch e Quetschekuche!", was so viel bedeutete wie „Und noch eins drauf."

Quetschemimbach, saarländisches Fantasiedorf. So etwas gibt es auch in anderen Bundesländern, mal witzig klingende real existierende Städte wie „Buxtehude" oder rustikal-satirische Wortspielereien wie „Bums an der Knatter".

Quetschkaschde, Akkordeon. Aus dem Rotwelschen. Dieses Handzuginstrument, bei dem der Ton durch freischwingende, durchschlagende Zungen erzeugt wird, gehört zur Gruppe der „selbstklingenden Unterbrechungs-Aerophonen". In mehreren Kulturkreisen gilt das (im Saarland manchmal auch „der") Akkordeon als Arme-Leute-Instrument. Man bezeichnet es als „Schifferklavier" oder auch (seltener) als „Bergmannsklavier". Ebenso verbreitet ist das Wort „Ziehamrieme", abgeleitet von dem früheren deutschen Begriff „Ziehharmonika", im Unterschied zur „Mundharmonika". Der saarländische Ausdruck „Quetschkaschde" ist ein sprachliches Unterstatement, ebenso dessen Kurzfassung „Quetsch".

Quierschd, Quierschied, eine Gemeinde mit 13 000 Einwohnern im Regionalverband Saarbrücken. Eine sprachliche Besonderheit: Die Grenze zwischen Rhein- und Moselfränkisch verläuft durch den Ort.

Quietschpupp, kleines Mädchen, das mit hoher Stimme ständig quengelt. Wichtig für das Mädchen: Es sollte sich dieses Verhalten rechtzeitig abgewöhnen.

Der Buchstabe „r"

hat in deutschen Texten eine durchschnittliche Häufigkeit von 7%. In den saarländischen Adverbien „riwwer", „runner", „ruff" gibt das „r" eine Richtung an, die zum Sprecher hinführt: „Kannschde mol riwwer komme?" (= hierher zu mir, z. B. ins Zimmer nebenan). – „Unn uff äämool is der ruff komm!" (von unten zu uns hier oben). – „Mensch jetzt komm doch mool endlisch runner!" (= herunter zu mir). (Vgl. auch „j" und „n"!)

Zur Aussprache: Das Moselfränkische im Nordwesten des Saarlandes kennt das rollende „r", während man in der gesprochenen Sprache im Rheinfränkischen das „r" nur andeutet. Man neigt dazu, ersatzweise den vorangegangenen Vokal zu verdoppeln, wo hingegen die Hessen den folgenden Konsonanten verdoppeln. Aus „Karl" wird im Hessischen „Kall" und im Saarländischen „Karrl" (moselfränkisch) oder „Kaal" (rheinfränkisch). Wenn Zweisilbigkeit notwendig ist, etwa beim Rufen, dann kann bei „Karl" noch ein „r" dazwischengeschoben werden. Es entsteht „Karel", wobei der Gerufene nicht unbedingt mit Familiennamen „Gott" heißen muss.

Raab, Rabe, gehört zu den Rabenvögeln, ebenso wie die Krähe. Die größeren sind die Raben, die kleineren die Krähen.

Raabdigall, sprachliche Kreuzung von „Rabe" und „Nachtigall" (mit saarländischer Aussprache und angepasster Schreibweise.) „De Hans krächzt ‚O sole mio` wie e Raabdigall." (Hans krächzt „O sole mio" derart, wie man sich ein Duo vorstellt, bestehend aus einem Raben und einer Nachtigall.)

Rään, Regen, wie im Rheinischen und im Englischen: „the rain", gesprochen „rään". Auch bei der Definition gibt es keine Unterschiede: Regen ist ein flüssiger Niederschlag aus den Wolken. Zu den festen Niederschlägen zählen Hagel, Graupel und Schnee.

Räänbo, Regenbogen. Erstaunliche Identität des gesprochenen Wortes mit dem gleichbedeutenden englischen Begriff „rainbow". Dessen Farben entstehen durch Brechung des Sonnenlichts in den Wassertropfen.

Räänkeep, Regencape, Regenumhang. Ein Mantel, der nicht (oder nicht nur) die Fähigkeit hat, vor Kälte zu schützen. Er ist wasserabweisend und schützt deshalb auch vor Regen.

Räänscherm, Regenschirm. Der erste schriftlich erwähnte stammt von einem französischen Abt. Er schickte ihn dem Bischof von Salzburg und informierte ihn dabei über den Nutzen: „damit es von deinem verehrungswürdigen Haupte den Regen abhalte". Vorher gab es bereits Sonnenschirme, die allerdings heute keine große Rolle mehr spielen.

Raasch, Wut. Vom Ursprung her steht das Wort für Tollwut, eine seit Jahrtausenden bekannte Virusinfektion, die bei Tieren und Menschen eine akute, fast immer tödliche Gehirnentzündung verursacht. Das Wort „Raasch" ist abgeleitet von dem französischen Substantiv „la rage" (= Wut, Raserei).

rabautzdisch, plötzlich und unerwartet. „Of ähnmol, rabautzdisch, knallt der das Foto of de Disch." (Plötzlich und unerwartet legt der das Foto auf den Tisch.)

Racker, saarländisch für „Rackert", womit man nicht etwa einen Menschen meint, der sich „abrackert", etwa im Betrieb, im Haushalt oder im Bett. Das ist ein „Rackerer". Ein „Racker" ist ein „Lausbub".

Radiesje, Radieschen, ein kleiner Rettich. Der Name kommt von dem lateinischen Wort „radix" (= Wurzel). Von daher muss man die Redewendung „die Radieschen von unten betrachten" auch im weiteren Sinn verstehen: Auf dem Friedhof gibt es sicher auch Wurzeln (von Sträuchern, Blumen und Unkraut) aber selten Radieschen.

raffe, aufsammeln und verstehen. „Der soll Käschde raffe unn kenn Stään. Der rafft awwer graad garnix." (Er soll Kastanien einsammeln und keine Steine. Er versteht aber wirklich gar nichts.)

Raffel, Mund. „Wenn der nommol sahd, ich dääd nix raffe, dann kriehd der e paar of die Raffel." (Wenn er nochmal behauptet, ich würde das nicht verstehen, dann haue ich ihm auf den Mund.)

Raffele, Zähne. Sie geben dem Menschen Biss, erzeugen Schmerzen, und irgendwann sind sie ausgefallen (allerdings nicht in der Bedeutung von „außerordentlich").

rammdeesisch, schwindelig, benommen. Das ist man zum Beispiel, wenn man mit irgendetwas zusammenrammt, wenn man etwa mit dem Kopf gegen die Glastür rennt. Dann ist man für kurze Zeit „benommen". Man „döst" vor sich hin und ist „rammdeesisch".

Rand, 1. im deutschen eine abstrakte Begrenzung eines Bereichs, 2. ein saarländisches Wort für Mund: „Hall de Rand!" (Sei ruhig, halte Deinen Mund.)

rangschiere, rangieren. Das macht man im Saarland entweder mit einem Zug oder eine Frau macht es mit sich selbst: Sie bringt ihr Outfit in Ordnung. Sie macht sich zurecht.

rangse, quietschen, Misstöne von sich geben. „Wenn die Dier rangst, dann muschde aach emol e Treppsche Eel an die Schaniere mache." (Wenn die Türe quietscht, dann muss man die Scharniere ein wenig einfetten.)

Ranse, 1. Schulranzen, der Vorläufer der Schultasche und des farbigen Rucksackes mit einem speziellen Design für Kinder, 2. der Bauch.

Ränsje, der Rucksack (Tornister) der Soldaten. Er war der Vorläufer des Schulranzens. Mit der Zeit mutierte das „Ränsje" zur Metapher für eine Wölbung an der Vorderseite eines Menschen. Höfliche Menschen sagen dazu „Bauchansatz".

Rapp, eine Gemüsereibe aus Plastik, Edelstahl oder Keramik. Die „Rapp" bietet eine von mehreren Möglichkeiten, Lebensmittel zu zerkleinern. Sie ist ein Gerät „fier se rappe".

rappe, reiben, raspeln, rappen, in diesem Zusammenhang allerdings kein Sprechgesang des Hip-Hop, sondern etwas, was man macht, um geriebenes Obst oder klein geraspeltes Gemüse zu bekommen (gerappter Appel, gerappdi Gellerrieb).

Rappeise, 1. eine „Rapp" aus Metall, ein Küchengerät, das zum Zerkleinern von Lebensmitteln genutzt wird, 2. ein von dem Küchengerät abgeleitetes Schimpfwort. Eine nicht sehr liebevolle Bezeichnung für ein weibliches Wesen.

Rappel, plötzlicher Impuls für eine überraschende Handlung: „Of ähnmal hat der de Rappel kriehd unn hat die Runde bezahlt." „Rappel" hat nichts zu tun mit dem französischen Straßenschild mit der Aufschrift „Rappel". Dabei handelt es sich lediglich um eine Erinnerung, z. B. an eine Geschwindigkeitsbegrenzung.

rappelderr, extrem schlank, dünn. Durch das Verb „rappeln" entsteht die Assoziation zum Skelett. Das Aufeinanderprallen der morschen Knochen kann ein entsprechendes Geräusch erzeugen. Das Wort wird benutzt für Menschen, die nicht zu den potenziellen Kunden der „Weight-Watchers" zählen dürften.

rappele, Lärm erzeugen. „Morjens umm siwwe rappeld de Wecker, denoh es Schutzblech vom Fahrrad offem Wää of die Aawet." (Der Wecker rappelt jeden Morgen um sieben Uhr, das Schutzblech des Fahrrads auf dem Weg zur Arbeit.) Saarländischer Dialog: Ein Kind fährt Rad. Ein anderes ruft ihm zu: „Dei Schutzblech rappelt!" – Der Radfahrer ruft: „Ich verstehn nix. Mei Schutzblech rappelt."

Rappelkaschde, Radio. Ein Begriff aus Zeiten, als der Sound noch nicht glasklar war. Der Lärm dominierte die Sendungen. Dabei hatte alles so friedlich angefangen: Die erste Rundfunkübertragung in Deutschland war ein Weihnachtskonzert am 22. Dezember 1920.

Rappelkischd, Auto, ein „durch einen Motor angetriebenes, nicht an Schienen gebundenes Fahrzeug" (Duden), dessen Bestandteile durch unprofessionelle Wartung und Verschleiß durchaus Lärm erzeugen können, ebenso durch den Motor, der durch lautstarke Energieumwandlung mechanische Arbeitskraft erzeugt. „Rappelkischd" ist die saarländische Kurzfassung dieser Definition.

Rappelsche, Pipi (bei Kindern). Das Wort entwickelte sich wahrscheinlich aus dem Geräusch, das beim Pipi machen im Töpfchen entsteht.

Rappsupp, eine einfache saarländische Suppe aus Fleischbrühe, Suppengemüse, Dörrfleisch und geriebenen Kartoffeln.

Raschbel, 1. Holzfeile, 2. ein Spielzeug für Kinder, 3. ein Klapperinstrument der Messdiener in der Karwoche.

Rätsch, 1. „Rätsch" ist auch ein anderes Wort für „Raschbel", ein hölzernes Lärminstrument, 2. Klatschweib, wobei der Wortteil „Klatsch" nichts mit „applaudieren" zu tun hat. Eine „Rätsch" ist ein weiblicher oder auch männlicher Mensch, der angewandte Heimatkunde betreibt und dabei seine Mitmenschen in den Vordergrund stellt, um sich abwertend über ihren Charakter oder ihre Handlungen zu artikulieren. 3. Der volkstümliche Name eines Drehmomentschlüssels. Damit kann man mit einer umlaufenden Drehbewegung Schraubverbindungen festziehen und lösen, selbst wenn man durch den begrenzten Arbeitsraum behindert ist.

rätsche, klatschen, tratschen, dumm plappern, vor allem über andere Menschen, wobei Neid und Missgunst, Konkurrenz und schlechte Laune eine wichtige Rolle spielen. Die Verbfassung von Rätsch.

Rätschmaul, kann das Mundwerk der „Rätsch" bezeichnen, aber auch sie selbst. Es ist ein Schimpfwort, das man auch mit beleidigender Intention benutzen kann: „Du bischd vielleicht e aldes Rätschmaul!" – Ein „Rätschmaul" wird sich selbstverständlich verteidigen. Sehr beliebt sind dabei Sätze wie: „Es geht mich jo nix ahn. Es ist jo nur, dass ma mol driwwer schwätzt."

ratze, 1. ritzen, mit einem festen Gegenstand (z. B. Nagel) eine wie auch immer geartete Spur auf einem Gegenstand (z. B. Holzbrett) hinterlassen, 2. schlafen, wobei die Lärmentwicklung (= schnarchen) nicht ausgeschlossen ist.

ratzebutz, vollständig, 1. alles zusammen, zum Beispiel alles aufessen, den Teller „ratzsebutz" leer machen, 2. als Substantiv ein deutscher Produktname eines Magenbitters, der seit 2006 „nur noch" 58 % Vol. Alkohol enthält. Ihn zu trinken galt früher als Mutprobe.

Ratzegalli, Variante von „Latzegalli" (Galgenstrick), bot sich vielleicht nur wegen der sprachlichen Ähnlichkeit an. Dabei entstand ein neuer Sinn: „latze" (= viel essen) führt zu „ratze" (= schlafen). Die Reihenfolge macht Sinn.

ratzekahl, vollkommen leer. „Die hann es Biffee ratzekahl leer gemacht." (Sie haben das kalte Büffet komplett geräumt.)

raulisch, 1. übel (im Magen), „Oh, mir iss gans raulisch von dem Esse!" (Ich glaube, ich habe die Mahlzeit nicht vertragen), 2. böse, „Der is arisch raulisch." (Er ist sehr böse.)

raunse, raunzen, unverständliche, missmutige Laute von sich geben und damit die Gespräche anderer stören.

rausplärre, laut hinausschreien, etwas lautstark publik machen, vor allem Dinge, die andere nichts angehen.

recht, im Saarländischen eine prophylaktische Selbstkritik mit dem Ziel, bei eigenem Irrtum gnädig behandelt zu werden. Man leitet einen Satz ein mit „Wenn's mir recht is". Damit will man sagen: Wenn ich recht habe, wenn ich mich richtig erinnere, ich glaube. „Wenn's mir recht is, dann is der vom Emmerschbersch." (Ich glaube, er ist aus Elversberg.)

Redd, Rede. „Unser Vorsitzender hat e Redd gehall." In der eher privaten Diskussion die Bitte an den Kommunikationspartner, einmal ruhig zu sein, damit man selbst etwas sagen kann: „Vergess emol dei Redd net!" (Tut mir leid, dass ich dich unterbrechen muss. Vergiss bitte nicht, was Du sagen wolltest. Mir fällt gerade etwas ein, Du kannst ja danach weiter reden.) Für eine Talk-Show ist die deutsche Fassung ein ideales Statement, um einem Andersdenkenden das Wort abzuschneiden. Der Nachteil: Es ist, im Unterschied zur saarländischen Fassung, viel zu lang.

reduur, zurück, von dem französischen Substantiv „le retour" abgeleitet, bedeutet auch Rückkehr und Rücksendung.

Reduurbilljet, ein altsaarländisches Wort, das zwei „Sprachmigranten" aus Frankreich („le retour" und „le billet") miteinander kombiniert, allerdings in einer Weise, die im Französischen nicht möglich wäre, unter anderem wegen des saarländischen Akzents.

Reduurkutsch, gibt es zumindest in der Gegenwart nur noch im übertragenen Sinn in der Bedeutung von Revanche: „Dem doo hann ich mol fier sei Frechheit e ordentlich Reduurkutsch gebb!" (Bei diesem Menschen, der mir gegenüber frech war, habe ich mich angemessen revanchiert.)

Rehbock, Bezeichnung für die Bewohner des Saarbrücker Stadtteils Bischmisheim. Der Name geht auf folgende Episode zurück: Ein Hüttenarbeiter aus Bischmisheim, der seinen Wochenlohn in sein Halstuch gewickelt hatte, sah auf dem Weg nach Hause plötzlich vor sich einen Rehbock. Er benutzte das Halstuch mit dem eingerollten Wochenlohn als Lasso. Sein Vorhaben misslang, und der Rehbock lief mit Halstuch und Wochenlohn davon.

Rehgeiß, Verdoppelung von zwei weiblichen Tieren, Reh und Geiß, geht vielleicht auf eine Wahrnehmung unter Alkoholeinfluss zurück? Das Wort wird meistens zusammen mit dem Adjektiv „derri" (dürre) für eine Frau benutzt.

Reich, noch immer von älteren Saarländern (scherzhaft) gebrauchte Bezeichnung für die Bundesrepublik Deutschland. Zur Erinnerung: Das I. Reich (das Heilige Römische Reich Deutscher Nation) entstand 962 und dauerte bis 1806. Das II. Reich startete 1871 beim „Erbfeind" in Versailles und dauerte gerade mal bis 1918, als Wilhelm II. sich nach Holland verkroch. Das bekannteste und gleichzeitig kürzeste war das III. Reich, das als „tausendjährig" angekündigt wurde. Es verpasste aber diesen ehrgeizigen Vorsatz um 988 Jahre. Es begann 1933 und endete 1945.

reije, lenken, aber auch mit großen Stichen nähen. Das Wort „reije" ist die altsaarländische Fassung (das „h" wird zum „j" und das „n" am Ende verschwindet), eine Verbalisierung des Substantivs „Reihe". Man bringt etwas in die „Reihe", auf eine gerade Linie.

reime, eine saarländische Polysemie, die Wohnungseinrichtung mit Lyrik verbindet. Man kann nach dem Umzug die Möbel in der Wohnung „reime" und ein Gedicht mit Endreimen schreiben.

reise, angeben, beliebte Redewendung: „Der reist ohne Koffer." Ein Sprachspiel, das auf der Polysemie von „reisen" (in den Urlaub) und „reisen" im Sinne von „angeben" (neues Auto) aufbaut.

Reißdeiwel, ein Kind mit hohem Verschleiß an Bekleidung. Die Klamotten sehen bereits nach kurzer Zeit aus, als seien sie schon lange gebraucht.

Reiterscher, kleine Apéro-Häppchen in der deutschen Sprache, eine von vielen Bezeichnungen in der Kindersprache. Das saarländische Pendant sind die „Geisjer" (die kleinen „Bergmannskühe").

Reitschul, Karussell, später auch Autoscooter u. a. Vergnügungsangebote auf dem Kirmesplatz oder auf Jahrmärkten. Im Saarland ist der antiquierte (und nicht mehr korrekte) Begriff nur noch an der Grenze zur Pfalz geläufig.

Reiwerhehl, Räuberhöhle, Jugendzimmer, in dem es so katastrophal aussieht, wie man sich eine echte Räuberhöhle vorstellt.

Rellesjer, Röllchen, 1. Lockenwickler (auf dem Kopf), 2. Hüftspeck, Rettungsringe, die im Französischen „les poignées d'amour", heißen, wörtlich: „Liebesgriffe."

Renno, saarländische Aussprache für die französische Automarke Renault. Ein Kult-Auto im Saarland war der Renault R 4, das „Cräämschnittsche", das von 1947 bis 1961 gebaut wurde.

rer, einer. „Ich hann rer Verkäuferin gesahd, dass das Klääd zu deier wär." (Ich sagte einer Verkäuferin, dass das Kleid zu teuer sei.)

Reschelsche, kleiner Rechen, kleine Harke. Gehörte früher zur Grundausstattung aller Witwen auf ihrem Weg zum Friedhof, zusammen mit einem Eimerchen und einer kleinen Schaufel.

rewangschiere, sich erkenntlich zeigen, von dem französischen Wort „la revanche" hergeleitet (existiert nur als Substantiv).

Rewwähr, Revers, einen vorne umgeschlagenen Teil eines Kleidungsstücks, aus dem Französischen „le revers" (Rückseite, Umschlag, Aufschlag).

Ribbes, ein sehr schlanker Mann. Er ist so dünn, dass man sogar seine Rippen sehen kann.

Riddo, altsaarländischer Ausdruck für Vorhang, abgeleitet von dem französischen Substantiv „le rideau".

Riddsch, die Rutsche, ein beliebtes Kinderspielzeug, selbstgebastelt für den Garten oder auf dem Kinderspielplatz.

riddsche, rutschen. „Riddsch emol die Riddsch do runner." (Rutsch mal die Rutsche hinunter.) „Riddsch emol riwwer!" (Rück bitte mal zur Seite!)

Rieb, Rübe, eine Pflanzenart, zu der auch die „Wilde Rübe" gehört, ebenso die Kulturformen „Zuckerrübe", „Futterrübe" und „Rote Bete".

rieme, altsaarländischer Ausdruck für „loben": „Ich bin fier die Gefillde arisch geriemt genn." (Für die gefüllten Klöße wurde ich sehr gelobt.) Das Wort leitet sich ab von dem pathetisch anmutenden Verb „rühmen".

Rieme, Riemen, vulgär für männliches Geschlechtsorgan (wobei sich der Begriff „Keilrieme" lediglich auf den technischen Bereich bezieht).

Riemsche, 1. schmaler Streifen, 2. Teigstreifen zum Garnieren eines nach ihm benannten Hefekuchens, der mit Apfelmus bedeckt ist (Riemscheskuche).

Rieschkolwe, Nase. Das Wort schildert die Funktion (das Riechen) und beleidigt die Form, indem sie diese mit einem sehr soliden Bauteil gleichsetzt, dessen Volumen sich auch noch durch die Bewegung verändert.

Rindsnawwel, Rindernabel, Schimpfname. Gleichsetzung eines Menschen noch nicht einmal mit einem Nutztier, sondern mit einem Teil seines Körpers. Wenn das keine Beleidigung ist!

Ringel, Ring, Maßeinheit für Lyoner. Im Saarland isst man einen „Ringel" Lyoner, trinkt dazu Bier, aber am nächsten Tag hat man keine „Ringele unner de Aue" (Augenringe).

Rippestrang, Wirbelsäule, ein sehr plastischer Begriff, der weitaus mehr aussagt als der deutsche: Die Rippen sind durch einen Strang verbunden.

rischd, direkt, aber auch Kurzform von „richtig" (wenn danach das Wort „raus" folgt). Eine Mauer kann „rischd" sein, aber auch der Maurer. Der redet nicht um den heißen Brei herum. Er redet Tacheles, er ist „rischd raus". Er hat also einen klaren Charakter, und sein Kommunikationsverhalten duldet keine Umschweife.

rischdaus, geradeaus. Ein Wort aus der Zeit, als man noch kein GPS nötig hatte: Die Richtung ist klar, Umwege gibt es nicht. Das Auto kennt seinen Weg.

rischde, vorbereiten, etwas herrichten. Das kann sich auf Menschen und auf Sachen beziehen. „Mei Fraa muss sich noch rischde" (Haare föhnen, anziehen usw.) aber auch: „In de Kisch is alles gerischd" (Geschirr abgeräumt, Tisch abgeputzt usw.)

Riss en de Schissel, nicht ganz bei Trost sein. Ein Sprachbild, das die „Schissel" (Schüssel) als defekt darstellt. Sie hat einen Riss, ist also zu nichts mehr zu gebrauchen. Diese Formulierung gibt es auch bisweilen in Rheinland-Pfalz und den dahinter liegenden Bundesländern. Logisch!

riwwele, mit den Händen hin- und herreiben. Das Ergebnis sind die „Riwwelscher". Sie werden aus einem Nudelteig hergestellt. Man „riwwelt" sie zwischen den Handflächen über der heißen Fleischbrühe. Man kann sie auch vorher in einem Tuch „trocke riwwele". Das Ergebnis der ganzen Prozedur heißt „Riwwelsupp".

riwwer, rüber. Gleichlautend mit dem englischen Wort „river" für „Fluss". Dadurch entstand die Liedparodie auf „Moon-Riwwer" (Mondfluss) von Schorsch Seitz. Er schiebt den Mond zur Seite und singt dabei: „Moon riwwer!"

Riwwer-Niwwer, Fliege (am Hemdkragen). Ins Deutsche lässt sich dieser Ausdruck nur indirekt übersetzen. „Riwwer" leitet sich ab von (he)rüber und „niwwer" von (hi)nüber. Das saarländische Wort „Riwwer-Niwwer" ist funktionaler, der deutsche Begriff „Fliege" allerdings poetischer. Was ein „Riwwer-Niwwer" mit einer (meistens nervenden) Fliege zu tun haben soll, das erschließt sich dem Verfasser dieses Beitrages nicht. Dennoch übersetzt die saarländische Sprache das deutsche Sprachbild „Fliege" biologisch gewagt in die saarländische Aussprache von „Mücke". Das Saarländische hat dadurch noch ein zweites Wort für das deutsche Wort Fliege: die „Mick". Als in den siebziger Jahren des vorigen Jahrhunderts der SPD-Politiker Peter Neuber als Oberbürgermeister von Neunkirchen seinen Antrittsbesuch auf dem Neunkirchener Fußballplatz Ellenfeld machte, da war er offensichtlich „overstylt". Er trug sein Markenzeichen: eine Fliege. Bereits am nächsten Tag hatte er seinen Spitznamen weg: Es war der „Micke-Pitt". Die Lokalausgabe der Saarbrücker Zeitung für Neunkirchen hatte da wohl etwas mitgeholfen. Peter Neuber kam übrigens von „driwwe" (Norddeutschland) und später ging er wieder „niwwer".

riwwerzus, rüber, jenseits meines/unseres Standorts, in jene Richtung. „Mir gehn riwwerzus zum Parkplatz." (Wir gehen rüber. Der Parkplatz ist dort.)

robbe, zupfen, reißen. Der Begriff „rupfen" ist im Deutschen bei der Gartenarbeit nicht mehr sehr gebräuchlich. Unkraut wird im Deutschen gejätet, im Saarländischen „geroppt". „Ich muss noch Unkraut robbe." (Ich muss noch Unkraut jäten.)

rollse, wälzen, fröhlich rangeln, herumtoben. Das alles machte man z. B. bei einer Kissenschlacht.

Rolltuwwak, Rolltabak. Die Bergleute kauten ihn als Priem, da sie unter Tage aus Sicherheitsgründen nicht rauchen durften. Manche marinierten ihn sogar in Schnaps. Hergestellt wurde der Rolles u. a. in St. Wendel.

rolze, raufen. Das Wort wurde auch benutzt für die allzu frühe Kontaktaufnahme mit Angehörigen des anderen Geschlechts.

Rolzer, jemand, der gerne rauft. Wird auch für einen kleinen Jungen benutzt, der außer Kontrolle geratene Sportarten mit Freunden und ähnliche Dinge durchführte. Man unterschied zwischen „Buwerolzer" (das waren die Mädchen) und „Mäderolzer" (das waren die Jungen).

Rondeewuu, Verabredung, Rendez-vous. Das Wort bezieht sich im Saarländischen allerdings (wie im Deutschen) nur auf sich eventuell anbahnende Liebesbeziehungen. Im Französischen heißt das Wort „Treffen" und hat somit eine weniger romantische Bedeutung. Man verabredet ein „Rendez-vous" auch mit dem Arzt, dem Notar oder dem Finanzamt.

Roodi, eine rote Rostbratwurst. Daneben gab es „e Weißi". Beide müssen gudd braun sein, aber auf keinen Fall schwarz.

Roschdwurschdbuud, saarländischer Schnellimbiss, kulinarischer Meeting-Point mit klassischem Sortiment: Roodi, Weißi, Cürri-Worschd (wahlweise rot oder weiß), Pommes (wahlweise mit Ketchup oder Mayo).

Rossele, Sammelbegriff für Kleinrosseln (= Petite Rosselle in Frankreich; ca. 7000 habitants) und Grossrosseln (im Saarland; ca. 9000 Einwohner). Beide Gemeinden liegen an der Grenze, die eine in Frankreich, die andere im Saarland.

Rosselsche, Rassel aus Holz, heute eher aus Plastik (wegen der Verletzungsgefahr und der geringeren Geräuschentwicklung).

Rotz, ein Wort, das nur wenige Saarländer ins Deutsche übersetzen können. Selbst in Deutschland hat man Schwierigkeiten damit. Die „offizielle" Sprachregelung lautet „Nasenschleim", ein unappetitliches Sekret, das sich im Inneren der Nase befindet und das von speziellen Drüsen gebildet wird.

Rotzaue, wässrige Augen (warum auch immer) mit (oder ohne) Verkrustungen, die aber, wenn man von der Konsistenz absieht, nichts mit dem Nasensekret zu tun haben.

Rotzfahne, eine satirisch-volkstümliche Fassung für das Taschentuch. Immerhin: Nicht in jeder Kultur wird zum Naseputzen ein Taschentuch benutzt. In Europa war das bis in die Neuzeit hinein nicht üblich. Wahrscheinlich haben die Araber das Taschentuch in Südeuropa eingeführt, und es verbreitete sich dann in Mitteleuropa. Für das Papiertaschentuch gibt es im Saarländischen keinen Begriff. Man sagt dazu – wie in vielen deutschsprachigen Regionen – ganz einfach „Tempo", unabhängig vom Produzenten (eine Parallele zu „Maggi von Knorr"). Mit der „Rotzfahne" bringt man zwei unterschiedliche Bedeutungsebenen zusammen: den dreckigen Rotz und das Staatsemblem Fahne. Dadurch entsteht Komik. Bitte beachten: Im Unterschied zu Fahnen sind die Flaggen ersetzbar. Sie werden in verschiedenen Größen und in hoher Stückzahl hergestellt, etwa zur Fußball-WM. Die Fahne ist höherwertig. Das gilt aber nicht unbedingt für die Zweitbedeutung des Wortes. Fahne ist auch das Wort für „nach Alkohol riechender Atemgeruch". Als „Alkoholfahne" kann sie sogar zum Himmel stinken, eine Tatsache, die eine theologische Interpretation nicht zulässt. Immerhin: Man kann beides gleichzeitig haben: eine Alkoholfahne und eine Rotzfahne (im Sinne von einem sehr häufig benutzten Taschentuch).

rotzfresch, sich ungebührlich und unanständig artikulieren. In diesem Kompositum steht das Wort „Rotz" für „sehr" oder „extrem", hat also nur indirekt mit dem Nasenschleim zu tun.

Rotzginkel. Eine Nase hat zwei Aufgaben: Sie befeuchtet die Atemluft und reinigt von Staub. Ein Teil des dünnflüssigen Nasensekrets wird über den Rachenraum entsorgt, ein anderer verfestigt sich durch das partielle Austrocknen in den Nasenlöchern. Es gibt drei Wege zur Lösung des Problems: 1. Nasebohren, 2. Schnäuzen in das Taschentuch und 3. die eher flüssige „Rotzginkel" mit allen Konsequenzen zu tolerieren. Das Wort „Ginkel" steht aber auch für eine „nicht-rotzende" Nase. Es kann Hochmut ausdrücken, wenn man die Nase zu hoch trägt.

Rotzkoffer, Schimpfwort für einen unhygienisch daherkommenden Mann. Der erste Teil des zusammengesetzten Wortes sagt eigentlich alles. „Koffer" ist ein Sprachfüllsel. Womit er aber gefüllt ist, das ist gleichgültig. Allzu viel sollte man nicht erwarten.

Rotzleffel, ein unsauberes Gerät für einen unsauberen, frechen Menschen. Das würde Sinn machen. Der Löffel könnte daran erinnern, wie es zugeht, wenn Kinder das Essen mit Protest, Geschrei, Blasen und Weinen verweigern. „Rotzleffel" ist aber nicht abgeleitet von dem Besteckteil „Löffel", sondern von „Laffe", von einem Halbwüchsigen, der noch nichts auf die Beine gestellt hat, der sich aber dennoch frech gegenüber Erwachsenen benimmt.

Rotznaas, eine triefende Nase, etwa bei einer Erkältung. Das Wort ist aber auch ein Schimpfwort für ein freches, vorlautes und unverschämtes „junges Ding".

Rotznaasbrems, ein Oberlippenbart, der verhindert, dass die flüssigen und festen Ergebnisse der Sekreterzeugung Opfer der Erdanziehung werden. Er fungiert sowohl als Rotzbremse und Popelfänger in einem.

Rubbelkaschde, Kastenschlitten, der aus einem durchgehenden Boden zum Drauflegen oder -sitzen gemacht war, im Gegensatz zu den gekauften, die ja aus Sprossen bestanden. Den Kastenschlitten haben meistens nur die Jungs benutzt, da er schwerer zu lenken war.

ruddele, rütteln, eifrig arbeiten. „Guck mool, wie der doo em Gaade ruddele duud." (Schau mal, wie eifrig dieser Mensch im Garten arbeitet.)

ruff, hinauf und herauf: „Komm ruff, de Heinz gebbd ähner aus!" (Komm zu uns herauf! Heinz hat einen Umtrunk organisiert.)

ruffer, keine Steigerung, sondern eine stärkere Betonung von „ruff". „Jetzt komm doch endlich ruffer!" (Kommst du jetzt endlich herauf!)

ruffzus, hinauf, wobei es sich bei der Endung „zus" vielleicht um eine Komprimierung von „zu uns" handeln könnte, vergleichbar mit „bei ihm" zu „beim".

rumackere, ebenso intensiv wie unsystematisch arbeiten, etwa im Keller, im Garten oder an der Baustelle. Geräuschentwicklungen müssen einkalkuliert werden.

rumbele, rumpeln, dumpfe Schüttelgeräusche erzeugen. „De Sepp rumbelt mit seinem Ziehwähnsche do hinne iwwer die Schdrooß."

(Josef zieht dort drüben seinen Handwagen mit Rumpelgeräuschen über die Straße.)

rumfuhrwerke, unstrukturiert arbeiten, ein Begriff, der wohl ursprünglich abgeleitet ist von dem „Fuhrwerk", dem sprachlichen Vorläufer des Wortes „Fahrzeug".

Rummel, Runkelrübe, Futterrübe (Plural: Rummele), Grundprodukt für Harzschmier. Im Deutschen: Kirmesplatz und (nicht-verzehrbarer) Menschenauflauf.

Rummelbootz, Vogelscheuche; auch: ausgehöhlte „Rummel", in die ein Gesicht geschnitzt wurde. Im Innern des „Rummelkopp" leuchtete eine Kerze. Diese aus folkloristischen Gründen in eine Kopfmaske umgearbeitete Runkelrübe hat man früher beim Martinszug getragen und später bei Halloween.

rump unn stump, zwei Lautmalereien in der Bedeutung von „restlos" und „alles". „Rump unn stump war das Zeisch weg." (Die Sachen waren plötzlich alle verschwunden.)

rumscharwenzele, saarländischer Ausdruck für „antichambrieren", im Sinne von: im Vorzimmer warten, abgeleitet von dem französischen Substantiv „l' antichambre" (= das Vorzimmer). Selbstverständlich kann man auch woanders rumscharwenzeln, z. B. draußen auf einem Platz oder auch im Garten. Auch dort kann man katzbuckeln und sich um die Gunst anderer bemühen.

runnermache, 1. stark regnen, 2. einen Menschen, eine Sache oder eine Handlung abwertend beurteilen, um ihn dadurch zu demütigen.

rutzebutz, sehr schnell, aber auch total, komplett. „Das Fass war rutzebutz leer." (Das Fass leerte sich äußert schnell.)

S wie Sackduch

Der Buchstabe „S"

hat in deutschen Texten eine durchschnittliche Häufigkeit von 7,3 %. Er ersetzt im Saarländischen in bestimmten Gesprächssituationen das „es", also die saarländische Fassung des neutralen Artikels „das". Der Buchstabe „s" wird mit einem Auslassungszeichen mit dem ihm folgenden Substantiv verbunden: „s' Maria, s' Kind, s' Auto.

saa mol!, sag einmal! Der Kommunikationspartner wird aufgefordert, sich zu äußern, was allerdings nicht automatisch dazu führt, dass man ihm anschließend zuhört. Die Wendung kann auch als Füllsel ohne Inhalt benutzt werden: „Saa mol, das kann doch gar net wohr sinn!" Die Wendung „Saa mol ähner Mensch!" steht für: „Da bin ich aber verblüfft." Dabei sollte man die saarländische Zahlenangabe „ähner" (= einer) nicht unbedingt wörtlich nehmen.

saa nur! Saarländische Kurzfassung von: „Das erstaunt mich aber sehr." Sehr beliebt war dieses Satzfragment bei dem berühmten Saarbrücker Karnevalsduo „De Ähn unn de Anner".

Saabricke, Saarbrücken, die Hauptstadt des Bundeslandes Saarland mit etwa 180 000 Einwohnern. Sie ist das Ballungszentrum des Saarlandes, mit Universität und Flughafen. Ein großer Teil der Stadtgrenze ist gleichzeitig Ländergrenze zwischen Deutschland und Frankreich.

Sääf, Seife. Erste Hinweise auf die Herstellung von Seifen gab es in Babylon, im heutigen Irak. Die Sumerer vermischten Pflanzenasche mit

Ölen, aber sie benutzten die Masse noch ausschließlich als Salbe bei Verletzungen. Die reinigende Wirkung dieser Seife stellten erst die Römer fest. Im Saarländischen wurde die Seife zur „Sääf". Das Endungs- „e" verschwand wohl aus sprachökonomischen Gründen. Eine Verbalisierung ist „ensääfe". Das machen Kinder und Jugendliche, wenn es schneit. Die Stärkeren „behandeln" die Schwächeren mit Schnee. Wird auch benutzt für „jemandem einen Bären aufbinden".

Sääl, Seil, wobei festzuhalten ist, dass der entsprechende französische Ausdruck „la ficelle" nicht etwa „Vieh-Seil" bedeutet.

Säälhuppse, Seilhüpfen, eine Tätigkeit von Kindern auf der Straße, in einer Zeit, in der es noch keinen so starken Straßenverkehr, kein Fernsehen und keine Handys gab.

Säälsche, ein kleines Seil und ein kleiner Saal (Nebenraum eines Lokals).

Saalui, Saarlouis, benannt nach Louis XIV. Die Stadt hieß in der Nazi-Zeit „Saarlautern". Die heutige Kreisstadt Saarlouis hat etwa 34 000 Einwohner. Aus Saarlouis stammte die Familie von Karl Marx. Sein Vater ist in Saarlouis geboren und aufgewachsen.

Säälwinn, Seilwinde, eine Vorrichtung, die dazu dient, mit einem Seil einen Gegenstand zu ziehen. Das Seil wird auf einer zylindrischen Trommel aufgewickelt, die durch Muskelkraft oder durch einen Motor angetrieben wird.

sääsche, vulgärer Ausdruck für urinieren, pinkeln. Ausscheiden des in der Harnblase angesammelten, von den Nieren kontinuierlich gebildeten Urins.

sääschwarm, von zu hoher Temperatur, warm wie frischer Urin (ca. 37 Grad). „Das Bier kannschde net saufe, das is jo sääschwarm." (Das Bier kann man wegen seiner hohen Temperatur nicht trinken.)

sääwele, unscharf abschneiden, etwa eine Scheibe Brot. Abgeleitet ist das Verb von dem Substantiv Säbel, der wohl als Kücheninstrument zu grob war.

Sääwer, Speichel, Sabber. Das, was zum Beispiel bei einem Kleinkind aus dem Mund herausläuft. Auch hier wird aus dem „ei" von „seibern" ein langgezogenes bzw. verdoppeltes „ä". Vielleicht ist das auch noch ein Wort aus dem Mittelalter. Erst im Frühneuhochdeutschen (1350–1650) begann man damit, auch einen Teil der Vokale durch Diphthonge zu ersetzen: „ei", „au" und „eu".

sääwere, den Speichel aus dem Mund laufen lassen. Das Wort ist verwandt mit „sabbern", das allerdings im nieder-, ost- und mittelhochdeutschen Sprachraum nicht nur die Bedeutung von „speicheln" hatte, sondern auch „beim Essen sudeln" und (sprachlich) „geifern". Während die deutsche Sprache nach dem „r" und vor dem „n" das „e" weglässt (wie bei wandern, oder auch das „l" bei handeln), verzichtet das Saarländische bei mehrsilbigen Wörtern oft auf das Schluss-„n". Auch „sabbeln" (saarländisch: „sabbele") ist damit verwandt.

Sääwerlätzje, Latz, der die Kleidung vor jenem Teil der Babynahrung schützt, die nicht den direkten Weg in den Mund findet, sei es durch das Ungeschick des fütternden Menschen oder durch Abwehrreaktionen des Kleinkindes.

Sack haue, Teil der Redewendung „in den Sack hauen". Bedeutung: aufhören, vor allem an einer bestimmten Arbeitsstelle. Man will nicht mehr, man kann nicht mehr, man sucht das Weite.

Sack Zement! Ein saarländischer Fluch. Ausgangspunkt ist der christliche Begriff „Sakrament". Aus Sicht der katholischen Theologie sind Sakramente nichts anderes als Rituale, die als sichtbare Handlungen eine unsichtbare Wirklichkeit Gottes bewirken. Seit dem 13. Jahrhundert gibt es davon insgesamt sieben: Taufe, Firmung, Eucharistie, Buße, Krankensalbung, Sakrament der Weihe in den drei Stufen der Diakon-, Priester- und Bischofsweihe, Ehe. Den heiligen Oberbegriff Sakrament darf man selbstverständlich nicht für alltägliches Fluchen benutzen. Also verändert man ihn ins Alltägliche, und da bietet sich ein Begriff an, der so ähnlich klingt.

Sackaawet, wörtlich: Sackarbeit, Taschenarbeit. Gemeint ist die Arbeit, die man neben der hauptberuflichen Arbeit als zusätzliche Einnahmequelle betrieb. Im Arbeitermilieu wurde der Erlös der „Sackaawet" oft vor der eigenen Ehefrau und dem Finanzamt verheimlicht.

Sackduch, Taschentuch. Als Sack bezeichnet man im Altsaarländischen die Hosentasche, folglich ist das Tuch, welches man überwiegend zum Naseschnäuzen benutzt, das „Sackduch".

Säckel, Verkleinerungsform von „Sack", ein beliebtes, harmloses Schimpfwort: „Kommt do so e Säckel unn sahd, ich sollt mei Auto aus meiner Ausfahrt rausfahre!" (Ein seltsamer Zeitgenosse verlangte von mir die Entfernung meines eigenen Wagens aus meiner Ausfahrt.)

Sackgeld, Taschengeld. In der Soziologie ein wichtiger Indikator, um Arbeiterfamilien von bürgerlichen Familien zu unterscheiden. In Arbeiterfamilien gab der Mann das Geld der Ehefrau und erhielt von ihr ein Taschengeld. In den bürgerlichen Familien gab der Mann der Frau das Haushaltsgeld. Über den Rest verfügte er eigenständig. Mittlerweile soll sich das ein wenig differenziert haben. Die Bezeichnung „Sackgeld" entsteht ganz einfach dadurch, dass die „Hosentasche" im Saarland ein „Hosensack" (oder auch „Buxesack") ist. Im Saarland gibt es aber auch noch eine Nebenbedeutung von „Sackgeld": Es ist das neben der Arbeit „schwarz" verdiente Geld.

Sackhuppse, Kinderspiel. Man musste in einen Kartoffelsack „einsteigen" und sich springend nach vorne bewegen. Oft fand dieses Spiel in Verbindung mit „Eierlaafe" statt. Die Läufer hatten beim

Laufen ein rohes Ei auf einem Suppenlöffel zu transportieren. Die Ankündigung beider Lustbarkeiten als „Sackhuppse unn Eierlaafe" soll schon bei manchen Zeitgenossen zu Missverständnissen geführt haben.

Sackmesser, Taschenmesser, ein Messer, dessen Klinge man in das Messer hineinklappen kann. So lässt es sich einfacher transportieren. Das bekannteste ist das Schweizer Offiziersmesser, das mehrere Kleinwerkzeuge enthält. Durch seine Größe ist es sehr gut in der Hosentasche zu transportieren.

Sackneescher, wörtlich: „Sackneger". Rassistisches Schimpfwort aus der Kolonialzeit. Der Farbige, der im Hafen die Säcke schleppen musste, galt als besonders minderwertig.

Sackseffer, wörtlich: Sacksäufer, Flachmann, also eine kleine, flache Flasche mit einer leichten Wölbung. Als „Taschenflaschen" kamen sie im 18. Jahrhundert beim englischen Landadel auf. Sie waren die „Mini-Fassungen" für die größeren Feldflaschen, die allerdings einem ähnlichen Zweck dienten. Mit seinem Fassungsvermögen von ca. 200 ml kann der Flachmann unauffällig in einer Jackentasche untergebracht werden. Fast immer ist er gefüllt mit Hochprozentigem. Sehr beliebt ist er bei Volkswanderungen, bei Ausflügen am Vatertag oder bei Golfrunden. Der kleine Schluck zwischendurch schafft oder verstärkt den Kontakt mit den Freunden, hat also eine wichtige soziale Funktion. Die Standardausführung ist aus Edelstahl. Beliebt sind aber auch Flachmänner aus Glas, mit oder ohne Lederumhüllung. In jedem Fall haben sie einen flachen, meist gebogenen Flaschenkörper mit abgerundeten Ecken. Beim klassischen Flachmann hat der zweite Deckel die Funktion eines Schnapsglases. Sehr beliebt sind auch Flachmänner mit mehr oder weniger witzigen Aufschriften. Das Wort „Flachmann" hat im Saarland auch die Nebenbedeutung eines Schimpfwortes – etwa für einen Mann, der nur „flaches Zeug" von sich gibt (IQ unter 60 Pommes frites). Die Herkunft des Wortes „Sackseffer" ist eindeutig: Man trinkt etwas aus einem Behältnis, das sich vorher „im Sack" befand. Wichtig dabei: Der Mensch ist ein „Sackseffer" und die Flasche heißt auch so.

Sackuhr, Taschenuhr. Sie hing an einer Kette und hatte meistens ihren Platz in einer kleinen Tasche im Gilet. Frauen hatten keine. Dem männlichen Träger vermittelte die Sackuhr, in Verbindung mit einem leichten Bauchansatz, ein konservativ-bürgerliches Outfit.

Saftlade, kleines Geschäft, ein Tante-Emma-Lädchen, allerdings immer abwertend. Das Wort wird mittlerweile auch benutzt für einen Laden, in dem man frische Säfte kaufen kann.

Saldo, im Saarländischen ein einziges Wort für zwei Begriffe, wovon einer der Finanzwelt zugeordnet ist, der andere dem Bodenturnen. Im Deutschen unterscheidet man zwischen dem „Saldo" und dem „Salto".

Salong, Salon, vornehmes Wohnzimmer, abgeleitet von dem französischen Substantiv „le salon", womit man in Frankreich allerdings auch das normale Wohnzimmer bezeichnet.

Salwe, deutsch: Salbe, saarländische Schreibweise eines römischen Grußes und des Plurals eines pharmazeutischen Produktes.

Salzwassergrumbeere, die neben „Kerschdscher" (Bratkartoffeln) wohl am häufigsten servierten Kartoffeln. Das deutsche Wort dafür heißt „Salzkartoffeln".

samermol, sagen wir einmal, angenommen, die Ankündigung einer Aussage, die doch sehr im vagen Bereich liegt: „Samermol, de FC wär in de Bundesliga..." (Angenommen, der 1. FC Saarbrücken wäre in der Bundesliga.)

Sammed, altsaarländische Aussprache von „Samt". Das Saarländische mag die Einsilbigkeit in der Sprache nicht. Deshalb macht sie auch aus dem „Hemd" ein „Hemmed" und aus der „Milch" die „Millisch".

Sandkaul, Sandgrube, ein Ort, an dem Sand als Rohstoff für Baumaßnahmen abgebaut wurde, in erster Linie für die Herstellung von Beton (saarländisch: „Bedong") und Mörtel (saarländisch: „Speis"). Quarzreicher Sand ist auch ein Rohstoff für die Herstellung von Zement.

Sangehann, St. Johann. Der Saarbrücker Stadtteil ist seit Mitte des 19. Jahrhunderts durch den Bau des Bahnhofs in St. Johann das Stadtzentrum der heutigen saarländischen Landeshauptstadt. St. Johann hat etwa 30 000 Einwohner. Der frühere Spitzname der Einwohner war „Schbrääwe", das altsaarländische Wort für „Raben". Er bezog sich auf die typische schwarze Festkleidung der Bürger.

Sankt Urin, Schiffweiler, eine saarländische Gemeinde etwa 20 km nördlich von Saarbrücken. Sie liegt im Landkreis Neunkirchen und hat fast 16 000 Einwohner. Der „Uzname" entstand durch den Wortteil „Schiff" im Gemeindenamen, der als Verb so viel bedeutet wie „urinieren". Der Vorsatz „Sankt" tut ein weiteres, indem er einen großen Kontrast schafft zwischen beiden Wörtern, wodurch sich die Sprachkomik noch verstärkt.

Sankt Wennel, St. Wendel, Kreisstadt des gleichnamigen Landkreises im Nordosten des Saarlandes. Benannt ist sie nach dem heiligen Wendelin, der im 6. Jahrhundert in der Saarregion missionierte. Aus St. Wendel stammte Lenchen Demuth (1820–1890), die Haushälterin und (zeitweise) Geliebte von Karl Marx. In St. Wendel regierte Herzogin Louise von 1824 bis 1831, die Schwiegermutter von Queen Victoria.

Santiem, saarländische Aussprache von „le centime", wird in Frankreich heute noch benutzt für „Cent".

S

Särkower, Viez aus den Äpfeln des Saargaues. Diese wachsen oft an den Ost- und Nordhängen. Deshalb ist der „Särkower" besonders säurehaltig.

Saubeidel, Schimpfwort aus dem bäuerlichen Bereich. Die Sau und der Beutel (Sack) galten als besonders schmutzig. Der „Saubeidel" ist also ein Schmutzfink im Quadrat, was sich auf Hygiene und – im übertragenen Sinn – auf die Moral beziehen kann.

Sauboll, ein extrem rustikaler und stabiler Schöpflöffel, mit dem man gekochtes Schweinefutter aus dem Futterkessel rausholt. Das Gerät wurde vor allem bekannt durch die Redewendung „mit de Sauboll rinnschlahn". Das macht man vor allem, wenn bei den vorangegangenen Auseinandersetzungen die verbale Kommunikation an ihre Grenzen gestoßen ist und man auf diese Form der negativen Sanktion angewiesen war.

Saufe, Viehfutter, Bestandteil der Redewendung „De Wutz ihr Saufe aach noch!" (Du würdest wohl auch noch das Futter für die Schweine essen.) Die Herkunft von „saufen" in dieser Redewendung begründet sich damit, dass man „trinken" bei Tieren auch als „saufen" bezeichnet, obwohl sie normalerweise keinen Alkohol trinken.

Sauflabbe, ein Mensch mit einer vernichtenden Grundeinstellung zu alkoholischen Getränken aller Art. „Labbe" und „Lumbe" wurden generell abwertend benutzt.

Saufnas, ein trinkfester Zeitgenosse, ein Mensch mit starkem Alkoholkonsum, dessen Nase bereits eine rötliche Färbung aufweist.

Sausack, Kombination von zwei beliebten Schimpfwörtern, die in keinem logischen Zusammenhang stehen, dafür aber den Gesetzen des Stabreimes folgen.

Sauzahn, kurze, irdene Pfeife. Sie hatte, was das Aussehen angeht, zwei hervorstechende Merkmale: Sie war klein (wie ein Zahn) und wirkte stabil (wie eine Sau).

Schääd, Scheidt, ein Teil des Stadtbezirks Dudweiler, der zur saarländischen Landeshauptstadt Saarbrücken gehört. In unmittelbarer Nachbarschaft befindet sich die Universität des Saarlandes.

Schaaf, nicht etwa die saarländische Aussprache für „Schaf". Diese lautet „Schoof". Hier geht es um einen altsaarländischen Ausdruck für „Schaft", der aus dem Rheinischen stammt. Dort waren früher „Schaft", „Schaff" und auch „Schaaf" Begriffe für einen „Schrank". Das Wort wurde im Rheinland aber auch für eine Schublade benutzt. An der Saar hieß nur der Schrank „Schaaf".

Schaag, altsaarländisch für Krähe und Rabe. Beide Vogelarten gehören zur Familie der Rabenvögel. Die größeren werden als „Raben", die kleineren als „Krähen" bezeichnet. Eine biologische Unterscheidung gibt es jedoch nicht. Die Krähen sind auch Namensgeber für einen typischen Vogellaut, den auch Hähne von sich geben. Von Christian Morgenstern stammt das Gedicht „Der Rabe Ralf", von den Brüder Grimm das Märchen „Die Krähen", und Wilhelm Busch hat eine Bilder- und Verserzählung über Hans Huckebein, den Unglücksraben, geschrieben: „Hier sieht man Fritz, den muntern Knaben,/Nebst Huckebein, dem jungen Raben./Und dieser Fritz, wie alle Knaben,/Will einen Raben gerne haben."

schääl, schielend, er/sie/ääs schielt. Einige Regionalsprachen, u. a. das Saarländische, kennen, im Unterschied zum Deutschen, das Adjektiv für einen Menschen, der an einer Muskelschwäche der Augenmuskeln leidet. Diese drückt sich in einer Fehlstellung beider Augen zueinander aus. Die Anlage zum Schielen ist vererbbar. In Deutschland sind etwa vier Millionen Menschen von einem krankhaften Schielen betroffen. Schielen galt früher, wie auch andere Behinderungen (Stottern, Hinken usw.), als eine nicht enden wollende Quelle der Komik. Bekannte Beispiele dafür sind die beiden kölschen Originale „Tünnes" und „Schäl".

Schaales, saarländisches Kartoffelgericht, das oft verwechselt wird mit „Dibbelabbes". Bei der Herstellung des „Schaales" wird geriebene Kartoffelmasse ständig gerührt, bis sie fast ausschließlich aus Kruste (= Schale) besteht. Der Dibbelabbes ist ein Auflauf. Die Frage nach dem Unterschied „Schaales" und „Dibbelabbes" eignet sich bei Saarländern hervorragend als „Kommunikationsbeschleuniger". Die Diskussion beginnt sofort, man kann sich aus der Gruppe „verdrücken" und irgendwann nochmal zurückkommen. Dann ist das Problem immer noch nicht geklärt. Ein Zeichen dafür, dass es regionale und vielleicht sogar familiäre Unterschiede gibt.

Schäälribbscher, Schälrippchen, Bauchrippe oder Leiterchen, saarländische Spareribs, wobei man bei den klassischen Spareribs das obere, fleischarme Drittel des Schweinebauchs benutzt. Bisweilen werden statt der Schälrippchen auch die zarteren, fleischigeren und kürzeren Babybackribs (Kotelettrippchen) verwendet. In den USA sind Spareribs traditioneller Bestandteil des Barbecue. In Südfrankreich isst man „coustellous". Sie werden mit Rosmarin und Knoblauch gespickt und mit grobem Meersalz und schwarzem Pfeffer gewürzt. In der klassischen saarländischen Küche dienten sie vor allem als „Soßenmacher".

Schäär, Schere. Die Unterschiede zwischen der deutschen und der saarländischen Sprache sind offensichtlich und typisch. Das erste „e" wird zum doppelten „ä", also: „ää". Das zweite „e" am Ende verschwindet im Niemandsland der Sprache. Wenn man beide Wörter nacheinander ausspricht, merkt man sofort den Grund: Die Aussprache von Schäär ist für uns Saarländer einfacher. Man muss die Lippen weniger bewegen.

schääre, scheren, wird für Tiere benutzt (Schafe, Hunde), aber auch ironisch für menschliche Wesen, allerdings nur unter Männern. „De Herbert geht sich am Freidaach schääre losse." (Herbert geht am Freitag zum Friseur.)

Schääreschleifer, Scherenschleifer, Name für mobile Dienstleister, die noch bis in die 1950er Jahre von Haus zu Haus zogen, vor allem um Messer unterschiedlicher Größen zu schleifen. Ihr Sozialprestige war – wie bei fast allen Wanderarbeitern – nicht allzu hoch. Von daher bot sich die Berufsbezeichnung auch als Schimpfwort an.

Schaff, ironisch für Arbeit. „Ich gehn of die Schaff." (Ich gehe zur Arbeit.) Das Wort „Schaff" ist das Ergebnis eines selbstironischen Umgangs mit der eigenen Sprache. Das Verb „arbeiten" wird als Substantiv zu „Arbeit". Wenn wir diese Form der Veränderung auf das Verb „schaffen" übertragen (einfach nur „en" am Schluss weglassen und den Anfangsbuchstaben großschreiben) dann entsteht das Substantiv „Schaff".

Schaffbux, Arbeitshose, Blaumann. „Die Schaffbux is net dreckisch. Die kannschde noch ahnzieje." (Die Arbeitshose befindet sich in einem sauberen Zustand.)

schaffe, arbeiten. Das Wort „schaffe" gibt es auch im Deutschen, allerdings mit einem „n" am Schluss. Der Gebrauch des Wortes ist da aber eingegrenzt: „schaffen" bedeutet „arbeiten mit einem hohen Sozialprestige". Der liebe Gott hat die Welt erschaffen (und nicht erarbeitet), und ein Bildhauer hat ein großes Werk geschaffen. Alle anderen Menschen arbeiten. Im Deutschen. Im Saarländischen unterstellen wir jeder Arbeit Kreativität und hohe Bedeutung. Bei uns schaffen alle. Und sie schaffen selten an etwas, sie schaffen meistens auf etwas. „De Opa hat of de Grub geschafft, de Harry of de Hitt unn de Schorsch of de Regierung" (nicht als Dachdecker der Staatskanzlei, sondern als Hausmeister im Keller). Eigentlich gibt es nur eine einzige Tätigkeit, bei der die Saarländer nicht „of" etwas schaffen, sondern an etwas. Wenn man sagt: „Der schafft an der

S

Pangsjonierung." – Das Wort „schaffe" ist auch Bestandteil vieler Redewendungen: „Schaff net so viel!" (ein beliebter Abschiedsgruß), „Geschafft hann mir schnell" (wenn anschließend gefeiert wird) und „So macht schaffe Spaß" (nach getaner Arbeit beim Verzehr von Schwenkbraten und Flaschenbier).

Schaffklääder, Arbeitskleidung, entweder Blaumann oder alte, abgetragene Alltagskleidung. Sie bekommen meistens eine Sonderbehandlung beim Waschen.

Schaffschuhversteckeler, ein Arbeiter, der gerne ein höheres Sozialprestige hätte und deshalb die Arbeitsschuhe als Beweismittel für seine soziale Herkunft versteckt.

Schaffstrolle, abwertendes Schimpfwort für einen Arbeiter. Der Wortteil „strolle" bezeichnet das meistens wohlgeformte Resultat eines Verdauungsvorganges. In dem Wort „Schaffstrolle" hat der zweite Teil des Wortes die Funktion, der körperlichen Arbeit ein unappetitliches Flair zu geben. Damit will man den sozialen Status einer Person herabsetzen.

Schäftsche, Verkleinerungsform von „Schaaf". „Die Schuh stehn offem Schäftsche." (Die Schuhe befinden sich auf dem Schränkchen.)

Schammas, minderwertige Ware. „Das war zwar billisch, awwer mit dem Schammas kann ich nix ahnfange." (Preiswert war das schon, aber diese minderwertige Ware kann ich dennoch nicht gebrauchen.) Herkunft aus dem Rotwelschen.

schammeriere, beschädigen, mit Macken versehen. „Die duhn mir es ganze Auto verschammeriere." (Sie sind dabei, mein Auto total zu beschädigen.)

Schandarm, kein Darm, der einem Schande bereitet, sondern ein Polizist mit der Berufsbezeichnung „Gendarm". Das Wort kommt aus dem Französischen. „Les gens d'armes" heißt wörtlich: „die Waffenleute". Die nicht zentral stationierten Polizisten im Saarstaat hießen „Gendarmen". Es gab sie in den fünfziger Jahren auch im Saarland, vom 17. Dezember 1949 bis zum 31. Dezember 1956.

Schandarmerie, saarländische Aussprache von „Gendarmerie". Vor der Französischen Revolution war sie ein rein militärischer Verband. Noch heute untersteht sie in Frankreich dem Verteidigungsministerium.

Schang, saarländische Aussprache des populären französischen Vornamens „Jean", eine von mehreren Varianten des Vornamens „Johannes".

Schängelsche, Verkleinerungsform der saarländischen Aussprache von „Jean". Das französische Diminutiv von „Jean" lautet „Jeannot". Das deutsche Märchen „Hänsel und Gretel" trägt im Französischen den Titel „Jeannot et Margot".

Schangse, von „la chance", einer der drei französischen Ausdrücke für „Glück", neben „le bonheure" und „la fortune". – „Chance" deutet eher eine Möglichkeit an, etwas Schönes zu erleben, „le bonheure" eine schöne Situation, etwa mit Freunden und „la fortune" den finanziellen Aspekt des Glücks, bei der Erbschaft, im Spielcasino oder an der Börse.

Schank, altsaarländische Fassung von Schrank, definiert als ein verschließbares Möbelstück. Vorgänger war die aufrecht gestellte Truhe. Man stapelte zwei aufeinander.

Schänkelsche, kleiner Schrank, wobei auch „Schänkelsche" als Verkleinerungsform von „Schank" konsequenterweise kein „r" enthält.

schänne, schimpfen, jemanden aggressiv und beleidigend mit Worten „schänden". Wahrscheinlich stammt das Verb „schänne" aus der gleichen Wortfamilie wie „Schande".

schärre, saarländisch für „scharren", mit Händen, Füßen und/oder einem Hilfsmittel irgendetwas über eine wie immer geartete Oberfläche von A nach B (oder umgekehrt) bewegen, eine Handlung, die auch mit einem Geräusch verbunden ist. Zweitbedeutung: jemandem eine Backpfeife geben.

scharrere, schachern, unlauteres, hartnäckiges Streben nach größtmöglichem finanziellem Vorteil. Das Wort wurde im 17. Jahrhundert aus dem Rotwelschen entlehnt. „Und den Herrschenden wandt'ich den Rücken, als ich sah, was sie jetzt Herrschen nennen: schachern und markten um Macht – mit dem Gesindel!" (Zitat von Friedrich Wilhelm Nietzsche in „Also sprach Zarathustra").

schasse, fortjagen, von dem französischen Verb „chasser" = jagen. Das Wort wird im Saarland allerdings nur im übertragenen Sinn benutzt und nicht für Aktivitäten in den (nicht-ewigen) Jagdgründen. „Dem sei Fraa hat ne geschasst" (seine Ehegattin hat die Ehe aufgelöst). Im Saarland ist auch die folgende deutsch-französische Redewendung bekannt: „Schang, Schass emol de Gickel aus em Jardeng. Der fresst mir es ganze Leeschimm." (Johannes, jage doch mal den Hahn aus dem Garten, damit er mir nicht das ganze Gemüse frisst.)

Schassiebel, eine dreiviertel lange Jacke ohne Ärmel (meistens für Frauen). Das Wort ist abgeleitet von „le chasuble". Das ist die französische Bezeichnung für ein Messgewand.

Schatzibobbes, saarländisches Kosewort, eine kuriose Kombination. Man merkt das spätestens, wenn man Alternativbegriffe für die beiden Bestandteile des Wortes sucht. Dann kommen ganz unmögliche Dinge raus wie „kleiner Vermögenshintern" und ähnlicher

Unsinn. In Wirklichkeit handelt es sich um die Kombination der Verkleinerungsform eines sehr geläufigen Kosewortes (Schatzi) mit einem Kinderwort für einen wichtigen Körperteil (Bobbes).

Schauer. Hier ist nicht der kurze, kräftige Regenguss gemeint, sondern die „Scheuer", deutsch: Scheune, auf einem Bauernhof. Im nördlichen Saarland gebräuchlich.

schawensele, jemanden umgarnen, den Hof machen, sich anschmeicheln, schön reden, mit Körperflirt umgarnen, körperlich antichambrieren, das alles, um irgendeinen Vorteil zu erheischen.

scheele, schälen, pellen, eine Arbeit für die Küche, die man schon mal an andere delegiert. Man schält vor allem „Grumbeere" (Kartoffeln) und „Gellerriewe" (Karotten). Man geht auch Äpfeln und Birnen „an die Pelle".

Scheele, Schalen. Bei Äpfeln und Birnen musste man sie mitessen, denn sie seien das Beste. Das ist heute durch diverse Spritzmittel-Einsätze nicht mehr so empfehlenswert. „Grumbeerscheele" (Kartoffelschalen) wurden früher nicht kompostiert. Sie kamen ins „Saufe" (Tierfutter) für die Schweine.

Scheelepanz, jemand, der in Notzeiten durch häufigen Verzehr von minderwertigen Lebensmitteln (hier als Beispiel: „Scheele") einen „Panz" (= Bauch) bekommen hat.

Scheene, zentrales Wort in der Redewendung „de Scheene mache" = sich zum eigenen Vorteil verstellen. „Häddsch ne mol vorhin siehn solle, jetzt mach der widder de Scheene!"

Scheerhooge, Schürhaken, durfte in früheren Zeiten im Saarland in keinem Haushalt fehlen, vor allem nicht bei den Bergleuten. Sie hatten „Debudaadkohle" kostenlos von der Grube bekommen, und selbst im Sommer heizte man den Küchenherd. Dafür braucht man den „Scheerhooge".

Schees, etwas älteres, veraltetes Gefährt (Auto, Wagen, Kutsche), saarfranzösischer Begriff, der sich ableitet von „la chaise" = der Stuhl.

scheese, ausgehen, bummeln gehen, oft unter dem Vorwand des Einkaufens, Nachschauens oder Umtauschens. Spezialität vor allem von Frauen.

Scheesegaul, Kutschpferd, ein Pferd, dessen Aufgabe darin bestand, mittels einer Kutsche bestimmte Waren oder Menschen dorthin zu bringen, wo sie hin sollten und wollten. Der Kutscher „auf dem Bock" ersetzte mit seiner Peitsche das Navi.

Scheeselong, Sofa, aus dem Französischen, la chaiselongue = Liegestuhl. Im Saarland gab es mangels Zierrasen auch „Scheeselongs" in der Küche.

Scheesewähnsche, französisch-deutsche Wortschöpfung für einen Kinderwagen. „Schees" ist die saarländische Aussprache von „la chaise" (= Stuhl) und „Wähnsche" ist die Verkleinerungsform von „Wagen". Die einfachste Ausführung war wohl nichts anderes als ein Stuhl mit Rädern, ein Art Rollstuhl für Kinder. Das Wort „Scheesewähnsche" gehört zum passiven Wortschatz vieler Saarländer, wird aber aktiv nur noch selten gebraucht. Es musste dem „Kinnerwaan" weichen. „Es Veronika hat ebbes Kläänes. Ledschd Woch hann ichs mit me Scheesewähnsche gesiehn."

Scheid, dreifache Bedeutung im Saarländischen: 1. Stück Brennholz, 2. Vagina und 3. Saarbrücker Stadtteil (sprich: Schääd).

Scheier, Scheune. Das Wort „Scheier" wird als Metapher in einer beliebten saarländischen Redewendung benutzt. Sie setzt sich mit dem Thema „Sex im Alter" auseinander: „Wenn e ald Scheier brennt ...". Scheier ist weiblich.

Scheinedrescher, landwirtschaftlicher Saisonarbeiter, der sein Metier in Scheunen ausübte. Offensichtlich hatten die „Scheinedrescher" einen solchen Kalorienverbrauch, dass sie diesen mit überdurchschnittlicher Nahrungszufuhr kompensierten. Ihr Essverhalten wurde sprichwörtlich, und ihre Berufsbezeichnung wanderte in die saarländische Mundart: Sie fraßen „wie die Scheinedrescher".

scheins, anscheinend, dem Anschein nach. „Die Nober hann scheins ze vill Geld." (Die Nachbarn sind finanziell zu gut ausgestattet.)

Scheissbriehfahrer, saarländisches pejoratives Ulkwort für „Preisschifahrer". Solche Silbenverdrehungen gibt es im saarländischen Volkshumor öfter, z. B. „Volksschulhochkurs". In diesem Fall eine Wortschöpfung des Autors.

Schell, Schelle, altsaarländischer Begriff für Türklingel. Meistens hatte man eine kleine, einfache Glocke über oder neben der Tür hängen. Die Alternative dazu: überhaupt nichts. Man musste rufen oder klopfen.

schelle, 1. an der Haustüre klingeln. „Schell emol! Die missde dehemm sinn." (Klingel mal! Die müssten da sein.) 2. schimpfen, abgeleitet von dem veralteten deutschen Verb „schelten". „Net schelle, der hat das net extra gemacht." (Nicht schimpfen, das war nicht seine Absicht.)

Schellemann, früher: öffentlicher Ausrufer in einer Gemeinde. Er läutete mehrmals die Glocke und schrie dann Verlautbarungen durch die Straßen, kündigte neue Gebühren an, erinnerte an Vorschriften und geplante Veranstaltungen.

S

Schemisett, ein „Vorhemd" oder auch „Hemdbrust" an „Frackhemden", abgeleitet von dem französischen Wort „la chemisette", ein Kleidungsstück, das bereits im 19. Jahrhundert zwischen Weste und Hemd getragen wurde. Es bestand aus einem mit Stoff überzogenen Karton. Auf dem Rücken wurde es mit Schnüren zusammengebunden.

Schemisettsche, im Saarländischen eine geläufige Verkleinerungsform. Meistens passt es nicht mehr, wegen der Mode und der Figur.

schepp, schief, schräg. Wenn das „Scheppe" gewollt ist, dann spricht man von „schrääsch" (schräg). Die Arbeitswelt im Saarland hat die Integration des Wortes „schief" nicht zugelassen. Was Mut macht: Im Saarland kann man sich auch „schepp" lachen.

scheppe, schaufeln. Das macht man mit einer „Schipp". Mit der aber kann man „scheppe", aber auch „schippe". Letzteres Wort benutzten kritische Arbeiter, um den Militarismus der Kaiserzeit aus proletarischer Sicht sprachlich anzugreifen. Aus dem „Hipp-Hipp-Hurra" machten sie „Schipp-Schipp-Hurra".

scheppere, einen großen, zumeist blechernen Lärm verursachen. „Wie de Schorsch gejes Garaschedoor gefahr is, do hats vielleicht gescheppert." (Als Schorsch gegen das Garagentor fuhr, da verursachte er einen großen Lärm.)

Scheppleffel, Schöpflöffel. Die Präsenz von zwei vornehmen „ö" in einem Wort machen seine Aussprache im Deutschen für Saarländer schier unmöglich. Der „Scheppleffel" ist ein unverzichtbares Küchengerät, vor allem, wenn es um große Mengen geht, etwa beim Feuerwehrfest oder Kirchenbasar.

Scherm, Schirm, ein (leider) alltäglicher Gebrauchsgegenstand, der zudem noch nicht einmal in der Lage ist, das schlechte Wetter zu vertreiben. Wenn es regnet, dann sagt man „i" (im Sinne von

„igitt"). Früher gab es noch Schirmmacher. Heute kommen 98% der Schirme aus China.

Scherwel, Scherbe. Fast alle Fensterscheiben und Trinkgläser sind lichtdurchlässige Silikatgläser. Sie bestehen in erster Linie aus Siliciumdioxid. Weil Glück und Glas sehr leicht brechen, gibt es auch Scherben, saarländisch: „Scherwele". Wem wir das „l" am Ende des Wortes zu verdanken haben, das weiß man (noch) nicht. Fest steht: Im Haushalt sind sie meistens das Ergebnis einer Unachtsamkeit. Das Wort wird auch als Schimpfwort benutzt für eine alte Frau: „Aldi Scherwel".

scherwele, jemandem eine runterhauen, eine Backpfeife geben: „Ich duhn dir gleich ähni scherwele." (Ich verabreiche dir in Bälde eine Backpfeife.) Am nächsten Tag benutzt man Futur II, um Vergangenes zu verstärken: „Dem werr ich awwer mol ähni gescherwelt hann." (Ich habe ihm eine runtergehauen.)

Scherz, Schürze und Spaß. Der Gebrauch dieses saarländischen Begriffes kann leicht zu Missverständnissen führen. Fragt etwa eine Frau in einem Kaufhaus nach „Scherze", dann gibt es zwei Möglichkeiten: Die Verkäuferin schickt die Kundin entweder in die Buchoder in die Textilabteilung. Durch die Übersetzung ins Saarländische ist eine Homonymie entstanden. Ein einziges Wort deckt zwei oder mehrere Dinge ab, die nichts miteinander zu tun haben.

Schichtebrot, das belegte Brot, das Leute, die noch mit den Händen arbeiten, mit zur „Schicht" nehmen. Gegessen wird es bei „Halbschicht".

Schichteklopper, ein Arbeiter, z.B. im Bergbau, der mehr als „eine Schicht" arbeitet, um mehr Geld zu verdienen.

Schick, hat nichts mit Mode zu tun, sondern mit dem Bergbau. Wegen des strikten Rauchverbotes unter Tage (in der Grube) deckten viele Bergleute ihren Nikotinbedarf mit Kautabak. Es gibt ihn in Rollen, Stangen, Streifen, Würfeln oder Platten. Er eignet sich weder zum Rauchen, noch zum Schnupfen. Es gab auch Bergleute, die haben ihn in „Priemscher" geschnitten und in Schnaps „mariniert". Schmeckt grauenhaft!

schicke, schicken, ein Wort mit vielfältiger Bedeutung, wobei es auch Unterschiede zwischen dem Deutschen und dem Saarländischen gibt. In beiden Sprachen hat es die Bedeutung von „senden". Man (ver)schickt vor allem Briefe und Pakete. Im Deutschen gibt es noch das abgeleitete Adjektiv „schicklich", wenn sich eine Handlung „schickt". Sagt man aber im Saarland „Das schickt sich net" (reflexiv), dann denkt man an einen Menschen; in diesem Fall etwa an ein Mädchen, das den Anordnungen der Mutter nicht folgt. „Ungeschickt" wird im Saarländischen eher mit „toopisch" übersetzt. Noch eine saarländische Nebenbedeutung für „schicke": Kautabak kauen, priemen.

Schickelscher, ein saarländischer Plural (in der Verkleinerungsform) des deutschen Wortes „Schuh". Redewendung: „Parisser Schickelscher unn Kellerdaler Fieß."

Schicks, ursprünglich ein Judenmädchen, wird aber auch für eine „schicke" Frau benutzt. Der Begriff ist manchmal auch etwas abwertend. Er unterstellt, dass die „Schicks" viele Männerbekanntschaften hat, also fast schon eine Prostituierte, zumindest verhält sie sich so ähnlich.

Schiehscher, Schühchen, Plural von Schuh (Verkleinerungsform). Interessant die Umwandlung des „u" in ein „ieh" beim Übergang vom Deutschen ins Saarländische (allerdings nur, wenn gleichzeitig eine Umwandlung von Singular auf Plural stattfindet). Aus „Schuh" wird „Schieh", aus „Kuh" wird „Kieh".

Schießbudenfigur, das Outfit eines Beschäftigten oder Inhabers eines Kirmesunternehmens, dessen Geschäftsfeld darin besteht, Kirmesbesuchern Gewehre zur Verfügung zu stellen, mit denen diese innerhalb eines dafür vorgesehenen Standes gegen Entgelt auf Zielscheiben, weiße Plastikröhrchen und dgl. schießen dürfen und bei entsprechendem, vorher genau definiertem Erfolg, Preise gewinnen können, etwa Teddybären, Plastikblumen, Lebkuchenherzen usw., die sich – für den Schützen sichtbar – in der Schießbude befinden. – So, oder so ähnlich, dürfte die Beschreibung in Behördendeutsch lauten ... Das niedrige gesellschaftliche Ansehen dieser Berufssparte drückte sich wohl in der Vergangenheit in der äußeren Erscheinung aus, wobei der Wortteil „Figur" im Sinne von Gesamterscheinung benutzt wird. Allerdings ist der Begriff „Schießbudenfigur" eindeutig mehrdeutig. Er kann Menschen bezeichnen mit einem negativen Erscheinungsbild, unabhängig von deren Beruf, wobei allerdings „Nieten in Nadelstreifen" ausgenommen sind. Die Schießbudenfigur zeichnet sich eher durch traditionell negative Attribute aus, etwa durch Anzeichen einer äußerst kritischen Einstellung zur eigenen Körperpflege. Ein Berufskollege der „Schießbudenfigur" ist der „Schiffschaukelbremser".

Schießdroht, Universalmaterial der Saarbergleute unter Tage und im Haushalt. Damit befestigten Bergleute Stützpfeiler im Keller, ihre Frauen benutzten ihn, um die Wäscheleinen zu fixieren und ihre Kinder machten daraus kleine Häkchen für ihre Schleudern. Die Grubenverwaltung hatte den Draht, der unter Tage für Sprengzwecke benutzt wird, den Bergleuten ohne eigenes Wissen kostenlos zur Verfügung gestellt.

schiffele, spachteln. „Die alt Farb muscht du seerschd abschiffele." (Zuerst musst du die alte Farbe entfernen.)

Schiffelsche, Spachtel, ein Werkzeug, das benutzt wird, um Tapeten und geklebte Teppichböden abzulösen und um breiige Werkstoffe aufzutragen, zu verteilen und glatt zu streichen. Selbst in Küchen benutzt man sie, etwa zum Entfernen angebrannter Rückstände in Pfannen und auf der Plancha; auch in der Malerei zum Auftragen, Verteilen und Modifizieren von Öl und Acryl.

schiffen, hat im Saarland nichts mit der Schifffahrt zu tun, sondern wird in einem eher vulgären Kontext gebraucht für „urinieren". Das machen aus saarländischer Sicht nicht nur die Säugetiere (inklusiv der dazugehörigen Menschen), sondern auch der Regen. Wenn jemand aus dem Fenster hinausschaut und sagte: „es schifft", dann bezieht er es meistens auf den Niederschlag, und nicht auf die Nachbarin.

Schiffschaukelbremser, jemand, der bei einem Kirmesunternehmen arbeitete, nicht nur, um dort die Schaukeln anzuschieben und abzubremsen. Das Wort galt auch generell für Menschen, die auf dem Kirmesplatz arbeiteten und deren niedriger sozialer Status schon äußerlich sichtbar war, etwa durch ebenso verblichene wie antiquierte Armtätowierungen. Sie waren die Vorläufer der „tattoos", allerdings fast ausschließlich mit Symbolen wie Anker, Herzen und Frauennamen. Die Angehörigen der „fahrenden Unterhaltungsbranche" hatten oft fettige lange Haare und lange Koteletten. Der Begriff „Schiffschaukelbremser" ist durch die technischen Innovationen im Schaustellergewerbe allerdings nicht mehr aktuell. Das „Auto-Scooter-Aufspringer-Image" ist aber als Vorurteil geblieben.

schilkse, schielen. Entsteht durch eine Muskelschwäche des Augenmuskels. Sie äußert sich in einer Fehlstellung beider Augen zueinander. Die Richtung der Gesichtslinien bei der Fixation eines Objektes weicht voneinander ab. Manche Formen von Schielen sind nicht krankhaft, sondern nur Ausdruck einer Normvariante.

Schillee, Weste, ärmellose Jacke, abgeleitet aus dem französischen Substantiv „le gilet" (= Weste/Strickjacke). Im Saarland bezeichnet das Wort „Schillee" ausschließlich kurze Jacken ohne Ärmel, die man als „Herrenweste" auch unter einer Anzugsjacke trägt.

schinand, scheu, gehemmt, abgeleitet von dem französischen Adjektiv „gêné" = verlegen.

schinerees, (Betonung auf der dritten Silbe), genierlich, abgeleitet von dem fanzösischen Adjektiv „genereux".

schiniere, sich schämen. Das Wort kommt, wie so oft, aus Frankreich: Der Ausdruck „se gêner avec quelqu'un" heißt dort „sich vor jemandem genieren".

schinierlisch, im Saarländischen ein Adjektiv für eine Person, die sich öfter schämt. Eine solche Entsprechung gibt es im Französischen nicht.

Schinnoos (Betonung auf die erste Silbe), hinterlistige weibliche Person; auch junges, pfiffiges Mädchen (Frechdachs), das mit vielen (aber noch nicht allen) Wassern gewaschen ist. Wahrscheinlich abgeleitet von „Chinese", einem Angehörigen einer fremden Kultur, mit der man nicht zurecht kam und sie deshalb verachtete. Eine „chinoiserie" ist im Französischen ein chinesischer Kunstgegenstand, aber auch eine Spitzfindigkeit.

Schipp, Schaufel. Schipp war aber auch ein Hohlmaß, auch für Steinkohle: eine Tonne bestand aus acht „Schippe". Heute ist eine „Schipp voll" gerade so viel wie drauf passt.

Schippe, saarländischer Ausdruck für die Farbe „Pik" beim Kartenspiel, abgeleitet von dem französischen Wort „pique" (in diesem Zusammenhang: „Hellebarde"). Pik ist ein auf den Kopf gedrehtes schwarzes Herz mit einem Stiel am unteren Ende. Die saarländische Sprache dachte weniger militärisch, eher in den Kategorien der Schwerindustrie. Aus den „Hellebarden" machte sie „Schippe".

schippe, schaufeln. Klassische Tätigkeit an fast jeder Baustelle. Ausgeführt wird diese Arbeit oft mit Zuschauern, die sich aufs Kommentieren beschränken.

Schippsche, Schnute. „Mach kä Schippsche." (Verzieh nicht den Mund!) – nur bei Kindern gebräuchlich.

Schiss, Angst, eine bedrohlich empfundene Situation, die zu einer Besorgnis und unlustbetonten Erregung führt. Man fürchtet vor allem die Verletzung der körperlichen Unversehrtheit und die Missachtung der eigenen Persönlichkeit. Diese Gefühle können Auswirkungen auf die Darmtätigkeit und somit auch auf die Sprache haben.

Schissel, Schüssel, ein Gefäß, ähnlich einer ausgehöhlten Halbkugel, eine größere Trinkschale. Schüsseln gibt es bereits seit der Steinzeit. Man stellte sie her aus Stein, Holz und Ton. Bis heute haben sich die Formen nur unwesentlich verändert, dafür aber das Material. Es gibt sie aus Kunststoff, Glas, Porzellan, Keramik und Metall. Geblieben ist bei vielen Sorten die Zerbrechlichkeit. Von daher ist die folgende saarländische Redewendung noch immer aktuell: „De Niemand, wo die Schissele brecht." (Niemand war es, der die Schüsseln zerbrach.) Betont abwertend: „Der hat e Riss in der Schissel." (Der ist nicht mehr hundertprozentig im Kopf.)

Schisser, Angsthase, abwertend für eine Person, wobei der Zusatz „alt" nicht immer notwendig ist: „Du bischd vielleicht e Schisser!" (Du musst nicht immer so viel Angst haben.)

schisserisch, ängstlich, die Hosen voll habend. „Du bischd awwer arisch schisserisch." (Du bist sehr ängstlich.)

Schitz, Schütz, kein Uniformierter auf dem „Feld der Ehre", eher ein Informierter auf dem Feld der Gemeinde. Er passte auf, dass es keine Unregelmäßigkeiten bei Eigentumsübertragungen gab und die Kinder keinen Unfug in freier Natur machten.

Schlaach, kulinarische Zugabe: „Mach mir noch e Schlaach druff!" (Kann ich etwas mehr haben?) Wenn jemand einen „Schlaach" hat, dann bedeutet das aber, dass er nicht mehr richtig tickt. Sehr beliebt ist auch der Ausdruck: „Der hat e Schlaach mit de Wixberschd!" (Er wurde von einer Schuhbürste malträtiert.) Da die Taubenzüchter ihre Tiere in einem „Schlaach" beherbergen, entstand auch die folgende, nicht übersetzbare Redewendung: „Der kennt sich Dauwe halle. E Schlaach hat er schon."

Schlääf, saarländischer Ausdruck für „Schleife". Die Übersetzung des Begriffes „Schläfe" (Herren in den besten Jahren) in das deutsche Wort „Schleife" verbietet sich allerdings. Selbst jenseits von Waldmohr und Saarhölzbach gibt es keine „Herren mit grauen Schleifen".

schlääfe, etwas mühsam und unter großer Kraftanstrengung transportieren, manchmal tragen oder auch auf dem Boden ziehen. Dann „schlääfd" das zu tragende Objekt wegen seines zu großen Gewichtes auf der Erde. Der Begriff „Beischläfer" bekommt dadurch seine Zweitbedeutung.

Schlääh, Schläge, Prügel. Eine veraltete, aber durchaus allgemein verbreitete Erziehungsmaßnahme. „Mir kriehn unser Schlääh." (Man verprügelt uns.)

Schlääschel, Schlägel, ein Bergmannshammer, gehört neben dem „Eisen" und der Grubenlampe zu den bekanntesten Symbolen der jahrhundertealten Bergbautradition.

Schlabbe, Pantoffeln, bequemes Schuhwerk für Zuhause. Die Symbolik kommt in der Redewendung „unnerm Schlabbe stehn" zum Ausdruck. Sie wird vor allem benutzt, wenn der Ehemann in sehr konkretem Sinn Opfer weiblicher Emanzipationsbestrebungen wurde, wobei man allerdings beachten sollte, dass es solche Relationen bereits in der Vor-Emma-Zeit gab. Ein eher männlicher Gebrauch des Wortes „Schlabbe": umgangssprachlicher Ausdruck für einen alten und/oder defekten Autoreifen. Ein sprachlicher Unterschied:

Im Deutschen gibt es Pantoffel-Helden, im Saarländischen aber keine „Schlabbe-Helden", dafür aber „Schlabbe-Flicker". Aber die sind aus der Pfalz.

schlabbe, schlurfen, mit müdem Gesichtsausdruck nach vorne gehen und dabei den Bodenkontakt der Füße nicht verlieren.

Schlabbeflicker, eine abwertende Bezeichnung für Pfälzer, mit Bezugnahme auf den früher wichtigsten Wirtschaftszweig der Stadt Pirmasens. Dort gab es mehrere Schuhfabriken, in denen man (aus Sicht der Saarländer) sich der Tätigkeit des „Schlabbeflickens" hingab. Bei Fußballspielen saarländischer Mannschaften gegen den FK Pirmasens gehörte der Ausdruck „Pälzer Schlabbeflicker" zum Grundwortschatz der saarländischen Fußballfans. Außerhalb des Saarlandes benutzt man das Wort auch abwertend für Schuhmacher.

Schlabbmaul, ein Mund mit unterer Hängelippe, aber auch ein Schimpfwort, das seinen Ausgangspunkt in einer ausgeprägten Physiognomie der Mundpartie nimmt. Es bleibt aber offen, ob es sich nur um Äußerlichkeiten handelt oder sich auf rhetorische und artikulatorische Eigenarten bezieht.

Schlabbschwanz, ein saarländisches Schimpfwort, das auf männliche Potenzängste spekuliert. Im (meistens) übertragenen Sinn: ein Mann ohne Mumm.

Schlackehall, eine Schlackenhalde, eine Deponie für Schmelzrückstände bei der Erzverhüttung. Es handelt sich um ein glasiges oder kristallines Stoffgemisch. Das Wort „Schlacke" geht auf Zeiten zurück, als man die nichtmetallischen Rückstände noch durch Schlagen vom Metall trennte. Nicht zu verwechseln ist die „Schlackehall" mit der „Berjehall", der Deponie der Kohlengruben für taubes Gestein.

Schlacke-Karl. So wurde der saarländische Hüttenbesitzer Karl Ferdinand Freiherr von Stumm-Halberg (1836–1901) von den Arbeitern „hinter der Hand" bezeichnet. In Neunkirchen steht sein „Denkmal", ein Wort, das die Menschen auf der ersten Silbe betonen: Denk mal!

Schlamassel, ein Wort für unerfreuliche Dinge wie Durcheinander, Unannehmlichkeiten, Katastrophen, unlösbare Situationen. Das Wort kommt aus dem Rotwelschen, hat sich aber als Bestandteil der Umgangssprache im Saarländischen integriert.

Schlammweiher, Klärweiher, eine „industrielle strömungsfreie Absetzanlage", in der feste Bestandteile von flüssigen getrennt werden. Diesen Prozess bezeichnet man fälschlicherweise als „Trüben". Er macht das genaue Gegenteil. Dies bedarf einer Klärung, im übertragenen Sinn.

Schlamp, eine weibliche Person, der man folgendes nicht nachsagen kann: einen krankhaften Ordnungssinn und einen extremen Sauberkeitsfimmel. Ihre Lebensführung wird als nicht allzu vorbildlich angesehen.

Schlauberjer, Schlauberger, ein Mann, der seine außerordentliche Intelligenz auf annehmbare Art und Weise in zwischenmenschlichen Beziehungen einsetzt. Das Wort wird auch ironisch benutzt.

schlawenzele, umherstreichen, wahrscheinlich eine unbewusste Umwandlung des auch im Deutschen geläufigen Wortes „scharwenzele": Der Buchstabe „l" kommt hinter das „sch" (vielleicht aus dem Wort „Schlawiener"?) „Der Hans schlawenzelt die ganz Zeit ums Karin erum. Ich glaab, der will ebbes von dem." (Hans steigt Karin nach.)

Schlawiener, ursprünglich wohl abgeleitet von den osteuropäischen Slawen. ein Begriff, der wahrscheinlich mit „Sklaven" verwandt ist. Die heutige Bedeutung: scherzhaft für Schlaumeier (anerkennend positiv). Er beherrscht alle Kniffe und Tricks, macht dabei ein Gesicht wie einer, der kein Wässerchen trüben kann, schmiert seinen Mitmenschen „Brei ums Maul" und wird – trotz alledem – von allen geachtet.

Schlawitsche, „Fittische", gibt es als zweiten Wortteil in dem saarländischen Ausdruck „Schlawitsche" (= Rockschoß). Zusammenziehung von „Schlagfittichen" (etwa der Gänse und Enten), ein Körperteil zwischen Kopf und Rumpf: „Denne hol ich am Schlawitsche!" (Ich werde mich mit ihm handfest auseinandersetzen.)

schleime, sich anbiedern. Das Wort „Schleim" bezeichnete bis ins 17. Jahrhundert noch jede Form klebriger Flüssigkeit, auch Schlamm. Die Verbfassung ist Namensgeber für „schleimen" = anbiedern.

Schleimer hat im Saarländischen eine zweifache Bedeutung: 1. Rutschbahn auf Schnee oder Glatteis, 2. Opportunist, jemand, der sich „anschleimert".

schleimere, schlittern (auf Schnee oder Glatteis). „Geschleimert" wird nicht auf einer „Schleimspur", sondern auf einer „Schleimerbahn": „De Horst is ledschd Woch beim Schleimere of die Fress gefall." (Horst ist letzte Woche beim Schlittern hingefallen.)

Schleimscheißer, Schimpfwort, das sich auf Ausnahmeerscheinungen der letzten Phase des Verdauungsvorganges bezieht.

Schlenk, Türklinke, ein aus Metall bestehender Hebel mit Schnapp-Vorrichtung an einer Tür. Damit kann man diese durch Herunterdrücken öffnen. Der saarländische Begriff ist abgeleitet von dem Verb „schlenkern", hinter dem sich eine Mini-Gebrauchsanweisung versteckt. Es bedeutet „hin- und herbewegen".

Schlenkebutzer, neben dem „Gängler" eine weitere saarländische Fassung des „Klinkenputzers", der im Zeitalter des Internets und der Call-Center als „Handelsvertreter" in die Handelsgeschichte eingehen wird.

Schlenkerbahn, ein Kettenkarussell. Die Sitze für einzelne Personen bilden die Mehrheit. Doppelsitze kommen nur selten zum Einsatz. Die Passagiere „schlenkern" durch die Drehung des stabilen Mittelteils der „Schlenkerbahn" nach außen.

schlenkere, etwas großzügig und mit Elan durch die Luft hin- und herbewegen: ein feuchtes T-Shirt, um es zu trocknen, einen Weihwasserkessel während einer Messe oder den Sieger eines Sportkampfes durch die Luft.

Schlense schlahn, altsaarländische Formulierung für „sich rumtreiben". „Statt fiers Abitur se lehre, schlahd es Eva seit Woche Schlense." (Eva ist immer auf Achse, statt sich aufs Abitur vorzubereiten.)

Schlepper, Beruf im Steinkohlenbergbau. In „grauen Vorzeiten" lief die Förderung folgendermaßen: Die Bergleute „vor Ort" füllten spezielle Tröge mit bis zu 120 kg Steinkohle. Ihr Pensum während einer Schicht: 1020 kg mussten auf einer Streckenlänge von 1000 Metern von ihnen gezogen werden, meistens in gebückter Haltung. Die leeren Schlepptröge trug der Schlepper auf dem Rücken zurück. Später wurden Wägelchen geschoben.

Schlibbsche, die Verkleinerungsform von „Schlopp" (= Schleife), wird auch als Schimpfwort für eine junge Frau gebraucht. Auch erziehungsbedürftige junge Männer kommen bisweilen in den fragwürdigen Genuss dieses noch relativ harmlosen Schimpfwortes.

Schliede, Schlitten, ein mit Kufen ausgestattetes Spiel- und Sportgerät für den Winter. Dann gibt es eine Chance, dass Schnee und

Eis es erlauben, auf dem „Schliede" mit wenig Antrieb am Start den Abhang runterzufahren. Das deutsche Wort „Schlitten" hat die gleiche Bedeutung, kann aber, im Unterschied zum Saarländischen, zusätzlich für einen Straßenkreuzer benutzt werden.

Schliwwer, ursprünglich ein Eiszapfen, im Saarland meistens ein Holzsplitter, den man mit Hilfe einer Pinzette rausziehen kann. Ebenfalls verbreitet: der „Ohreschliwwer", den man allerdings nicht mit einem „Ohrwurm" verwechseln sollte.

Schlobb, 1. Schleife im Haar, mittlerweile nicht nur bei Frauen. Mit einer Schnur oder einem Band bindet man einen Knoten. 2. Schlips, Krawatte. Der „Schlobb" entwickelte sich aus der Schleife. Die Modemacher verlängerten mit der Zeit die Enden immer mehr, bis sie die Länge der heutigen Krawatten hatten. Man trägt sie unter dem Hemdkragen, und die Knopfleiste auf dem Hemd muss verdeckt sein. Das Wort „Krawatte" geht auf die französische Formulierung „à la cravate" zurück (= auf kroatische Art). Der Ausdruck „Schlips" verbreitete sich erst im 20. Jahrhundert. Das saarländische Wort „Schlobb" leitet sich ab von der Urform.

schlockere, schlackern. Die Kleidung „schlockert", wenn sie nicht gut „sitzt". Das ist vor allem der Fall, wenn sie zu weit ist.

schlockerisch, alt, gebrechlich. Bei dem Verb „schlockern" denkt man sofort an altersbedingtes und unkontrolliertes Hin- und Herbewegen.

schlombe, altsaarländisch und volkstümlich für eine Art zu essen, bei der die Quantität im Vordergrund steht.

Schlombes, Rahmhaut, der fetthaltige Teil der Milch, der sich beim Stehenlassen von ungesäuerter Rohmilch natürlich absetzt. Dann kann man, auch im übertragenen Sinn, „den Rahm abschöpfen". Als „roum" gibt es das Wort nachweislich schon im 11. Jahrhundert. Aus

Rahm macht man Sahne, Butter und Käse. Der saarländische Begriff „Schlombes" ist offensichtlich verwandt mit dem Verb „schlombe".

Schloofhaus, Schlafhaus, Kaserne für Bergleute in der Nähe der Grube. Dort lebten Bergleute während der Woche und versorgten sich auch selbst.

Schloofkopp, Schlafmütze. Anatomisch gesehen ist das Schlafen kein Privileg eines einzigen Körperteils. Dem Kopf sieht man den Zustand aber am besten an, obwohl dessen „Innendienst" auch Nachts arbeitet. Die Schlafmütze war auch früher eine durchaus verbreitete Kopfbedeckung für die Nacht. Sie gehörte zur „Uniform" der deutschen Symbolfigur „Deutscher Michel". Weil es früher in den Schlafzimmern keine Heizung gab, wärmte man das Bett vor mit einer Bettflasche und schützte den Kopf mit einer Mütze. Sie wurde mit der Zeit zu einem Schimpfwort.

Schloose, Hagelkörner. Der saarländische Begriff „Schloose", der früher auch im Deutschen häufiger benutzt wurde, war namensgebend für den Farbton „schlohweiß". Der umgangssprachlich abwertende Begriff dazu lautet „altersheimblond", die harmlosere Fassung ist „altersblond".

schloose, hageln. Wenn es „schloost", dann gibt es einen Niederschlag aus Eisklumpen. Sind diese kleiner als 0,5 Zentimeter, dann spricht man von Graupeln. Aber wer misst das schon nach?

Schlooseklobber, Angeber. Es ist keine Kunst, „Schloose" mit einem Hammer zu zertrümmern. Wenn sich jemand seiner „Großtaten" rühmt, die aus heißer Luft bestehen, nennt man ihn „Schlooseklobber".

schlubbe, schlüpfen, sich klein machen, um in etwas hineinzukommen. Bezieht sich auf Kleidungsstücke, die zum Anziehen nicht geöffnet werden müssen, sondern einfach übergezogen werden.

„Du mol ins T-Shirt eninn schlubbe – ob's passd." (Bitte probier mal das T-Shirt an!)

Schluckser, Schluckauf, Hickser, lateinisch: Singultus = Schluchzen, Röcheln, eine reflektorische Kontraktion des Zwerchfells, wobei die Einatmung durch plötzlichen Stimmlippenverschluss unterbrochen wird. Dadurch entsteht als Einatmungsgeräusch der charakteristische Schluckauf.

Schluns, laut Brüder Grimm ist damit immer etwas Schlaffes, Unreines oder Unordentliches gemeint, auch schlampige Frauen.

schlunse bedeutet: dumm rumstehen, wenn andere wichtige Dinge tun, auch generell nachlässig sein, zum Beispiel bei der Arbeit.

Schlurbse, schlürfen, lautstark verzehren. Das „Schlurbse" bezieht sich vor allem auf die Suppe. Meistens sind die Löffel zu voll, und der Abstand zwischen Mund und Teller ist zu groß. Die Geräuschentwicklung und die Mini-Katastrophen sind absehbar. Die Benimm-Regeln können ein wenig helfen, doch sind diese kulturabhängig. In Frankreich ist es erlaubt, vor dem Essen die Suppe leicht zu rühren, um dadurch die Temperatur zu senken. Als unerlaubt gilt das deutsche Pusten in die heiße Suppe und auch das Anheben des Tellers, damit man auch den letzten Rest herauslöffeln kann. „Schlurbse" ist für alle außerhalb der Benimm-Regeln.

Schlurbser, Mensch mit akustisch eindrucksvollen Angewohnheiten bei der Nahrungsaufnahme. „Denne Schlurbser laade mir nemmeh en." (Dieser Mensch wird nicht mehr eingeladen.)

Schluri, ein schludriger Mensch, ein Nichtsnutz, dem man nicht trauen kann, einer, der auch die Dinge schleifen lässt und nachher durch die Hintertür die Angelegenheit zu seinen Gunsten regelt.

Schmachtlabbe, ein Mann mit starken Gefühlsausdrücken kitschiger Art, ein saarländischer Dandy, etwas feminin und devot, aber mit Aussicht auf Erfolg bei gewissen Frauen.

schmacken, altsaarländischer Ausdruck für „schmecken". „Grumbeere, die wo durch die Wutz gang sinn, schmacke mir am beschde." (Ich bin kein Vegetarier.)

Schmackes, Kraft, Wucht, Schwung. „Der doo hat awwer Schmackes em Owwerarm." (Dieser Mensch verfügt über einen kräftigen Bizeps.)

Schmatzer, deutlich hörbarer Kuss. Das passende Verb dazu heißt „schmatzen" und ist dem kulinarischen Bereich zugeordnet. Laut Robert Lembke ist ein Kuss eine Anfrage im ersten Stock, ob das Parterre frei ist. Aus der Sicht der Wissenschaft ist der Kuss ein oraler Körperkontakt. Ob dabei geschmatzt werden darf oder nicht, das ist Geschmackssache (im konkreten und im übertragenen Sinn).

Schmecklecker, saarländischer Gourmet. Die Zusammenführung der beiden Wörter (beide mit „eck") hat deren Sinn erweitert. Zwei Stufen des Genusses werden sprachlich abgearbeitet: Zuerst schmeckt man, dann findet man es lecker. Der „Schmecklecker" ist aber nicht nur ein Genießer von Lebensmitteln aller Art. Er hat auch Geschmack an Frauen und findet sie lecker.

Schmeerbauch, ausgeprägter Urpils-Container. Die inneren Werte drängen nach außen und erzeugen dadurch die Wölbung. Gleichzeitig: Schimpfwort für den Träger.

schmelze. Im Hochdeutschen bedeutet „schmelzen" so viel wie „etwas flüssig machen" (kein Geld, sondern Erze und Metalle). In der saarländischen Küche wurde immer dann „gudd geschmelzt", wenn das Geld nicht für Fleisch ausreichte. Das Fett war das Fleisch der armen Leute. Die Hausfrau ließ Speck aus und schüttete die

S

„Griebscher" mit dem flüssigen Fett über die Kartoffeln oder die Knödel, ganz selten aber über den Salat. Dann kriegen sie wenigstens ihr Fett ab.

Schmier, bisweilen auch „Schmeer", in beiden Fällen eine Scheibe Brot, auf die man etwas geschmiert hat (Butter, Harzschmier, Leberwurst). Ein saarländisches Sandwich also. Wird auch gebraucht, wenn das Brot nicht „geschmiert" ist, sondern belegt. Außerdem bezeichnet „Schmier" die dickflüssigen Massen, die entstehen, wenn man Eier, Käse oder Leberwurst mit Fett und Mehl verlängert und heiß serviert. „Eier-, Käs- und Lewwerworschdschmier" gab es früher oft in saarländischen Arbeiterfamilien. Der Begriff „Schmier" wird auch benutzt, um anbiederndes Verhalten zu brandmarken: „Der hat dem e Schmier gemacht, unn dann hat's of ähnmol geklappt." (Er hat ihn gelobt, und das hat zum Erfolg geführt.)

Schmieraasch, Betonung auf der zweiten Silbe. Wenn man die erste betont, dann ist das Wort bestenfalls als Schimpfwort zu benutzen; wäre dann aber eine sprachliche Neuschöpfung. „Schmieraasch" klingt im zweiten Wortteil französisch, weshalb man auch – wie im Französischen so üblich – den zweiten Teil betont. „Für mich sinn Graffiddies nix anneres wie Schmieraasch." (Ich mag keine Graffiti.)

Schmierlabbe, Anbiederer. Jemand, der versucht, Erfolge zu erzielen, indem er sich unterwürfig grinsend seiner Zielperson nähert.

Schmiersääf, Schmierseife, eine Flüssigseife fürs Grobe. Hergestellt wird sie aus billigen Fetten. Für die Körperpflege ist sie nicht geeignet.

Schmierwurschd, Teewurst. Sie wird nicht aus „Tee" hergestellt (genau so wenig wie das Rahmschnitzel aus Rahm), sondern eignet sich gut als Brotaufstrich für den englischen Nachmittagstee. Meistens isst man dann Süßes, aber es gibt auch (meistens männliche) Ausnahmen, die ihren nicht-getoasteten Toast damit bestreichen. Weil man so etwas eher in Villen an der Themse als bei uns in Bergmannshäusern im Sulzbachtal macht, heißt die Wurst bei uns „Schmierwurschd". Sie gehört nicht zu den Wurstfamilien der Brüh- und Kochwürste, sondern zu den Rohwürsten und hat einen feinsäuerlichen Geschmack.

Schmierworschdschmier, ein saarländischer kulinarischer Zungenbrecher, zudem eine sprachliche Kuriosität: Die dritte Silbe ist identisch mit der ersten! – Eine Schmierworschdschmier ist eine Scheibe Brot, die mit Teewurst bestrichen ist.

Schminkdibbe, Schminktopf. Er beinhaltet eine Masse, die (aus der Sicht vieler Männer) nach Rezepten mittelalterlicher Alchemisten hergestellt wurde. „Ääs is in de Schminkdibbe gefall." (Sie hat etwas zu dick aufgetragen.) Man beachte bitte die doppelte Bedeutung des vorangegangenen Satzes!

Schmirjelbabbier, Schleifpapier, Papier, auf das Schmirgel aufgetragen ist. Schmirgel ist ein Schleifmittel aus feinkörnigem Gemenge von der griechischen Insel Naxos. Dort nennt man ihn „smyris". Das italienische Wort „smeriglio" war die Zwischenstation auf dem Weg zum deutschen Wort „Schmirgel". In loser Form poliert man damit nur noch optische Gläser.

schmirjele, schmirgeln. Eine handwerkliche Tätigkeit, um etwas zu glätten. Meistens poliert man Holz, manchmal auch Gusseisen und Stahl.

Schmu, leichter Betrug, Mogelei, Unterschlagung. Sammelbegriff für unrechtmäßiges Verhalten bei finanziellen Transferaktionen. Das Wort kommt aus dem Rotwelschen.

Schmus, betrügerisches Kompliment. Man versuchte, sich bei jemandem einzuschmeicheln, um einen finanziellen Vorteil zu erheischen. Man schmiert einem „Brei um den Bart". Heute wird das Wort im erweiterten Sinn gebraucht, zum Beispiel auch, um andere für seine Ideen zu gewinnen. Der Begriff kommt ursprünglich aus dem Rotwelschen und ist wahrscheinlich von dort direkt in die deutschen Regionalsprachen eingedrungen und heimisch geworden.

Schmusbacke, wörtlich: ein Gesichtsteil, der sehr emotional den Hautkontakt zu einem Menschen des anderen Geschlechts sucht.

schmuse, anschmiegen, liebkosen, knuddeln von Kleinkindern. Bei Erwachsenen läuft das so: Ein entsprechender Blickkontakt kann zur körperlichen Nähe führen. Bei entsprechender Sympathie oder Empathie kann eine Berührung zwischen zwei Personen entstehen, die zum „Schmuse" hinführt, aber dort nicht enden muss.

Schmuskätzje, saarländisches Kosewort für ein Kind, das emotionale Werte realisiert. Merke: Nicht nur kleine Katzen werden gerne gestreichelt.

Schmuslabbe, nicht nur eine rustikale Fassung des „Schmuskätzje". Das Wort kann wegen des zweiten Wortteils auch pejorativ benutzt werden.

schnäbbere, schnappen im Sinne von nicken, jemand der nonverbal seine Zustimmung durch kurzes Nicken des Kopfes äußert.

schnäke, naschen, lutschen, knabbern, kosten, essen. Das saarländische Wort wird gerne für den liebevollen Verzehr von Süßigkeiten benutzt. Früher war das Wort nicht nur positiv gemeint. Im Altsaarländischen verstand man darunter: „heimlich von etwas kosten" oder sogar „etwas Verbotenes genießen". Das Wort „vernaschen" gab es damals noch nicht. Es hat sich später sehr schnell „vermenschlicht".

Schnäker, 1. jemand, der weder Diabetes, noch Übergewicht fürchten muss und für sein Leben gerne Süßigkeiten isst, also ein saarländischer Feinschmecker im Bereich der Süßigkeiten, 2. jemand, der sich dadurch profiliert, dass er nicht alles isst. Das kommt besser an, als man glaubt: „Mei Mann esst net alles." Der (oder die) andere sollen daraus schließen: „Annelie ist mit einem Gourmet verheiratet."

schnäkisch, kulinarisch anspruchsvoll (kann man auch vortäuschen), eine Verhaltensweise von Menschen mit einem (meistens vorgespielten) elitären Geschmacksempfinden. Weil er keine imponierende Lebensleistung vorzuweisen hat, ist er wenigstens stolz darauf, dass er nicht alles isst. Damit kann (so glaubt er wenigstens) bei andern imponieren.

Schnäkschniss, wörtlich: ein Mund (in diesem Fall in der Vulgärfassung), der es über alles liebt, leckere Süßigkeiten zu verzehren.

schnakse, schnarchen, ein knatterndes Geräusch während des Schlafens erzeugen. Es entsteht in den oberen Atemwegen. Mit zunehmendem Alter schnarchen rund 60 % der Männer und 40 % der Frauen. Etwa 10 % der Kinder schnarchen. „Schnakse" kann gefördert werden durch drei Faktoren: 1. Rückenlage, 2. Übergewicht, 3. Alkoholkonsum. „De Ernie unn es Elke hann getrennte Schloofzimmer, weil de Ernie so arisch schnakst." (Ernie und Elke schlafen wegen der nächtlichen Geräuschentwicklung getrennt.)

Schnall, Schnalle, 1. Ein Bügel, der an einem Riemen befestigt ist, um damit die beiden Enden fest miteinander zu verbinden. Als Gürtel können sie die Funktion von Schmuckobjekten haben. Das wussten bereits die alten Römerinnen und Römer. 2. Saarländisches Schimpfwort für eine Frau, meistens in Verbindung mit „alt": „Die do ald Schnall, nee, nee, nee ..."

schnalle, verstehen, kapieren. „Der Ralf schnalld awwer aach grad gar nix." (Ralf versteht überhaupt nichts.)

S

Schnäppsche, ein gutes Geschäft (Einkauf) nach der Devise „Geiz ist geil". Darauf ist man stolz, denn man hat sich als Kenner und Könner profiliert. Der Katzenjammer kommt oft erst dann, wenn man feststellt, dass die niedrige Qualität dem niedrigen Preis entspricht.

Schnatterliesje, geschwätzige junge Frau. Sie schnattert so, wie es Enten und Gänse tun. „Liesje" ist die Verkleinerungsform der Kurzform von Elisabeth.

schnatz, fein, chic, vornehm. „Donnerwetter, du siehschd awwer heit schnatz aus!" (Dein Outfit ist aber heute toll.)

schnause, herumstöbern, schnüffeln, die Nase in anderer Leute Angelegenheit stecken. „Was duschd dann Du bei mir do rumschnause?!" (Plagt dich mal wieder die Neugierde?)

Schnawwelschniss, Verdopplung von zwei Metaphern für den „Mund": „Schnawwel" und „Schniss". Sie haben in diesem Zusammenhang die gleiche Bedeutung. Eine Person, die ununterbrochen redet, ein Klatschmaul.

Schnebberkapp, immer noch beliebt bei Saarländern, deren Status man von hinten und vorne aussprechen kann: Sie sind „Rentner", und brauchen als entsprechende Kopfbedeckung eine „Schnebberkapp". Sie definiert sich a) durch die Tatsache, dass sie eine „Kapp" ist und b) durch die angenähte „Schnebber" (Krempe, Schirm). Diese hat eine bescheidene praktische Funktion. Sie kann ihn, wenn „Not am Mann" ist, schon mal vor Regentropfen, Sonnenstrahlen und Blicken schützen. Die modische Bedeutung als Teil der saarländischen Rentneruniform scheint aber wesentlich wichtiger zu sein.

Schneckedenzjer, ursprüngliche Bezeichnung für Süßigkeiten. Wer heute „Schneckedenzjer" macht, der plustert sich auf und spricht hochgestochen. Er kultiviert seine Extravaganzen.

Schneebällscher, kleine Kartoffelklöße, saarländisches Nationalgericht. Das Wort „Bällscher" ist im Saarländischen eine Ausnahme. Wenn es ums Kulinarische geht, dann heißen sie bei uns „Knepp" und man macht sie aus Kartoffeln. Ein Gericht, das eher aus dem süddeutschen Raum ins Saarland gekommen ist. Anders die ideale „Beilage" dazu: Sauerbraten. Er hat seine Heimat im Rheinland. – Ist doch schön, wenn sich zwei kulinarische Landschaften im Saarland begegnen!

schnellere, schleudern. Bei dem deutschen Adjektiv und Adverb „schnell" handelt es sich um ein Wort aus der nächsten Verwandtschaft. Das dazu passende saarländische Verb „schnellere" hat auch etwas mit Geschwindigkeit zu tun. Mit Tempo bewegt man einen Gegenstand von A nach B. Man schleudert ihn, etwa einen Stein oder ein anderes Wurfgeschoss. Anwendungsmöglichkeiten für dieses Wort gibt es zum Glück wenige.

Schnepp, 1. Ein Vogel mit verhältnismäßig langen Beinen und einem beachtlichen Schnabel. Offensichtlich genügen diese beiden Äußerlichkeiten für die Konstruktion einer Metapher für eine Prostituierte.

Schnerr, Bummel. Man geht „off die Schnerr" und man geht „schnerre". Die Formulierungen für diese Tätigkeiten (nicht verwechseln mit „Tätlichkeiten"!) werden meistens in Verbindung mit Frauen gebraucht. Von daher ist es kein Zufall,

MEINE MUTTER KANN ICH IHNEN LEIDER NICHT GENN, SIE IST GERADE AUF DER SCHNERR!

dass man im Saarland das Wort „Schnerr" auch für Frauen benutzt, die das „Schnerre" zu ihren Lieblingsbeschäftigungen gemacht haben. Achtung! Die „Schnerr" ist irgendwie auch eine Begegnungsstätte, an der man potenzielle Flirt-, Sexual- und manchmal auch Lebenspartner finden kann: „Ma geht of die Schnerr."

Schnerrboe, Flitzebogen, eine „Abschussvorrichtung" für Pfeile. Es gab sie schon in der Steinzeit, zuerst für die Jagd, später auch als Waffe bei kriegerischen Auseinandersetzungen und heute fast ausschließlich als Spiel- und Sportgerät. Das Wort eignet sich auch als volkstümliche Metapher: „Wie das wohl ausgeht? – Ich bin gespannt wie e Schnerrboe." (Ich bin sehr neugierig, wie diese Angelegenheit enden wird.)

Schnerrbohschießer, Bogenschütze. Er braucht gutes Material (Pfeil und Bogen), muss zielen können und dabei auch darauf achten, dass er das gewünschte Ziel erreicht und nicht die Falschen trifft. Dazu gehört auch, dass er den Pfeil im richtigen Moment „schnerre" lässt.

schnerre, loslassen, etwa beim Bogenschießen. Man „losst schnerre", und dann fliegt der Pfeil in die gewünschte (oder auch nicht gewünschte) Richtung. Die reflexive Form des Verbs hat die Bedeutung von „sich irren". „De Minischder hat sich awwer schwer geschnerrt." (Der Minister lag bei der Wahrheitsfindung etwas daneben.)

Schnietsche, Verkleinerungsform von „Schnut". Mit diesem Wort bezeichnet man einen Ausguss einer kleinen Kaffee- oder Teekanne. Außerdem: den (noch) kleinen Mund eines Kindes.

Schnippelschesbohnesupp, ein anderes Wort für „Bibbelschesbohnesupp", ein typisch saarländisches Gericht, eine Suppe mit klein geschnittenen grünen Bohnen und Rahm. Die Beilage dazu ist außergewöhnlich: Zwetschenkuchen.

Schnippsche, Finte. Man schlägt einen Haken und lässt den (oder die) anderen ins Leere laufen. „Der hat em Horst e Schnippsche geschlah." (Er hat ihn in die Irre geführt.)

Schniss, abwertender Begriff für Mund. Wird gebraucht, um den von einem Gesprächspartner erzeugten verbalen Lärmpegel durch einen deftigen Imperativ auf null zu fahren: „Aweil hall awwer die Schniss." (Mäßige deine Lautstärke!)

Schnissje, Verkleinerungsform von „Schniss", wird ausschließlich liebevoll für Kinder vor der Pubertät gebraucht.

Schniss schwade, eine Rede halten, dabei überwiegend Belanglosigkeiten und Klischees verbreiten und vor allem: nicht zum Ende kommen. Damit fordert man nicht nur Zuhörer, sondern auch sein eigenes Sprechorgan heraus und tut ihm Gewalt an, damit es seiner Aufgabe gewachsen ist.

Schnissschwader, ein Angeber und Großmaul, der überall versucht, sich als Wortführer zu profilieren und sich dabei auch noch für einen Meister des gesprochenen Wortes hält.

Schnitzjer, geschnittene (getrocknete) Obststücke, eine Zusammenziehung von „Schnitzelscher". Das sind 1. kleine Schnitzel, 2. kleine, oft auch längliche Stücke aus getrocknetem Obst, vor allem aus Äpfeln, Birnen, Pflaumen und Trauben.

Schnoke, Schnaken. Weltweit gibt es 4000 Arten. Sie gehören zu den Mücken und können alle nicht stechen. In Süddeutschland bezeichnet man alle Stechmücken als Schnaken. Die können das, und die tun das auch.

Schnokeloch, das Loch, in dem sich (angeblich) die „Schnoke" befinden, das zentrale Wort in der inoffiziellen elsässischen Hymne: „De Hans im Schnokeloch / hett alles was er will ... / un was er hett, das will er net / unn was er will, das hett er net ..." Die Aussage des Liedes bezieht sich auf die Lage des Elsasses zwischen Deutschland und Frankreich. Die Region sitzt zwischen den Stühlen, und sie kann sich nicht entscheiden. Manchmal setzt man sich auch zwischen die Stühle: ins „Schnokeloch". Das Wort wird auch als „Neckname" für das Elsass benutzt: „Am Sonndaach gehn mir ins Schnokeloch esse." (Am Sonntag speisen wir im Elsass.)

schnorre, versuchen, etwas von einem anderen umsonst zu bekommen. „Die Zigarette hann ich geschnorrt." (Man hat mir die Zigaretten geschenkt.) Das Wort kommt aus dem Rotwelschen.

Schnorrer, jemand, der es aus weltanschaulichen oder anderen Gründen ablehnt, Dinge käuflich zu erwerben. Er will sie „so" haben (saarländisch für „kostenlos"). Eigentlich ist er Holländer und heißt „van Anderen".

Schnorres. Schnurrbart. Er wächst oberhalb der Oberlippe und heißt auf Deutsch auch „Oberlippenbart". Der „Schnauzbart" ist das deutsche Wort für einen großen Schnurrbart. Etymologisch trainierte Zeitgenossen erkennen Parallelen zwischen den ersten Silben von „Schnurrbart" und „Schnorres".

schnuddele, unkonzentriert mit Flüssigem umgehen und dadurch Wasser, Suppen und ähnliches verschütten.

Schnuddelhinkel, altsaarländischer Ausdruck für „Truthuhn" und „Truthahn" oder auch „Pute" und „Puter". Spanische Seefahrer, die im Gefolge von Christoph Kolumbus Raubzüge in Mittel- und Südamerika durchführten, brachten diese „Schnuddelhinkel" (unter anderem Namen) nach Europa.

schnuddelisch, unsauber, ungepflegt. „So schnuddelisch gehschd du mir net of die Kerb!" (Dermaßen ungepflegt lasse ich dich nicht auf den Kirmesplatz gehen.)

Schnuddelrutsch, Mundharmonika, ein sehr transportables Musikinstrument, das wenig kostet. Der Instrumentalist verursacht mit seinen Händen, dass sie im Mund hin und her „rutscht". Dabei „schnuddelt" er seine Töne in die „Schnuddelrutsch". Ihre musikalische Heimat hat das Instrument in der Volksmusik und im Blues.

Schnuddelschniss, jemand, der nicht nur „schnuddelisch" aussieht, sondern auch so redet. Inhalt und Form sind nicht auseinanderzuhalten.

Schnur, 1. Seil, im Deutschen wie im Saarländischen, 2. altsaarländischer Ausdruck für Schwiegertochter. Ganz früher hieß sie auch „Söhnerin" (= weibliche Fassung von Sohn).

schnurstracks, geradeaus, auf direktem Wege. „Immer schnurstracks fahre! Dann kommschde an die Mehrzweckhall!" (Du kommst an die Mehrzweckhalle, wenn du immer geradeaus fährst.)

schnuse, neugierig suchen. „Jetzt schnus net in denne Unnerlaache rum. Die gehn dich nix ahn." (Suche doch nicht so neugierig in den Dokumenten. Sie betreffen lediglich uns.)

Schnut, abwertende Bezeichnung für den Mund. Die „Schnut" wird im Saarland „gezogen", und damit drückt man Trotz aus: „Der soll vielleicht e Schnut gezoh hann, wie ich ihm gesahd hann, dass de Schwenkbroode verbrennt is." – Gebraucht man das Wort „Schnut" aber, um die Mimik einer Frau oder eines Mädchens zu charakterisieren, dann kann das auch liebevoll gemeint sein. Nebenbedeutung: Die Kaffeekanne hat auch „e Schnut" (= Ausguss).

Schnutebutzer, ein altsaarländischer Begriff für „Friseur", aus einer Zeit, in der sich der Barbier in erster Linie um die Bärte der männlichen Kunden kümmerte. Er „putzte" die „Schnute" (= Münder), beziehungsweise das, was drum herum gewachsen ist.

schockele, schaukeln, wackeln. Man kann ein Baby „schockele", aber auch die Waschmaschine kann das machen, wenn sie nicht fest steht.

schofel, nicht korrekt, unanständig, hinterhältig, gemein. Ein Begriff, der aus dem Rotwelschen kommt.

Schokes, ein komischer Mensch, ein Kleinkomiker, der andere zum Lachen bringt und sich dann darüber wundert, dass er nicht ernst genommen wird. Ein Begriff aus dem Rotwelschen.

Scholli, Teil der Redewendung „Mei liewer Scholli", von dem französischen Adjektiv „joli" = hübsch, abgeleitet.

Schoof, Schaf. „Du bischd jo e rischdisches Schoof Goddes." (Du bist ein richtiger Einfaltspinsel.)

Schoofbrick, Schafbrücke, ein Stadtteil des Saarbrücker Stadtbezirks Halberg mit etwa 3 000 Einwohnern. Der Name „Schoofbrick" geht auf eine über den Rohrbach führende Brücke zurück. Dort wuschen die Schäfer im Frühjahr vor dem Scheren ihre Schafe.

Schorschde, Schornstein, ein Kompositum aus dem mittelalterlichen Wort „schorren" (= schroff aus dem Gebäude herausragen) und „Stein" (= stabilisierendes Fundament für den Bau). Der „Schorschde" ist ein vertikaler Kanal, der Abgase und Rauch von Heizkörpern nach außen leitet.

Schorschdebutzer, Schornsteinfeger. Der Arbeit des Schornsteinfegers ist das „Butze". Er gilt als „Gutmensch", weil er sich auch um die Sicherheit kümmert und in seiner Uniform mitsamt dem Dreck auch sympathisch wirkt. Er ist einer der beliebtesten Glücksbringer.

Schossee, Straße, aus dem Französischen „la chaussée", wörtlich: die gekalkte (Straße). Man verband die Pflastersteine mit Mörtel aus

Sand, Kalk und Wasser. Die Römer legten die Steinplatten in dieser Kalkmischung als Belag auf die vorgesehene, befestigte Straße.

Schosseegrawe, Straßengraben. „Ich wääss noch, wie de Volker an de Kerb in de Schosseegrawe gefall is." (Ich erinnere mich noch sehr gut daran, wie Volker an der Kirmes in den Graben der Landstraße gefallen ist.)

Schrapnell, ursprünglich eine „Artilleriegranate", ein Sprenggeschoss mit Kugelfüllung. Im Saarland gebraucht man das Wort verächtlich für eine missgelaunte, oft hagere, alleinstehende aber immer „geizige" Frau.

Schreiwes, Schriftstück, Brief. Ein „Schreiwes" wird niemals geschrieben. Es wird „ofgesetzt". Die Anwälte ersetzen „Schreiwes" (und Brief) durch „Schriftstück". Das macht mehr daher.

Schrombel, Runzel, Falte (im Gesicht). „Es Hanna hat sich lifde losse, damit ma sei Schrombele nemmeh sieht." (Hanna hat sich die Falten entfernen lassen.)

schrombele, schrumpfen. „De Karl iss awwer alt wor. Der iss vielleicht geschrombelt." (Karl ist alt geworden. Er wirkt viel kleiner.)

schrombelisch, nicht aalglatt, eher mit Falten versehen, etwa eine mehrfach durchgeblätterte Zeitung, die man gerade noch benutzen kann, um den Kamin anzuzünden.

schroo, hässlich, unschön. „Iss das do e schrooer Deiwel." (Dieser Mensch ist aber hässlich); Nebenbedeutung: „übel", „Iss mir das so schroo heit." (Heute fühle ich mich nicht wohl.)

Schrottkoffer, ein Behältnis, mit dem man Müll transportieren kann. Im Saarland (und wahrscheinlich nicht nur hier) ist dieses Kompositum aus zwei Substantiven schlichtweg ein Auto in einem sehr schlechten Zustand. TÜV-tauglich ist es sicher nicht. Von daher könnte man mit ihm noch nicht einmal Schrott zur Mülldeponie transportieren. Im Deutschen sagt man eher „Schrottkiste", ein Wort, das man aber auch im Saarland versteht.

Schubbe, Schuppen, 1. Sie bilden sich normalerweise auf dem Kopf durch Hautfett. Es gibt auch trockene Schuppen bei zu trockener Haut. Abgestorbene alte Hautzellen kleben zusammen. 2. Die Schuppen der Fische sind ein wichtiger Bestandteil ihrer Körperhülle. 3. Ein Nebengebäude eines Bauernhofes, der als Abstellplatz oder als Lagerraum genutzt wird. Offen bleibt, woher die Redewendung kommt: „Es fiel mir wie Schuppen von den Augen", im Sinne von „Plötzlich wurde es mir klar". (Auf den Augen bilden sich doch überhaupt keine Schuppen!). In der Zeit der Beatles und Rolling Stones gab es auch im Saarland mehrere Veranstaltungsräume, die man als „Biedschubbe" (= Beatschuppen) bezeichnete.

schuchele, behutsam rollen (lassen). Das kann man etwa beim Klickerspiel machen, aber auch auf dem Golfplatz, wenn der Ball kurz vor dem Loch liegt und sicher eingelocht werden muss.

Schuck, altsaarländisches Wort für „Schuh". Interessant und gleichzeitig auch unerklärlich, warum es das Wort nur in der Einzahl gibt.

schufte, schwer „schaffe". Irgendwie unlogisch, denn wer sein Leben lang schwer schuftet, der ist doch kein „Schuft". Im Gegenteil: Wer im Saarland schuftet, der wird „eschdamiert".

Schuhnischdel, im Saarländischen auch „Schuhbännel", im Deutschen „Schnürsenkel". Man braucht sie, um den Halt der Schuhe am Fuß zu gewährleisten.

Schuhwix, Schuhwichse, bis Ende des 19. Jahrhunderts das Pflegemittel für Schuhe. Sie bestand aus einer Mischung von Ruß mit verschiedenen Fetten. Abgelöst wurde sie von der Schuhcreme der Marke „Erdal". Heute vielfach abgelöst von Sprays, die einfacher zu handhaben sind.

Schuldebuckel, ein Mensch mit großen Liquiditätsproblemen. Allerdings benutzt man das Wort nur für Personen, nicht aber für Institutionen (Landesregierungen, Verkehrsbetriebe, Großbanken usw.).

Schuller, Schulter, die Bezeichnung für den Bereich der Schultergelenke. Sie besteht aus den Knochen des Schultergürtels, dem Kopf des Oberarmknochens und den sie umgebenden Weichteilen. Die vordere Schultergegend gehört zur Brust, die hintere zum Rücken.

Schullerblatt, Schulterblatt, bildet den hinteren Teil des knöchernen Schultergürtels. Es handelt sich beim Menschen um einen platten, dreieckigen Knochen.

Schussel, fahrige, unruhige Person, ungeschickter Mensch, ein VVV-Typ: vergessen, verlieren, verspäten. Der „Schussel" wird im Saarland auch für einen notorischen Quatschmacher im positiven Sinn gebraucht: „Der Schussel is nadierlich an Faasenacht in die Bitt gang." (Er hielt an Fastnacht eine Büttenrede.)

schusselisch, ungeschickt. Man hat immer den Eindruck, er stehe mit zwei Füßen fest auf den Wolken. Ein Träumer, der von den alltäglichen Herausforderungen überrollt wird.

Schutt, starker Regen. „Hol die Liegestiehl aus dem Gaade! Gleich gebbds e Schutt." (Bring die Liegestühle rein, es wird gleich stark regnen.)

Schutzmann, neben dem „Schandarm" (Gendarm) die häufigste Bezeichnung für einen Polizisten in der „Frankezeit" (Saarland in den fünfziger Jahren).

schwaade, verprügeln, verhauen, wahrscheinlich abgeleitet von dem Substantiv „Schwarte" (Wenn die Schwarte kracht ...).

Schwäärin, Begriff im Verbal-Steno für eine Verwandte (= sprachliche „Vernuschelung" des Wortes „Schwägerin").

schwaduddele, schwätzen, plappern, einfach drauflos reden, koste es, was es wolle. Nur keine akustischen Löcher zulassen: „Es muss geschwätzt genn." (Man muss miteinander reden.)

Schwaduddler, die weibliche Fassung lautet: „Schwaduddel", wahrscheinlich eine Verballhornung von „Schwadroneur". Jemand (männlich und/oder weiblich), der sozialen Lärm mit geringem Informationsgehalt, aber großem volkstümlich geprägten Getue produziert. Die „Ald Schwaduddel" ist eine literarische Kunstfigur von Rainer Freyer in seiner Saar-Nostalgie (Internet).

Schwalweschwänz, Teil des schwarzen Fracks, der vor allem bei den Bürgern von St. Johann sehr beliebt war. Der Name leitet sich ab von dem in der Mitte gespaltenen Rückenteil der Jacke. Diese sieht so ähnlich aus wie die gegabelte Form der Schwalbenschwänze. Deshalb bekamen St. Johanner im 19. Jahrhundert den Necknamen „Koowe" (obwohl der Rabe zu einer anderen Tiergattung gehört als die Schwalben).

schwänze, von irgendwas fernbleiben, zum Beispiel von der Schule. Kinder oder Jugendliche drücken sich wegen einer anstehenden Klassenarbeit.

schwätze, saarländisch für „reden". Im Saarland ist „schwätze" sehr wichtig. Man benutzt das Wort auch im Zusammenhang mit Personen, die flexibel sind: „Mit dem kann ma schwätze", aber auch, um das totale Finishing anzukündigen: „Bei dem is alles geschwätzt."

Schwätzer, jemand der viel redet, ein Mensch mit der fatalen Neigung, mehr zu reden als zu denken. Falls er beides macht, vertauscht er oft die Reihenfolge.

schweinse, Ferkeleien begehen, versauen. „Jetzt guck emool, wie die Wutz doo geschweinst hat." (Schau Dir an, was dieses Ferkel hier versaut hat.) Man kann auch mit dem Geld schweinse, d. h. es unnötig ausgeben.

Schweinsgalopp, eine hohe Geschwindigkeit, die man eigentlich nur als schnellste Fortbewegungsmöglichkeit der Pferde kennt (Galopp). „Schwein" steht hier als Metapher für „besonders schnell".

Schweinskäs. Eigentlich hat ein „Schwein" mit „Käse" nicht allzu viel zu tun, (wenn man mal davon absieht, dass ein Schwein als Allesfresser auch Käse verzehren kann). „Käse" (in anderer Schreibweise) war im Westslawischen der Ausdruck für „Schmaus". Deshalb auch die Bezeichnungen wie „Leberkäs" und „Fleischkäs". Die abwertende Formulierung „alles Käs" bedeutet „alles Unsinn".

Schweinstreiwer, die Bezeichnung für einen ehrenwerten und gesellschaftlich einmal notwendig gewesenen Beruf (Schweinehüter). Der Begriff wird benutzt, um einen Mitmenschen der Tierwelt (sprachlich) näherzubringen und ihn dadurch abzuwerten.

Schwenkbidd, früher die Schüssel zum Geschirrspülen. Das Wort stammt aus einer Zeit, als man beim „Schwenken" noch nicht an das Grillen von marinierten Halskoteletts der Schweine dachte.

Schwenkbroode, Grillfleisch. Die Marinade der Halskoteletts besteht meistens aus Öl, Pfeffer und Salz sowie Kräutern. Der Fantasie sind keine Grenzen gesetzt.

Schwenker, eine dreifache Polysemie (Teekesselchen): 1. jemand, der schwenkt 2. der Grill, der auf drei Beinen steht, 3. das eingelegte und später gegrillte Fleisch.

Schwierdochder, Schwiegertochter, wird meistens von den männlichen Familienmitgliedern verehrt. Die „Schwiermutter" tritt sofort mit ihr in Konkurrenz, vor allem, wenn es darum geht, deren Mann richtig zu ernähren (so, wie er es von früher gewohnt ist).

Schwierleid, Schwiegereltern, hat von der Etymologie her weder etwas mit „schwierig", noch mit „Leid" zu tun. Die saarländische Fassung entsteht durch „Verbal-Steno", d.h. in diesem konkreten Fall, dadurch dass man die beiden Wortteile zusammenzieht und dabei ein paar Buchstaben unter den Tisch fallen lässt. „Leute" wird zu „leid", wobei dieser Wandel nicht wörtlich im Sinne von „Leute bringen Leid" zu verstehen ist. Der Grund ist einfacher: Im Saarland mag man den allzu vornehmen Laut „eu" nicht. Man ersetzt ihn durch „ei".

Schwiermudder, Schwiegermutter. Der familiäre Hauptfeind in der Bahnhofsliteratur. Der typische Inhalt: Man versteht sich nicht, obwohl man oft die gleiche Sprache (Saarländisch?) spricht.

Schwiersohn, Schwiegersohn. Er muss die Familie hochhalten, einen ordentlichen Beruf haben, aus einer „guten Familie" stammen (was immer das sein mag) und nett zu dem bereits vorhandenen Kind sein, obwohl er nicht der Vater ist.

Schwiervadder, Schwiegervater, das männliche Gegenstück zur „Schwiermudder". Er ist mit der „Schwiermudder" verheiratet. Sein Verhältnis zum „Schwiersohn" lässt sich wohl am besten mit „friedlicher Koexistenz" bezeichnen.

Schwimmsche, Verkleinerung einer Schwimmrunde, meistens im Swimming-Pool (im Garten oder im Hotel). Eigentlich eine Verkürzung, denn man hat nicht viel Zeit, weil man noch etwas vorhat.

Schwolechee, saarländische Aussprache mit der Betonung auf der dritten Silbe. Bedeutung: leichte Kavallerie, abgeleitet von dem französischen Substantiv „Chevaux-légers" („chevaux" = Pferde, „léger" = leicht). „Sei Opa war im erschde Weltkriesch bei de Schwolechee." (Ihr Großvater war im Ersten Weltkrieg noch bei den Chevaux-légers).

Schwollekopp, Kurzform: „Schwolles", eine dicker Kopf. Er ist unter anderem: geschwollen, wulstig, aufgedunsen, aufgeschwemmt, usw., usf. Das Wort bedeutet auf keinen Fall, dass sich der Inhaber geschwollen ausdrückt.

schwoofe, tanzen, gehört neben dem Schauspiel zu den darstellenden Künsten. Schwoofen ist eine Umsetzung von Musik in Bewegung, wobei sich der künstlerische Anspruch oft in Grenzen hält.

Schwoor, Schwager. „Mei Schwoor is de Mann von meiner Schweschder." (Mein Schwager ist mit meiner Schwester verheiratet.)

Schwulibert, abwertend für einen Homosexuellen. Das „i" verniedlicht ein wenig das Schimpfwort. Das männlich klingende Ende des Wortes hat wohl eher mit dem Klang des Wortes zu tun als mit einer inhaltlichen Aussage.

Schwulidäde, Schwierigkeiten. Das Wort ist zwar abgeleitet von „schwul", hat aber als Ganzes nichts mit Homosexualität zu tun. Der Duden empfiehlt, solche diskriminierende Verwendung auch in der Umgangssprache zu vermeiden.

schwummerisch, unwohl, man sieht die Welt wie durch Milchglas und hat Schwierigkeiten, das Gleichgewicht zu halten. Es gibt viele Gründe für diesen Zustand, den man mit dem saarländischen Wort „schwummerisch" bezeichnet: vom übermäßigen Alkoholgenuss über berufliche Überforderung und Reizüberflutung bis hin zur generellen Müdigkeit.

S

se, 1. sie, also: dritte Person Singular und Plural, wobei letztere im Deutschen wie im Saarländischen als „Höflichkeitsform" der Anrede benutzt wird, 2. „zu", etwa „se Naacht esse" = „zu Abend essen". Merke: Das Saarland gehört zu jenen Regionen, in denen man, wenn man von der Sprache ausgeht, am Abend später isst („Naachtesse" statt „Abendessen").

Seelebreetsche, wörtlich: „Seelenbrötchen", ein mimosenhafter Mensch, leicht labil. „Geh, bischd du awwer e Seelebreetsche." (Du bist aber eine Mimose.)

Seele-Silo, neben dem „Halleluja-Bunker" eine verbreitete ironische Bezeichnung für eine moderne Kirche.

Seereiwer, Seeräuber, ein Pirat, allerdings im kriminellen Sinn und nicht etwa ein Mitglied der Piratenpartei.

Seesje, Sößchen, wobei die Verkleinerung nicht unbedingt etwas mit der Menge zu tun haben muss. Sie kann auch indirekt ein Kompliment ausdrücken. Allerdings braucht man dazu neben den passenden Mundbewegungen auch entsprechende angedeutete Schmatzlaute.

Seih, Kurzform des Namens einer Schüssel, mit deren Hilfe man Flüssiges von Festem trennen kann, z. B. bei Soßen.

Seihschissel. Mit dem Plural von „Sau" hat der erste Wortstamm nichts zu tun. Eine Übersetzung ins Deutsche als „Schweinetopf" ist also nicht korrekt. Die erste Silbe ist abgeleitet von dem etwas veralteten Wort „seihen", das so viel bedeutete wie „sieben".

seim, verbal-stenografische Zusammenziehung von „seinem", wobei ein „n" und ein „e" auf der Strecke bleiben.

seische, sehr ordinärer Ausdruck für „urinieren", wird nur noch selten gebraucht, und wenn, dann in Ausnahmesituationen.

Selbschdbinner, Krawatte, Selbstbinder, ein unlogisches Wort, denn der „Binder" bindet sich nicht selbst. Er braucht menschliche, aber nicht unbedingt männliche Hilfe. Eine Lösung besteht auch darin, sich einen fertigen Binder zuzulegen. Es gibt ihn tatsächlich für Männer, die sich keine Krawatte binden können. Der Knoten ist schon fertig, und es gibt an jeder Seite ein schmales Band, das unter dem Kragen hinten mit einem Haken verbunden wird wie bei einer Fliege.

Selderwasserbuud, Getränkekiosk. Das Wort kommt aus Zeiten, als an der „Buud" (Kiosk) manchmal auch Wasser aus Selters (im Taunus) verkauft wurde (= Selterswasser), meistens aber Mineralwasser, das auch als solches bezeichnet wurde.

selebs Daach net, zeitlebens nicht, also sinngemäß: „niemals solange ich lebe". Man stellt sich die Frage: „Später schon?", „Ich unn hochdeitsch schwätze? Selebs Daach net." (Ich würde doch niemals deutsch reden.)

Seldefrehlisch, introvertierter, melancholischer Zeitgenosse. Er ist nur selten fröhlich, und deshalb hat man ihm auch diesen Namen verpasst.

sellemols, ein altsaarländisches Wort für „damals". Der erste Teil kommt von dem französischen Wort „celle" (in diesem Zusammenhang sinngemäß für „jenes") und „mols", saarländisch für „mal". „Sellemols war alles annerschder." (Früher war alles anders). Von Gerhard Bungert gibt es ein Buch mit dem Titel „Sellemols". Es erschien 1981 im damals noch existierenden Buchverlag der Saarbrücker Zeitung.

S

selwer, selbst. „De Heini holt sich doch kenn Handwerker. Der macht alles selwer." (Heinrich braucht doch keine handwerkliche Hilfestellung. Er geht die Arbeiten selbst an.)

selwerd, selbst, die Verstärkung von „selwer" durch das angefügte „d". „Der hat jo selwerd kenn Ahnung." (Er hat selbst keinen blassen Dunst.)

Senfd, Senf, ein Gewürz, das bereits vor 3000 Jahren in China bekannt und beliebt war. Über zahlreiche Stationen kam er nach Europa. Im Saarland isst man Senf am häufigsten zur „Roschdworschd". Die Hinzufügung des „d" am Wortende hat wohl etwas mit der Aussprache zu tun.

Seng, Schläge, Prügel. Vor dem Ersten Weltkrieg kam es in Schnappach (heute Stadtteil von Sulzbach) unter Alkoholeinfluss öfter zu Prügeleien zwischen preußischen und bayerischen Saarländern. Deshalb bekam das Dorf den sprachlichen Zusatz „Seng". Man sprach von „Seng Schnappach".

Sengel, 1. altsaarländisch für Frack, 2. Senkblei, ein Gewicht, an dem ein Seil befestigt ist (oder umgekehrt). Es dient den Maurern dazu, die genaue Senkrechte festzustellen. In der saarländischen Mundart benutzt man den Begriff gerne auch im übertragenen Sinn: „Denne soll ich awwer emol in de Sengel gestellt hann!" (Dem habe ich mal die Meinung gesagt.) Ist dies geschehen, dann ist wieder alles im Lot.

Sense, 1. Plural für die „Sens", den Vorläufer des Rasenmähers und der Motorsense. 2. Schluss. „Aweil is awwer sense." (Jetzt ist aber Schluss.)

Sensedenglerfeschd, der Name eines Dorffestes in Bischmisheim. Der „Sensedengler" war ein in der Landwirtschaft arbeitender Mensch, der in der Lage war, die Sense zu schärfen.

serick, zurück (Betonung auf „i"). „Die 50 Euro kriehschd du vom Oliver nemmeh serick." (Oliver wird dir seine Schulden nicht zurückzahlen.)

Servierspritz, anzügliche, abwertende Bezeichnung für eine Serviererin oder Thekenbedienung. Dieses Schimpfwort hat sich aus unserem aktiven Wortschatz allerdings verabschiedet.

sesammedaddsche, zusammenstampfen oder -vermischen. „Beim Speis muschde de Sand mit em Zement unn em Wasser sesammedaddsche." (Bei der Herstellung des Mörtels musst du Sand, Zement und Wasser gut vermischen.)

sesammestobbele, unsystematisch zusammenstellen. „Du derfschd die Blume net so sesammestobbele." (So darfst du die Blumen nicht einfach zusammenbinden.) Wird auch benutzt, wenn Kleidungsstücke nicht zusammenpassen.

Sesselfurzer, Sammelschimpfwort für Beamte und Angestellte, bei denen man, da sie eine sitzende Tätigkeit ausüben, Blähungen vermutet. Im Saarland wurde dieser deutsche Begriff sehr populär durch Oskar Lafontaine, als er behauptete, ein Spitzenkoch leiste mehr als mancher Sesselfurzer. Daraufhin beschwerte sich ein Berufsverband der Beamten, obwohl Lafontaine keine Berufsgruppe beim Namen genannt hatte.

Sibbschaft, erweiterter Begriff für Verwandtschaft, wird heute eher abwertend gebraucht. Im Dritten Reich hat man den Begriff „Sippe" überhöht. Man machte „Sippenforschungen", es gab „Dorfsippenbücher" und ein „Reichssippenamt". Wir Saarländer sollten „arisch" werden, allerdings nicht in unserer Dialektfassung „sehr". Aus unserem aktiven Wortschatz ist „Sippe" mittlerweile verschwunden. Ausnahmen sind ironische Verwendungen, etwa „Am Sonndaach kommt die ganz Sibbschaft".

S

Sibbsche, Suppe, wobei die Endung „sche" nicht unbedingt eine Verkleinerung ausdrückt. Sie kann auch ein Kompliment bedeuten: Man liebt sie.

Sibbzehner Schlissel, umgangssprachlich für ein Schraubenschlüssel vom Format 17 mm, der sich hervorragend als Kronkorkenöffner eignet.

Siedebord, kein Brett, auf dem man etwas sieden kann, sondern saarländische Aussprache von „sideboard" von Leuten, die des Englischen nicht mächtig sind. Gemeint ist damit ein mehrtüriges Möbelstück, eine Anrichte, in der man Tischdecken und Geschirr aufbewahrt. Auf der Arbeitsfläche kann man aber auch Mahlzeiten anrichten, wenn sie nicht als Präsentationsebene für Vasen und Schälchen oder für Modemagazine und Wohnungsschlüssel benutzt wird. Dem Namen „Anrichte" tut diese Nutzung aber keinen Abbruch. Vielleicht auch deshalb nicht, weil man mit dem ganzen Zeugs auch so allerhand anrichten kann.

sieschde, siehst Du?, nichts sagende Frage danach, ob der Kommunikationspartner das Gesagte verstanden hat.

Sießer, Süßer, abwertender Ausdruck für Homosexuelle, auch im Saarland, aber auch ein Kosewort einer Frau für einen Mann aus der heterosexuellen Szene.

Sießholzraschpler, Süßholzraspler, wörtlich: jemand, der eine Pflanze bearbeitet, aus der man Lakritz gewinnen kann. Im übertragenen Sinn: ein Mann, der Komplimente unter die Leute bringt, um sich anzubiedern wie nach dem Tag X die Hausierer im Saarland.

Sießkroom, Süßigkeiten, süßes Zeug. Unter Kroom versteht man wenig Nützliches, wenig wertvolles Zeug, Dinge, Sachen, Gerümpel, Klimbim, Plunder und vieles mehr. So ziemlich alles, was nicht konkret ist und was man abwertend ausdrücken will. Gründe dafür gibt es bei „Sießkroom" genug, etwa die zwei „K": Kalorien und Karies.

Sießschmier, altsaarländischer Begriff, wörtlich: „süße Schmiere", saarländischer Sammelname für Marmelade, Konfitüre und Früchtegelee.

Sießschniss, nicht etwa ein Mensch mit einem süßen Mund, sondern jemand, der Süßigkeiten über alles liebt. Interessant, dass wir im Saarland aus „ü" ein eher sich ekelndes „i" im Sinne von „igitt" machen.

Sießschnissje, Verkleinerungsform von „Sießschniss". Die Bedeutung verändert sich durch das kleiner werden nicht. Es kommt noch eine zusätzliche hinzu: „Sießschnissje" ist auch ein Kosewort, allerdings in erster Linie für Kinder.

siffele, trinken, im Gegensatz zu „saufen", obwohl das Wort wahrscheinlich aus der gleichen Familie stammt. Allerdings klingt es etwas harmloser.

Simbel, intellektuell äußerst bescheidener Mensch, abgeleitet von dem französischen Adjektiv „simple" (= einfach). Die Wortbeiträge eines „Simbels" sind schlicht, aber nur selten ergreifend.

simmeliere, simulieren, abgeleitet von dem französischen Verb „simuler" (= vortäuschen). 1. im Saarländischen: nachdenken, 2. im Deutschen: vortäuschen, etwa Krankheiten (im Saarländischen: „so mache als ob").

Sinn, 1. im Deutschen: Bedeutung, 2. im Saarländischen auch: Sünde, 3. in der Saarbrücker Bahnhofstraße zusätzlich: ein nicht mehr existierendes Traditionskaufhaus.

sledschd, häufig gebrauchte Zusammenziehung des Wortes „zuletzt" (saarländisches Verbal-Steno). Wird nur für diffuse Zeitangaben benutzt: „Sledschd hann ich dem emol mei Meinung gesaad." (Vor kurzem habe ich ihm meine Ansichten mitgeteilt.) Wenn es um Rangfolgen geht (Sport, Verspätungen), dann heißt es: „Er war de ledschd" und „ääs war ausnahmsweis emol net es ledschd." (Er hat den letzten Platz belegt, sie ausnahmsweise mal nicht.)

smuss, den Umständen entsprechend, klassische Antwort auf die saarländische Frage „Unn?" (= Wie ist denn das werte Wohlbefinden?). Auf „smuss" sollte der Frager mit der Zusammenziehung der folgenden vier Wörter antworten: „Das", „ist", „die" und „Hauptsache". Saarländisch: „Sisdiehauptsach".

so se saan, sozusagen, gewissermaßen. „Mir Saarlänner sinn so se saan die beschde Europäer." (Wir Saarländer sind gewissermaßen die kompetentesten Europäer.)

so, saarländische Währungseinheit für umsonst, kostenlos. „Kammer das do aach so kriehn?" (Kann man das hier auch kostenlos erhalten?) Es ist nicht üblich, die Wirkung des Wörtchens „so" durch eine entsprechende Geste zu unterstützen.

Sohnes, Punkt auf der Vorderseite des Körpers einer Frau, etwa 10 cm oberhalb des Bauchnabels. Wer das Kreuzzeichen macht, der sagt: „Im Namen des Vaters und des Sohnes...". Dabei berührt man jenen Punkt. Diese Handlung ist Ausgangspunkt für die Formulierung: „An Faasenacht war ääs ausgeschniet bis of de Sohnes." (Sie hatte einen sehr offenherzigen Ausschnitt.)

Sohnsfraa, Schwiegertochter, weibliches Pendant des „Dochdermanns". Der altsaarländische Begriff „Sohnsfraa" lautete „Schnur".

sone, solche, wichtiges Wort bei einem philosophischen Gespräch über Menschen an sich. Das kann man im Saarland mit einer fundierten Aussage beenden: „Es gebbd sone unn sone." (Die Menschen sind verschieden.)

Sonndaachse, Kurzfassung von „Sonndaachse Aanzuuch", der, um ihn zu schonen, ausschließlich an Sonn- und Feiertagen getragen wurde.

Sonndaachsgeld, Taschengeld, das man als Kind, wenn überhaupt, am Sonntag bekam. Das gibt es heute auch noch, aber mit anderem Namen.

spachdele, essen. Ein typischer sprachlicher Transfer: Ein Wort aus dem Handwerk (in diesem Fall Gipser oder Tapezierer) wird benutzt, um einen wertigen Begriff salopper auszudrücken.

Spargeltarzan, neusaarländischer (und neudeutscher) Begriff für einen dünnen Zeitgenossen. Die Komik entsteht durch die Kombination von zwei Wörtern, die so gut wie nichts miteinander zu tun haben.

Sparre, 1. altgermanischer Begriff für „Lanze" (wurde später durch „Ger" abgelöst), 2. Begriff aus dem Dachdeckerhandwerk (Träger, die von der Traufe zum First verlaufen), 3. im Saarland auch eine „geistige Verwirrung": „Der hat e Sparre."

Spätzje, kleiner Spatz (= Sperling), ein verbreiteter Kosename im deutschsprachigen Raum, im Saarland auch eine häufig gebrauchte Verniedlichung für Kinder und für den „Schniedelwutz". Das saarländische „je" am Wortende ersetzt das deutsche „che", weil es für Saarländer leichter auszusprechen ist.

Spautz, saarländisch auch „Sputz", deutsch: Spucke, Speichel, lateinisch: Saliva, das Sekret der Speicheldrüsen, die sich im Bereich der Mundhöhle befinden. Nebenbedeutung im Saarländischen: Geld. „Der hat schwer Spautz" (wobei „schwer" nichts mit Gewicht

S

oder Schwierigkeiten zu tun hat, sondern für das ähnliche Wort „sehr" steht).

spautze, spucken, saarländisch auch: sputze. Bevor man das macht, sollte man sich über das Ziel im Klaren sein. Absolute Tabus sind Teppiche, Fensterscheiben und Einrichtungsgegenstände, vor allem aber andere Menschen.

Speckgriebscher, ausgelassener gewürfelter Speck. Die „Griebscher" trennen sich von dem flüssigen Fett und können dadurch beim Kochen auch separat eingesetzt werden. Beides zusammen geht auch, etwa zum Schmelzen von „Mehlkneppscher" oder „Linsesupp".

Speis, Mörtel, setzt sich normalerweise zusammen aus Zement, Sand und Wasser. Der Maurer braucht den Speis an der Baustelle. Er freut sich, wenn das Verhältnis stimmt – nicht zu trocken, nicht zu flüssig – vor allem aber, wenn er rechtzeitig da ist. Vor Begeisterung kommen dann saarländische Maurer ins Kalauern, vorausgesetzt, dass der Zulieferer nicht nur Speis mitbringt, sondern am Ende der Schicht auch eine Flasche Bier. Dann hört man schon mal den höflichen Satz: „Vielen Dank für Speis und Trank!"

Speisbidd, handwerkliches Utensil aus der Zeit, als man noch keinen Betonmischer einsetzte. In der „Bidd" (Bütte) rührte man den „Speis" (Mörtel) an. Die „Speisbidd" wird aber manchmal auch noch gebraucht für kleinere Maurerarbeiten.

Speisblech, ein mindestens 1 Quadratmeter großes flaches Blech (Fachausdruck: Walzwerkfertigprodukt aus Metall), auf dem man heute nur noch bei geringem Bedarf den Speis anrührt.

Speisbub, junger Maurergehilfe, dessen Aufgabenbereich die Herstellung von Mörtel ist. Mit dieser Tätigkeit beginnt meistens die Lehrlingsausbildung am Bau.

Spengel, altsaarländischer Ausdruck für Nadel, kommt von dem gleichbedeutenden französischen Wort „l'épingle".

spengele, Verb-Fassung von „Spengel", mit der Nadel etwas vorläufig fixieren, bis die endgültige Befestigung erreicht ist.

Spengelsche, kleine Nadel, meistens ohne Öse. Man benutzte sie als Stecknadel.

Spengler, altsaarländischer Begriff für Installateur. Das Wort leitet sich von dem französischen Substantiv „l'épingle" ab. Als Gallizismus war früher die Berufsbezeichnung „Spengler" auch im Deutschen geläufig. Der Installateur heißt allerdings im Französischen „le plombier", ein Wort, das von „le plomb" (das Blei) kommt.

Sperenzjer, unangemessene Reaktion, unerwartetes Handeln, Getue, Widerstände, von dem lateinischen Wort „speranza" (= Hoffnung) abgeleitet und mit einem Bedeutungswandel zu „sperren" eingedeutscht: Wer „Sperenzjer" macht, der „sperrt" sich gegen etwas: „Wenn de Bürjermeischder kenn Sperenzjer macht, dann kriehn mir aach fier de Verein e Hall." (Wenn sich der Bürgermeister nicht dagegen sperrt, dann bekommen wir auch die Halle für den Verein.)

Spielschul, veraltet für den ebenfalls nicht mehr aktuellen „Kindergarten". Letzterer wäre eher ein guter Begriff für einen Garten, in dem die Kinder lernen können, richtig mit Pflanzen umzugehen.

Spielwies, 1. Eine Wiese, auf der Kinder spielen und toben können, 2. ein Ehebett mit ähnlichen Funktionen für Erwachsene.

spiense, wenig und nur lustlos essen. Typische Erscheinungsformen sind ein trauriger und müder Blick sowie Herumstochern auf dem Teller im Zeitlupentempo.

S

spiensisch, 1. empfindlich, vor allem, wenn es ums Essen geht, 2. abgemagert, traurig als Dauerzustand (eine Folge davon?).

Spiese, Spiesen, Ortsteil der Gemeinde Spiesen-Elversberg, zwischen der Kreisstadt Neunkirchen und der früheren Kreisstadt St. Ingbert verkehrsgünstig gelegen. Der Ort hat fast 7 000 Einwohner.

Spinatwachtel, keine kulinarische Spezialität, sondern eine Frau, die daherstolziert wie es eine Wachtel im Spinat machen würde: Sie bekäme keinen Boden unter die Füße, würde aber dennoch sehr selbstbewusst wirken. Das Wort ist die Verbindung von Flora (Spinat) und Fauna (Wachtel) in einem einzigen Schimpfwort. Ein im Saarland sehr populäres Schimpfwort für bestimmte Frauen.

Spitzbub, Kleinkrimineller, wurde früher eher abwertend gebraucht. Später entwickelte sich daraus ein harmloses Schimpfwort für einen Jungen.

Spitzklicker, eine sprachliche Absurdität, denn mit etwas, was spitz ist, kann man nicht klickern. Gewiefte Typen scheinen das hinzukriegen, und deshalb bezeichnet man sie auch so. Wenn sie sich später als Scharlatane herausstellen, dann passt das Wort ebenfalls auf sie.

Spoogesjer, altsaarländischer Ausdruck für Zicken: „Mach ma kää Spoogesjer." (Zick nicht herum.)

Sprääb, Star, nicht im Showgeschäft, sondern auf Bäumen, Leitungen und in der Luft. Der Star ist einer der häufigsten Vögel der Welt. Mit einer Körperlänge von rund 20 cm ist er etwas kleiner als die Amsel. Der Schwanz der „Spräwe" (= Mehrzahl) ist im Vergleich zur Amsel deutlich kürzer.

sprechen, wird im Saarland gebraucht für „Deutsch reden": „Em Jennifer seiner is aus Hannover. Der spricht." (Der norddeutsche Freund von Jennifer ist des Deutschen mächtig.)

Sprenzpeffer, ein Angeber, ein saarländischer Dandy. Man mag ihn nicht, selbst wenn er noch so vornehm durch die Gegend stolziert und daherredet.

Sprichklopper, Sprücheklopfer, ein Mensch, der nur Unsinn erzählt, was aber seinem Selbstbewusstsein keinen Abbruch tut.

Spritfresser, fahrbarer Untersatz, dessen Benzinverbrauch ökologischen Standards nicht mehr genügt.

Spritzgebackenes, ein im Saarland beliebtes selbstgemachtes Weihnachtsgebäck. Früher brachte es ausschließlich das Christkind. Heute gibt es das schon mal in der Adventszeit auf dem Weihnachtsmarkt.

Sprooch, Sprache, ein komplexes System, mit dem man sich verständigen kann. „Ei, do hats mir die Sprooch verschlah." (Da fehlten mir die Worte.)

sprooche, saarländischer Ausdruck für „plaudern", unverbindlich reden. Die Top-Themen sind dabei: Wetter, Krankheiten, Abnehmen, Enkelkinder, Haustiere, Handwerker, Nachbarn sowie all das, was man im Fernsehen gesehen hat.

Sprudel, früher die gemeinsame Bezeichnung für Limonade und Mineralwasser. Man unterschied zwischen „süßem" Sprudel (Limonade) und „saurem" Sprudel (Mineralwasser). „Stilles Wasser" war dabei selten. Der Begriff existierte höchstens mal im übertragenen Sinn für einen sehr ruhigen Menschen, der es aber faustdick hinter den Ohren hatte.

Spund, ein junger, in seinem Beruf unerfahrener Mann. Jeder Schreinermeister weiß es: Mit den Jungen heutzutage ist es wie bei den Brettern. Er könnte (wenn er könnte) Vergleiche anstellen: „Spunde sind zu dünn, um biegefest zu sein." Deshalb, und nicht nur wegen der Metapher, schwören viele auf Nut- und Feder-Verbindungen.

Sputz, Spucke 1. umgangssprachlich für Geld. „Em Herbert sei Neies hat schwer Sputz." (Die neue Freundin von Herbert ist vermögend.) 2. Spucke, das Sekret der Speicheldrüsen von Tieren und Menschen. Produziert wird es in der Mundhöhle.

sputze, spucken. 1. sich von Flüssigkeit im Mund trennen, 2. sich übergeben, 3. üble Form der Beleidigung.

Staat, 1. altsaarländischer Ausdruck für „vornehme Kleidung", 2. ein Gemeinwesen, das je nach politischem Standpunkt anders definiert wird.

Stamber, 1. in früheren Zeiten ein Gerät zum Stampfen der Kochwäsche, 2. eine Saugglocke zum Reinigen von verstopften Abflüssen und Toiletten.

Stambes, Kartoffelpüree, gestampfte Kartoffeln, eines der am weitest verbreiteten Kartoffelgerichte, die früher fast ausschließlich als sättigende Beilage verwendet wurden.

Stambessteeßer, Kartoffelstampfer aus Holz. Damit macht man gekochte Kartoffeln zu Brei – mit den Zutaten Butter, Milch oder Sahne, Salz und Muskat.

Stangefiewer, alte Metapher für männliche Erregung. Das hat ein Mann, der auf Frauen aus ist und dabei sexuelle Aspekte nicht im Vorhinein ausschließt.

Stänkerer, ein streitsuchender Mensch, Agent Provokateur in Sachen Kommunikation. Er mag die Harmonie nicht, misstraut dem guten zwischenmenschlichen Klima und treibt ständig quer.

Stänner, Ständer, eine Vorrichtung zur Positionierung von Dingen wie Kleider in einem Lokal oder Fahrräder auf dem Schulhof. Auch im sexuellen Bereich soll es eine Bedeutung geben.

Stänz, ein überaus eitler Mann, ein schöner und galanter Bel Ami, ein sehr selbstbewusster Dandy, vor allem, wenn es um seine Wirkung auf Frauen geht. Er ist immer gut gekleidet, meistens sogar overdressed. Oft ist er „in den besten Jahren", wobei auch junge Leute sich zu chic kleiden können, und dadurch zum „Stänz" werden.

Stecke, saarländische Priorität vor den deutschen Wörtern „Stock", „Stab", „Spazierstock", „Schlagstock" und „Gehhilfe", (Krankenkassendeutsch). Alle anderen Wörter gehören zwar auch zum aktiven saarländischen Wortschatz. Man benutzt sie aber eher bei „gehobenen" Anlässen gegenüber Personen, von denen wir glauben, dass sie des Saarländischen nicht „Matz" sind.

stecke, sich aufhalten, irgendwo sein, sich befinden. „Ich wääss jo aach net, wo der mol widder steckt." (Ich habe keine Ahnung darüber, wo er sich befindet.)

Steeßer, ein Schweine- und Ferkelhändler. Die substantivische rustikal anmutende Berufsbezeichnung stammt wohl aus der gleichen Familie wie „stoßen". „Bliesener Steeßer" ist der Neckname für die Einwohner des St. Wendeler Stadtteils Bliesen.

Steier, 1. Lenkrad, Steuerrad, 2. Grubeningenieur (Steiger), Vorgesetzter im Bergbau, auch bekannt durch den aus dem Harz stammenden Steigermarsch: „Glückauf, der Steiger kommt."

Steißdrommeler, abwertender Ausdruck für Pädagogen, in Zeiten, als die Prügelstrafe noch in hohem Ansehen stand.

Stellaasch, Betonung auf der 2. Silbe, abwertend für ein Gestell. Das Wort beinhaltet ein germanisches Element aus der Wortfamilie, zu der auch „stelle" und „stellen" gehören. Daran angehängt ist die typisch französische Endung „age", saarländisch geschrieben: „aasch".

sternhagelvoll, Metapher für die Folgen des Genusses von Alkohol. Man ist bereits in der Wahrnehmung dermaßen eingeschränkt, dass man Sterne nicht mehr von Hagel unterscheiden kann oder auch glaubt, die Sterne würden gleich auf ihn herunterhageln, was allerdings selten der Fall ist.

stibbele, Softfassung von aufhetzen, Hardcore für überreden. „De Peter kommt heit omend. De Kurt hat ne ofgestibbelt." (Peter wird zur Party erscheinen. Kurt hat ihn überredet.) Mit der Vorsilbe „of" verändert sich der Sinn in Richtung von „jemanden dazu bewegen, etwas zu tun".

Stick, Stück, auch im Sinne einer landwirtschaftlich genutzten Fläche, etwa „Grumbeerstick" oder als vorangehende Mengenangabe für ein Tier: „e Stick Vieh". Ein „Stick Meewel" (wörtlich: „Stück Möbel = Möbelstück) ist ein Schimpfwort für einen eher groben Menschen.

Stickel, „Bein" eines Stuhls oder Sessels. „Der Stickel am Stuhl is abgebroch." (Das Stuhlbein ist defekt.)

Stickelsche, kleines Stück, „Rick emol e Stickelsche riwwer. Dann hann ich meh Platz." (Rück doch mal etwas zur Seite. Ich habe dann mehr Platz.)

Stickelscher, kleine Geschichten oder Erzählungen. „Ich muss dir mol a Stickelsche verzehle." (Ich muss dir mal was erzählen.)

sticker mindeschdens, wenn net noch meh, sehr schwer zu quantifizierende saarländische Mengenangabe. Die Übersetzung ins Deutsche lautet „viel".

sticker, saarländisches Wort für „ungefähr", etwa, circa (immer mit anschließender Mengenangabe). Kommt wahrscheinlich aus derselben Wortfamilie wie „Stück". „De Robert hat beim Leische-Imbs sticker siwwe Bier getrunk." (Robert trank bei der Beerdigungsfeier etwa sieben Gläser Bier) oder: „Mir hotte sticker zehn Hase." (Wir hatten ungefähr zehn Kaninchen.)

stickere, Karten mischen. „Du bischd an de Reih. Fang schon mol ahn se stickere!" (Da du nun an der Reihe bist, könntest du damit anfangen, die Karten zu mischen.)

Stickscher, Kaffeestückchen. Es handelt sich um süße, klebrige Backwaren, die in anderen Regionen auch „Teilchen" heißen. Diese sind aber kein Ergebnis der Teilchenphysik, sondern des Bäckerhandwerks.

stickum, ruhig, leise, still, schweigsam, heimlich, geräuschlos. „Der doo hat awwer stickum die Platt gebutzt." (Der Mensch hat sich geräuschlos aus dem Staub gemacht.)

Stiek, vornehme saarländische Aussprache für „Steak". Man hört manchmal das Wort „Stiek" von Leuten, die sich vornehm ausdrücken wollen, aber nicht dazu in der Lage sind. Neben dem „Clöbb" und der „Cürri-Wurst" ist das „Stiek" der dritte Klassiker derer, die uns zeigen, dass es auch im Saarland Menschen gibt, die gerne als etwas Besseres erscheinen möchten.

stifte gehen, abhauen. „Wie der geheert hat, dass er ähner ausgenn soll, do is der schnell stifte gang." (Er suchte das Weite, als er vernahm, dass er eine Runde spendieren sollte.)

Stiftekopp, sehr kurz geschnittene Haare. Als Bürstenschnitt war diese US-amerikanische Haarmode vor allem Anfang der sechziger Jahre sehr beliebt.

Stinkbörjer, scherzhaft für Limburger Käse (der einen sehr strengen Geruch hat). Der Käse wird sprachlich in die Form eines Hämbörgers gebracht.

Stinker, ein Mensch mit großer Ausdünstung, früher ein Schimpfwort für jüdische Mitbürger, weil diese keine Abneigung gegen Knoblauch hatten.

Stinkstiwwel, mit Kot oder sonstigem Unrat beschmutzte rustikale Fußbekleidung, die Dreck durchaus vertragen kann. Aber auch ein Schimpfwort für einen unangenehmen Zeitgenossen.

Stiwwel, Stiefel, 1. Wahrzeichen der saarländischen Stadt St. Ingbert, ein durch Verwitterung entstandener Buntsandstein in der Form eines Stiefels. 2. Fußbekleidung, dessen Schaft mindestens bis ans Knie reicht. Er ist ein mechanischer und thermischer Beinschutz.

stiwwele, stiefeln, 1. durch die Gegend trampeln wie ein ungehobelter Mensch, 2. jemanden so lange nerven, bis er das tut, was man von ihm will.

stobbe, stopfen, 1. den Stuhlgang erschweren, etwa durch den Konsum von enormen Mengen dunkler Schokolade, 2. etwas irgendwo hineindrücken, etwa Geldscheine ins Portemonnaie, 3. Gänse oder Enten zu übermäßigem Fressen zwingen, um das kulinarische Luxusprodukt „Fois gras" (Stopfleber) zu erhalten, 4. ein Textil nicht wegwerfen, sondern einen Schaden an einem Kleidungsstück mit Faden und Nadel ausbessern. Da werden Löcher in Hosentaschen und Socken gestopft. Letzteres gehört auch als Metapher zum Wortschatz von Unternehmen, Regierungen und die sie beobachtenden Journalisten. Denn fast überall müssen Löcher gestopft werden.

Stobbe, wörtlich „Stopfen", im Saarländischen: 1. ein Korken und 2. eine kleine Person.

stobbele, etwas (provisorisch, unordentlich) zusammenbringen, etwa die Gartenmöbel ungeordnet in den Keller stellen oder die Wäsche in den Schrank „stobbele".

Stobbezieher, altsaarländisch für einen Korkenzieher. Sein Prinzip: Der „Stobbe" ist aus Kork, und er ist formbar; die Flasche ist aus Glas, und sie ist fest. Also kann man den „Stobbe" in die Flasche hineindrücken. Aber nicht zu fest, sonst gibt es „Huddel".

stochele, schüren. 1. mit einem Stab das Heizmaterial im Ofen sortieren, 2. in bewegliche Dinge (Sträucher, Holzkohle, Müll usw.) mit einem stabilen Gegenstand (Eisenstange, Stab usw.) stoßen sowie hin- und herbewegen, um die vorgefundene Anordnung zu verändern. Man kann zum Beispiel dadurch etwas finden, 3. die Stimmung für oder gegen einen Menschen, eine Partei oder Weltanschauung anheizen.

Stocheleise, altsaarländischer Begriff für „Schürhaken". Im Unterschied zum Deutschen konkretisiert das saarländische Wort die Handlung („stocheln" statt „schüren") negiert die Form („Haken" am Ende) und ersetzt sie durch das Material (Eisen).

stockduuschder, sehr dunkel. Das saarländische Wort „duuschder" leitet sich ab vom deutschen „düster". Den Zusatz „stock" gibt es in der saarländischen und in der deutschen Fassung. Er hat nichts mit dem „Spazierstock" zu tun. Er stammt vielmehr aus der „Vortaschenlampenzeit". Wenn es da „duuschder" war, da „stockte" das Vorwärtskommen. Man brauchte dann einen Stock, um sicherer zu gehen.

Stoffel, unqualifizierter Mensch. Er kann nichts, aber er tut es trotzdem. Das Wort ist absurderweise abgeleitet von einem geschickten Heiligen, der sogar den kleinen Jesus durch ein Wasserhindernis trug. Aus Christopherus (lateinische Fassung) wurde „Christoffel" (korrekte Bezeichnung früher). In der Gegenwart wurde er zu

„Christoph". Aber das genügte immer noch nicht. Man kreierte die beiden Kurzformen, indem man die frühere korrekte Bezeichnung zweiteilte in „Chris" und „Stoffel".

Stolle, Stollen, 1. Kuchen aus schwerem Hefeteig. Der bekannteste ist der Christstollen, 2. ein Grubenbau, der – im Gegensatz zur Strecke – über eine direkte Tagesöffnung verfügt, 3. ein Luftschutzraum im Krieg mit mehreren Ein- und Ausgängen, 4. zylinderförmige Teile unterhalb der Schuhe von Sportlern und der Hufeisen der Pferde, 5. Pfosten an verschiedenen Möbelstücken. Der Unterschied zwischen dem deutschen und dem saarländischen Wort ist bescheiden. Unser Regionaldialekt verabschiedet sich lediglich von dem „n" am Schluss (im Singular und im Plural), unabhängig von der Bedeutung des Wortes.

Storze, 1. Baumstumpf, Wurzel, 2. Getränkerest in einer Flasche, einem Glas, 3. Zahnrest (= Stumpf). 4. kleinwüchsiger Mensch, „Guck Dir mol dähne Storze do an." (Schau mal den Kleinen da hinten an.) 5. Wut: „Jetzt krieh ich awwer de Storze." (Das regt mich aber jetzt auf.)

strack, saarländisches Wort mit unterschiedlichen Bedeutungen: 1. faul. 2. unbeweglich, unmotiviert, 3. betrunken, 4. tot sein: „Do em Grab leid er unn es strack." (Hier im Grab liegt er und ist mausetot.)

Stracke, andere Bezeichnung für das saarländische Nationalgericht „Hoorische". Man muss kein Sexist sein, um die Bedeutung des Wortes „Hoorische" zu verstehen. Es hat nichts zu tun mit der saarländischen Aussprache des Plurals des Familiennamens von Ludwig Harig.

stracks, geradeaus, direkt, ohne Umschweife. „Geht der doch stracks of denne Schupo zu." (Nähert er sich doch dem Schutzpolizisten ohne Umschweife.)

Strähl, ein Werkzeug, mit dem man Tiere reinigen und pflegen kann. Je nach Tierart hat es die Funktion eines Kammes oder einer Bürste.

strähle, kämmen (bei einem Tier). Man kann auch das auf Menschen bezogene Wort „kämmen" durch „strähle" ersetzen, zum Beispiel um die betroffene Person, den Kamm oder das Kämmen bewusst abzuwerten.

Stratz, ein heftiger Strahl. Er kann das Ergebnis sehr unterschiedlicher Aktivitäten an grundverschiedenen Orten sein: in einem brennenden Haus, im Garten, unter der Dusche oder in der Toilette.

stratze, kurz und heftig spritzen. Die Wahl der Flüssigkeit spielt dabei, zumindest was die Sprache angeht, keine allzu große Rolle.

strawwele, strampeln, 1. hektisch und unkontrolliert die Beine bewegen, vor allem bei Kleinkindern, 2. Metapher für „sich sehr stark engagieren". „Der strawwelt sich mol ähner ab." (Dieser Mensch versucht sein Ziel mit aller Macht zu erreichen.)

Strecke, 1. die kürzeste Verbindung von zwei Punkten, 2. ein Weg mit Angabe der einzelnen Orte, 3. für uns Saarländer immer noch wichtig: ein Grubenbau mit ziemlich gleichbleibendem Querschnitt. Er führt zu einem Schacht.

strecken, etwas quantitativ vergrößern, etwa 1. den Gürtel, 2. eine Suppe oder 3. einen Programmpunkt (weil der Ehrengast Verspätung hat). Oder auch sich selbst, reflexiv.

Streewer, Streber, Ehrgeizling in der Schule und auch später im Beruf. Er strebt nach Höherem, nicht unbedingt nach wertvollerer Bildung, eher nach höherer Akzeptanz bei Eltern und Lehrern. Bei den Mitschülern ist er meistens nicht beliebt.

stribbe, stehlen, auch: sich umziehen, sich (nackt) ausziehen. Das hat allerdings im Saarländischen nichts mit Striptease zu tun, obwohl sich das Wort von dem englischen „to strip" ableitet. Bei uns heißt es auch „sich (richtig) anziehen". „Dir hängt jo de Hemdslappe aus de Bux. Du dich emol richtig stribbe!" (Das Hemd hängt dir aus der Hose raus. Du musst dich mal richtig ankleiden.)

Strickes, saarländischer Ausdruck für Strickzeug. Das Wort „stricken" gab es bereits im Mittelalter als eine Ableitung des Substantivs „Strick". Die Brüder Grimm fanden heraus, dass es das Wort „stricken" (die Herstellung von Textilien mit mindestens zwei Nadeln und einem „Endlosfaden") bereits Ende des Mittelalters gab.

striedse, quälen, schikanieren, eine Lieblingsbeschäftigung von Lehrkräften auf dem Schulhof und Unteroffizieren auf dem Kasernenhof. Zumindest in der Literatur.

Striefe, ironische saarländische Bezeichnung für „Streifen". Wenn jemand deutsch reden will und es nicht ganz schafft, dann karikiert man dessen erfolglose Bemühungen mit dem Satz: „Der schwätzt hochdeitsch mit Striefen drein."

Strippezieher, saarländischer Ausdruck für Networker (wörtlich: Netzarbeiter). Jemand, der in der Lage ist, seine soziale und kommunikative Kompetenz einzusetzen, um für

MEI BABBA IS E STRIPPE-ZIEHER!

sich oder für andere Nutzen daraus zu ziehen. Typische programmatische Äußerung solcher Saarländer: „Ich kenne ähner, der wo ähner kennt." Und „Ähn Hand wäscht die anner – zwää es Gesicht."

Strolle, wurstförmig gebildeter Kotstrang bei Mensch und Tier, aber auch ein Schimpfwort für einen Arbeiter.

Stromer, nicht etwa ein Elektriker, sondern jemand, der „herumstromert", nicht weiß, wo er hingehört und eine äußerst kritische Einstellung zur Gesetzgebung hat. Aus dem Rotwelschen.

Strubbes, harmloses Kosewort für ein Kind mit struppigen Haaren. „Der Strubbes misst awwer aach emol wedder bei der Friseer." (Ein Friseurbesuch wäre kein Luxus.)

Strubbhinkel, die Übersetzung ins Deutsche: „unfrisiertes Huhn". Diese Formulierung eignet sich allerdings nicht als präzise Beschreibung von etwas Gesehenem. Deshalb wird sie im Saarland lediglich als Schimpf- aber auch als Kosewort für eine schlecht frisierte Frau gebraucht.

struddele, sich verhaspeln, unpräzise etwas angehen, zu schnell und undeutlich reden, kein System bei der Arbeit haben, die Zeit nicht strukturieren und dann schimpfen, wenn etwas nicht gefunden wird.

struddelisch, unordentlich, nachlässig, nicht sehr gut organisiert. „De Heinz is so struddelisch. Der hat schon mol sei Händy in de Kiehlschrank gelehd." (Heinz hat schon mal sein Mobiltelefon im Kühlschrank deponiert. So unordentlich verhält er sich bisweilen.)

Struddler. Er legt nichts auf seinen Platz, sondern immer dort hin, wo es nicht hingehört. Zeitschriften stapeln sich auf Stühlen, Kleider hängen außen an den Schränken. Wenn er etwas nicht findet, dann gibt er dem Platzmangel die Schuld.

Strumbbännel, Strumpfband, ein Stoffstreifen, der über einem Strumpf um das Bein gebunden wurde, damit er nicht nach unten rutscht. Je nach Mode befestigte man das „Strumbbännel" unterhalb oder oberhalb des Knies. Für Frauen war er oft ein kokettes Versatzstück ihres Erscheinungsbildes, während Männer sie nur manchmal trugen, sich aber eher damit abfanden. Das Wort „Strumbbännel" ist auch der Neckname für die Einwohner der Gemeinde Bosen im Nordsaarland.

strumbisch, ungeordnet; wird meistens verwendet, wenn man eine unpassende Kleidung an einem Menschen kennzeichnen will. „Die doo is awwa strumbisch ahngezoo." (Diese Frau trägt recht unpassende Kleidung.)

Strunke, Herz der Kohlköpfe und anderem Gemüse. Den „Strunke" muss man mit einem scharfen Messer, mit Körperkraft und Präzision, aber auch Vorsicht entfernen. Das Wort wird auch als Spottname für einen kleinen Jungen benutzt.

strunze, angeben, aufschneiden, sich aufspielen, vornehm tun, egal womit. Hauptsache: Es wird geglaubt. Die Akzeptanz der anderen ist stärker als die Wahrheit. „Es Rita strunzt immer demit, weil sei Mann of de Regierung geschafft hat." (Rita erzählt überall, dass ihr Mann bei der Regierung tätig war.)

strunzdumm, sehr dumm, eine Steigerung des Wortes für „ungebildet" ins total Exzessive, exorbitant unfähig für alles.

Strunzer, Angeber, jemand mit geringem Selbstbewusstsein, der diesen Makel mittels Protzerei zu kaschieren versucht.

Strunzkarre, protziges, aufgemotztes Auto. Nicht die Fortbewegung auf Rädern steht im Mittelpunkt, sondern die Realisierung des Imponiergehabes.

Struss, Kehle, schreckliche Stimme. Sie kratzt, sie ist laut, und sie transportiert Informationen und Gefühle, auf die man verzichten kann. Zu allem Überfluss wiederholt sie das Gesagte mehrfach. „Der doo hat awwer e laudi Struss." (Dieser Mensch hat eine laute und unangenehme Stimme.)

struwwelisch, eigentlich „ungekämmt", struppig. Aber man kennt ja noch aus der Kindheit den Struwwelpeter! Er hatte eine tiefsitzende Abneigung gegen Kamm und Schere. „An den Händen beiden / ließ er sich nicht schneiden / seine Nägel fast ein Jahr. / Kämmen ließ er nicht sein Haar." – Heinrich Hoffmann (1809 – 1894) hat das geschrieben und sein Kinderbuch nach dem Struwwelpeter genannt. Es wurde zu einem der erfolgreichsten deutschen Kinderbücher überhaupt und in viele Sprachen übersetzt. Die Übertragung ins Saarländische: „Der saarländische Struwwelpeter. Nachdichtung von Edith Braun. Nidderau 1999." Das Wort „struwwelisch" hat allerdings im Saarland eine Sonderstellung. Es bedeutet 1. ungekämmt, 2. betrunken und 3. schlecht artikuliert. „Der schwätzt schon ganz struwwelisch." (Er redet durcheinander.)

Struwwelkobb, ungekämmter Mensch, dem die Haare bisweilen zu Berge stehen. Seine häufigste Handbewegung: Er spreizt die Finger einer Hand auseinander, und fährt damit von vorne nach hinten durch die Haare über den Kopf.

stuppe, stupsen, stoßen, aber nicht sehr heftig. „Du muschd mich net stuppe. Ich sahn jo nix." (Du musst mich nicht anstoßen. Ich verhalte mich ja ruhig.) Das Verb „stuppe" wird auch gebraucht für „blau machen" (= nicht zur Arbeit gehen).

Stumbe, Stumpen, 1. Kerzestumbe (Rest einer herabgebrannten Kerze), 2. Zigarre, die an beiden Enden stumpf abgeschnitten ist, kurz und gleichmäßig. Sie ist herber und raucht sich schneller, 3. bestimmte Überbleibsel wie Baumstumpf und Beinstumpf, 4. gene-

rell ein kleiner Mensch: „Was laafd dann do fier e Stumbe rum."
(Da geht ein kleinwüchsiger Mensch vorbei.)

Stupperte, eine der vielen saarländischen Rezepte, die auf Kartoffelbasis hergestellt werden.

Stuss, dummes Gerede, das offensichtlich nur den Sinn hat, akustische Löcher in belanglosen Gesprächen zu füllen, ein aus dem Rotwelschen stammender Lückenfüller in vielen Kommunikationsprozessen.

Subbedibbe, Suppentopf, ein Gefäß, in dem man Suppe kocht. Es ist ein wichtiger Bestandteil des Kochgeschirrs. Töpfe gehören zu den ältesten Zivilisationsgütern und Suppen zu den ältesten Mahlzeiten.

Subbeschissel, Suppenschüssel. Das lateinische Wort „scutella" kam aus der römischen Küche zu den Germanen. Es bedeutet so viel wie „Trinkschale". Sie gilt, wie auch Schüssel, als uralte Symbolik im Unbewussten des Menschen. Zerbricht sie, dann zerbricht auch die Liebe. Das aus dem Französischen kommende Wort „Terrine" (von „la terrine" = die Schale) setzt sich in der deutschen Gastronomie immer mehr durch.

Suddelbier, abgestandenes Bier oder Bier minderer Qualität. Damit kann man nichts, aber auch gar nichts mehr anfangen. Es schreit nach Entsorgung.

Suddelbrieh, verschmutzte Flüssigkeit. Sie hat nicht mehr die Bezeichnung „Brieh" (= Brühe) verdient. Wenn diese in Ordnung ist, kann man daraus Suppen machen. Bei „Suddelbrieh" ist das Rezept einsilbig: Weg!

suddele, eine Flüssigkeit verschütten. Man „suddelt", und schon ist es passiert. Materie befindet sich am falschen Platz. Gegenstände, unter anderem die eigene Kleidung, sind „versaut".

Suddelwasser, schmutziges H_2O, saarländisch: „dreckischi Brieh". Bei niedrigem Verschmutzungsgrad und Abwesenheit chemischer Substanzen im Wasser kann man damit einen Strauch, eine Hecke oder einen Baum gießen. Bei empfindlicheren Pflanzen sollte man vorsichtig sein. „Ma wääß jo nie!"

Suddelwetter, Nieselregen. Er entsteht, wenn das Wetter sich nicht entscheiden kann zwischen Trockenheit und Regen. Draußen ist alles glitschig. Den Schirm braucht man nicht, aber ohne geht es auch nicht. Die Schuhsohlen hinterlassen ihre Spuren auf der Treppe.

Suff, Trink-Exzess. Die für den Körper notwendige Zuführung von Flüssigkeit wird quantitativ übertrieben. Man beschränkt sich auch nicht auf Wasser, Säfte, Milch und Kaffee, sondern konzentriert sich auf Bier, Wein und Schnäpse. Das Ergebnis ist ein Zustand: „Das hat er im Suff gesaad." (Er sagte es, als er mehr als angeheitert war.)

Suffkobb. Ein Liebhaber alkoholischer Getränke aller Art. Den Kopf braucht er, wenn überhaupt, zum Trinken. Das machen allerdings nur Menschen. Tiere saufen.

suckele, suckeln, saugen, auslutschen, eine der ersten Tätigkeiten eines Babys, nachdem es das Licht der Welt erblickt hat. „Suckele" kann man auch noch Jahrzehnte später, zum Beispiel an einem Strohhalm (im Urlaub an der Pool-Bar). Sinn und Sinnlichkeit sind geblieben.

suhle, suhlen, eine Lieblingsbeschäftigung der Wildschweine. Besonders im Sommer kühlen sie in den „Suhlen" (= Schlammlachen) ihren Körper ab. Im Saarland suhlt man sich eher im übertragenen Sinn.

Sulwer, Solper, Pökelflüssigkeit, Salzlake. Im Saarland auch bekannt durch die Redewendung: „Der leid noch im Sulwer." (Er hat seinen Rausch noch nicht ausgeschlafen.)

Sulwerfleisch, Solperfleisch, in Salzlake mit Gewürzen gereiftes Schweinefleisch, z. B. Schweinsfüße, Schwänze, Ohren und Bauchläppchen. Dazu kommt Salpetersalz (Natrium- oder Kaliumnitrat) oder salpetrige Säure (Natrium- oder Kaliumnitrit), manchmal noch weitere Pökelstoffe, etwa Ascorbinsäure und Zucker.

Suppegrienes, Grünzeug für die Suppe, Suppenkräuter. Dazu gehören klein geschnittene Karotten, Sellerie, Lauch, Petersilie usw. Küchenprofis schälen sie zuerst, waschen die Schalen in klarem Wasser. Sie lassen diese von Anfang an mit kochen und entfernen sie am Ende des Kochvorganges. Das geschälte Suppengrün wird dann gewaschen, klein geschnitten und in die Brühe gegeben. Daneben gibt es noch die französische Zubereitungsart „Mirepoix", bei der man das Suppengemüse vor allem für die Zubereitung von Soßen benutzt. Die gleichen Zutaten röstet man und lässt sie danach mitkochen.

Suppenhuhn. Es handelt sich früher nicht unbedingt um wertvolles Fleisch, denn die Hühner hatten gefälligst lange zu leben, damit sie recht viele Eier legen konnten. Wenn das nicht mehr funktionierte, kamen sie in den Kochtopf. Das gekochte Fleisch war entsprechend zäh. Man konnte es gerade noch gebrauchen für eine Hühnersuppe und als Namensgeberin für eine alte Frau, die keiner mochte.

T wie Tuwwack

Der Buchstabe „t"

hat in deutschen Texten eine durchschnittliche Häufigkeit von 6,2 %. Am Anfang des Wortes wird „t" im Saarländischen meistens wie im Deutschen ausgesprochen. Im Innern und am Ende des Wortes tendiert die Aussprache zum weicheren „d".

Das stumme „h" nach dem „t" am Wortanfang wurde im Rahmen der Rechtschreibereform der Wilhelminischen Epoche (Beginn des 20. Jahrhunderts) eliminiert. Geblieben ist es allerdings weitgehend bei Eigennamen (Thomas), Ortsbezeichnungen (Friedrichsthal) und bei Substantiven, die „besonders Wertvolles" bezeichnen (Thron, Theater usw.). Das sollte man auch bei der saarländischen Schreibweise beibehalten: „Mir gehn ins Thejader."

Tabbe mache, Fußabdrücke hinterlassen, vor allem in frisch geputzten Fluren, Treppen und Wohnzimmern.

tabbe, stapfen, saarländisches Wort für „sich sehr unelegant fortbewegen". Der Kontakt der Füße mit dem Boden kann Geräusche erzeugen, die nicht jeder mag.

Tach, saarländische Aussprache des Wortes „Daa" (= Tag) beim Grüßen: „Gunn Tach" oder verkürzt „Tach". Das „D" am Wortanfang könnte zu Verwechslungen führen und wäre bestenfalls für „Dachdecker" geeignet, bzw. für deren Begrüßung an der Baustelle.

Teebsche, Pfötchen. Die Verkleinerungsform „sche" wird vor allem bei Haustieren benutzt, wobei sie allerdings für Riesenschnauzer nur dann in Frage kommen, wenn sich diese noch im Stadium eines Welpen befinden. Der Begriff „Teebsche" lässt sich selbstverständlich auch für die Hände von Kleinkindern verwenden.

Thele, Theley, mit über 3 200 Einwohnern der größte Ortsteil der Gemeinde Tholey. Der Ort liegt am Fuße des Schaumberges. Im Jahr 1975 wurde ihm das Prädikat „Luftkurort" zuerkannt.

Tender, 1. Teil einer Lokomotive, Vorratswagen für Brennstoffe und Wasser, 2. frühere Bezeichnung für imposantes Hinterteil einer Frau, gebildet (wie bei Männern) von den beiden stärksten Muskeln des Körpers. Der Begriff hat nichts zu tun mit dem von Elvis Presley gesungenen Titel „Love Me Tender", obwohl gewisse Assoziationen entstehen könnten.

Terräng, Gelände, abgeleitet von dem gleichbedeutenden französischen Wort „le terrain". Die saarländische Aussprache dieses Wortes hat nicht den geringsten Anklang an das Französische.

Texaner, 1. Bewohner des Kleinblittersdorfer Ortsteils Sitterswald, der auch Klein-Texas genannt wird. Vermutliche Herkunft: Es gab wohl in der Frühzeit des jungen Ortes häufiger Schlägereien in Kneipen. So etwas kennt man aus den Filmen über den Wilden Westen. 2. Bewohner des zweitgrößten Staates der USA im Süden der USA.

Thole, Tholey, eine Gemeinde im Landkreis St. Wendel mit mehr als 12 000 Einwohnern. Vielfache Funde belegen eine ausgedehnte Besiedlung durch die Römer. Im Mittelalter waren weite Teile des heutigen Saarlandes der Abtei Tholey tributpflichtig.

Tiftler, jemand, der sich mit viel Geduld und Ausdauer mit einer schweren, kniffligen körperlichen oder geistigen Arbeit beschäftigt und dabei auch die kleineren Dinge und Aufgaben berücksichtigt. Letztlich führt diese Herangehensweise dazu, dass die Umwelt das positive Ergebnis der Tätigkeit bewundert und feste glaubt, dass er eben ein „Händchen" für solche Tätigkeiten habe. „Loss emol de Horst ran. Der tiftelt so lang am Staubsauger bis er wedder laaft." (Übertrage die Aufgabenstellung an Horst. Mit viel Geduld und seiner bewährten Trial-and-Error-Methode wird er das häusliche Reinigungsgerät wieder funktionsfähig machen.)

tiftele, tüfteln, an irgendetwas mit zäher Geduld herumbasteln. Das entsprechende Know-How ist dafür nicht unbedingt die Voraussetzung, eher Fingerspitzengefühl und eine psychische Stabilität, die es ihm ermöglichen, zahlreiche Versuche zu starten.

Tinnef, Unrat, Unsinn, Kitsch und Schund, ein enger Verwandter des „Firlefanz". Er nähert sich dem heimischen Haushalt oft in Form von Geschenken oder auch als Urlaubserinnerungen. Zum Wegwerfen ist er zu schade. Zum Behalten ist er zu „grenzwertig". Meistens bleibt man beim Status quo: Man lässt alles beim Alten.

Tippelbruder, Stadt- und/oder Landstreicher. Der Wortteil „tippeln" steht für eine seltsame Art zu gehen, mit kurzen Schritten, zum Beispiel bedingt durch zu hohe Absätze. Der Begriff kommt aus dem Rotwelschen. Das Wort „Bruder" könnte Bezug auf die Bettelmönche des Mittelalters nehmen.

tippen, im Deutschen 1. raten, 2. an einer Spielwette teilnehmen, 3. im Saarländischen „an etwas nicht heranreichen", „an etwas sich nicht messen können" (nur in der Verneinung möglich). Einen passenden Satz hat Ludwig Harig in einem Aufsatz eines Schülers gefunden: „Weihnachten ist ein schönes Fest, derf aber an Faasend nicht tippen."

Tippmamsell, Bezeichnung eines Berufes, den es nicht mehr gibt. So hießen die Tippfräulein (Deutsch) und die Stenotypistinnen (Fremdwort). Der Begriff „Tippmamsell" gibt dem Ganzen eine französische und saarländische Abrundung: Der Wortteil „Mamsell" ist eine saarländische Zusammenziehung des französischen Wortes „mademoiselle" (= Fräulein). In Restaurants war früher die „Kaltmamsell" für die kalten „Häppchen" zuständig. Vor allem in Herrschaftshäusern mit viel Küchenpersonal.

Tippse, sehr abwertend für „Tippmamsell", oft auch benutzt von Menschen, die selbst nicht in der Lage dazu waren, einen Brief zu tippen.

Tochtermann, Schwiegersohn, früher der „Eidam". „Mei Tochtermann is bei de Bahn." (Mein Schwiegersohn arbeitet bei der Deutschen Bundesbahn.)

Tolpatsch, ein tapsiger, ungeschickter Zeitgenosse, ein Wort aus dem 17. Jahrhundert. Damals hatte es noch die Form „Tolbatz", ein Neckname für ein Mitglied der ungarischen Infanterie. Es war abgeleitet von dem ungarischen Begriff „talpas" (= breiter Fuß, Bär, aber auch Infanterist).

Toobert, ungeschickter Mensch, jemand, der zwei linke Hände hat, den man für körperliche Arbeit nicht gebrauchen kann, unabhängig davon, ob es sich um Feinarbeit handelt oder um Bauarbeiten.

toobisch, ungeschickt. Jemand, der „toobisch" ist, hat selbst bei der Arbeit seine Hände nicht unter Kontrolle. Er kriegt einfach nichts hin. Man kann ihn zu nichts gebrauchen.

Toobloch, ein anderes Wort für „Toobert". Es ist sprachlich mit dem anal-besetzten Wort „Loch" in Verbindung gebracht und eignet sich von daher eher als handfestes, nicht gemäßigtes Schimpfwort.

Toodsch, Hand (wie e „Panneschipp"). „Der doo hat awwa e großi Toodsch." (Dieser Mensch hat eine große Hand.)

Toop, Pfote, normalerweise ein Körperteil eines Säugetiers, wird aber bewusst auch für übergroße Hände von eher groben Menschen benutzt.

toowe, toben, 1. wüten, hausen, die Grenzen überschreiten. Als bewusste Handlung: „sich austoowe", zum Beispiel Kinder im Urlaub, 2. etwas zufällig richtig hinbekommen „Das do haschde awwer gudd getoobt." (Das hast du aber zufälligerweise gut hinbekommen), auch generell im Sinne von „Glück gehabt haben", wobei diese Konstruktionen nur möglich sind in der zusammengesetzten Zeit des Perfekts: „Es Annelie hat in e Baufirma ringeheirat. Ääs hat's gudd getoobt." (Annelie hat sich durch ihre Heirat finanziell verbessert. Sie hat Glück gehabt.)

Traatsch, nachbarschaftsbezogene Heimatkunde, die vor allem ihren Platz bei Kaffeekränzchen und in Friseursalons hat.

traatsche, schwatzen: „Ma schwätzt saarländisch unn traatscht iwwer annere Leit", aber auch abfällig für „gehen": „Seit sei Mann gestorb is, traatscht ääs jede Daach of de Friedhof."

Traatschtante, eine Frau mit dem ausgeprägtem Drang, sich negativ über andere Menschen und deren Verhaltensweisen zu äußern. So etwas gibt es aber nicht nur bei Tanten.

Tranfunzel, früher eine Lampe, die durch Anzünden von „Tran" (= flüssiges Fett von Säugetieren) leuchtete. Sie war anderen Leuchtquellen unterlegen, und man machte sich sogar darüber lustig. Damals wie heute benutzt man das Wort für einen nicht infarktgefährdeten Menschen, der sich sehr langsam bewegt, vor allem, wenn er arbeitet: „Der Tranfunzel kennschde die Schuh beim Laafe sohle." (Bei diesem langsamen Menschen kannst du die Schuhe während des Gehens reparieren.)

Transuus, Variante der Tranfunzel, wobei das Wort aber in erster Linie für weibliche Wesen gebraucht wird. „Suus" wurde wohl als Kurzfassung von „Susanne" gebraucht. Geläufiger ist heutzutage allerdings „Susi".

träme, träumen, wobei es allerdings keine saarländische Substantivierung gibt: „Ich hann geträmt", aber „Das glaabschd Du doch im Traum net!"

Tränekuckuck, ein Jammerlappen, der recht einsam ist (wie ein Kuckuckskind). Er weint und weint und weint... Ihm ist nicht zu helfen.

Trauwele, saarländischer Plural für Trauben. Die deutsche Sprache macht es sich leicht. Sie hängt im Plural einfach ein „n" an die Traube. Die saarländische Sprache verzichtet beim Singular nur auf das „e" in der deutschen Fassung: Sie lautet „Traub".

Trawant, Trabant, 1. die alte Bezeichnung für den Bodyguard eines hohen Würdenträgers, 2. der sprachliche Vorläufer für einen „Fan" (Anhänger, oder auch abwertend: Mitläufer), 3. ein Himmelskörper, der einen Planeten auf einer festen Bahn umkreist, 4. ein ab 1958 in Zwickau gebautes Kultauto (der VW der DDR), 5. im Saarland auch die Bezeichnung für einen kleinen, gewitzten, pfiffigen Jungen („Du bischd mir vielleicht e Trawant.")

Treiwe, altsaarländische Bezeichnung für Gedärme, Kaldaunen, Kutteln, auch für Blutwurst, Boudin. Das Wort stammt aus dem Keltischen. Dort hieß es „trippa", im Mittelalter „tripa", im Englischen „tripe", im Spanischen „tripa" und im Französischen „triper".

Trelles, Tanzknopf, im übertragenen Sinn bezeichnet man damit einen Menschen, der sehr gerne tanzt und das auch kann.

trendele, bedeutet im Saarländischen nicht etwa „mit dem Trend gehen", sondern „trödeln". „Wenn die Kinner aus de Schul komme, dann trendele die immer so lang, bis es Esse kalt is." (Das Mittagessen verzögert sich bei uns, weil die Kinder zu langsam nach Hause gehen.)

Trendler, ein sich nur langsam bewegender Mensch, der deshalb auch immer zu spät kommt, aber auch jemand, der zum Beispiel bei Arbeiten nicht von der Stelle kommt.

Treiwelscher, Träubelchen, saarländisch: „Hanstrauwe", deutsch: Johannisbeeren. Der Name Johannisbeere leitet sich vom Johannistag (24. Juni) ab. Um diese Zeit herum werden die „Treiwelscher" (bzw. „Hanstrauwe") meistens reif. Das Wort „Träubelchen" diente auch als Bezeichnung für eine saarländische Schmerztablette in der „Frankenzeit" (1949–1959).

trietze, herumkommandieren, schikanieren, jemanden nerven, kommunikativ quälen. Weit verbreitete Unsitte im Berufsleben, der

Familie und im Verein. Eins jener Wörter, die man benutzte, als es den Ausdruck „Mobbing" noch nicht gab.

Tripstrill, einfältige, ländlich geprägte Person, die nicht mit der Zeit geht und tumb vor sich hin lebt. Der Ursprung dieses Begriffes ist offen. In der Nähe von Stuttgart gibt es einen Freizeitpark, der seinen Namen auf seinen Standort, den Weiler „Tripsdrill" in der Gemeinde Cleeborn, zurückführt. Früher hieß er „Treffentrill". Witzig klingende Namen werden wohl gerne von Umgangssprachen aufgenommen. Der Stadt „Buxtehude" geht es ähnlich wie „Tripsdrill".

tripse, tropfen, tröpfeln. Der Wasserhahn „tripst", und wenn es draußen „tripst", dann muss man den Schirm mitnehmen.

triwwelliere, drängen, plagen, quälen, von dem lateinischen Verb „tribulare" abgeleitet. „Jetzt triwwellier doch net so." (Hör auf zu drängen!)

Trockel, Trockengestell im Garten oder im Hof, an das man die Wäsche zum Trocknen und Lüften aufhängen kann.

trockele, trocknen, sich selbst, anderen Gegenständen die Feuchtigkeit entziehen.

Trockesputzer, ein Habenichts, ein armer Schlucker, der über nicht viel Geld verfügt, aber sich ständig bemüht, den Anschein eines vermögenden Zeitgenossen zu erwecken. Leute, die es besser wissen, bezeichnen ihn dann gegenüber Dritten als „Trockesputzer". Wörtlich: einer, der vergeblich versucht, Flüssigkeit aus dem Mund hinauszuspucken. Aber es geht nicht. Er ist nicht flüssig.

Troddeler, Trödler, Altwarenhändler, der sowohl einkauft als auch verkauft. Die Nähe des Wortes zu „Trödler" wurde von den Schöpfern des saarländischen Begriffes „Troddeler" offensichtlich billigend und wohlwollend in Kauf genommen.

Trombele, wenig Geld, Habseligkeiten, Peanuts. „Mit denne paar Trombele, die wo der verdient, kann er sich kenn Mercedes kaafe." (Mit dem geringen Lohn, den er erhält, kann er sich keinen Mercedes leisten.)

tropse, tropfen. Das saarländische Wort beschreibt aber nur das, was der Wasserhahn macht. Der Regen „tropst" nicht, er „tripst".

trotten, sich stupide vorwärtsbewegen, die ursprüngliche Bezeichnung für den langsamen, gemächlichen Gang des Pferdes. Das entsprechende Substantiv ist der „Trott", ein Wort, das auch im übertragenen Sinn für Monotonie und Langeweile gebraucht wird.

Trottwa, altsaarländisches Wort für „Bürgersteig", abgeleitet von dem französischen Substantiv „le trottoir", ein Wort, das zu der gleichen internationalen Sprachfamilie gehört wie „trotten" als eine Form der Fortbewegung.

Trottwaschwalb, Bordsteinschwalbe, wörtlich: „eine Schwalbe vom Bürgersteig". Gemeint ist damit eine Dame vom Straßenstrich. Das „Trottwa" ist allerdings meistens nur ihr Akquisitionsfeld. Die Herkunft des Wortteils „Schwalb" ist unklar. Die Tatsache, dass es Schwalben auf der ganzen Welt gibt (Ausnahme: Nord- und Südpol) kann es nicht allein sein. Auch ihre Zugehörigkeit zur artenreichen Familie der Singvögel klärt uns nicht auf.

Truddschel, eine extrem rundliche, dicke Frau. Das kommt selbstverständlich nicht vom Essen. Das sind die Gene und die schweren Knochen.

Truddschelsche, der Diminutiv von „Truddschel", eine Ableitung von dem Frauenname „Trudel", einer Kurzform von Gertrude. Der Kosename ist für ein kleines goldiges Mädchen geeignet oder für ein dickliches, kindliches Weib.

Trulla, unfreundliche, unangenehme, reizbare Frau. „Die nei Noberin is awer vielleicht e Trulla." (Die neue Nachbarin ist wohl eine unfreundliche und unangenehme Frau.)

trunke, altsaarländisch für „schwindelig". Nicht zu verwechseln mit „betrunke" (= „knippelgranade angeheitert"). „Trunke" ist man zum Beispiel, wenn man morgens nicht sofort „in die Gäng" kommt.

tubbe, einen leichten Klaps geben („Wenn ich was sahn, dann duhd de Harald es Kerstin immer tubbe." (Wenn ich das Wort ergreife, dann stößt Harald seine Kerstin immer an.) Mit der Vorsilbe „be" bekommt das Wort eine andere Bedeutung. Es wird zur Softfassung von „betrügen".

tuddele, stottern. War in früheren Zeiten eine Quelle der Heiterkeit. Das hat sich geändert. Geblieben ist das saarländische Wort, das ansatzweise den Redefluss der Stotterer parodiert.

Tuddeler, Stotterer, ein Mensch mit Störungen des Sprechablaufs, der gekennzeichnet ist durch Wiederholungen von Wörtern, Silben und Lauten. Die Symptome des Stotterns lassen sich lindern, ganz heilbar sind sie jedoch selten.

tunke, 1. hineintauchen, zum Beispiel ein Stück Brot in eine Soße, 2. jemandem einen Schlag versetzen, eine runterhauen. „Gleich duhn ich dir ähni tunke." (Gleich schlage ich dir auf die Wange.)

Tuppee, von dem französischen Substantiv „le toupet"(= Schopf, Haarbüschel) abgeleitet. Es bedeutet im Französischen aber auch „Frechheit". Das saarländische Wort „Tuppee" heißt auf Französisch „la perruque".

tuschur, andauernd, fortwährend, aus dem Französischen „toujours" = immer. Es gibt sogar eine deutsch-französische Fassung, wenn man die Permanenz besonders betonen möchte: „Der schafft de ganze Daach – immer tuschur." Wörtliche Übersetzung: „Er arbeitet den ganzen Tag, immer, immer."

Tusnelda, klassisches Schimpfwort für eine Frau, das nicht nur im Saarland benutzt wird. Jacob Grimm (einer der Brüder Grimm) vermutet, dass der Name vielleicht von „Thursinhilda" abgeleitet ist, eine Verbindung von „thurs" (= gierig) und „hiltja" (= Schlacht).

tutswitt, schnell, Betonung auf der ersten Silbe, abgeleitet von dem französischen Wort „tout de suite" (= sofort, direkt).

Tuud, Tüte, auch Hupe, zum Beispiel im Auto und am Werkstor. Das Geräusch kann stören. Vielleicht ist deshalb auch „Tuud" eine abwertende Bezeichnung für ein älteres weibliches Wesen.

Tuudeklääwer, Gefängnisinsasse. „Der is Tuudeklääwer off de Lärschesfluur." (Dieser Mensch ist Insasse im Saarbrücker Gefängnis Lerchesflur. Er klebt Tüten.) In Gefängnissen müssen die Gefangenen einfache Arbeiten verrichten. Früher gehörte dazu das Tüten kleben.

Tuur, Tour, Reihe, aber auch Teil der Redewendung „die do Tuur" (= diesmal). „Die do Tuur mache ich das annerschd." (Diesmal ändere ich mein Verhalten.)

Tuwwack, Tabak, Wort aus dem Spanischen: „el tabaco". „Mei Opa hat immer Tuwwack aus St. Wennel geraacht." (Mein Großvater rauchte immer St. Wendeler Tabak.)

tuwwacke, verprügeln. Hier muss wohl ein Bedeutungswandel vorliegen. Wer andere „tuwwackte" (Achtung! Imperfekt), vernebelte seine Mitmenschen, nahm ihnen die klare Sicht oder verprügelte sie.

U wie Uwwerraasch

Der Buchstabe „u"

hat in deutschen Texten eine durchschnittliche Häufigkeit von 4,4 %. Die Dehnung erfolgt im Deutschen durch ein „h" (Huhn) - und nicht durch ein weiteres „u" (Ausnahme: Eigennamen). Das sollte man auch im Saarländischen beibehalten.

uffbadsche, aufplatzen. „Pass jo uff, dass da die Gefillde net uffbadsche!" (Bitte achte darauf, dass die gefüllten Klöße nicht aufplatzen.)

uffbluschdere, aufplustern, dem Federvieh nachempfunden, sich in Szene setzen: „Seit em Monika sei Mann Birjermääschder is, duuds sichs noh de Mess immer uffbluschdere." (Seitdem Monikas Mann Bürgermeister ist, setzt sie sich nach dem Kirchgang immer in Szene.)

uffduddele, aufwickeln: „Muschd aach die Kabelroll uffduddele!" (Du musst die Kabelrolle auch aufrollen.)

uffem, auf dem, „Em Christoph sei erschd Fraa hat uffem Finanzamt geschafft." (Christophs erste Frau arbeitete bei dem Finanzamt.)

uffgawwele, aufgabeln (nicht nur kulinarisch): „Ei wo haschd dann du das do uffgegawwelt?" (Wie hast du denn diese Frau überzeugt, mit dir zu gehen?)

uffhäckele, aufhacken. „Du muschd aach seerschd uffhäckele, bevor du gieße duhschd." (Zuerst muss man die Erde auflockern. Dann kann man gießen.)

uffhänge, aufhängen. Man kann Verschiedenes aufhängen: einen Menschen (früher) und einen Wintermantel (heute). In der saarländischen Umgangssprache gibt es die Kombination von beidem. Ein häufiger Begrüßungsspruch gegenüber Gästen: „Hängen Eisch uff!" (womit selbstverständlich die Wintermäntel gemeint sind.)

uffhewe, 1. aufheben, etwas, was auf dem Boden liegt, 2. etwas, was man später vielleicht noch gebrauchen kann.

Uffhewens, Umstände. „Jetzt machen doch kenn Uffhewens! Dann esse ma halt ohne Serviette." (Bitte keine Umstände! Dann verzichten wir eben mal auf Servietten.)

uffholle, aufholen: „Denne Vorsprung kenne mir serleb daachs nemmeh uffholle." (Diesen Vorsprung können wir niemals mehr aufholen.)

uff me, auf einem. „De Öffner muss uff me Stuhl leije." (Der Flaschenöffner muss auf einem Stuhl liegen.)

uffplicke. „Du muschd die Niss awwer seerschd uffplicke, bevor du se in de Dääsch vom Kuche machschd." (Bevor du die Nüsse in den Kuchenteig machst, musst du zuerst die Schalen entfernen.)

uffraffe, aufraffen. Das kann man 1. mit sich selbst tun, z. B. um endlich mal wieder ins Fitnessstudio zu gehen, und 2. im Herbst mit den Äpfeln (deutsch: auflesen).

uffreesche, aufregen. Das kann man 1. sich selbst und 2. andere. In beiden Fällen ist das reine Nervensache.

uffreschd, aufrecht. „De uffreschde Gang hat sich noch net iwwerall durchgesetzt." (Der aufrechte Gang ist noch kein Gemeingut.)

umenanner, nacheinander. „Net all gleichzeidisch. Das mache mir umenanner." (Nicht alle zur gleichen Zeit. Besser nacheinander.)

Umgänger, wörtlich: jemand, der umhergeht, etwa als Wächter, Aufsichtsperson oder als Feldhüter. Durch sein Umhergehen unterscheidet er sich vom klassischen „Stehrum", der, wie der Name schon sagt, einfach nur rumsteht, etwa an einer Baustelle, an der ein anderer arbeitet. Nebenbedeutung: In der Jägersprache bezeichnet man mit dem Wort „Umgänger" ein männliches Wildschwein, das ständig das Revier wechselt.

Umgängersch, altsaarländischer Ausdruck für eine Frau, die bei Besorgungen sehr lange wegbleibt und man deshalb den Verdacht hegt, sie sei in Wirklichkeit „of de Schnerr".

umm, saarländische Kurzform für „auf dem". „Die Lääder leid noch umm Dach." (Die Leiter liegt noch auf dem Dach.)

Ungedanke, Unaufmerksamkeit. „Ich war graad en Ungedanke." (Ich war gerade etwas unaufmerksam.) Im Deutschen wird der gleiche Inhalt mit einem Wort ausgedrückt, das die entgegengesetzte Bedeutung hat. Da ist man „in Gedanken".

Unmus, altsaarländisch für Ärger, Unannehmlichkeiten. „Das do gebbd nur Unmus." (Da müssen wir mit Unannehmlichkeiten rechnen.) Vielleicht ist das Wort aus „Unmut" entstanden.

unn?, saarländische Zusammenfassung von „Oh guten Tag, das freut mich aber, Dich hier zu sehen. Wie ist denn dein wertes Wohlbefin-

den?" Die saarländische Variante ist steigerbar durch die Verlängerung durch das Wort „sonschd". Mit „unn" werden auch viele Fragen eingeleitet: „Unn danne?" (Und danach?), „Unn dodenoh?" (Und nachdem das getan ist?)

unneedisch, unnötig, überflüssig. „Dem muschd du kenn e-mail schicke. Das is unneedisch. Ruf ne ahn!" (Du musst ihm keine E-Mail schicken. Das wäre überflüssig. Ruf ihn an!)

Unneedischer, wörtlich: „Unnötiger", jemand, auf den man verzichten kann. Wird oft flapsig-spaßig benutzt: „Du bischd vielleicht e Unneedischer." (Auf dich haben wir gerade noch gewartet.)

unnenauser, vage Richtungsangabe im Saarland. „Hinnenaus unn dann unnenauser, dann sieht ma schon die Kersch." (Nach hinten und dann runter, dann erscheint vor einem die Kirche.)

unner Daach, unter Tage, alter bergmännischer Ausdruck für „in der Grube". Unten ist man „unner Daach" und oben ist man „iwwer Daach". Das Ganze aber heißt „of de Grub" (auf der Grube). Früher konnte man gleichzeitig „of der Grub unner Daach schaffe".

unner de Hand, zwischendurch, vertraulich, heimlich, informell. Man meidet den offiziellen Weg und macht alles „so" und ohne Mehrwertsteuer.

unnere, zeitweise und nicht sehr komfortabel wohnen, bei jemandem inoffiziell unterkommen, zur Untermiete wohnen.

unnernanner, untereinander. „Es Nicole unn sei Schweermudder sinn unnernanner bees." (Nicole hat mit ihrer Schwiegermutter kein gutes Verhältnis.)

unnerschaffe, jemandem eine Stelle besorgen. „De Horst hat unser Stefanie bei de Poschd unnergeschafft." (Horst hat Stefanie eine Anstellung bei der Post besorgt.)

unnitz, eine Kurzfassung von „ohne Nutzen". Im Laufe der Zeit wurde das Wort „unnitz" verdrängt durch „unnötig". Im Deutschen gibt es aber auch noch „unnütz".

Urpilscontainer, neusaarländisch für Bauch. Eine beliebte saarländische Biersorte wird verantwortlich gemacht für das, was man früher verharmlosend als „Bauchansatz" bezeichnete. Dem Bier hat man einen Anglizismus angehängt, die Bezeichnung für einen „Großraum-Behälter", in dem man u. a. auch Bier lagern und transportieren kann.

Utschebebbes, ein Schimpfwort aus der Zeit der französischen Besatzung nach dem Ersten Weltkrieg. Es richtete sich gegen französische Soldaten, zuerst gegen jene, die eine marokkanische Herkunft hatten, später gegen französische Soldaten generell. Über die Wortherkunft gibt es mehrere sich widersprechende Vermutungen. Als Schimpfwort „wanderte" der „Utschebebbes" von Rheinhessen in die Pfalz und von dort aus in das Gebiet des heutigen Saarlandes. Es wird heute ohne besondere Aussage als wohlklingendes Schimpfwort benutzt, manchmal sogar als Kosewort für ein Kind.

Uwwerraasch. Die Buchstaben „r" und „a" werden zusammengezogen gesprochen, ansonsten entsteht eine andere Bedeutung. Das Wort „Uwwerraasch" steht für Unordnung, abgeleitet von dem französischen Substantiv „l' ouvrage" (= Werk, Arbeit). Das Wort hat im Französischen aber nicht die negative Bedeutung wie im Saarländischen. Seine positive Steigerung stammt aus der gleichen französischen Wortfamilie wie „l'oeuvre" bzw. „l'oeuvre d'art" (= Kunstwerk).

uze, veräppeln, necken, veralbern, verspotten, Witze machen über jemanden. In diese Reihe gehört auch der im Saarland nicht unbekannte Ausdruck „hänseln". Er leitet sich ab von „Hans". Von dem Namen „Ulrich" hieß die Kurzform früher „Utz". Daraus entwickelte sich das entsprechende Verb „uzen". Man hat also die Möglichkeit zu wählen: Soll ich einen Menschen „hänseln" oder „veruzen"?

V wie Vorwitzginkel

Der Buchstabe „V"

hat in deutschen Texten eine durchschnittliche Häufigkeit von 0,7 %. Im Französischen wird „v" wie das deutsche „w" ausgesprochen, im Spanischen (fast) wie ein deutsches „b" und im Deutschen wie ein „f", wobei einige, aus dem Französischen kommende Wörter am Wortanfang wie ein „w" ausgesprochen werden (Vase).

Die saarländische Aussprache des „v" ist identisch mit der deutschen. Wichtig für die Schreibweise: Den deutschen Wortanfang „ver" sollte man auch für die entsprechenden Dialektbegriffe übernehmen, auch wenn er zwischen „ver" und „va" ausgesprochen wird (Nuancen je nach Sprecher und Situation). Es sollte auch hier gelten: Im Zweifelsfall zugunsten der Lesbarkeit.

Vadder, die saarländische Fassung von „Vater". In Patchwork-Familien unterscheidet man heute schon zwischen dem biologischen, rechtlichen und sozialen Vater. Die drei Rollen wurden früher traditionell von einer Person wahrgenommen. Das Wort „Vater" gehört zu den ältesten Wörtern der Welt. Ähnliche Vorformen gibt es in vielen indoeuropäischen Sprachen. Zu Beginn der Völkerwanderung gab es bereits den „fader", und das Neuhochdeutsche kennt schon sehr früh den „Vater". Das Wort selbst wird auch in anderen Zusammenhängen gebraucht, dort allerdings nicht in andere Begriffe oder Regionalsprachen übersetzt. Einen „Gottpapi" gibt es genau so wenig wie ein „Vadderland".

Vadderdaa, Vatertag, ein anderer Name für „Christi Himmelfahrt". Die Fahrt der Väter geht nicht gen Himmel, sondern wahlweise ins Grüne oder ins Blaue. Traditionell gehören als Grundaus-

rüstung dazu: etwa ein halbes Dutzend Männer (es müssen keine Väter sein), Strohhüte, ein Leiterwagen und viel Bier.

Vaddersches unn Muddersches, ein Kinderspiel mit erzieherischer Wirkung. Elterliches Rollenverhalten wird nachgeahmt, ebenso Wertmuster, Verhaltensmuster und Sprachmuster. Man entdeckt auch, dass es Unterschiede zwischen männlichen und weiblichen Wesen gibt.

veräbbele, jemanden zum Besten halten. Vielleicht muss man auf Adam und Eva zurückgehen, um die Entstehung des saarländischen Verbs „veräbbele" zu verstehen: Das Böse (lateinisch: „malum") näherte sich ihnen in Form eine Apfels (lateinisch: ebenfalls „malum"). Allein schon durch dieses Sprachspiel wurden die Menschen „veräbbelt". Genau so ging es weiter.

verbabbele, versprechen, ungewollt etwas aussprechen, sich versprechen. „Ich hann mich verbabbelt. Ich hann gesahd, ich wär im Theater gewähn." (Ich habe mich versprochen, indem ich erzählte, ich sei im Theater gewesen.)

verbabbt, verklebt. „Das ganze Paket is verbabbt mit Reklame." (Überall auf dem Paket ist Werbung aufgeklebt.)

verbawwert, verbeult, eingedellt. „Ich muss in die Werkstatt. De Kotflischel is verbawwert." (Ich muss meinen Wagen in die Werkstatt bringen, weil der Kotflügel mehrere Dellen aufweist.)

verbollert, verbeult, „Frieher ware die Kaffeebleche von de Berschleit allegar verbollert." (Früher waren sämtliche Kaffeebleche der Bergarbeiter verbeult.)

verboozt, verkleidet, maskiert, aber nicht nur an Fastnacht. Wird auch abfällig benutzt, wenn sich jemand unpassend kleidet, sich also „gemuschdert" hat.

verbretzele, verprügeln. „Wie der das gesahd hat, do hann ich dem ähni verbretzelt." (Als er das sagte, da habe ich ihm eine runtergehauen.)

verbutze, 1. ein Mauerwerk verkleiden, 2. etwas restlos aufessen und 3. (in der Negation) jemanden (oder etwas) nicht leiden können): „Denne kann ich net verbutze."

verdaddert, überrascht, verblüfft. „Wie ich geheert hann, dass Emmerschbersch ofsteiht, do war ich ganz verdaddert." (Als ich vom Aufstieg des SV Elversberg erfuhr, war ich doch sehr überrascht.)

verdadscht, zerdrückt. „Die Tomate ware nix. Sie ware verdadschd, unn aus Holland." (Die Tomaten konnte ich nicht gebrauchen. Sie waren zerdrückt und aus Holland.)

verdennisiere, sich dünn machen, heimlich verschwinden. „Wies of ähnmol um die Bollidick gang is, do hat sich de Minischder verdennisiert." (Als das Thema Politik auftauchte, da verschwand der Minister urplötzlich.)

verderre, vertrocknen, verdorren, „Wenn du denne Blumestock net bald gieße duscht, verderrt der der". (Wenn du den Blumenstock nicht bald mit Wasser versorgst, wird er dir vertrocknen.)

verdricke, 1. verschwinden, „Der hat sich awwer dabber verdrickt.", (Er ist sehr schnell verschwunden.), 2. mit Genuss viel essen, „Der do hat drei Gefillde off ähmol verdrickt.", (Er hat drei gefüllte Klöße auf einmal gegessen.), 3. aus gekochten Kartoffeln durch Zerdrücken ein Püree fabrizieren, „Ich hann die Grumbeere allegar verdrickt. Do kenne mir Pirree draus mache." (Die Kartoffeln habe ich zu Brei zerdrückt.), 4. sich umarmen, „Ich hann die klään Krott ähnfach mol verdricke misse." (Ich musste die Kleine ganz einfach mal umarmen.), 5. etwas falsch in die Ladenkasse eingeben, „Do hann ich mich doch tatsächlich beim Preis verdrickt.", (Da habe ich doch tatsächlich den falschen Preis in die Ladenkasse eingegeben.)

verdufte, verschwinden. „Wie die das Wort ‚Arwet' geheert hann, do ware die in ähner Minut verduft." (Als sie das Wort ‚Arbeit' vernahmen, verschwanden sie auf der Stelle.)

verdummbeidele, jemanden von der Unwahrheit überzeugen. „Die Zeitunge duhn dich nur verdummbeidele", (Die Printmedien halten uns wohl alle für dumm.)

vergammert, gierig auf Kulinarisches, lüstern auf Speisen, ein Zustand, der sich nicht nur bei Gourmets, sondern sogar bei Liebhabern von Lebensmitteln aller Art einstellen kann.

vergelschdert, erschreckt, ratlos, durcheinander. „Was guckschd du dann so vergelschdert?" (Wieso schaust du so erschrocken?)

vergnuse, mögen (gibt es nur in der Verneinung). „Ich kann denne äwe net vergnuse." (Ich kann ihn einfach nicht ab.)

vergraddele, hektisch arbeiten. „Ich vergraddele mich do, um es Zimmer ferdisch se kriehn, unn du guckschd Fernseh." (Ich arbeite hier wie ein Wilder, um das Zimmer hinzukriegen, und du amüsierst dich derweil vor dem Fernseher.)

vergrimmele, 1. Teig in die Form von Krümeln bringen und 2. sich selbst vom Acker machen (landwirtschaftliche Metapher im Sinne von abhauen).

verhacksticke, klarstellen, erklären. „Das mit der Garaasch hann ich dem seerscht emol misse verhacksticke." (Unser Vorhaben in Sachen Garage musste ich ihm zuerst einmal erklären.)

Verheiradede, Zweitfassung von „Geheirate", saarländisches Nationalgericht, eine Mischung aus Salzkartoffeln (Salzwassergrumbeere) und Mehlklößen (Mehlkneppscher). Darüber kommt eine Speckrahmsoße, und dazu gibt es meistens grünen Salat. Bisher hat noch niemand herausgefunden, welches der männliche und welches der weibliche Teil dieses kulinarischen Paares ist. Eine gleichgeschlechtliche Paarung männlicher oder weiblicher Art ist wohl ausgeschlossen.

verhohnepiepele, jemanden zum Besten halten, durch den Kakao ziehen, verhöhnen. „Ich losse mich vom Vorstand doch net verhohnepiepele." (Vom Vorstand lasse ich mich nicht verhöhnen.)

verhuddele, sich in ein Durcheinander hineinarbeiten. „Wenn ma so wenisch Platz hat, dann kann ma sich leicht verhuddele."

verhunze, verderben, verpfuschen. „Der hat mir die ganz Gulaschsupp verhunzt." (Er hat mir die Gulaschsuppe verdorben.)

verkaafe, verkaufen. „Wenn mir es Haus verkaafe, dann hann mir wedder Geld." (Nach dem Verkauf unseres Hauses werden wir wieder liquide sein.)

verkackeiere, jemanden hereinlegen. „Ähns is klar: Verkackeiere loss ich mich net." (Ich bleibe dabei, dass ich mich nicht hereinlegen lasse.)

verkassemaduckele, abtauchen, sich verstecken. Eine Kasematte war ein Festungsbau, in dem man sich im Krieg „ducken" (= verstecken) konnte, vor allem, um vor der feindlichen Artillerie geschützt zu sein. Wer sich „verkassemaduckelte", der drückte sich vor der direkten kriegerischen Auseinandersetzung (und hatte meistens Recht). Kasematten gibt es im Saarland sichtbar nur in Saarlouis. Die Kasematten von Saarbrücken sind unter dem Schlossplatz versteckt.

verklickere, mitteilen, etwas erklären, ursprünglich ein Begriff aus der Seefahrt.

verknippele, fest zusammenbinden, verknoten (aber nur mit sehr dünnem Seil). Eine Struktur ist nicht erkennbar. Hauptsache: Es hält.

verknoddele, verknoten. „Das do Sääl is awwa schwer verknoddelt." (Dieses Seil hat sich nachhaltig verknotet.)

verkrumpele, zerknittern. „Das do Hemd kannschde heit Omend net ahnziehe. Das is ganz verkrumpelt." (Dieses Hemd eignet sich nicht für die heutige Abendgesellschaft. Es ist dermaßen verknittert.)

vermansche, etwas ziel- und planlos und somit unsystematisch miteinander vermischen, das alles mit dem Ergebnis, dass man mit dem Endprodukt nichts anfangen kann.

vermeewele, wörtlich: vermöbeln, bedeutet nicht etwa, die Wohnung dermaßen mit Möbeln zustellen, damit die Bewohner keinen Platz mehr drin finden, sondern „verprügeln". Vielleicht gab es vorher Streitigkeiten über die Auswahl der Möbel oder deren Preis, und es gingen dabei einige Möbelstücke zu Bruch. Wahrscheinlich hat sich der umgangssprachliche Ausdruck mittlerweile von den „Meewele" gelöst. So etwas kann ja mal vorkommen.

vermurkse, einen Gegenstand oder ein Projekt durch unsachgemäße Vorgehensweise zerstören. Wird im übertragenen Sinn auch benutzt für nicht-körperliche Arbeiten auf niedrigem Niveau.

vernusse, jemanden tätlich angehen, verprügeln. „Wie der gesahd hat, dass mir im Saarland noch nie ebbes of die Bään gestellt hätte, do soll ich denne awwer mol vernusst han." (Als er behauptete, dass wir Saarländer noch nie effizient gearbeitet hätten, da bin ich ihn tätlich angegangen.)

verplembere, Geld unnötig ausgeben, nach dem Motto: „Es gebbds Leit, die kaafe sich Sache, wo se net brauche, bezahle se mit Geld, wo se net hann, um Leit se imponiere, die wo se net leide kenne." (Menschen kaufen sich Gegenstände, für die sie keinen Bedarf haben, und sie bezahlen sie mit Geld, das ihnen nicht zur Verfügung steht, um Menschen zu imponieren, die sie nicht mögen.)

verratzt, verloren. „Wenn de im Urlaub net genuch Geld haschd, dann bischde schnell verratzt." (Ohne ausreichende Liquidität kommst du im Urlaub recht bald in die Problemzone.)

verreiße, zerreißen, nicht zu verwechseln mit „verreise" (= in Urlaub fahren). „Verreiße" kann man im Saarland eine Verpackung oder einen Steuerbescheid. Im Saarländischen wie im Deutschen kann man das auch mit einem Theaterstück machen, mit gleicher Schreibweise, aber man sollte schon Theaterkritiker sein.

verriwwele, zerkrümeln. „Du muschd aach die Krimmele rischdisch verriwwele!" (Du musst auch die Krümel richtig zerkrümeln.)

verroppe, zerreißen, zerstören. „Das ganze Packpapier hann ich misse am Müllcontainer verroppe." (Am Müllcontainer musste ich das gesamte Packpapier zerreißen.)

versaubeidele, verderben, kaputt machen, zerstören. „Mir hotte fier die Party alles gerischt. Of ähnmol kommt der Dummbeidel unn duht uns mit seiner Mussikanlaach alles versaubeidele." (Die Party war gut vorbereitet, doch plötzlich kommt dieser unintelligente Mensch mit seiner Musikanlage und bringt alles durcheinander.)

versaut, verschmutzt, meistens ein Kleidungsstück oder eine Tischdecke. Aber auch ein Mensch selbst kann versaut sein, konkret mit Dreck, aber er kann auch moralisch verdorben (= versaut) sein.

verschaffe, besorgen, beschaffen, organisieren. „Der hat ihm e Stell of de Regierung verschafft." (Er hat ihm eine Stelle in der Ministerialbürokratie besorgt.) Das Wort „verschaffe" kann auch auf vorangegangene intensive Arbeit hindeuten: „Em Dürer sei Betende Hände' sinn arisch verschafft." (Dürers ‚Betende Hände' zeigen Spuren eines Lebens, in dem körperliche Arbeit durchaus eine Rolle spielte.)

verschammerierd, zerkratzt, aber auch leicht verletzt. „Als Kind hott ich immer die Knie verschammerierd." (Als Kind hatte ich immer Blessuren an den Knien.)

verschelle, mit Worten aggressiv beschimpfen, abgeleitet von dem mittelalterlichen Begriff „schelten".

verscherwele, billig verkaufen. „Die hann alles was sie hotte verscherwelt unn sinn ab noh Spanie." (Sie haben ihr gesamtes Eigentum verkauft und sind nach Spanien gezogen.)

verschnuddele, 1. Wasser, Suppen und ähnliches verschütten, 2. jemanden mit viel Engagement liebkosen.

verschrecke, erschrecken. „Mit dem Koschdiem haschde awwer die annere Faaseboze ganz scheen verschrecke gemacht." (Mit deinem Kostüm hast du die anderen Karnevalisten ziemlich erschreckt.)

verschrumbeld, runzelig. „Ääs geht aach schon of die Siebzig zu. Sei Gesicht is ganz scheen verschrumbelt." (Sie wird auch bald siebzig. Ihr Gesicht hat schon etliche Falten.)

verschwaade, verhauen. „Frieher hann sich die katholische unn evangelische Kinner noch gejeseidisch verschwaad." (Früher verprügelten sich noch die katholischen und evangelischen Kinder.)

versemmele, Gelegenheiten verpassen, Dinge verfehlen, eine Aufgabe nicht gewissenhaft und auch nicht bis zum Ende erledigen.

versiehn, versehen. „Ich hann mich versiehn. Ich hann gemennt, das wär mei Brill." (Ich habe mich versehen und glaubte, die Brille gehöre mir.)

versohle, verprügeln. „Denne Päns misst ma mol rischdisch de Aasch versohle." (Man müsste diese unerzogenen Kinder mal tüchtig verprügeln.)

Versteckele, Versteckspiel. „Frieher hann mir hinner der Heiser noch Versteckele gespielt." (Früher spielten wir hinter den Häusern noch Verstecken.)

versteckele, verstecken, etwas an einen Ort legen, wo es niemand suchen würde und/oder durch andere Dinge geschickt tarnen.

verstoppele, verstecken. „Du muschd die Geschenke fier Weihnachte gudd verstoppele." (Du musst die Weihnachtsgeschenke gut verstecken.)

verstrawwele, sich in etwas hineinknien, mit aller Kraft etwas erreichen wollen. „Er hat sich arisch verstrawwelt, awwer jetzt is die Garaasch fertig." (Er hat sich drangehalten und hat die Garage fertiggestellt.)

versuddele, verschütten. Das Wort bezeichnet die Handlung und nicht den durchnässten und/oder verschmutzten Gegenstand. Diesen hat man zwar „versuddelt", aber jetzt ist er „versaut".

vertuwwacke, prügeln. Christoph Kolumbus hat den Tabak aus Amerika mitgebracht. Bald war er im deutschen Sprachgebiet, und im Gebiet des heutigen Saarlandes hieß er „Tuwwack". Man vergaß bei all diesen Grenzüberschreitungen das Rauchen nicht und nebelte seine Mitmenschen zu. Man „vertuwwackte" sie. Mit der Zeit erweiterte man den Begriff, und heute wird das Wort eher benutzt für „prügeln".

verwitsche, überführen, an der Nase herumführen. „Im ledschde Tatort (aus Saabricke) hat der Kommissar denne Mörder erschd ganz am Schluss verwitscht." (Im letzten Tatort hat der Kommissar den Mörder erst ganz am Schluss überführt.)

verwutze, verschmutzen. „Wutze" zählen, im Gegensatz etwa zu Katzen, nicht zu den sauberen Tieren. Deshalb benutzt man das Wort in vielen Redewendungen für „verschmutzen". „Die Maurer hann uns die ganz Terrass verwutzt." (Die Terrasse wurde von den Maurern total verschmutzt.)

verzehle, erzählen. Aus „er" wird „ver", wobei das Saarländische die Ausnahmen geschickt umgeht. Beispiel: Aus „erhalten" wird im Saarländischen ja nicht „verhalten", denn dieses Wort hat eine ganz andere Bedeutung, die es im Saarländischen allerdings auch gibt: „Wie der sich verhall hat, also nee." Aus „erhalten" machen wir aber „krien": „Dies Johr krien mir kenn Weihnachtsgeld." Grammatikalisch höchst interessant ist der Satz: „Dem werr ich awwer emol ebbes anneres verzehlt hann!" Frei übersetzt: „Ich habe ihm die Meinung gesagt." In der saarländischen Fassung benutzt man das Futur II, um eine in der Vergangenheit liegende Handlung zu verstärken.

Verzehlsches, Geschwätz, Gerücht. Der Wahrheitsgehalt der Inhalte hält sich durchweg in Grenzen.

verzwadderd, nervös, beunruhigt, verzweifelt, ratlos. „Wie de Erich sei Handy net gefunn hat, do war er ganz verzwaddert." (Erich war sehr beunruhigt, als er sein Handy nicht fand.)

verzwiwwele, verprügeln. „Frieher hann sich die Kinner efdersch verzwiwwelt wie heit." (Früher verprügelten sich die Kinder öfter als heute.)

Viehickel, abwertend für Fahrzeug, saarfranzösisch, abgeleitet von „le véhicule" (= das Fahrzeug), wird allerdings im Französischen neutral benutzt und nicht abwertend.

Viehzeisch, eine Bezeichnung für eine Gruppe von Tieren, die mit ihren Produkten (Eier, Leder, Wolle) oder ihrem ganzen Körper (Schinken, Köpfe, Beine) der Landwirtschaft und somit auch den Konsumenten zur Verfügung stehen.

Viesaasch, Gesicht (auch im Saarländischen mit der französischen Betonung auf der zweiten Silbe). Achtung! „Viesaasch" ist ein „falscher Freund" (französisch: „faux ami".) Das Wort ist zwar abgeleitet von dem französischen Substantiv „le visage", hat aber eine etwas andere Bedeutung. „Le visage" ist die neutrale Bezeichnung für Gesicht, „die Viesaasch" hingegen ist abwertend.

Viesch, domestiziertes Nutztier in der Landwirtschaft, im Saarland in dieser Form ein abwertender Begriff, der auch Tiere bezeichnen kann, die von den Bauern nicht genutzt werden.

Viescher, Plural von „Viesch", der gesamte Tierbestand in einem landwirtschaftlichen Betrieb. In Verbindung mit einer weiteren Information kann man das Wort auch für einen enger begrenzten Bereich benutzen: „Die Viescher of de Wääd." (Die Tiere auf der Weide.)

Viescherei, Handlung, die eher, was Sinngebung und Ästhetik betrifft, der Tierwelt zuzuordnen ist. Das Wort hat eine ähnliche Bedeutung wie „Schweinerei". Der Unterschied: „Viescherei" ist allgemeiner.

Viez, Bezeichnung für den meist säurehaltigen Apfelwein im moselfränkischen Sprachraum. Man unterscheidet zwischen dem sauren und dem süßen Viez.

Viezje, 1. Einback, gebackenes süßes Milchbrötchen. Es wird (oft schon während des Backens) auf der Oberseite der Länge nach aufgeschnitten. 2. Beule, keine Delle am Kotflügel, sondern ein Geschwür, eine Geschwulst oder eine Schwellung am menschlichen Körper oder bei einem anderen Säugetier.

vissedeere, abtasten, untersuchen, begutachten, abgeleitet von dem französischen Verb „visiter" (= besichtigen und untersuchen). Besuche abstatten, etwa an Geburtstagen, heißt auf Französisch „rendre visite".

Vittrien, (Betonung auf der zweiten Silbe), Glasschrank, abgeleitet aus dem Französischen „la vitrine". Dieser Ausdruck hat die gleiche Bedeutung wie im Deutschen und im Saarländischen. Zusätzlich ist „la vitrine" auch das Wort für das Schaufenster. Es konkurriert als solches mit „la devanture" und „l'étalage". „Schaufenster gucken" heißt im Französischen „faire du l'êche-vitrines", wörtlich: „Fensterlecken machen."

vollschlahn, füllen, etwa den Bauch beim Essen. Das Wort hat seine Heimat nicht in einem 3-Sterne-Restaurant. Es beschreibt eine Magenfüllung der härteren Gangart.

vom me, von einem. „Das wääß ich vom me Deitschlehrer." (Das hat mir ein Studienrat für das Fach Deutsch mitgeteilt.)

von de, von der. „Der war von de Palz ins Saarland komm." (Er ist ursprünglich Pfälzer, wechselte aber irgendwann die Fronten und kam ins Saarland.)

von eme, von einem. „Von eme friehere Klassekamerad aus Sulzbach hann ich das geheert." (Ein früherer Klassenkamerad aus Sulzbach erzählte mir das.)

von rer, von einer. „Von rer Tante von mir hann ich ebbes anneres geheert." (Eine meiner Tanten erzählte mir das Gegenteil.)

vorsch, vorige. „Vorsch Woch hann ich se zufällig in Saabricke getroff." (Letzte Woche traf ich sie per Zufall in Saarbrücken.)

Vorwitzginkel, wörtlich: Neugier-Nase, wobei „Ginkel" der altsaarländische Ausdruck für „Nase" ist. Durch Zusätze wie „Ginkel", „Nase" und „Tuut" garniert die Sprache das Abstraktum und beleidigt mit dem neuen Wort real existierende neugierige Menschen.

W wie Welljerholz

Der Buchstabe „W"

hat in deutschen Texten eine relative Häufigkeit von 1,9 %. Das „w" entstand im Mittelalter aus einer Verdoppelung des „v" als weicher Konsonant. Es wird daher auch im Saarländischen benutzt, um das bereits weiche „b" noch „weicher" zu machen, wobei man allerdings das „w" verdoppelt, um ihm mehr Power zu geben: „Hiwwel" (Hügel), „Howwel" (Hobel), „Gewwel" (Giebel), usw.

Wää, Weg. Der saarländische Ausdruck ist näher an dem Englischen als der deutsche. Selbst das Possessivpronomen kann man mit einbeziehen. Saarländisch: „Mei Wää." Englisch: „My Way." Beides wird fast gleich ausgesprochen. Auf die Melodie von „My Way" hat Schorsch Seitz einen saarländischen Text geschrieben. Da geht es um einen „Wää", über den sich Nachbarn streiten.

Wääd, Weide, Grasland, früher auch Jagdgebiet, woraus sich der deutsche Gruß „Weidmanns Heil!" erklärt. Eine saarländische Fassung gibt es zu diesem Gruß ebenso wenig wie ein Verb, das sich von „Wääd" ableitet. Man würde niemals sagen: „Die Kühe wääde of de Wääd." Das Verb würde man weglassen und die Handlung bestenfalls umschreiben.

Waadeweilsche, wörtlich: „Warte einen Moment", ein Kunstwort für Kinder, Bestandteil des Ausdrucks: „E silwernes Nixelsche unn e goldenes Waadeweilsche" (= gar nichts).

Wääle, Heidelbeeren. Sie gehören zu den Heidekrautgewächsen und werden im Deutschen wegen ihrer Farbe auch als Blaubeeren bezeichnet. Ein saarländischer Reim betont die farbgebende Wirkung des Saftes: „Wääle, Wääle Heidelbeere, kammer sich de Mund verschmeere."

Waan, Wagen, hat nichts mit „Wahnsinn" oder „Wahnwitz" zu tun. Mit einem „Waan" kann man Menschen und Dinge transportieren, man kann ihn fortbewegen mit menschlicher oder tierischer Körperkraft und mit Maschinen.

Wään, Wagen. Der deutsche Plural von „Wagen" ist identisch mit dem Singular. Nur der Artikel ändert sich. Er wird weiblich, wie immer: Der Wagen, die Wagen. Die saarländische Sprache macht es mit dem Umlaut: aus einem „Waan" werden mit der Zeit mehrere „Wään", etwa beim Karnevalsumzug.

Waansche, Verkleinerungsform von „Wagen", also „Wägelchen", unabhängig davon, wer oder was darin liegt (Baby, Lebensmittel usw.) Früher gehörte ein „Waansche" in jeden Haushalt, vor allem, um Brennmaterial (Kohle, Holz) zu transportieren. Ein Klassiker war das „Scheesewaansche", der Kinderwagen.

Waanscheszieher, wörtlich: „Wägelchen-Zieher", wurde auch gebraucht für einen Faulenzer, wobei man offensichtlich ignorierte, dass es sich beim Ziehen eines Wägelchens im physikalischen Sinn durchaus auch um Arbeit (= Kraft x Weg) handelte.

Wääs, altsaarländisches Wort für „Weizen". Das deutsche Wort leitet sich von der hellen Farbe der Weizenfrucht und des Mehls ab. Das Herkunftsgebiet ist der Vordere Orient. Im 11. Jahrhundert kam der Weizen auch bei uns in Mode. In Deutschland ist heute der Weizen die am häufigsten angebaute Getreideart. Sie nimmt den größten Anteil der Getreideanbauflächen ein.

wäasche, nach Bestätigung bittende Satzergänzung in der Bedeutung von „weißt du?". Eigentlich ist es keine Frage, sondern eine Verstärkung des Gesagten. Der Sprechende versucht, sich mit „wäasche?" zu vergewissern, ob der Kommunikationsprozess dahingehend gelungen ist, dass der Gesprächspartner die Aussage inhaltlich verstanden hat. Bei einem leichten deutschen Akzent verwandelt sich „wäasche" in „wäaschde".

Wääschisser, wörtlich: „Wegscheißer", offizielle Bezeichnung: „Gerstenkorn". Das ist der Name für eine meist eitrige Entzündung der Drüsen des Augenlids. An sich ist es eine harmlose Infektion.

Wacke, großer Stein, meistens ein Naturstein. Wenn man damit mauern will, dann braucht man entweder Kraft oder einen Helfer. „Denne do Wacke packschd du alläan net." (Dieser Stein ist zu groß, um ihn alleine zu transportieren.)

Wackes, früheres Schimpfwort für die Bewohner des Elsass und für Deutschlothringer. Heute wird es fast schon als Kosewort benutzt. Man gebraucht ihn liebevoll-ironisch. Der historische Hintergrund: Nach dem deutsch-französischen Krieg 1870/71 musste Frankreich das Elsass und das Departement Moselle an Deutschland abtreten. Beide wurden zusammengeschlossen im Reichsland Elsass-Lothringen und juristisch an das Deutsche Reich angegliedert. Die Bewohner von Elsass-Lothringen durften die französische Staatsbürgerschaft nur behalten, wenn sie bis zum 1. Oktober 1872 ihren Wohnsitz nach Frankreich verlegten. Elsass-Lothringen wurde aber kein eigenständiger deutscher Bundesstaat, sondern war als „Reichsland" direkt dem Kaiser unterstellt. Die Integrationsprobleme führten zu regionalen Rivalitäten, die auch in der Sprache ihren Ausdruck fanden: Das Wort „Wackes" wurde populär. Er leitet sich ab, ebenso wie das Wort „Vogesen", vom keltischen Gott „Vosegus" (zuständig für Berge und Wälder). Im Französischen wurde daraus „Vosges", im Deutschen entwickelte sich das Wort zu „Wasigen", dann zu „Wasgau" und schließlich zu „Wasgenwald". Der französische Teil der Landschaft heißt heute „Vosges" bzw. „Vogesen", der pfälzische „Wasgau". Das war nicht so in der Zeit von 1871 bis 1918, als das Elsass und Teile Lothringens deutsches Reichsland waren. Die offiziellen deutschen Stellen im Dritten Reich versuchten, die romanischen Begriffe „Vosges" und „Vogesen" zu eliminieren und ersetzten sie durch die Bezeichnung „Wasgenwald". Deren Bewohner wurden in der Umgangssprache zu „Wackese". Der etymologische Versuch „Die heißen deshalb Wackese, weil sie wie ein Stein zwischen Deutschland und Frankreich hin- und hergeworfen wurden" ist nicht haltbar.

Wadere, Wadern, eine Stadt im Landkreis Merzig-Wadern mit knapp 16 000 Einwohnern. Sie liegt im Hunsrückvorland, im Norden des Saarlandes, zwischen Saarbrücken und Trier. Die Nordgrenze von „Wadere" ist gleichzeitig die Grenze zu Rheinland-Pfalz. Sie liegt im moselfränkischen Sprachraum.

Waffeleise, eine aus zwei Eisen bestehende „Backpfanne", mit der man fast ausschließlich Zimtwaffeln backt, ein im Wesentlichen aus Mehl, Wasser, Zucker und Zimt bestehendes flaches Gebäck.

Walachei, eine Region im Süden von Rumänien. Die größte Stadt der Walachei ist die rumänische Hauptstadt Bukarest. Im Saarländischen ist „Walachei" eine Metapher für „weit, weit weg". Auch in einigen Regionen außerhalb des Saarlandes steht „Walachei" für eine sehr weit entfernte, verlassene, unwirtliche Gegend.

Wambe, alter saarländischer Ausdruck für den neusaarländischen Begriff „Urpilscontainer". Bei Menschen und anderen Säugetieren ist das der Bauch, der Bereich zwischen Becken und Brustkorb. In der Umgangssprache bezeichnet man damit auch die durch ein entsprechendes Fettpolster entstandene Wölbung nach außen. Der „Wambe" hat zwei Funktionen in der Küche: Er ist Abnehmer für die kulinarischen Endprodukte und sorgt beim Kochen für einen gewissen Abstand zwischen dem Koch und dem Herd.

Wambefeschd, wörtlich: „Bauchfest". Die Saarbergleute feierten bis Ende des 19. Jahrhunderts alljährlich ihr Bergfest. Im Volksmund hieß es „Wambefeschd", weil man bei dieser Festivität auf Kosten der Grubenverwaltung den „Wambe" füllen konnte.

Wamschdaach, ein Tag, an dem man sich einmal so richtig den Bauch vollschlug: „Samschdaach is Wamschdaach."

wamsche, 1. sich den Bauch vollschlagen, 2. verprügeln. „Denne soll ich vielleicht gewamschd hann." Wobei man das Wort „vielleicht" in keinem Fall wörtlich verstehen soll, eher als Verstärkung der Handlung.

Wamscher, ein Liebhaber von Lebensmitteln aller Art. Durch sein Handeln (wamsche) zeigt er anschaulich, dass es beim Essen für ihn keinen Unterschied zwischen Quantität und Qualität gibt.

Wanze, (Plural, einen Singular von „Wanze" gibt es nicht). „Wanze" sind im Saarland Reißzwecken, Reißnägel, Reißbrettstifte und Heftzwecken. Das Wort „Wanze" entwickelte sich aus dem althochdeutschen „wantlus" (= Wandlaus).

wänzele, walzen, 1. eine Tätigkeit, die man vor allem in der Küche ausführt, z. B. mit Teig, 2. mit ganzem Körpereinsatz machen das auch Menschen, Haustiere und Wildschweine. Allerdings reflexiv.

Wärmflasch mit Ohre, Mensch. Stünde da „Bettflasche", dann wäre es ein Schimpfwort, denn sexuelle Kompetenz und Potenz würden in Frage gestellt. So aber wird die wärmespendende Funktion der Liebe betont.

Waschkau, Waschkaue, Bad der Grube. Sie bestand aus zwei ähnlichen Umkleidehallen: „Weißkaue" und „Schwarzkaue". Dazwischen waren die Duschen und andere Waschmöglichkeiten. Die private Kleidung wurde in der Weißkaue ausgezogen, an den „Püngelhaken" gehängt und an einer Kette bis unter die Decke gezogen. Die Kette wurde mit einem Schloss gesichert. Der Bergmann ging nackt zur Schwarzkaue. Dort hing die Arbeitskleidung unter der Decke. Er zog sie an. Nach der Schicht hängte er in der Schwarzkaue die verdreckte Arbeitskleidung wieder unter die Decke und ging nackt zu den Duschräumen. Dort wuschen und „buckelten" sich die Bergleute. Man schrubbte sich gegenseitig den Kohlenstaub vom Rücken. Nach dem Duschen ging es zurück in die Weißkaue. Dort zog man sich seine private Kleidung wieder an. Die Arbeitskleidung wurde in gewissen Abständen von der Grube gereinigt. Der Kauenwart kümmerte sich um Handtücher, Seife, Sauberkeit und Ordnung in der Kaue.

Wäschkisch, Waschküche. Am Anfang der Menschheit gab es zwei Vorläufer der „Wäschkisch". Entweder man wusch sich überhaupt nicht, oder in der Natur (Bach, Weiher, Brunnen usw.). Beides soll es heute noch geben. Mit der Zivilisation änderte sich aber einiges.

Man baute öffentliche Waschhäuser für alle. Das fließende Wasser kam aus einem Bach. Es gibt sie vereinzelt heute noch in Dörfern der romanischen Staaten. Ihnen folgten das „Waschhaus" hinter dem Wohnhaus oder die „Waschküche" im Keller. Dort stand ein gemauerter Ofen mit eingemauerter Wanne, in der das Waschwasser erhitzt wurde. Von unten wurde der Ofen gefeuert. Noch ist es üblich, bei Mietshäusern auch Waschküchen in den Kellern einzuplanen. Meistens handelt es sich um separate Gemeinschafts-Waschräume.

Waschlaffor. Der erste Teil des saarländischen Ausdrucks ist deutsch, der zweite ist abgeleitet von dem französischen Substantiv „le lavoir"(= Waschplatz). Die Bedeutung: Waschbecken, Waschschüssel, 1. ein wesentlicher Bestandteil der Waschküche, 2. eine Schüssel, die noch bis in die 1970er Jahre aus Dekorationszwecken zusammen mit einem Krug im Schlafzimmer auf dem Waschtisch stand. Beide waren meistens aus Porzellan und hatten gleiche Farbe und Muster. Abgelöst wurde der Waschtisch durch das Badezimmer.

Wasem, 1. ein „Wasen", (saarländisch mit „m"), eine Bezeichnung für eine große Festwiese, etwa der Cannstatter Wasen in Stuttgart, 2. eine Wiese als Lebensgrundlage vieler Nutztiere, 3. ein Rasen, eine Zierwiese mit gepflegtem Gras beim Haus oder in einem Park, 4. ein „Wasem", ein Stück mit dem Spaten ausgestochene Erde mit Gras und dessen Wurzeln, das man abträgt, um es anderer Stelle wieder einzupflanzen. Dadurch kann man relativ schnell eine geschlossene Pflanzendecke erhalten.

Wasserkrahne, Wasserhahn, ein regulierbarer Zufluss für Wasser. Dabei denkt man vor allem an das Trinkwasser im Haus. Der „Krahne" (es gibt ihn auch in der Kurzform) hat den Brunnen abgelöst.

Wasserspatze, alternative Bezeichnung für das saarländische Nationalgericht „Hoorische" (= längliche „Grumbeerknepp"). Der erste Teil des Wortes sagt uns, worin wir sie garen sollen. Der zweite

Teil baut eine Metapher: Der Sperling (saarländisch: Spatz) muss dazu herhalten. Ein Problem, das man mit viel Fantasie lösen kann. Wahrscheinlich haben die Wortschöpfer gar nicht an den Vogel gedacht, sondern an „das beste Stück" der Männer, das bisweilen auch mit „Spatz" bezeichnet wird. In Württemberg drückt man das noch etwas präziser aus. Dort isst man „Buwespatze".

Wasserstään, altsaarländisch für „Spül- und Waschbecken". (Da gab es noch keinen Unterschied. Beide waren in der Küche). Das erste Trinkwasser muss wohl in einen ausgehöhlten Stein gelaufen sein.

Wasserweck, altsaarländische Bezeichnung für den „Dobbelweck". Im Saarland gibt es ihn als Ganzes, aber auch halbiert. Der „halwe Dobbelweck" ist nicht nur eine numerische Kuriosität. Man schneidet ihn traditionsgemäß ein und legt die „Roschdworschd" rein, bevor man seinen Senf dazu gibt. Beim großem Hunger kann man im Saarland auch eine „Roschdworschd mit ganzem Weck" verlangen.

Watz, ein Wort, zwischen dessen Bedeutungen sich die Widersprüche tummeln, 1. ein Eber (männliches Schwein), 2. ein dicker, grober Mann, 3. noch schlimmer: ein Ekel, Scheusal und Ungeheuer, 4. ein braves, niedliches, liebes Kind.

Weck, Brötchen. Die Bezeichnung „Breedsche" (= Brötchen) wird im Saarland lediglich für „Milchbrötchen in abgeflachter Po-Form" benutzt. Ein saarländischer Ulk-Dialog beginnt mit dem Satz: „Sinn die Weck weg?" – Dann geht's weiter mit: „Die sinn all all." „Ei wer war dann do do?", „Die von Aldi die." usw. Am Schluss heißt es: „Die sinn mim Ford fort."

Weckmehl, geläufiges saarländisches Wort für Semmelbrösel. Das Wort „Paniermehl" ist gerade dabei, das „Weckmehl" zu überholen. Es ist abgeleitet von dem französischen Verb „paner". Da das Weißbrot in Frankreich noch immer hoch im Kurs steht, bot und bietet sich diese Methode der Zubereitung an. Durch Reiben oder Mahlen von trockenem Brot stellt man das Paniermehl her. Die bekannteste Zubereitungsart mit Paniermehl, das Wiener Schnitzel, kommt allerdings aus Österreich, das von der französischen Küche stark beeinflusst war. Das Ziel des Panierens war damals: das Fleisch vor zu großer Hitze zu schützen. Dadurch wird es sanfter gegart.

wegholle, etwas wegnehmen, das Entfernen einer Sache von einem Ort und sie bei sich selbst deponieren. Im Saarland hat das „Holle" eine absolute Priorität vor dem „Nehmen". „Du muschd denne Aschebecher mol wegholle." (Du musst den Aschenbecher mal wegnehmen.)

wegschlääfe, etwas wegbringen, indem man es über den Boden „schlääft" (= schleift). Am Ende weiß man oft selbst nicht mehr, wo es liegt.

weh meiner, wörtlich: wegen mir, im Sinne von: „einverstanden", „von mir aus". „Weh meiner kann der aach e Lehre mache." (Von mir aus kann er auch ein Handwerk erlernen.)

Weib, der Paar-Begriff zum Mann. Bereits im Mittelalter bezeichnete man einen weiblichen erwachsenen Menschen als „Weib". Später beschränkte man das Wort auf eine verheiratete Frau der niederen Schichten. Die Weiber des Adels und der reichen Patrizier waren als „frouwe" nicht etwa mit Männern verheiratet, sondern mit Herren.

Abgelöst wurde der für den Adel vorgesehene Name „Frau" von der höfisch-höflichen Bezeichnung „Dame". Erst im Laufe des 19. Jahrhunderts begann man auch im Saarland damit, das Wort „Weib" nur noch abwertend zu benutzen, etwa in dem Begriff „Waschweib" oder in der ironischen Redewendung „Jetzt werre Weiwer zu Hydrante". Aus der Zeit davor sind noch Reste des Respekts überliefert, auch wenn diese eher ironisch benutzt werden, etwa die Bezeichnung „holdes Weib" (aus der „Ode an die Freude" von Friedrich Schiller).

Weibsbild, veralteter, im Saarland früher verbreiteter Begriff für ein „Bild von einem Weib". Und genau da hakt es: Man ist sich in der Wertung nicht einig. Deshalb existiert der Begriff „Weib" auch weiter, etwa als Wortbestandteil von „weiblich". Dieses Adjektiv ist zum Beispiel neutral besetzt. Das Substantiv „Weiblichkeit" kann je nach Standpunkt sogar als positiv angesehen werden. Selbst emanzipationsfreudige Frauen protestieren nicht gegen die traditionelle „Weiberfastnacht". Falls sie einen nicht-männlichen Hund haben, dann stellen sie ihn als „Weibchen" vor. Kein Rückenwind für sie sind folgende neue Wörter in der deutschen Umgangssprache: „Klasseweib", „Mordsweib", „Prachtweib", „Superweib" und „Rasseweib".

Weibsleit, damit sind nicht unbedingt „weibliche Frauen" gemeint, eher eine diffuse Gesamtmenge von Frauen, die man mal mit viel Liebe betrachtet oder mit einem Bündel von Vorurteilen.

Weibsmensch, nicht „der", sondern „das Weibsmensch". Die Frau wird versachlicht (= neutralisiert), um sie besser diffamieren zu können: als primitiv, unsympathisch oder als Adjektiv für unmännliches Verhalten (weibisch). Versöhnlich gibt sich die Kunst. In Mozarts Zauberflöte heißt es euphorisch: „Mann und Weib und Weib und Mann / Reichen an die Gottheit an." An anderer Stelle heißt es in der Zauberflöte: „Ein Mädchen oder Weibchen / wünscht Papageno sich."

weidewahn off, sehr weit offen. Der Begriff kommt aus der Landwirtschaft. Scheunentore hatten oft noch eine kleine Tür integriert. Man musste das gesamte Tor weit öffnen, wenn ein Wagen (= Wahn) in die Scheune rein oder raus sollte. Dann war sie „weidewahn" offen, also „sperrangelweit". Heute verwendet man den Begriff auch für andere Dinge, zum Beispiel für die Hose: „Dei Hos steht weidewahn off!" Bei der Küchentür funktioniert der Ausdruck auch, aber nicht bei abstrakten Dingen wie Fragen, Rechnungen usw. Die sind nur „offen", aber auch niemals „zu".

weise, zeigen (Imperfekt: gewies). „De Opa hat mir gewies, wie e Päärd beschlaa werd." (Opa hat mir gezeigt, wie man ein Pferd beschlägt.)

Weiskerje, Weiskirchen, eine Gemeinde im Landkreis Merzig-Wadern mit rund 6400 Einwohnern. Der heilklimatische Kurort ist eine Station des Saarland-Rundwanderwegs und des Saar-Hunsrück-Steigs. Der Gesundheitstourismus ist mittlerweile ein bedeutender Wirtschaftsfaktor in der Region.

weismache, etwas einreden, angeblich beweisen. Hat nichts mit Geldwäsche zu tun. „Der wollt mir weismache, dass er schon mol in Hawaii war." (Er versuchte bei mir vergebens, mit seinem angeblichen Urlaubsaufenthalt auf Hawaii anzugeben.)

weißer Kääs, Quark. Diese Konstruktion kommt von dem französischen Ausdruck „fromage blanc" (= weißer Käse). Diesen haben wir übernommen, und den Begriff „Quark" benutzen wir nur in Ausnahmesituationen.

Weißi, eine weiße Rostbratwurst. Saarländische Farbenlehre an der Rostwurstbude: „Ich hätt gääre e Weißi, gudd braun, awwer net so schwaz wie die rood do hinne." – Das Gegenstück zu „e Weißi" ist „e Roodi".

weje, wegen. „Weje dem schlechte Wetter is er dehemm geblieb." (Er blieb wegen des schlechten Wetters zu Hause.)

wejem, wegen einem, wegen dem. „Wejem Herbert hat sichs Ulli scheide geloss." (Ulli löste wegen Herbert die Ehe auf.) Kurzformen von „wejem": „wem" und „weme".

welljere, auswalzen, wälzen. „De Dääsch muss seerschd ofgehn. Dann erschd kanschd ne welljere." (Der Teig muss zuerst aufgehen. Erst dann kannst du ihn auswalzen.)

Welljerholz, Nudelholz, das allerdings im Saarland in erster Linie benutzt wird, um Kuchenteig zu rollen. In Witzen ist es eine klassische Waffe im Ehekrieg. Der Mann kommt sturzbetrunken aus der Kneipe, und hinter der Tür steht seine Frau und harrt seiner mit dem „Welljerholz".

wenner, im Saarland sehr beliebte Zusammenziehung von „wenn ihr". „Wenner an rer Bäckerei vorbeikomme, dann bringe mir noch e Brot mit." (Wenn ihr an einer Bäckerei vorbeikommt, dann kauft bitte noch eine Brot.)

werer, wegen einer. „Werer Fraa hat der es Studium geschmiss." (Er brach sein Studium wegen einer Frau ab.)

Werkzeisch, Werkzeug, Zeug zum „Werken" (arbeiten). Die Endung „Zeisch" sagt eindeutig, dass es sich um einen Sammelbegriff handelt, der dennoch ein Einzelteil bezeichnen kann: Ein Hammer ist auch ein Werkzeug. „Hol emol aus de Garaasch es Werkzeisch!" (Bring mir mal bitte aus der Garage das Werkzeug!)

West, saarländische Bezeichnung für eine Strickweste mit Ärmeln. Ein Mann trägt sie in der kalten Jahreszeit zu Hause. Ganz anders jenseits von Waldmohr und Saarhölzbach. Dort hat eine Weste keine Ärmel, ist meistens aus Leinen, und man trägt sie unter dem

Jackett zum „sonndachse Ahnzuch". So etwas bezeichnet man im Saarland als „Gilet".

Westfalehall, ironische Bezeichnung für die frühere Direktion der Saargruben, in Saarbrücken vor dem Bahnhof. Der Grund: In Führungspositionen saßen, zumindest aus der Sicht der Bergleute, überwiegend Leute aus Nordrhein-Westfalen.

Wetterhex, keine Bezeichnung für eine Diplom-Meteorologin, die im Fernsehen das Wetter von morgen voraussagt. „Wetterhex" ist ein eher allgemeines Schimpfwort für eine bösartige Frau, wahrscheinlich aus der Zeit der Hexenverfolgungen. Jeder kann sich eine Hexe vorstellen, die auf einem Besen durch die Lüfte reitet. Sie ist bestimmt auch verantwortlich für das schlechte Wetter und die schlechten Wettervorhersagen.

wetze, 1. rennen, in erster Linie eine Gangart von Kindern, 2. etwas mit einem Stein schleifen, z. B. ein Messer.

Wetzstään, Abziehstein zum Schärfen von Schneidewerkzeugen: vor allem Messer verschiedener Art und Größe. Wenn man einen „Wetzstään" hatte und in die Geheimnisse dieser Tätigkeit eingeweiht war, dann konnte man das selbst machen. Falls dies nicht der Fall war, stand der „Schääreschleifer" als mobiler Dienstleister zur Verfügung. Noch bis in die 1950er Jahre zogen sie von Haus zu Haus.

wibbele, nervös zappeln. Die Bewegungen leiten sich weniger von der Zielorientierung ab, eher von dem fragilen Nervenkostüm.

wiedisch, wütend. Den Ausdruck „wütig" gibt es offiziell noch in der deutschen Sprache, gilt aber, im Unterschied zum Saarländischen, eher als antiquiert. In Shakespeares Macbeth findet sich in der zweiten Szene im zweiten Aufzug folgender Satz: „Wer ist weis' und entsetzt, gefaßt und wütig, / Pflichttreu und kalt in einem Augenblick? / Kein Mensch. Die Raschheit meiner heft'gen Liebe / Lief schneller als die zögernde Vernunft."

wienere, säubern und dann auf Hochglanz polieren, blank reiben. Das macht man allerdings nicht nur in Wien, sondern u. a. auch im Saarland, vor allem, bevor Besuch kommt.

wies Gewitter, urplötzlich. „Ich stehn an de Kass, of ähnmol: Wies Gewitter kommt es Erna." (Ich befinde mich an der Kasse, und dann, plötzlich und unerwartet, erscheint Erna.)

Wiesawie, gegenüber, kommt von dem gleichbedeutenden französischen Ausdruck „vis-a-vis". „Die Poschd war frieher wiesawie vom Rathaus." (Die Post war früher gegenüber des Rathauses.)

Wiesedubbe, ein Schimpfwort mit eindeutigem Sexualbezug. „Dubben" steht für Geschlechtsverkehr (Hasch du et Marei „gedubbt"?) Ein „Wiesedubbe" ist also jemand, der seinen ehelichen (meistens jedoch seinen vor- oder außerehelichen) Pflichten auf einer Wiese nachkommt, also in Gottes freier Natur.

wieseln, sehr schnell rennen. Das Verb dürfte von dem Wiesel abgeleitet sein, einem Raubtier aus der Gattung der Marder, dem man eine erstaunliche Schnelligkeit beim Jagen nachsagt. „Er rennt wie e Wiesel."

wingse, kreischen, in hohen Tönen jaulen, schrill schreien. „Do hinne wingst ähner." (Dort kreischt einer rum.)

Wingsje, kleiner Finger. „Eelwechsel, das macht de Harry mit em Wingsje." (Für Harry ist Ölwechsel kein Problem. Das macht der mit dem kleinen Finger.)

Wippscher, Gesten zur Selbstdarstellung. „De Chef hat wedder sei Wippscher gemachd." (Unser Vorgesetzter hat sich mal wieder produziert.)

Wittfraa, veraltete Fassung für Witwe. Sehr alt ist der Ausdruck „Witib". Das Saarländische hat die Formulierung „Wittfrau" übersetzt in „Wittfraa". Die Aussage ist geblieben: Eine Frau, deren Mann gestorben ist. Lustig ist das nicht, obwohl Franz Lehár vor mehr als einhundert Jahren bereits die „Die lustige Witwe" komponierte.

Wittmann, Witwer, ein Mann, der seine Frau durch den Tod verloren hat. Das Pendant zur „Wittfraa". Man trifft sich auf dem Friedhof.

wiwwele unn wawwele, ein quantitativ beachtliches Phänomen, das auf Anhieb keine klare Struktur zu erkennen gibt. „Beim Schlussverkauf ware Himmel unn Mensche. In de Bahnhofstrooß hats gewiwwelt unn gewawwelt vor lauter Leit." (Beim Schlussverkauf gab es in der Bahnhofstraße einen großen Andrang.)

Wiwwelskerje, Wiebelskirchen, Stadtteil der Kreisstadt Neunkirchen mit etwa 9000 Einwohnern. In Wiebelskirchen unterscheidet man zwischen den „Seiters" und den „Dorflern". Die Seiters wohnen links der Blies, die Dorfler rechts im Umfeld der evangelischen Kirche. Die bedeutendste Persönlichkeit aus Wiebelskirchen ist Erich Honecker (1912–1994), ein früheres Staatsoberhaupt der DDR.

Wix, Schuhcrème, Schuhwichse. Das Saarländische konnte auch ohne den Wortteil „Schuh" verstanden werden. Die Wortbedeutung von „Crème" wie für Kosmetik oder Kulinarisches war unbekannt, und bei „Wichse" bzw. „Wix" wusste man, dass es sich um Schuhe drehte. Damit pflegte und polierte man sie.

Wixberschd, saarländischer Ausdruck für Schuhbürste. Der erste Teil des zusammengesetzten Wortes ist das saarländische Wort für „Schuhwichse". „Berschd" ist die saarländische Fassung des deutschen Wortes „Bürste". Das passende Verb heißt „berschde". Das macht man nicht nur, um die Schuhe zu reinigen und zu polieren. Das heißt auch „Siegen mit Bravour". „Ich kann mich noch gudd erinnere, wie de 1. FC die Bayern geberschd hat." (Ich erinnere mich noch sehr gut an das Spiel, bei dem der 1. FC Saarbrücken gegen Bayern München mit 6:1 gewann.) Die „Wixberschd" war wohl früher auch eine Schlag- und Wurfwaffe, zumindest im übertragenen Sinn: „Der doo is nimmi kloar em Kopp, der hat se zu viel mit de Wixberschd krett." (Dieser Mensch ist nicht recht bei Verstand, ihm wurde wohl zu viel mit der Schuhbürste an den Kopf geschlagen.) Die Wendung „Der hat e Schlaach mit de Wixberschd" bedeutet: „Der ist verrückt."

Wixhänsje, kein „gewitztes" Hänsje, sondern ein „gewichstes". Seine gesamte Kleidung ist „propper". Doch sein Selbstbewusstsein widerspricht seiner sozialen Akzeptanz.

wo, im Saarländischen – wie im Deutschen – ein Fragewort. Man will einen Ort wissen. Darüber hinaus gibt es noch mehrere Nutzanwendungen, die durch den Zusammenhang mit anderen Wörtern entstehen. Beispiele: 1. Man verlängert damit die Relativpronomen „der", „die" und „das": „Der Mann, der wo sich das Auto kaaf hat", „Die Fraa, die wo ich im Aldi getroff hann", „Das Kind, das wo immer so laut bäärt". 2. Man verlängert das „Ach" (= Ausruf des Erstaunens), um eine Aussage zu verneinen: „Ach wo, der wohnt nemmeh in Spiese." 3. Wir benutzen das Wort reflexartig als Nachfrage, wenn wir einen Satz hören wie: „Heit gebbds Freibier."

woannerschd, anderswo, an irgend einem anderen Ort. „Menschd du, das wär woannerschd annerschd?" (Glaubst du, du würdest an einem anderen Ort andere Zustände vorfinden?)

woher, wird im Saarländischen benutzt wie im Deutschen. Aber wir können das Wort auch einsetzen, um etwas strikt zu verneinen. Wir müssen „woher" nur zwischen den beiden Wörtern „Ach" und „dann" einquetschen. Dann wird daraus die starke Verneinung „Ach woher dann!" (auf gar keinen Fall).

Wollang, ein Besatz an Damenkleidern oder anderen Stoffen, von dem gleichbedeutenden französischen Begriff „le volant". Im Auto heißt das französische Substantiv allerdings „Lenkrad".

Wollmeis, Wollmäuse, eine Form von Dreck (= Materie am falschen Ort). „Wollmeis" sind Zusammenballungen von Fasern, die sich von Textilgeweben an deren Oberflächen gelöst haben.

Woo, Waage, das einzige Gerät im Haushalt, das reden kann. Die „Woo" sagt uns, wenn wir zu dick oder zu dünn sind. Sie duldet keine Widerworte.

wubbdisch, auf einmal, plötzlich, wie vom heiteren Himmel, wie's Gewitter, allerdings ist das alles verursacht durch Kraft. Das Wort „wubbdisch" hatte eine ähnliche Bedeutung wie heute das englische Wort „Power".

Wubbdizidääd, mit Elan, Schwung und sehr viel Kraft und Einsatz. Das Wort selbst ist ein Kunstwort, das sehr bedeutend klingt, vor allem durch die anspruchsvolle Endung „ääd", wie man sie von Substantivierungen der deutschen Wörter „intensiv" und „immun" her kennt.

Wullewatz, schwerer Klotz, auch eine übermäßig kräftige Person. Schimpfwort für einen grobschlächtigen Mann.

Wullewutz, Mensch, der sich wie ein Schwein verhält, im hygienischen und im moralischen Bereich. Der Stabreim (2 mal „wu") wird benutzt, um die Einsilbigkeit zu vermeiden und um den Begriff in seiner Aussagekraft zu verstärken.

wunnerschd, deutsch: wunders wie. Man wundert sich ganz einfach über Verhaltensweisen anderer, Arroganz, Dinge die geschehen, eigentlich über alles, was Überraschung auslöst und man nicht sofort und eindeutig erklären kann. Das Wort ersetzt Formulierungen wie „Man wundert sich, dass…" „Es Else mennt aach wunnerschd, was ääs wär." (Else überschätzt ihren eigenen sozialen Status.)

wurgse, würgen, um etwas lautstark aus dem Mund zu entfernen, was da nicht hineingehört. Man hat sich verschluckt, etwas „in den falschen Hals" bekommen, hustet, stöhnt und deutet Schlimmeres an. Das alles ist verbunden mit der Hoffnung der Mitmenschen, dass nichts Schlimmeres geschieht. Sie zeigen sich hilfsbereit und klopfen dem Betroffenen fest auf den Rücken, in der Hoffnung, dass es besser wird. Dabei ist „wurgse" zwar mehr als „räuspern", aber auch weniger als „sich übergeben".

wurmatzisch, madig, wurmstichig. Äpfel, Birnen, Pflaumen u. a. können den Würmern zum Opfer werden. „Die Äbbel sinn allegar wurmatzisch." (Alle Äpfel haben Würmer. Sie sind von Würmern angestochen und angefressen.) Man kann sie nicht mehr essen, man muss sie wegwerfen. Das Wort „wurmatzisch" ersetzt allerdings nicht „madig", wenn es darum geht, jemandem die Freude an etwas zu nehmen. „Der macht mir es Spanisch lehre madisch." (Er will nicht, dass ich Spanisch lerne.)

wurres, geistig durcheinander, verwirrt: „De Harry is heit awwer arisch wurres.", (Harald ist heute aber sehr verwirrt), oder „Mit deinem Handy machschd du mich ganz wurres". (Mit deinem mobilen Telefon irritierst du mich aber sehr.) Sehr beliebt ist der kurze Imperativ „Mach mich net wurres!" (Bring' mich bitte nicht durcheinander!) Das Adjektiv „wurres" hat wohl keltischen Ursprung.

Wurschd, auch „Worschd", je nach Region, Situation und Gesprächspartner, saarländische Aussprache von „Wurst". Sie wird hergestellt aus zerkleinertem Fleisch und Gewürzen, manche Sorten auch mit Blut und Innereien. Die Metzger unterscheiden drei Arten von Wurst: Rohwurst, z. B. Mettwurst (e Rodi an de Roschdwurschdbud), Brühwurst, z. B. Lyoner (das inoffizielle Wappentier des Saarlandes) und Kochwurst, z. B. Blut- und Leberwurst (der klassische Hausmacher).

wurschdele, wursteln. Ein Begriff aus dem Metzgerhandwerk, der allerdings auch bei den früheren Hausschlachtungen benutzt wurde. Man würzt fein gekuttertes Fleisch oder Hackfleisch und fügt Wasser hinzu. Das „Brät" wird dann in gereinigte Därme gewurstelt. Diese Arbeit gilt wohl als nicht besonders anspruchsvoll, sonst wäre sie als Namensgeberin für planloses Arbeiten ungeeignet. Typische Redewendung: „Er wurschdelt vor sich hin." (Er arbeitet eigensinnig und unsystematisch.)

Wurschdsupp, Wurstsuppe, Metzelsuppe. Sie entsteht durch das Garen von Fleisch und Knochen in einem Kessel. Wenn später noch Würste in dem Kessel platzen, wird die Brühe zu einer besonders kräftigen Wurstsuppe. Sie wird gewürzt und mit Einlagen wie Nudeln oder auch Brot. Im Saarland war es bei Hausschlachtungen auch immer üblich, Wurstsuppe in der Nachbarschaft zu verteilen. Dazu benutzte man Milchkannen.

Wurschdweck, Wurstweck, historischer Nachfolger des „Kimmelwecks" (Kümmelweck) als Imbiss zwischendurch. Gleichzeitig der Vorfahre des Sandwiches.

Wurzelberschd, Wurzelbürste, eine sehr grobe Bürste für starken Dreck. In einer saarländischen Bergmannsfamilie war sie kein Luxus.

Wurzelsupp, Möhrensuppe, eine sehr einfache Suppe, die aus einer gezogenen Brühe besteht und Karotten, in Stücke geschnitten oder passiert. Wichtig dabei sind die drei saarländischen Gewürzklassiker: Pfeffer, Salz und Maggi.

wuschd, ein abwertendes Adjektiv für Menschen, Tier und Sachen. Er ist hässlich und grimmig, aber nicht nur äußerlich. Man kann auch durchaus einen „wuschden" Charakter haben, und das wiederum kann sich in dem entsprechenden Sozialverhalten sehr unangenehm äußern: keine Tischmanieren, unverständliche Aussprache, niemanden ausreden lassen, selbst vom Thema abkommen, ohne das Gespräch wieder zurückzuführen und vieles mehr. Der Alltag bietet viele Beispiele.

Wuschd. Im Deutschen ist „Wust" eine ungenaue Angabe für eine große, ungeordnete Menge: „ein Wust von Prospekten im Briefkasten". Der saarländische Karnevalist „De Wuschd von Spiese" benutzt dieses Wort und kann sich mittlerweile auf den Wiedererkennungseffekt bei seinen Zuschauern voll und ganz verlassen. Auch in dem Saarbrücker Stadtbezirk Dudweiler tritt ein „Wuschder" als Büttenredner auf: „De Wuschd von Kaltnackisch" (= Dudweiler, Ortsteil Herrensohr).

Wuschder, ein hässlicher, grimmiger Mensch, der sich auch ständig „wuschd" verhält. Als Prototyp eines Sympathieträgers kann er in Gesellschaft nicht fungieren. Man reagiert auf ihn mit abweisendem Verhalten, indem man ihm den Rücken zuwendet, den Raum verlässt oder „wuschd" beschimpft, indem man Dinge sagt wie: „Das do is awwer e Wuschder." (Dieser Mensch ist vielleicht grimmig.)

Wuschdweller, Wustweiler, seit 1974 ein Ortsteil der Gemeinde Illingen im Kreis Neunkirchen. Bewohnt war das Gelände bereits in keltischer und römischer Zeit. Darauf deuten entsprechende Ausgrabungen hin. Der Ort selbst entstand im 12. Jahrhundert als „Weiler", abgeleitet von dem lateinischen Wort „villare" für „Gehöft". Die genaue Herkunft des Wortteiles „wust" ist wohl unklar. Wustweiler hat auch ein französisches Pendant. Im Département Moselle gibt es die Gemeinde Woustviller mit dem deutschen Namen „Wustweiler".

wussele, unsystematisch handeln. Das führt oft zu kleinen Katastrophen, weil Dinge beschädigt werden und weil man sich oder andere verletzt, weil man Termine nicht einhält und durch die immanente Oberflächlichkeit vieles zweimal machen muss. Beim „wusseln" zerstört man Ordnungsstrukturen, bringt die falschen Dinge an den falschen Platz, und am Ende sieht es aus, als hätte eine Bombe eingeschlagen. Jeder kann sehen: Hier wurde falsch gearbeitet.

wusselisch, flink, aber unkontrolliert, durcheinander. Durch das Tempo der Arbeit erzeugt man den Eindruck, dass man besonders fleißig sei. Dadurch ist man immun gegen Kritik. Man kann diesen psychologisch interessanten Effekt noch verstärken durch getarnte Vorwürfe wie: „Ei wer macht dann die ganz Arwet? Du doch net." (Du engagierst dich bei der Arbeit weitaus weniger als ich.) Dabei wird aber fast immer die ebenso geringe Effizienz verschwiegen.

Wutz, Schwein. Hauptfigur in einem saarländischen Kindergedicht: „Sieschde net die Wutz im Gaade, / wie se wackelt mit de Waade, / wie se in de Kappes beißt / unn de ganz Salat verscheißt." (Hast Du nicht das Schwein im Garten wahrgenommen, wie es seine Unterschenkel hin- und her bewegt, wie es den Weißkohl verköstigt und sich extensiv seinem Stuhlgang im Salatbeet widmet.)

wutze, unordentlich und unsauber arbeiten, etwa beim Streichen. Auch beim Essen kann man „wutze". Abgeleitet von einem Nutztier, dessen Anatomie von der des Menschen gar nicht so weit entfernt ist.

Wutzebacke, übler, hinterhältiger Mensch. Wenn man dieses Wort benutzt, dann geht es eigentlich nur darum, einen anderen zu beleidigen. Dennoch: Die Struktur des Wortes ist sehr interessant. Die „Wutz" kommt in dem Schimpfwort im Plural vor. Wir müssen also, rein mathematisch, von mindestens zwei „Wutze" ausgehen. Beide haben vier Backen (je zwei im Gesicht und zwei weitere am anderen Ende). Das macht in der Summe acht, ergibt aber keinen

Sinn für die Etymologie des Schimpfwortes. Aber man macht schon mal eine Ausnahme.

Wutzebub, schmutziger Junge. Dieses Schimpfwort richtet sich an einen Jungen, der es mit der Sauberkeit nicht allzu genau nimmt, etwa bei dem Verzehr von Spaghetti mit Tomatensoße. Man vergleicht ihn mit jenen Tieren, denen wir vieles verdanken, etwa – um bei dem Beispiel zu bleiben – das Hackfleisch in Spaghetti Bolognese, dessen Soße aber jetzt an dem nagelneuen T-Shirt des „Wutzebub" klebt.

Wuwwelsche, Laus. Durch die Lautmalerei in den ersten beiden Silben und die Verkleinerungsform bekommt das flügellose Insekt sein Kosewort, obwohl es den Menschen gewaltig nerven kann. Als Neusaarländer erklärte Manuel Andrack in seinem Buch „Saar Sammelsurium" dieses saarländische Wort zu einem seiner Lieblingswörter: „So eine süße Bezeichnung für so ein unangenehmes Tier."

Z wie Zwiwwel

Der Buchstabe „Z"

ist der allerletzte. Er hat in deutschen Texten eine durchschnittliche Häufigkeit von 1,1 %.

Zabbe, Zapfen. Kurzfassung von „Zapfenstreich", eine traditionelle militärische Bezeichnung für den Zeitpunkt, ab dem die Soldaten im Quartier zu sein hatten. Selbstverständlich kann man die Formulierung auch außerhalb des militärischen Bereichs benutzen: „Noch ään Wort, dann is Zabbe!" (Bitte seid ruhiger, sonst muss ich andere Methoden ergreifen.)

Zabbebrett, altsaarländischer Begriff für Kleiderhaken. Die deutsche Sprache sagt uns mit dem Begriff „Kleiderhaken": „Das sind Haken, an denen man seine Kleider aufhängen kann." Das „Zabbebrett" erklärt sich folgendermaßen: „Doo iss e Brett, unn doo sind Zabbe (= Zapfen) draan." Das mit den Kleidern muss man sich denken.

zabbeduuschder, stockdunkel, Ende. Die wörtliche Übersetzung ins Deutsche lautet: „zapfendüster". Dieses Wort gibt es aber nicht. Die Etymologie wird uns aber weiterhelfen: Das Wort „Zapfen" leitet sich ab von dem altgermanischen Wort „zapfe". Damit bezeichnete man einen zugespitzten Holzklotz, der die Aufgabe hatte, ein Loch zu verschließen, etwa in einem Fass. (Aus der Form entstand auch das Wort „Tannenzapfen"). Daraus entwickelte sich im 17. Jahrhundert auch das Wort „Zapfenstreich". Ein „Streich", das war damals auch ein Schlag. Man denke etwa an „Sieben auf einen Streich!" Und einen Streich auf den Zapfen eines Fasses führte man am späten Abend aus, um den Soldaten das Ende eines Trinkgelages zu signalisieren. Dazu gab es mit der Trompete eine militärische Begleitmusik, damit jeder Soldat es hören konnte: „Jetzt geht es zurück in die Kaserne." Da es bei dieser Handlung bereits dunkel war, setzte man den „Zapfen" in Verbindung zu „duster", saarländisch „duuschder", eine Nebenform von „düster", die auch gerne als Sprachbild für „ganz schlimm" gebraucht wird. Dadurch entstanden die Bedeutungen für „stockdunkel" und „Ende".

Zabbelphilipp, eine Erfindung des Frankfurter Arztes Heinrich Hoffmann, die er 1845 in seinem Kinderbuch „Struwwelpeter" verewigte. Beide Wörter haben die gleiche Grundstruktur: Zuerst kommt die „Untugend", dann ein x-beliebiger männlicher Vorname. Die saarländische Regionalsprache hat dem Zabbelphilipp einen Freund zur Seite gestellt, den Zibbelfred. Beide sind hyperaktive Kinder.

zackere, altsaarländischer Begriff für „pflügen". Wahrscheinlich von den Zacken am Pflug abgeleitet. Das Wort stand auch für ackern und durchpflügen. Der Pflug wurde zuerst von Menschen gezogen, später von einem Ochsen oder einem Pferd. Durch das Auflockern des Bodens erhält man eine größere, raue Oberfläche. Die Einwirkungen des Wetters, die Zufuhr des Sauerstoffs und die Zersetzung der organischen Stoffe lassen eine lockere Struktur entstehen, die auch besser in der Lage ist, Wasser zu speichern.

Zänkersch, ein weibliches Wesen, meistens mit geifernder Stimme und einer negativen Einstellung zur Nachbarschaft.

Zänn, Zähne. Saarländischer Plural für „Zahn". Unsere Sprache dehnt das Wort nicht, und es ist einsilbig. Das gibt den „Zänn" auch Biss, und darauf kommt es an. Zuerst aber packen sie die Nahrung, und dann beißen sie zu: Sie zerkleinern und zermahlen. So machen das auch die Raffeln (auch ein altes Wort für Reibeisen) unserer Verwandten aus dem Tierreich. Wie die Menschen, so setzen auch sie die Zähne für ihr Sozialverhalten ein. Sie zeigen Zähne, sie fletschen damit und manchmal hat man den Eindruck, sie würden auch damit lachen. Beim Menschen kommt noch eine Funktion dazu: Wir brauchen sie für unsere Lautbildung, vor allem für die Aussprache des Buchstabens „s".

Zännweh, Zahnschmerzen, also ein die Zähne („Zänn") betreffender Schmerzzustand („Weh"). Mögliche Ursachen: fehlender Zahnschmelz, Karies und entzündliche Krankheiten wie Parodontitis. Weiterhin auch rein mechanische Beschädigungen und Verletzungen. Eine ganz fiese Rolle spielen die Mikroorganismen, insbesondere die Bakterien. Die machen sich breit durch Speisereste, Feuchtigkeit und die relativ geringe Dichte körpereigener Antikörper im Speichel. Das alles führt nicht nur im Saarland zu „Zännweh".

Zant, altsaarländisch für „Zahn". Er kann uns zwar ärgern und uns wehtun, er kann aber auch zubeißen und noch andere Dinge vollbringen, zum Beispiel Redewendungen schaffen. Man denke etwa an den „Zahn der Zeit" (die Entwicklung der Geschichte), oder an die Aufforderung „auf den Zahn fühlen" (mal gucken, was los ist, jemanden befragen, um exakte Kenntnis über bestimmte Vorkommnisse zu kriegen). Wenn aber der Zahnarzt sagt: „Jetzt beißen sie doch mal die Zähne zusammen!", dann sollte man sich vorher vergewissern, ob er seine Finger dazwischen hat.

zawwelisch, zappelig, Adjektiv des Verbs „zappeln". Dabei handelt es sich nicht allein um eine Spezialität junger Menschen, die diese Handlung sehr gerne bei Besuchen von Pizza-Restaurants,

Z

Gottesdiensten und goldenen Hochzeiten zelebrieren. „Zappeln" ist nichts anderes als das Ergebnis einer motorischen Unruhe eines Menschen, die keine Rücksicht nimmt auf Situationen. Auch empfindsame Mitmenschen, die ihre eigene Affektkontrolle zu einem wichtigen Wert für ihre Körpersprache gemacht haben, sind ihnen völlig egal. Das Wort „zappeln" gab es bereits im Mittelalter, allerdings in der saarländischen Schreibweise „zabbeln".

Zechesaal, ein Saal in einem Bergwerk, in dem sich vor der Schicht die Bergleute treffen. Diesen Begriff gibt es auch im Saarland, aber eine saarländische Grube hatte noch nie den Namen „Zeche", wie etwa an der Ruhr. Dort kamen die „Kumpels" oft von weit her, man „legte" sie „zusammen", meistens in Schlafhäusern, nahe der „Zeche". Die Saarbergleute kamen hingegen aus den Dörfern der Saargegend, aus der Westpfalz und dem Hunsrück. Nicht wenige von ihnen hatten oder bauten bescheidene Eigenheime. Deshalb waren auch nicht alle auf Schlafhäuser angewiesen. Der Begriff „Zeche" hatte daher an der Saar keine Grundlage. Ausnahmen sind der „Zechesaal" und die „Kaffeekisch", wo man „zechte" und danach die „Zeche" bezahlen musste. Man „legte" zusammen.

Zeeb, Zehe. Das Saarländische kann bei dem Wort „Zehe" auf das „h" verzichten. Man ersetzt es durch ein zweites „e". Dann muss ein Konsonant her. Die Wahl fiel auf das „b". Die Auswahl erscheint willkürlich zu sein.

Zeewe, Plural von „Zeeb". Aus dem bereits weichen „b" wird ein noch weicheres „w", und das braucht das Wort, um überhaupt sprechbar zu sein. Am Schluss noch der Vokal „e".

Zeewegriwweler, jemand, der sich nicht grübelnd am Kopf kratzt, sondern besinnlich, versunken und abwesend zwischen den Zehen. Der Denker wird dadurch zum „Zeewegriwweler". Sein Status wird gesenkt. Er wirkt dumm und pedantisch, weil er sich allzu sorgfältig um seinen eigenen Dreck kümmert.

Zeewenäschel, Zehennägel. Aus den „Nägeln" werden „Näschel", denn der Wortbestandteil „Nagel" bzw. „Nachel" ist für das Wort gar nicht so abwegig: Fingernägel sind Werkzeuge – zum Kratzen, Ritzen und Zupfen. Allerdings haben die Zehennägel diese Funktionen verloren. Wir leben nun mal nicht mehr auf den Bäumen und müssen uns nicht mehr mit den Füßen festhalten. Deshalb sind unsere Zehen kürzer als unsere Finger (Bei den Affen ist das noch anders, Darwin sei Dank!), und die Zehen selbst gebrauchen wir nicht mehr als Werkzeuge. Dennoch haben sie eine Funktion. Mechanisch betrachtet stellen sie – wie die Fingernägel – ein Widerlager für die Zehen dar. Sie liegen auf dem Nagelbett, sind fest mit diesem verbunden und stabilisieren die Zehen. Etwa für „Zeewegriwweler": Unsere Zehennägel wachsen im Monat etwa 1 mm, während die Fingernägel viermal so schnell sind.

Zeewepiddler. Er „griwwelt" nicht, er „piddelt" (was allerdings keine Verbfassung der saarländischen Kurzform des Vornamens Peter ist).

zeidisch, zeitig, zur rechten Zeit, wird nicht nur als verkürzte Form von „rechtzeitig" benutzt, sondern auch zur Kennzeichnung von Obst, das seinen Reifegrad bereits erreicht hat.

Zeisch, Zeug oder auch Zeugs, existiert allein nur im Plural. Das Wort hat eine wichtige Bedeutung für die Bildung von zusammengesetzten Wörtern. In Verbindung damit funktionierte auch der Singular: das Fluchzeisch, das Werkzeisch und das Zuckerzeisch.

Zeit biete, grüßen. Hier handelt es sich um eine fast poetische saarländische Formulierung: Man bietet jemandem die Zeit. Man grüßt nicht nur einsilbig (Tach!). Man sagt seinem Gegenüber, dass man dazu bereit ist, ihm das schönste Geschenk überhaupt zu überlassen: Zeit – für seine Erinnerungen, seine Probleme, seine Gefühle, seine Interessen. „Seit der awwer das gesahd hat, duhn ich ihm nemmeh die Zeit biete." (Nach dieser Äußerung grüße ich ihn aber nicht mehr.)

zersche, mit jemandem zanken, streiten. Dazu gehören, wenn wir unseren Sprichwörtern trauen dürfen, immer zwei. Darüber freut sich der Dritte. Der Vierte weiß es besser: „Streite nie mit einem Dummen. Du ziehst immer den Kürzeren." – Gilt für streiten, zanken und „zersche".

Zicke, der Name einer weiblichen Ziege, und „zicken" ist eine Bezeichnung für ein weibliches, geschlechtsspezifisches Verhalten.

Ziehamriemsche, Ziehharmonika. Wörtlich „Zieh' am Riemschen!", ein früher häufig gebrauchter Begriff für einen kleinen „Quetschkaschde".

Ziehwähnsche, Bollerwagen, kleiner Leiterwagen, früher ein wichtiges Transportmittel für Gemüse aus dem weit entfernten Garten, Brennmaterial aus dem Wald oder aus dem Kohlenkeller des Nachbarn.

Ziesch, 1. saarländischer Plural für „Zuch" (= Zug, Eisenbahn). 2. Bezüge der Bettdecken und der Kissen. Das Wort „Bezüge" wird verkürzt, es bleiben die beiden Endsilben und die werden ins Saarländische übersetzt. Die „Ziesch" können, je nach Bedeutung, „abgefahr sinn" oder auch „abgenutzt".

Zimtwaffele, saarländische Spezialität. Man macht sie entweder zu Hause oder kauft sie in einer Konditorei. Besonders beliebt sind sie in der Weihnachtszeit. Zu Hause haben nicht wenige saarländische Familien ein spezielles „Waffeleise".

Zindblättscher, Zündstreifen für eine Spielzeugpistole. Übereinander geklebte Papierstreifen, die eine Mischung von rotem Phosphor und chlorsaurem Kali in kleiner Menge enthalten.

Zinke, Nase, Geruchsorgan von Wirbeltieren mit Löchern und Höhlen. Bei fast allen Säugetieren, also auch bei den Menschen, befindet sich die Nase im Gesichtszentrum, oberhalb des Mundes bzw. der Schnauze. Das Wort „Nase" kommt aus dem Lateinischen „nasus". Versuche im Dritten Reich, es mit der Bezeichnung „Gesichtserker" einzudeutschen, scheiterten kläglich, im Gegensatz zu Wörtern, die aus dem Französischen kamen, etwa Püree (wurde zu Brei) und Bajonette (zu Seitengewehr). Der im Saarland gebräuchliche Ausdruck « Zinke » bezieht sich auf das optische Erscheinungsbild. Im Althochdeutschen gab es das Wort „zinko". Es bedeutete „Spitze" und „Zacken". Daneben waren „Zinken" früher auch Geheimzeichen zur unauffälligen Verständigung untereinander. Davon übrig geblieben ist noch der Ausdruck „mit gezinkten Karten spielen".

Zinnober, 1. blutrote Farbe, wird auch zuweilen als Pigment verwendet, 2. in der saarländischen Umgangssprache oft abwertend für Plunder und Unsinn.

zisch, deutsch „zig", sehr viel, extreme Kurzform durch Weglassen der Mengenangabe durch eine Zahl. „Das hann ich schon zisch mool gesahd." (Das habe ich bereits sehr oft gesagt.)

Zittrien, saarländische Aussprache für die französische Automarke Citroen. Vor allem drei Autos blieben in Erinnerung: Das Gangster-Auto 11 CV und 15 CV, der 2 CV (Ente) und der DS 19 (später auch 20, 21 und 23) mit seiner hydropneumatischen Federung.

Ziwwel, altsaarländisch für „Zwiebel". Das saarländische Problem, zwei unterschiedliche Konsonanten am Wortanfang auszusprechen, wurde von unseren Altvorderen auf souveräne Art und Weise gemeistert. Sie haben das „w" im Wort ganz einfach weggelassen.

zobbele, ziehen, zupfen. „De Horst zobbelt ständisch an seim Hemd rum." (Horst zieht und zerrt die ganze Zeit an seinem Hemd.)

zockele, zögerlich, langsam bzw. gemütlich sich bewegen. „Seit de Uwe in Rente is, duud er den ganze Daach mit seim Auto durchs Dorf zockele." (Seit Uwe nicht mehr arbeitet, fährt er ständig ziellos durch die Gegend.)

Zoores, Ärger, Ungelegenheiten. „Mach jo kä Zoores." (Bitte, mach mir keinen Ärger!). Das Wort kommt aus dem Rotwelschen.

Zott, Ausguss, Brausekopf der Gießkanne. Er wird auch bisweilen als Brausemundstück bezeichnet oder Zotte. Letzteres in saarländischer Aussprache ergibt das alte Wort „Zott".

zottelisch, zottelig, zerrissen. Betrifft vor allem minderwertige Textilien oder auch Lappen, die an den Seiten ausfransen. Im übertragenen Sinn wird das Wort auch gebraucht für struppig, ungekämmt und zerzaust, für die Haare, aber auch für das Fell von Hunden.

Zottelkram, Plunder. Das Wort „Zottelkram" ist eine Verdoppelung: Der minderwertige Kram, die Kleinteile, ein Durcheinander schwer unterscheidbarer Dinge, das alles ist schon schlimm genug. Aber zu allem Überfluss auch noch „zottelisch". So ein Zottelkram!

Zottelkrämer, ein Händler, der keine wertvollen Teile zu verkaufen hatte. Seine Berufsbezeichnung leitete sich ab von „Kram". „Zottel" könnte ein Hinweis sein auf die Preisgestaltung auf den Märkten. Dort bezeichnete man die „Zottelkrämer" auch manchmal als „Höker", ein Wort, das sich heute in dem Verb „verhökern" versteckt.

zu, 1. geschlossen, abgeschlossen, wie im Deutschen, 2. Saarländisch für stark betrunken. „Jesses, war de Karl geschdern Owend wedder zu!" (Oh je, der Karl war gestern Abend mal wieder sturzbetrunken.)

Zuch, Zug, 1. Eisenbahn, „Der do Zuch is abgefahr." (Dieser Zug ist abgefahren.), 2. ein Durchzug (ein starker Luftzug in Innenräumen), 3. „Zuch" aus der Flasche, 4. Eine nette Handlung „Das war e gudder Zuch von Dir." (Das war eine nette/schöne Geste von Dir.)

Zuckerzeisch, Weihnachtsgebäck, süße Backwaren, die in der Vorweihnachtszeit gebacken und gegessen werden. Früher mussten die Kinder darauf warten, dass ihnen das Christkind an Heiligabend die Kekse und das andere süße „Zeisch" schenkt. Manchen dauerte das viel zu lange, und sie klauten schon mal ein paar Stücke aus der „untersten Schublade" des Küchen- oder Wohnzimmerschranks. So richtig populär wurde das „Zuckerzeisch" erst durch die mittelalterlichen Klöster. Offen ist allerdings, ob die Leckereien für die Kinder waren oder ob die Mönche sie am Geburtstag von Jesus selbst verzehrten.

zurzele, altsaarländisch für zupfen; im übertragenen Sinn auch: Jemandem die Meinung sagen. „Däne do hann ich mol kräftig gezurzelt." (Diesem Menschen habe ich mal gründlich die Meinung gesagt.)

zusammestoppele, etwas unsystematisch zusammenfügen. „Als Vorspeise duhn mir ebbes zusammestoppele." (Vorher kredenzen wir einen Querschnitt aus dem, was wir im Kühlschrank haben.)

zuschuschdere, zuschustern, jemandem etwas zustecken. „De Birgermeischder hat denne Bauauftrach seim Schwor zugeschuschdert." (Der Bürgermeister hat sich intensiv darum gekümmert, dass sein Schwager diesen Auftrag erhält.)

zwersch, quer, verkehrt. Das altsaarländische Wort „iwwerzwersch" (= aufmüpfig, ungezogen) existiert noch in der saarländischen Umgangssprache. Als Substantiv wurde es zum Namen eines Kindertheaters in Saarbrücken.

Z

Zwerwel, Haarwirbel. Sie befinden sich meistens in der Mitte des Kopfes oder im hinteren Bereich. Dort gibt es eine Stelle mit einem kreisförmig angelegten Haarstrich. Dies soll genetisch bedingt sein. Gute Friseure kriegen den „Zwerwel" in den Griff.

Zwiwwel, Zwiebel, eine der ältesten Kulturpflanzen der Menschheit. Seit mehr als 5000 Jahren wird sie als Gemüsepflanze, aber auch als Gewürz und Heilpflanze angebaut. Die alten Ägypter servierten sie den Göttern als Opfer, den Toten als Wegzehrung und den Bauarbeitern an den Pyramiden als Imbiss in den Pausen. Von Beschwerden über den entstehenden Mundgeruch ist nichts bekannt.

zwiwwele, zwiebeln, drangsalieren, züchtigen. Wer andere quält, nicht nur körperlich, der „zwiwwelt" seine Mitmenschen. Er treibt ihnen Tränen in die Augen.

Von Alarich bis zum „Wuschd von Spiese"

Im Wortschatz erwähnte Personen

Alarich I, König – Busendo
Andrack, Manuel – Wuwwelsche
Archimedes, Mathematiker – Hewwel
Bacchus, Weingott – Baakes
Backes, Vanessa – Daa
Baden-Powell, Robert – Päädschestrippler
Baschab, Hugo – Betschbach, Broodgrumbeere, Kerschdscher
Bassewitz, Bernhard von – Maigips
Beckenbauer, Franz – guggemol
Becker, Heinz – awwer, geh, owwe rum,
Becker, Hilde – Backes
Berlichungen, Götz von – O leck!
Blum, Ewald – grimmelwiedisch
Brecht, Bert – Baal, Brotlade
Brunner, Florian – Haasel
Bungert, Gerhard – Dauerschreiwer, dehemm, graad selääds, nemmeh, sellemols
Bürckel, Josef – Baam
Burgard, Paul – Dibbelabbes
Busch, Wilhelm – Backmuhl
Chevalier, Gabriel – Merl
Darwin, Charles – Zeewenäschel

Degenhardt, Franz Josef – Ewerschde
Dickens, Charles – Grickelmaus
Don Camillo, Priester – Merl
Dörr, Hugolinus – därr
Drais, Karl – Gehacktes
Dudenhöffer, Gerd – Badschkapp, Betschbach
Eichhoff, J. – Fleischkischelscher
Flobert, Louis, Nicolas, August – Flobbert
Fritsch, Willy – Fitwin
Gettmann, Holger – Dibbelabbes
Glotz, Peter – Glotzkopp
Goethe, Johann Wolfgang von – Aasch, Duddweller, O leck!
Grimm, Jacob – Tusnelda
Grimm, Brüder – Mausehrsche
Grimmelwiedisch, Elfriede – grimmelwiedisch
Guareschi, Giovannio – Merl
Harig, Ludwig – Frohleichnam, hemm, Stracke, tippe
Hartz, Peter – Haazbacke
Heine, Heinrich – luen
Hencze, Zoltan – Duddweller
Hoffmann, Alice – Backes, Daa
Hoffmann, Johannes – Kohleklau
Honecker, Erich – Eternit
Hoos, Harald – Haasel
Jacoby, Volker C. – Päärdsappel
Jakobus, Apostel – Hannjob, Jääb
Jesus, Sohn Gottes – Jesses
Johannes, Apostel – Hanjob, Jääb,
Jung, Jean Claude – Lemmes
Karl V., Kaiser – Ald Brick
Kohl, Alt-Bundeskanzler – Blookappes, Knoddeler
Kopp, Reinhold – Glotzkopp
Kornbrust, Leo – Nohfelde
Krieger, Dr., Heinz – Förderalismus, Indentität
Kuhlenkampf, Hans-Joachim – Krambe

Lafontaine, Oskar – Bidd, Hundsärsch, Sesselfurzer
Lang, Ludwig – bollere
Lanz, Heinrich – Bulldog
Lehnert, Charly – Geheischnis, genung, nemmeh
Liebknecht, Karl – graad selääds
Ludwig XVI, König – kopps kläner
Marschall, Tony – Pals
Mey, Reinhard – Maigips
Minois, Georges – Kaadeblätsch
Mozart, Wolfgang Amadeus – Aaschgei
Napoleon, Bonaparte – Faasebooz
Neger, Ernst – Gussje
Neuber, Peter – Riwwer-Niwwer
Oberhauser, Fred – Dauerschreiwer
Peppone, Bürgermeister – Merl
Petrus, Apostel – Hannjob, Jääb, Pitt
Philipp II, Graf – Ald Brick
Platen, August von – Busendo
Robespierre, Maximilien, Marie, Isodore – kopps kläner
Römbell, Manfred – därr, Gewwel, Kippe, Pootsche
Schmadtke, Jörg – Eierkopp
Schnur, Ludwig – Fisääl
Schubert, Franz – Chongsong
Seitz, Schorsch – beigehn, Päärdsappel, Wää
Störmer, Thomas – Dibbelabbes
Strauss, Levi – Flotter Hannes
Töpfer, Klaus – länge
Ulrich, Jan – gedobbd
Vespasian, Kaiser – Pisswa
Walter, Fritz – beihalle
Warken, Nikolaus – Haschborre
Weissenbach, Fritz und Gerdi – allerhand for
Wilhelm I, Kaiser – Gekrootzel
Wuschd von Spiese – dehemm

Das fallt mir aach noch en!

Eigene Ergänzungen zum Wortschatz

Was man auch lesen sollte ...

Am Anfang war das Wort

Die Wissenschaft verweist auf den Urknall. Mit ihm habe das Universum angefangen – vor 18,8 Milliarden Jahren. Damals seien Raum, Zeit und Materie mit viel Gepolter gleichzeitig entstanden. Von Menschen konnte noch nicht Rede sein. Fossil nachgewiesen sind diese erst vor 200 Tausend Jahren. Was ebenfalls feststeht: Diese Menschen gehörten keiner germanischen Herrenrasse an und sprachen auch nicht mit „teutscher Zunge". Sie lebten vielmehr in Afrika.

(Vgl. Ian McDougall: Stratigraphic placement and age of modern humans from Kibish, Ethiopia. In: Nature, Band 433, 2005, S. 733–736)

Geschichte der Schriftsprache

Direkt nach dem Zweiten Weltkrieg schrieb der deutsche Dramatiker Carl Zuckmayer[1] das Stück „Des Teufels General"[2].

Die Handlung: Harras hat ein gespaltenes Verhältnis zu den Nationalsozialisten. Einerseits ist er ein leidenschaftlicher Flieger, andererseits macht er keinen Hehl daraus, dass er die Nazis zutiefst verachtet. Die Verlobte seines Fliegerkollegen Hartmann wollte von ihm nichts mehr wissen. Der Grund: Es stimmte etwas nicht in seinem Stammbaum. Eine der Urgroßmütter war nicht deutsch. Das war schlimm, obwohl der Rest der Familie aus dem Rheinland stammte.

In Zuckmayers Stück folgt der beste Monolog, der seit Ende des Zweiten Weltkriegs in deutscher Sprache geschrieben wurde:

„Stellen Sie sich doch mal Ihre Ahnenreihe vor – seit Christi Geburt. Da war ein römischer Feldhauptmann, ein schwarzer Kerl, braun wie ne reife Olive, der hat einem blonden Mädchen Latein beigebracht. Und dann kam ein jüdischer Gewürzhändler in die Familie, das war ein ernster Mensch, der ist noch vor der Heirat Christ geworden und hat die katholische Haustradition begründet. – Und dann kam ein griechischer Arzt dazu, oder ein keltischer Legionär, ein Graubündner Landsknecht, ein schwedischer Reiter, ein Soldat Napoleons, ein desertierter Kosak, ein Schwarzwälder Flözer, ein wandernder Müllerbursch vom Elsaß, ein dicker Schiffer aus Holland, ein Magyar, ein Pandur, ein Offizier aus Wien, ein französischer Schauspieler, ein böhmischer Musikant – das hat alles am Rhein gelebt, gerauft, gesoffen und gesungen und Kinder gezeugt – und – und der Goethe, der kam aus demselben Topf, und der Beethoven und der Gutenberg, und der Matthias Grünewald, und – ach was, schau im Lexikon nach. Es waren die Besten, mein Lieber! Die Besten der Welt! Und warum? Weil sich die Völker dort vermischt haben. Vermischt – wie die Wasser aus Quellen und Bächen und Flüssen, damit sie zu einem großen, lebendigen Strom zusammenrinnen. Vom Rhein – das heißt: vom Abendland. Das ist natürlicher Adel. Das ist Rasse. Seien Sie stolz darauf, Hartmann – und hängen Sie die Papiere Ihrer Großmutter in den Abtritt. Prost."[3]

Das Ende des Stücks: Harras gerät immer mehr unter Druck und besteigt schließlich eine von seinem Freund sabotierte Maschine und fliegt in den Tod.

Das Fazit: Deutschland ist ein Super-Mix, und das ist gut so. Das gilt für die Entwicklung der Menschen ebenso wie für die deutsche Sprache. Sie hat eine lange Vorgeschichte[4]: Davor gab es laut Johannes-Evangelium das Wort, und das sei bei Gott gewesen. Die Wissenschaft verweist auf den Urknall. Mit ihm habe das Universum angefangen – vor 18,8 Milliarden Jahren. Damals seien Raum, Zeit und Materie mit viel Gepolter gleichzeitig entstanden. Von Menschen konnte noch nicht die Rede sein. Fossil nachgewiesen sind diese erst vor 200 Tausend Jahren. Was ebenfalls feststeht: Diese Menschen gehörten keiner germanischen Herrenrasse an und sprachen auch nicht mit „teutscher Zunge". Sie lebten vielmehr in Afrika.[5] Vor etwa 40 Tausend Jahren begannen sie damit, sich mit Hilfe der Sprache zu verständigen. Sie koordinierten damit ihr Handeln und drückten ihre Gefühle aus. Ihre ersten Laute hatten wohl einen ähnlichen Klang wie der Laute der Tiere. Diese verständigen sich mit Lock-, Warn- und Drohrufen. Sie reagieren auf vorgegebene Reize, aber die Anatomie des Kehlkopfs ermöglicht es ihnen nicht, die für eine Sprache notwendigen Laute zu bilden.

Das erste Schriftsystem entstand vor fünftausend Jahren in Babylon und Ägypten. Man stellte bereits Urkunden aus und führte Listen mit Strichen, mit denen man die Anzahl der Tiere festhielt. Vor mehr als dreitausend Jahren entwickelte sich die phönizische Schrift, die Urform aller Schriften, zu denen die griechische, lateinische, kyrillische, arabische, hebräische und indische gehören. Es ist auch sicher kein Zufall, dass die Phönizier die Schrift erfanden. Als mobiles Handelsvolk im Mittelmeerraum waren sie darauf angewiesen. Zum Vergleich: Das älteste bekannte Schriftstück in deutscher Sprache war eine Eindeutschung einer lateinischen Synonymsammlung mit der Bezeichnung „Abrogans". Sie stammt aus der zweiten Hälfte des achten Jahrhunderts nach unserer Zeitrechnung.

Das alles haben wir in der Schule nicht so gelernt, denn das hätte dem deutschnationalen Weltbild widersprochen. Archäologische Befunde zeigen uns aber auch, dass Afrika für die ersten Menschen der Weltgeschichte auch nicht das Gelbe vom Ei war. Sie zogen entlang der Küste in den Nahen Osten, wanderten nach Südasien und schafften sich nach Australien. Erst später besiedelt wurden Zentral- und Ostasien, ebenso Amerika und Europa.[6]

Germanen oder Europäer

Die durch Umstände wie Hunger, Klima und Kriege aufgezwungenen Wanderbewegungen förderten die Entwicklung der Sprache. Um überleben zu können, brauchte man Wissen, und das musste man austauschen. Wörter wanderten von einem Gebiet ins andere, und im Laufe der Zeit entstanden Verbreitungsgebiete von Sprachen. Diese unterschieden sich, hatten aber auch Gemeinsamkeiten.

Spätestens im dritten Jahrtausend begann der Differenzierungsprozess. Innerhalb des Sprachgebiets, das von Indien bis nach Island reichte, bildete sich eine westliche Gruppe, zu der das Keltische, Italische und das Germanische gehörten. Spätestens im zweiten Jahrtausend vor unserer Zeitrechnung teilt sie sich zwischen dem Germanischen im Norden und der italo-keltischen Gruppe im Süden.

Die deutschsprachige Philologie verwendet für das hypothetische Konstrukt, das große Teile von Asien und Europa umfasste, noch immer das Wort „indogermanisch". Selbst an den deutschen Universitäten zelebriert man die „Indogermanischen Sprachwissenschaften", obwohl doch die Zeiten des „Deutschland, Deutschland über alles" endlich vorbei sein sollten. Zum „Indogermanischen" zählen z. B. auch Griechisch und Latein, zwei Sprachen, die Jahrhunderte vor der germanischen Sprachgruppe bereits Bibliotheken mit wissenschaftlichen Werken füllten.

Bei dem Wort „indogermanisch", das offensichtlich eine deutsche Vorherrschaft unter den europäischen Sprachen suggerieren soll, können sich die „germanischen Philologen" auf den dänischen Forscher Conrad Malte-Brun berufen, der 1810 den Begriff „langues indo-germaniques" prägte.[7]

Thomas Young kam mit seiner korrekten Bezeichnung „Indo-European languages" drei Jahre zu spät.[8] Außerhalb des deutschen Sprachraums hat sich Young durchgesetzt. Als mittlerweile wissenschaftlich erschlossene Sprache wird die Sprachengruppe meist als „indoeuropäisch" bezeichnet. Im Englischen sind „indo-european", im Französischen „indo-européen" gebräuchlich. Auch im deutschen Sprachraum gibt es mittlerweile Tendenzen, den Begriff „indoeuropäisch" zu benutzen, um keine der europäischen Sprachgruppen herauszuheben.[9]

Nach heutigem Forschungsstand hat die indoeuropäische Sprachfamilie ihre Urheimat westlich und südlich des Kaukasus. Von dort breitete sie sich aus in andere Regionen Europas und Asiens. Die germanische Sprachfamilie gehört sicher zu den wichtigsten. Sie besteht noch heute aus Dänisch, Deutsch, Englisch, Isländisch, Jiddisch, Niederländisch, Norwegisch und Schwedisch. Anleihen machte sie auch bei den Kelten. Mehrere ihrer Begriffe waren Vorläufer der späteren deutschen Wörter „Amt", „Eid", „Eisen" und „Reich". In der Folgezeit setzte sich in den germanischen Stämmen auch die Betonung der erste Silbe durch, die sich bis heute auch in anderen Sprachen erhalten hat.

Mitte des ersten Jahrtausends vor unserer Zeitrechnung kommt es zur ersten Lautverschiebung[10], die einherging mit der Trennung des Urgermanischen vom Indoeuropäischen. Dabei sind auch die schwachen Verben entstanden, die heute im Präteritum mit der Endung „te" gebildet werden: „machte" und „redete". Außerdem wurden die „weichen" Konsonanten b, d, g „hart": p, t, k.[11]

Zwischen der Besetzung Galliens und der Geburt Jesu standen die Römer „ante portas". Es gab sehr unterschiedliche Kontakte zu den Germanen. Mal stand man sich bewaffnet gegenüber, mal akklimatisierte man sich, und nicht wenige Germanen waren Söldner in römischen Diensten. Im Unterschied zum Römischen Reich war Germanien alles andere als ein hochentwickeltes Gemeinwesen, eher eine Anzahl von Stämmen in Mitteleuropa. Zum Teil waren sie untereinander verfeindet, aber ihre Sprachen waren nicht sehr unterschiedlich, und dadurch wurde traditionell ihre Identität bestimmt. Mit den Römern kam das Lateinische, und die Sprachen machten genau das, was auch die Menschen taten. Sie vermischten sich.

Der nationalistischen deutschen Geschichtsschreibung des 19. Jahrhunderts passte das überhaupt nicht in den Kram. Die Römer hatten noch bis in die Zeit der französischen Revolution eine ungebrochene Reputation. Französische Revolutionäre kleideten sich mit römischen Gewändern, und überall bewunderten Intellektuelle die hohe Kultur der Antike. Also wertete man in den Geschichtsschreibungen die Germanen auf und unterstellte ihnen ein ebenso hohes Niveau wie den Römern.

Die Varusschlacht im Teutoburger Wald[12] sollte die germanische Überlegenheit beweisen. Der Cheruskerfürst Arminius wurde als Anführer zum Helden, Tacitus[13] berichtete darüber, und man schrieb und jodelte noch zweitausend Jahre später ganz souverän das Lied, das mit folgenden Zeilen begann: „Als die Römer frech geworden / Sim serim sim sim, / Zogen sie nach Deutschlands Norden..."[14]. Noch heute „ziert" das martialische Herrmannsdenkmal das Andenken an das Gemetzel.[15]

Auch die Sprachregelung musste stimmen. Ursprünglich hatte das Gebiet an der Grenze zwischen Niedersachsen und Nordrhein-Westfalen die eher profane Bezeichnung „Osning". Kurz vor Ausbruch des Dreißigjährigen Krieges entschied man sich für die besser klingende Bezeichnung „Teutoburger Wald", und heute kürzt man ihn schon mal als „Teuto" ab.

Die althochdeutsche Sprache (600–1050)

Es sollte noch einige Zeit dauern, bis das Römische Reich implodierte. Erst im 5. Jahrhundert nach unserer Zeitrechnung wurde es richtig turbulent. Die germanischen Stämme sorgten für erheblichen Wirbel. Alles wurde mobil, und diesen Prozess nannte man später Völkerwanderung. Das Christentum verbreitete sich mit rasender Geschwindigkeit.

Angefangen hatte es mit den Hunnen. Ihr Eindringen in den europäischen Raum führte zu germanischen Fluchtbewegungen nach Süden und Westen. Auf römischem Boden bildeten sich im 5. und 6. Jahrhundert germanisch-romanische Nachfolgereiche, die selbstverständlich nicht „sprachlos" waren. Der Übergang zwischen der klassischen Antike und dem europäischen Frühmittelalter war auch geprägt von kulturellen Durchdringungen und von Vermischungen der Sprachen. Diese Allianzen sollten die europäische Kultur entscheidend prägen.

Im Rahmen dieses Prozesses entstand auch die englische Sprache. Sie ist nichts anderes als eine Mischung der Sprache eines germanischen Sammelvolks auf der einen Seite und des Französischen auf der anderen. Die Angeln und die Sachsen aus dem Gebiet des heutigen Norddeutschlands fielen ab dem 5. Jahrhundert in Großbritannien ein und verdrängten oder assimilierten die Reste der römischen Besatzung. Sie dominierten die Inseln, bis 1066 die frankophonen Normannen das Land eroberten.[16]

In Mitteleuropa sprach man althochdeutsch, eine frühe Stufe in der Entwicklung des Deutschen. Es begannen jene Prozesse, die zur Entstehung der heute gesprochenen deutschen Sprache führten. Dazu zählt ab dem 6. Jahrhundert die zweite Lautverschiebung. Man bezeichnet sie auch als „Deutsche Lautverschiebung", im Unterschied zur „Germanischen", die rund 1000 Jahre zuvor über die Bühne ging.

Mehrere Konsonanten ordneten sich neu zwischen dem Gebiet der hoch- oder oberdeutschen Dialekte im Süden und dem Norden, wo man verschiedene Arten des Nieder- oder Plattdeutschen sprach. Die Lautverschiebung akzeptierte dabei keine politischen Grenzen, allerdings eine sprachliche: die Benrather Linie.[17] Sie ist die Trenngrenze zwischen dem Niederdeutschen im Norden und dem Hochdeutschen im Süden.

Man muss sich die Linie aber nicht als Strich vorstellen, eher als Band, dessen nördlicher Rand durch Benrath in Richtung Osten läuft. Im Westen ist es breiter als im Osten, wo sie sich mittlerweile bereits vor Berlin verläuft. Es gibt auch südlich von Benrath ein paar Ausnahmen im Moselfränkischen, das auch im nordwestlichen Teil des heutigen Saarlandes gesprochen wird.

Drei Beispiele für die Unterschiede

Position	Niederdeutsch	Hochdeutsch
Innerhalb des Wortes zwischen den Vokalen	Water	Wasser
	maken	machen
Am Ende eines Wortes	dat, wat	das, was

Die niederdeutsche Aussprache geht weit über das Gebiet des heutigen Norddeutschlands hinaus. Im Englischen gibt es (mit anderer Aussprache): „water", „to make" und „that" / „what".

Auch die Grammatik machte Fortschritte im Althochdeutschen. Herausragend sind drei Bereiche. Sie zeigen uns, dass man unterwegs war zur deutschen Sprache.[18]

1. Zum ersten Mal erscheinen Formen des bestimmten und des unbestimmten Artikels. Der bestimmte leitete sich ab vom Demonstrativpronomen, der unbestimmte von den Numeralia.

2. Man begann damit, häufiger Personalpronomen zu benutzen und dadurch auch die Häufigkeit der Substantive zu reduzieren. Früher war das nicht notwendig, weil man oft die Person an der Endung erkennen konnte.

3. Bis dahin gab es nur zwei Zeiten: Präsens (das, wie heute noch, auch fürs Futur benutzt wurde) und Präteritum. Jetzt kamen zugeordnete Zeiten dazu, die mit einem Hilfsverb und dem Partizip II gebildet wurden: Perfekt, Futur II und Plusquamperfekt. Vom Partizip II abgeleitet wurde das Passiv.

Bei allem Respekt vor Ordnungssystemen: Man muss sich immer vor Augen halten, dass es sich bei Niederdeutsch und Hochdeutsch nicht um zwei verschiedene Sprachen handelte, sondern um traditionelle Mundartgruppen. Sie wurden von Menschen gesprochen, die einem der folgenden sechs Stämme angehörten. Ihre speziellen Regionalsprachen kann man heute noch erkennen.[19] Selbst die Unterschiede innerhalb der Stämme waren meistens sogar größer als die zwischen Neunkirchen und Saarlouis.

- Bayern, die später das heutige Österreich besiedelten
- Alemannen, zu deren folgende Verbreitungsgebiete gehörten: Schweiz, Voralberg in Österreich, das Elsass und große Teile von Baden-Württemberg
- Thüringer, die auch den Freistaat Sachsen und Schlesien besiedelten
- Sachsen, Westfalen und Niedersachsen, die später in Richtung Mecklenburg und Brandenburg wanderten
- Friesen, an der Nordseeküste
- Franken, die auch das Gebiet des heutigen Saarlandes bevölkerten.

Die Zusammensetzung des Stammes der Franken ist etwas chaotisch. Es gibt auch Rhein-, Main-, Mosel- und Niederfranken, die Oberfranken in Bayern, die Hessen, Pfälzer, Lothringer, Luxemburger, Flamen und Holländer (ohne die Friesen). Deutsch entstand aus den verschiedenen germanischen Stammessprachen. Deren Sammelbegriff hieß „Thioda", aus dem sich das Wort „deutsch" entwickelte. Damit grenzte man sich zum Latein ab, zur Sprache des angrenzenden romanischen Gebietes und dessen Bevölkerung.

Beide Sprachen sollten aber nicht voneinander getrennt bleiben. Das „diutisc", das man dem Germanischen zuordnete, und das als barbarisch galt, mischte sich mit der „rustica lingua romana", einem „bäuerlichen Latein", das man dem Romanischen zuordnete.

Im achten Jahrhundert tauchte „theodiscus" auf, eine plumpe Latinisierung des „diutisc". Doch die „rustica lingua romana", jene Sprache, die man ab und zu schon mit „francisce" bezeichnete, blieb daneben bestehen.[20]

Karl der Große[21] versuchte, zumindest einige der germanischen Stammessprachen unter einem Dach zu vereinigen. Er erklärte die „lingua theodisca" als seine eigene und offizielle Sprache – in Abgrenzung der „lingua romana".[22] Im Jahr 801 betonte Karl der Große auf italienischem Boden, dass er selbst „theodiscus" spreche. Das war ein klares Bekenntnis, denn „theodiscus" diente zur Unterscheidung romanischer und germanischer Einwohner im Frankenreich. Ab seinem sechsten Lebensjahr hatte Karl auch Latein lernen müssen, und er sprach Latein wie seine Muttersprache. „Am Hof Karls des Großen wurden so viele Witze auf Lateinisch gerissen. Da muss der König sie verstanden haben. Das geht nicht anders."[23]

Aus der Vermischung des Lateins mit regionalen Sprachen entwickelte sich das Galloromanische. Latein war und blieb aber die Gelehrtensprache des Mittelalters, und selbst bis in die Gegenwart hat sich dieses Etikett in Form des Latinums hinübergerettet.

Zur Zeit der Völkerwanderung hatten germanische Stämme den Rhein überquert. Die Alemannen bekamen so die Möglichkeit, das galloromanische Elsass zu germanisieren. Im Unterschied zu ihnen hielten sich die Franken, nachdem sie große Teile des nördlichen Galliens besetzt hatten, mit der Germanisierung eher zurück. Obwohl es ziemlich klare Sprachgrenzen gab, wurde das Aufeinandertreffen des Althochdeutschen mit dem Galloromanischen genutzt, um Machtansprüche zu artikulieren. Die Enkel Karls des Großen stritten sich um die Aufteilung des Reiches. Zwischen dem Land Ludwigs dem Deutschen und Karl dem Kahlen gab es ein politisches Niemandsland, das von Lothar, dem ältesten der drei Brüder beansprucht wurde.[24] Am 14. Februar 842 legten Karl und Ludwig in Straßburg einen Eid ab[25] und versprachen, sich im Kampf gegen Lothar gegenseitig zu unterstützen. Das entsprechende Dokument ist in einer fränkischen und einer romanischen Sprache abgefasst: Althochdeutsch und Altfranzösisch. Sie gingen als die „Straßburger Eide" in die Geschichte ein.[26]

Eine Begeisterung für die römische Kultur kann man den Karolingern nicht absprechen.[27] Latein war nicht nur die Sprache des Hofes und der Verwaltung. Auch der Gottesdienst wurde in Latein abgehalten. Um besser verstanden zu werden, beschloss das Konzil von Tours im Jahre 813[28] für die Predigten auch die Sprache des Volkes zu nutzen.

Die mittelhochdeutsche Sprache (1050–1350)

Nach Karl dem Großen wurden die politischen Rahmenbedingungen noch ungünstiger für die Entwicklung einer einheitlichen deutschen Sprache. Zu Beginn des zweiten Jahrtausends begann die politische Zersplitterung des Staates. Das deutsche Kaiserreich wurde zu einem Staatsgebilde, das die Metapher „Flickenteppich" verdiente. Es gab zahlreiche Territorien, in denen Herrscher fernab von einem faktisch machtlosen Kaiser regierten.[29]

Der latente Konflikt zwischen König und/oder Kaiser auf der einen Seite und den Territorialherren auf der anderen fand seine Entsprechung in der Alternative zwischen deutscher Sprache und einer Ansammlung verschiedener Dialekte. Im 13. Jahrhundert kam es während des Interregnums (1256–1273) zu einer Blüte des Nationalgefühls, was kurzfristig dazu führte, dass man immer mehr Urkunden auf Deutsch verfasste. Doch das währte nicht lange. Es kam zu einem nur schwer wieder auszugleichenden Rückschlag für das Königtum sowie zu einer wesentlichen Stärkung der Position der Fürsten. Erstaunlicherweise hat dieser Aufstieg der Partikulargewalten die literarische Entwicklung gewaltig nach vorne gebracht. Die folgenden Autoren der mittelhochdeutschen Klassik scheinen das zu bestätigen:

Wolfram von Eschenbach[30]. Seine genauen Lebensdaten sind nicht bekannt. Geboren wurde er entweder 1160 oder zwanzig Jahre danach. Gestorben ist er 1220. Er stammte aus Franken und war der wohl wirkungsvollste deutsche Dichter. Sein wichtigstes Werk ist das nach französischem Vorbild geschaffene Epos „Parzival"[31], das sich mit dem Heiligen Gral beschäftigt.[32]

Gottfried von Straßburg[33]. Von dem Elsässer kennt man lediglich das Sterbejahr 1210. Sein berühmtestes Werk ist der großangelegte Versroman „Tristan und Isolde", ein Stoff, der sich im Laufe der Jahrhunderte aus den verschiedensten Quellen entwickelt hatte. Wahrscheinlich machte der Tod sein Hauptwerk zu einem Fragment.[34] Gottfried von Straßburg stammte aus nicht-adligen Verhältnissen, verfügte über eine umfassende Bildung und konzentrierte sich als Kleriker auf weltliche Aufgaben.

Hartmut von Aue[35]. Über sein Geburtsjahr und seinen Lebensweg gibt es nur wenige, dafür aber widersprüchliche Informationen. Seinen Tod vermutet man zwischen 1210 und 1220. Herauszuheben ist seine romanhafte religiös grundierte höfische Erzählung um Schuld und Gnade mit dem Titel „Der arme Heinrich". Sie könnte fiktional gelten und hat Züge einer Märe, die sich definiert als eine kurze, belehrende Verserzählung mit schwankhaften Zügen.[36]

Walther von der Vogelweide[37]. Er lebte ungefähr in der Zeitspanne von 1170 bis 1220, doch seine Herkunft ist nicht bekannt. Walther von der Vogelweide gilt als der bedeutendste deutschsprachige Lyriker des Mittelalters. Von ihm sind insgesamt 500 Strophen, 150 Sangsprüche und 90 Lieder erhalten. Bei seinen politischen Auseinandersetzungen unterstützte er fast immer die Gegner des Papstes.

Ebenfalls in dieser Blütezeit der mittelhochdeutschen Literatur ist das Nibelungenlied[38] entstanden. Die uns bekannte Textfassung des Heldenepos' schrieb ein unbekannter Autor ebenfalls zu Beginn des 13. Jahrhunderts.[39]

Bedeutend waren vor allem Süddeutschland und Österreich, doch die Dichter bedienten sich keiner einheitlichen Sprache. Sie benutzten regionale Dialekte, die ihnen vertraut waren als Literatursprachen und werteten sie damit auch auf. Die wichtigste Dichtersprache kam aus dem alemannisch-ostfränkischen Raum, dem regionalen Umfeld der staufischen Kaiser. In dieser Sprache schrieben Wolfram von Eschenbach, Hartmut von Aue und der unbekannt gebliebene Autor des Nibelungenlieds.

Die Vorbilder und Themen kamen meistens aus Frankreich. Eine engere Verbindung der Dichtungen beider Kulturkreise entwickelte sich erst nach dem Hochmittelalter im Saarbrücker Schloss[40]. Herausragende Protagonistin war dort die Saarbrücker Gräfin Elisabeth von Lothringen (ca. 1395–1456). Sie stammte aus Frankreich, war zweisprachig und gilt als Wegbereiterin des Prosaromans in frühneuhochdeutscher Sprache[41]. Um 1437 übersetzte und bearbeitete sie vier französische „Chansons de geste".

Dabei handelte es sich nicht etwa um Lieder, wie wir sie heute kennen. „Chansons" waren im Mittelalter noch Balladen, vorgetragen von ihren Dichtern. Sie begleiteten sich selbst mit einem Saiteninstrument oder ließen sich begleiten. Als Minnesänger zogen sie mit ihren Liedern und Texten nicht nur von Burg zu Burg. Sie unterhielten und verbreiteten auch Neuigkeiten bei Menschen aus anderen Bevölkerungsschichten. Dabei deuteten sich bereits Funktionen an, die später die Bänkelsänger in den Straßen und auf den Marktplätzen wahrnehmen sollten.

Als Elisabeth die französischen Heldensagen übersetzte und bearbeitete, war Frankreich bereits das Kulturzentrum des europäischen Hochmittelalters, eine Tatsache, die von der deutschen Geschichtsschreibung nur allzu gerne ignoriert wurde. Forschungen belegen, dass es bereits im 14. Jahrhundert einen starken französischen Einfluss auf die sich langsam entwickelnde deutsche Sprache gab.[42]

Da existierte nicht nur ein wildes Konglomerat kleiner Regionalsprachen. Unter ihnen traten auch einzelne dieser Sprachen hervor, die später einen großen Einfluss auf das bekommen sollte, was man „Deutsch" nannte. Eine gewisse Vorreiterrolle hatte die „Meißner Kanzleisprache", die bereits im späten 13. Jahrhundert entstand. Der Name klingt nach einer formelhaften Behördensprache. In Wirklichkeit war sie eine fränkisch geprägte Mischung von Dialekten mit dem Briefstil Kaiser Karls IV. in Prag. Als besonders attraktiv galten die geschmeidigen Zwielaute „ei", „au" und „eu", sowie das „chs", das wie „ks" ausgesprochen wurde, und die Verkleinerungsform „chen".[43]

In den germanischen Sprachen betont man, im Gegensatz zu dem Französischen, meistens die erste Silbe, z. B. „**ge**hen" und „**Win**ter". Ausnahmen gibt es zum Beispiel bei Lehnwörtern wie „All**ee**" oder „Stat**ion**" sowie bei Substantiven mit hinzugefügten Präfixen wie „Er**folg**" und „Be**lag**". Im Hochmittelalter schwächte man bewusst die unbetonten Silben, indem man Vokale in ein kurzes „e" verwandelte. So änderte sich etwa das Wort „boto"; es wurde zu „bote". Manchmal verschwand auch ein Vokal am Ende des Wortes. So wurde aus „hohiro" das Wort „hoeher". Gleichzeitig „implantierte" man den Umlaut „ö", der im Mittelalter noch wie heute im Kreuzworträtsel „oe" geschrieben wurde. Generell verbreiteten sich die Umlaute immer mehr, eine Entwicklung, die bereits im Althochdeutschen begonnen hatte.

Interessant ist für Saarländer vor allem die Entwicklung des Infinitivs des Hilfsverbs „haben". Das „b" wurde gestrichen und das „e" ebenfalls, weil es keine Funktion mehr hatte. Es entstand das Verb „han", das heute noch im Saarländischen u.a. wegen seiner Funktion als Hilfsverb zu den wichtigsten Wörtern überhaupt gehört. Das Saarländische ist dieser damals neuen mittelhochdeutschen Schreibweise treu geblieben. Die deutsche Sprache hat die Änderung zurückgenommen.

Der germanische Buchstabe „t" hatte sich bereits im Althochdeutschen oft zu einem „z" verwandelt. Die Angelsachsen machten das nicht mit. Noch heute gibt es bei ihnen das Verb „to eat", während man bei den Karolingern in Mitteleuropa etwas „ezzen" ging. Doch dabei sollte es nicht bleiben. Im Hochmittelalter wollte man bereits etwas „essen".

Das „sch" entstand aus dem „sk". Der Konsonant „s" wandelte sich zu „sch", allerdings nur, wenn er vor „l", „m", „n" oder „w" stand. Vorher ging man noch „swimmen", was ja die Engländer verkürzt immer noch machen. In Mitteleuropa hat man sich für das „Schwimmen" entschieden. Allerdings brauchte man dafür eine Übergangszeit, in der man „swimmen" schrieb, aber die Aussprache war „schwimmen".[44]

Trotz einer Blütezeit der Literatur und wichtigen Veränderungen in der Grammatik können wir nicht von einer einheitlichen Schriftsprache ausgehen. Es gab teilweise sogar sehr unterschiedliche Schreibformen in den verschiedenen Regionen. Im Nachhinein schuf man für diesen Sprachmix im 19. Jahrhundert ein „normalisiertes Mittelhochdeutsch", in dem seither viele Neuausgaben der alten Texte geschrieben werden.

Eine weitere wichtige Veränderung: Man führte seit Ende des 12. Jahrhunderts im deutschsprachigen Raum die Familiennamen ein. Sie dienten zur besseren Identifikation als Unterscheidungsmerkmale. Dazu benutzte man am Anfang Berufe (Müller), Körpergröße (Klein), Aussehen (Schön), Haarfarbe (Schwarz), Eigenschaften (Fröhlich), Herkunft (Schweizer) usw. Dazu kamen die Namen aus anderen Sprachen und

Kulturen. Sie wurden, wie auch heute noch, vererbt. Festgehalten wurden sie in den Kirchenbüchern und in Deutschland ab 1875 bei den Standesämtern.[45]

Die frühneuhochdeutsche Sprache (1350 –1650)

Lange glaubte man, Martin Luther habe die deutsche Sprache hin zum Neuhochdeutschen entwickelt. Noch kurz nach dem Zweiten Weltkrieg stellte Wolfgang Jungandreas fest, „dass wir ihn also mit vollem Recht als den Schöpfer der neuhochdeutschen Schriftsprache ansehen können."[46] Diese These gilt mittlerweile nicht mehr als haltbar. Der Reformator konnte auf dem Mitteldeutschen aufbauen, auch auf der literarischen Entwicklung der mittelhochdeutschen Sprache. Er hat, Gutenberg sei Dank, den Umgang mit der Schriftsprache popularisiert und somit weitere Weichen für die Zukunft gestellt.

Sprachen brauchen lange Zeiträume, um sich zu entwickeln. Sie haben Vorgeschichten, und sie sind dermaßen komplex, dass Entwicklungen in unterschiedlichen Tempi verlaufen.[47] Luthers Verdienste kamen erst später zum Tragen. Unbestritten bleibt, dass er mit seiner Bibel einen wichtigen Beitrag für die Herausbildung und Verbreitung der deutschen Schriftsprache geleistet hat. „Der Reformator war... als Übersetzer der Bibel wie auch durch seinen lebendigen Stil in anderen Schriften der wichtigste Förderer einer einheitlichen deutschen Schriftsprache."[48] Über die Sprachgrenzen der zahlreichen Territorialstaaten hinweg „entstand ein gemeinsames geistiges Fundament, auf dem die Literatur des Barocks und der Klassik aufbauen konnte."[49]

Bereits Mitte des 14. Jahrhunderts hatte die deutsche Sprache begonnen, sich als „Frühhochdeutsch" herauszubilden. Im Jahr 1356 wurde die zukünftige Wahl des Königs durch die Kurfürsten in der Goldenen Bulle Karls IV. festgelegt.[50] Das Reich zersplitterte zusehends durch Heiratspolitik und Erbschaften. An eine gemeinsame deutsche Sprache konnte man bestenfalls denken. Das tat sicher auch die aufstrebende

Bourgeoisie, vor allem die ersten deutschen Handelshäuser, die Hanse im Norden und die Fugger im Süden. Sie wollten expandieren und nicht sprachlos daneben stehen und die wirtschaftlichen Erfolge in Flandern und Brabant bewundern. Gleichzeitig wütete die Pest, und die Menschen hatten Wichtigeres zu tun, als sich mit Diphthongen zu beschäftigen. Aber die Kommunikation musste auch funktionieren, denn auf ein Heer von Dolmetschern konnte man nicht ständig zurückgreifen, ganz egal, worum es ging.

Zwei Sprachen verbreiteten sich vor allem im deutschen Sprachraum, umgeben von zahlreichen Dialekten, die von der Mehrheit gesprochen wurden: Um 1500 gab es in Deutschland noch zwei miteinander konkurrierende Sprachen: die Meißner Kanzleisprache und die kaiserliche Kanzleisprache. Dazu kam noch das Latein, das von den Gelehrten gesprochen wurde. Ab 1348 gründete man die ersten Universitäten in Prag, Wien, Tübingen und Heidelberg.

Wichtige Rahmenbedingungen für die Weiterentwicklung der deutschen Schriftsprache lieferte Johannes Gutenberg.[51] Noch unter dem Namen „Johannes Gensfleisch" wurde er irgendwann zwischen 1396 und 1408 in Mainz geboren.[52] Er stammte aus einer ursprünglich jüdischen Patrizierfamilie. Man vermutet, dass er eine Klosterschule besuchte und dort auch Latein lernte. Ein Universitätsstudium ist nicht auszuschließen. Von 1434 bis 1444 hielt er sich in Straßburg auf. Er soll dort in seiner Werkstatt „aventur und kunst" aus einer Blei-Zink-Legierung Andenken für Wallfahrten hergestellt haben. Diese fielen aber wegen der Pestepidemie aus.

Im Jahr 1446 erfand er den modernen Buchdruck mit beweglichen Lettern und die Druckerpresse.[53] Dadurch löste er eine Medienrevolution aus, die unter anderem gigantische Auswirkungen für das Christentum hatte und für die Gedankenwelt der Renaissance. Er ermöglichte die maschinelle Massenproduktion von Büchern und wurde dadurch zum Multiplikator des Fortschritts. Durch die Erfindung der beweglichen Lettern konnten Druckerzeugnisse schneller und billiger hergestellt werden. Sie lösten die Handschriften ab, wurden nun in größeren Auflagen gedruckt und gehörten bald zum Alltag. Bildung wurde leichter zugänglich.

Ab 1448 war er wieder in Mainz und „kratzte" sich dort Geld zusammen, um eine Druckerwerkstatt aufzubauen. Zwei Jahre später waren seine Experimente so weit fortgeschritten, dass er mit Kleindrucken beginnen konnte. Nach einem verlorenen Rechtsstreit verlagerte er seine Druckerei in sein Elternhaus. Er gründete eine Geschäftsgemeinschaft, druckte sogar Ablassbriefe und später die Bibel. Er starb 1468 in seiner Heimatstadt Mainz.

Die meisten Bücher wurden immer noch in lateinischer Sprache gedruckt, wobei allerdings die deutschen Bücher normalerweise größere Auflagen hatten. Die Bestseller dieses Genres waren im 16. Jahrhundert „Till Eulenspiegel" und die „Historia von D. Johann Fausten", einem Vorläufer von Goethes Hauptwerk. Autoren, die ihre auf Deutsch geschriebenen Bücher landesweit verkaufen wollten, mussten sich von lokalen Dialekten verabschieden und sich der in Entstehung befindenden deutschen Sprache anpassen. Dadurch wurde eine Angleichung der verschiedenen Varianten im 16. Jahrhundert beschleunigt. Sofort kam es zu patriotischen Übertreibungen: Ein schwäbischer Gelehrter behauptete, das Deutsche sei älter als das Griechische, ein Elsässer meinte, Adam habe im Paradies nur Deutsch gesprochen und ein Historiker huldigte der „teutschen Haupt- und Heldensprache".[54]

Luthers Übersetzungen des Neuen und des Alten Testaments (1521 und 1534) erhielten durch Gutenberg einen medialen Rückenwind. „Es war ein Glücksfall, dass der Reformator ein begabter Schriftsteller war und ein ebenso kräftiges wie bilderreiches und volkstümliches Deutsch schrieb. So versorgte Luthers Bibel das ganze Volk mit einem gemeinsamen Vorrat von Redewendungen, Bildern, Vergleichen, rhetorischen Figuren und zitierbaren Sprüchen und Formeln. Mit ihrer Hilfe drang Luthers Deutsch in die letzten Ritzen und Spalten der Sprache ein."[55]

Martin Luther, der von 1459 bis 1530 lebte, veränderte auch Bedeutungen in seinem Sinn. Das markanteste Beispiel ist das Wort „fromm". Vor Luther meinte man damit „tüchtig". Daran erinnert noch der Turnerspruch „frisch, fromm, fröhlich, frei", dessen Ursprung wohl auf das 14. Jahrhundert zurückgeht. Luther definierte „fromm" in seinem Sinn als „gläubig"[56].

Wortschöpfungen von Martin Luther:[57]

Machtwort
Denkzettel
Feuereifer
Hiobspost
Blutgeld
Herzenslust

Dazu kommen noch Redewendungen, die wir heute noch gebrauchen: „der Stein des Anstoßes", „ein Dorn im Auge" und „sein Licht unter den Scheffel stellen". Außerdem auch Sprachbilder, die er schuf, indem er Wörtern eine andere Bedeutung gab: „verfassen" (schriftlich niederlegen) und „anfahren" (in heftigem Tonfall).

„Luthers Verdeutschung der Heiligen Schrift lasen Fürsten und Kaufleute, Gelehrte und Handwerker, denn darin wurden Themen, die im 16. Jahrhundert jeden beschäftigten, eindrucksvoll dargelegt."[58]

Er benutzte dazu von Anfang an die Meißner Kanzleisprache. Damit wollte er erreichen, dass ihn sowohl die Oberländer (Süddeutschen) und die Niederländer (Norddeutschen) verstehen. Dann würden auch die Fürsten und Könige seine Übersetzungen akzeptieren. Für Luther war sie die deutsche Sprache schlechthin.[59]

Im allgemeinen Bewusstsein hatte er das Image eines gebildeten und gescheiten, gleichzeitig aber auch deftigen und volkstümlichen Menschen. Seine wichtigste Zielgruppe war aber beileibe nicht das Volk. Er wandte sich an die gesellschaftlichen Eliten, wohl wissend, dass diese auch zu gegebener Zeit als Multiplikatoren fungieren können. Der Landbevölkerung[60] fehlte oft der Zugang zur Bibel, denn sie konnte nicht lesen. Für die meisten war eine Bibel auch unerschwinglich: Ein Exemplar der aufwendig gestalteten Luther-Bibel mit 118 Holzschnitten kostete im Jahr 1534 zwei Gulden und acht Groschen. So viel verdiente damals ein Schulmeister in neun Monaten. Von daher ist es erstaunlich, dass bis zu Luthers Tod insgesamt eine dreiviertel Million Exemplare der Gesamtauflage verkauft wurden.[61]

Die Bibelübersetzung beeinflusste im 16. Jahrhundert den protestantischen niederdeutschen Sprachraum dermaßen stark, dass man ihre Sprache übernahm. Lediglich in der gesprochenen Sprache lebte das Niederdeutsche in Teilbereichen weiter. Im katholischen süddeutschen Raum hingegen hatte die Sprache Luthers zunächst nur wenig Einfluss. Die oberdeutsche mittelhochdeutsche Schriftsprache im Süden blieb vorerst bestehen.[62]

Ohne Gutenberg und Luther hätte man auf das Frühneuhochdeutsche als eigenständige Zeitspanne verzichten können und es dem Mittelhochdeutschen zuschlagen können. Wir haben eine indoeuropäische Phase, von der sich das Germanische mit der ersten Lautverschiebung emanzipierte und nach der keltischen Zeit über mehrere Jahrhunderte von den Römern geprägt wurde. Danach kommt das Althochdeutsche (600 bis 1050) mit der zweiten Lautverschiebung, das Mittelhochdeutsche (1050 bis 1350) und das Neuhochdeutsche ab 1650, das noch immer andauert.[63]

Zwischen Mittel- und Neuhochdeutsch „klemmte" man das unästhetische Wortungetüm „Frühneuhochdeutsch" als „Naissance" der Sprache. Die Gründe für diesen dramaturgischen Kunstgriff sind nachvollziehbar. Durch Luthers Schrifttum erweiterte sich der Wortschatz, und der Humanismus drängte lateinische Lehnwörter und neue grammatikalische Strukturen in die deutsche Sprache:

Im Frühneuhochdeutschen gab es Lautwandlungsprozesse, die regional sehr unterschiedlich waren und bis in die Gegenwart reichen.[64]

- Vokale wurden gedehnt oder gekürzt.
- Vokale wurden zu Diphthongen: „ei", „au", „eu".[65] Aus der „Mus" wurde „Maus", aus „wise" wurde „weise" und aus „niuwez" wurde „neues".[66]
- Es entstanden Singular-Plural-Oppositionen, etwa Hof / Höfe, Nagel / Negele, Sohn / Söhne.
- Es gab bereits moderne Pluralfassungen von Wort / Wörter und Buch / Bücher.
- Als Präfixe standen u. a. zur Verfügung: „be", „ent", „er", „ver", „zer", „umbe", „in" usw.
- Es gab auch neue Suffixe: „heit" und „nis".
- Das Futur I wurde nicht mehr nur mit dem Präsens gebildet, sondern auch mit dem Hilfsverb „werden" und dem Infinitiv. Noch heute sind beide Formen gebräuchlich.
- Die Großschreibung der Substantive setzte sich immer mehr durch, und man strukturierte die länger gewordenen Sätze mit Schrägstrichen, die dazu dienten, die Atempausen zu signalisieren.

Es entwickelte sich eine beachtliche Vielfalt und Toleranz der Sprachvarianten. Die Textstrukturen veränderten sich. Die Sätze wurden länger. Bei manchen Änderungen deutete sich auch in der Sprache eine neue Zeit an. Wörter änderten ihre Bedeutung: „Frau" war nicht mehr ausschließlich der Ausdruck für Adlige. Mit „edel" bezeichnete man geistige und moralische Qualitäten und nicht mehr nur die adlige Herkunft. Das Wort „Leie" („Laie") wurde bereits im heutigen Sinn gebraucht und nicht nur für alle, die keine Priester waren. Durch stärkere Handelskontakte erhöhte sich die Zahl der Lehnwörter in den Bereichen Geldwesen, Seefahrt, Militär, Lebensmittel, Kultur und Kleidung. Darunter waren vor allem zahlreiche Gallizismen und Latinismen.

Trotz Renaissance und Humanismus begannen auch Gelehrte, ihre Werke in deutscher Sprache zu verfassen.[67] Das war aber nicht die Regel. Latein blieb die Sprache der Wissenschaft, selbst wenn sie sich mit der deutschen Sprache auseinandersetzten[68]. Folgerichtig erschien 1535 das erste wissenschaftliche lateinisch-deutsche Wörterbuch mit dem Titel „Dictionarium latino-germanicum"[69].

Das normative Ideal einer einheitlichen deutschen Sprache wurde begreifbar und gleichzeitig greifbar. Ende der frühneuzeitlichen Periode war die Sprache der Luther-Bibel, die Gemeinsprache der Deutschen.

Die neuhochdeutsche Sprache (ab 1650)

Die Entstehung des Neuhochdeutschen wird normalerweise mit dem Ende des Dreißigjährigen Krieges in Verbindung gebracht. Eine mörderische Katastrophe der größeren Art. Hungersnöte, Seuchen und Massenmorde dezimierten weit über 50% der Bevölkerung in Mecklenburg, Pommern, Thüringen, in der Pfalz und in Württemberg. In manchen Gegenden sogar mehr als 70%.[70]

Es ging um den Streit
- zwischen Katholiken und Protestanten und
- zwischen dem Kaiser und den Fürsten

Der Religionskonflikt endete unentschieden, der politische zugunsten der Fürsten. Diese regierten in Kleinstaaten und entschieden über die religiöse Orientierung ihrer Untertanen. Ein nationales Bewusstsein konnte dadurch genau so wenig entstehen wie eine einheitliche deutsche Sprache. Im 17. Jahrhundert gewannen die anderen Nationalsprachen immer mehr an Boden, während die deutsche Sprache nur ein paar Achtungserfolge erzielte. Erst 1681 erschienen im deutschen Sprachraum zum ersten Mal mehr Bücher auf Deutsch als in Latein. Man konnte aber weiterhin zurückgreifen auf das Lateinische, das über ein Jahrtausend dem Klerus und den Gelehrten als Kommunikationsmittel zur Verfügung stand. Vor allem bei folgenden Gelehrten blieb Latein als internationale Sprache bestehen:[71]

- Nikolaus Kopernikus (1473 bis 1543)
- Galileo Galilei (1564 bis 1641)
- Johannes Kepler (1571 bis 1630)
- René Descartes (1596 bis 1650)
- Isaac Newton (1643 bis 1727)
- Carl von Linné (1707 bis 1779)
- Wilhelm von Humboldt (1767 bis 1835)
- Carl Friedrich Gauß (1777 bis 1855)
- Arthur Schopenhauer (1788 bis 1860)

usw.

Erst in der Wilhelminischen Epoche wurden unter Wilhelm II. der lateinische Abituraufsatz und die mündliche Prüfung in Latein abgeschafft. An den deutschen Universitäten verlor das Latinum erst in den 1970er Jahren an Bedeutung.

Eine nicht zu unterschätzende Rolle spielte seit dem Hochmittelalter die französische Sprache. An den europäischen Höfen parlierte man und pflegte vor allem jene Lehnwörter, die in der Lage waren, den noblen Lebensstil zu etikettieren. So stammt beispielsweise das bereits im Mittelalter verwendete Wort „Turnier" für einen sportlichen Wettkampf vom Altfranzösischen „tournelier", was so viel bedeutet wie „die Pferde im Kreis laufen lassen".[72]

Kaiser Karl V. (1500 bis 1558) schätzte die Fremdsprachen. Seine Devise: „So viel man Sprachen kann, so viel mal ist man Mensch." Aber er machte schon Unterschiede: „Italienisch lernte ich, um mit dem Papst zu sprechen. Spanisch spreche ich mit meiner Mutter. Englisch mit meiner Tante. Deutsch zu meinem Pferd und Französisch zu mir selbst."[73] Französisch war allerdings auch seine Muttersprache.[74]

In den kleinen deutschen Territorien wurde der Versailler Hof unter Ludwig XIV. zum Vorbild und mit ihm das Französische zur Leitsprache der gebildeten Schichten. Französische Lehnwörter hatten Hochkonjunktur.[75] „Wer des Französischen nicht mächtig war, der versuchte wenigstens möglichst viele Fremdwörter unters Deutsch zu bringen."[76]

In der „besseren Gesellschaft" war Französisch „in". Nicht nur, dass Onkel und Tante den Oheim und die Muhme verdrängten, Cousin und Cousine den Vetter und die Base. Die Lehnwörter, die den Weg zu den früheren Germanen fanden, betrafen viele Bereiche:

- Mode (Kostüm, Weste, Parfüm, frisieren, Perücke)
- Küche (Bouillon, Omelette, Serviette, Torte)
- Etikette (amüsieren, Kompliment, Promenade)
- Wohnkultur (Sofa, Balkon).

In der Wissenschaft wurde Latein abgelöst durch das Französische. Die Aufklärer hielten das Deutsche für nicht „entwickelt" genug für wissenschaftliche Gedankengänge.[77] Diese Auffasung hielt sich noch bis Mitte des 18. Jahrhunderts.

Eine herausragende Figur stützte diese pragmatische frankophile Haltung: Friedrich der Große (1712–1786), der „Alte Fritz". Absurderweise war er der Einzige, an dem sich Hitler (1889–1945) messen wollte. Gegen Ende des Zweiten Weltkriegs, als er den Untergang kommen sah, wurde er für ihn zum historischen Vorbild. Er beschwor die Rettung Preußens im Siebenjährigen Krieg als Vorbild für seinen Glauben an den Endsieg.

Bei dem preußischen König lag der größte Massenmörder aller Zeiten völlig daneben. Das zeigt allein schon die Sprache. Der Alte Fritz sprach seit jungen Jahren selbstverständlich Französisch. Damit unterschied er sich nicht von dem Adel, der sich durch sein Parlieren von dem „gemeinen Volk" absetzen wollte. Friedrich der Große war, wie alle Fürsten in allen Ländern Europas, ein großer Verehrer des französischen Königs Ludwig XIV. Dazu kam, dass zu seinen Lebzeiten die aus Frankreich geflüchteten Hugenotten eine große Rolle in Berlin spielten. Als Migranten hat er sie willkommen geheißen. Über mehrere Jahre pflegte er einen engen Kontakt mit dem französischen Philosophen Voltaire (1694 bis 1778), der als einer der geistigen Väter der Französischen Revolution gilt.

Durch den Kontakt mit ihm entstand auch Friedrichs Buch „Antimachialismus", in dem er sich kritisch mit Macchiavelli (1469 bis 1527) und dessen Machtstrategien auseinandersetzt, andererseits aber auch den Präventivschlag im Krieg verteidigt.[78]

Zu einem großen Ärgernis wurde sein Buch „De la Littérature Allemande" (Über die deutsche Literatur), in dem er wenige Jahre vor seinen Tod den Aufschwung der deutschen Literatur aus französischer Sicht verurteilte.[79]

Friedrich der Große bezeichnete sich selbst als „ersten Diener des Staates", ein frankophiler und homoerotischer Schöngeist „sans soucis"[80], der über drei Kriege gegen Österreich aus seinem erweiterten Landkreis Preußen eine europäische Großmacht gestalten wollte. Parallel dazu französisierte der deutsche Adel, während das aufkommende Bürgertums die deutsche Nation und die deutsche Sprache als ihren Überbau entdeckte.[81]

Hinter diesem Ansinnen standen auch massive wirtschaftliche Interessen. Man strebte nach einer größeren politischen Einheit ohne Zollschranken, denn mit Kleinstaaterei ist in der Ökonomie kein Staat zu machen.[82]

Durch die reine Funktionalisierung verlor das Bürgertum die Kultur der Sprache. „Gespräch, Rhetorik, Konversation, Witz, Unterhaltsamkeit, Verständlichkeit, Manieren, Lebensart, Humor, Eleganz des Ausdrucks, alles das gehört nicht zu den Eigenschaften, für die andere Nationen uns besonders rühmen. So flüchteten die Deutschen in die Sprache jenseits der Sprache: in den Gesang und die Musik. Oder in die simple Verbohrtheit."[83]

Die deutschen Nationalisten wetterten gegen die Franzosen. Dem angeblich oberflächlichen Savoir-Vivre[84] setzten sie ihre Werte wie Bodenhaftung, Tiefgründigkeit und Gradlinigkeit entgegen. „Das und nicht der Konflikt zwischen den Staaten ist der Ursprung vom Mythos der deutsch-französischen Erbfeindschaft. Die Deutschen hatten von da an bis 1945 eine Beziehung zu Frankreich wie heute die Araber und Perser zu den Amerikanern: Sie hassten sie, weil sie sie in ihrer heiteren Überlegenheit bewunderten."[85]

Die Weiterentwicklung des Neuhochdeutschen baute auf dem auf, was man erfolgreich vor dem Dreißigjährigen Krieg in die Wege geleitet hatte. Eine einheitliche, deutsche Literatursprache konnte es auf dem angestrebten Niveau nicht geben. Es handelt sich um ein Konglomerat aus zahlreichen Dialekten der deutschen Sprache. Zu groß war die Zersplitterung des deutschen Sprachraumes und zu lang währten bereits die Einflüsse des Lateinischen und des Französischen. Neue Impulse sollte es erst nach der größten Zäsur in der Neuzeit geben, nach der Französischen Revolution. Bis dahin tat sich einiges, nicht mehr und nicht weniger. Immerhin: Die deutsche Sprache war gebrauchsfertig, selbst für Goethe und Schiller.

Zuvor hatte sich in der Literatur die „oberdeutsche Schreibsprache" herausgebildet, allerdings nur im „katholischen Süden". Das dauerte noch bis Mitte des 18. Jahrhunderts, und dann erst setzte sich dort das „Neuhochdeutsch" des protestantischen Nordens durch. Es gab nun so etwas wie eine „Gemeinsprache", die auf der ostmittelhochdeutschen Variante des Deutschen basierte. Eine standardisierte Aussprache gab es noch nicht.

Die wichtigsten Änderungen von der Mitte des 17. bis zum Ende des 18. Jahrhunderts:

Pluralbildung. Sie wurde differenzierter behandelt. So benutzte man dazu häufiger die Umlaute, etwa: Bart-Bärte und das „er" als Suffix: Geist-Geister.

Satzzeichen. Aus den Schrägstrichen wurden Ende des 17. Jahrhunderts die Kommata, und man begann, mit Ausrufe- und Fragezeichen und Semikolon zu experimentieren.

Partizip II. Das Präfix „ge" setzte sich allgemein durch, auch bei dem daraus abgeleiteten Passiv. Eine Ausnahme: „worden" ist nicht so gebildet „worden".

Fachausdrücke. Sie folgten, wie fast immer, den Erfindungen und Innovationen, zum Beispiel „Sauerstoff" (Chemie) und „Bewusstsein" (Philosophie).

Sprachpuristen machten aus dem „Parterre" das militärisch klingende Wort „Erdgeschoss", aus der „Universität" die „Hochschule", und aus dem „Rendezvous" wurde ein „Stelldichein", das auch missverstanden werden kann: „Stell dich mal drauf ein, dass sie geschieden ist und das dritte Kind unterwegs ist!" – Die Ergebnisse: Das Erdgeschoss gewann knapp gegen das Parterre, die Hochschule wurde eine echte Alternative zur Universität, während das Stelldichein eher auf den Flohmarkt gehört.[86]

Ein gewisser Johann Christoph Adelung (1732 bis 1806), seines Zeichens Bibliothekar, wagte den ehrgeizigen Versuch, ein „vollständiges grammatisch-kritisches Wörterbuch der Hochdeutschen Mundart, mit beständiger Vergleichung der übrigen Mundarten" in einem fünfbändigen Werk zu präsentieren. Der Versuch war umstritten – wie der Turmbau von Babel.[87]

Auch bei einer der wichtigsten Neuerungen des 18. Jahrhunderts konnte man sich nicht auf einen passenden Begriff einigen. Man führte ein Lebensmittel ein, das Kolumbus aus Amerika mitgebracht hatte und bald sehr populär wurde. Der schriftdeutsche Begriff, der noch heute geläufig ist, wurde nicht in allen Regionalsprachen akzeptiert. Der deutsche Ausdruck „Kartoffel" leitet sich ab von „tartufo", dem italienischen Wort für „Trüffel". Dieser Vergleich konnte offensichtlich von vielen nicht verstanden werden, denn „Trüffel" war – und ist immer noch – in unseren Breiten kein alltägliches Nahrungsmittel. In einigen Gegenden verglich man das Mitbringsel von Kolumbus mit den allseits bekannten „Äpfeln", aber die wachsen nicht auf dem Baum, sondern auf der Erde. Man nannte sie „Erdäpfel". Im Saarland heißen sie „Grumbeere" (Grundbirne), abgeleitet von der „Birne". Der Erde gab man aber einen anderen Namen. Man nannte sie „Grund". Im moselfränkischen Bereich verkürzt man das Wort zu „Grumbern".

Der Fall von Sprachgrenzen

In Nordamerika war man, was die Schriftsprache betraf, konsequenter als in Mitteleuropa. Im Jahr 1776 wurden 13 britische Kolonien unabhängig, und 1788 gründeten sie die nordamerikanische Bundesrepublik, ein Jahr vor dem Beginn der Französischen Revolution.[88] Die Sprache war von Anfang an de facto Englisch.[89]

Von deutschnationaler Seite wurde aber noch nach dem Zweiten Weltkrieg die Mär verbreitet, dass Deutsch um ein Haar amerikanische Amtssprache geworden wäre. Es fehlte angeblich nur eine Stimme. Der Deutsch-Amerikaner Frederick Mühlenberg (1750 – 1801) habe in letzter Minute für Englisch gestimmt. Es handelt sich wohl um eine Fehlinterpretation eines Versuches im Staat Virginia, Gesetzestexte auch auf Deutsch zu publizieren. Richtig ist, dass über eine Million US-Amerikaner ihre deutsche Muttersprache sprechen.[90] In den USA respektierte man andere Sprachen, aber Englisch wurde faktisch die National- und Amtssprache.

Die Sprachen der einzelnen Sowjetrepubliken wurden ebenfalls akzeptiert, aber die Sprache der Russen wurde zusätzlich zur Sprache der gesamten UdSSR. Sollten sich die Vereinigten Staaten von Europa doch durchsetzen, hätte die englische Sprache die größten Chancen, zur Sprache der europäischen Gemeinschaft zu werden. Dafür spräche vor allem, dass bereits heute das Englische die wichtigste Sprache der Welt ist.

Der Entstehungsprozess, der zur deutschen Schriftsprache führte, hatte die gleiche Struktur. Die Gründe dafür lieferte die Wirtschaft. Die Politik setzte deren Interessen um. Vor allem in Deutschland, wo der Patchwork-Staat erst 1871 abgeschafft wurde. Die Kleinstaaterei war ein Hindernis für alles. Man brauchte eine größere Einheit, eine Nation ohne Grenzen. Andererseits brachte man auch den Nationalismus zum Blühen.[91]

Während die Menschen ihre Dialekte liebten und beherrschten, sangen die Hurra-Patrioten das Hohe Lied auf die deutsche Schriftsprache. Noch unter napoleonischer Herrschaft meldete sich die deutschnationale Opposition zu Wort. Johann Gottlieb Fichte (1762-1814) verstieg sich 1807 in seinen „Reden an die Deutsche Nation" zu der Behauptung, „dass Menschen mit deutscher Muttersprache dem Fremden stets überlegen seien und ihn vollkommen verstehen könnten, sogar besser, als der Fremde sich selbst verstehe".[92]

Gerade mal sechs Jahre später stellte Ernst Moritz Arndt (1769-1860) die Frage: „Was ist des Deutschen Vaterland?". Die Antwort darauf war Munition für alle Nationalisten und Kriegstreiber: „So weit die deutsche Zunge klingt." Für alle, die das immer noch nicht verstanden, gab es eine weitere Zeile: „Sein Vaterland muss größer sein".[93]

Ganz grob kann man folgende Entwicklungen zum Nationalstaat feststellen:

- England hatte zwei Jahrhunderte Vorsprung. Der Prozess zum Nationalstaat war begleitet von der Demokratisierung.
- Frankreich hatte den gleichen Vorsprung. Die ersten Ansätze zur Demokratisierung gab es hundert Jahre später bei der Revolution.
- Deutschland verspätete sich mit der nationalen Einheit. Diese kam „von oben" und hatte mit Demokratie nichts zu tun. Vor diesem Hintergrund müssen wir auch die Entwicklung der deutschen Sprache betrachten.

Bereits ein Jahr vor Ausbruch des Dreißigjährigen Krieges bildeten sich Sprachgesellschaften, die den Anspruch hatten, die Schriftsprache zu schützen und zu pflegen. Die bekannteste war der „Palmenorden", der auch unter dem illustren Namen „Fruchtbringende Gesellschaft" firmierte.[94]

Selbst der Natur sagte man den Kampf an. Sie sollte in Zukunft den Namen „Zeugemutter" haben, ein Vorschlag, der sich bekanntermaßen nicht durchsetzte. Ebenso wenig wie später der „Tageleuchter" für das „Fenster" und das „Zitterweh" für das „Fieber". Mehr Erfolge hatten im 18. und 19. Jahrhundert andere Wörter: Der „Diameter" wurde zum „Durchmesser" und der „Testator" zum „Erblasser". Manchmal entstand auch ein Nebeneinander von Lehnwörtern und neu konstruierten deutschen Begriffen: Fragment und Bruchstück, Korrespondenz und Briefwechsel, Bibliothek und Bücherei.

Die Brüder Grimm

Als Goethe und Schiller noch in den Kinderschuhen steckten, kamen auch die Versalien für Substantive auf. Auch die ersten Satzzeichen entstanden. Die Punkte beendeten den Satz, und die Kommata entstanden aus den vorangegangenen Schrägstrichen, die eigentlich als Sprechhilfe dienen sollten. Sie sagten den Leserinnen und Lesern: „Jetzt holt doch mal Luft!" – Danach folgten Ausrufezeichen, Fragezeichen und Semikolon.

Die Zeit war reif für die Sprachwissenschaft. Sie ist eng verbunden mit den beiden Brüdern Jacob Grimm (1785–1863) und Wilhelm Grimm (1786–1859).[95]

Als Duo erzielten sie nicht nur eine außergewöhnliche Popularität durch ihre weltberühmte Märchensammlung. Sie zählen aber auch zu den Gründungsvätern der Germanistik.

In der Deutschen Grammatik stellte Jacob Grimm fest, dass es in der Sprachgeschichte zwei Lautverschiebungen gegeben hatte, die erste (germanische) und die zweite (deutsche). Er analysierte die Entwicklung der indoeuropäischen Sprachen und deren Gesetzmäßigkeiten, vor allem den Lautwandel der Vokale und Konsonanten. Dabei stellte er auch fest, dass es in der Antike und auch später im Mittelalter noch nicht möglich war, sich wissenschaftlich mit Sprachen auseinanderzusetzen. Ein wichtige Grundlage dafür, die Erforschung des Sanskrit, war noch nicht vorhanden. Erst 1787 begann der englische Philologe William Jones (1746-1794), sich den Wurzeln und dem Aufbau des Sanskrit zu nähern. Er verglich diese altindische Sprache u. a. mit keltischen und germanischen Sprachen, aber auch mit dem Griechischen und Römischen. Im Unterschied zu den Brüdern Grimm fanden es Altphilologen unter ihrer Würde, sich mit den „barbarischen Sprachen" auseinanderzusetzen.

Die Brüder Grimm dachten und arbeiteten international. Sie machten die wichtige Erfahrung, dass auf kleinem Raum zwar Großes entstehen kann, allerdings nur, wenn man über den Gartenzaun hinausblickt. Man ist zum Vergleichen gezwungen, und man kann Wissen bündeln. Von daher war es logisch, dass die Brüder Grimm keine glühenden Verehrer der Kleinstaaterei waren. Sie arbeiteten nicht nur für eine deutsche Kulturgeschichte, sondern auch für einen demokratischen Nationalstaat und hatten dabei die Ziele der französischen Revolution vor Augen.

Das publizistische Engagement der Brüder Grimm gegen die Macht des Adels und die Fesseln des Polizeistaates sollten Folgen haben. Eine Streitschrift gegen einen Verfassungsbruch des Königs von Hannover führte 1837 zu ihrer Entlassung. Gemeinsam mit fünf weiteren Professoren, denen das Gleiche wiederfuhr, bildeten sie die „Göttinger Sieben".

Die Streitschrift wurde in ganz Deutschland verbreitet. Sie förderte ganz entscheidend die demokratische Gesinnung. Jacob Grimm begründete später seine Entscheidung zu dem Protest mit den Worten: „Die Geschichte zeigt uns edle und freie Männer, welche es wagten, vor dem

Angesicht der Könige die volle Wahrheit zu sagen; das Befugtsein gehört denen, die den Mut dazu haben.... Solche Beispiele lösen dem Untertanen seine Zunge, da wo die Not drängt, und trösten über jeden Ausgang."[96]

Im Revolutionsjahr 1848 bekam Jacob Grimm als Abgeordneter einen Ehrenplatz in der Frankfurter Nationalversammlung. Dort stellte man wichtige Weichen für die Zukunft. „Die Grundrechte setzten Maßstäbe, Parteien entstanden, die Presse wurde zu einer Macht, und die Menschen verhielten sich von nun an sensibler denn je."[97] Die Herrscher konnten nicht mehr zu den alten Zuständen zurück und mussten Konzessionen machen.[98]

Die Dialekte wurden weiterhin gesprochen, die deutsche Sprache aber geschrieben. Die wichtigsten Ausnahmen kamen und kommen von der Mundartliteratur. Deren Schreibweise lehnt sich an die deutsche Sprache an.

Der Sprung in die Gegenwart

Im gleichen Jahr, in dem in Frankfurt die erste Nationalversammlung tagte, begann man in dem Gebiet des heutigen Saarlandes mit dem Bau der Eisenbahnen. Die Industrialisierung machte einen großen Schub nach vorne. Vor allem der Bergbau und die Hüttenindustrie entwickelten sich dermaßen, dass man der Region in Anlehnung an das größere Ruhrgebiet den Namen „Saargebiet" gab, eine Bezeichnung, die man heute nicht mehr allzu gerne im Saarland hört. Wir sind ein Land und heißen auch so: Saarland. Doch das war zweigeteilt, in doppelter Hinsicht. Damals gehörte der heutige Saarpfalzkreis zum Königreich Bayern und die anderen (heutigen) Kreise zum Königreich Preußen. Dazu kam eine unsichtbare Mauer: Im Nordwesten, einem Teil des Preußischen, sprach man moselfränkisch, in den anderen Gebieten rheinfränkisch.[99] Die politische Einheit wurde erst 1920 im Versailler Vertrag festgezurrt, als Folge des 1. Weltkriegs.

Die Industrialisierung belebte das Sprachverhalten des „Saargebiets". Aus Bauern wurden Berg- und Hüttenarbeiter. Sie pendelten zu Fuß oder mit der Bahn und sie siedelten auch nahe den Gruben. Dorthin brachten sie ihre Hunsrücker und westpfälzischen Sprachelemente und Akzente mit. Fahrendes Volk wurde bodenständig, und überall kam es zu Sprachmischungen. Die daraus entstandenen Umgangssprachen und der Ausbau der Eisenbahnen erleichterten die Mobilität. Nicht selten ließ man die Kirche und den heimischen Dialekt im Dorf und passte sich an.

Akzeptiert, aber nicht integriert, wurden die Lehnwörter der mittelalterlich geprägten Bergmannssprache. Das beste Beispiel dafür ist der Bergmannsgruß „Glückauf". Es gibt ihn nur in der Schriftsprache. Sogar die Saarbergleute, die untereinander Saarländisch sprachen, übersetzten das Wort nicht in „Glickoff!"[100]

Eine Sonderentwicklung gab es bei der jüdischen Sprache. Bereits im Mittelhochdeutschen hatte sich eine jüdische Ausprägung des Deutschen entwickelt, die mit hebräischen Begriffen angereichert war. Schnittmengen gab es mit dem Rotwelschen, den Sprachen des fahrenden Volkes. Aber es gab auch Entlehnungen aus den romanischen Sprachen, die sich zum Teil von den klassischen Gallizismen des deutschen Bürgertums unterschieden. Dort parlierte man weiterhin mit französischen Versatzstücken, sehr oft, ohne sich dessen bewusst zu sein. Die Sprachmigranten waren oft als solche nicht mehr zu erkennen. Wenn man sich allerdings in der „Familiengeschichte" eines Wortes schlau macht, dann entdeckt man schnell, dass sich die Semantik auch ändern kann. Wir benutzen z. B. das Wort „privat" so selbstverständlich, als sei es „deutsch". Das ist es auch, mittlerweile. Damit bezeichnen wir Bereiche (Garten), Gegenstände (Rasenmäher) und Verhältnisse (Kontostand), kurzum: Alles, was andere nichts angeht. Der lateinische Urvater des Wortes heißt „privare", und das bedeutet nicht nur „abgesondert", sondern auch „beraubt", wodurch der Begriff der „Privatisierung" in einem ganz anderen Licht erscheint.

Das Lateinische lebt nicht nur als Ursprungsland vieler Gallizismen in unserer Gegenwartssprache. Zweitausend Jahre wurde es von Gelehrten und vom Klerus gesprochen. Das Latinum gehörte zu den Initiationsritualen des Bildungsbürgertums. Man konnte und wollte es auch übertreiben, doch man schätzte auch seine Vorteile. Latein wird von Gleichgesinnten vieler Länder verstanden. Ein weiteres Plus: Latein ist tot, wie das Altgriechische, und somit lässt es sich nicht verändern. Gegen Rechtschreibereformen sind beide Sprachen immun.

Die größte Absurdität in Sachen Sprache: Über Jahrhunderte pflegten Militaristen den schrecklichen Begriff „Erbfeindschaft". Als kurze Begründung sollte das Wort ausreichen, um dem Gemetzel einen Sinn zu geben. Die militärische Fachsprache wollte davon nichts wissen. Sie blieb sogar im Deutschen international. Fast alle militärischen Begriffe sind Gallizismen: Artillerie, Front, General, Granate, Kanone, Leutnant, Marine, Militär, Offizier, Pistole usw. Die wichtigsten Ausnahmen: „Gewehr" (le fusil) und „Krieg" (la guerre). Die einzige mir bekannte „Eindeutschung" ist „Seitengewehr" für „Bajonett".

Der deutsche Krieg gegen den „französischen Erbfeind" (1870/71) schweißte Bayern und Preußen zusammen. Die Franzosen hatten in ihrer Revolution den König enthauptet, die Deutschen setzten dem preußischen König die Kaiserkrone auf das Haupt. Das halbfeudalistische II. Reich, das bis 1918 andauern sollte, ward geboren. „Von jetzt an wurde die Nation nicht mehr mit dem Volk assoziiert, sondern mit dem Obrigkeitsstaat."[101]

Vor diesem Hintergrund veröffentlichte Konrad Duden 1871 seine Rechtschreiberegeln.[102] Sein phonetisches Prinzip lautete „Schreibe, wie Du sprichst!". Zielgruppe waren die Gymnasien. In Fachkreisen erregte das Buch Aufsehen, und Konrad Duden wurde 1876 zur ersten Konferenz zur „Herstellung größerer Einigung in der deutschen Rechtschreibung" eingeladen. Otto von Bismarck war gegen die Vereinheitlichung der Schreibweise und verbot per Erlass Dudens Orthographie. Zu Beginn des 20. Jahrhunderts, nur wenige Jahre nach dem Tod von Bismarck, wurden Dudens „Regeln für die deutsche Rechtschreibung nebst Wörterverzeichnis" für alle verbindlich. Bei einigen Veränderungen musste man Kompromisse machen. Das „th", das die germanischen Stämme Angeln und Sachsen zu Beginn der Völkerwanderung in Angelsachsen importiert hatten, sollte sich des lautlosen „h" entledigen: Das „Thal" wurde zum „Tal" und das „Thor" zum „Tor". Zu den Ausnahmen gehörten Namen von Personen (z. B. Thomas) sowie geografische Bezeichnungen (Friedrichsthal). Auf Wunsch des Hofes kamen noch weitere Ausnahmen dazu, allen voran der „Thron" des Kaisers und das „Theater".

Deutsch sollte auch die Schrift werden. Ludwig Sütterlin (1865–1917), ein aus dem Schwarzwald stammender Fachlehrer, entwickelte 1911 gleich zwei Ausgangsschriften, eine deutsche und eine lateinische. Auftraggeber war das preußische Kultusministerium. Der nationalistische Background wurde kaschiert hinter dem Argument, man wolle den Kindern das Schreiben erleichtern. Im zweiten Jahr des Ersten Weltkrieges wurde die „Sütterlinschrift" in Preußen eingeführt. Im Laufe der 1920er Jahre löste sie peu à peu die deutsche Kurrentschrift ab und entwickelte sich bis zur nationalsozialistischen Machtergreifung zur „Deutschen Volksschrift".

Ausgerechnet die Nazi-Herrschaft konnte mit dieser martialischen Schrift nichts anfangen. Adolf Hitler lieferte persönlich die Begründung: „Unsere Sprache wird in hundert Jahren die europäische Sprache sein. Die Länder des Ostens, des Nordens wie des Westens werden, um sich mit uns verständigen zu können, unsere Sprache lernen. Die Voraussetzung dafür: An die Stelle der gotisch genannten Schrift tritt die Schrift, welche wir bisher die lateinische nannten."[103]

Erst am 3. Januar 1941 verboten die Nationalsozialisten die Sütterlinschrift, denn in den besetzten Gebieten konnte niemand die Anweisungen in den „deutschen" Schriften lesen. Auch die zahlreichen Zwangsarbeiter in Deutschland kamen damit nicht zurecht. Für Hitler passte die antiquiert wirkende Sütterlinschrift auch nicht zu dem Anspruch, als Führer der „Herrenrasse" „morgen die ganze Welt" zu beherrschen.

Parallel dazu stoppte er die mittlerweile ins Lächerliche gehenden Eindeutschungen von Fremdwörtern.[104]

Grundsätzlich aber stand die deutsche Sprache im Dienst der NS-Propaganda. Sie hetzten mit Begriffen wie Arier[105], Halbjuden und Rassenschande. Schlimm waren nicht nur die Bezeichnungen, sondern vor allem das, was man damit bezeichnete. Das gesamte Kriegsgeschehen im Zweiten Weltkrieg war flankiert von menschenfeindlichen, militärischen Sprachregelungen und Verharmlosungen. Die Soldaten waren „im Feld" und sind später „gefallen". Die schlimmste Formulierung war die „Endlösung der Judenfrage", eine zynische Bezeichnung für einen systematisch geplanten und durchgeführten Massenmord. Annexionen wurden zur „Heimkehr ins Reich" (Saarland, Österreich). Fremdländisch klingende Ortsnamen wurde „eingedeutscht", vor allem im slawischen Bereich und im Elsass und in Lothringen, aber auch an der Saar. Zum Beispiel wurde „Saarlouis" zu „Saarlautern".[106]

Gegen Ende des Zweiten Weltkrieges gab es dann noch eine Initiative zur Reform der deutschen Rechtschreibung.[107] Für die Schulen produzierte man eine Million Exemplare mit den neuen Regeln. Initiator war Bernhard Rust (1883–1945), der von 1934 bis 1945 das Reichsministerium für Wissenschaft, Erziehung und Volksbildung leitete. Erstaunlicherweise handelte es sich um eine recht weitgehende Version, die sogar eine gemäßigte Kleinschreibung beinhaltete. Kernstück war jedoch die fakultative Eindeutschung von Fremdwörtern. Dabei entstanden Wörter wie Filosof, Fosfor, Rabarber, rytmisch, Teater, Tese, Kautsch, Miliö, Ragu, Träner und Tur.

Zu Beginn des Schuljahres 1944/45 wurde auf Befehl Hitlers das Projekt als „nicht kriegswichtig" eingestuft. Ein relativ großer Teil der geplanten Reform floss in die Rechtschreibereform von 1996 ein.

Auferstanden aus Ruinen[108]

Die Entwicklung nach dem Krieg war vor allem geprägt von der Entwicklung von Wirtschaftsbeziehungen. Flankiert war sie auch durch das, was man in Frankreich „pénétrations culturelles" nennt, ein Ausdruck, der im Deutschen so viel bedeutet wie „kulturelle Durchdringungen". Der Kulturmüll des Dritten Reiches sollte entsorgt werden, und stattdessen förderte man die kulturellen Einflüsse der Siegermächte. Volkstümliches stand dabei im Vordergrund, und dazu gehörte vor allem das Allgemeingut Sprache. In der sowjetischen Besatzungszone wurden in den 1950er Jahren die ersten „Datschen" gebaut und man aß schon mal „Soljanka".[109]

Die kulturelle Durchdringung in Westdeutschland war wesentlich stärker. Amerikanische Soldatensender machten Jazz und Unterhaltungsmusik populär. In den 1960er Jahren folgte die Beat-Welle aus England. Mittlerweile ist Englisch die am weitesten verbreitete Fremd- und Fachsprache in Deutschland, wobei das Saarland wegen der Grenzlage zu Frankreich auch die Bedeutung des Französischen betont. Das Wort „Computer" setzte sich gegen den „Rechner" durch und der Laptop gegen den „Schoßrechner" (saarländisch: „Schlepptop"). Selbst das „Handy" ist sprachliches Gemeingut, obwohl man dieses Wort im Englisch-Wörterbuch vergebens sucht. Der korrekte englische Ausdruck ist „mobile phone", in der Kurzform „mobile".

Wortschöpfungen aus dem religiösen Bereich hatten den Zweiten Weltkrieg überlebt. Man wollte nicht auf die Miete warten bis zum „Sankt-Nimmerleinstag", und der Tag, an dem der Stromverbrauch abgelesen wurde, hieß in einigen saarländischen Dörfern weiterhin „Maria Lichtmess". Anleihen aus christlichen Sprachregelungen wurden auch in der Wirtschaft gemacht. Der praktizierende Katholik und der Unternehmer besuchen (jeweils eine andere) Messe. Letzterer verkürzt das Wort „Erlösung" auf „Erlös" und nimmt einen Kredit auf (abgeleitet von dem lateinischen Wort „credere" = glauben). Der Katholik ist unter den Gläubigen und der Unternehmer unter den Gläubigern. Selbstverständlich mussten die Lohnabhängigen ihre „Opfer" bringen, damit der Unternehmer auch „Gnade" walten ließ und ihnen das „Wirtschaftswunder" präsentierte.[110]

Im Rheinland entstand das Wort „Pimock". Das war jemand, der von außen kam, ein Fremder, auch leicht abwertend für jemanden, der etwas nicht auf die Reihe kriegt. Als „Pimock" bezeichnete man anfänglich nur Menschen, die nach dem Zweiten Weltkrieg aus den früheren deutschen Ostgebieten nach Köln kamen. Als Flüchtlinge und Zuwanderer wurden sie zunächst nicht akzeptiert, obwohl sie keinen islamischen Glauben hatten. Der Name „Pimock" ist sogar abgeleitet von dem eines engagierten Christen, dem hl. Nepomuk. Weil man ihn einst ertränkte, arrivierte er später zum Heiligen. Unter anderem war er der Zuständige für Brücken, somit auch für Rheinübergänge. Als solcher hat er ostdeutschen Flüchtlingen den Zugang zu linksrheinischen Städten wie Köln ermöglicht.

Die einsetzende Globalisierung[111] führte in Europa aber nicht zwangsläufig zu einer Popularisierung der Fremdsprachen. Die früheren Kolonialmächte England und Frankreich üben gegenüber ihnen noch immer mehr Zurückhaltung als die Deutschen, die sich einen Namen als Sprachkomiker in italienischen, französischen und spanischen Urlaubsgebieten machten. Die Romanen passten sich an die Germanen an mit Schildern und Speisekarten, auf denen noch immer Begriffe stehen wie „Schweinefleis", „Schmeckensgepäck", „Tittenfisch", „Bananenschleim" und „Van Nille-Eis".[112]

Solche Sprachkapriolen haben offensichtlich Tradition. Die internationale Sprache des Hotel- und Gaststättengewerbes hat nun mal ihre eigenen Gesetze, die bisweilen auch von nationalen Amtssprachen akzeptiert werden:

Nicht nur die Gourmets kennen die „Menage". Dieses Gestell präsentiert uns Essig und Öl sowie Pfeffer und Salz zum Würzen oder zum Nachwürzen.[113] Das Wort „Menage" kommt wohl aus dem Französischen, wie alle deutschen Wörter, die auf „age" enden, etwa „Blamage", "Garage", "Passage" usw. Im Französischen hat das Wort aber eine ganz andere Bedeutung. Eine „ménage-à-droit" steht bei unseren Nachbarn für eine „Dreierbeziehung". Wenn man das Würzgestell haben will, dann bestellt man „l'huilier". Man benutzt also als Namensgeber nur das Öl. Die spanischen Nachbarn beschränken sich auf den „Essig". Sie verlangen beim Kellner „las vinagreras". Das kommt einem Spanisch vor! Ebenso wie das folgende Beispiel: Das „deutsche" Wort „Barkeeper" heißt im Spanischen „Barman".[114]

Die Schaffung neuer Wörter ist gar nicht so einfach. Meistens „klaut" man irgendwo in einem anderen Bereich, z. B. der Natur. Dadurch kam der Fuchsschwanz in den Keller und die Maus ins Haus. Sie liegt jetzt neben dem PC. Grundlage bei beiden war die Ähnlichkeit.

Alle Neuerungen brauchten einen Namen, und der muss stimmen und angenommen werden. Also muss man basteln. Ein typisches Beispiel, wie so etwas funktioniert, lieferte Anfang des vergangenen Jahrhunderts die Luftfahrt. Gerade hatte man das Auto erfunden und konnte auf den Straßen fahren, da wollte man auch schon durch die Luft fliegen. Also benutzt man das Wort „Luftfahrt".

Zuerst „klaute" man, wie beim Fuchs und der Maus. Jetzt waren die Vögel dran. Sie fahren bekanntlich nicht, sie „fliegen", so wie das neue Transportmittel für Menschen und Sachen. Es entstanden die Substantive „Fliegen", „Flug" und „Fliegerei". Aber dann blieben noch zwei Fragen offen:

Wie heißt das Ding, das da in der Luft rumfliegt?

Man fragte sich, was dieses Ding eigentlich macht, und kam schlicht und ergreifend zu dem Ergebnis: Dieses „Zeug" fliegt. Also nannte man es „Flugzeug", im Unterschied zum „Fahrzeug".[115] Als Zweitwort bot sich der „Flieger" an.

Wie aber nennt man den Ausgangspunkt der Fliegerei?

Man schaute sich in einer „Konkurrenzbranche" um, bei der Schifffahrt. Dort legt man im „Hafen" an. Mit diesem Begriff kann man arbeiten. Es fehlt eigentlich nur ein Zusatz, damit es zu keinen Verwechslungen kommt. Das Ergebnis war der „Flughafen".

Neuerungen verdanken wir aber auch unserer Jugendsprache. Am Anfang wehrt man sich dagegen, dann aber integriert man sie in unsere Umgangssprachen. Das Wort „Ratzefummel" versteht jeder. Das Wort „Teil" hätte in den 1980er Jahren beinahe das „Ding" verdrängt, machte aber bald wieder parallel zur Mengenlehre einen Rückzug. Erfolgreicher war der „Sinneswandel" des Adjektivs „toll". Es wurde umgewandelt von „hervorragend" zu „beschissen".

Nicht wenige Wörter der Umgangssprache finden den Weg zur Schriftsprache. Selbst in Nachrichtensendungen hört man schon mal das Wort „Pleite" statt „Insolvenz", und der Bundesinnenminister beschwerte sich Anfang 2016 in der Tagesschau der ARD darüber, dass junge Männer an Silvester an den Kölner Dom „gepinkelt" hätten. Beschwerden gibt es selten, denn in Deutschland war „die Sprachkonvention… nie ähnlich verbindlich wie in England oder Frankreich"[116]. Seit 1977 sind sogar in Frankreich per Gesetz englische Lehnwörter im amtlichen Sprachgebrauch verboten. Voraussetzung ist allerdings, dass es französische Äquivalente dafür gibt. Das Gesetz wird öfter gebrochen als befolgt.[117]

In Deutschland war, ist und bleibt die Rechtschreibereform ein Reizthema.[118] Das Gespräch über die Änderungen führt bei Small-Talks zuerst zum Abwinken. Dann bekommt es ähnliche Strukturen wie das gemeinsame Entsetzen über die anderen Planungstragödien der letzten Jahre: Stuttgart 21, der Berliner Flughafen und die Elbphilharmonie in Hamburg. Ein zusammenfassender Rückblick auf die Vorgeschichte der Rechtschreibereform könnte das Verstehen etwas erleichtern:

1901 Man erzielt bei einer „Orthografischen Konferenz" ein grundsätzliches Einvernehmen über eine einheitliche Regelung der deutschen Rechtschreibung. „Zeichensetzung und Zusammen-

und Getrenntschreibung wurden überhaupt nicht geregelt und die Fremdwortschreibung nur bruchstückhaft. Und es verwundert nicht, dass schon 1902 Konrad Duden, einer der Väter der Einheitsschreibung, diese kritisch nur als ‚Zwischenziel' bezeichnete und nachdrücklich forderte, die ‚der jetzt allgemein gültigen Rechtschreibung in der Tat noch anhaftende Mängel' im Sinne einer Reform zu beseitigen."[119]

Alle folgende Überlegungen und Aktivitäten hatten ein einziges Ziel: die deutsche Rechtschreibung den Erfordernissen anzupassen und die Regeln zu vereinfachen.

1944 Die von den Nationalsozialisten geplante und in die Wege geleitete Reform mit dem zusätzlichen Ziel der „Eindeutschung" war alles andere als „kriegswichtig" und wurde gestoppt.

1949 Nach Gründung der Bundesrepublik Deutschland war man weder zu Alleingängen durch eine Reform der Orthografie bereit, noch zu einer Kooperation mit der Deutschen Demokratischen Republik. Also machte man das, was man immer in solchen Situationen macht: überhaupt nichts.[120]

1980 Die Entspannungspolitik macht es möglich. Es bildet sich ein Internationaler Arbeitskreis für Orthografie, zu dem Vertreter der beiden deutschen Staaten sowie aus Österreich und der Schweiz gehören.

1985 Dieser Arbeitskreis unterbreitet einen ersten Vorschlag für die Reform der Rechtschreibung.

1987 Die deutsche Kultusministerkonferenz erteilt dem „Institut für Deutsche Sprache" in Mannheim und der „Gesellschaft für deutsche Sprache" in Wiesbaden den Auftrag, ein neues Regelwerk zu entwickeln.

1988 Ein noch unvollständiger Vorschlag mit weitreichenden Neuregelungen wird zuerst von der Öffentlichkeit und dann auch von der Kultusministerkonferenz zurückgewiesen. Vor allem neue Schreibweisen von Substantiven erregten die Gemüter. Zum Beispiel sollte nun „Kaiser" mit „e" geschrieben werden, also: „Keiser". Die Aussprache hätte sich dadurch nicht verändert, aber darum ging es ja nicht. „In Sprachdingen sind auch die Progressivsten unter uns oft stockkonservativ. Man kann sich noch so nüchtern sagen, dass das lateinische ‚Caesar' als Lehnwort vom Althochdeutschen bis ins 17. Jahrhundert ‚Keiser' geschrieben wurde, dass sich die ai-Marotte aus der Kanzlei Maximilians I. nur durch Zufall durchgesetzt hat und keinerlei besondere Würde ihr eigen nennt, dass überhaupt keine Schreibweise von vornherein besser oder schlechter ist und jede nur eine Konvention – wer nur den ‚Kaiser' kennt, erschrickt dennoch erst einmal über den unorthodoxen ‚Keiser', so wie er über den ‚Kaiser' erschräke, hätte er ‚Keiser' gelernt. Es ist ein geradezu körperlicher und darum auch kaum belehrbarer Schreck."[121]

1996 Die Wiedervereinigung macht es möglich: Es weht ein neuer Wind, vieles wird anders, auch die Rechtschreibung. Die deutschen Bundesländer, Österreich, die Schweiz, Liechtenstein und selbst weitere Staaten mit deutschen Sprachinseln beschließen die „Neuregelung der deutschen Rechtschreibung" einzuführen. Die Öffentlichkeit wird vor vollendete Tatsachen gestellt. Sie wehrt sich und fordert Neuregelungen. Die Kultusministerkonferenz lehnt vorgeschlagene Nachbesserungen ab. Auf der Frankfurter Buchmesse unterzeichnen Hunderte von Wissenschaftlern und Schriftstellern die „Frankfurter Erklärung" und fordern den Stopp der Reform.

1997 Das Bundesverfassungsgericht erklärt die Ergebnisse der Rechtschreibereform für rechtmäßig für den Bereich der Schulen.

1998 In Schleswig-Holstein gibt es einen Volksentscheid für die Wiedereinführung der alten Rechtschreibung. Der Landtag zieht keine Konsequenzen. In Bremen, Niedersachsen und Berlin scheitern später die Volksbegehren gegen die Reform. In Bayern sind sie erfolgreich.

2004 Nach anhaltender Kritik an der Rechtschreibereform orientierte man sich an dem Zweizeiler: „Wenn man nicht mehr weiter weiß, macht man einen Arbeitskreis." Seine Name: „Rat für deutsche Rechtschreibung". Zu diesem Zeitpunkt konnte die Académie Française auf eine 369-jährige Tradition der Sprachbeobachtung und -regelung zurückblicken. Die wichtigste Aufgabe des neu gegründeten deutschen Rates war es, die strittigsten Bereiche der bestehenden Neuregelung der Rechtschreibung zu überarbeiten.

2006 Die besonders strittigen Punkte hat man überarbeitet. In den Schulen lehrt man den letzten Stand, die meisten Verlage arbeiten mit eigenen „Hausorthographien", die Willkür hat in vielen Bereichen eine freie Bahn, und wir alle haben eine passende Ausrede, wenn mal was nicht stimmt: Die Rechtschreibereform ist dran schuld. Die Arbeit ist abgeschlossen. Die Probleme bleiben.

Man sollte sich angewöhnen, die Ergebnisse immer daran zu messen, was bei Beginn als Ziel angegeben wurde: Die Orthografie sollte einfacher und durchschaubarer werden. Das Gegenteil ist der Fall.[122]

So wichtig und notwendig die Diskussion über Orthografie auch weiterhin sein mag: Man sollte dabei auch die sprachkritischen Aspekte mit einbeziehen. Man muss sogar beide in einem engen dialektischen Zusammenhang sehen.

Die Sprache eignet sich hervorragend dazu, Bevölkerungsgruppen und Sachverhalte zu manipulieren. Wir haben uns bereits angewöhnt, sprachliche Lügen artig zu übersetzen.

- Wenn uns die Versicherung über die „neuen" Tarife informieren will, dann heißt das übersetzt: „Es wird teurer".
- Wenn von einem Mittelmeerland endlich Reformen verlangt werden, dann heißt das in Wirklichkeit: Baut gefälligst euern Sozialstaat ab!
- Wenn ein Betrieb Mitarbeiter „frei setzt", dann wissen wir alle, dass er sie nicht entlässt, damit sie endlich mehr Freiheiten haben.

Eine Ausnahme ist der Datenschutz. Die Politik schützt wirklich die Daten (allerdings nicht die Bürger vor dem Missbrauch seiner personenbezogenen Daten).

Wissenschaftler haben solche Sprachmanipulationen aufs Korn genommen. Horst Dieter Schlosser war von 1972 bis 2002 Professor für Deutsche Philologie an der Johann-Wolfgang-von-Goethe-Universität Frankfurt am Main. Er gründete 1991 die sprachkritische Aktion „Unwort des Jahres".[123] Sie stellte Wörter und Formulierungen aus der öffentlichen Sprache an den Pranger, die sachlich grob unangemessen sind und möglicherweise sogar die Menschenwürde verletzen.[124]

In den ersten vier Jahren wählte die „Gesellschaft für deutsche Sprache" (GfdS) an der Universität Frankfurt am Main das „Unwort des Jahres" aus. Danach machte sich die Jury als „Sprachkritische Aktion Unwort des Jahres" selbständig und gab es weiterhin regelmäßig in den Nachrichtensendungen von Hörfunk und Fernsehen und in Printmedien bekannt. Jeder kann Vorschläge dazu machen.

Die bisherigen Unwörter des Jahres:

1991 ausländerfrei
Menschen anderer Nationalität werden pauschal als eine Gefahr dargestellt, von der man sich „befreien" muss.

1992 ethnische Säuberungen
Eine Propagandafloskel aus dem Jugoslawienkrieg, die indirekt eine Parallele zum Dritten Reich herstellt.

1993 Überfremdung
Ein Scheinargument gegen den Zuzug von Ausländern, das aber für die umgekehrte Richtung (Kreuzzüge, Kolonialismus, Imperialismus, Tourismus usw.) nicht benutzt wird.

1994 Peanuts
Abschätzige Bezeichnung von Millionenbeträgen als „Erdnüsse" durch den Vorstandssprecher der Deutschen Bank.

1995 Diätenanpassung
Beschönigung der Diätenerhöhungen der Abgeordneten des Deutschen Bundestags, um dadurch Vergleiche mit Lohnerhöhungen zu vermeiden.

1996 Rentnerschwemme
Darstellung einer demografischen Entwicklung der Gesellschaft als angstauslösende Naturkatastrophe.

1997 Wohlstandsmüll
Menschenfeindliche Bezeichnung für arbeitsunwillige und arbeitsunfähige Menschen durch Helmut Maucher, Generaldirektor der Nestlé-Gruppe, des größten Lebensmittelkonzerns der Welt.

1998 sozialverträgliches Frühableben
Eine ironisch gedachte Formulierung des ärztlichen Standespolitikers Karsten Vilmar, die als solche nicht verstanden wurde.

1999 Kollateralschaden
Offizieller NATO-Begriff aus dem Kosovokrieg, mit dem man die Tötung von Menschen als Sachbeschädigung verharmloste.

2000 National befreite Zone
Heroisierende Bezeichnung einer Region, die von ausländerfeindlichen Terroristen beherrscht wird.

2001 Gotteskrieger
Ernst gemeinte Selbstbezeichnung und ironische Fremdbezeichnung islamischer Terroristen.

2002 Ich-AG
Fantasiebegriff des Börsenjargons für einen Menschen, der ihm einen Ausweg aus der Arbeitslosigkeit aufzeigen sollte.

2003 Tätervolk
Vorwurf einer Kollektivschuld, der von dem politischen Rechtsaußen Martin Hohmann möglicherweise gegen Juden vorgebracht wurde.

2004 Humankapital
Degradierung von Menschen zu ökonomisch interessanten Objekten der Ausbeutung ihrer Arbeitskraft.

2005 Entlassungsproduktivität
Gewinne aus Produktionsleistungen eines Unternehmens, die man durch Entlassungen noch weiter erhöhte.

2006 freiwillige Ausreise
Verlassen des Landes derjenigen Asylbewerber, die vor einer drohenden Abschiebung „freiwillig" in ihre Heimat zurückkehren.

2007 Herdprämie
Abwertende Bezeichnung für Geld, das Eltern erhalten sollen, die ihre Kinder nicht in die Kita schicken.

2008 notleidende Banken
Ein Begriff, der Ursachen und Folgen der Weltwirtschaftskrise auf

den Kopf stellt, nach dem Motto: Die Täter sind die wirklichen Opfer.

2009 betriebsratsverseucht
Ein sprachlicher Tiefpunkt im Umgang mit Lohnabhängigen: Ihre Interessenvertretung wird mit einer Seuche gleichgesetzt.

2010 alternativlos
Das Wort suggeriert, dass es keine Diskussionen und Argumente geben darf. Eine neue Form des „Basta!"

2011 Döner-Morde
Gruppen in unserer Gesellschaft werden auf ein Imbissgericht reduziert und mit einem schweren Verbrechen in Verbindung gebracht.

2012 Opfer-Abo
Ein Begriff, der im Zusammenhang eines Rechtsstreitet von Jörg Kachelmann auftauchte. Er unterstellt, dass Frauen zum eigenen finanziellen Vorteil auch sexuelle Gewalt erfinden.

2013 Sozialtourismus
Schlagwort, mit dem man versucht, unerwünschte Zuwanderer und deren Motive pauschal zu diskriminieren.

2014 Lügenpresse
Ein Ausdruck des Nationalsozialismus zur pauschalen Diffamierung eines Bestandteils einer demokratischen Gesellschaft.

2015 Gutmensch
Notwendige Toleranz und Hilfsbereitschaft vieler Menschen werden durch den Begriff pauschal als naiv, dumm und weltfremd bezeichnet.

Mein persönliches Unwort ist „Wirtschaftsflüchtlinge". Damit bezeichnen Politiker nicht etwa die Großbetriebe, die Niederlassungen in Länder verlagern, in denen Hungerlöhne gezahlt werden. Sie denken auch nicht an Milliardäre, die mit ihrem Vermögen in Steueroasen flüchten. Wirtschaftsflüchtlinge sind für sie ausschließlich Flüchtlinge, die lieber mit ihren Familien bei uns überleben möchten, statt in ihrer Heimat zu verhungern. Man unterstellt ihnen niedere Motive bei gleichzeitiger Hochschätzung derer, auf die das Wort wirklich passt.

3 Carl Zuckmayer: Des Teufels General, Drama in drei Akten, Frankfurt am Main S. 64 f.
9 Benjamin W. Fortson: Indo-European Language and Culture: An Introduction. Victoria 2010, S. 461 f.,
46 Wolfgang Jungandreas: Geschichte der deutschen und der englischen Sprache, Band 2, Göttingen 1947, S. 71
48 Martin Wein: Schicksalstage, Stationen der deutschen Geschichte, Stuttgart 1993, S. 195
49 Martin Wein, a.a.O.
55 Dietrich Schwanitz: Bildung, Alles, was man wissen muss, München 2002, S. 138 f.
58 Martin Wein, a.a.O., S. 195
76 Werner König: Deutsche Sprache, München 2005, S. 105
77 Klaus Mattheier: Französisch verdrängt Deutsch. In: Bernd Spillner (Hrsg.): Französische Sprache in Deutschland im Zeitalter der Französischen Revolution. Frankfurt a.M. 1997, S. 31
83 Dietrich Schwanitz, a.a.O. S. 160
85 a.a.O., S. 162
97 Martin Wein, a.a.O. S. 311 ff.
101 Dietrich Schwanitz, a.a.O. S. 222
103 Völkischer Beobachter, 7. September 1934

[116] Hermann Bausinger: Deutsch für Deutsche, Dialekte, Sprachbarrieren, Sondersprachen, Frankfurt 1984, S. 122
[119] David Crystal: Die Cambridge Enzyklopädie der Sprache, Köln 1998, S. 214
[121] Dieter E. Zimmer: Die Zeit, 3. November 1989.

1 Carl Zuckmayer war einer der bedeutendsten deutschen Dramatiker des 20. Jahrhunderts. Geboren wurde er 1896 in Rheinhessen. Er starb 1977 in der Schweiz. Zu seinen bedeutendsten Werken zählen „Der Hauptmann von Köpenick", „Schinderhannes", „Die Fastnachtsbeichte", „Der fröhliche Weinberg" und „Des Teufels General".

2 Die Uraufführung fand Ende 1946 in Zürich statt. Die Hauptrolle, Fliegergeneral Harras, spielte Gustav Knuth. Er lebte von 1901 bis 1987. Bekannt geworden ist er vor allem durch bedeutende Rollen in Spielfilmen und im Deutschen Fernsehen. Ein weiterer Darsteller des General Harras im Theater war Hans-Joachim Kulenkampff. Die Verfilmung kam 1955 in die Kinos – mit Curd Jürgens in der Hauptrolle.

5 Vgl. Ian McDougall: Stratigraphic placement and age of modern humans from Kibish, Ethiopia. In: Nature. Band 433, 2005, S. 733–736

6 Vgl. Nicholas Flemming: Value of submerged early human sites. In: Nature. Band 486, Nr. 7401, 2012, S. 34 sowie: Elisabeth Hamel: Das Werden der Völker in Europa, Forschungen aus Archäologie, Sprachwissenschaft und Genetik. Berlin 2007

7 deutsch: Indogermanische Sprachen. Conrad Malte-Brun war ein dänischer Geograf. Er lebte von 1775 bis 1826, ab 1799 in Frankreich. Vgl. Conrad Malte-Brun, Universal Geography, Edinburgh 1827

8 deutsch: Indoeuropäische Sprachen. Der englische Augenarzt und Physiker Thomas Youg lebte von 1773 bis 1829

10 Friedrich Schlegel (1772–1829) entdeckte 1818 deren Lautgesetz. Es trägt den Namen „Grimmsches Gesetz", denn Jacob Grimm (1785–1863) entwickelte die Erkenntnisse weiter.

11 Vgl. Wolfram Euler, Konrad Badenheuer, Sprache und Herkunft der Germanen, Abriss, Hamburg 2009.

12 Vgl. Peter Wells, Die Schlacht im Teutoburger Wald, Düsseldorf 2009

14 Joseph Viktor von Scheffel (1826–1886)

[16] Vgl. hierzu: Mark G. Thomas, Michael Stumpf, Heinrich Härke: Evidence for an apartheid-like social structure in early Anglo-Saxon England, 2006, S. 2651–2657. Sowie: Nicholas J. Higham und Martin J. Ryan, The Anglo-Saxon World, Yale University Press, 2013.

[17] Der deutsche Sprachwissenschaftler Georg Wenker (1852–1911) hat die Bezeichnung „Benrather Linie" eingeführt. Sie ist benannt nach einem Düsseldorfer Stadtteil.

[18] Eckhard Meineke, Judith Schwerdt: Einführung in das Althochdeutsche, Paderborn 2001 sowie: Wilhelm Braune, Althochdeutsche Grammatik, Tübingen 2004

[19] Vgl. Dietrich Schwanitz, Bildung, Alles, was man wissen muss, München 2002, S. 99 f.

[20] Vgl. Martin Wein, Schicksalstage, Stationen der deutschen Geschichte, Stuttgart 1993, S. 16 f.

[21] Karl der Große gilt als Urvater Europas. Er war weder Deutscher, noch Franzose, weil es damals beide Nationen noch nicht gab. Er lebte von 747 (oder 748) bis 814. Im Jahr 768 wurde er König des Fränkischen Reichs. An Weihnachten 800 erlangte er die Kaiserwürde, als erster westeuropäischer Herrscher seit der Antike.

[22] Vgl. Werner Betz: Karl der Große und die Lingua Theodisca, in Wolfgang Braunfels (Hrsg.): Karl der Große. Lebenswerk und Nachleben. Band II, Das Geistige Leben, Düsseldorf 1965, S. 305.

[25] französisch: Les serments de Strasbourg, lateinisch: Sacramenta Argentariae.

[26] Vgl. Bernard Cerquiglili: La naissance du français. Presses Univ. de France, Paris 1993 sowie Andreas Beck: Die ‚Straßburger Eide' in der Frühen Neuzeit. Modellstudie zu vor- und frühgermanistischen Diskursstrategien. Wiesbaden 2014

[30] Vgl. Karl Bertau: Wolfram von Eschenbach, München 1983

[33] Vgl. Walter Haug: Gottfried von Straßburg. Tristan und Isolde. Berlin 2011

[35] Vgl. Peter Wapnewski: Hartmann von Aue, Stuttgart 1962

[37] Vgl. Thomas Bein: Walther von der Vogelweide, Stuttgart 1997

[40] Vgl. Wolfgang Haubrichs: Hans-Walter Herrmann, Gerhard Sauder (Hrsg.), Zwischen Deutschland und Frankreich. Elisabeth von Lothringen, Gräfin von Nassau-Saarbrücken, St. Ingbert 2002. (Veröffentlichungen der Kommission für Saarländische Landesgeschichte und Volksforschung; 34)

[41] Die Titel der Publikationen: „Herpin", Sibille", „Loher und Maller" und „Hugo Scheppel"

[42] Vgl. Isabel Zollna: Französisch und Provencalisch/Deutsch, in: Werner Besch (Hrsg.): Sprachgeschichte. Teilband 4., Berlin/New York 2004, S. 3196

[43] Vgl. Martin Wein, Schicksalstage: Stationen der deutschen Geschichte, Stuttgart 1993, S. 191
[44] Zu den Änderungen vgl. Joseph Wright, A Middle High German Prime with Grammar, Notes, and Glossary. Third Edition. Re-written and enlarged. Oxford 1917
[45] Vgl. Damaris Nübling, Fabian Fahlbusch, Rita Heusler: Namen, Eine Einführung in die Onomastik, Tübingen 2012, S. 144–168
[47] Vgl. Joachim Schildt: Abriss der Geschichte der deutschen Sprache. Berlin (DDR) 1976
[51] Vgl. Andreas Venzke, Johannes Gutenberg: Der Erfinder des Buchdrucks und seine Zeit. München 2000
[54] Vgl. Martin Wein, a.a.O., S. 189f.
[59] Vgl. a.a.O., S. 191
[61] Vgl. a.a.O., S. 194 f.
[64] Zum Folgenden vgl. Frédéric Hartweg, Klaus-Peter Wegera: Frühneuhochdeutsch. Eine Einführung in die deutsche Sprache des Spätmittelalters und der frühen Neuzeit, Tübingen 2005
[70] Vgl. hierzu: Gerhard Schormann: Der Dreißigjährige Krieg. Göttingen 1985, S. 119f., Georg Schmidt: Der Dreißigjährige Krieg. München 2010, S. 91f.
[71] nach Geburtsjahren geordnet
[74] Zu Karl V. vgl. Alfred Kohler: Karl V. 1500–1558. Eine Biographie, München 1999 sowie: Luise Schorn-Schütte: Karl V. Kaiser zwischen Mittelalter und Neuzeit, München 2000
[78] Vgl. Carlo Schmidt: Macchiavelli. Auswahl und Einleitung, Frankfurt 1956 sowie: Frank Deppe, Der »Antimachiavell« des Friedrich II., in Supplement zu Sozialismus (Zeitschrift), 1. VSA.Verlag, Hamburg 2013
[80] wörtlich „ohne Sorge", Name seines Parks in Potsdam
[81] Die folgenden Passagen orientieren sich an Fakten, die Dietrich Schwanitz zusammenstellte in seinem Buch „Bildung, Alles was man wissen muss", München 1999, S. 160 und 162
[86] Vgl. Joseph Wright: A Middle High German Prime with Grammar, Notes, and Glossary. Third Edition. Re-written and enlarged. Oxford, 1917
[87] Vgl. Margit Strohbach: Johann Christoph Adelung Ein Beitrag zu seinem germanistischen Schaffen mit einer Bibliographie seines Gesamtwerkes., Berlin/New York 1984
[88] Danach vergrößerte sich der Staat. Alaska und Hawaii stießen 1959 als letzte dazu.
[90] Vgl. Elsie M. Szecsy: German Language in U.S. History, in: Encyclopedia of Bilingual Education. Sage, 2008, S. 320–321

⁹² Vgl. Johann Gottlieb Fichte (1808): Reden an die deutsche Nation, in: Philosophische Bibliothek, Bd. 204, Hamburg 1978 sowie: Bertrand Russel: Die geistigen Väter des Faschismus, in ders: Philosophische und politische Aufsätze 1935, S.115ff.

⁹³ Vgl. Walter Erhart, Arne Koch (Hrsg.): Ernst Moritz Arndt (1769–1860). Deutscher Nationalismus, Europa, Transatlantische Perspektiven. Reihe: Studien und Texte zur Sozialgeschichte der Literatur Bd. 112, Tübingen 2007

⁹⁵ Literaturempfehlungen: Hans-Georg Schede: Die Brüder Grimm. München 2004 sowie ders. Die Brüder Grimm, Eine Biographie, Hanau 2009, und Steffen Martus: Die Brüder Grimm, Eine Biographie, Berlin 2009 und Jochen Bär u.a. (Hrsg): Die Brüder Grimm. Pioniere der deutschen Sprachkultur des 21. Jahrhunderts, Gütersloh 2013

⁹⁶ Vgl. Jacob Grimm: Über meine Entlassung, ohne Ortsangabe, 1838. Jacob Grimm benutzt in diesem Zitat eine Formulierung, die heute jeder Deutschlehrer als Makel ansehen würde. In meiner Schulzeit bekam man dafür ein „A" (für Ausdruck): „Solche Beispiele", schreibt Jacob Grimm, „lösen dem Untertanen seine Zunge..." So reden wir Saarländer: „Em Peter sei Auto", „em Ilse sei Zung". In „gutem Deutsch" schreibt und sagt man aber heute: „Peters Auto" und „die Zunge von Ilse". Grimms Formulierung wurde „veredelt". Die Dialektsprecher bleiben aber bei Jacob Grimm.

¹⁰² Vgl. Wilhelm Kroh: Konrad Duden (1829–1911)/Gymnasialdirektor. In: Ingeborg Schnack (Hrsg.): Lebensbilder aus Kurhessen und Waldeck 1830–1930. Vierter Band. Marburg a. L. 1950, S. 52–59 sowie Anke Goldberg: Konrad Duden. Schreibe, wie Du sprichst. Sutton Verlag, Erfurt 2007

¹⁰⁶ Vgl. Dolf Sternberger, Gerhard Storz, Wilhelm Emanuel Süskind, Aus dem Wörterbuch des Unmenschen, Frankfurt am Main u.a. 1989

¹⁰⁷ Vgl. Anne Christine Nagel, Hitlers Bildungsreformer: Das Reichsministerium für Wissenschaft, Erziehung und Volksbildung 1934–1945, Frankfurt am Main 2012

¹¹¹ Vgl. Karl-Heinz Göttert: Abschied von Mutter Sprache. Deutsch in Zeiten der Globalisierung, Frankfurt am Main 2013

¹¹⁷ Vgl. David Chrystal, Die Cambridge Enzyklopädie der Sprache, Köln 1998, S. 4

¹¹⁸ Vgl. Karl-Heinz Göttert: Es gibt keinen Kuß mehr. Die neue Rechtschreibung erklärt, Stuttgart 2007

¹²² Vgl. Dudenredaktion (Hrsg.): Duden. Die deutsche Rechtschreibung. Das umfassende Standardwerk auf der Grundlage der neuen amtlichen Rechtschreibregeln. Mannheim 2006

¹²³ Vgl. Horst Dieter Schlosser: Lexikon der Unwörter, Gütersloh 2000, ders. Es wird zwei Deutschlands geben. Zeitgeschichte und Sprache im Nachkriegsdeutschland 1945–1949, Frankfurt/M. 2005, ders. Atlas deutscher Literatur, Berlin 2006

¹²⁴ Vgl. Gesellschaft für deutsche Sprache (Hrsg.): Wörter und Unwörter. Sinniges und Unsinniges der deutschen Gegenwartssprache, Niedernhausen 1993

APROPOS

⁴ Ob es irgendwann einmal im Unendlichen ein „letztes" Wort geben wird? Selbst das ist noch nicht klar. Daran zweifelte Albert Einstein zu Recht: „Zwei Dinge sind unendlich, das Universum und die menschliche Dummheit, aber bei dem Universum bin ich mir noch nicht ganz sicher."

¹³ Tacitus war der wichtigste römische Geschichtsschreiber. Er lebte von ca. 58 bis 120 nach unserer Zeitrechnung und war der Schwiegersohn des aus dem heutigen Südfrankreich stammenden Generals Agricola. Wichtige Themen waren für ihn die Geschichte Roms, die Landschaft Britanniens sowie Land und Leute in Germanien. Tacitus hielt auch Fakten über den Brand Roms fest, der von Kaiser Nero gezündelt wurde, und er berichtete von einem „Christus, der unter Tiberius vom Prokurator Pontius Pilatus hingerichtet wurde".

¹⁵ Die Schlacht im Teutoburger Wald fand im Jahre 9 nach unserer Zeitrechnung statt, als Jesus nach neuesten Erkenntnissen gerade mal 16 Jahre alt war.

²³ Der Mittelalter-Experte Johannes Fried in einem Interview gegenüber Ulrich Wickert, abgedruckt in einer Ausgabe der Wochenzeitung Die Welt im Januar 2014. Vgl. auch: Johannes Fried: Karl der Große. Gewalt und Glaube, München 2013

²⁴ Lothar war Namensgeber für „Lotharingien", ein Wort, aus dem später „Lothringen" wurde.

²⁷ Umgekehrt war für die römische Kultur der germanische Mischmasch kein Vorbild. Ganz anders die griechische Sprache. Ich erkundigte mich bei Jürgen Albers, der einzige in meinen Freundeskreis, der u.a. Experte für römische Geschichte und Latein ist. Seine Antwort: „Ich erinnere mich dunkel, im Lateinunterricht einen Spruch (Cicero?) gehört zu haben, nach dem die besiegten Griechen die Sieger prägten. Hintergrund ist, dass griechische Sklaven als Hauslehrer die römische Oberschicht der Späten Republik und des Kaiserreichs erzogen haben. Man war oft zweisprachig und begeistert von der griechischen Kultur." Später recherchierte er nochmal und ergänzte: Horaz hat geschrieben: „Graecia capta ferum victorem cepit et artes intulit

agresti Latio." (Das eroberte Griechenland hat den wilden Sieger erobert und die Künste und Wissenschaft in das bäuerliche Latium gebracht). – Epistulae 2,1,156f (über den kulturellen Einfluss der Griechen auf die Römer).

28 Das Konzil von Tours legte 813 für Predigten in Kirchen eine dem Volke verständliche Sprache fest. Latein wurde allerdings noch bei der Messe und als Schriftsprache benutzt. Damit akzeptierte das Konzil die verschiedenen Formen des Vulgärlateins und schuf somit letztlich die Romanistik.

29 Eine zweite Erscheinung im Hochmittelalter hatte ebenfalls Auswirkungen auf die Sprache. Immer mehr Mitteleuropäer siedelten sich in slawischen und baltischen Gebieten an und assimilierten große Teile der Bevölkerung. Noch heute gibt es zahlreiche deutsche Sprachinseln im Osten von Europa.

31 Das letzte Werk von Richard Wagner war die Oper Parsival (mit „s"). Sie baute auf dem Verse-Epos von Wolfram von Eschenbach auf.

32 ein sagenumwobenes, wundertätiges Gefäß in Form einer Schale. An der Gralslegende, die von der wahrhaftigen Gegenwart des Blutes Christi in der Eucharistie ausging, schieden sich die Geister im „Universalienstreit". Der Gral war auch bedeutend in Umberto Ecos Roman „Der Name der Rose".

34 Richard Wagners Tristan stützt sich vor allem auf die Überlieferung von Gottfried von Straßburg.

36 „Märe" bedeutet wörtlich: „Kunde", „Bericht", „Nachricht". Der Diminutiv des mittelhochdeutschen Wortes „maere" ist die bekanntere Gattung: „Märchen".

38 Das Wort „Lied" (im Mittelhochdeutschen „lith" = Strophe) bezeichnete damals noch eine ursprüngliche und schlichte Form der Lyrik.

39 Im 19. Jahrhundert wurde die Geschichte von Siegfried dem Drachentöter so etwas wie ein deutsches Nationalepos.

50 Die Goldene Bulle war das in lateinischer Sprache verfasste Grundgesetz des Heiligen Römischen Reiches Deutscher Nation. Es firmierte erst ab 1442, obwohl es bereits seit dem 10. Jahrhundert als lockerer Zusammenschluss existierte. Als Wahlmänner fungierten die sieben Kurfürsten: die Erzbischöfe von Köln, Trier und Mainz, der König von Böhmen, der Pfalzgraf bei Rhein, der Herzog von Sachsen und der Markgraf von Brandenburg. Dieses System blieb bestehen bis zum Ende des I. Reiches im Jahr 1806. Das II. Reich begann 1871 und endete mit dem Ersten Weltkrieg. Das III. Reich dauerte von 1933 bis 1945. Vgl. auch: Hans Patze: Kaiser Karl IV. 1316–1378. Forschungen über Kaiser und Reich. Göttingen 1978 (Aufsatzsammlung), sowie Dietmar Lutz (Hrsg.): Die Goldene Bulle von 1356, Lübeck 2006.

[52] Die Gutenberg-Gesellschaft legte Ende des 19. Jahrhunderts seine Geburt auf das Jahr 1400 fest, um zur Jahrhundertwende im Jahr 1900 seinen 50. Geburtstag feiern zu können.

[53] Gutenberg vollendete die Erfindungen der Sprache und der Schrift. Es brauchte länger als ein halbes Jahrtausend, um einen würdigen Nachfolger für das Buch zu finden: den Computer. Der wird aber genau so wenig das Buch ablösen wie Gutenberg die Sprache und die Handschrift.

[56] Mit dieser Vorgehensweise war er nicht der Letzte. Als „Reformator" wurde er selbst noch Opfer eines solchen Bedeutungswandels. Bis vor wenigen Jahrzehnten war „Reform" eine positive Veränderung. Wenn heute eine Bundesregierung die europäischen Entscheidungsträger auffordert, das Sozialsystem zu reformieren, dann wissen alle, dass damit das genaue Gegenteil gemeint ist.

[57] nach Martin Wein, a.a.O., S. 192 – Im Deutschen entstehen ständig neue Pärchen von Substantiven, die vorher noch nichts miteinander hatten. Da hat die Regierung ein „Flüchtlingsproblem" wegen der „Balkanroute", während VW mit dem „Dieselproblem" beschäftigt ist. Von dieser Besonderheit in der deutschen Sprache profitierte Martin Luther. Sie kann zwei „Schubladenwörter" bilden, indem sie Substantive zu einem macht, während andere Sprachen einen Abstand lassen und noch ein Wort dazwischen setzen. Würde man etwa „Machtwort" ins Französische übersetzen, hieße es „mot de force", also „Wort der Macht". Das ist umständlicher als im Deutschen, hat weniger Power, und der Effekt ist geringer. Luther liebte vielleicht auch deshalb die Substantive. Er fing damit an, sie fast immer groß zu schreiben.

[60] Sie machte den größten Teil der Bevölkerung aus. Bis zur Französischen Revolution lag ihr Anteil in Europa etwa bei 90 Prozent.

[62] Die Schweiz hatte mit der „Zürcher Bibel" eine gewisse Eigenständigkeit. Sie war auf die Lutherbibel nicht angewiesen. Die Niederlande klinkten sich bei diesem Prozess der sprachlichen Vereinheitlichung aus und schufen, beginnend im 15. Jahrhundert, das heutige Niederländisch.

[63] Der „kleine Bruder" der Lautverschiebung ist der Lautwandel, ein permanenter Sprachwandel mit unterschiedlichen Geschwindigkeiten. Die Änderungen können sich auf das Sprachsystem und/oder auf die Phonetik beziehen.

[65] Die Schweiz übernahm die aus Österreich kommende neuhochdeutsche Diphthongierung in ihre Schrift und brachte dadurch die westoberdeutsche und die ostoberdeutsche Druckersprache wieder näher zusammen.

66 Unberührt davon blieb die Schweiz.
67 Der Schweizer Arzt Paracelsus (ca. 1493 bis 1541) veröffentlichte 1536 sein Buch „Die große Wundarznei". „Paracelsismus war für das Entstehen einer volkssprachlichen Wissenschaftssprache von großer Bedeutung", zitiert nach Dietlinde Goltz: Die Paracelsisten und die Sprache, in: Sudhoffs Archiv. Zeitschrift für Wissenschaftsgeschichte 56 (1972), S. 349.
68 Ganz so absurd ist das nicht: Ich habe schon Radio-Interviews über Dialekte in deutscher Sprache gehört, an einer Podiumsdiskussion zum gleichen Thema teilgenommen, in der ausschließlich die deutsche Sprache benutzt wurde und dieses Buch, das Sie jetzt in den Händen halten, beschäftigt sich überwiegend mit dem Saarländischen, ist aber – von einigen Ausnahmen abgesehen – in Deutsch geschrieben.
69 Philipp Melanchthon (1497–1541), neben Martin Luther die treibende Kraft der Reformation, kümmerte sich engagiert um den Lateinunterricht an den protestantischen Gymnasien. Er schrieb Lehrpläne und Lehrbücher mit dem Ziel einer aktiven Beherrschung des Lateinischen durch die Schüler.
72 Das Saarländische hat heute noch eine differenzierte Herangehensweise an den Satz „die Pferde im Kreis laufen lassen". Wir übersetzen ihn korrekt mit „die Päär im Krääs laafe losse". Benutzt man aber die gleichen Wörter zusammen mit neueren Inhalten, dann haben wir Probleme mit dem Kreislauf – und nicht mit dem „Krääslaaf".
73 Es gibt allerdings noch eine zweite Fassung dieses Zitats: „Wenn ich mich im Gebet an Gott wende, dann auf Spanisch; mit meiner Geliebten spreche ich italienisch, mit meinen Freunden französisch; mit meinen Pferden spreche ich deutsch." Friedrich der Große schloss sich diesem Zitat mit eigenen Worten an: „Das Deutsche ist ein barbarischer Jargon, gerade noch geeignet, um mit seinen Pferden zu sprechen". Voltaire bestätigte ihn in einem Brief: „Hier spricht man nur unsere Sprache. Das Deutsche ist bloß für Soldaten und Pferde."
75 Zur Migration der Wörter: Fremdwörter halten sich in der deutschen Sprache auf, sind aber unangepasst und nicht von allen verstehbar. Dazu zählen vor allem die Fachbegriffe. Lehnwörter hingegen sind integriert und werden oft erst bei etymologischen Recherchen als solche erkannt. Gescheiterte Versuche, diese einzudeutschen, gibt es seit Jahrhunderten. Beispiel: Tageleuchter statt Fenster. Andere Sprachen sind gastfreundlicher. Sie kennen diese strikte Unterscheidung nicht. Die französischen „mots étrangers" sind schlichtweg fremde Wörter, also Wörter einer Fremdsprache, unabhängig davon, ob sie von Franzosen benutzt werden oder nicht. Im Französischen gibt es lediglich „mots d'emprunt" und im

Englischen „loanwords" also Lehnwörter. Wahrscheinlich war das bei den Römern auch so. Das würde auch erklären, warum es für „Fremdwort" kein Fremdwort gibt. Das Wort „Fremdwort" ist also typisch deutsch.

[79] Erich Kästner (1899 bis 1974) promovierte 1935 über das Thema „Friedrich der Große und die deutsche Literatur". Vgl. auch: Brunhilde Wehinger (Hrsg.): Geist und Macht. Friedrich der Große im Kontext der europäischen Kulturgeschichte, Berlin 2005.

[82] Eine ähnliche Entwicklung gab es auch nach dem Zweiten Weltkrieg. Da war Europa die größere Einheit, und anfangs gab man dem Gebilde die ehrliche Bezeichnung „EWG – Europäische Wirtschaftsgemeinschaft". Angesichts der Kriegsgräber pflegten Enthusiasten die internationalen Kontakte und mussten bald feststellen, dass in Europa die Währung und die Interessen des Finanzkapitals wichtiger waren als Humanität und Solidarität.

[84] wörtlich: „verstehen, zu leben", im Deutschen „die Fähigkeit, sich ein schönes Leben zu machen" (wird oft auch kulinarisch verstanden). Im Französischen bedeutet „savoir vivre" jedoch „‚gute Umgangsformen".

[89] Die Vereinigten Staaten von Amerika haben etwa dreimal so viele Einwohner wie die Bundesrepublik Deutschland. Die am weitesten verbreitete Sprache ist Englisch mit 82%. Danach folgen Spanisch, Chinesisch, Französisch und Deutsch.

[91] eine ähnliche Entwicklung, allerdings eine Stufe höher, gab es in den 1950er Jahren mit der Europäischen Wirtschaftsgemeinschaft EWG. Am 25. März 1957 erklärten folgende Staaten ihren Beitritt: Belgien, Frankreich, Italien, Luxemburg, die Niederlande und die Bundesrepublik Deutschland. Knapp 35 Jahre später verabschiedete man sich im Vertrag von Maastricht von dem „W" und sprach von einer mittlerweile erweiterten Aufgabenstellung. Triebkraft für die Ausdehnung von 6 auf 28 Staaten waren vor allem die deutschen Banken und die Großindustrie, während andere Fragen, wenn überhaupt, eher am Rande angesprochen wurden. Erkennbar wurde das spätestens in der zweiten Hälfte des Jahres 2015 durch die Flüchtlinge aus Syrien, als die europäischen Staaten keinen gemeinsamen Nenner für deren Aufnahme fanden.

[94] Diese Aufgabe stand im Internationalen Trend: Vorläufer war die 1582 in Italien gegründete „Academia della Crusca", und nach der deutschen „Fruchtbringenden Gesellschaft" (1617) entstand in Frankreich die „Académie Française" (1635). Es folgten Spanien (1713), Schweden (1786) und Ungarn (1830). Es gibt arabische Akademien in Ägypten, Syrien und Irak sowie eine hebräische seit 1953. Vgl. David Christal: Die Cambridge Enzyklopädie der Sprache, Köln 1998, S. 4.

[98] Die deutsche Kleinstaaterei hielt sich bis zur Reichsgründung 1871, und noch heute haben wir in Deutschland Strukturen, die auf die Ergebnisse des Dreißigjährigen Krieges zurückgehen: Im Unterschied zu unseren französischen und englischen Nachbarn ist Deutschland ein föderalistischer Staat. In manchen Wahlkreisen spielt die Konfessionsstruktur noch eine Rolle. Die Katholiken wählen eher CDU, die Protestanten eher SPD. Die Unterschiede haben aber mittlerweile eine rückläufige Tendenz.

[99] Das Gebiet des heutigen Saarlandes gehörte ursprünglich zu dem germanischen Stamm der Franken. Er umfasste ein Territorium, das im Osten von den Franken Nordbayerns begrenzt wird und im Westen vom Atlantik. Dazu gehören Gebiete, die heute ein Teil von Deutschland, Frankreich, Luxemburg, Belgien und den Niederlanden sind. Geografisch gesehen ist das die Kernregion von Europa. Es ist sicher auch kein Zufall, dass sich die Standorte der drei politischen Gewalten auf diesem Terrain befinden.

[100] Ich habe mir angewöhnt, meine E-Mails an meine saarländischen Freunde mit dem Bergmannsgruß zu beenden. Damit will ich meine Verbundenheit mit dem Bergbau und dem Saarland ausdrücken. Meine Kommunikationspartner reagieren darauf „mit freundlichen Grüßen".

[104] Abgelöst wurde Sütterlin von der Deutschen Normalschrift. Nach dem Krieg entwickelte man daraus die Lateinische Ausgangsschrift. In nicht wenigen Schulen lehrte man zusätzlich weiterhin deutsche Schreibschrift als eine Übung fürs „Schönschreiben". Vgl. Newton, Gerald: Wie Phönix aus der Asche. Fall und Wiedergeburt der gebrochenen Schriften, Bund für deutsche Schrift und Sprache/Schriftenreihe 14, Seesen 2005.

[105] Ein Volk aus grauer Vorzeit aus Persien und Indien, zu dem es bestenfalls eine Verbindungslinie im Rahmen der indoeuropäischen Sprachgruppe gab.

[108] Erste Zeile der 1949 verfassten Hymne der DDR. Getextet wurde sie von dem aus Bayern stammenden Schriftsteller Johannes R. Becher (1891–1958). Die Melodie komponierte der gebürtige Sachse Hanns Eisler (1998–1962), der auch für Bertolt Brecht mehrere Werke komponierte. Vor der Angliederung des Saarlandes an das Dritte Reich dirigierte er einen Arbeiterchor in Dudweiler. – Die „Becher-Hymne", wie sie in der Bundesrepublik genannt wurde, überstand die deutsche Wiedervereinigung 1990 nicht, obwohl sie textlich und musikalisch für das gesamte Deutschland akzeptabel war. Bereits in den ersten vier Zeilen ist das erkennbar: „Auferstanden aus Ruinen/und der Zukunft zugewandt,/laß uns dir zum Guten dienen/Deutschland, einig Vaterland." Wegen der letzten drei Wörter (und ent-

sprechenden Zeilen im weiteren Text) spielte man in der DDR ab 1972 nur noch die Instrumentalfassung. Die derzeitige deutsche Nationalhymne singt sogar die deutsche Fußball-Nationalmannschaft sehr halbherzig. Der Text der ersten Strophe „Deutschland, Deutschland über alles in der Welt" ist mittlerweile tabu. Auch weil darin sehr gewagte Gebietsansprüche erhoben werden „Von der Maas (Frankreich und Belgien) bis an die Memel (Russland), von dem Etsch (Italien) bis an den „Belt" (Dänemark). Sie war die offizielle Hymne von 1922 (!) bis 1945. Danach setzte sich in der Bundesrepublik eher die Instrumentalfassung durch. Seit 1991 ist die dritte Strophe die offizielle Hymne. Darin heißt es u. a.: „Einigkeit und Recht und Freiheit / sind des Glückes Unterpfand: / Blüh im Glanze dieses Glückes / blühe, deutsches Vaterland!" Geschrieben hat sie 1841 der Lehrer August Heinrich Hoffmann von Fallersleben (1798–1874) auf die Melodie des österreichischen Kaiserliedes von Joseph Haydn (1732–1809), der sie von einem Volkslied aus dem Balkan abgekupfert hat. Gewidmet war diese Hymne dem Kaiser Franz, womit allerdings nicht Franz Beckenbauer gemeint ist. Für alle, die einmal in die Verlegenheit kommen sollten, die deutsche Nationalhymne zu singen: „Unterpfand" ist die fehlgeschlagene eingedeutschte Fassung des Gallizismus „Garantie".

[109] „Datsche" und „Soljanka" gehören zu den wenigen Wörtern, die aus dem Russischen ins Deutsche übernommen wurden. Eine „Datsche" ist in Ostdeutschland ein Wochenendgrundstück mit einem bescheidenen Gartenhaus, eine „Soljanka" eine leicht säuerliche, pikante Suppe mit Kraut und Salzgurken, saurer Sahne und Gurkenbrühe. Mittlerweile verwendet man auch Tomaten und Paprika sowie Fleisch- und Wurstwürfel.

[110] Der zentrale Wirtschaftsbegriff der Nachkriegszeit war die „Freie Marktwirtschaft". Im Laufe der Jahrzehnte wurde er von Journalisten und Wissenschaftlern zusehends ersetzt durch die korrekte Bezeichnung „Kapitalismus". Die „Freie Marktwirtschaft" und ihre abgewandelte Form „Soziale Marktwirtschaft" gelten als Markenzeichen des damaligen Wirtschaftsministers Ludwig Erhardt. Innovativ war das Wort vielleicht, aber was dahintersteckte, war „ein alter Hut": Bereits die phönizischen Händler belieferten vor fast 3000 Jahren die Märkte im Mittelmeerraum. Der Zusatz „frei" gehört allein schon deshalb in die demagogische Kiste, weil Freiheit nur möglich ist auf der Basis von Gleichheit. Wenn die Privilegien ungleich verteilt sind, dann gibt es auch eine Schieflage bei der Nutzung der Freiheiten. Das „Soziale" ist kein Produkt der Wirtschaft, sondern kommt, wenn überhaupt, aus der Gesellschaft.

[112] Beispiele aus meiner privaten Sammlung. Der Münchner Langenscheidt-Verlag hat diesem Phänomen eine ganze Buchserie gewidmet. Unter dem Titel „Übelsetzungen" stellt sie die besten Sprachpannen vor.

[113] Aus saarländischer Sicht fehlt eigentlich nur noch Maggi.

[114] „Barman" ist nicht das einzige deutsche Wort im Spanischen. Die folgenden Ausdrücke haben ebenfalls deutschen Ursprung (Die Bezeichnungen in Klammern sind diejenigen, die im Spanischen allgemein üblich sind, also einen Vorrang vor den Germanismen haben):

Delicatessen (exquisitez)
Hinterland (interior de un país)
Iceberg (iceberg),
kaputt (roto)
Kitsch (cursilería)
Kuchen (pastel)
Kursaal (casino)
Leitmotiv (motivo principal)
Muesli (musli)
Poltergeist (trasgo)
Weltanschauung (ideología)
Zeitgeist (espíritu de la época)

[115] Ähnlich sind sicher auch das „Werkzeug" und das „Schlagzeug" entstanden.

[120] Selbst die Bezeichnungen für die beiden deutschen Staaten waren ein Thema. Noch Anfang der 1970er Jahren wurden Examensarbeiten vom saarländischen Kultusministerium zurückgeschickt, wenn darin die Schreibweise „Deutsche Demokratische Republik" (ohne Anführungszeichen) enthalten war. „DDR" war erlaubt. Umgekehrt durfte die „Bundesrepublik Deutschland" nicht als „BRD" abgekürzt werden. Ein sächsischer Lehrer mit Namen Mayer (der Name ist bewusst verändert) war in den 1960er Jahren am Neunkirchener Gymnasium zuerst der „Ostzonenmayer", dann der „sogenannte DDR-Mayer". Zu einer Beförderung zum „DDR-Mayer" nach der Verabschiedung der Ostverträge kam es nicht mehr. Er wurde pensioniert.

Mundart
nach Art des Mundes

Wer, verdammt nochmal, hat denn die Sprache halbtot gequatscht? Die Sprachphilosophen haben diese Frage nicht beantwortet. Ludwig Wittgenstein (1889–1951) hat aber Konsequenzen daraus gezogen. Er kämpfte gegen die Unklarheiten und Verwirrungen in den als ideal empfundenen Schriftsprachen. Wittgenstein mahnte eine Rückbesinnung auf die Ursprünge an, plädierte auf mehr Respekt für den Alltagsgebrauch und verwies darauf, dass Wörter ihren Kontext brauchen. Sein Lebenswerk fasst er in folgendem Satz zusammen: „Wovon man nicht reden kann, darüber muss man schweigen". Saarländisch: „Wenn ma von nix kenn Ahnung hat, dann halt ma besser sei Maul".

(Vgl. Ludwig Wittgenstein, Logisch-philosophische Abhandlung, Tractatus Philosophicus, ohne Ortsangabe, 1921, Satz 7)

Unsere Regionalsprache

Saarländisch definiert sich über ureigene Erbworte, die oft ihre Wurzeln im Mittelalter haben. Diese weisen historisch bedingte Unterschiede auf, vor allem zwischen dem Moselfränkischen und dem Rheinfränkischen. Dazu kommen sprachliche Einflüsse von der deutschen und der französischen Sprache, aber auch vom Rotwelschen und neuerdings auch aus dem Englischen.

Die Sprachmigranten lassen sich in verschiedene Gruppen aufteilen, wobei die Übergänge oft fließend sind. Zur größten und bedeutendsten Gruppe gehören die Lehnwörter[1]. Sie kommen aus einer anderen Sprache, sind aber mittlerweile integriert, und man merkt ihnen ihre Herkunft nicht mehr an. Dazu gehören auch ausländische Wörter, deren Heimatland man kennt und sie wie selbstverständlich benutzt, etwa: „Insider" oder „Charmeur". Bei vielen können wir die Herkunft noch nicht einmal ahnen: Gong (Malaiisch), Kiosk (Türkisch), Marmelade (Portugiesisch), Roboter (Tschechisch), Sofa (Arabisch) usw.

Meistens hatte der Aufenthalt der Sprachmigranten in ihrer Heimat auch eine Vorgeschichte. So ist, um mal ein Beispiel zu nennen, die Geburt des mittlerweile deutschen Wortes „Politik" bis in die Antike nachvollziehbar. In Griechenland bezeichnete „politiká" alles, was das Gemeinwesen betraf. Das Thema und somit auch das Wort waren so bedeutend, dass Aristoteles acht Publikationen zu diesem Thema schrieb.[2] Das Wort kam als „politica" ins Lateinische, ließ aber – wie alle Lehnwörter – auch Menschen zurück, die es weiterhin in ihren sicheren Herkunftsländern benutzten. In Rom begann das Durchwinken des Wortes nach Mitteleuropa: Nach der Eroberung Galliens unter Gaius Julius Caesar hielt das Wort „politica" Einzug im Gebiet des heutigen Frankreich[3] und wurde zu „la politique". Von dort überquerte es den Rhein und ward freudig von der Willkommenskultur empfangen. Es passte sich den Regionalsprachen an. Im Saarland wurde es zur „Bollidick"[4].

In Abgrenzung zu den „Lehnwörtern" spricht man auch von „fremdsprachigen Wörtern". Normalmenschen kennen sie nicht, aber Interessierte benutzen sie gerne, um die eigene Identität zu wahren. Sie sind so etwas wie verbale Mitgliedsausweise und wurden Versatzstücke einer Geheimsprache. Kleriker untereinander streuen öfter lateinische Fachbegriffe in ihre Wortbeiträge, deutsche Spitzenköche servieren in ihren Gesprächen französische Ausdrücke für ihre Spezialitäten, Informatiker zeigen durch englische Fachwörter ihre Professionalität und beim Saarländer-Stammtisch in Berlin wird nicht geredet, sondern geschwätzt.

Wörter sind nicht statisch

Sie werden exportiert und importiert, sie kommen zur Welt und sterben ab, und sie können zu Lebzeiten ihre Bedeutung verändern:

- Früher musste eine **„Frau"** verheiratet sein. Alle, die es nicht oder noch nicht waren, galten als Fräulein. Heute ist das Wort „Frau" umfassender.
- **„Reform"** war früher die Bezeichnung für eine weitreichende positive Erneuerung, unabhängig davon, um welchen gesellschaftlichen Bereich es sich handelte. Heute steht das Wort nur noch für „Sozialabbau".
- Das Wort **„Paar"** bezog sich früher auf eine Ehe oder eine Verlobung. Heute kann man alle Zweierbeziehungen von Menschen damit bezeichnen.
- Das Tier **„Maus"** bekam mit der Informatik eine neue Bedeutung. Damit bedient man jetzt den Computer.
- Der aus dem Rotwelschen kommende Ausdruck **„Pleite"** war früher pejorativ. Seit einigen Jahren ist er salonfähig. Man benutzte ihn sogar in der Tagesschau als Synonym für „Insolvenz".
- Das Wort **„Gesinde"** war früher die Bezeichnung für „Dienstpersonal". Später hängte man den Buchstaben „l" dran und macht daraus ein Schimpfwort.

Die derzeitige Jugendsprache zeigt uns, dass sich Bedeutungsänderungen bei einem Wort sogar mehrmals vollziehen können.

- Das Wort „toll" ist seit Anfang des 19. Jahrhunderts ein Wortbestandteil des Kompositums „Tollwut". Eigenständig wurde es zu einem Ausdruck der Begeisterung. Heute benutzen es Jugendliche resignierend bei einer Enttäuschung: „Na toll…"
- Im Althochdeutschen bedeutete „geil" (in verschiedenen Schreibweisen) noch „übermütig", danach im Mittelhochdeutschen „froh". Schließlich wurde es zu einem Begriff für sexuelle Bereitschaft, und mittlerweile hat es sich zu einem allgemeinen Ausdruck des Enthusiasmus verwandelt: „Echt geil äh…"

Die Globalisierung des Bedeutungswandels hat auch ihre Schwächen. So kann es passieren, dass der Wandlungsprozess von Land zu Land unterschiedlich ist, beziehungsweise nicht überall stattfindet. Es entstehen von Sprache zu Sprache unterschiedliche Definitionen. Der saloppe Fachausdruck dafür ist „Falsche Freunde". Darunter versteht man Wörter, die es in zwei Sprachen gibt, aber eine unterschiedliche Bedeutung haben. Zwischen dem Deutschen und Französischen gibt es mehrere Hundert:

- Das französische Substantiv „visage" heißt zum Beispiel „Gesicht", wird aber nicht wie im Deutschen abwertend gebraucht.
- „Sensation" existiert im Deutschen, Englischen und Französischen, allerdings mit unterschiedlichen Aussprachen. Im Französischen und im Englischen hat es zusätzlich die Bedeutung von „Empfindung".
- Ein „rendez-vous" ist im Französischen ein Treffen. Das kann man auch mit dem Notar haben, ohne eine Beziehung anbahnen zu wollen.

Zu den extremsten und kuriosesten Erscheinungen gehören die Scheinfremdwörter. Sie klingen ausländisch, aber sie existieren in den angeblichen Herkunftssprachen überhaupt nicht oder in einem anderen Sinn. Dazu zählen Smoking, Quizmaster, Dressman, Whirlpool und Handy, zu den kuriosen Bodybag (im Englischen: Leichensack) und Public Viewing (im Englischen: öffentliche Aufbahrung eines Toten).

Absurd ist es, wenn sich politische Gruppen, die sich als national-konservativ verstehen, gegen angloamerikanische Einflüsse auf die deutsche Sprache wehren.[5] Sie verkennen, dass gerade das Englische bedeutende germanische Wurzeln hat. Im fünften Jahrhundert kamen Angeln und Sachsen vom heutigen Norddeutschland auf die Insel und verankerten dort ihre germanischen Sprachen. Selbst die Etymologie des Wortes „England" deutet darauf hin. „Eng" steht nicht etwa für „schmal" oder „schwer durchzukommen", sondern ist die Kurzform von „Angeln", jenem Stamm, der zuvor den südlichen Teil des heutigen Bundeslandes Schleswig-Holstein und deren umliegende Gebiete bevölkerte. Das Englische gehört neben dem Holländischen und dem Deutschen zu den drei wichtigsten Sprösslingen der germanischen Sprachfamilie. Deren Sprachen werden auf der Welt von 500 Millionen Menschen gesprochen, was vor allem auf die weltweite Verbreitung des Englischen zurückzuführen ist.

Keine Sprachen zweiter Klasse

Sprachliche Entwicklungen wurden und werden immer begleitet von kleineren, verwandten Sprachgruppen. Oft sind sie aber auch wichtige „Bodensätze" für Sprachen, die später eine große Bedeutung bekommen. Ihre Sprachen etikettiert man als „Dialekte"[6]. Da es sich bei dem Wort eindeutig um einen Gallizismus handelte, also „ausländisch" war, dichtete es der Sprachpurist Philipp von Zesen[7] um. Er schlug das Wort „Mundart" vor, wobei er ganz beiläufig das geschriebene Wort außen vor ließ und die Betonung auf den „Mund" legte, mit dem man bekanntlich essen und reden kann. Beide Wörter, Dialekt und Mundart, gelten seitdem als gleichbedeutend und austauschbar. Sie sind als solche in der deutschen Sprache integriert, während im Saarland auch von

"Saarländisch" die Rede ist, unabhängig davon, ob es sich um Schriftsprache oder gesprochene Sprache handelt. Dieses Wort ist eindeutig besser.

Übrigens: Der Geburtsname war „diálektos", und das bedeutete „mit jemandem reden". Das Wort ist bei den alten Griechen gestartet, nahm aber nicht die „Balkanroute", sondern entschied sich für einen Umweg. In Rom wurde es sehr schnell heimisch und passte sich als „dialectus" (oder dialectos) an. Dann zog es weiter in das Gebiet des heutigen Frankreichs, und dort wurde der „dialecte" bereits ein Wort, das mit dieser Bedeutung selbst den Rhein überquerte. Es verbreitete sich als „Dialekt".

Die deutsche Sprache hat in Deutschland auch den Adelstitel „Hochdeutsch". Logischerweise wäre eine Sprache wie das Saarländische dann „Tiefdeutsch". So werden Regionalsprachen in Deutschland auch oft behandelt, als lokale Prägungen der deutschen Standardsprache. Dabei verwechselt man sie oft noch mit dem Akzent, den man auch haben und sprechen kann, ohne auch nur ein einziges Wort seiner Regionalsprache zu benutzen.

„Die Überzeugung, dass bestimmte Sprachen anderen überlegen seien, ist zwar weit verbreitet, entbehrt jedoch jeder sprachwissenschaftlichen Grundlage."[8] „Dialekt" und „Hochdeutsch" lassen sich auch nur schwer voneinander abgrenzen, weil die Kriterien nicht standardisiert sind. Außerdem ist die Unterscheidung im deutschen Sprachraum immer mit einer Wertung verbunden.

Aus saarländischer Sicht ist der Dialekt so etwas wie „Räuberzivil für den Alltag". Die deutsche Standardsprache ist der „gute Anzug". Einheitliche Begriffe mit einem präzisierenden Zusätzen bieten sich an: „Standardsprache" und „Regionalsprache". Das Wort „Sprache" ist leider „unkaputtbar", d.h. es ist zwar falsch, weil es (wie Mundart) die Schrift ausschließt, aber es hat sich im Deutschen (und auch sinngemäß in Fremdsprachen) dermaßen festgebissen, dass wir es nicht mehr wegkriegen. Deshalb sind mir auch die Ausdrücke „Deutsch" und „Saarländisch" lieber. – Wenn wir gerade beim Saarländischen sind: Wo kommt das Wort „Hochdeitsch" iwwerhaupt her?

Das Hochdeutsche, manchmal auch „Oberdeutsch" genannte, war früher die Sprache derjenigen Menschen, die in Süddeutschland lebten. Die Sprache hieß so, weil der Süden geografisch höher liegt als der Norden. „Oben" (auf der Landkarte) sprach man Niederdeutsch, ein Wort, das mit dem „Plattdeutschen" verwandt ist.[9]

Für uns ist das schwer nachvollziehbar, weil wir alle die bayerische und die schwäbische Regionalsprache im Ohr haben. In anderen Zusammenhängen haben wir aber festgestellt, dass nicht nur Menschen wandern, sondern auch Sprachen. So war das auch nach der Erfindung der Buchdruckerkunst. Luther betonte die Bedeutung der Evangelien und übersetzte die Bibel ins Deutsche. Besonderen Anklang fand er im Norden Deutschlands, und dort las man die Bibel. „Da man dazu praktisch eine neue Sprache lernen musste (man sprach ja an sich Niederdeutsch), wurde das Hochdeutsche weniger von den eigenen Dialekten beeinflusst als in Süddeutschland. Also wurde die niederdeutsche Aussprache des Hochdeutschen zum Vorbild für ganz Deutschland."[10] In Süddeutschland sprach man so weiter, wie man es gewohnt war, während das norddeutsche „Platt" unter Umgehung einiger Sprachinseln von der Bildfläche verschwand.[11]

Es gibt nur noch Sprachen

Sprachen verhielten sich in der Geschichte wie Tiere und Pflanzen. Sie akzeptierten keine Grenzen. Im Westen von Mecklenburg-Vorpommern sprach man auch vor der Wende fast genauso wie in Hamburg, trotz Stacheldraht und Schießbefehl. Auch im Saarland können wir ein Lied davon singen, mal auf Saarländisch und mal auf Lothringisch. Nicht wenige Grenzbewohner sind zweisprachig, vor allem (noch?) auf der französischen Seite. Am besten versteht man sich mit dem jeweiligen Dialekt, und auf beiden Seiten haben diese germanischen Ursprung.

So gehört auch das Elsässische zur germanischen Sprachfamilie. Das französische Wort „dialecte" bezeichnet aber etwas anderes: eine Minderheitensprache, von der man meistens nur ein paar Brocken versteht, wenn man nur die französische Standardsprache beherrscht. Dazu gehören Korsisch, Okzitanisch, Katalanisch, Baskisch, Bretonisch, Lothringisch und eben auch Elsässisch. Umgekehrt sprechen die Bewohner dieser Sprachregionen, mit wenigen Ausnahmen, auch die französische Standardsprache. Sie haben sie in der Schule gelernt. Früher war das Sprechen der französischen Regionalsprachen in den Lehranstalten streng verboten. Heute sieht man das etwas lockerer. Man duldet sie nicht nur, man fördert sie auch, allerdings immer mit gewissen Einschränkungen. Ich sehe immer noch Roland Fabius, den ehemaligen französischen Außenminister, vor mir, der in meiner neuen Heimat in Südfrankreich ein Zitat von Aristoteles abwandelte, indem er sagte, Frankreich sei mehr als die Summe seiner Regionen. Das bezog er auf die Sprachen.

Jetzt haben wir den Salat: Elsässisch ist aus deutscher Sicht ein deutscher Dialekt, weil es sich eindeutig um eine germanische Sprache handelt. Frankreich sieht das anders. Dort ist Elsässisch ein französischer Dialekt, weil er innerhalb Frankreichs gesprochen wird. Ein falscher Freund, ein „faux ami". Was nun? – Ich wandte mich an jemanden, der es besser wissen muss. Er heißt Jean Guilaine, wohnt im Nachbardorf, spielt Saxofon, liebt Rotwein und kennt sich in seiner Regionalsprache[12], so gut aus, dass er bei allen okzitanischen Liedern laut mitsingt. Er ist eremitierter Professor für Vor- und Frühgeschichte. Als solcher weiß er genauestens, wie Sprachen überhaupt entstanden sind. Er ist Mitglied der Académie Française.[13]

Die Akademie besteht aus 40 auf Lebenszeit berufenen Mitgliedern, die den Namen „Die Unsterblichen" tragen. Die Aufgabe dieses Clubs ist es, mit aller erdenklichen Umsicht und Sorgfalt darauf hinzuarbeiten, der französischen Sprache eindeutige Regeln zu geben und sie rein, beredt und tauglich zur Behandlung der Wissenschaften und Künste zu machen. Das heißt im Klartext: Vereinheitlichung und Pflege der französischen Sprache. Das erste Wörterbuch der Akademie erschien bereits 1694. In Frankreich entscheiden über die Sprache keine Referentenentwürfe der Kultusministerien, sondern die „Unsterblichen" der Akademie Française. Kein französischer Politiker hätte es auch nur gewagt, ihr so etwas wie die deutsche Rechtschreibereform vorzuschlagen.

Gerne hat Jean gegenüber mir aus dem Nähkästchen geplaudert. Folgende zwei Punkte habe ich für dieses Buch übernommen:

- Es gibt „indoeuropäische" aber keine „indogermanischen Sprachen". Der Begriff „indogermanisch", der noch immer benutzt wird, ist ein Ergebnis des deutschen Nationalismus. (Darüber habe ich bereits im vergangenen Kapitel geschrieben.)
- In Frankreich gibt es keine Hochsprache mehr und auch keine Dialekte. Alle sind Sprachen. Lediglich zwischen der nationalen Sprache, dem Französischen, und den Regionalsprachen unterscheidet man. Die Politik habe schon immer darüber entschieden, welches die nationale Sprache ist. In allen Regionalsprachen gibt es Untergruppen und auch durchaus verschiedene Akzente.

In einem waren wir uns schnell einig: Sprache darf auch Spaß machen. Jean und ich haben jedenfalls den Beweis geliefert, dass ein gutes Menü und eine gute Flasche Wein behilflich sein können bei der Wahrheitsfindung. Schade, dass ich dafür meine zweite Fremdsprache bemühen musste. Saarländisch kann ich schon besser.

Goethe auf Saarländisch

Ein bekannter Saarland-Kenner hat einmal geschrieben: „Jede Region liebt ihren Dialekt, sei er doch eigentlich das Element, in welchem diese

Seele ihren Atem schöpfe."[14] Einfacher ausgedrückt: Wir sind in unserer Regionalsprache in unserem Element, und hier atmet die Seele.

Sprache hat oft mit Gefühlen zu tun. In zahlreiche Situationen bringt sie nicht nur Informationen von A nach B. Wir können mit ihr Heiratserklärungen offerieren, Lieblingsgerichte loben, über die Funktionsweise des neuen Kühlschranks fluchen und bei den Sprechchören und Gesängen bei Fußballspielen mitschreien. „Jede Sprache erfüllt die gesellschaftlichen und psychischen Anforderungen ihrer Benutzer, verdient es wissenschaftlich untersucht zu werden, und kann wertvolle Informationen über das Wesen der Menschen und ihre Gesellschaft liefern."[15] Die Regionalsprachen haben, was die Authentizität betrifft, in vielen Bereichen einen beachtlichen Vorsprung vor der deutschen Standardsprache.

Es ist schon ein paar Jahrzehnte her, da brachte mich jemand aus meiner Verwandtschaft auf eine Schnapsidee. Er machte mir Vorwürfe: Ich würde ja keine Gedichte schreiben, und damit meinte er solche, die sich am Ende der Zeilen reimen. Das wäre wohl nicht so mein Ding, das mit dem Reimen und der Mundart.

Ich ärgerte mich über so viel familiäre Mittelmäßigkeit, und dann war ich noch sauer auf mich selbst, weil mir kein Gag für eine schlagfertige Antwort eingefallen war. Am nächsten Tag fasste ich den Entschluss. Ich übersetze das längste und beste deutsche Gedicht ins Saarländische: Goethes Faust. Per Zufall fand ich noch ein Reclam-Heftchen mit dem Text, aber dann wurde ich kleinlaut. Der Faust war mir doch zu lang. Dann fiel mir ein, dass Goethe als „Lackmus-Test" den „Urfaust" geschrieben hatte.[16] Ich besorgte ihn mir und legte los. Dabei stellte ich erstmals fest, dass das Saarländische eine Mischsprache ist. Beim Anfangsmonolog des Dr. Faust fällt einem das sofort auf, wenn sich der Autor (also ich, nicht Goethe) einer allgemein üblichen und lesbaren saarländischen Schreibweise bedient:

> Ihr Leit, ich hann so viel studiert
> of de Universität

unn fiehl mich trotzdem ahngeschmiert.
Ich wääß net, ob's eich aach so geht.
Do stehn ich jetzt graad wie e Depp
unn kriehn von iwwerall mei Knepp.

Ich hann A-13, Studienrat,
unn wenn ich noch e bissje waad,
dann muss ich aach befördert genn.
A-15 is bestimmt noch drin.
Wer als Beamter gut pariert,
Parteibuch unn Gesangbuch hatt,
der wird in Ehre pengsioniert.
Dofier sorschd de Vadder Staat.

Ich wääß, ich bin net graad so dumm
wie die vom Ministerium
fier Bildung, Kultus unn fier Sport.
Ich wääß, es sitzt so mancher dort
mit kläänem Geischd am große Disch,
e Rickgraad wie e Tintefisch.
Doch derf ma das net offe sahn,
sonschd is am End ma selwer draan.
Manchem Lehrer, dem gefall's,
doch ich, ich hann jetzt so e Hals.

De ganze Daach Gespräch vom Baue.
De Handwerker kennt man net traue.
Die schwätze nur noch von ihrm Haus.
Am beschde wär's: Ich flippe aus.

Während Goethes Fauschd noch am Grübeln darüber ist, wie er das mit dem Ausflippen anstellen soll, werden wir uns an die Arbeit machen und die Herkunft der insgesamt 163 Wörter analysieren. Die Verteilung soll uns Aufschlüsse geben über den Sprachmix. Ich werde die einzelnen Wörter mal in folgende vier Gruppen einsortieren:

- Saarländische Wörter
 (Saarbrücker Oxford-Saarländisch)
 halbfett

- Deutsche Wörter
 (wie sie im DUDEN stehen)
 normal

- Saarländische Wörter
 (die sich aber von den deutschen nur um einen einzigen Buchstaben unterscheiden)
 <u>unterstrichen</u>

- Wörter aus anderen Sprachen
 (Regional- und Nationalsprachen)
 kursiv

Saarländisch ist Multi-Kulti

Für diesen Test habe ich mich bewusst für den „Fauschd" entschieden. Niemand würde abstreiten, dass er saarländisch ist. Vor allem ist er eindeutig in unserer gesprochenen Sprache gehalten. Mit Schriftdeutsch hat er nichts zu tun. Da ich ihn selbst geschrieben habe, kann es auch keine Probleme mit dem Urheberrecht geben. Obwohl es sich um einen einzigen Text handelt, dürften die Ergebnisse des Tests als Hypothesen für weitere, umfassendere Untersuchungen taugen.

Ihr **Leit**, ich **hann** so viel *studiert*
of <u>de</u> *Universität*
<u>unn</u> <u>fiehl</u> mich trotzdem <u>ahngeschmiert</u>.
Ich **wääß net**, ob's <u>eich</u> <u>aach</u> so geht.
<u>Do</u> <u>stehn</u> ich jetzt **graad** wie *e Depp*
<u>unn</u> **kriehn** von **iwwerall mei Knepp**.

Ich **hann** A-13, *Studienrat*,
unn wenn ich noch **e** bissje **waad**,
dann muss ich aach befördert **genn**.
A-15 is bestimmt noch drin.
Wer als Beamter gut *pariert*,
Parteibuch unn Gesangbuch hat,
der wird in Ehre *pengsioniert*.
Dofier sorschd de **Vadder** *Staat*.

Ich **wääß**, ich bin **net graad** so dumm
wie die vom *Ministerium*
fier Bildung, *Kultus* unn fier *Sport*.
Ich **wääß**, es sitzt so mancher dort
mit **kläänem Geischd** am große Disch,
e Rickgraad wie e Tintefisch.
Doch derf ma das **net** offe **sahn**,
sonschd is am End ma **selwer** draan.
Manchem Lehrer, dem **gefalls**,
doch ich, ich **hann** jetzt so **e** Hals.

De ganze **Daach** Gespräch vom Baue.
De Handwerker **kennt** ma **net** traue.
Die **schwätze** nur noch von ihrm Haus.
Am **beschde** wärs: Ich *flippe* aus.

- **37** saarländische Wörter = **23 %**
  (Saarbrücker Oxford-Saarländisch)
  halbfett

- **78** deutsche Wörter = **48 %**
  (wie sie im DUDEN stehen)
  normal

- **36** saarländische Wörter = **22%**
  (die sich von den deutschen nur um einen Buchstaben unterscheiden)
  unterstrichen

- **12** Wörter aus anderen Sprachen = **7%**
  (Regional- und Nationalsprachen)
  kursiv

Zu den wichtigsten Ergebnissen:

- Es gibt keine „arisch" saarländische Sprache, so wie es auch keine andere „reine" Sprache auf der Welt gibt. Historisch gesehen sind alle Sprachen Multi-Kulti-Veranstaltungen.
- Das Saarländische ist von seiner Geschichte her eindeutig eine germanische Sprache. Die sprachlichen Einflüsse kommen vor allem aus der deutschen Sprache, die ihrerseits auch von anderen Sprachen geprägt wurde und wird.
- Die wenigen anderen Einflüsse kamen überwiegend aus dem Lateinischen und Französischen nach Deutschland oder haben sich direkt im Saarland niedergelassen.
- Selbst wenn ein solcher Test alles andere als repräsentativ sein kann, lässt er ganz grob ein paar quantitative Schlüsse zu. Mehr als zwei Drittel der Worte eines „saarländischen Gesprächs" sind deutsch. Sie werden auch deutsch ausgesprochen, allerdings fast immer mit einem leichten saarländischen Akzent. Nur bei etwa einem Drittel der ins Saarland integrierten Wörter verändern wir ein wenig die Schreibweise.

Unsere Lehnwörter aus anderen Sprachen benutzen wir so selbstverständlich, als würden sie zu uns gehören. Es lohnt sich, ein wenig neugieriger zu sein auf ihre Herkunft. Die folgende Zusammenstellung der zwölf Sprachmigranten aus dem „Fauschd-Monolog" ist zur Nachahmung bei anderen Texten empfohlen:

studieren, abgeleitet von dem lateinischen Begriff „studere" (= streben, sich bemühen). Wird heute konkreter benutzt im Sinne von wissenschaftlichem Lernen und Forschen.

Universität, vom lateinischen Ausdruck „universitas magistrorum et scolarium" (= Gemeinschaft der Lehrenden und Lernenden).[17]

Depp, oberdeutscher Begriff. Das abgeleitete Adjektiv ist „deppert" und ist vor allem in Bayern und Österreich verbreitet.

Studienrat, Kompositum aus dem Plural von Studium (siehe „studieren"!) und der deutschen Amtsbezeichnung „Rat".

parieren, das Verb kam vom lateinischen Verb „parare". Es überquerte als „parar" die Pyrenäen von Spanien nach Frankreich und wurde zu „parer". (Das spanische „parar" und das französische „parer" mit unterschiedlichen Bedeutungen.) Dann wurde es auch deutsch, und im Saarland bedeutet „parieren" vor allem „Anweisungen Folge leisten". Es gehört zur gleichen Familie wie die „Parade".

Parteibuch, Kompositum aus dem deutschen Wort „Buch" und dem vom Lateinischen abgeleiteten Wort „Partei" (von „partis", dem Genitiv von „pars" = Teil und Richtung).

pensionieren, aus dem Berufsleben verabschieden, abgeleitet von dem lateinischen Begriff „pensio" = Auszahlung. Über das Französische kam der Begriff ins Deutsche.

Staat, von dem lateinischen Wort „status" entlehnt.

Ministerium, kommt aus dem Lateinischen und bedeutete so viel wie „Dienst". Heute ist dieses Lehnwort in Deutschland die Bezeichnung für wichtige Behörden des Staates und der Bundesländer.

Kultus, abgeleitet von dem lateinischen Begriff „cultus". Damit bezeichnet man die religiösen Angelegenheiten, deren Bereich oft zusammengefasst wurde mit Bildung und Sport. So auch im Saarland bis in die 1980er Jahre. Noch heute gibt es am Saarufer in Saarbrücken ein Kultusministerium. Die Ressorts sind aber anders zugeschnitten.

Sport stammt ursprünglich aus dem Altfranzösischen. Dort hieß es „disport". Auf dem Weg nach England verlor es seine beiden ersten Buchstaben.[18] Im 19. Jahrhundert wurde das Wort „sport" aus dem Englischen entlehnt.[19]

ausflippen, aus dem Englischen „to flip out" entlehnt. Das englische Substantiv „flip" heißt auf Deutsch „Ruck".

Mit Worten allein ist es nicht getan

Nicht nur durch Worte unterscheiden sich die Sprachen. Auch die Unterschiede in der Satzstellung können sehr groß sein, ebenso der Einsatz der Redewendungen. Die Differenzen werden vor allem sichtbar, wenn die deutsche Schriftsprache mit einer Regionalsprache konfrontiert wird. Letztere hebt auch den mündlichen Charakter der Sprache hervor.

Bei dem folgenden deutschen Satz kann man zum Beispiel sofort feststellen, dass eine Wort-für-Wort-Übersetzung ins Saarländische unmöglich ist:

„Würdest du mir bitte jene Aufzeichnungen, die ich dir soeben überreicht habe, wieder zurückgeben, damit ich meinen Partner über den Inhalt in Kenntnis setze."

Der Satz ist zu lang, und für manche Wörter stehen keine adäquaten Übersetzungen zur Verfügung. Deutsche Begriffe wie „Aufzeichnungen" oder auch Redewendungen wie „in Kenntnis setzen" sind Fremdkörper im Saarländischen. Man muss also den Satz „frei" übersetzen und sich die Situation und das entsprechende Kommunikationsverhalten genau vorstellen. Ich sehe die Akteure und die Szene vor mir und habe die Satzmelodie mit den entsprechenden Pausen im Ohr.

> „Ich hann dir doch vorhin denne Zettel gebb. Kannsch du mir ne wedder genn! Ich will ne meim Kolleesch zeije. Der soll ne ruhisch mol lääse."

Das ist gesprochene Sprache. Der passende Kalauer dazu: „Das Wort ‚Sprache' kommt von ‚sprechen'. Käme es von „schreiben", müsste es „Schrache" heißen."

Ein weiteres Beispiel: Ich habe für dieses Buch den „Fauschd-Monolog" ins Deutsche zurückübersetzt. Man sieht sofort, dass Goethe recht hatte: „Beim Dialekt fängt die gesprochene Sprache an."

Fauschd und Faust

> Ihr Leit, ich hann so viel studiert
> of de Universität
> unn fiehl mich trotzdem ahngeschmiert.
> Ich wääß net, ob's eich aach so geht.
> Do stehn ich jetzt graad wie e Depp
> unn kriehn von iwwerall mei Knepp.

>> Meine Damen und Herrn. Ein umfangreiches Hochschulstudium habe ich abgeschlossen und nun fühle ich mich betrogen.
>> Vielleicht können Sie das nachvollziehen.
>> Ich stehe hier wie ein Ignorant
>> und werde von allen Seiten attackiert.

Ich hann A-13, Studienrat,
unn wenn ich noch e bissje waad,
dann muss ich aach befördert genn.
A-15 is bestimmt noch drin.
Wer als Beamter gut pariert,
Parteibuch unn Gesangbuch hatt,
der wird in Ehre pengsioniert.
Dofier sorschd de Vadder Staat.

Als Studienrat bin ich in der Gehaltsstufe A-13,
und im Laufe der Zeit werde ich sicher zum
Studiendirektor befördert und das heißt A-15.
Wenn man als Beamter loyal ist
gegenüber seinen Vorgesetzten
und deren politischen Ansichten
und religiöses Bekenntnis unterstützt,
dann bleibt man ehrenvoll im Schuldienst
bis hin zur Pensionierung.

Ich wääß, ich bin net graad so dumm
wie die vom Ministerium
fier Bildung, Kultus unn fier Sport.
Ich wääß, es sitzt so mancher dort
mit kläänem Geischd am große Disch,
e Rickgraad wie e Tintefisch.
Doch derf ma das net offe sahn,
sonschd is am End noch selwer draan.
Manchem Lehrer, dem gefall's,
doch ich, ich hann jetzt so e Hals.

In Sachen Bildung kann ich mit den Beamten
des Kultusministeriums durchaus mithalten.
Gar mancher hat dort eine einflussreiche Position
und arbeitet immer treu für seinen Minister.
Doch soll man darüber schweigen,

zumal manche Lehrer ihren Gefallen daran finden.
Ich selbst echauffiere mich darüber.

De ganze Daach Gespräch vom Baue.
De Handwerker kennt man et traue.
Die schwätze nur noch von ihrm Haus.
Am beschde wär's: Ich flippe aus.

Jene beschäftigen sich mit ihrem Hausbau,
kritisieren ihre Handwerker und stellen die
Arbeit an ihrem Eigenheim
in den Mittelpunkt ihrer Gespräche.
Vielleicht sollte ich es vorziehen, mich
für einen anderen Weg zu entscheiden.

Französische Wörter im Deutschen

Sie kommen aus „Gallien", und der Fachausdruck ist folgerichtig: „Gallizismen". Man erkennt die meisten schon an den Endungen: Bei Substantiven sind es -ion, -age, -ie, -ment[20].

Oft reduziert man diesen Einfluss auf die napoleonische Zeit. Die Gründe dafür sind einfach: Den Namen des Korsen kennt jeder, und die Etymologie hat einen anekdotischen Charakter:

Beispielsweise wird das Wort „Fisimatenten", das 1880 zum ersten Mal im Duden auftaucht, gern auf einen französischen Ursprung zurückgeführt. Angeblich sollen junge Damen, die von französischen Soldaten gefragt wurden, wohin sie gingen, schüchtern geantwortet haben „Je visite ma tante ..." (Ich besuche meine Tante ...). Vielleicht waren es aber die Mütter dieser junger Damen, die ihre Töchter aufforderten, keine „Fisimatenten" zu machen, also nicht der Einladung der Soldaten zu folgen, ihnen einen Besuch im Zelt abzustatten (Visitez ma tente!).

Eine weitere Legende besagt, dass die französischen Soldaten auf dem Weg durch Westfalen Schwarzbrot serviert bekamen und sie der Ansicht waren, dass dieses ungenießbar sei. „Bon pour Nicole", also gerade gut genug für die Pferde, denn „Nicole" hieß wohl das Pferd Napoleons. Daraus wurde dann angeblich unser beliebter „Pumpernickel". Sprachwissenschaftler sind jedoch der Ansicht, dass diese Erklärung nicht zutreffend ist und führen die Bezeichnung wenig charmant auf die blähende Wirkung (Pumper = Blähung) des Brotes zurück.

Nicht wenige Gallizismen sind in Wirklichkeit „Latinismen", für die das Französische als Vermittlersprache wirkte. Die meisten Wörter kamen wohl ins Deutsche und erst von dort ins Saarländische. Die folgende Zusammenstellung spricht Bände und erspart mir Hinweise auf deren Bedeutung.

Gallizismen in der deutschen Sprache
(Auswahl)

A	Allee	Armagnac
Abonnement	Allianz	Armee
abonnieren	Allüren	Arrangement
Accessoire	Amateur	arrogant
Adieu	Ambitionen	Artillerie
Adjutant	ambitioniert	Artist
Adresse	amüsieren	Asphalt
Affäre	Anekdote	asphaltieren
Affront	Annonce	Assoziation
Akkord	apart	Atelier
akkreditieren	Aperitif	Attacke
Akquise	Appartement	Attrappe
Akquisition	Appell	Aubergine
Akrobatik	apportieren	Avancen
Akteur	Après-Ski	avancieren
Alarm	apropos	Avantage

679

Avantgarde
Aversion

B

Bagage
Bagatelle
Baguette
Baisse
Bajonett
Balance
balancieren
Balkon
Ballade
Ballon
Bandage
bandagieren
Bankett
Bankier
Baracke
Barré (Gitarrengriff)
Barriere
Barrikade
barrikadieren
Bassin
Bataillon
Batterie
beige
Belami
Beletage
Belletristik
beordern
Beton
Bidet
bigott
Billard

Billett
Biskuit
Bistro
Biwak
bizarr
Blamage
blamieren
blanchieren
Blessur
Blouson
blümerant
Bluse
Bohème
Bombardement
Bon
Bonmot
Bordüre
Bouillon
Boulevard
Bouquet
Bourgeoisie
Boutique
Branche
Bravour
bravourös
Bredouille
Brikett
brillant
brillieren
Brimborium
Brisanz
Broschüre
brüskieren
Budget
Buffet

Bulette
Bulletin
Burleske
Büro
Büste
Büstenhalter

C

Cabriolet
Café
Camembert
Camouflage
Canapé
Chaiselongue
Chalet
Chambre Séparée
Champagner
Champignon
Chance
changieren
Chanson
Chansonnier
Chanteuse
Chapeau claque
Charakter
Charité
Charme
Charmeur
Chauffeur
chauffieren
Chaussee
Chauvinist
Chic
Chicorée
Chose

Claqueur
Clementine
Clique
Clochard
Clou
Cognac
Coiffeur
Collage
Collier
Conférencier
Cordon bleu
Cornichon
Coup
Coupé
Coupon
Courage
Cousin
Couturier
Crème fraîche
Crêpe Suzette
Croissant
Croupier
Croûton
Cuvée

D
Dame
de luxe
Debakel
Debatte
debattieren
Debüt
dechiffrieren
Defilee
defilieren

Defizit
Déjà-vu
Dekolleté
Dekoration
Delegation
delegieren
delikat
Delikatesse
deliziös
Dementi
demolieren
Demontage
Dentist
Departement
Depesche
deportieren
Depot
Depression
depressiv
Dernier Cri
Desaster
desaströs
Deserteur
desillusioniert
Dessert
Dessous
Detail
Dilettant
Diner
dinieren
Diskothek
diskret
diskutabel
Disput
Distanz

Domäne
Dorade
Dossier
Double
Dragée
Drainage
dressieren
Dressur
Droge
Drogerie
Dutzend

E
Eau de Cologne
Eau de Javel
Eau de Toilette
einquartieren
Eklat
eklatant
Elan
elegant
Eleve
Elite
Emaille
Emblem
eminent
Empire
en bloc
en detail
en gros
en masse
en passant
Energie
energisch
Enfant terrible

Engagement
engagieren
enorm
Ensemble
Entrecôte
Episode
Ermitage
Eskapade
Eskorte
essenziell
etablieren
Etablissement
Etage
Etagere
Etappe
Etat
Etikett
Etikette
Etui
excellent
Experte
Expertise
Exposé
extravagant
exzellent
Exzellenz

F
Fabrik
Facette
Façon
famos
fanatisch
Farce

Fasanerie
Fassade
Fauxpas
favorisieren
Favorit
Festival
Fetisch
Fetischist
Feuilleton
feuilletonistisch
Figur
Filet
Filou
Firlefanz
Flair
Flakon
flambieren
Flanell
Flaneur
flattieren
Flickflack
Florett
Fondue
Fontäne
Foyer
Frack
frappierend
frenetisch
Frikadelle
Frikassee
Frisée
Friseur
Fritten
Fritteuse
frittieren

Front
Frotté
fulminant
Furnier
furnieren
füsilieren

G
Gage
Gala
galant
Galoschen
Garage
Garant
Garde
Garderobe
garnieren
Garnison
Garnitur
Gelatine
Gelee
Gendarm
Gendarmerie
General
Genie
genieren
Gigolo
Glacé
Gobelin
Gourmand
Gourmet
Gouvernante
Gouverneur
graduell
Grand Prix

Gratin	**J**	Kasematte
graziös	Jackett	Kaserne
Grenadier	Jalousie	Kaskade
grotesk	Jargon	Kassette
Groteske	Jeton	Kautschuk
Guillotine	Jongleur	Kavalier
	jonglieren	Kavallerie
H	Jour fixe	Kinkerlitzchen
Hangar	Journaille	Kino
Hasardeur	Journal	Kiosk
Haschee	Journalist	Klassement
Hausse	Jury	Klavier
Haute Couture		Klischee
Hautevolee	**K**	koalieren
Hors d'œuvre	Kabarett	Koalition
Hotel	Kabel	Koketterie
Hotelier	Kabinett	Kollaborateur
	Kader	Kolonne
I	Kaffee	Kolportage
Idee	Kai	Komitee
Illusion	Kaliber	Kommandant
Illustration	Kalkül	Kommandeur
illustrieren	Kampagne	Kommode
Illustrierte	Kanaille	Kommuniqué
imaginär	Kanapee	Kompagnon
imponieren	Kandidatur	Kompanie
imposant	Kapriolen	komplett
Imprägnierung	Karaffe	Komtess
Impression	Karambolage	Kondukteur
Infekt	Karosse	Konfitüre
Ingenieur	Karree	Konstrukteur
Initiative	Karriere	Kontrolleur
Insolvenz	Karton	konvertieren
Intervention	Karussell	Konvoi
Invasion	kaschieren	Korps

Korsage	Limonade	Maskottchen
Korsett	Limousine	Massage
Koryphäe	Loge	Massaker
Kostüm	logieren	Masseur
Kotelett		massieren
Krawatte	**M**	Matinee
Kreation	Madame	Mätresse
kreieren	Mademoiselle	Mayonnaise
Kreolen	Major	Medaille
Krepp	Majorität	meliert
kriminell	Malaise	Memoiren
Kritik	Malheur	Menü
Krokant	malträtieren	Menuett
Kulisse	Mamsell	Metier
kupieren	Mandarine	Miene
Kupon	Manege	Migräne
Kürassier	Manieren	Milieu
Kurier	Mannequin	Militär
kurios	Manöver	Milliarde
Kurtisane	manövrieren	Minister
kuscheln	Mansarde	Minorität
Kusine	Manschette	Mirabelle
Kuvert	Margarine	miserabel
Kuvertüre	Marge	Misere
	Marinade	Möbel
L	Marionette	mobil
Lakai	markant	Mode
Lamelle	marode	Moderne
Lampion	Marone	mokieren
lancieren	Marotte	monetär
Leutnant	Marquise	Monokel
Liaison	Marsch	Monsieur
liieren	Marschall	monströs
Likör	marschieren	Montage
Limette	Maskerade	montieren

Moral	originell	Pavillon
Motivation	Ouvertüre	pedantisch
motivieren		Pensionär
Munition	**P**	Pensionat
Musette	Page	Perücke
	Paket	pervers
N	Palais	Petitesse
Naturell	Palaver	peu à peu
Negligé	Palette	Phase
nervös	Palisade	Phrase
Nikotin	Pampelmuse	pikant
Nippes	Panne	Pilot
Nische	Pantoffel	Pinzette
Niveau	Papa	Pionier
niveaulos	Parade	Pipette
Nougat	Paravent	Pirouette
	Parcours	Pissoir
O	Pardon	Pistole
Oboe	Parforceritt	pittoresk
Offerte	Parfüm	Plagiat
Offizier	Parkett	Plakette
Omelett	Parlament	Plantage
Omnibus	Parodie	Plateau
ondulieren	Partei	Plattitüde
Onkel	Parterre	platzieren
Opportunismus	Partie	Plissee
opportunistisch	Partizipation	Plombe
Orange	Passage	Plumeau
Orangeat	Passagier	Plüsch
Orangerie	passieren	Pöbel
Orchideen	Passion	Poesie
Order	pasteurisieren	Pointe
ordinär	Patriotismus	Polemik
Orgie	Patrone	Polonaise
Originalität	Patrouille	Pomade

Pommes frites
pompös
Popeline
populär
Pornografie
Porree
Portefeuille
Portemonnaie
Portier
Porträt
Postillon
Potpourri
poussieren
Praline
Prärie
Präsent
präsentieren
Präservativ
Präsident
prätentiös
Präzision
prekär
Premiere
Presse
pressieren
Prestige
Prêt-à-porter
preziös
Prise
Privileg
professionell
Profiteur
Projektil
Promenade
promenieren

public
Puder
Püree

Q
Quarantäne
Quartier
Querele

R
Rabatt
Raclette
Rage
Ragout
Rang
rangieren
Rapport
Räson
räsonieren
Ratatouille
reaktionär
realisieren
Rebell
rebellieren
Rebellion
Rechaud
Recherche
Referenz
Regie
Regime
Regisseur
Reglement
reglementieren
rekapitulieren
Reklame

Relais
Relief
Remis
Remise
Remoulade
Renaissance
Rendezvous
Reneklode
Renommee
Repertoire
Reportage
Reprise
Requisite
Reserve
Reservoir
Résistance
Ressentiment
Ressort
Ressource
Resultat
Resümee
retuschieren
reüssieren
Revanche
Revers
Revision
Revolte
Revue
riskant
Rivale
Robe
Rollo
Roman
Romanze
Roquefort

Rosé
Rosine
Rotisserie
Roulade
Roulette
Route
Routine
Ruine
Rüsche

S
Sabotage
sabotieren
Sadismus
Saison
Salon
salopp
Salut
Sanktion
Satin
Sauce
Scharnier
Schattenmorelle
schick
schikanieren
Schock
schocken
schockieren
schwadronieren
Sekretär
Sensation
sensibel
sentimental
Séparée
Service

servieren
Serviette
Signal
Silhouette
Siphon
Skulptur
Soiree
Solidarität
Sommelier
Soufflé
Souffleur
Souper
Soutane
Souterrain
Souvenir
souverän
Souveränität
Spezialist
Spezialität
speziell
sporadisch
Standarte
Statuette
süffisant
Szene
Szenerie

T
Tableau
Tablett
Tablette
Taille
Tambour
Tamburin
Tampon

Tante
Tanz
Tasse
Teint
Terrain
Terrasse
Terrine
Terror
terrorisieren
Terrorist
Textil
Thermometer
Tirade
Toilette
Tonnage
Tour
Tournee
Trance
tranchieren
Trapez
Tresor
Tribüne
Trikolore
Trikot
trist
Tristesse
Trottoir
Troubadour
Tüll
Turbine
Türkis

U
Urinal
Utopie

V	Verve	W
Vagabund	Vignette	Wagon
vagabundieren	violett	Weste
vage	virtuell	
Variante	Visage	**Z**
Variation	Visagist	Zigarette
Varieté	vis-à-vis	Zitronat
variieren	Visier	Zivilisation
Vase	Visite	
Velours	vitalisieren	
Vernissage	Voyeur	
Version	vulgär	

Deutsche Wörter im Französischen

Zuerst dachte ich: „Fehlanzeige". Dann schaute ich in meinem Archiv nach, blätterte im Duden und hörte mich bei meinen französischen Freunden um. Insgesamt habe ich 23 deutsche Wörter gefunden, die es im Französischen geben soll.

Berufsverbot	Glockenspiel	Niemandsland
Blitzkrieg	Hamster	Rollmops
Brezel	Handball	Rucksac
Diktat (Büro)	Kammerspiel	Stiefmutter
Diktat (Politik)	Kirsche	Waldsterben
Doppelgaenger	Landwehr	Zuckerwatte
Foehn (Wetter)	Leitmotif	Zwieback
Foehn (Haare)	Mannschaft	

Danach kamen mir einige Zweifel, denn die meisten dieser Wörter hatte ich in Frankreich weder gehört, noch gelesen. Ich suchte sie in meinem „Euro-Wörterbuch – Französisch". Kurz nach der deutschen Rechtschreibereform ist es erschienen, und es enthält über 45 000 Stichwörter und Wendungen. Das Ergebnis war bescheiden.

Folgende deutsche Wörter sind überhaupt nicht aufgeführt:

Berufsverbot
Blitzkrieg
Brezel
Hamster
Kammerspiel
Landwehr
Niemandsland
Rollmops
Zwieback

Die folgenden deutschen Wörter gibt es nur in der französischen Übersetzung:

Diktat (Büro)	la dictée
Doppelgaenger	le double, le sosie
Foehn (Haare)	le sèche-cheveux
Glockenspiel	le carillon
Kirsche	la cerise
Mannschaft	l'équipe
Rucksac	le sac à dos
Stiefmutter	la belle-mère
Waldsterben	la mort des forêts, le dépérissement
Zuckerwatte	la barbe à papa

Deutsche Wörter, die im Wörterbuch auch als französische Wörter aufgeführt werden:

Diktat (Politik)	le diktat (Politik)
Foehn (Wetter)	le foehn (Wetter)
Leitmotif	le leitmotiv (aber auch als „le motif dominant")
Handball	le hand-ball

Gute Chancen für die Integration hat das deutsche Wort „Mannschaft". Mal sehen, wie Bayern München in der Champions-League spielt.

Schlamassel und Kies, meschugge und mies

Einen Einfluss aufs Saarländische hatten direkt und indirekt nicht nur die deutsche und die französische Sprache. An dritter Stelle steht das Rotwelsch, die traditionelle Händler- und Gaunersprache[21]. Diese war weder ein Kommunikationsmittel der „Fugger", noch eines der „Hanse". Rotwelsch sprach das fahrende Volk, also all jene, die von Ort zu Ort zogen, um Waren zu verkaufen und für ihre Tätigkeit eine eigene Sprache benutzten. Als Reisende hatten sie kein hohes Ansehen, auch nicht die wandernden Ärzte, Handwerkburschen und Saisonarbeiter, die Schauspieler mit ihren Thespiskarren[22], umherziehende Gaukler, Bettler, Landknechte, Dirnen, Studenten sowie Pilger auf dem Jakobsweg nach Santiago de Compostela. Darunter mischten sich auch Gauner, die von illegalen Eigentumsübertragungen zu ihren eigenen Gunsten lebten. Rotwelsch war der Sozialdialekt der Mobilen und der Außenseiter.[23]

Es versteht sich von selbst, dass es zwischen diesen beiden „Parteien" auch Überlappungen gab. Oft arbeiteten Gauner als Händler und Händler als Gauner. Sie verstanden sich untereinander, denn sie benutzten ähnliche Sprachen, die unter dem Begriff „Rotwelsch" subsumiert wurden. Rotwelsch ist ein Sammelbegriff. Die dazugehörigen Soziolekte unterscheiden sich von den Dialekten durch ihre Ortsunabhängigkeit. Das Rotwelsch galt als die Sprache der Straße. Das Wort „rot" soll eine Kurzfassung von „Rotte" sein. Als „welsch" galten die romanischen Sprachen, darüber hinaus jede nicht verständliche Redeweise.[24] Erhalten ist das Wort „welsch" auch in dem Kompositum „Kauderwelsch". Der „Händler" hatte im Rotwelschen die Bezeichnung „Kauderer".

Der Wortschatz des Rotwelschen wurde zusammengetragen aus abgewandelten, zum Teil heute nicht mehr gebräuchlichen deutschen Wörtern und aus Dialektbrocken aus verschiedenen Regionen. Dazu kam ein großer Anteil jiddischer und hebräischer Lehnwörter. Da die Juden die meisten landwirtschaftlichen und bürgerlichen Berufe nicht ausüben durften, wurden viele von ihnen fahrende Händler und Hausierer und prägten damit die Sprache des fahrenden Volks.[25]

„Auch wenn die Juden die mittelhochdeutschen Dialekte ihrer christlichen Nachbarn spätestens im 11. Jahrhundert als Umgangssprache untereinander übernahmen, fanden sie im Deutschen für ihre von der jüdischen Religion geprägten Lebensbereiche keine entsprechenden Ausdrücke vor, sondern mussten sie erst bilden."[26] In Teilbereichen nutzten sie das Rotwelsch, was nicht selten dazu führte, dass man die anderen Einflüsse nicht wahrhaben wollte und das Jiddische mit dem Rotwelschen gleichsetzte. Vor allem ignorierte man dadurch die Rolle derjenigen Menschen, die man früher noch „Zigeuner" nannte. Da sie nicht integriert waren und die Mobilität zu ihrer Kultur gehörte, waren sie zur Dauermigration gezwungen. „Das Jiddische wie das Zigeunerische bilden ihrerseits wieder abenteuerliche Mischsprachen: Das Jiddische wurde aus deutschen, hebräisch-aramäischen und slawischen Bestandteilen gebildet; die Zigeunersprache geht auf Indien zurück, gliederte sich aber im Verlauf der Wanderungen armenische, persische, türkische, griechische und rumänische Bestandteile an."[27] Nicht unbedeutend für den Sprachenmix war auch die deutsche Sprache. Sie prägte vor allem die Grammatik.

Die rotwelschen Lehnwörter

Die Geschichte des Rotwelschs beginnt bereits mit dem Untergang des Römischen Reichs. Der „fünfte Stand" war plötzlich nicht mehr versklavt und wurde dadurch auch heimatlos. Eine zweite Kultur bildete sich auf den Landstraßen und verbreitete Angst, Waren, Ideen und Informationen. Seit Anfang des 14. Jahrhunderts erkennen wir den Einfluss der Roma. Im 15. Jahrhundert tauchte das Wort „Rotwelsch" als abwertende Fremdbezeichnung auf, wurde aber später von den Sprechern selbst als Bezeichnung für ihre Sprache benutzt.

Das 19. Jahrhundert brachte wichtige Veränderungen. Folgenreich waren für die Nicht-Sesshaften vor allem die Zerschlagung des Bandenwesens und der Beginn der Industrialisierung. Die Zahl der umherziehenden Händler reduzierte sich, die Infrastruktur wurde besser, und viele fanden Arbeit in der Industrie. Das Vagantentum[28] wurde zur Randerscheinung der Gesellschaft, zur ökonomisch bedingten Folklore, noch anfangs des 20. Jahrhunderts auf Zeichnungen festgehalten von Zille.[29] Mobile Scherenschleifer, Lumpensammler und Hinterhofmusiker gab es im Saarland noch in den 1950er Jahren. Die soziale Basis des Rotwelschen war aber nicht mehr vorhanden, die Sprache verabschiedete sich oder verteilte sich in anderen Sprachen, wo sie als Lehnwörter einen Unterschlupf fanden. Einzelne Begriffe sind sogar feste Bestandteile des Deutschen geworden. Sie sind umgangssprachlich und passen von daher auch gut zu den Regionalsprachen, zum Beispiel zum Saarländischen. Das zeigt das nächste Beispiel.

Die folgende kurze Geschichte könnte der Anfang einer Erzählung sein. Sie soll uns aber nicht unterhalten und auch nicht bilden. In ihr sind 25 rotwelsche Begriffe versteckt, und die gilt es herauszufinden.

Dr. Kaufmann sieht rot

„Als Dr. Kaufmann durch das Fenster der Kaschemme linste, wurde er schier meschugge. Da saß er nun, der Stromer, inmitten seiner Mischpoke und schacherte mit der Wirtin.

„Dieser Schnorrer", seufzte Dr. Kaufmann: „Bei mir würde er blechen. Von wegen pumpen…"

Die Wirtin tippelte unterdessen zur Theke und sprach mit dem jungen Kellner.

„Aha, offensichtlich der Stift", dachte Dr. Kaufmann, und er registrierte genüsslich, dass auch dem jungen Mann dieser Schwindler nicht ganz koscher war. Dr. Kaufmann freute sich riesig, dass sich der Kellner weder foppen, noch piesacken ließ, sondern den ungebetenen Gast ins Freie beförderte.

Sie ließe sich doch nicht durch ihn in Schlamassel bringen, rief ihm die Wirtin nach, und: er solle ihr keinen Stuss erzählen. Wer sich so schofel und mies verhalte, gehöre eigentlich ins Kittchen. Jawohl, der müsse in den Knast.

Dr. Kaufmann grinste. „Vielleicht", sagte er sich, „ist das die späte Rache dafür, dass er ihn damals um ein Haar in die Pleite getrieben hätte". Und ohne sich umzuschauen machte er sich wieder auf den Weg, um auszubaldowern, wie er wieder an Moos und Kies für sein Abschreibungsprojekt kommen könne.

In meinem Dialektarchiv habe ich eine kleine Sammlung von Begriffen aus dem Rotwelschen, die bei vielen zum aktiven Wortschatz gehören. Ein Teil davon wird sogar als typisch Saarländisch betrachtet. In dieser alphabetischen Liste haben sich die 25 Wörter aus der Textpassage versteckt:

Geläufige Wörter aus dem Rotwelschen

ausbaldowern	koscher	Pinkepinke
blechen	Krauter	Pleite
Bulle	linsen	Polente
foppen	malochen	poofen
Kaschemme	meschugge	pumpen
kaspern	mies	Putz
Kies	Mischpoke	Quadratlaatschen
Kittchen	Moos	Quasseln
Knast	Mordskerl	Quatsch
Kohldampf	mosern	Quatschkopp
Kohle	piesacken	Quetschkasten

schachern	schofel	Stromer
Schlamassel	Schwindler	Stuss
Schmu	stiekum	tippeln
Schnorrer	Stift	Zaster

Das Rotwelsch spielte auch eine wichtige Rolle für die Geheimhaltung. Es diente dazu, die Kommunikation gegen Außenstehende unverständlich zu machen. Gleichzeitig hatte man dadurch die Basis für einen vereinbarten Code, und das Rotwelsch bekam wichtige identitätsbildende und integrative Funktionen. „Die frühesten wissenschaftlichen Bemühungen um das Rotwelsch sind in der Nachbarschaft von Rechtsprechung und Polizei lokalisiert: dort bestand ein besonderes Interesse daran, den Tarnausdrücken auf die Spur und damit den gesellschaftlichen Randgruppen auf die Schliche zu kommen."[30]

Bekannte Redewendungen aus dem Rotwelschen

blau machen, eine Verballhornung aus dem Jiddischen. Das Wort „belo" heißt dort „ohne" und wurde beim fahrenden Volk im Sinne von „nicht arbeiten" benutzt.

Bock kommt aus der Sprache der Roma. Dort bedeutet „bokh" so viel wie „Hunger", „Gier" und „Lust". Die Redewendung „keinen Bock für etwas haben" feierte in den 1970er Jahren eine Renaissance. Sie wurde zuerst Teil der Jugendsprache, machte sich aber recht bald auch breit in der allgemeinen Umgangssprache.

im Eimer sein, eine Verballhornung des jiddischen Wortes von „emo". Dort bedeutete es „Angst, Furcht". Im Laufe der Zeit machte die Redewendung einen Bedeutungswandel durch.

Schmiere stehen, Verballhornung des jiddischen Wortes „schmiro", das so viel bedeutete wie „Wache".

zieht wie Hechtsuppe, eine Verballhornung des jiddischen Ausdrucks „hech supha" mit der Bedeutung „wie ein Sturmwind". Das Kommunikationssystem baute auf vielen solcher Ausdrücke auf. Wer nicht zum fahrenden Volk gehörte, der hatte nicht nur Probleme mit dem Verstehen. Er wurde auch auf eine falsche Fährte geleitet.

Sprachen als Konversationsfüller

Heute läuft das weniger geheimnisvoll. Wir produzieren sozialen Lärm, und dabei geht es um ganz andere Werte. Die historischen Wurzeln schimmern in den Redewendungen durch, werden aber meistens nicht bewusst wahrgenommen. Das kann ich vor allem bei privaten Einladungen von Menschen feststellen, die in der „fortgeschrittenen Jugend" (50 plus) angekommen sind. Der kommunikative Part läuft fast immer nach Schema F ab: mechanisch, stereotyp und gedankenlos.[31]

Auf **Platz 1** der Kommunikations-Hitparade steht das Wetter. Da kann jeder mitreden, unabhängig von Wissen. Selbst wenn man nicht den Unterschied zwischen einem Hoch und einem Tief kennt: Zu Sonne, Wolken, Regen und Schnee können wir alle etwas sagen. Bedeutende Informationen wie „Geschder hats bei uns geräänt" nehmen Platz in der Gesprächsrunde, und sofort beginnt das bekannte Spiel „Alle reden. Niemand hört zu":

- „Bei uns hats de ganze Daach geräänt."
- „Ich hott de Räänscherm vergess."
- „Ich koome graad aus de Waschanlage, of ähnmol: da!"
- „Bei uns is de Kanaldeckel kaputt."
- „Fier de Gaade isses jo net schlecht."
- „Ledschd Johr hats wenischer geräänt."[32]

Politische Ansichten haben keine Chancen. Das ist gut so, denn man kriegt sich nicht in die Haare – falls noch welche vorhanden sind. Die

Teilnehmer am Gespräch profitieren von einem weiteren Vorteil des von allen akzeptierten Gesprächsthemas: Wetter ist immer! – Da kommen selbst die Bundestagswahlen und die Fußballweltmeisterschaft nicht mit.

Platz 2 ist reserviert für die Krankheiten der fortgeschrittenen Jugend. Alle haben etwas, und viele wissen sogar, wie ihre Wehwehchen heißen. Erkältungskrankheiten sind nur interessant, wenn sie aktuell sind (seit geschder) und sich präzisieren lassen (diesmol isses de Huschde). Die Königsdisziplin: Man kennt sogar den lateinischen Begriff. Er muss nicht stimmen, er muss nur so klingen. Man hat einen „Tussis". Mit dem Gebrauch eines solchen Wortes können selbst jene Fußball-Hooligans großen Eindruck schinden, die van Gogh für den früheren Mittelstürmer von Ajax Amsterdam halten.

Wichtig ist für alle Gesprächsteilnehmer: Immer auf der Lauer zu sein, damit man die Atempausen der anderen nicht verpasst! Dann endlich hat man die Chance, seinen Gesprächsmüll zu servieren. Die Sätze sind schwanger; sie sind in „anderen Umständen". Alles muss raus, wenn möglich in mehrfacher Ausführung:

„De Dokder hat zu mir gesahd, Herr Hoffmann, hat er gesahd, sie solldе mit em Raache ofheere, hat er gesahd, de Dokder. Mit em Raache ofheere, obwohl ich seit zwanzisch Johr kenn Zigarett meh aangeriehrt han. Stell dir mol das vor! On so ähner will Dokder sinn!"

Sofort findet man einen in der Runde, den der Kassenarzt aufforderte, sich mehr zu bewegen, obwohl er doch seit sieben Jahren Mannschaftskapitän der Alten Herren ist.

Frauen stehen bei diesen Gesprächen nicht nach. Zuerst erzählen sie von ihren Medikamenten und dann von den Malaisen der anderen. Sie stellen aber auch öfter Fragen und gebrauchen emphatische und bestätigende Laute (mhhh, ach so, ja klar usw.). Oft verfügen sie über eine größere Breite der Intonationsmuster, und sie benutzen häufiger ansprechende und gruppenbildende Personalpronomen wie „du" bzw. „sie" sowie „ihr" und „wir". Männer hingegen unterbrechen häufiger (nicht nur in Talkshows). Sie stellen das Gesagte in Frage, ignorieren konsequenter und reagieren auch unangemessen. Sie behaupten häufiger, aber sie bringen auch neue Themen ins Gespräch.[33]

Auf **Platz 3** stehen die Kinder (ersatzweise die Haustiere). Da kann man sehr viel lernen, z. B. dass die Nachkommen der Anwesenden allesamt hochbegabt sind und aus der Schule nur die allerbesten Zeugnisse nach Hause bringen. Ich schaue dann unter mich und denke zurück an die blauen Briefe, die ich als Schüler erhielt: Versetzung nicht gesichert, Versetzung gefährdet, Versetzung sehr gefährdet. Aber heutzutage ist in der Schule wohl alles super, wenn nur diese Lehrer und die anderen Schüler nicht wären.

Und wenn man die stolzen Eltern ein paar Jahr später nochmal trifft, dann haben sie andere anspruchsvolle Gesprächsthemen: das Wetter, das auch nicht mehr so ist wie früher, die zweite Hüfte, die mittlerweile keine Probleme mehr macht, die Handwerker, die nie pünktlich kommen, die Öffnungszeiten der neuen Bank und die neue Putzfrau, die sehr tüchtig ist und nicht klaut, obwohl sie aus Polen ist. Wenn man dann nach dem Nachwuchs fragt, entsteht eine kurze Denkpause und sie erzählen stichwortartig, was die Kinder in Zukunft machen wollen. Vergangenes und Gegenwärtiges sind tabu. Dann haben sie plötzlich keine Zeit mehr und machen sich vom Acker.

Wenn mir das Gelaber über Wetter, Krankheiten und Kinder auf den „Seier" geht, dann greife ich zu einem Trick: Ich bringe die Sprache ins Gespräch. Erstaunlicherweise kommt das an. Endlich kann man schimpfen, man hat recht, schuld sind die andern, und darüber freut man sich. Vor allem, wenn ich das Wort „Rechtschreibereform" erwähne. Das sitzt! Sofort singt der Chor derjenigen, die zwar nichts darüber wissen und trotzdem dagegen sind. Das kennen wir von der Politik und vom Fußball. Plötzlich trällern sie das gleiche Lied wie der Schriftstellerverband und die FAZ. Selbst ihnen geben sie recht, obwohl sie nicht so genau wissen, was sich hinter den beiden Bezeichnungen versteckt. Insgeheim freuen sie sich über die Rechtschreibereform, denn sie können – wie ich – bei jedem orthografischen Fehler behaupten, sie sei dran schuld. Wobei eine Frage offenbleibt: Schreibt ma „Schuld" jetzt groß odder klään?

Die einzelnen Kritikpunkte an der Rechtschreibereform kenne ich alle. Da muss ich nicht mehr zuhören. Was mich aber interessiert, das sind die rhetorischen Unterschiede der Gesprächsteilnehmer. Man schaut hinter ihre Kulissen, denn die Sprache ist nun mal die beste Psychologin der Welt. Wenn dann noch Menschen mit Hilfe ihrer Sprache über die Sprache sprechen, dann ist das die beste Gelegenheit, dazuzulernen. Man muss nur zuhören und sich dabei nicht von belanglosen Inhalten ablenken lassen. Meine Lieblingsfiguren in solchen Gesprächen sind folgende:

- Die **Wiederkäuer**. Sie sagen alles mehrmals, ungelogen: mehrmals! Nicht einmal, nein, egal worum es geht: Alles wird mehrmals gesagt. Ob andere etwas verstanden haben, das interessiert sie nicht. Mehrmals müssen sie eine Sache sagen.
- Die **Zwischenlauter**. Ääh, also wenn sie ääh etwas ääh sagen, dann ääh nutzen sie ääh die Pausen, um ääh zu sagen. Sie arbeiten immer ääh an dem ääh, was sie sagen wollen, ääh, und während sie das tun, mmmh denken sie ääh laut nach, statt eine ääh Pause zu machen... usw.
- Die **Fragmentarier**. Sie haben nicht... Also, mir ist das auch mal... ich mein, wenn sich mit dem Thema, mit dieser Rechtschreibereform... Da musst du nur mal schauen, was die Jungen... die haben ja alle ihren PC, und wenn die schreiben, ja, ja, ja... Und deshalb bin ich gewissermaßen, also dagegen usw.
- Die **Nacherzähler**. Mir ist da mal was Komisches passiert. Ich wollte Blumen kaufen, oben neben dem Supermarkt, im Blumengeschäft. Nebendran ist ein Parkplatz. Da habe ich mein Auto abgestellt. Es war noch wenig Betrieb, obwohl am nächsten Tag der Feiertag war. Und die Verkäuferin... usw.

- Die **Stichwortrhetoriker**. Apropos Rechtschreibereform. Meine Nichte, die ist bei der Post, die hat ja jetzt auch wieder aufgeschlagen, die Post, wie die Banken, und der Parkplatz davor ist auch weg, zugebaut, na ja, Die Darlehen sind ja billiger, aber die Zigaretten sind auch teurer, wegen der Gesundheit. Die haben ja recht... usw.
- Die **Dramatiker** (meistens gleichzeitig auch Nachäffer der anderen). Ich sage: „Wie viel Uhr ist es?". Sagt der: „zwölf". Da sag ich: „Aber wir haben doch Sommerzeit". Sagt der: „Aber wir haben doch mitteleuropäische Zeit!" Da habe ich zu ihm gesagt: „Schon, aber das musst du zusammenzählen!" Dann hat er gesagt: „Hab ich ja gemacht"... usw.

Wo diese Menschen das alles nur gelernt haben! – Was sie nicht wissen: Ihr Sprachgebrauch verrät sehr viel über sie, über unsere regionale Herkunft (durch Akzent und Mundartbegriffe), ihr Bildungsniveau (durch die Häufigkeit direkter Reden beim Erzählen) und ihre Persönlichkeit (durch aggressive Entgleisungen als Ersatz für Argumente) und vieles mehr.

Wie sich eine erfolgreiche Kommunikation abspielen sollte, erklärt uns David Crystal[34]:

„Damit ein Gespräch erfolgreich ist, müssen die Teilnehmer in den sozialen Kontexten das Gefühl haben, dass sie sowohl etwas beitragen als auch etwas bekommen. Dies gelingt nur unter gewissen Bedingungen. Jeder muss Gelegenheit haben, etwas zu sagen, keiner sollte das Gespräch an sich reißen oder ständig unterbrechen. Die Teilnehmer müssen ihre Rollen deutlich machen, vor allem, wenn verschiedene Möglichkeiten bestehen (z. B. „Ich als Mutter/Sprachwissenschaftlerin/Katholikin..."). Sie müssen ein Gespür dafür haben, wann sie sprechen sollten oder schweigen, wann sie Informationen preisgeben oder zurückhalten, wann sie unbeteiligt bleiben oder sich einschalten sollten. Sie müssen Toleranz aufbauen, da Sprecher sich oft unklar äußern und Hörer nicht immer aufmerksam lauschen: Perfektes Sprechen und Verstehen sind selten, und der Erfolg eines Dialogs hängt weitgehend davon ab, dass die Gesprächspartner ihre kommunikativen Schwächen erkennen und sich der Möglichkeiten der Umformulierung (z. B. „Lassen Sie mich das anders ausdrücken")... bedienen."[35]

Wenn ich unter Saarländern bin, dann dauert es nicht lange, bis mein Beruf zum Gesprächsthema wird. Meine Behauptung, ich sei gelernter Starkstromschweißer, kann sich nur selten durchsetzen, weil mich – wie das im Saarland so ist – immer jemand kennt. Sofort erfahre ich, dass die andern auch sehr wichtig sind. Sie sammeln V & B-Jahresteller und haben eine Nichte, die auch Bücher schreibe. Dann kommt raus, dass sie das Verb verwechselt haben. Sie schreibt keine Bücher, sie liest welche, also Comics, aber sie ist immerhin eine Kollegin von mir, nur beinahe, denn sie hat kein Glück und keine Beziehungen. Aber den Hauptschulabschluss wird sie beim zweiten Anlauf wohl hinkriegen, denn die Intelligenz hat sie von ihrem Vater.

Ich sage dann nichts, weil ich nicht gerne als arrogant abgestempelt werde. Statt dessen übe ich mich in Geduld und werfe einen Satz in die Runde: „Rischdisch Deitsch kann ich net schwätze, unn Saarländisch kann ich net lääse." Dann geht es rund. Jeder redet mit. Man hat seine fundierte Meinung, und man kennt sich aus. Schließlich kann man ja lesen und schreiben, und wenn dem so ist, hat man es nicht mehr nötig, seine Ansichten logisch zu begründen.

Man stellt mir keine Fragen, man gibt seinen Senf dazu, wobei ich allerdings nicht in die Rolle des „Würstchens" schlüpfen will. Um mich geht es auch nicht, sondern um das Thema, also das, was man dazu so weiß und es in der Gesprächsrunde deponiert. Als Humanist akzeptiere ich diese Vorgehensweise. Ich weiß, dass es ihnen viel besser geht, wenn ihr Wortschatz raus ist.

Im Laufe von 40 Jahren gab es immer die gleichen Reaktionen auf meine Schwierigkeiten mit der deutschen Sprache und meine Unfähigkeit, verschriftete Mundart zu lesen. Sie kamen reflexartig, und ich habe dabei viel gelernt. Einiges von dem, was sie mir sagten, habe ich in diesem Buch verarbeitet. Weil ich mich nicht wiederholen möchte, beschränke ich mich auf ein einziges Thema, das immer wieder auftauchte: Welche Wörter gehören überhaupt zum Saarländischen?

Zwei Punkte sind mir dabei besonders wichtig:

- Das, was wir als Saarländisch bezeichnen, ist eine Mischung aus traditionellen Wörtern, z. B. „ebbes", aus Wörtern in deutscher Schriftsprache, z. B. „Haus", aus deutschen Wörtern mit geringfügigen Änderungen, z. B. „esse" und Lehnwörtern aus anderen Sprachen, z. B. „Flitt".[36]

- Bei Dialektwörtern, die es auch außerhalb des Saarlandes gibt, heißt es oft: „Das is net Saarländisch. Das gebbds aach im Rheinland." Da wir mittlerweile davon ausgehen, dass auch das Saarländische eine Sprache ist, dürften die folgenden Vergleiche erlaubt sein: Das schriftdeutsche Wort „in" gibt es auch im Englischen. Also müsste man es nach dieser Logik aus dem DUDEN streichen. Weil wir gerade beim Englischen sind: Selbst der Satz „My house is green" existiert (anders geschrieben) auch im Saarländischen. Also hätten die Wörter „my", „house", „is" und „green" im Englischen nichts verloren. Das saarländische Wort „Rään" gibt es auch im Rheinland und den „Räänboo" in allen Englisch sprechenden Ländern, allerdings mit veränderter Schreibweise: „rainbow".

Schade, dass ich in einem mathematisch-naturwissenschaftlichen Gymnasium war und nicht einem humanistischen. Dort hätte ich Latein und Alt-Griechisch bereits in der Schule gelernt, also zwei Sprachen, die nur noch wenige lernen, weil sie generell halbtot sind – die Sprachen. Was mir aber noch nicht klar ist: Wer, verdammt nochmal, hat denn die Sprache halbtot gequatscht? Die Sprachphilosophen haben diese Frage nicht beantwortet. Ludwig Wittgenstein (1889–1951) hat aber Konsequenzen daraus gezogen. Er kämpfte gegen die Unklarheiten und Verwirrungen in den als ideal empfundenen Schriftsprachen. Wittgenstein mahnte eine Rückbesinnung auf die Ursprünge an, plädierte auf mehr Respekt für den Alltagsgebrauch und verwies darauf, dass Wörter ihren Kontext brauchen. Sein Lebenswerk fasst er in folgendem Satz zusammen: „Wovon man nicht reden kann, darüber muss man schweigen."[37] Saarländisch: „Wenn ma von nix kenn Ahnung hat, dann halt ma besser sei Maul."

[8] David Chrystal: Die Cambridge Enzyklopädie der Sprache, Köln 1998, S. 7
[10] Dietrich Schwanitz, Bildung, Alles, was man wissen muss, Frankfurt am Main, 1999, S. 101
[15] David Chrystal, a.a.O, S. 6
[19] C. T. Onions: Oxford Dictionary of English Etymology, Oxford, Clarendon Press, S. 275 bei disport
[26] Roland Gruschka: Westjiddisch an Rhein und Main und im übrigen Europa, in: Monika Grübel, Peter Honnen (Hrsg.): Jiddisch im Rheinland, Essen 2013, S. 15 f.
[27] Hermann Bausinger: Deutsch für Deutsche, Dialekte, Sprachbarrieren, Sondersprachen, Frankfurt 1984, S. 122
[30] a.a.O. , S. 123
[35] David Chrystal, a.a.O. S. 116
[37] Ludwig Wittgenstein: Logisch-philosophische Abhandlung (Tractatus Philosophicus), ohne Ortsangabe, 1921, Satz 7

[2] Aristoteles lebte von 384 bis 322 vor unserer Zeitrechnung. Der Titel seiner staatspolitischen Schrift lautet: „Die politischen Dinge", im Sinne von „die Stadt bzw. das Gemeinwesen betreffend". Dabei behandelt er vor allem verschiedene Verfassungen, sowohl solche, die real existierten als auch abstrakte.

4   Laut Christian Graf von Krockow (1927–2002) ist Politik nichts anderes als „der Kampf um die Veränderung oder Bewahrung bestehender Verhältnisse". Krockow war von 1965 bis 1968 Soziologieprofessor an der Universität des Saarlandes. Nach einer Auseinandersetzung mit dem damaligen saarländischen Ministerpräsidenten Röder wegen seiner Teilnahme an einer Demonstration verließ er das Saarland.

6   Vgl. hierzu Klaus J. Mattheier: Pragmatik und Soziologie der Dialekte. Heidelberg 1980; Hermann Bausinger: Deutsch für Deutsche. Dialekte, Sprachbarrieren und Sondersprachen, Frankfurt am Main 1984 sowie Astrid Stedje: Deutsche Sprache gestern und heute, München 2001.

7   Philipp von Zesen (1619–1689) stammte aus der Gegend von Dessau und schrieb unter dem merkwürdig anmutenden Pseudonym „Ritterhold von Blauen". Er war einer der ersten Profi-Autoren und schrieb 1645 „Adriatische Rosemund", den ersten großen Roman der deutschen Barockliteratur. Er hatte einen großen Einfluss auf die Entwicklung der deutschen Metrik.

9   Was gar nicht so abwegig ist: Die Herkunft des Wortes „Plattdeutsch" aus dem Rotwelschen. Wer „die Platte machte", der lebte auf der Straße. Daraus ist auch das Schimpfwort „Plattmacher" entstanden. Vgl. hierzu auch das Wort „Platt" bzw. „Plattdeitsch" im Wortschatz!

12 Okzitanisch ist eine seit 1999 vom französischen Staat anerkannte südfranzösische Regionalsprache. Die politische Grundlage dazu bildet die Europäische Charta der Regional- oder Minderheitssprachen.

13 Die Académie Française residiert in einem imposanten Kuppelbau gegenüber dem Pariser Louvre und wurde auf Betreiben des Kardinals Richelieu (1585–1642) während des Dreißigjährigen Krieges gegründet. Als Machtmensch hat Richelieu Frankreich zur Einheit gezwungen und während des Dreißigjährigen Krieges zur führenden europäischen Nation aufsteigen lassen.

14 Der Saarland-Kenner wurde 1749 in Frankfurt geboren und starb 1832 in Weimar. Er liebte nicht nur Frauen und Frankfurter Würstchen, sondern bediente sich während seines ganzen Lebens seines Frankfurter Akzents. Während seiner Studienzeit in Straßburg (Jura) visitierte er das Saarland. Seine Name: Johann Wolfgang von Goethe.

16 Meine Fauschd-Fassung erschien Anfang der 1980er Jahre als Hörspiel und als zehnteiliger Hörfunk-Comic beim Saarländischen Rundfunk, danach als Buch mit dem Titel „Fauschd", mit Karikaturen von Heinz Diesel und einem Nachwort von Ludwig Harig. Dann führte das Staatstheater das Stück auf (mit Peter Maronde als Fauschd, unter der Regie von Brigitte Dryander). Mehrere saarländische Schulen spielten das

Stück. Schließlich kam eine CD mit dem Hörspiel raus, und schlussendlich wurde mein „Fauschd" ins Hessische, in den Dialekt von Goethe zurückübersetzt.

[17] Vgl. Olga Weijers: Terminologie des Universités au XIIIe Siècle, Roma 1987, S. 15-45

[18] Das kommt manchmal vor: Im Saarländischen wurde aus „hinaus" das Wort „naus". Der Fachausdruck für diese Entwicklung heißt „Prokope".

[20] Mal wird das „ment" nasal oder auch „mang" ausgesprochen, abhängig von der Region und den Kenntnissen der französischen Sprache. Die französischen Verben, die sich im Deutschen breitgemacht haben, enden meistens auf „-ieren".

[21] Vgl. Siegmund A. Wolf: Wörterbuch des Rotwelschen, Deutsche Gaunersprache. Hamburg 1994: Roland Girtler: Rotwelsch. Die alte Sprache der Diebe, Dirnen und Gauner. Wien 1998

[22] benannt nach Thespis, der sich im 6. Jahrhundert vor unserer Zeitrechnung in Griechenland einen Namen als Schauspieler und Tragödiendichter machte. Thespis ist auch mit einer Wanderbühne herumgezogen und wurde so zum Namensgeber für die Wagen der mobilen Schauspieler.

[28] Der Begriff „Vagant" leitet sich ab von dem lateinischen Wort „vagare". Es bedeutet „umherstreifen" und „ziellos unterwegs sein".

[29] Heinrich Zille (1858-1929) wurde als sozialkritischer Grafiker bekannt. Seine Themen nahm er vor allem aus dem Leben in den Berliner Hinterhöfen.

[33] Vgl. David Chrystal: Die Cambridge Enzyklopädie der Sprache, Köln 1998, S. 21

[34] David Chrystal ist ein britischer Autor. Von 1975-1985 war er Professor für Linguistik an der Universität Reading, westlich von London. Geboren wurde er 1941 in Nordirland. Er lebt in Nordwales. Für Cambridge University Press gab er u. a. Nachschlagewerke für Sprachwissenschaft heraus.

[36] Siehe oben! Saarländisch ist Multi-Kulti.

[1] Der Begriff „Lehnwörter" ist zwar unter Linguisten allgemein gebräuchlich, aber das Attribut eines „treffsicheren Ausdrucks" hat er nicht verdient. „Lehn" ist die Substantivierung von „leihen" (saarländisch: „lehne", wie das Substantiv). Mir ist aber kein Fall bekannt, dass ein Lehnwort einmal zurückgegeben wurde. Im Gegenteil: Die Sprachmigranten bleiben, fühlen sich recht wohl und sind auch meistens wohl gelitten.

³ Gaius Julius Caesar wurde im Jahr 100 vor unserer Zeitrechnung geboren. In den Jahren von 58 bis 51/50 schlug er die Gallier. Bert Brecht stellte in einem seiner Gedichte die ironische Frage: „Hatte er nicht wenigstens einen Koch bei sich?" – Die Geschichte beantwortet sie eindeutig mit „Ja". Ingesamt hatte Caesar zehn Legionen, und jede bestand aus 300 bis 600 Soldaten. Sie alle konnten ihn aber nicht vor dem Attentat im Jahre 44 retten. Caesar, der als der geschichtsträchtigste römische Kaiser gilt, hat in den Sprachen drei Spuren hinterlassen: 1. Er hat den Weg geebnet für das Eindringen zahlreicher Gallizismen in die deutsche Sprache. 2. Er wurde durch seine Herkunft aus der Patrizierfamilie der „Julier" und durch seinem Vornamen „Julius" der Namensgeber für den Monat „Juli". 3. Der Herrschername „Kaiser" geht auf ihn zurück. Das Althochdeutsche kannte bereits den Titel „keisar". Er wurde vermutlich zum ältesten lateinischen Lehnwort im Germanischen (Die altslawische Entlehnung führt zum Wort „Zar"). Im Mittelhochdeutschen gab es drei Schreibweisen: „kayser", „keyser" und „keiser". Bis ins 17. Jahrhundert wurde „Keiser" noch mit „e" geschrieben.

⁵ Sprache ist ein ideales Thema für politische Demagogie, vor allem, wenn es um Neuerungen geht. Jeder kann und will mitreden, selbst wenn man sein Kow-how aus der Boulevard-Presse und den Meinungen des Stammtischs oder Kaffeekränzchen mühsam zusammengekratzt hat. Das Neue ist immer auch fremd, und Fremdenfeindlichkeit kann sich gegen alle und alles richten, was einem nicht vertraut ist. Dazu kann der Nachbar zählen, der sich einen anderen Rasenmäher zulegte, aber auch Frauen, die wegen ihrer Religionszugehörigkeit ein Kopftuch tragen. Neue Entwicklungen machen immer auch Angst, vor allem bei jenen mit Mangelerscheinungen bei der intellektuellen Grundausstattung. Sollte das politische Europa scheitern, dann liegt das sicher nicht daran, dass der Transfer zwischen den einzelnen Sprachen zu groß ist. Man versteht sich nicht – manchmal sogar in der doppelten Bedeutung des Wortes.

¹¹ Es ist fraglich, ob man die Begriffe „Mundart" und „Hochdeutsch" überhaupt noch gebrauchen sollte. Ich habe mich bemüht, beide in diesem Buch zu umgehen. Mit dem Gallizismus „Dialekt" kann ich sehr gut leben, zumal das Wort aus der Wiege von Wissenschaft, Bildung und Kultur stammt und auch international verstehbar ist. „Hochdeutsch" müsste eigentlich „deutsche Standardsprache" oder „deutsche Schriftsprache" heißen, aber „Deutsch" tut es auch.

¹³ Zu den wesentlichen Elementen der Übereinstimmung eines Menschen mit einem geografischen Raum gehören noch andere Dinge, die man allzu gerne als Klischees abqualifiziert. In ihrer Gesamtheit nehmen sie Teil an einem Wechselspiel

von „Dazugehören" und nicht stattfindendem Abgrenzen. Man ist nicht ausgegrenzt. Das zurzeit wohl beste Beispiel für den Zusammenhang von Sprache und Identität ist die Stadt Köln. Von außen gesehen besteht sie aus einem ebenso gewöhnungsbedürftigen wie attraktiven Dreigestirn: aus der geografischen Lage (Rhein), einem herausragenden Bauwerk (Dom) und einem traditionellen Fest (Fastnacht). Die Fortsetzung folgt im Innenleben der Stadt. An der Theke palavert man bei einem „halwen Hahn" über das Dreigestirn der bekanntesten Persönlichkeiten der Stadt: Adenauer, Millowitsch und Böll. Identifikation und Identität schunkeln sich Richtung Fastnacht und verbinden dort permanent die einzelnen Versatzstücke. Die passende Sprache hat den gleichen Namen wie das Lieblingsgetränk: „Kölsch". Beide sorgen dafür, dass am Aschermittwoch nicht alles vorbei ist. Das Wir-Gefühl kitzelt sich den Bauch.

[23] Als kleine Erinnerung an diese Koalition existiert noch das Volkslied „Im Wald, da sind die Räuber". Allerdings war das nicht ihre „Hymne". Das Lied entstand wohl erst in der Romantik, als diese Berufsgattung ein gewisses Ansehen genoss und selbst Friedrich Schiller ihnen ein Drama widmete.

[24] Noch heute bezeichnet man die Bewohner der französischsprechenden Schweiz als die „Welschen". (Eine ähnliche Verbindung zwischen Sprache und Unverständlichkeit gibt es bereits in dem griechischen Wort „Barbaren").

[25] Viele Juden waren Viehhändler. Im Gespräch mit Bauern und Metzgern benutzten sie auch rotwelsche Begriffe. Deshalb hing auch im Saarbrücker Schlachthof während der Nazizeit ein großes Schild mit der Aufschrift „Hier spricht man Deutsch". Rotwelsch war verboten.

[31] Die Formulierung „Schema F" haben wir dem preußischen Militär zu verdanken. Mitte des 19. Jahrhunderts erstellte es Richtlinien für einen Schießbericht. Das „F" war die Abkürzung für „Front". Später benutzte man den Ausdruck für die Berichte über die Kriegsstärke. Vgl. Walter Transfeldt, Wort und Brauch in Heer und Flotte, Stuttgart 1986.

[32] Damit keine Missverständnisse entstehen: Das funktioniert auch in anderen Dialekten, selbst in verbalisierten Schriftsprachen, wahrscheinlich auf der ganzen Welt.

Schwätze unn schreiwe

„Um unsere saarländische Sprache und deren Schreibweise zu verstehen, müssen wir auch unsere deutsche Standardsprache beherrschen. Es ist nicht mit dem Hinweis getan, dass sie aus gesprochenen Regionalsprachen entstanden ist. Mittlerweile haben wir in Deutschland ein schriftliches Erbe, das die Kommunikation über die Grenzen der Regionen hinweg erleichtert. Diskussionen im Parlament oder bei wissenschaftlichen Tagungen können auf allzu stark ausgeprägte Dialekte verzichten. Die zur Schau getragene regionale Identität würde die Verständlichkeit nur noch weiter erschweren. Aus dem Baustopp zu Babel haben wir etwas gelernt."

(Gerhard Bungert)

Grammatik und Schreibweise

Deutsch sollte man als Saarländer kennen und können, reden und schreiben. Auch saarländisch. Wofür man sich im konkreten Fall entscheidet, das kommt auf den Gesprächspartner an, die jeweilige Situation, die Stimmung und das Thema. Seit Jahrhunderten gibt es einen ungleichen Kampf der deutschen Standardsprache gegen die Regionalsprachen. Dialekte galten als Zeichen der Rückständigkeit. Man brachte sie in Verbindung mit Bäuerlichkeit, Arbeiterschaft und mangelnder Bildung. Diese Stigmatisierung ist auch heute noch vorhanden.

Man wehrt sich aber auch dagegen. Im Saarland freut man sich diebisch, wenn ein ungeliebter Mensch dabei kläglich scheitert, sich in der deutschen Schriftsprache auszudrücken. Wenn man Sätze sagt wie: „Heute kaufe ich mal spanige Orangen", dann ist man gebrandmarkt und gilt als eingebildet. Und solche Typen mag kein Mensch. Selbst die Eingebildeten können sie nicht leiden.

Andererseits brauchen wir die überregionale Schriftsprache. „Schreiben ist etwas Sorgfältigeres, Angeseheneres und Bleibenderes als sprechen, besonders im literarischen Kontext."[1] Die bekanntesten saarländischen Mundartautoren bedienen sich deshalb einer an unsere Umgangssprache angepassten deutschen Rechtschreibung. Warum sie das tun? – Weil sie davon ausgehen müssen, dass andere ihre Texte vorlesen, bei Veranstaltungen oder im Rundfunk. Sie wissen auch, dass ihre Bücher von Menschen gelesen werden, die auf Anhieb damit gut zurecht kommen.

Diese Autoren benutzen auch kein „ò" oder gar ein „òò". Akzente mögen vielleicht sinnvoll sein für Phonetiker, die sich dem Saarländischen annähern wollen. Für sie mag die Schreibweise „dsebefunga" korrekt sein. Sie erleichtert französischen, englischen und russischen Germanisten die korrekte Aussprache des Saarländischen.

Obwohl Saarländisch meine Muttersprache ist, brauche ich immer einige Zeit, um diese Schreibweise zu entschlüsseln. Für alle, denen es genau so geht: Mit „dsebefunga" ist „CB-Funker" gemeint. Es ist auch nicht notwendig, dem Schriftdeutschen saarländische Fassungen zu geben. Ein „Stracker" (saarländisch für Faulenzer und erigierter Penis) wird bei ihnen nicht zum „Schdragga", sondern bleibt so wie in der deutschen Standardsprache.

Die Autoren und ihre Leser, die des Saarländischen durchaus „Matz" sind, brauchen nicht dieses Winke-Winke mit dem Scheunenpfahl. Auch ohne Akzent verstehen wir den Satz „Mir sinn kloor", und wir sprechen das „kloor" automatisch richtig aus (so ähnlich wie „kloa") und denken dabei nicht an das chemische Element „Chlor".

Selbst unsere deutsche Schriftsprache erhebt nicht den Anspruch, genau so gesprochen zu werden, wie sie im Duden steht. Der Trigraph „sch" würde sich, Buchstabe für Buchstabe nachgesprochen, etwa so anhören wie das Geräusch, das wir beim Spülen unseres Rachens erzeugen. Ein weiteres Beispiel: In den drei deutschen Personalpronomen im Plural kommt der Buchstabe „i" vor. Er wird gedehnt gesprochen aber unterschiedlich geschrieben. Bei „wir" wird kein Buchstabe hinzugefügt. Bei „ihr" steht ein „h" hinter dem „i" und bei „sie" ein „e". Die drei Personalpronomen gehören zu den am häufigsten benutzten Wörtern der deutschen Schriftsprache und der saarländischen Umgangssprache. Bei der Übersetzung ins Saarländische wird aus dem „wir" ein „m". Das Personalpronomen „ihr" bleibt unverändert, und das „sie" (dritte Person Singular und Plural) wird zu einem „die".

Um unsere saarländische Sprache und deren Schreibweise zu verstehen, müssen wir auch unsere deutsche Standardsprache beherrschen. Es ist nicht mit dem Hinweis getan, dass sie aus gesprochenen Regionalsprachen entstanden ist. Mittlerweile haben wir in Deutschland ein schriftliches Erbe, das die Kommunikation über die Grenzen der Regionen hinweg erleichtert. Diskussionen im Parlament oder bei wissenschaftlichen Tagungen können auf allzu stark ausgeprägte Dialekte verzichten. Die zur Schau getragene regionale Identität würde die Verständlichkeit nur noch weiter erschweren. Aus dem Baustopp zu Babel haben wir etwas gelernt.

Geschriebene Sprache ist zwangsläufig formeller. Sie hält sich auch eher an gesellschaftliche Normen. Auf der anderen Seite ist die gesprochene Sprache näher an den Menschen und hat somit Vorteile in der Alltagskommunikation und in Teilbereichen der Literatur. Diese Erkenntnis ist nicht neu. Unser Kulturraum wird geprägt durch die drei miteinander verwandten Buchreligionen: Judentum, Christentum und Islam. Doch daneben gibt es bei allen das gesprochene Wort, die Predigt dessen, was Schwarz auf Weiß geschrieben steht.

Ein weiterer Hinweis auf die Bedeutung des gesprochenen Worts: Der Begriff „Sprache" leitet sich ja ab von „sprechen", obwohl die Schriftsprache geschrieben wird. Davon wird mit einigen Veränderungen das abgeleitet, was man zu Unrecht als „Hochdeutsch" bezeichnet. Bei den Regionalsprachen ist es nicht so. Die saarländischen Wörter und Redewendungen haben ihre Heimat im saarländischen Alltag, aber sie macht auch schon mal Ausflüge ins Mundartghetto, etwa zu Fastnachtsveranstaltungen, die auch medial aufbereitet werden und qua Fernseher in den Wohnstuben landen. Saarländisches zitiert man auch in Print-Medien und in der Werbung, und in einigen Fernseh- und Hörfunksendungen des Saarländischen Rundfunks ist das Saarländische ein willkommener Gast, eine „Zweitsprache". Sie hilft dabei, mehr Hörernähe zu erreichen. Geschehnisse und Verhaltensweisen kann sie oft deftiger und witziger ausdrücken.

In unserer geschriebenen Sprache spielen Dialekte eine untergeordnete Rolle. Die Urlaubskarten und E-Mails schreiben wir in der deutschen Schriftsprache, wobei wir den Text auch manchmal mit mundartlichen Versatzstücken garnieren. Das ist nicht immer einfach, weil die Verschriftung unserer Sprache nicht standardisiert ist. Selbst dieses Buch, das Sie in den Händen halten, ist – von Ausnahmen abgesehen – in der deutschen Schriftsprache verfasst. Dazu kommen Fremdsprachen. Sie helfen uns im Beruf und im Urlaub, und sie erleichtern uns das Verständnis für andere Kulturen. Wittgenstein brachte es auf den Punkt: „Die Grenzen meiner Sprache bedeuten die Grenzen meiner Welt."[2]

Lernen wie bei Lehrer Bömmel

Wir dürfen uns keine Illusionen machen: Die große Koalition von Schriftsprachen und Regionalsprachen wird uns weiterhin regieren.[3] Die deutsche Standardsprache und die saarländische Regionalsprache haben viele Gemeinsamkeiten, aber auch Unterschiede. Deshalb ist der folgende Schnelldurchgang durch die Kurzgrammatik der saarländischen Sprache notwendig, auch zum Verständnis unseres Wortschatzes. Das Hauptproblem dabei: Grammatik ist kein „Renner". Allein schon das Wort erzeugt bei einigen bereits Schüttelfrost. Manche aber lieben sie, vor allem jene, die beim Erlernen einer Fremdsprache gute Erfahrungen damit gemacht haben. Die Kombination von Wortschatz und Grammatik lernen und schriftliche und mündliche Übersetzungen üben (in beide Richtungen) helfen einem gewaltig bei der internationalen Verständigung.

Die Aussage: „Wenn ich in einem fremden Land lebe, dann lerne ich die Sprache automatisch" ist genau so ein Unsinn wie die Entschuldigung: „Manche Menschen sind einfach sprachbegabt". Ich habe die Erfahrung gemacht, dass man eine Sprache am besten lernt, indem man sie lernt – und zwar von Grund auf, das heißt: büffeln und üben. Wer eine Sprache richtig lernen will, der kommt ohne Kenntnisse der Vokabeln und der Grammatik nicht aus. Wenn er davon nichts wissen will, dann wird er bestenfalls stammeln, stottern und zwischen einigen Substantiven und den Infinitiven weniger Verben hin- und herholpern. Die andern aber reden in verständlichen Sätzen, und recht bald versteht man sich, auch in der Zweitbedeutung des Wortes. Unseren manchmal etwas merkwürdigen Akzent und die wenigen Fehler verzeiht man uns.

In diesem Buch geht es uns aber nicht darum, Saarländisch als Fremdsprache zu lernen. Wir wollen verstehen, wie das funktioniert, was wir täglich so plappern. Auch im Saarländischen regiert nicht die Willkür. Da herrschen Gesetze, und deren Ursprünge reichen mehrere Jahrhunderte zurück. Bei der Beschäftigung mit der folgenden saarländischen Kurzgrammatik können wir wieder mal feststellen, dass das Saarländische kein schlechtes Deutsch ist, sondern eine von mehreren Regionalsprachen mit klaren Regeln. Die sollte man kennen.

Packen wir es an! Machen wir es wie Lehrer Bömmel in der Feuerzangenbowle: „Da stelle mer uns mal janz dumm... Wat is dat eijentlisch, Grammatik?"[4]

Die Grammatik ist die Bedienungsanleitung der Sprache. Der Wortschatz befindet sich in einer Kiste, und jetzt müssen wir sehen, wie wir das Ganze zusammenbauen. Also: Nicht „Egal", sondern ein IKEA-Regal. Am besten ist es, wenn wir die einzelnen Teile zuerst einmal sortieren. Manche lassen sich sogar verändern. Wir müssen sie an unsere Bedürfnisse anpassen. Erst wenn wir das hinkriegen, macht der Wortschatz seinem Namen Ehre.

Früher griff man bei der Behandlung der Grammatik zuerst einmal auf deren Entstehungsgeschichte zurück. Diese Gesamtschau haben wir bereits hinter uns. Wir können uns also auf das gegenwärtige Sprachsystem unserer Regionalsprache konzentrieren. Ausgangspunkt ist das aktuelle Wissen. Oft wurde es unbewusst und nicht in der Schule erworben.

Der Artikel

Begriffe, die wir gebrauchen:

Artikel	Geschlechtswort
feminin	weiblich
maskulin	männlich
neutral	sächlich
Plural	Mehrzahl
Singular	Einzahl

In der Volksschule lernte ich das „Geschlechtswort", und davon gab es drei: männlich, weiblich und sächlich. Den Unterschied zwischen den beiden ersten bekam ich auf die Reihe. Sachliche Menschen soll es auch geben, aber was versteht man unter „sächlichen"? – Man könnte das Wort mit „neutral" übersetzen, aber dabei denkt man nicht an das Geschlecht, eher an Leute, die keine Meinung haben und diesen Mangel als Ausdruck ihrer Souveränität darzustellen versuchen.

Auf dem Gymnasium präsentierte man uns den Begriff „Artikel"[5], ein Wort, das es in sich hat: das Missverständnis. Denn es bezeichnet nicht nur die Geschlechtswörter, sondern auch so wichtige Artikel wie Flachbildschirme und Berichte in der Saarbrücker Zeitung. Sätze wie „Gestern wurde ich mit einem interessanten Artikel konfrontiert" bedürfen einer weiteren Erklärung, damit der Kommunikationspartner überhaupt weiß, worum es uns geht. In unserem Fall ist es klar: um bestimmte und unbestimmte Artikel in der Grammatik.

Die bestimmten Artikel / Singular

Geschlecht	deutsch	saarländisch
männlich	der Mann	de Mann
weiblich	die Frau	die Fraa
sächlich	das Mädchen	es Määde

Die bestimmten Artikel / Plural

Geschlecht	deutsch	saarländisch
männlich	die Männer	die Männer
weiblich	die Frauen	die Fraue
sächlich	die Mädchen	die Määde

Die unbestimmten Artikel / Singular

Geschlecht	deutsch	saarländisch
männlich	ein Mann	e Mann
weiblich	eine Frau	e Fraa
sächlich	ein Mädchen	e Määde

Die unbestimmten Artikel / Plural

Geschlecht	deutsch	saarländisch
männlich	Männer	Männer
weiblich	Frauen	Fraue
sächlich	Mädchen	Määde

Besonderheiten:

- Vornamen haben im Saarländischen im Singular bestimmte Artikel: „De Peter un es Annemarie wisse das."
- Manche Substantive haben im Saarländischen einen anderen Artikel als im Deutschen. „Butter", „Schokolade" und „Wurst" sind in der deutschen Sprache weiblich. Auf dem Weg ins Saarland haben sie eine Geschlechtsumwandlung durchgemacht: Im Saarland sind „Butter", „Schoklaad" und „Worschd" (oder auch „Wurschd") männlich. Das verdanken wir unseren französischen Nachbarn: „le beurre", „le chocolat", „le saucisson".
- Eine echte Herausforderung für Gleichstellungsbeauftragte: Der bestimmte Artikel für den Plural ist im Deutschen und im Saarländischen immer weiblich. Das gilt sogar für die Machos.

Das Substantiv

Begriffe, die wir gebrauchen:

Adjektiv	Eigenschaftswort, Wie-Wort
Akkusativ	4. Fall (Wen? Was?)
Dativ	3. Fall (Wem?)
Deklination	Beugung
Genitiv	2. Fall (Wessen?)
Genus	Geschlecht
Kasus	Fall
Nomen	Substantiv, Name, Nennwort
Nominativ	1. Fall (Wer?, Was?)
Numerus	Zahl
Substantiv	Ding-, Haupt- oder Gegenstandswort
Verb	Tätigkeitswort, Tu-Wort

Die Grammatik weiß oft nicht so recht, was sie eigentlich will. Vor allem mit den eigenen Namen hat sie ihre Schwierigkeiten. Die Wörter, mit denen wir uns als Nächstes beschäftigen, lernte ich in der Volksschule als „Dingwörter" kennen. Dies gefiel mir gar nicht. Von meiner Oma hatte ich gelernt, dass alle Dinge einen Namen haben. Formulierungen wie „Das Ding do" sollte ich vermeiden. Ich sollte „das Ding beim Namen nennen"[6]. Das „Gegenstandswort" hatte, zumindest in meiner Erinnerung, nur einen kurzen Auftritt als Neuauflage des „Dingworts".

Der Begriff „Hauptwort" beinhaltet eine wichtige Botschaft: Es war wichtig. In der Kirche sang man „O Haupt voll Blut und Wunden", vom Schulrektor hieß es, er sei im Krieg „Hauptmann" gewesen, die längste Straße im Dorf war die „Hauptstraße", und wenn Borussia Neunkirchen gewonnen hatte, dann sagte mein Opa: „Das is die Hauptsach." Irgendwie war mir klar, dass ich es mit dem „Chef der Wörter" zu tun hatte. Man sagte mir auch, dass alles, was man anfassen könne, dazu gehörte. Daran hatte ich meine Zweifel. Den heißen Kochherd in der Küche konnte man nicht anfassen, ohne sich die Flossen zu verbrennen.

Dennoch: Er gehörte dazu und musste deshalb auch groß geschrieben werden.[7]

Das Substantiv kam aus dem Lateinischen. Es machte keinen Hehl daraus, dass es „Substanz" hatte. „Verben" bezeichnen die Vorgänge und „Adjektive" die Eigenschaften. Sie sind wichtig, aber selbstständig existieren, das können sie nicht. Sie sind immer einem Substantiv zugeordnet. Philosophisch gesehen kennzeichnet das „Substantiv" in Abgrenzung zum näher spezifizierten Seienden das Dasein eines Dings.[8]

Ab und zu konkurriert der Begriff „Nomen" mit dem „Substantiv". Problematisch dabei ist die doppelte Bedeutung: Mal ist „Nomen" ein „Name"[9], mal ist es ein „Wort" (etwa in „nomen substantivum") Eigentlich handelt es sich um einen Oberbegriff für das „Substantiv", wird aber seit den 1960er Jahren als Synonym benutzt. Bleiben wir also, der Einfachheit halber, beim Substantiv.

Pluralformen des Substantivs
(Unterschiede zwischen dem Deutschen und Saarländischen)

Änderungen im Saarländischen	Singular deutsch	Plural deutsch	Plural saarländisch
1. keine	der Lehrer	die Lehrer	die Lehrer
2. Vokalwechsel und Verdopplung des „d" und Wandel des „n" in „m"	der Boden	die Böden	die Bäddem
3. Vokalwechsel und Weglassen des „e"	das Haar	die Haare	die Hoor
4. wie Singular deutsch	der Hase	die Hasen	die Hase
5. Weglassen des „n" und Wechsel des „t" zu „d"	der Bau	die Bauten	die Baude

Der Plural der meisten deutschen Substantive, die aus Fremdsprachen kommen und schon sehr lange in der deutschen Sprache integriert sind, wird durch Hinzufügen von „s" gebildet, etwa Büros, Desserts, Taxis.

Daneben gibt es unregelmäßige Formen: Atla(s)nten, Glob(us)en, Kakt(us)een, Klimata, Materialien, Mod(us)i usw. Das Wort „Computer" bleibt im Plural unverändert.

Nicht immer entscheiden im Deutschen die Endungen. Selbst „einfache" Wörter, die sich nur durch einen einzigen Buchstaben unterscheiden, können den Plural anders bilden, etwa „Das Haus – die Häuser" und „Die Maus – die Mäuse".

Genau so wie es Substantive gibt, die nur im Plural existieren, z. B. „Leute", gibt es solche, von denen man keinen Plural bilden kann, z. B. „Wasser". Wir helfen uns in diesem Fall, indem wir zum Beispiel einen Umlaut bilden und die Silbe „Ge" davor setzen. Es entstehen „Gewässer", ein Substantiv, das allerdings auch im Singular gebraucht wird, dann aber nicht dieselbe Bedeutung hat wie „Wasser" (Es gibt viele unterschiedliche Gewässer, das Meer, die Seen und die Flüsse, aber es kommt kein „Gewässer" aus dem Wasserhahn, lediglich „Wasser".)

Verkleinerungsformen des Substantivs

Die Aussprache der deutschen Verkleinerungsform schaffen wir wegen der saarländischen „ch-Schwäche" nicht. Wir haben zwei Lösungen:

1. Wir lassen das „ch" einfach weg („Mädchen" wird zu „Määde".) Zusätzlich wird das „ä" länger und das „n" am Schluss fällt auch weg.
2. Wir wandeln das „ch" um in ein „sch" („Licht" wird zu „Lischd".) Das „t" am Wortende verliert seine Härte und wird ersetzt durch ein weiches „d".
3. Das „äu" wird zu einem „ei" und wir ersetzen das „ch" durch ein „je" („Häuschen" wird zu „Heisje".)

Nicht nur die saarländische, auch die deutsche Sprache hat Probleme mit den Verkleinerungen. Sie kriegt das Aufeinanderprallen von „sch" und „ch" nicht hin: Die Verkleinerungsform von „Stuhl" ist das „Stühlchen". Das funktioniert. Aber bei einem „Tischchen" wird es schwierig. Das Problem könnte man lösen durch eine Pause zwischen dem „sch" und dem „ch". Dieser Trick wäre ein Fremdkörper in dem gesamten Satz. Da war es schon problemloser, eine „Ersatz-Verkleinerungsform" zu schaffen: die Endung „lein". Dann heißt es: „Tischlein deck dich".

Deklination des Substantivs

Das Wort Deklination kommt aus dem Lateinischen. Dort bedeutet „desclinare" so viel wie „beugen", also das, was man mit dem Substantiv macht, nämlich verändern. Die deutsche Sprache kennt vier Fälle:

Nominativ	1. Fall (Wer?, Was?)
Genitiv	2. Fall (Wessen?)
Dativ	3. Fall (Wem?)
Akkusativ	4. Fall (Wen?, Was?)

Der Hund (Wer?) beißt den Briefträger (Wen?).
Das Paket (Was?) des Buchhändlers (Wessen?) fällt dabei auf den Boden.
Dem Besitzer (Wem?) gefällt das überhaupt nicht.

Auf Saarländisch:

De Hund beißt **de** Briefträjer.
(Nominativ und Akkusativ sind identisch)

Es Paket **vom** Buchhändler fallt of de Boddem.
(Der Genitiv wird durch den Dativ ersetzt; das „vom" wird zusätzlich vorangestellt)

Dem Besitzer passt das net in de Kroom.
(Der Dativ bleibt)

Zum Genitiv haben wir im Saarland ein gestörtes Verhältnis. Wir hängen auch grundsätzlich kein „s" an ein Substantiv, was im Deutschen ja möglich ist. Formulierungen wie „Des Buchhändlers Paket" gehen uns nicht über die Lippen. Entweder sagen wir „Das Paket von dem (oder: vom) Buchhändler" oder „Dem Buchhändler sein Buch". Die einzige Ausnahme, die von den Saarländern akzeptiert wird, ist „Jacques' Bistro".

Besonderheiten:

Es gibt im Saarländischen nur zwei Fälle: 1. Der Nominativ. Er übernimmt auch die Aufgaben des Akkusativs. 2. Der Dativ. Er macht auch die Arbeit des Genitivs.

Das Adjektiv und das Adverb

Begriffe, die wir gebrauchen:

Adjektiv	Eigenschaftswort, Beiwort, Wie-Wort
Adverb	Nebenwort, Umstandswort[10]
Etymologie	Herkunft des Wortes
Komparation	Steigerung
Komparativ	Steigerungsstufe
Kompositum	ein aus mehreren Wörtern zusammengesetztes Wort
Konstituente	Bestandteil eines Wortes
Positiv	Grundstufe
Superlativ	Höchststufe

Das Wort Adjektiv kommt aus dem Lateinischen und bedeutet das „Hinzugefügte". Es hat die Aufgabe, ein Substantiv näher zu bezeichnen. Es kann vor ihm stehen (Das große Haus) oder dahinter (Das Haus ist groß). Im zweiten Fall schafft das Verb die Verbindung.

Das Wort Adverb (Plural: Adverbien) hat die gleiche Herkunft wie das Adjektiv. Es kommt ebenfalls aus dem Lateinischen. Es ist eine „Hinzufügung", allerdings nicht zum Substantiv, sondern zum Verb. Im Unterschied zum Adjektiv lässt es sich nicht verändern.

Adjektiv: Das **schnelle** Auto. „schnell" bezieht sich auf das Auto (Substantiv)
Adverb: Martina fährt **schnell**. „schnell" bezieht sich auf das Fahren (Verb)

In vielen Sprachen haben Adverbien spezielle Endungen. Im Deutschen sind das die Ausnahmen, etwa „dummerweise".

Es gibt zu beiden Wortarten keine grundlegenden Unterschiede zwischen dem Deutschen und dem Saarländischen. Beim Gebrauch von Adjektiven und Adverbien kommen lediglich die Unterschiede im Wortschatz und der saarländische Akzent zum Tragen.

Steigerungen

Adjektive lassen sich steigern. Das Haus ist groß (Positiv), größer (Komparativ) oder am größten (Superlativ). Das gilt auch für substantivierte Adjektive: der / die / das Große, Größere, Größte.

Bei wenigen, aber häufig gebrauchten Adjektiven, wechselt der Stamm des Wortes, etwa; viel, mehr, am meisten, oder: gut, besser, am besten. Manche lassen sich überhaupt nicht steigern, etwa bestimmte Fremdwörter (top, easy, super), bestimmte Farben (rosa, lila, orange) und absolute Zustände (schwanger, tot, adlig).

Komposita

Adjektive können auch Komposita bilden (taubstumm, süßsauer, nasskalt). Manche davon stellen sogar Verbindungen her zu Substantiven (spottbillig, sturmfrei, stockbesoffen) oder bilden sogar flotte Dreier (fuchsteufelswild, kohlrabenschwarz, mucksmäuschenstill). Die Komposita werden vor allem in den Umgangssprachen und in den Regionalsprachen gebraucht.

Besonderheit:

Im Saarländischen gibt es, im Unterschied zum Deutschen, auch Verkleinerungen von Adjektiven (proppersche = sauber) und Adverben (dabbersche = schnell). Benutzt werden sie fast ausschließlich in der Kommunikation mit Kindern und Haustieren.

Die Präpositionen

Begriffe, die wir gebrauchen:

Präposition	Vorwort, Verhältniswort[11]
Synopse	vergleichende Gegenüberstellung

Das Wort „Präposition" kommt von dem Lateinischen und heißt „Voranstellung". Präpositionen geben Relationen an, also: Verhältnisse und Beziehungen. Diese können verschiedene Bedeutungen haben, zum Beispiel örtlich, zeitlich oder kausal.

Die folgende Synopse der wichtigsten Präpositionen im Deutschen und im Saarländischen ist aufgeteilt in drei Bereiche[12]:

1. unterschiedliche Wörter, die bestenfalls miteinander verwandt sind,
2. geringfügig unterschiedliche Wörter (nicht mehr als ein Buchstabe Unterschied),
3. gleiche Wörter, deren Aussprache sich durch die unterschiedlichen Akzente unterscheidet.

Unterschiedliche Wörter

deutsch	saarländisch	Beispielsatz
durch	dorsch	Mir fahre **dorsch** de Tunnel.
für	fier	Ich hann das **fier** zehn Euro kriehd.
gegen	geje	Ich bin **geje** die Wand gefahr.
gegenüber	gejiwwer	Es Erna wohnt **gejiwwer**.
hinauf	enuff	Ich gehen **enuff**. Dort is es ruhischer.
nach	nooh	Morje fahr ich **nooh** Saabricke.
nahe bei	in de Näh von	Spiese is **in de Näh von** Neinkerje.
neben	näwe	Die sinn allega **näwe** de Kapp.
über	iwwer	Ich gehn jetzt **iwwer** die Brick.
unten	unne	De Norbert is **unne** im Keller.
wegen	weje	**Weje** dir hann ich e Brennje kriehd.

Geringfügig unterschiedliche Wörter

deutsch	saarländisch	Beispiel
auf	of oder uf	De Schlauch leid **of (oder uf)** de Garaasch.
hinter	hinner	Die Sachbiescher leije **hinner** de Romane.
innen	inne	Die Getränke sinn **inne** im Gaadeheisje.
kurz vor	korz vor	**Korz vor** fünf muss ich zum Friseer.
mitten in	mitte in	Es Stumm-Denkmal steht **mitte in** Neinkerje.
unter	unner	**Unner** de Zeitung hat die Quittung gelääh.
zwischen	zwische	**Zwische** de Kleemanns sitzt nimmand.

Gleiche Wörter

an	bezüglich	inmitten von
angesichts	dank	innerhalb
außer	fern von	je nach
außerhalb	in	laut
bei	infolge	mit

mit Ausnahme von	trotz	zu
ohne	von	zuzüglich
rings um	vor	
seit	während	

Für mehr als die Hälfte aller Präpositionen gibt es keine „ur-saarländischen" Entsprechungen. Sie gehören damit lediglich als „deutsche Fremdwörter" zur saarländischen Sprache. Bei anderen Wortarten, vor allem bei den Substantiven, dürfte der Anteil des „Ur-saarländischen" größer sein.

Besonderheit:

- Die saarländische Präposition „of" oder „uf" (= auf) hatte im Saarland wegen der Grenzlage zu Frankreich eine erweiterte Bedeutung. Unsere Vorfahren fuhren mit der Straßenbahn „of Saabricke", weil sie dort „of de Regierung geschafft hann", während ihr Onkel noch in Heinitz „of de Grub" war. Seine Frau war „of de Poschd". Heute benutzt man „of" weniger bei Berufen. Bei geografischen Zielen fast nur noch bei Orten, die als zweite Konstituente das Wort „Berg" haben: Man geht „of de Emmerschbersch", man fährt „of de Eschbersch".

Die Verben

Begriffe, die wir gebrauchen:

Futur I	Zukunft
Futur II	vollendete Zukunft
Gallizismus	Fremd- oder Lehnwort aus dem Französischen
Imperativ	Befehlsform
Indikativ	Wirklichkeitsform
Infinitiv	Nennform
Konditional	Bedingungsform
Konjunktiv	Möglichkeitsform
Modus	(keine brauchbare deutsche Fassung vorhanden)
Partizip	Mittelwort
Partizip I	Mittelwort der Gegenwart
Partizip II	Mittelwort der Vergangenheit
Passiv	Leideform
Perfekt	vollendete Gegenwart
Personalpronomen	persönliches Fürwort
Plusquamperfekt	vollendete Vergangenheit
Präsens	Gegenwart
Präteritum	Vergangenheit

Verschiedene Zeiten

Für Platon[13] war die Gegenwart das, was real existierte. Die Vergangenheit war für den griechischen Philosophen ein theoretisches Gebilde, dem weder Raum noch Materie zur Verfügung standen. Er sah darin keine Gestaltungsmöglichkeiten, und die Vergangenheit war für ihn auch kein Objekt, um über Erfahrungen und Vorgeschichten für die Zukunft zu lernen. Dies hielt ihn allerdings nicht davon ab, über die Ungerechtigkeiten gegenüber seinem Lehrer zu schreiben, die mit dessen Tod endeten. Eine andere Position als Platon nahm Heinrich Heine ein: „Der heutige Tag ist ein Resultat des gestrigen. Was dieser gewollt hat müssen wir erforschen, wenn wir zu wissen wünschen, was jener will."[14]

Fast schon intellektuell-revolutionär erscheint folgende These mehrerer Philosophen zum Thema Gegenwart: Unsere Wahrnehmung benötigt immer Zeit, selbst wenn diese extrem kurz ist. Am Ende dieses Prozesses gehört das gegenwärtig Wahrgenommene bereits zum Vergangenen. Daraus ergibt sich die gewöhnungsbedürftige Feststellung, dass die Gegenwart nicht existiert.

Damit ist die einfachste Definition der Zukunft gescheitert. Sie besagte, dass die Zukunft das ist, was direkt nach der Gegenwart kommt. Man kann ja nicht etwas weiterführen, was es nicht gibt. Zum Glück hatten wir (in der Vergangenheit!) einen Albert Einstein[15]. Nach seiner allgemeinen Relativitätstheorie spielt sich die Zukunft eines Ereignisses im Raumzeitbereich ab. Vielleicht spannt mal jemand den Bogen zwischen ihm und Platon. Dann wird die ganze Geschichte rund. Aber so etwas kann noch ein paar Lichtjahre dauern.

Zum Glück hat die Sprache eine gewisse Eigenständigkeit. Sie darf nicht nur real existierende Gebilde benutzen und braucht auch nicht die Zustimmung von Platon, Heine oder Einstein. Sie bleibt beim Präsens, dem Präteritum und dem Futur, und von Fall zu Fall jongliert sie sogar mit den verschiedenen Möglichkeiten. So kann man mit der Gegenwartsform im Deutschen sogar auch Vergangenes und Zukünftiges ausdrücken. Am Beispiel des Verbes „gehen" lässt sich das verdeutlichen:

Präsens:	Ich **gehe** gerade über den Zebrastreifen.
Präteritum:	Letzten Dienstag, zwölf Uhr mittags, am Bahnhof. Die Ampel wird grün. Ich höre die Reifen quietschen und **gehe** auf die andere Seite.
Futur:	Morgen **gehe** ich ins Theater.

Präsens-Formen im Präteritum erhöhen die Spannung. Allerdings brauchen wir auch kurze Sätze. Und im Präsens können wir alles in der Zukunft ausdrücken. Auf das Verb „werden" können wir verzichten.

Präsens

ohne Umlaut deutsch	ohne Umlaut saarländisch	mit Umlaut deutsch	ohne Umlaut saarländisch
lachen	lache	tragen	trahn
ich lache	ich lache	ich trage	ich trahn
du lachst	du lachscht	du trägst	du trahscht
er/sie/es lacht	er/ääs/es lacht	er/sie/es trägt	er/ääs/es traht
wir lachen	mir lache	wir tragen	mir trahn
ihr lacht	ihr lache	ihr tragt	ihr trahn
sie lachen	die lache	sie tragen	die trahn

In der deutschen Sprache sind jeweils drei Verben gleich: Der Infinitiv sowie die erste und dritte Form des Plurals. Im Saarländischen sind es fünf. Auch die erste Person Singular und die zweite im Plural sind identisch mit dem Infinitiv.

Präteritum

Im Saarländischen ist das Präteritum bis auf die Reliktformen „war", „hott" und „wollt" vollständig verschwunden. Das gilt für starke und schwache Verben. Man benutzt das Perfekt („Kolumbus hat Amerika entdeckt.")

Futur I

Wir haben zur Bildung der Zukunft im Deutschen und im Saarländischen zwei Möglichkeiten: 1. Wir benutzen das Präsens (siehe oben!).

2. Wir konjugieren das Präsens des Hilfsverbs „werden" (saarländisch: „werre") und setzen den Infinitiv des Verbs dahinter.

deutsch	saarländisch	deutsch	saarländisch
lachen	lache	tragen	trahn
ich werde lachen	ich werre lache	ich werde tragen	ich werre trahn
du wirst lachst	du werrschd lache	du wirst tragen	du werrschd trahn
er/sie/es wird lachen	er/ääs/es werd lache	er/sie/es wird tragen	er/ääs/werd trahn
wir werden lachen	mir werre lache	wir werden tragen	mir werre trahn
ihr werdet lachen	ihr werre lache	ihr werdet tragen	ihr werre trahn
sie werden lachen	die werre lache	sie werden tragen	die werre trahn

Hilfsverb „sein" / „sinn"

Präsens
deutsch
ich bin
du bist
er/sie/es ist
wir sind
ihr seid
sie sind

Präsens
saarländisch
ich bin
du bischd
er/ääs/es is
mir sinn
ihr sinn
die sinn

Präteritum
deutsch
ich war
du warst
er/sie/es war
wir waren
ihr wart
sie waren

Präteritum
saarländisch
ich woor
du woorschd
er/ääs/es woor
mir ware
ihr ware
die ware

Futur I deutsch	Futur I saarländisch
ich werde sein	ich werre sinn
du wirst sein	du werschd sinn
er/sie/es wird sein	er/ääs/es werd sinn
wir werden sein	mir werre sinn
ihr werdet sein	ihr werre sinn
sie werden sein	die werre sinn

Besonderheiten:

- Bis ins 19. Jahrhundert war auch die Konstruktion „mir bin" für „mir sinn" verbreitet. Noch heute gibt es im Saarland die Fassung: „ich sinn" für „ich bin".
- Die saarländische Redewendung „Das wird senn" (= das wird sein) hat nur indirekt mit dem Futur I zu tun. Sie bedeutet „selbstverständlich!" und wird für Zustände und Handlungen in Gegenwart, Vergangenheit und Zukunft benutzt.

Hilfsverb „haben" / „hann"

Präsens deutsch	Präsens saarländisch
ich habe	ich hann
du hast	du haschd
er/sie/es hat	er/ääs/es hat
wir haben	mir hann
ihr habt	ihr hann
sie haben	die hann

Präteritum deutsch	Präteritum saarländisch
ich hatte	ich hott
du hattest	du hottschd
er/sie/es hatte	er hott
wir hatten	mir hotte
ihr hattet	ihr hotte
sie hatten	die hotte

Futur I deutsch	Futur I saarländisch
ich werde haben	ich werre hann
du wirst haben	du werschd hann
er/sie/es wird haben	er/ääs/es werd hann
wir werden haben	mir werre hann
ihr werdet haben	ihr werre hann
sie werden haben	die werre hann

Zusammengesetzte Zeiten

Perfekt

Damit drücken wir im Deutschen aus, dass die Handlung zwar abgeschlossen ist, aber ihr Ergebnis erkennbar in die Gegenwart reicht. Im Saarländischen können wir das Perfekt für alles benutzen, was in der Vergangenheit liegt. Um das Perfekt zu bilden, brauchen wir im Deutschen und im Saarländischen entweder das Hilfsverb „sein" oder „haben" und das Partizip: „Ich **bin** im Museum gewähn unn **hann** dann mei Ofgawe gemach."

Das Wort „Partizip" kommt aus dem Lateinischen und ist verwandt mit „Partizipation" (= Teilnahme). Das Partizip I ist dem Präsens zugeordnet und hat mit zusammengesetzten Zeiten nichts am Hut.[16] Im Gegensatz dazu das Partizip II. Es ist unverzichtbar für Perfekt, Plusquamperfekt und Futur II. Normalerweise ist es den Hilfsverben zugeordnet. Wir erkennen es an der Vorsilbe „ge". Ausnahmen sind Verben, die bereits eine andere Vorsilbe haben, ebenfalls Gallizismen[17], bei denen die französische Endung des Verbs im Deutschen durch „ieren" ersetzt wurde. Die Vorsilbe „ge" lässt man weg und hinter dem Stamm kommt ein „t". Der Satz heißt dann: „Karl V. hat in Spanien **regiert**." Das saarländische Partizip II bildet sich meistens aus der Vorsilbe „ge", dem Stamm und ein angehängtes „d": geschaffd, geguckd, gesaad.

deutsch	saarländisch
ich bin gegangen	ich bin gang
du bist gegangen	du bischd gang
er / sie / es ist gegangen	er / ääs / es is gang
wir sind gegangen	mir senn gang
ihr seid gegangen	ihr senn gang
sie sind gegangen	die senn gang

Plusquamperfekt

Das Plusquamperfekt benutzen wir als sprachliche Rückblende, wenn wir uns im Präteritum befinden. Oft leiten wir es ein mit Wörtern wie „vorher", „zuvor" usw. „Wir tranken gemeinsam eine Flasche Wein. Vorher waren wir im Weinkeller gewesen." Der erste Satz steht im Präteritum, der zweite im Plusquamperfekt. Das letzte Wort „gewesen" ist das Partizip II.

deutsch	saarländisch
ich war gegangen	ich war gang
du warst gegangen	du warschd gang
er / sie / es war gegangen	er / sie / es war gang
wir waren gegangen	mir ware gang
ihr wart gegangen	ihr ware gang
sie waren gegangen	die ware gang

Futur II

Mit dem Futur II drücken wir folgenden Sachverhalt aus: Wir gehen davon aus, dass wir in Zukunft die folgende Handlung abgeschlossen haben werden. Beispiel: „Bis Oschdere werr ich e neijes Auto kaaf hann."

deutsch	saarländisch
ich werde gegangen sein	ich werre gang senn
du wirst gegangen sein	du werschd gang senn
er/sie/es wird gegangen sein	er/ääs/es wird gang senn
wir werden gegangen sein	mir werre gang senn
ihr werdet gegangen sein	ihr werre gang senn
sie werden gegangen sein	die werre gang senn

Besonderheiten:

- Die erste saarländische Singularform und die drei saarländischen Pluralformen der drei zusammengesetzten Zeiten unterscheiden sich untereinander lediglich durch die Personalpronomen (Perfekt: „Ich bin geschlah woor", Futur: „Ich werre geschlah").
- Das Passiv benutzt im Deutschen das Präsens des Hilfsverbs „werden" und das Partizip II: „Ich werde geschlagen."
- Das Futur II kann im Saarländischen auch einen Widerspruch ausdrücken. Man ist entrüstet über eine falsche Aussage und stellt den Sachverhalt in Frage: „Ich werre in die Kersch gang senn! Serleb Daachs net!"
- Mit dem Futur II kann man im Saarländischen auch Vergangenes engagiert bestätigen: „Awwer dem werr ich mol ebbes anneres verzehlt hann!"

Die Modi

Die Verben lassen sich in ihrer konjugierten Form nach ihren Modi unterscheiden. Im Deutschen unterscheidet man zwischen realen Modi, die man benutzt, um feststehende Wahrheiten auszudrücken: „Paris ist die französische Hauptstadt." Die nennt man Indikativ. Das ist der Normalmodus in allen Texten.

Die irrealen Modi drücken Ereignisse und Tatbestände aus, die (noch) nicht geschehen sind und/oder (noch) nicht überprüft wurden (Imperativ und Konjunktiv) oder von anderen Bedingungen abhängig sind (Konditional).

Zusätzlich gibt es im Deutschen folgende sechs modale Hilfsverben: müssen, sollen, können, dürfen, wollen, mögen. Als solche werden sie meistens konjugiert und durch den Infinitiv eines anderen Verbes ergänzt, zum Beispiel: „Ich muss lernen", „Du sollst zuhören", „Wir können schwimmen", „Wir dürfen mitsingen", „Ihr wollt kommen?" und „Ihr mögt bleiben?"

Imperativ

Das entsprechende deutsche Wort heißt „Befehlsform" und erinnert an den Kasernenhof. Der Imperativ kann aber auch sympathische Dinge ausdrücken, Ratschläge oder Einladungen: „Geh' doch zum Anwalt!" (2. Person Singular) oder „Lasst uns die Gläser erheben!" (1. Person Plural).

Den Indikativ kann man auch im Passiv dazu benutzen, um den Imperativ auszudrücken: „Jetzt wird gegessen."

Der Infinitiv selbst kann im Deutschen als Imperativ benutzt werden: „Bitte langsam fahren!"

Konjunktiv

Den Konjunktiv I brauchen wir vor allem für die direkte Rede: „Er sagte, dass er Chirurg sei". (Ein „irrealer Modus", weil man ja nicht genau weiß, ob das stimmt). Mit dem Konjunktiv II strukturieren wir Konditionalsätze: „Stünde ich auf dem Berg, könnte ich die Insel sehen". (ebenfalls irreal, weil man in Wirklichkeit ja nicht auf dem Berg steht). In der Übersetzung ins Saarländische wirken Worte wie „stünde" sehr hochgestochen. Also umgehen wir sie oder benutzten zweimal die saarländische Fassung von „würde" (= dääd): „Wenn ich jetzt owwe offem Bersch stehn dääd, dann dääd ich die Insel siehn."

Konditional

Auch hier würde sich Lehrer Bömmel auf das Wesentliche konzentrieren: „Da stelle mer uns mal janz dumm... Wat is dat eijentlisch, Konditional?"

Das Wort kommt aus dem Lateinischen und heißt „Bedingungsform". Es geht meistens um ein „Wenn-dann-Verhältnis". Ein Satzteil beginnt mit „wenn", der andere mit „dann". Die Konstruktion braucht man, wenn der Eintritt eines Ereignisses vom Eintritt eines anderen Ereignisses abhängt.

Bömmel hätte eine bekannte Redewendung leicht verändert, um das Konditional zu erklären:

„Wenn das Wörtchen ‚wenn' nicht wär, (dann) wär' mein Vater Millionär."

Die klassische Struktur eines Konditionalsatzes zeigt sich in dem folgenden Satz:

„Wenn ich das Geld dazu hätte, kaufte ich ein Auto." Die Reihenfolge der beiden Satzteile ist austauschbar.

Das Verb im ersten Satzteil heißt „hätte" (= haben würde, saarländisch „hann dääd").

Das Verb im zweiten Satzteil steht eindeutig im Präteritum, obwohl es hier um die Zukunft geht und nicht um die Vergangenheit. Der zweite Teil würde im Saarländischen folgendermaßen lauten: „dääd ich mir e Auto kaafe".

Die folgende Synopse macht die Unterschiede deutlich, zumal wir die Kreativfassung von „arbeiten" verwenden.

ich würde arbeiten	ich däad schaffe
du würdest arbeiten	du däädschd schaffe
er/sie/es würde arbeiten	er/ääs/es dääd schaffe
wir würden arbeiten	mir dääde schaffe
ihr würdet arbeiten	ihr dääde schaffe
sie würden arbeiten	die dääde schaffe

Bei dem Wort „würde" handelt es sich um den Konjunktiv des Präteritums von „werden", während das Wort „dääd" abgeleitet ist von dem Konjunktiv des Präsens von „duhn" (= tun).

Die Pronomen

Begriffe, die wir gebrauchen:

Demonstrativpronomen	hinweisende Fürwörter
Genus	Geschlecht
Indefinite Pronomen	unbestimmte Fürwörter
Interrogativpronomen	fragende Fürwörter
Kasus	Fall
Numerus	Zahl
Personalpronomen	persönliche Fürwörter
Possessivpronomen	besitzanzeigende Fürwörter

Pronomen — Fürwörter
Reflexivpronomen — rückbezügliche Fürwörter
Relativpronomen — bezügliche Fürwörter

Pronomen ersetzen Nomen. Sie sind deklinierbar nach Genus, Numerus und Kasus. Man unterscheidet sie u. a. danach, ob sie

- alleine ohne ein Nomen stehen: „Doch **dieser** ist zu spät gekommen" oder
- vor einem Nomen stehen: „**seine** Frau".

Personalpronomen

Deutsch	Saarländisch
ich lese	**ich** läse
du liest	**du** läschd
er / sie / es liest	**er / ääs / es** läse
wir lesen	**mir** läse
ihr lest	**ihr** läse
sie lesen	**die** läse

Possessivpronomen

Deutsch	Saarländisch
mein Besen	**mei** Bäsem
dein Besen	**dei** Bäsem
sein / ihr / ihr Besen	**sei / ihr / sei** Bäsem
unser Besen	**unser** Bäsem
euer Besen	**eier** Bäsem
ihr Besen	**ihr** Bäsem

Demonstrativpronomen

Deutsch	Saarländisch
der Löffel	**der** Leffel
die Gabel	**die** Gawwel
das Messer	**das** Messer

dieser Löffel	**der do** Leffel
diese Gabel	**die do** Gawwel
dieses Messer	**das do** Messer

jener Löffel	**der** Leffel **do hinne**
jene Gabel	**die** Gawwel **do hinne**
jenes Messer	**das** Messer **do hinne**

Interrogativpronomen

Deutsch	Saarländisch
wer?	wer?
was?	was?
wessen?	wem sein?
welcher?	wer von denne?

Relativpronomen

Deutsch	Saarländisch
der	der wo
die	die wo
das	das wo

welcher	der wo
welches	die wo
welche	das wo

wer der wo
deren denne ihr

Reflexivpronomen

Deutsch	Saarländisch
mich	mich
dich	dich
sich	sich
uns	uns
euch	eich
sie	sich

Indefinitpronomen

Deutsch	Saarländisch
jemand	jemand
alle	all
einer	ääner
manche	manschääner
man	ma
wer	wer
etwas	ebbes
einige	e paar
andere	annere

Negationspronomen

keiner	kenner
niemand	nimmand
nichts	nix

Weitere Wortarten

Begriffe, die wir gebrauchen:

Interjektionen   Ausrufewörter
Konjunktionen   Bindewörter

Konjunktionen

Deutsch	Saarländisch
als	als
dass	dass
denn	weil
ob	ob
und	unn
weil	weil
wenn	wenn

Saarländische Interjektionen

aweil awwer!
Ballawer, die Micke!
Ballawer, die Wäsch kocht!
Jesses Nee!
O Jesses!
O leck!
Sack Zement!
usw.[18]

Charakteristika unserer Regionalsprache

Unsere saarländische Regionalsprache ist keine Standardsprache. Sie hat wie jede Sprache ihre Koordinaten: Raum und Zeit. Es gibt Unterschiede zwischen verschiedenen Ortschaften, und alles befindet sich im ständigen Wandel. Von daher ist die folgende Charakteristik des Saarländischen fragmentarisch und – was ich hoffe – dazu geeignet, Hinweise für eine weitere Beschäftigung mit den Besonderheiten zu geben.

Sprache ist nun mal ein komplexer Bereich, der nicht nur mit allem zusammenhängt, sondern zu allem Überfluss auch meistens in aller Munde ist. Wer sich damit beschäftigt, muss sich ständig auf Wesentliches konzentrieren und irgendwann das Staffelholz weitergeben, damit andere weitermachen. Aber auch die sind gezwungen, durch Wissen zu mäandern, um dann wieder andere Prioritäten zu setzen und Dinge zu betonen, die ihre Vorgänger als nebensächlich ansahen. Einfach ist das nicht, aber man muss es tun, wenn man das Ziel hat, die Lebensqualität zu verbessern. Man ist neugierig, klinkt sich ein, arbeitet sich vor, tut etwas für andere und hat selbst etwas davon. Man will es wissen, damit nicht „alles nur geschwätzt ist".

Rheinfränkisch und Moselfränkisch

Selbstverständlich gibt es auch innerhalb des Saarländischen noch Unterschiede. Selbst wenn man eine Demarkationslinie zwischen dem Rheinfränkischen und dem Moselfränkischen aufbaute, hätte man das nächste Problem: Es gibt ja auch Unterschiede in der Umgangssprache zwischen Dudweiler und Ottweiler, obwohl in beiden Ortschaften Rheinfränkisch gesprochen wird. Innerhalb von Neunkirchen sprach man anders in der Heizengasse als am Hüttenberg. Selbst in Familien gibt es schon mal Differenzen, auch in der Sprache.

Die wichtigsten Unterschiede bestehen jedoch zwischen dem Mosel- und Rheinfränkischen. Deren Grenzlinie verläuft über folgende Ortschaften: Ludweiler, Völklingen, Quierschied, Wemmetsweiler, Urexweiler, St. Wendel, Oberkirchen usw. Nordwestlich von dieser Linie spricht man moselfränkisch, südöstlich davon rheinfränkisch. Als typisch gelten die Unterschiede zwischen der rheinfränkischen Aussprache von „das", „was", „es" und der moselfränkischen: „dat", „wat", „et". Die Sprachlinie hat ihren Namen von dem ersten Wort: Es ist die Das-Dat-Linie. Ein paar Beispiele für die Unterschiede:

Moselfränkisch	Rheinfränkisch
dat	das
eich	ich
haut	heit
käfen	kafe
neischd	nix
wat	was

Durch die gestiegene geografische Mobilität und den Einfluss der audiovisuellen Medien geht die Bedeutung der Dialekte zurück. Auf der anderen Seite gibt es seit mehreren Jahrzehnten eine immer stärkere Verbreitung der saarländischen Mundartliteratur. Sie orientiert sich auch mit leidenschaftlicher Akribie auf kleinere geografische Einheiten und betreibt dadurch eine notwendige sprachliche Denkmalpflege. Sie hat meistens nicht so sehr den Anspruch, die heutige Alltagssprache realistisch abzubilden, sondern konzentriert sich auf das möglichst genaue Schreiben der wirklich typischen Wörter und Redewendungen. Zu dieser wertvollen Arbeit passt auch die von Edith Braun entwickelte populäre Lautschrift.

Dem gegenüber steht das Bestreben, sich selbst in die derzeit gesprochene Umgangssprache zu integrieren, sie dabei zu beobachten, zu interpretieren und in neuen Bereichen zu popularisieren. Sie muss als Kommunikationswerkzeug schnell greifbar und begreifbar sein, auch als literarisches Mittel, wenn es darum geht, möglichst authentisch zu sein, typisch und näher an den Menschen.

Dieses Saarländisch verdrängt langsam das Moselfränkische und entwickelt sich mit der Zeit zum Saarbrücker „Oxford-Saarländisch". Dort sprach man allerdings noch bis zum Dreißigjährigen Krieg moselfränkisch. Als danach Saarbrücken und die umliegenden Ortschaften nahezu ausgestorben waren, kamen Menschen aus allen Himmelsrichtungen und brachten ihre Muttersprachen mit, und sie mussten sich mit ihren neuen Nachbarn verständigen. Irgendwie funktionierte das auch, man tauschte sich aus und beeinflusste sich gegenseitig.

Schwerpunkt bildete nun eindeutig das Rheinfränkische. Man gehörte zur Grafschaft Saarbrücken und zum Herzogtum Zweibrücken, während die Moselfränkisch sprechenden Ortschaften vom katholischen Kurfürstentums Trier beeinflusst wurden. In Teilen dieses Gebietes integrierte man wegen der geografischen Nähe auch die Migration der Gallizismen. Ganz grob kann man feststellen, dass man vor der Französischen Revolution im Großraum Saarbrücken noch überwiegend Moselfränkisch sprach und danach Rheinfränkisch.

Heute spielt der sprachliche Einfluss des Saarbrücker Raums die größte Rolle. Die saarländische Regionalsprache ist ein Mix aus Rheinfränkisch mit der deutschen Standardsprache. Sie ist harmonisch, da die Unterschiede nicht allzu groß sind. Dieser Übermacht stellen sich vor allem die Mundartautoren aus den nördlichen und westlichen Ortschaften des Saarlandes.[19]

Die „harten" und „weichen" Konsonanten

Charakteristisch für das Saarländische ist die „Konsonantenschwächung". Meistens sprechen wir einen Laut zwischen „weich" und „hart".[20] Zum ersten Mal tauchte dieser Unterschied bei der germanischen Lautverschiebung vor etwa zweieinhalbtausend Jahren auf.[21] Es ging damals um die drei „weichen" Konsonanten „b", „d" und „g". Sie entwickelten sich mit der Zeit zu den „harten" Konsonanten „p", „t" und „k". Unsere Urahnen folgten diesem Weg, machten aber irgendwo auf der Strecke schlapp. Deshalb benutzen wir noch meistens Laute zwischen

b und p, Ballawer oder Pallawer?
d und t, Draanfunzel oder Traanfunzel?
g und k, Grallemacher oder Krallemacher?

und wissen nicht, wie wir das schreiben sollen. Weil die deutsche Sprache nun mal keine Zwischenlaute kennt, müssen wir uns im Saarländischen von Fall zu Fall entscheiden: weich oder hart? Oft sprechen wir die Wörter auch unterschiedlich aus. Bei unserer Entscheidung spielen auch die Schreib- und Sprechweise der deutschen Schriftsprache eine Rolle. Wenn wir uns für sie entscheiden, dann kann man das Wort auch besser lesen.

Eine besondere Rolle spielt der weiche Buchstabe „b", denn er kann noch weicher werden, indem er sich in ein „w" verwandelt. Dann werden „Weiber" zu „Weiwer", „Leben" zu „Lääwe" und „reiben" zu „reiwe". Dabei wird man feststellen müssen, dass wiederum ein Laut entstehen kann zwischen „b" und „w".[22]

Der Übergang von „b" zu „w" muss nicht zwangsläufig zu einer „sprachlichen Verweichlichung" führen. Diese verhindert man in unserer Regionalsprache durch eine Verdoppelung des „w": aus dem deutschen „rüber" wird im Saarländischen das englisch anmutende Wort „riwwer".

Bei dem Wandel von „hart" zu „weich" sollte man auch nicht allzu sehr basteln. Ein Beispiel: Aus der deutschen „Hupe" wird die saarländische „Hub". Das ist richtig. Da brauchen wir aber auch keine Dehnung des „u", denn im Deutschen gibt es das auch nicht.

Der Trigraph und die Digraphen

Es gibt schon sehr seltsame Wörter! Als ich zum ersten Mal die beiden Fremdwörter hörte, dachte ich an Adelstitel. Einen „Dreigraf" gab es aber in vergangenen Zeiten genau so wenig wie einen „Zweigraf". Das Wort „graph" ist hier die Kurzfassung von „Grafik". Es stammt aus dem Griechischen, wo es als „graphiké" so viel bedeutete wie die schreibende Kunst. Der deutsche Trigraph und die deutschen Digraphen zeigen uns auch, dass wir die deutsche Schriftsprache nicht so sprechen, wie sie geschrieben wird und deshalb diese Namensnennung verdient.

In der Standardsprache gibt es zwei Möglichkeiten, den Digraph „ch" auszusprechen: 1. weich wie in den Wörtern „Licht" oder „Recht". Das ist aber nur möglich nach den hellen Vokalen „i" und „e", 2. hinter den dunklen Vokalen „a", „o" und „u" klingt das „ch" hart, so wie in „Sache", „noch" und „Buch".

Schwierigkeiten haben wir als saarländische Dialektsprecher mit der unterschiedlichen Aussprache des Digraphen „ch" (der wie „Licht" ausgesprochen wird) und dem Trigraphen „sch". Wir benutzen für beide einen Zwischenlaut, der sich normalerweise etwas näher am „sch" befindet. Das kann sich aber aus der Situation heraus ändern. Bei der Schreibweise sollten wir uns nach der Schriftsprache richten, es sei denn, die Alternative soll etwas Bestimmtes ausdrücken.

Der Digraph „ck" ist im Deutschen ein Signal dafür, dass der davor stehende Vokal kurz ausgesprochen werden muss, etwa wie „Macke", „Lack", „Zicke", „Rock" und „Ruck".

Die Buchstabenkombination „ck" existiert auch im Saarländischen. Das „Stück" wird bei uns zum „Stick" (und nicht zum „Schdigg"). Die Schreibweise „gg" ist nur dann sinnvoll, wenn es ein entsprechendes Wort in der deutschen Schriftsprache gibt, von dem der Mundartbegriff abgeleitet ist, etwa „Bagger" oder „Egge".[23]

Eine kleine Kuriosität ist der saarländische Umgang mit dem Digraphen „pf". Diese Komposition mögen wir überhaupt nicht. Wenn sie am Wortanfang steht, dann entscheiden wir uns entweder für das „p" (aus „Pfanne" wird dann „Pann") oder für das „f" (aus „Pfau" wird „Fau"). Steht „pf" am Ende eines Wortes, machen wir daraus zwei „p" (aus „Kopf" wird „Kopp", oder auch „Kobb"). Die Position in der Mitte des Wortes führt meistens dazu, dass wir es bei der deutschen Fassung belassen („Hopfen"). Oder wir nehmen uns die Freiheit, zwischen mehreren Möglichkeiten zu entscheiden: Das Verb „köpfen" wird zu „keppe" (Fußball) oder bleibt unverändert (Französische Revolution).

Die Diphthonge und Umlaute

Sie kommen in fast allen Sprachen vor, von daher auch im Saarländischen. Das Wort „Diphthong" kommt aus dem Griechischen: „dis" = „zwei" und „phthóngos" = „Laut". Als deutsche Übersetzung wird „Zweilaut" benutzt. Allerdings wäre „Doppelvokal" korrekter, denn wenn zwei Konsonanten im Spiel sind, dann handelt es sich um einen Digraphen.

Diphthonge sind eigenständige Laute aus zwei verschiedenen Vokalen. Die bekanntesten im Deutschen sind „ei" (auch „ai") und „au". Die Doppelvokale „äu", „eu" und „oi" werden gleich ausgesprochen. Einige werden im Saarländischen vom Deutschen übernommen, andere durch einen Vokal ersetzt.

Deutscher Diphthong		**Saarländische Fassung**
„ei"	wie „Stein"	„ää" wie bei „Stään"
	wie „Eier"	wie im Deutschen
„ai"	wie „Laie"	wie im Deutschen
„au"	wie „auf"	„of" wie bei „ofstehn" oder: „uf"
	wie „faul"	wie im Deutschen
„äu"	wie „Zäune"	„ei" wie „Zein"

| „eu" | wie „Bräute"
wie „Leute"
wie „Meute" | wie im Deutschen
„ei" wie „Leit"
wie im Deutschen |
| „oi" | wie „Loipe" | wie im Deutschen |
| „ui" | wie „Pfui" | wie im Deutschen |

Einen Diphthong darf man nicht trennen. Bei einem Pseudo-Diphthong (Fachausdruck: „Hiat") hat man das zu tun. Er muss auch getrennt ausgesprochen werden, etwa bei den Substantiven „Cha-os", „Radio" und „Ru-ine" und bei dem Verb „kreieren", das sogar drei Vokale hintereinander hat.

Die deutschen Vokale „ö", „ü" und „ä" haben ein „Trema", ein Zeichen in Form eines horizontalen Doppelpunktes, umgangssprachlich ausgedrückt: „zwei Pünktchen", saarländisch „zwää Pinktscher". Solche Vokale nennt man „Umlaute". Das Saarländische kennt nur das „ä".

„ö" gibt es nicht. Statt dessen: „ee", also „bees" statt „böse"

„ü" gibt es nicht, statt dessen „i", also „iwwerall" statt „überall"

„ä" kann „ei" ersetzen, also „klään" statt „klein". „Wein" bleibt unverändert, das „Ei" auch.

Die Doppelkonsonanten „st" und „sp"

Wir sprechen sie im Saarländischen (fast) genauso aus wie im Deutschen. Wir essen ein „Stick" Kuchen und „spachtele" die Wand. Allerdings unterscheiden wir uns phonetisch ein klein wenig durch unseren Akzent. Bei uns ist bei den beiden Doppelkonsonanten etwas mehr Power dahinter. Das reicht aber nicht dazu aus, am Wortanfang die Schreibweise zu ändern.

Anders ist es, wenn sich der Doppelkonsonant in der Mitte oder am Ende des Wortes befindet. Dann werden die „Faust" zur „Fauschd" und der „Meister" zum „Meischder".

Bei den Doppelkonsonanten verhalten wir uns sogar (sprachlich) loyaler zur deutschen Standardsprache als viele Hamburger. Sie machen jeden der beiden Doppelkonsonanten zu einem Hiat (siehe oben!): Bei ihnen ist der „S-tein" immer „s-pitz".

Die „R-Schwäsche" im Rheinfränkischen

Die haben wir gemeinsam mit den Hessen. Wir lösen aber das Problem anders, obwohl wir zur gleichen Sprachgruppe gehören. Im Saarland wird das „r" in dem Namen „Karl" nicht ausgesprochen. Wir verdoppeln den Vokal und sagen: „Kaal". Die Hessen machen es anders. Sie verdoppeln den Konsonanten, und es entsteht der Name „Kall". Diese Erkenntnis verdanke ich meinem Sprecherzieher, dem Rhetorik- und Sprechwissenschaftler Hellmut Geissner (1926 – 2012). Er schickte mich Anfang der 1970er Jahre in sein Sprachlabor der Saarbrücker Universität, weil ich den Unterschied zwischen „ch" und „sch" nicht hinkriegte. Recht bald merkte ich, dass ich als Saarländer auch Schwierigkeiten hatte, ein „r" richtig auszusprechen. Neben mir saß ein Nordsaarländer, der das entgegengesetzte Problem hatte: Als Moselfranke kam er von seinem „rrrollenden r" nicht weg. Geissner, der in Darmstadt geboren wurde, erklärte mir daraufhin den Unterschied zwischen der hessischen und der saarländischen Lösung.

Für den Fall, dass das „R" am Wortanfang steht, hat sich das Saarländische auch etwas ausgedacht. Wir ersetzen das „R" durch den Diphthong „ch". Wir fahren „Chad" (Aussprache des „ch" wie hinter den dunklen Vokalen „Bach" und „Buch"). Meistens versteht man uns. Schreiben sollte man das Wort aber wie im Deutschen.

Der Laut zwischen „er" und „a"

In der deutschen Standardsprache enden zahlreiche Substantive mit dem Suffix „er" (= Worterweiterung, die dem Stamm folgt): „Mutter", „Winter", „Schreiner" usw.

Viele Adjektive, die man den Substantiven zuordnen kann, beginnen mit „ver" als Präfix (= Worterweiterung, die dem Stamm vorangestellt wird): „Die Mutter ist verreist", „der Winter ist vergangen" und „der Schreiner ist vergesslich".

Je zweimal kommt in diesen kurzen Sätzen die Buchstabenkombination „er" vor, und in beiden Fällen neigen wir dazu, „er" durch „a" zu ersetzen. Wenn man dann noch den Buchstaben „t" in „d" verwandelt, das „t" in dem Wörtchen „ist" und das „r" in dem männlichen Artikel eliminiert, dann entsteht folgende Schreibweise:

„Die Mudda is vareist", „de Winta is vagang" und „de Schreina is vagesslich".

So kann man das schreiben. Gefälliger für die Leserinnen und Leser ist es aber, bei dem „er" zu bleiben.

„Die Mudder is verreist", „de Winder is vergang" und „de Schreiner is vergesslich"

Beim Schwätze wird das „er" auch nicht zu einem „a", sondern zu einem Laut zwischen „er" und „a".

Viermal „o"

Unsere Regionalsprache hat einen Vokal, den man in vier verschiedenen Lautungen aussprechen kann.

1. kurz, offen, z. B. „hoffen" (wie im Deutschen)
2. lang, geschlossen, z. B. „doof" (wie im Deutschen)
3. im Saarländischen gibt es auch die Kombination von lang und offen, z. B. in den Wörtern „kloor" (witzig), „schrooh" („hässlich"), „mool" (mal), „bloo" (blau). Manche Mundartautoren neigen dazu, bei dieser Aussprache mit einem Akzent zu arbeiten, einem französischen „accent grave", also „ò". Zu allem Überfluss wird das ò bei Dehnungen noch verdoppelt. Es entstehen dann Schreibweisen: „klòòr", „schròòh", „mòòl" und „blòò". Die Begründungen sind mir bekannt. Aber mit gleichem Recht könnte man auch in der deutschen Standardaussprache das „i" mit einem „accent circonflexe" zieren, wenn es lang betont werden soll, ohne dass dies durch die Schreibweise deutlich wird. Denn hätten „wîr" ein „Augenlîd". Wir erkennen auch so den Sinn und die Aussprache dieser Wörter aus dem Zusammenhang.
4. ein Bestandteil eines Lautes, der sich zwischen „o" und „u" befindet. In der deutschen Standardaussprache gibt es ihn nicht, aber in der gesprochenen saarländischen Regionalsprache wird er benutzt. Diese Mischung wird wahlweise mit „o" oder „u" geschrieben, etwa „Worschd" oder „Wurschd", „ofstehn" oder „ufstehn".

Die Dehnungen

Die hochdeutsche Sprache kennt zwei Formen der Dehnung von Vokalen. Verdoppelung und „h" (Ausnahmen: 1. Wörter werden trotz Dehnung überhaupt nicht verändert: „mir", 2. „i" wird durch ein „h" verlängert: „ihr", 3. durch ein „e": Bier, 4. Durch „eh": Miehl.) Wir sollten uns generell bei der saarländischen Schreibweise an die Dehnung der deutschen Wörter halten: „Mehl" wird zu „Mähl", „Laub" wird zu „Laab" und „Vieh" bleibt „Vieh".

Bei Übersetzungen ins Saarländische neigen wir manchmal dazu, automatisch zu dehnen, obwohl der Begriff in der deutschen Standardsprache nicht gedehnt wird. Das sollte man unterlassen. Der „Eimer" wird im Saarland zum „Ämer" und braucht kein weiteres „ä" und auch kein „h". Das würde vom ursprünglichen deutschen Wort wegführen, und die Summe dieser Verschiebungen würde die Lesbarkeit erschweren. Anders ist es, wenn ein Buchstabe am Ende wegfällt und dadurch der Vokal gedehnt wird, etwa bei dem deutschen Wort „Grube". Im Saarländischen lassen wir das „e" am Schluss weg und dehnen dafür das „u". Dadurch entsteht die „Gruub". Diese Schreibweise entspricht der Aussprache. Eine Dehnung mit „h" sollte man nur machen, wenn es vorher bereits ein „h" gab, etwa bei dem Wort „Mühle". Sie wird im Saarländischen zur „Miehl". Aus dem „ü" wurde „ie", und der Rest bleibt – inklusive „h".

Verben und Umlaute

Im Rheinfränkischen verlieren die meisten Infinitive der Verben am Schluss den Buchstaben „n": Dadurch wird im Saarländischen des Verb „essen" zu „esse", „lassen" zu „losse", „packen" zu „packe". Hat der Infinitiv des Deutschen am Ende ein „rn" oder ein „ln", dann werden das „n" und das „l" ersetzt durch ein „e". Also wird „gärtnern" im Saarländischen zu „gärtnere", „mauern" zu „mauere" und „wandern" zu „wannere". Die Wörter „handeln", „jodeln" und „radeln" werden zu „hannele", „jodele" und „radele".

Zu den Ausnahmen zählen die Verben „gehen" und „sehen". Sie heißen im Saarländischen „gehn" und „siehn".[24]

Lernen von den Weissenbachs

Das Saarländische ist, wie andere Regionalsprachen auch, keine standardisierte Schriftsprache. Selbst das Deutsche spricht man nicht immer aus, wie es geschrieben steht. Der bereits erwähnte „s-pitze S-tein" der Norddeutschen wird außerhalb von Hamburg anders artikuliert, aber in der Schriftsprache genau so geschrieben. Das sollte man auch tun. Sonst entwickelt sich daraus „de schbiddse Schdään", also eine selbst geschaffene volkstümliche Lautschrift. Die Probleme dabei sind:

- Die Beeinträchtigung beim Lesen. Sie entsteht, weil diese populäre Lautschrift von der deutschen Schrift zu weit entfernt ist.
- Die sich daraus ergebenden Differenzierungen der Regionalsprachen führen ins Uferlose, denn man muss dann ja alle Unterschiede beachten.

Am Anfang meiner Autorentätigkeit habe ich selbst diese volkstümliche Lautschrift benutzt. Ich schrieb „de schbiddse Schdään" und nicht wie heute „De spitze Stään". Das war Mitte der siebziger Jahre. Sprecher meiner Texte für die Morgensendung „Allerhand für Stadt und Land" war das erfahrene Mundartduo Fritz und Gerti Weissenbach[25]. Mit meiner Schreibweise musste ich so nah wie möglich an der Aussprache der beiden Rundfunksprecher sein.

Fritz Weissenbach nahm mich ins Gebet. Er fragte mich, wo ich herkomme, und als ich ihm sagte, dass ich aus Spiesen sei, meinte er, der Rundfunk würde auch in anderen Dörfern gehört. Dort müsste man sie auch verstehen. Die meisten Leute würden sowieso einen „Mischmasch" schwätzen zwischen Saarländisch und Hochdeutsch. Und außerdem: Wir müssen das, was du uns da schreibst, auch lesen können. Wir hätten ja alle dasselbe Problem, sagte Gerti: „Hochdeitsch kenne mir net schwätze, unn Saarländisch kenne mir net lääse." Dann gab mir Fritz einen guten Rat, an den ich mich vier Jahrzehnte lang gehalten habe.

„Schreib wie du schwätze duuschd! – Awwer im Zweifelsfall of Hochdeitsch."

Und Gerti ergänzte:

„Falsch ausspreche duun mir das selwer."

Meine Ergänzung aus heutiger Sicht:

„Wer beides kann, ist besser dran."

In diesem Sinn:

Viel Spaß beim mehrmaligen Blättern, Nachgucken, Schmökern, Lesen und Lernen.

[1] David Chrystal: Die Cambridge Enzyklopädie der Sprache, Köln 1998, S. 3
[2] Ludwig Wittgenstein: Logisch-philosophische Abhandlung (Tractatus Philosophicus), ohne Ortsangabe, 1921, Satz 7
[14] Manfred Windfuhr (Hrsg., zusammen mit dem Heinrich-Heine-Institut): Heinrich Heine, Historisch-Kritische Gesamtausgabe der Werke. Bd. 12/1, S. 130

[4] Lehrer Bömmel war kein Saarländer. Er stammte aus dem Rheinland, wie der Schauspieler Paul Henckels (1885 – 1956), der ihn in dem Film darstellte. Dieser wiederum war ein Freund des Schriftstellers Heinrich Spoerl (1987–1955), der 1933 die „Feuerzangenbowle" schrieb. Ein Jahr vor Kriegsende produzierte Heinz Rühmann die Filmfassung und spielte selbst die Hauptrolle: Johannes Pfeiffer, ein erfolgreicher Theaterautor, der die Identität eines Oberprimaners annahm, die

Schule auf den Kopf stellte und seinen zweiten Frühling erlebte. Goebbels genehmigte diesen „antiautoritären" Film erst, nachdem Rühmann den „Führer" in der Wolfsschanze besuchte und ihn überzeugen konnte. Ein Vierteljahrhundert später entstand eine Neuverfilmung mit Walter Giller. In weiteren Rollen waren so bekannte Schauspieler wie Uschi Glas, Theo Lingen, Willy Reichert und Nadja Tiller. Doch die Neuverfilmung war ein billiger Aufguss: „Im Vergleich zur Version von 1944 fehlt es dieser Schulsatire – trotz der Regie von Helmut Käutner – an Atmosphäre, Witz und Charme." (Lexikon des internationalen Films, Zweitausendeins).

[9] im Französischen „nom", im Englischen „name" und im Spanischen „nombre".

[12] Falls notwendig: Die Beispielsätze kann man mit Hilfe des Wortschatzes leicht ins Deutsche übersetzen. Bei den „gleichen Wörtern" machen Beispielsätze keinen Sinn.

[13] Platon war der bedeutendste Schüler von Sokrates. Er lebte von 428 (oder auch 427) bis 348 (oder auch 347) in Athen. Einer der Schüler seiner Akademie war Aristoteles.

[15] lebte von 1879 bis 1955

[16] Das Partizip I besteht aus dem Infinitiv des Verbs und einem angehängten „d". So wird zum Beispiel aus „singen" das Wort „singend". Dadurch bekommt das Verb die Bedeutung eines Adjektivs. In dem Satz „Der singende Tenor schwitzt" ist „singende" das Partizip I. Es kann auch ein Adverb sein: „Der Tenor springt singend von der Bühne." Das Partizip I gibt zu dem Verb „springt" eine Zusatzinformation.

[17] Sätze, Wendungen und Wörter aus dem Französischen. Darunter befinden sich viele lateinische Wörter, die nach dem Zerfall des Römischen Reiches und ihrer Integration ins Französische noch zusätzlich in Richtung deutsche Sprache durchgewunken wurden.

[20] Ich verzichte hier bewusst auf die Begriffe „stimmhaft" und „stimmlos" und ersetze sie durch die in der Umgangssprache bewährten Begriffe „weich" und „hart". Der Grund: Es gibt keine Buchstaben die man „ohne Stimme" sprechen kann.

[21] Vgl. Wolfram Euler, Konrad Badenheuer: Sprache und Herkunft der Germanen, Abriss, Hamburg 2009.

[25] Vgl. den entsprechenden Beitrag im Internet-Portal „Saar-Nostalgie" unter: Radio/TV, Inhalt 2 d: Die Familie Weissenbach.

3   Was nicht so leicht verschwinden wird: unser Akzent. Seit frühester Kindheit wurde er uns durch Vorbilder antrainiert – in die Aussprache unserer Muttersprache. Wir weichen von den Normen ab und benutzen Lautformungen, Intonationen, Betonungsmuster und Satzrhythmen, die wir bereits in unserer Kindheit beherrschten. Besonders deutlich wird das beim Buchstaben „s". Er gehört zu den dentalen Geräuschlauten. Schon in urgermanischer Zeit gab es eine harte und eine weiche Stufe, eine Unterscheidung, mit der wir im Saarland noch immer unsere Schwierigkeiten haben. Die Phonetiker unterscheiden zwischen einem langen „s", einem Schluss-„s", einem scharfen „s", einem großen „s" und einem Fugen „s". Dazu kommt noch, dass es bei der Aussprache des „s" zu Lautbildungsstörungen kommen kann, da das „s" neben dem „z" und den Diphthongen „sch" und „ch" zu den Zischlauten gehört. Das Lispeln dürfte die häufigste Sprechstörung überhaupt sein. Das wäre ein interessantes Thema für eine Dissertation, aber als Charakteristika unserer Regionalsprache taucht sie in unserem Buch nicht auf. Es würde den Rahmen sprengen, detailliert auf die Phonetik des Buchstaben „s" im Saarländischen einzugehen.

5   Ein Wort mit mehreren Bedeutungen. Die volkstümliche Beschreibung ist „Teekesselchen" und geht zurück auf ein Gesellschaftsspiel, bei dem es darum geht, ausgehend von Beschreibungen das gemeinsame Wort zu erraten. Man kann zum Beispiel sagen: „Man kann es zu sich nehmen" und „Man darf dort nicht lügen". Die Antwort: „Gericht". Solche Wörter nennt man „Homonyme". Soll die Doppeldeutigkeit einen Sinn ergeben, etwa „Decke" für Bett und fürs Zimmer (beide decken zu), spricht man eher von einem Polysem bzw. von Polysemie, wenn man den Prozess des Ausdifferenzierens bezeichnen will. In der Didaktik werden „Teekesselchen" zur Förderung der Sprachkompetenz" eingesetzt, im Kabarett auch zur gesellschaftskritischen Komik, etwa das Wort „Ausschuss" im Sinne von Abfall und Arbeitsgruppe im Bundestag oder das Wort „Bandenwerbung" für die Reklame vor den Zuschauertribünen beim Sport.

6   Später sah ich mal im Fernsehen die Operette „Der Vetter aus Dingsda" von Eduard Künnecke (1886 –1953) und noch später musste ich mich mit dem „Ding an sich" von Immanuel Kant (1724 – 1804) auseinandersetzen. Dabei ging es um das „Seiende" (was ist), das auch dann existiert, wenn man es nicht wahrnimmt. Kant hatte eine andere Oma. Vielleicht ist das „Ding an sich" deshalb auch so kompliziert.

7 Auf einer „Orthographiekonferenz" im Jahr 1954 postulierte man in den „Stuttgarter Empfehlungen" die Kleinschreibung aller Substantive. Ausnahmen bildeten, wie in anderen Sprachen auch, die Eigennamen. Doch die Praktiker der Sprache, vor allem die Schriftsteller und Journalisten, lehnten diese Änderung mehrheitlich ab.

8 Bitte diesen Satz nicht auswendig lernen und auf der nächsten Party zum Besten geben!

10 Bitte beachten: „Umstandswort" ist kein Sammelbegriff für Wörter wie „Schwangerschaft", „Frühgeburt", „Wehen" usw.

11 Bitte beachten: „Verhältniswort" ist kein Sammelbegriff für Wörter wie „Fremdgehen", „Ehekrach", „Scheidungsdrohung", „Alimente" usw.

18 Noch ein Dankeschön für die Geduld. Grammatik ist nicht schwer, aber es ist auch nicht einfach, das Gerüst der Sprache allgemeinverständlich darzustellen. Erschwert wird die Rezeption durch den Gebrauch der lateinischen Begriffe, die ihren Ursprung im Griechischen haben. Normalerweise neige ich dazu, fremdsprachliche Fachbegriffe ins Deutsche zu übersetzen. Aber das funktioniert nur dann, wenn ein entsprechender Ausdruck im Deutschen vorhanden ist. Das ist nicht immer der Fall. Allein die Doppeldeutigkeit von Geschlechtswort (Beischlaf?), Verhältniswort (fremd gehen?) und Umstandswort (schwanger?) kitzelt das Potenzial der Sprachkomik. Andererseits bieten die Sprachen der Antike mehrere Vorteile, die deren Benutzung rechtfertigen. Sie genießen wegen ihrer historischen Bedeutung für Wissenschaft, Bildung und Kultur eine hohe internationale Akzeptanz, und sie sind gleichbleibend, im Unterschied zu den „lebenden Sprachen".

19 Das „alte" Moselfränkisch soll übrigens die Muttersprache von Karl dem Großen gewesen sein. Vgl. Werner Betz: Karl der Große und die Lingua Theodisca, in Wolfgang Braunfels (Hrsg.): Karl der Große. Lebenswerk und Nachleben. Band II, Das Geistige Leben. Düsseldorf 1965

20 Ich verzichte hier bewusst auf die Begriffe „stimmhaft" und „stimmlos" und ersetze sie durch die in der Umgangssprache bewährten Begriffe „weich" und „hart". Der Grund: Es gibt keine Buchstaben, die man „ohne Stimme" sprechen kann.

22 So etwas kann man auch üben, indem man die Wörter laut ausspricht. Ziel ist allerdings nicht so sehr die zukünftige mündliche Kommunikation, eher das authentische Schreiben.

23 Demnach heißt die saarländische Landeshauptstadt auch „Saabricke" und nicht „Saarbrigge". Auch auf das „r" sollte man verzichten, denn die Saarbrücker sprechen es, im Gegensatz zu früher, nicht mehr aus.

[24] Saarländische Ortsnahmen, die im Rahmen der fränkischen Landnahme im 5. bis 8. Jahrhundert entstanden, haben oft die Endungen „ingen" (wenn sie an einem Gewässer lagen) und „weiler" (wenn sie durch Rodungen in einem Wald entstanden). Die saarländische Aussprache von „weiler" ist „weller" (Urexweller, Stennweller, Alsweller), und bei „ingen" lässt man das „n" am Schluss weg (Völklinge, Dillinge, Illinge).

Gerhard Bungert

Gerhard Bungert wurde am 11. November 1948 in Spiesen geboren. Er besuchte den katholischen Kindergarten, die katholische Volksschule und danach den mathematisch-naturwissenschaftlichen Zweig des Krebsberg-Gymnasiums in Neunkirchen. Nach dem Studium an der Philosophischen Fakultät der Universität des Saarlandes (Hauptfach: Kulturwissenschaft) wurde er freischaffender Autor. Seine Themenschwerpunkte waren die jüngere Geschichte des Saarlandes sowie Mentalität, Küche und Regionalsprache.

Bungert schrieb für Zeitungen und Zeitschriften, Hörfunk, Fernsehen und Theater. Insgesamt publizierte er mehr als 40 Bücher mit einer Gesamtauflage von knapp einer halben Million Exemplaren, mehrere davon in Zusammenarbeit mit Klaus-Michael Mallmann und Charly Lehnert. Zuletzt war er Herausgeber von „Straßen im Saarland, Nationalisten und Militaristen als Namensgeber" (2014) sowie Autor von „Mahlzeit, Kulinarische Erinnerungen eines Saarländers" (2015).

Bungert schrieb u. a. für Fritz und Gerdi Weissenbach, Manfred Sexauer und Ilona Kleitz (später: Christen), Peter Maronde und Jan Hofer, Oskar Lafontaine und Gerd Dudenhöffer (Heinz Becker). Von 1980 bis 2000 hielt er mehrere hundert Mundartvorträge mit dem Titel „Typisch Saarländisch". Er war Künstlerischer Leiter des Kulturforums Saarbrücker Schloss (1988 bis 1995) und Inhaber der Künstleragentur AWIKU

(1991 bis 1999). Als Berater für Public Relation war er u.a. Leiter von Kommunikationsseminaren im Medienzentrum Wintringer Hof (1990 bis 1999).

Seine wichtigsten Auszeichnungen: Kurt-Magnus-Preis der ARD und Saarländischer Verdienstorden.

Seit der Jahrtausendwende leben und lernen Gerhard und Roswitha Bungert in dem südfranzösischen Weiler „Molières sur l'Alberte", wo sie auch mauern, gärtnern und kochen, Gitarre spielen und internationale Kulturtreffs organisieren. Den Winter verbringen sie seit 2000 auf Gran Canaria.

Bernd Kissel

Bernd Kissel wurde 1978 in Saarbrücken geboren und lebt heute mit seiner Familie in der Nähe der französischen Grenze im Saarland. Seit seiner Kindheit war es sein Wunsch, irgendwann Zeichner zu werden. Inspiriert durch seine Asterix und Lucky Luke-Comics spitze er bereits als Grundschüler die Feder und kritzelte was das Zeug hielt. Mit 14 Jahren durfte er seine ersten politischen Karikaturen im Lokalteil der Saarbrücker Zeitung veröffentlichen.

Nach dem Abitur machte Bernd Kissel in Luxemburg eine Ausbildung zum Trickfilmzeichner am „Lycée technique des Arts et Métiers" (LTAM). Im Anschluss an diese Ausbildung folgte ein Engagement als Cartoonist bei der Zeitschrift „Schrot & Korn".

Zur selben Zeit arbeitete er als Background- und Propdesigner in einem Luxemburger Trickfilmstudio (Studio 352), wo der Zeichner unter anderem an Fernsehserien wie „Liberty's Kids", „Strawberry Shortcake", „Kenny the Shark" und „Sabrina: The Animated Series" mitgearbeitet hat.

Ab 2007 veröffentlichte die Saarbrücker Zeitung 100 Folgen seiner „Saar-Legenden", die erste eigene Comicserie von Bernd Kissel. Über die „Saar-Legenden" entstand der Kontakt zum Geistkirch Verlag. Von 2007 bis 2009 wurden in der Folge drei Bände dieser Comicserie bei Geistkirch veröffentlicht. 2013 folgte die Gesamtausgabe mit zusätzlichen Geschichten.

Im Jahre 2010 startete ebenfalls in der Saarbrücker Zeitung die Serie „SaarlandAlbum". Auch diese Reihe erschien 2011 als Comicband beim Geistkirch Verlag. 2015 wurde aus dem „SaarlandAlbum" eine siebenminütiger Kurzfilm, die Realfilm und Tricktechnik in sehr origineller Art und Weise miteinander vermischt. Der Film wurde im Auftrag des Saarländischen Rundfunks produziert und zum 60-jährigen Jahrestag der Saarabstimmung ausgestrahlt.

2007 wurde vom Berliner Cornelsen-Verlag der erste Band der Comicreihe „Faim d'Histoire" gedruckt, mit der deutsche Schüler Französisch lernen können. Für die Illustrationen engagierte Cornelsen Bernd Kissel. In der Folge erschien im Frühjahr 2012 der erste Band einer weiteren Serie für den Cornelsen-Verlag unter Kissels Mitwirkung. In „HiStoryTime" können Schüler mithilfe des Comics Englisch lernen.

Nun folgte ein spannender Auftrag vom ZDF. Im März 2012 startete der Online-Comic „Tödliches Wolfsrudel" auf ZDF.de, der eine Brücke zwischen den beiden Fernsehfilmen der Woche „Mörderisches Wespennest" und „Tod einer Brieftaube" schlägt.

Nachdem Kissel 2012 gemeinsam mit seinem Freund und Kollegen Flix ein Projekt für das Goethe-Institut Nancy realisierte („Rendez-vous à Berlin") machten sich beide 2014 daran, im Auftrag des Hamburger Carlsen Verlages eine moderne Adaption der Geschichten des Lügenbarons „Münchhausen" zu entwickeln. „Die Wahrheit übers Lügen" ist Bernd Kissels erste Graphic Novel.

Für die Stadt Saarlouis zeichnet er seit 2013 die Comicreihe „Saarlouis – Im Fluss der Zeit", in der der Wassergeist Fluxus davon erzählt, wie sich die Stadt im Laufe der Jahrhunderte entwickelt hat. Die beiden ersten Staffeln mit insgesamt 24 Folgen wurden in der Saarbrücker Zeitung vorveröffentlicht und sind nun als Album im Geistkirch Verlag erschienen.

www.bernd-kissel.com